RHETORIK
ZWEI BÄNDE

ZWEITER BAND
WIRKUNGSGESCHICHTE DER RHETORIK

RHETORIK

ZWEI BÄNDE

Herausgegeben von
JOSEF KOPPERSCHMIDT

ZWEITER BAND

WIRKUNGSGESCHICHTE DER RHETORIK

WISSENSCHAFTLICHE BUCHGESELLSCHAFT
DARMSTADT

Umschlaggestaltung: Studio Franz & McBeath, Stuttgart.

Umschlagbild: „Rhetorica".

Aus: Christoforus Giorda, Icones Symbolicae, S. 77.

Standort/Foto: Kunsthistorisches Institut Universität Bonn,
F 3217/10 (rarum).

Die Deutsche Bibliothek – CIP-Einheitsaufnahme

Rhetorik: zwei Bände / hrsg. von
Josef Kopperschmidt. – Darmstadt: Wiss. Buchges.,
1991
NE: Kopperschmidt, Josef [Hrsg.]
Bd. 2. Wirkungsgeschichte der Rhetorik. – 1991
ISBN 3-534-07534-X

Bestellnummer 07534-X

Das Werk ist in allen seinen Teilen urheberrechtlich geschützt.
Jede Verwertung ist ohne Zustimmung des Verlages unzulässig.
Das gilt insbesondere für Vervielfältigungen,
Übersetzungen, Mikroverfilmungen und die Einspeicherung in
und Verarbeitung durch elektronische Systeme.

© 1991 by Wissenschaftliche Buchgesellschaft, Darmstadt
Gedruckt auf säurefreiem und alterungsbeständigem Werkdruckpapier
Gesamtherstellung: Wissenschaftliche Buchgesellschaft, Darmstadt
Printed in Germany
Schrift: Garamond, 9.5/11

ISBN 3-534-07534-X

INHALT

Das Ende der Verleumdung. Einleitende Anmerkungen zur Wirkungsgeschichte der Rhetorik. Von Josef Kopperschmidt 1

Geistes- und ideengeschichtliche Aspekte

Die Rhetorik als Quelle des vorromantischen Irrationalismus in der Literatur- und Geistesgeschichte (Auszug) (1949). Von Klaus Dockhorn 37

Augustinus und die Debatte über eine christliche Rhetorik (1960). Von James J. Murphy 60

A. G. Baumgartens ›Aesthetica‹ und die antike Rhetorik (1967). Von Marie-Luise Linn 81

G. B. Vico und das Problem des Beginns des modernen Denkens. Kritische oder topische Philosophie? (Auszug) (1968). Von Ernesto Grassi 107

Pietistische Rhetorik als eloquentia nov-antiqua. Mit besonderer Berücksichtigung Gottfried Polykarp Müllers (1684–1747) (Auszug) (1976). Von Reinhard Breymayer 127

Rhetorik und Hermeneutik (Auszug) (1976). Von Hans-Georg Gadamer 138

Unendliche Rhetorik (1976). Von Helmut Schanze 154

Rhetorik der Tropen (Nietzsche) (1979). Von Paul de Man . 170

Bildungs- und sozialgeschichtliche Aspekte

Jenseits der Rede: das eigentliche Deutschland (1967). Von Walter Magass 191

Ars rhetorica (Auszug) (1969). Von Walter Jens 197

Anpassung oder Aufklärung. Zur Theorie der rhetorischen Kommunikation (Auszug) (1973). Von Hellmut Geißner . 202

Der Deutschunterricht auf Gymnasien 1780 bis 1850 (Auszug) (1973). Von Georg Jäger 221

Zum ideologischen Problem des rhetorischen und ästhetischen Scheins – Eine Skizze (Auszug) (1977). Von Lothar Bornscheuer 242

Rhetorische Konstellationen im Umgang mit Menschen (Auszug) (1977). Von Gert Ueding 261

Problem- und theoriegeschichtliche Aspekte

Anthropologische Annäherung an die Aktualität der Rhetorik (1981) (Original 1970). Von Hans Blumenberg 285

Notizen zu einer rhetorischen Argumentationstheorie der Rechtsdisziplin (1972). Von Theodor Viehweg 313

Die neue Rhetorik: eine Theorie der praktischen Vernunft (Auszug) (1979). Von Chaïm Perelman 325

Argumentationstheoretische Anfragen an die Rhetorik. Ein Rekonstruktionsversuch der antiken Rhetorik (1981). Von Josef Kopperschmidt 359

Rhetorik und Res humanae (1984). Von Ottmar Ballweg . . 390

Inhalt VII

Rhetorik und wildes Denken. Ein Zugang zum Mythus über
 Aristoteles (1984). Von Gonsalv K. Mainberger 408

Bibliographie 443

Schlagwortregister 463

DAS ENDE DER VERLEUMDUNG

Einleitende Anmerkungen zur Wirkungsgeschichte der Rhetorik

Von Josef Kopperschmidt

„Der Siegeszug der Rhetorik bleibt unaufhaltsam", konstatierte Renate Lachmann 1980 auf dem Symposium „Verdrängte Wissenschaften"; „aus strukturaler Stilistik, analytisch orientierter Literatur- und Texttheorie, aus der linguistischen Semantik ist sie vorerst nicht mehr zu verdrängen".[1]

Die in diesem Zitat beispielhaft angeführten Belege für das offenkundige Ende der Verdrängungs- bzw. „Unterdrückungsgeschichte der Rhetorik"[2] ließen sich unschwer komplettieren: die geistes- und sozialwissenschaftlichen Disziplinen haben auf breiter Front begonnen, sich der unter dem Namen „Rhetorik" jahrhundertelang geleisteten Reflexionsanstrengungen zu erinnern; und dies nicht nur aus wissenschaftsgeschichtlichem Interesse an einer längst fälligen Aufklärung ihrer eigenen problemgeschichtlichen Vermitteltheit. Was unter Titeln wie „Renaissance" bzw. „Rehabilitation der Rhetorik", „rhetorica rediviva", "rhetoric revalued", "return of rhetoric", "rhetoric resituated" usw.[3] bereits zur Topizität einschlägiger Diagnosen geworden ist, bliebe in seinem Anspruchsgehalt unterschätzt, würde man darunter bloß die Wiederentdeckung der Rhetorik als Vorgeschichte vieler moderner Disziplinen verstehen. Diese

---

[1] Lachmann 1981, S. 28 (die genaueren Angaben zu solchen Kurzbelegen enthält die Bibliographie).

[2] Ueding 1976, S. 4.

[3] Vgl. neben Kopperschmidt 1990a, S. 1 u. a. noch: Ijsseling 1988, S. 9 ff.; J. L. Kinneavy: Restoring the humanities. The return of Rhetoric from exile, in: Murphy 1982, S. 1 ff.; Schrag 1985; Sutton 1986; Vickers 1983. Eine (leider nur wegen ihrer Unkonventionalität) bewundernswerte Ausnahme stellt Cahn 1986 dar.

Wiederentdeckung ist auch und weit mehr die Wiederentdeckung der Rhetorik sowohl als unerläßliche Informationsquelle für *historische* Forschungsrichtungen wie als rekonstruktiv zu erschließendes „Anregungspotential",[4] das *systematisch* für eine differenzierte Problemdimensionierung disziplinärer Fragestellungen beerbt werden kann und das gelegentlich sogar zur Konzeption sogenannter „Neuer Rhetoriken"[5] zu inspirieren vermag.

Als mögliches Anregungspotential kann Rhetorik freilich nur fungieren, wenn der Ertrag ihrer methodischen Reflexionsarbeit als klärender Antwortversuch auf eine Frage lesbar wird, die nicht nur von historischem Interesse ist. Darum ist die Wiederentdeckung der Rhetorik schließlich und zuallererst – dies meine These – die Wiederentdeckung der *Frage*, auf die Rhetorik die *Antwort* ist. Entsprechend versteht man das neuerliche Interesse an Rhetorik letztlich auch nur, wenn man es als Interesse an dieser vorgängigen Frage versteht.[6] Über diese Frage wird im folgenden ebenso zu reden sein wie über den Anteil, den die Philosophie an ihrer Wiederentdeckung hatte.

Den zweiten und letzten Teil einer Dokumentation über Rhetorik in diesem Sinne als Dokumentation über das neue Interesse *an* dem Frageinteresse der Rhetorik unter den Titel ›Wirkungsgeschichte *der* Rhetorik‹ zu stellen macht freilich nur Sinn, wenn der Begriff „Wirkungsgeschichte" flexibel genug ist, um die faktische Prozeßdynamik dieser Wiederentdeckung angemessen abbilden zu können; denn die ist gemäß der eben formulierten These allemal nur als Prozeßdynamik einer disziplinären und philosophischen „Annäherung *an* die Rhetorik"[7] bzw. als „Anschließen *an* die Rhetorik"[8]

---

[4] Vgl. dazu J. Habermas: Zur Rekonstruktion des Historischen Materialismus, Frankfurt a. M. 1976, S. 9.

[5] Vgl. die Übersicht bei Ueding/Steinbrink 1986, S. 157 ff., bes. S. 166 ff.; außerdem Wiegmann 1989, S. 124 ff.

[6] Zur „Replikstruktur" des Verstehens vgl. mit Bezug auf Collingwood und Gadamer: O. Marquard: Frage nach der Frage, auf die die Hermeneutik die Antwort ist, in: Ders.: Abschied vom Prinzipiellen, Stuttgart 1981, S. 117 ff. In Anlehnung an diesen Titel ist meine These formuliert.

[7] Blumenberg 1981, S. 104 ff.

[8] Gadamer 1986, S. 236.

Das Ende der Verleumdung. Einleitende Anmerkungen 3

beschreibbar und schwerlich als Erfolg der Selbstempfehlung einer als Disziplin gar nicht mehr existenten Rhetorik zu verbuchen.[9] Wirkungsgeschichte, die nicht bloß aus objektivierender Distanz die „Spuren" nachzeichnet, die ein Werk oder Motiv, eine Idee oder Fragestellung usw. in der Geschichte hinterlassen haben, sondern die das Interesse daran selbst noch als integralen Teil „der Wirkung dieser Wirkungsgeschichte" mitzudenken vermag, einen solchen dialektischen Begriff von Wirkungsgeschichte hat Gadamer in seinem Hauptwerk zur philosophischen Hermeneutik, in ›Wahrheit und Methode‹, entwickelt.[10] Wirkungsgeschichte, in seinem Sinn als „Prinzip" verstanden, meint keine „Hilfswissenschaft der Geisteswissenschaften", sondern benennt die „wirkungsgeschichtliche Verflechtung" bzw. den wirkungsgeschichtlichen Vermittlungszusammenhang von Verstehen überhaupt, sowohl als Ermöglichungsgrund von Verstehen wie als Horizont seiner interessebedingten Begrenzung. Das reflexive Bewußtwerden dieses wirkungsgeschichtlichen Vermittlungszusammenhangs, den Gadamer mit seiner Lieblingsmetapher „Horizontverschmelzung" bildhaft umschreibt, nennt er „wirkungsgeschichtliches Bewußtsein".

Dieses Bewußtsein dem heutigen Interesse an Rhetorik generell zu attestieren dürfte voreilig sein; doch wenn man dieses Interesse einigermaßen begreifen will, dann kommt man um den Versuch nicht herum, den wirkungsgeschichtlichen Vermittlungszusammenhang zwischen diesem Interesse *an* Rhetorik und dem Frageinteresse *der* Rhetorik zu klären. In dem Maße, wie es gelingt, dieses Interesse in seiner Geschichtlichkeit zu verstehen, schärft sich auch der Blick für andere historische Phasen der Wirkungsgeschichte der Rhetorik, in denen anders fokussierte Annäherungen an sie versucht wurden, weil sie sich von anders orientierten Fragestellungen leiten ließen und entsprechend anders dimensionierte Anschlußchancen an das Frageinteresse der Rhetorik aktualisierten. Die prinzipielle Offenheit der Wirkungsgeschichte der Rhetorik ratifiziert so gesehen nur beispielhaft die Einsicht in das nicht abschließend objektivierbare und ausschöpfbare Anregungspotential historischer Refle-

[9] Ricœur 1986, S. 13.
[10] 1960, vgl. bes. S. 16 ff., 184 ff., 324 ff.

xionsarbeit, weil dessen Entdeckung und Aktualisierung immer schon einen bestimmten Horizont seiner möglichen, interessebedingten Zugänglichkeit voraussetzt, der zwar reflexiv verschiebbar, aber grundsätzlich nicht *als* Horizont wie eine Grenze überschreitbar ist.

I

Daß es derzeitig ein breit gestreutes Interesse an Rhetorik in Philosophie und Wissenschaften gibt, dürfte unstrittig sein. Strittig ist allenfalls die Einschätzung dieses Interesses. Manchem Beobachter gefällt nämlich durchaus nicht, daß die traditionelle Verleumdung der Rhetorik zuweilen bereits in eine „Hochschätzung" der Rhetorik umgeschlagen ist.[11]

So zumindest muß man Hans-Martin Gaugers Eingeständnis lesen, an der Rhetorik nichts finden zu können, was an die ihr ikonographisch einst attestierten Schönheitsattribute zu erinnern vermöchte: „Sie ist uns fremd geworden und fremd geblieben."[12] Wer 40 Jahre nach Curtius dessen Urteil über „die zweite der sieben freien Künste"[13] bekräftigend zitiert, der hat – falls man ihm Uninformiertheit nicht vorwerfen will und kann – anderes im Sinn, als den impliziten Appell von Curtius' Diagnose zu erneuern, nämlich endlich „in die Kellerräume der europäischen Literatur- und Geistesgeschichte hinabzusteigen"[14]. Und in der Tat! Was Gauger im

---

[11] Symptomatisch für diesen Stimmungswandel sind folgende zwei Zitate von 1971 bzw. 1986: „Mit der Verteidigung der Rhetorik hat man es in der modernen wissenschaftlichen Kultur schwer" (Gadamer 1986, S. 273) bzw. „Niemand wagt, gegen Rhetorik etwas zu sagen" (Gauger 1986, S. 86); vgl. auch Classen 1988.

[12] Gauger 1986, S. 97 bzw. S. 88.

[13] Curtius 1961, S. 71, vgl. S. 88 und allg. S. 71 ff. Zeugnisse für die bes. deutsche Rhetorikverachtung hat Curtius in ZRPh 63 (1943), S. 231 ff. gesammelt.

[14] Daß es sich dabei nicht nur um europäische „Kellerräume" handelt, haben zwischenzeitlich die Arbeiten von R. Lachmann (Rhetorica Slavica) beispielhaft belegt; vgl. dies.: Rhetorik und Kulturmodell, in: Kopperschmidt (Hrsg.) 1990, S. 264 ff.

Das Ende der Verleumdung. Einleitende Anmerkungen

Sinn hat, ist nichts weniger als mit dem nicht zuletzt von Curtius motivational inspirierten wie methodisch instrumentierten Interesse an Rhetorik bes. in Deutschland radikal abzurechnen: es sei selbst nur „künstlich", „nicht wirklich assimiliert", kurz: nicht wirklich sachlich vermittelt und begründet.

Nun kann man Gaugers „irritierenden Eindruck, daß gegenwärtig, bes. in Deutschland..., die Rhetorik überschätzt werde", sicherlich nicht schlichtweg von der Hand weisen.[15] Der von ihm neuerlich konstatierte (und neidisch beäugte) „Imperialismus (einer) aufschäumenden Rhetorik-Welle" ist fraglos ein fatales Mißverständnis seriöser Anstrengungen, das „rhetorische Imperium" material neu zu vermessen.[16] Daß diese Neuvermessung als Angriff auf disziplinäre Besitzstände verstanden werden konnte, dazu hat nicht unwesentlich die hierzulande so beliebte Formel von der „Ubiquität" bzw. „Universalität der Rhetorik"[17] beigetragen, die – Opfer der notorischen Vieldeutigkeit des Rhetorikbegriffs[18] – gelegentlich als superdisziplinärer Kompetenzanspruch der Rhetorik im Sinne einer neuen „regina artium"[19] mißverstanden werden konnte. Doch von „Ubiquität" bzw. „Universalität" mit Blick auf die Rhetorik nach dem Ende der Rhetorik als Disziplin[20] zu reden macht nur Sinn, wenn man darunter das Disziplingrenzen sprengende[21] Anspruchsniveau einer Fragestellung versteht, die historisch von der Rhetorik verwaltet wurde. Das philosophische und disziplinäre Interesse an Rhetorik ist daher zunächst einmal ein Interesse an dieser Fragestel-

---

[15] Vgl. Kopperschmidt 1990a, S. 6; ders. 1990c, S. 255 ff.

[16] Barthes 1970, S. 174 f. (L' empire rhétorique); Perelman 1980 (L'empire rhétorique); Genette 1970, S. 158 (L'immensité d'un empire); Jens 1969, bes. S. 45.

[17] Dockhorn 1966, S. 183; Gadamer 1986, S. 237 („Die Ubiquität der Rhetorik ist eine uneingeschränkte"); Kopperschmidt 1990a, S. 10; Geißner 1983, S. 275 ff.; ders. 1975a, S. 190; Gutenberg 1985, S. 117 ff. Kritisch dazu: H. Wiegmann in: Rhetorik 8 (1989), S. 105 ff.

[18] Vgl. Ricœur 1986, S. 13 f.; Barthes 1970, S. 173 f.; Lachmann 1981, S. 22; Eggs 1984, S. 6 f.

[19] Jens 1969, S. 45.

[20] Vgl. Kopperschmidt 1990a, S. 1 ff.

[21] Vgl. Schumann 1974, S. 199 ff.; Wiegmann 1989, S. 128 ff.

lung der Rhetorik und erst über sie vermittelt ein Interesse an ihrem historischen Reflexionssubjekt. Hätte Gauger sein Rhetorikverständnis an den rhetorischen Forschungsinteressen orientiert statt am Lexikoneintrag des ›Großen Duden‹, hätte er seinen Verdacht einer derzeitigen Rhetoriküberschätzung an Autoren wie Apel, Barthes, Blumenberg, Gadamer, Grassi, Jens, Perelman, Ricœur, Viehweg u. a. überprüft, statt ihn sich von den loci classici traditionelle Antirhetorik bestätigen zu lassen, dann hätte ihn weit mehr als das Interesse an Rhetorik die Beweislast „irritieren" müssen, die er sich mit dessen pauschaler Verdächtigung[22] selbst aufgeladen hat. Um diese von ihm nicht abgetragene Beweislast in ihrem Gewicht wenigstens kenntlich zu machen, sei kurz versucht, das zeitaktuelle Interesse an Rhetorik in seinem materialen Gehalt zu plausibilisieren; ein Interesse übrigens, das neu zu nennen nur so lange berechtigt ist, als man dieses Urteil auf den kontinentaleuropäischen Raum begrenzt und innerhalb dieser Grenzen Denker wie Nietzsche oder Heidegger[23] ebenso als regelbestätigende Ausnahmen verrechnet wie die gar nicht so neuen sektoralen Rhetorikinteressen einzelner Disziplinen.[24]

II

Zeitgleich mit Gaugers Beitrag erschien unter dem Rahmenthema ›Argumentation in der Philosophie‹ ein Aufsatz von Stephen Toulmin, der die „Verleumdung der Rhetorik" – so der entspre-

---

[22] Trotz vorgeschlagener Unterscheidung zwischen „Rhetorik" und dem „Rhetorischen" ebd., S. 92.
[23] Zu Heidegger, dessen Vorlesung zur Aristotelischen „Rhetorik" von 1924 in Bd. 18 der Gesamtausgabe erscheinen soll, vgl. bes. Niehues-Pröbsting 1987, S. 243 ff. und Oesterreich 1989a, S. 616 ff.; zu Nietzsche, dessen Rhetorikvorlesungen von 1872/3 ebenfalls noch auf ihre kritische Edition warten, vgl. beispielhaft aus der derzeitigen Literaturflut: de Man 1988; H. Manschot: Nietzsche und die Postmoderne in der Philosophie, in: D. Kemper/W. van Reijen (Hrsg.): Die unvollendete Vernunft, Frankfurt a. M. 1987, S. 478 ff.; J. Villwock: Die Reflexion der Rhetorik in der Philosophie von Nietzsche, in: Philos. Jahrb. 89 (1982), S. 39 ff.
[24] Vgl. bes. die Musikwissenschaft; dazu Forchert 1985, S. 5 ff.

chende Titel – zum Thema, nicht zum Ziel hatte.[25] Zum Thema, weil Toulmin den Preis zu bestimmen versuchte, den diese Verleumdung material zu entrichten hatte, nämlich: reduktionistische Identifikation von „Logik" mit „Analytik", von „rationaler Kritik" mit „formaler Kritik". Reduktionistisch war diese Identifikation nach Toulmin, weil sie der Vielfalt nichtanalytischer Verständigungsformen den Anspruch auf Rationalität bestritt und damit bes. den ganzen Bereich der Praxis seiner rationalen Selbstaufklärung systematisch entzog. Die an Namen wie Platon, Descartes und Frege festgemachte „Problemgeschichte" dieses tendenziellen Reduktionismus der philosophischen „Agenda" hatte – so Toulmin – ihren Grund u. a. in der folgenreichen Einschleifung der differenzierten Unterscheidung (nicht von Graden, sondern) von Arten bzw. Typen oder Formen möglicher Rationalität zugunsten eines monistischen, nämlich analytischen Rationalitätsideals. Gemeint ist die Einschleifung der Binnendifferenzierung von Meinungen nach den Chancen ihrer Plausibilisierung „durch Vernunftgründe", wie sie die Rhetorik mit ihrer Unterscheidung zwischen „guten" und d. h.: gut begründeten und „schlechten" bzw. nicht begründungsfähigen „doxai" empfahl.[26] Mit dieser Entdifferenzierung entfiel auch die trichotomische Grobdifferenzierung zwischen „epistemai", „guten doxai" und „schlechten doxai" zugunsten einer rigiden Dichotomie zwischen „epistemai" und bloßen „doxai", zwischen Wissen im emphatischen Wortsinn und bloßen Meinungen, zwischen Wahrheitsevidenz und bloßen Wahrscheinlichkeitsansprüchen.[27] Ineins damit geriet – so Toulmin – das Rationalitätspotential der Rhetorik und

---

[25] Toulmin 1986, S. 55 ff.

[26] Toulmin wirft diese Einschleifung bereits Platon vor, der jedoch durchaus die Unterscheidung zwischen „doxa alethes" und „doxa pseudes" kennt (vgl. Hellwig 1973, S. 305 ff.; Niehues-Pröbsting 1987, S. 110 ff.). Auch Aristoteles differenziert zwischen „pithanon" und „phainomenon pithanon" (Rhet. 1355b), die beide zu dem Reflexionsobjekt der Rhetorik zählen.

[27] Toulmin ebd., S. 59; vgl. G. Bien: Die menschlichen Meinungen und das Gute, in: Riedel 1972/1, S 347 f.; E. M. D. de Guerenu: Das Wahre und das Wahrscheinliche in der Argumentation der antiken Rhetorik, in: Arch. f. Rechts- u. Sozialphilos., Suppl. II, Stuttgart 1988, S. 74 ff.

ihres gewichtigsten Teilstücks, der Topik, aus dem Blick, wodurch die Disziplinierungschancen eben der Verständigungsprozesse verspielt wurden, die sich den formalen Ansprüchen analytischer Logik nicht unterwerfen lassen. Und das nicht deshalb, weil solche Verständigungsprozesse einen weniger ernsthaften Rationalitätsanspruch erheben, sondern weil nach Aristoteles die materiale Struktur der Probleme die Rationalitätsform determiniert, in der sich ihre angemessene Bewältigungschance zur Geltung bringen kann.[28]

Für Toulmin ist es das bleibende Verdienst der Aristotelischen Rhetorikpragmatie als der „philosophisch bedeutendsten Rhetoriktheorie überhaupt"[29], diese Pluralität problembezogener Rationalitätsformen bzw. deren „polymorphe Gestalt" systematisch, nämlich: „funktional" legitimiert zu haben. Was diesen „traditionellen Philosophen der Pluralität"[30] daher nicht nur für Anfänger postmoderner Philosophie so attraktiv macht, ist seine Sensibilität für „illegitime Übergriffe" eines sich totalitär gebärdenden Rationalitätstyps,[31] der die „Einheit der Vernunft", statt sie in „der Vielfalt ihrer

---

[28] Vgl. Nikom. Ethik 1094b, 1098a; dazu Hellwig 1973, S. 47; Mainberger 1987, S. 68. Zu diesem „methodischen Unschärfeprinzip" vgl. Bornscheuer 1976, S. 33 ff., 43, 89.

[29] Niehues-Pröbsting 1987, S. 37; Ricœur 1986, S. 16: „Die Rhetorik des Aristoteles ist der glänzendste (der) Versuche, die Rhetorik auf der Grundlage der Philosophie zu institutionalisieren."

[30] W. Welsch: Unsere postmoderne Moderne, Weinheim 1987, S. 277 ff.; ebd. zu Aristoteles' „drei Rationalitätsformen: theoretische, praktische und poietische Vernunft" (nach Metaph. 993, 1064). Vgl. dazu J. Ritter: Die Lehre vom Ursprung und Sinn der Theorie bei Aristoteles, in: Ders.: Metaphysik und Politik, Frankfurt a. M. 1977, S. 9 ff. Zur entsprechenden wissenschaftstheoretischen Einordnung der Rhetorik vgl. Quintilian: Instutio oratoria II 18.1 f.

[31] Lyotard würde von dem totalitären „Hegemonieanspruch" einer spezifischen „Diskursart" und eines sich in ihr zur Geltung bringenden Rationalitätstyps sprechen und darin ein „Unrecht" (tort statt dommage) erkennen: J.-F. Lyotard: Der Widerstreit, Frankfurt a. M. 1987; dazu M. Frank: Grenzen der Verständigung, Frankfurt a. M. 1988. Zur Pluralität der Vernunft vgl. neben Welsch (s. Fußn. 30): H. Schnädelbach (Hrsg.): Rationalität, Frankfurt a. M. 1984; A. Honneth: Der Affekt gegen das Allgemeine, in: Merkur 430 (1984), S. 839 ff.

Stimmen" sich artikulieren zu lassen,³² zur Gleichheit ihrer Operationen monistisch verfälscht. Der Aristotelischen Rhetorik liegt dagegen die zwischenzeitlich plausibilisierte These zugrunde, daß zur Selbstaufklärung der Vernunft auch die Aufklärung über die Bereichsabhängigkeit ihrer Standards und Geltungskriterien gehört.

Zwischen dieser Bereichsabhängigkeit von „Geltungskriterien" und der Bereichsunabhängigkeit von „Rollen", die Aussagen als Funktionsträger in argumentativen Geltungsdiskussionen spielen, systematisch unterschieden zu haben ist fraglos einer der grundsätzlichen Gewinne, die Toulmins so bereitwillig rezipierte Argumentationstheorie für die Entwicklung eines differenzierten Rationalitätsbegriffs erbracht hat.³³ Daß ihm seinerzeit selbst die problemgeschichtliche, nämlich: rhetorische Virulenz seines konzeptionellen Ansatzes, Rationalität nicht am mathematischen Paradigma, sondern am forensischen Konkurrenzparadigma³⁴ zu orientieren, nicht bewußt war, gesteht Toulmin 1986 sich selbst ein.³⁵ Diese erst nachträglich versuchte problemgeschichtliche Rückbeziehung seines Versuches von 1958 auf die rhetorische „Topik" als einer „informellen" bzw. „materiellen Logik", die es mit „substantiellen" (statt mit „analytischen") „Argumentationen" zu tun hat („Wie wählen wir unter Meinungen?"), belegt exemplarisch das Ausmaß des Vergessens, das die traditionelle „Verleumdung der Rhetorik" zu verantworten hat bzw. hatte.

Von dieser Vergessensgeschichte spricht auch ein Autor, der im gleichen Jahr wie Toulmin (1958) die bis heute wohl philosophisch anspruchsvollste Konzeptualisierung einer argumentationstheore-

---

³² J. Habermas: Die Einheit der Vernunft in der Vielfalt ihrer Stimmen, in: Ders.: Nachmetaphysisches Denken, Frankfurt a. M. 1988, S. 153 ff.; Bubner 1990, S. 7.
³³ Toulmin 1975, bes. S. 32 ff., 37 ff.; vgl. Kopperschmidt 1989, S. 123 ff.
³⁴ Toulmin 1975, S. 10 f.; dazu Kopperschmidt 1980, S. 13 ff., 115; T.-M. Seibert: Vom Nutzen und Nachteil des forensischen Modells für die Philosophie des Diskurses, in: Schanze/Kopperschmidt (Hrsg.) 1989, S. 249 ff.
³⁵ Lesern seines Buches ist freilich diese problemgeschichtliche Virulenz nicht unbemerkt geblieben, vgl. neben Fußn. 34: O. Bird: The re-discovery of the Topics, in: Proced. of the Americ. Cathol. Philos. Ass. 34 (1962), S. 200 ff.; M. J. Secor: The influence of Toulmin, in: Rhetorik 8 (1989), S. 57 ff.

tisch fundierten «Nouvelle Rhétorique» vorgelegt hat, ich meine Chaïm Perelman (zus. mit Lucie Olbrechts-Tyteca).[36] Was Perelman mit Toulmin verbindet, ist nicht nur die Favorisierung des bereits erwähnten und für die Rhetorik typischen forensischen Paradigmas[37] als kategorialem Explikationsrahmen methodischer Geltungssicherung und damit der Versuch, über die systematische Analogisierung von Rechts- und Geltungsansprüchen die Zuständigkeit des „Gerichtshofs der Vernunft" material zu entgrenzen. Sie verbindet darüber hinaus biographisch ein gemeinsamer Erkenntnisweg, der aus den gleichen Aporien einer positivistischen Philosophie zur Wiederentdeckung von Rhetorik bzw. Topik als einer „Logik" führte, die ihren Bezug zum „logos" als dem Medium ihrer kommunikativen Aktualisierung noch nicht gekappt hat[38]; einer Logik genauerhin, die über die Methodisierung des „Argumentierens und Überzeugens" besonders die Verständigungsprozesse im Bereich praktischen Handelns theoretisch zugänglich wie kritisch beurteilbar gemacht hat.[39]

Was Perelman „nach zehnjährigen Studien" in intensiver Suche nach einer „Logik der Werte" in Rhetorik und Topik „entdeckte oder vielmehr wiederentdeckte"[40] und wovon sein voluminöser ›Traité de l'argumentation‹ beredtes Zeugnis ablegt, das war die seinerzeit weithin vergessene Komplementärschrift zur Aristotelischen „Analytik" und d.h.: die in der „Topik" versuchte Methodisierung eines – so Aristoteles[41] – nicht „apodiktischen", sondern „dialektischen" Verfahrens möglicher Verständigung bzw. in Perelmans und Toulmins Terminologie übersetzt: die Methodisierung einer nicht „demonstrativen", sondern „argumentativen Logik" substantieller Argumentation".[42] Die Aristotelische Grundeinsicht in den nicht-

[36] Traité de l'argumentation 1970. Ober- bzw. Untertitel wechseln je nach Auflage seit 1958.
[37] Perelman 1967, S. 142; vgl. Kopperschmidt 1980, S. 21 ff.
[38] Vgl. F. Kapp: Der Ursprung der Logik bei den Griechen, Göttingen 1965.
[39] Perelman 1978, S. 386 f., allgemein S. 381 ff.
[40] Perelman 1978, S. 386.
[41] Topica 100a; vgl. Bornscheuer 1967, S. 26 ff.
[42] Perelman/Olbrechts-Tyteca 1970, S. 15 ff.; Perelman 1967, S. 132 ff.; Toulmin 1975, S. 111 ff.; Bubner 1990.

Das Ende der Verleumdung. Einleitende Anmerkungen   11

monologischen, sondern prinzipiell relationalen Charakter argumentativer Überzeugungsprozesse – „alles Überzeugende ist jeweils ein Überzeugendes *für* jemanden" (pithanon tini)[43] – enthielt in nuce bereits die programmatische Architektonik einer Argumentationstheorie, wie sie Perelman in subtiler Weise entfaltet und theoretisch präzisiert hat, indem er aus diesem kommunikativen Bezug argumentativer Überzeugungsprozesse den kriteriellen Maßstab für die Berechtigung von Geltungsansprüchen überhaupt ableitete: der Universalisierungsgrad argumentativer Überzeugungsakte («accord de l'auditoire universel») avanciert zum Rationalitätsmaßstab jedes faktischen Verständigungsanspruchs und wird damit zum Distinktionskriterium zwischen einer Überzeugungs- und Überredungsrhetorik.[44]

Die theoriestrategische Nähe einer solchen Argumentationstheorie zu Habermas' und Apels Diskurstheorie bzw. Konsensustheorie der Wahrheit[45] liegt – trotz fehlender expliziter Bezugnahmen – ebenso auf der Hand wie die wirkungsgeschichtliche Vermitteltheit dieser argumentations- und diskurstheoretischen Entwürfe durch eine Rhetorik, deren spezifisches Frageinteresse in dem folgenden Definitionsversuch in zitationsanfälliger Prägnanz formuliert ist: „Die Rhetorik gilt herkömmlicherweise als die Kunst, einen Konsensus in Fragen herbeizuführen, die nicht mit zwingender Beweisführung entschieden werden können ... Wenn diese Entscheidungen rational

---

[43] Rhet. 1356b; vgl. Hellwig 1973, S. 47f. Zu ergänzen wäre: überzeugend innerhalb des jeweils gewählten Bereichs kategorialer Problemreflexion und argumentativer Problemzugänglichkeit; vgl. die entsprechende Unterscheidung zwischen bereichsspezifischen Verständigungsprozessen bei Aristoteles (Rhet. 1358b: Gericht, Markt, Fest) und den korrelierenden Begriffspaaren „gerecht/ungerecht", „nützlich/schädlich", „gut/schlecht"; vgl. Fußn. 60.

[44] 1970, S. 40ff., 87ff.; vgl. Apel 1973/2, S. 64; Kopperschmidt 1980, S. 115ff.; ders. 1985, S. 141ff.; ders. 1989, S. 113ff.

[45] Habermas 1981; ders.: Wahrheitstheorien, in: Wirklichkeit und Reflexion, FS f. W. Schulz, Pfullingen 1973, S. 211ff. (ebd. S. 238ff. zur „Logik des Diskurses" und S. 252ff. zur „idealen Sprechsituation"); K.-O. Apel: Diskurs und Verantwortung, Frankfurt a. M. 1988; Kopperschmidt 1980, S. 19ff., ders. 1989, S. 93ff.

getroffen werden, fallen sie weder theoretisch zwingend, noch bloß arbiträr aus: sie sind vielmehr durch *überzeugende Rede* motiviert."[46] Die Wiederentdeckung dieser Rhetorik war für Perelman die Wiederentdeckung eines methodischen Verfahrens, das die bes. seit Descartes virulente Zwangsalternative zwischen „Evidenz" und „Irrationalität" aufzubrechen erlaubte und in der konsensstiftenden Kraft überzeugender Rede die authentische Gestalt einer sich kommunikativ bewährenden Vernunft zu erkennen ermöglichte.[47]

III

Was Habermas im eben zitierten Text als traditionellen Kompetenzbereich der Rhetorik negatorisch ausgrenzt, nämlich: „Fragen, die nicht mit zwingender Beweisführung entschieden werden können", darin ist leicht die gleichsinnige, ebenfalls negatorische Rhetorikdefinition bei Aristoteles wiederzuerkennen: Rhetorik hat es mit Problemfragen zu tun, „für die wir *keine exakten Wissenschaften* haben"[48].

Diese definitorische Bestimmung impliziert zwar auch ein Urteil über den wissenschaftstheoretischen Status der Rhetorik[49] (den sie übrigens mit der Ethik und der Politik teilt): sie ist keine exakte Wissenschaft (episteme) im emphatischen Wortsinn und kann es auch bei Strafe ihres Funktionsverlustes nicht sein. Doch weit mehr enthält diese definitorische Bestimmung einen systematischen Versuch ihrer Legitimation: Rhetorik ist notwendig, weil sie überhaupt erst die Rationalitätsressourcen in einem Bereich auszuschöpfen lehrt, der für epistemische Vernunfts- und Wahrheitsansprüche prinzipiell unzugänglich bleibt. Unzugänglich deshalb, weil dieser Bereich sich

---

[46] Habermas 1970, S. 75 f.; vgl. Gadamer 1986, S. 236 ff.; Vattimo 1990, S. 140 ff. In der Auseinandersetzung mit J. Derrida freilich verengt sich Habermas' Rhetorikbegriff auf seine literarästhetische Dimension (vgl. 1985, S. 191 ff.).
[47] Perelman 1979 b, S. 84.
[48] Rhet. 1357 a, vgl. 1356 a, 1391 b.
[49] Vgl. Fey 1990, S. 58 ff., 67 ff.; Hellwig 1973, S. 73 ff.

Das Ende der Verleumdung. Einleitende Anmerkungen 13

nicht in die Gegenständlichkeit einer objektiven Welt überführen läßt, die in ihrem So-Sein aus unveränderlichen und ewigen Prinzipien ihrer Existenz erkennbar ist, bzw. positiv reformuliert: weil dieser Bereich mit der sozialen Welt deckungsgleich ist, die in und durch situatives Handeln von Subjekten erst konstituiert wird. Aristoteles bestimmt diesen Bereich ontologisch mit der sperrigen Kategorie der „Möglichkeit des Anders-Seins"[50] und differenziert entsprechend zwischen einer Welt, auf die sich Subjekte im wahrheitsfähigen Erkennen ihrer Notwendigkeit gleichsam kontemplativ beziehen, und einer Welt, die sie aktiv durch Handeln (Praxis und Herstellen/Poiesis) selber gestalten, indem sie dieses mögliche Anders-Sein von Welt als Entscheidungschance zwischen situativen Handlungsalternativen aktualisieren.

Solche Entscheidungen, wenn sie *als* Entscheidungen bewußt ratifiziert werden, verlangen praktische Einsicht (phronesis) und bedächtiges Abwägen, situative Klugheit und Urteilskraft,[51] Vermögen, die sich im Fall allgemein relevanter Entscheidungen in der Qualität von Handlungsvorschlägen und Empfehlungen bewähren, die zustimmungsfähig sind, weil sich in ihnen allgemein geltende Handlungsorientierungen zur Geltung bringen. Entsprechend hat es die Rhetorik – so das komplementäre, positive Definitionspendant bei Aristoteles – mit Problemfragen zu tun, „über die wir uns beraten" (bouleuesthai)[52] bzw. – etwas freier übersetzt – über die wir uns *verständigen* müssen.[53] Mit anderen Worten: Rhetorik hat es mit dem öffentlichen Gebrauch der „phronesis" zu tun. Diesen öffentlichen Gebrauch zu ermöglichen heißt: die allgemeine Zu-

---

[50] Rhet. 1357a; Nikom. Eth. 1112a, 1139a, 1139b; vgl. Mainberger 1987, S. 60 ff., 242 ff.; Kopperschmidt 1973, S. 33 ff.; ders. 1985, S. 79 ff.
[51] Mainberger 1987, S. 170 ff.; Gadamer 1960, S. 17 ff., 27 ff., 297 ff.; Eggs 1984, S. 69 ff.; O. Höffe: Praktische Philosophie. Das Modell des Aristoteles, München/Salzburg 1971. Phronesis ist die Voraussetzung klugen und richtigen Entscheidens (prohaireses), vgl. Eggs ebd. S. 96 ff.; Bien (s. Fußn. 27) S. 348 f.
[52] Rhet. 1357a; vgl. Nikom. Eth. 1141b.
[53] Vgl. Gast 1988, S. 1 ff.; Blumenberg 1981, S. 108; Richards 1965; Mainberger 1987, S. 258 („Kontingenzbewältigung").

gänglichkeit zu solchen Verständigungsprozessen sicherzustellen, in denen Meinungen auf ihre Zustimmungsfähigkeit bzw. Konsentierbarkeit hin überprüft werden. Die politische Form eines Gemeinwesens, die zumindest strukturell die Einlösung solcher Bedingungen erleichtert, heißt bei Aristoteles: Demokratie.[54] Sie ist die notwendige Voraussetzung der möglichen Rationalität von Verständigungsprozessen, weil nur sie die uneingeschränkte Ausschöpfung des Rationalitätspotentials erlaubt, dem praktische Geltungsansprüche ihre mögliche Vernünftigkeit verdanken.[55] Diese essentielle Demokratiepflichtigkeit von Rhetorik ist – nebenher vermerkt – die systematische Reformulierung der so beliebten genealogischen These über Demokratie als historischem Ermöglichungsgrund der Rhetorik.

Niemand aber – so Aristoteles' Funktionsspezifizierung der Rhetorik – berät sich über Dinge, die ihrer Möglichkeit nach gar nicht anders sein können, d. h.: die gar nicht Gegenstände möglicher Entscheidungen sind.[56] Doch niemand sucht auch Verständigung *mit anderen* über Dinge – so wäre pragmatisch zu ergänzen –, wenn diese Verständigungsanstrengung nicht durch ein brüchig gewordenes Einverständnis nötig geworden wäre, das die Kooperationsbedingungen gesellschaftlich lebender und deshalb auf Handlungskoordinierung angewiesener Subjekte belasten oder sogar verhindern würde. „Handlungszwang" nennt das Blumenberg.[57] Rhetorik setzt mithin beides voraus: Handlungsfähigkeit als Bestimmung von Subjekten, die sich als Ursprung ihrer Handlungen verstehen und die sich durch Reden über die Richtung ihrer handlungsleitenden

---

[54] Politik 1281 a ff. Zur „politike techne" als allgemeiner menschlicher Kompetenz vgl. Plato: Prot. 321 a ff. Diese Kompetenz wird beanspruchbar unter Bedingungen soziostrukturell ermöglichter Redefreiheit; vgl. M. Fuhrmann: Die Tradition der Rhetorikverachtung und das deutsche Bild vom Advokaten Cicero, in: Rhetorik 8 (1989), S. 43 ff.; Koppperschmidt 1990b, S. 493 ff.
[55] Vgl. neben Moss 1986 bes. die Arbeiten von Perelman und M. Meyer.
[56] Rhet. 1357 a, 1359 b, 1391 b u. ö.; Nikom. Eth. 1139 b.
[57] 1981, S. 113; Habermas 1981/1, S. 148 ff. spricht von „Koordinationszwang"; ders. 1985, S. 345; Burke 1950, S. 43; Koppperschmidt 1989, S. 54 ff. Dieser Handlungszwang nötigt den Redeadressaten in die Rolle des „krites" (Aristoteles: Rhet. 1391 b).

Das Ende der Verleumdung. Einleitende Anmerkungen 15

Orientierungen verständigen *können*[58]; Kooperationsnotwendigkeit als Bestimmung von Subjekten, die aufgrund ihrer gesellschaftlichen Existenzbedingungen sich über das verständigen *müssen*, was sie gemeinsam wollen. Kurz: Rhetorik hat es theoretisch mit Verständigungsproblemen zu tun unter Bedingungen fehlender Wahrheitsevidenz *und* notwendiger Handlungskooperation. Die klassischen drei rhetorischen Gattungen der Rede (Markt, Gericht, Fest) sind eine auf antike Gesellschaftsverhältnisse bezogene beispielhafte Typologie der öffentlichen Orte, an denen diese Dialektik zwischen Handeln-Können und Kooperieren-Müssen virulent wird als öffentliche Anstrengung einer gemeinsamen Willensbildung.

Insofern sich der jeweilige Einzelwille von Subjekten in solche Verständigungsprozesse aber nur einbringen kann als *Meinung* (doxa) über die anstehenden Problemfragen, hat es die Rhetorik – dies der dritte Definitionsansatz bei Aristoteles – mit der Rekonstruktion der Bedingungen zu tun, die erfüllt sein müssen, damit sich aus unterschiedlichen und gegebenenfalls strittigen Meinungen (amphidoxein) ein gemeinsamer Wille bilden kann.[59] Aristoteles beschreibt diese Bedingungen als Bedingungen der Konsentierbarkeit einer Meinung (homologia) aufgrund der gelingenden Rückbindung ihres Geltungsanspruchs an allgemein akzeptierte Meinungen (endoxa). Die spezifische Qualität der Rede, der diese Vermittlungsleistung gelingt, nennt Aristoteles ihre „Überzeugungskraft" (pistis) und differenziert sie genauer entsprechend den Elementarfaktoren jeder Verständigung (Redegegenstand, Redesubjekte, Sprache) nach den jeweiligen Ressourcen möglicher Überzeugungskraft (pragma, ethos, pathos, lexis/taxis). Der Reflexionsgegenstand der Rhetorik ist daher – so endlich ihre Aristotelische Kurzdefinition – die Rekonstruktion der Bedingungen *überzeugungskräftiger Rede*.[60]

---

[58] Aristoteles: Rhet. 1359 a. Das allgemeine Ziel (skopos) der Beratung ist nach Aristoteles: Eudaimonie (ebd. 1360 b).
[59] Rhet. 1356 a; vgl. Gadamer 1986, S. 275: „... alle sozialen und politischen Willensbekundigungen sind vom Aufbau gemeinsamer Überzeugungen durch Rhetorik abhängig."
[60] Rhet. 1355 b; vgl. Ricœur 186, S. 17. „Überzeugungskräftig" bzw. „nicht überzeugungskräftig" ist der rhetorikspezifische Binärcode, der im

In der Überzeugungskraft der Rede erkennt die Rhetorik keine „List der Vernunft", sondern eine „Gestalt von Vernünftigkeit",[61] die man mit Mainberger „konjekturale Vernunft"[62] oder mit Ballweg „phronetische" bzw. „prudentielle Vernunft"[63] oder – enger am griechischen Grundbegriff orientiert – *doxastische* Vernunft nennen könnte. Sie hat – dies mag man als „ontologisches Vorurteil" des Aristoteles und der antiken Philosophie verrechnen[64] – zwar nicht die Würde einer zu Wahrheitserkenntnis disponierten epistemischen Vernunft; doch als eine „andere Art Wissen" mit eigenem „Wahrheitsanspruch", der sich aus der „konkreten Allgemeinheit" sozial beglaubigter und bewährter Gewißheiten und Verläßlichkeiten nährt,[65] ist diese doxastische Vernunft durchaus achtenswert; achtenswert, weil sie ein „vernünftiges Arrangement mit der Vorläufigkeit der Vernunft"[66] darstellt: vernünftig sind Meinungen, die sich durch die Überzeugungskraft ihrer Plausibilisierung aus *lebensweltlichen* Gewißheitsquellen konsensuell beglaubigen lassen.[67]

Innerhalb der Aristotelischen Denkvoraussetzungen ist die Differenz zwischen Wahrheit und Wahr-scheinlichkeit, zwischen episte-

---

Sinne N. Luhmanns (u. a. in: Ökologische Kommunikation, Opladen 1986, S. 75 ff.) eine „spezifische" Unterscheidung „universell" anwendbar macht, zumindest auf diskursive Verständigungsprozesse. Dieser Binärcode setzt die bereichsspezifischen Binärcodes ethischer, juristischer, wissenschaftlicher usw. Kommunikation (nämlich: gut/schlecht, rechtmäßig/unrechtmäßig, wahr/falsch usw.) nicht außer Kraft, sondern bezieht aus ihnen jeweils die Maßstäbe für Akzeptanz- und Rejektionswerte (vgl. Fußn. 43).

[61] Blumenberg 1981, S. 130.
[62] Mainberger 1987, S. 253 ff.
[63] Ballweg 1982, S. 27 ff.
[64] M. Riedel: Einige Aporien in der praktischen Philosophie des Aristoteles, in: Ders. 1972/1, S. 79 ff., bes. S. 88.
[65] Gadamer 1960, S. 18, vgl. allgemein S. 16 ff.
[66] Blumenberg 1981, S. 130.
[67] Bubner 1990; R. Welter: Der Begriff der Lebenswelt, München 1986; Habermas 1981/1, S. 171 ff. Die Aristotelische Unterscheidung zwischen „pithanon" und „phainomenon pithanon" macht nur Sinn, wenn es sich dabei um eine eigenständige Gewißheitsquelle handelt (Rhet. 1355 b).

Das Ende der Verleumdung. Einleitende Anmerkungen 17

mischer und doxastischer Vernunft, zwischen apodiktischem Wissen und konsensuell beglaubigtem Einverständnis zwar sowenig aufhebbar wie ihre ontologisch fundierte Ranghierarchie einschleifbar; doch läßt sie sich auch nicht – was die gängige Topik der Rhetorikkritik immer wieder versucht – gegen die Rhetorik ausspielen, als gäbe es für sie faktisch die Wahlalternative zwischen absolutem Wahrheitswillen und bloß meinungsbezogener Plausibilitätsgenügsamkeit. Diese Alternative ist so fiktiv wie der szientistische Anspruch an die Rhetorik naiv ist, der methodologische Exaktheitspostulate unabhängig von der Frage ihrer bereichsspezifischen Angemessenheit und Einlösbarkeit dogmatisch monopolisiert.

IV

Daß Rhetorik eine Verzichtleistung impliziert, ist nach Aristoteles die Bedingung ihrer Möglichkeit. Modern reformuliert: „Die Rhetorik gehört in ein Syndrom skeptischer Voraussetzungen."[68] Insofern die Sophistik die früheste Form eines philosophischen Skeptizismus darstellt, läßt sich auch sagen: die Rhetorik verdankt ihre theoretischen Voraussetzungen der antiken Sophistik. Entsprechend hatte Heinrich Gomperz bereits 1912 präzis formuliert: die Sophistik, bes. in ihrer Protagoreischen Gestalt, ist die geistige Bewegung, in der verortet ist, was man die „Philosophie der Rhetorik" nennen könnte.[69] Eine Philosophie freilich, die als Verzichtleistung nur dann angemessen definiert ist, wenn sie nicht zum bloßen „Resignationsideal"[70] heruntergestimmt, sondern als Konzentrat einer „Antiphilosophie"[71] im Sinne von Gegen-Philosophie zu der Philosophie begriffen wird, die sich in der Auseinandersetzung mit eben

[68] Blumenberg 1981, S. 111; vgl. Mainberger 1987, S. 64 ff. Über die „Genügsamkeit der Vernunft".
[69] 1965, D. 258; vgl. Kristeller 1981, S. 13: es gab „eine Philosophie, die in der Rhetorik implizit enthalten ist". Apel (1975, S. 74, allgemein S. 17 ff.) spricht von der „geheimen Philosophie der Rhetorik"; vgl. ders. 1973/1, S. 26 ff.
[70] Gadamer 1980, S. 18.
[71] Dockhorn 1968 a, S. 49.

der Sophistik zu konstituieren und ihr traditionsstiftendes Selbstverständnis zu finden begann, die der Rhetorik ihre philosophische Grundlage lieferte. Platons folgenreiche Fundamentalkritik der Rhetorik ist in ihrem substantiellen Kern Kritik dieser rhetorischen Gegen-Philosophie und d. h. nach Gomperz: Kritik ihrer impliziten „Erkenntnistheorie". Entsprechend versteht man die Grundsätzlichkeit dieser Platonischen Kritik und die geschichtliche Virulenz und Singularität des notorischen Konflikts der Philosophie mit der Rhetorik nur, wenn man ihn auf der Ebene ansiedelt, auf der dieser Konflikt *als* philosophischer Konflikt allein entstehen konnte[72]: nämlich auf der Ebene der Auseinandersetzung über die Möglichkeit wahrheitsfähiger Erkenntnis. Erst ihre Bestreitung macht das essentielle Interesse der Rhetorik an einem methodischen Verfahren überhaupt plausibel, das Verständigung zwischen kooperationsbedürftigen Subjekten trotz fehlender Wahrheitsevidenz sichern soll.

Daß Rhetorik als eine durch den sophistischen Skeptizismus belehrte Theorie freilich nicht nur eine Verzichtleistung ratifizierte, sondern exemplarisch antizipierte, die auch der traditionellen Philosophie und den vermeintlich exakten Wissenschaften nach dem Ende eines naiven Szientismus und „antirhetorischen Methodologismus"[73] nicht erspart blieb,[74] diese Einsicht ist ebenso modernitätsspezifisch wie sie die ontologischen und erkenntnistheoretischen Voraussetzungen der von Platon inspirierten Rhetorikkritik prinzipiell dementiert; denn an die Möglichkeit, über Wahrheit schlechthin noch anders reden zu können als im Sinne eines auf Widerruf geltenden Konsenses über die Berechtigung eines überzeugungskräftig gestützten Geltungsanspruchs, an diese Möglichkeit glauben zwischenzeitlich weder die Philosophie noch eine wissenschaftsgeschichtlich aufgeklärte Wissenschaftstheorie.[75] Der

---

[72] Vgl. Niehues-Pröbsting 1987, bes. S. 14 ff.
[73] Gadamer 1960, S. 17.
[74] Blumenberg 1981, S. 112.
[75] T. S. Kuhn: Die Struktur der wissenschaftlichen Revolution, Frankfurt a. M. 1972; Gadamer 1986, S. 255 ff.; Vattimo 1990, S. 147 ff.; Blumenberg 1981, S. 112; J.-F. Lyotard: Beantwortung der Frage: Was ist postmo-

Das Ende der Verleumdung. Einleitende Anmerkungen 19

„Mangel an Evidenz" bildet längst das gemeinsame anthropologische Fundament, das sie ebenso trägt wie die Rhetorik; denn der Konflikt der Philosophie mit der Rhetorik „ist *in* der Philosophie *gegen* die Philosophie entschieden worden".[76] Diese Konfliktbeilegung ist nicht nur der Erklärungsgrund für die philosophische „Annäherung an die Rhetorik"[77], sondern auch für die zeitgleich erfolgte philosophische Annäherung an die Sophistik[78] als theoretischer Grundlage der Rhetorik, die endlich als erster europäischer Aufklärungsschub zu lesen gelernt wurde. Die Rehabilitation von Rhetorik und Sophistik ist im Kern die Rehabilitation nicht eines subjektivistischen bzw. relativistischen, sondern eines „konventionalistischen" oder „konsensualistischen" Paradigmas,[79] in dem doxastische Vernunftansprüche überhaupt erst theoretisch zugänglich und funktional legitimierbar werden, nämlich: als Vernunftansprüche einer durch überzeugungskräftige Rede erzielten Verständigung. In der Rehabilitation ihrer möglichen Vernunftansprüche ist die Einsicht ratifiziert, daß „die Möglichkeit des Anders-Seins", die in Aristoteles' Ontologie den Reflexionsbereich der Rhetorik ausgrenzen sollte, längst nicht mehr nur die Bedingung praktischen Handelns benennt, sondern zum allgemeinen Bestimmungsmerkmal auch der Gegenständlichkeit des theoretischen Weltbezugs geworden ist. Diese Einsicht in den Gegenständlichkeit allererst konstituierenden bzw. konstruierenden Charakter des

---

dern?, in: W. Welsch (Hrsg.): Wege aus der Moderne, Weinheim 1988, bes. S. 198. Darin liegt die tendenzielle Entwertung der kulturellen Relevanz (nicht der technischen) von nachaufgeklärter Wissenschaft begründet; vgl. H. Lübbe: Philosophie nach der Aufklärung, Düsseldorf/Wien 1980, S. 45 ff.

[76] Blumenberg 1981, S. 105; Meyer 1986 b.

[77] Ijsseling 1988; Schanze/Kopperschmidt (Hrsg.) 1989; Vickers (Hrsg.) 1982 (Teil III); Sutton 1986, S. 203 ff.; Florescu 1970, S. 193 ff.; Kopperschmidt 1989 b, S. 341 ff.; Niehues-Pröbsting 1987, S. 35 ff.; ders. 1990, S. 123 ff.; Österreich 1989, S. 51 ff.

[78] Vgl. neben Kopperschmidt 1990 a: Themenheft „Moderne Sophistik" der Neuen Hefte für Philosophie 10 (1976); Buchheim 1986; Emsbach 1980; Baumhauer 1986.

[79] W. Röd: Absolutes Wissen oder kritische Rationalität?, in: H. Poser (Hrsg.): Wandel des Vernunftbegriffs, Freiburg/München 1981, S. 67 ff.

theoretischen Weltbezugs (auch Beobachten und Erkennen ist Handeln) hat die Unterstellung eines direkten, von Erkenntnisinteressen und paradigmatischen Voraussetzungen unabhängigen theoretischen Wirklichkeitszugangs ebenso destruiert wie die Chance objektiven Wahrheitsbesitzes.[80] Damit entgrenzt sich notwendigerweise auch der Reflexionsbereich der Rhetorik in dem Maße, als die Problemfragen sich material entgrenzen, über die wir uns redend verständigen müssen.

Diese Entgrenzung meint natürlich keine erneute Universalisierung des Kompetenzanspruchs einer vormodernen Disziplin Rhetorik, sondern nötigt zur Universalisierung der rhetorischen Fragestellung auf alle Prozesse der Verständigung über theoretische wie praktische Geltungsansprüche. Denn wenn deren mögliche Rationalität auf der konsensstiftenden Kraft überzeugender Rede beruht, dann wird *Rhetorizität*[81] als materialer Gehalt der rhetorischen Fragestellung zum notwendigen Reflexionsgegenstand aller Disziplinen, die sich mit Verständigungsprozessen befassen. Und nicht nur dies: Rhetorizität wird zum integralen Bestandteil der Selbstaufklärung von Wissenschaft selbst, insofern auch ihre theoretischen Aussagen nur Geltungsansprüche formulieren, deren Berechtigung sich auf nichts anderes als auf die durch überzeugungskräftige Rede motivierte Zustimmungsnötigung berufen kann.[82]

Die Universalität der rhetorischen Fragestellung gründet in der universalen *Rhetorizität* von Verständigung. Methodisch folgenreich wird diese Einsicht freilich erst, wenn die rhetorische Fragestellung disziplinär transformiert und adoptiert wird. Das erhöht nicht nur sektoral die Gesprächschancen zwischen den Wissen-

---

[80] „Auch Theorien werben implizit um Zustimmung" (Blumenberg 1981, S. 113); vgl. S. J. Schmidt (Hrsg.): Der Diskurs des radikalen Konstruktivismus, Frankfurt a. M. 1987; H. R. Maturana/F. J. Varela: Der Baum der Erkenntnis, Hamburg 1987; H. von Foerster: Sicht und Einsicht, Braunschweig 1985.

[81] Dieser Begriff meint in diesem Zusammenhang natürlich mehr und anderes als bloß die Figuralstruktur von Rede im Sinne ihrer Devianz von normalsprachlichen Standards (vgl. H. F. Plett: Die Rhetorik der Figuren, in: Ders. [Hrsg.] 1977, S. 125 ff.; ders. 1975, S. 139 ff.).

[82] Vgl. beispielhaft Maier-Leibnitz 1984.

schaften, sondern erschwert auch einen Geltungsdogmatismus, der sich die immanente Rhetorizität der Geltungsbedingungen wissenschaftlicher Aussagen nicht eingestehen will. Rhetorik im Sinne eines solchen disziplinär transformierten und adoptierten Frageinteresses ist darüber hinaus sowohl energischer Widerspruch gegen jeden essentialistischen Wahrheitsbegriff wie engagiertes Plädoyer für die Pluralität bereichsspezifischer Geltungsansprüche, deren Vernünftigkeit sich methodisch nur in den Grenzen bereichsspezifischer Plausibilitätspotentiale bewähren kann.[83]

V

So wichtig die Aristotelische Rhetorikkonzeption für das zeitaktuelle Interesse an Rhetorik und ihrem spezifischen Frageinteresse auch immer sein mag, die Wirkungsgeschichte der Rhetorik läßt sich nicht auf die Wirkungsgeschichte dieser *philosophischen Begründung* der Rhetorik reduzieren. Schon gar nicht freilich auf die Wirkungsgeschichte einer durch den sophistischen Skeptizismus belehrten *„Philosophie der Rhetorik"* oder auf ihr Gegenstück, auf die Wirkungsgeschichte des Platonischen Entwurfs einer *philosophischen Rhetorik*.[84] Überhaupt – es gibt nicht *die* Wirkungsgeschichte der Rhetorik, sondern nur Wirkungsgeschichte als Summe der Wirkungsgeschichten von sehr verschiedenen Rhetorikkonzeptionen, die sich allenfalls im Sinne Blumenbergs danach grob differenzieren lassen, welche Anthropologie ihnen jeweils philosophisch zugrunde liegt. Entsprechend diesem Dichotomisierungsversuch gibt es zwei Arten von Rhetorik: die eine „hat es mit den Folgen aus dem Besitz

---

[83] Vgl. Kopperschmidt 1989, S. 143 ff. „Plausibilität" weist schon etymologisch (lat. plausus) auf die Qualität von Meinungen, die Beifall finden (griech. endoxa).

[84] Als „Überredung zur Einsicht" hat Niehues-Pröbsting (1987) diese Art von Rhetorik im Anschluß an Platon Phaidon 82d rekonstruiert; vgl. H. Blumenberg: Höhlenausgänge, Frankfurt a. M. 1989. Heute ist diese Platonische Hoffnung erkenntnistheoretisch verwehrt, vgl. Maturana/Varelas modernisierte Höhlen-Metapher (s. Fußn. 80, S. 149 f.).

von Wahrheit zu tun", die andere „mit den Verlegenheiten, die sich aus der Unmöglichkeit ergeben, Wahrheit zu erreichen".[85] Von der einen, die man etwas salopp *Verlegenheitsrhetorik* nennen könnte, war mit Bezug auf Aristoteles bisher primär die Rede, weil sie die Rhetorik ist, die dem zeitaktuellen Bewußtsein die theoretisch plausibelsten Anschlußchancen bietet. Von der anderen Rhetorikart wird jetzt noch kurz zu reden sein; denn sie ist „die in unserer Tradition einflußreichste Rhetorik" gewesen; gemeint ist Ciceros *rhetorische Philosophie*.[86]

Der wirkungsgeschichtliche Erfolg der Ciceronianischen Rhetorik, ablesbar etwa an ihrer Rezeption durch Quintilian oder im Renaissance-Humanismus,[87] verdankt sich den gleichen Gründen, die sie als Inspirationsquelle für die zeitaktuelle Wiederentdeckung der Rhetorik relativ ungeeignet machten: sie ist keine Verlegenheitsrhetorik mehr, zumindest keine Verlegenheitsrhetorik im bisher erläuterten Sinne; denn die raison d'être dieser Rhetorik ist nicht der Mangel an Wahrheitsevidenz, sondern die notorische *Insuffizienz* von Wahrheit, ihre kommunikative Vermittlung und soziale Durchsetzung selber besorgen zu können. Was Gadamer mit Blick auf die Wissenschaften als spezifische Leistung der Rhetorik bestimmt, benennt diese andere Art von Verlegenheit, auf die Rhetorik reagiert; „erst durch sie" werden die theoretischen Einsichten der Wissenschaft bzw. Philosophie „praktisch" folgenreich, d.h. „zu einem gesellschaftlichen Faktor des Lebens".[88] Sollen also deren Einsichten „über den Kreis der Fachleute hinaus" Wirkung erzielen, dann bedarf es einer Kompetenz, die sie „aus den Winkeln" (ex angulis) ihrer esoterischen Diskussionsenklaven befreit.[89] Und diese

---

[85] Blumenberg 1981, S. 104. Eine mehr forschungspragmatische hat Plett (Einleitung zu: Ders. [Hrsg.] 1977, S. 9 ff.) vorgeschlagen.

[86] Blumenberg 1981, S. 105; Niehues-Pröbsting 1987, S. 15 ff.; Grimal 1988; Michel 1960; Mainberger 1987, S. 263 ff., 291 ff. Bedingt vergleichbar ist Isokrates' rhetorische Philosophie, vgl. Ijsseling 1988, S. 31 ff.; Eucken 1983.

[87] Grassi 1980; Geil 1974; Wesseler 1974.

[88] Gadamer 1986, S. 237.

[89] Cicero: De oratore I 57; dazu und zu L. Vallas Zitation dieser Stelle vgl. B. Vickers: Rhetorik und Philosophie in der Renaissance, in: Schanze/Kopperschmidt (Hrsg.) 1989, S. 130 bzw. 137.

Kompetenz lehrt weder eine Fachwissenschaft noch die Philosophie, sondern – so Cicero – allein die Rhetorik; sie ist die Theorie und Didaktik des Vermögens, „de *omnibus* rebus copiose varieque dicere posse"[90]. Das Konfliktpotential, das dieser Universalanspruch der Rhetorik implizit enthält, wird besonders bei dem Cicero-Verehrer Quintilian deutlich: Rhetorik ist Theorie und Didaktik des Vermögens, über alles „besser" (melius) als alle Experten reden zu können.[91] Ernsthaft vertretbar freilich war dieser materiale Universalanspruch nur, weil er zugleich ein funktional reduzierter Anspruch war; denn was den Redner vom Fachmann unterscheidet – läßt man sich überhaupt auf diese prekäre Vergleichsebene ein –, kann ja nicht das größere Sachwissen (res) sein, sondern nur die größere Kompetenz, diesem Sachwissen eine seine kommunikative Wirksamkeit fördernde sprachliche Gestalt (verba) zu geben.

Der implizite Reduktionismus dieses Rhetorikverständnisses entspannt nicht nur die traditionelle Konfliktbeziehung zwischen Philosophie und Rhetorik, die allenfalls noch im mißlichen Streit über historische Besitzansprüche auf Reflexionsobjekte weiterlebte.[92] Dieser Reduktionismus hat zur Bedingung seiner Möglichkeit auch eine folgenreiche Verschiebung des kategorialen Rahmens, in dem Rhetorik sich theoretisch expliziert: an die Stelle des *Rede*-Paradigmas tritt das *Redner*-Paradigma.[93] Dieser Paradigmenwechsel führt zu einer Neufokussierung des rhetorischen Frageinteresses: Rhetorik löst sich tendenziell aus ihrer Bindung an die – von Aristoteles zumindest bereichsspezifisch anerkannte – Verständigungsleistung von Rede und wird zu einer *Kompetenztheorie* des kommunikativ erfolgreichen Redners. In dem utopischen Konstrukt des „idealen Redners" (orator perfectus)[94] soll noch einmal – und zwar bildungstheoretisch – versöhnbar werden, was praktisch als Folge disziplinärer Ausdifferenzierung des Wissens sich längst getrennt

---

[90] Ebd. I 59.
[91] Inst. orat. II 21; vgl. Cicero de orat. I 45 ff.
[92] Inst. orat. II 21, 13 ff.; I prooem. 10 ff.
[93] Mainberger 1987, S. 306 f.; entsprechend plausibel ist die Kapitelüberschrift ›Rednerporträt‹ (S. 263 ff.).
[94] Schulte 1935; Barwick 1963; Mainberger 1987, S. 259 f., 269 ff.

hatte, nämlich: Sach- und Redekompetenz.⁹⁵ Doch versöhnbar werden diese Kompetenzen nur, weil Rede nicht mehr als elementares Verständigungsmedium konzeptualisiert ist, in dem sich die zu verhandelnde Sache erst klären und sachbezogene Geltungsansprüche erst einlösen lassen, sondern Rede zu einem formalen und deshalb auf jeden Sachverhalt qua *Stoff* (materia) applizierbaren Sprachvermögen geworden ist, das dessen kommunikativ erfolgreiche Vermittlung sicherstellt.

Niehues-Pröbstings durchaus bedauernd gemeinte Feststellung, daß geschichtlich gesehen die Ciceronianische Rhetorik „sich durchgesetzt habe"⁹⁶, meint eben dies: durchgesetzt hat sich Rhetorik nicht – so die einschlägigen Differenzierungskategorien bei Habermas⁹⁷ – als Theorie *verständigungsorientierter* Rede, sondern Rhetorik als Theorie *erfolgsorientierter* Rede. Was zugleich heißt: durchgesetzt hat sich ein Rhetorikkonzept, das seine sozialtechnologische Mißbräuchlichkeit theoretisch nicht mehr einholen konnte, sondern nur noch moralisierend⁹⁸ verklagen oder idealisierend in bildungstheoretischen Konstrukten einer Versöhnung von „sapientia" und „eloquentia" unterlaufen konnte. Die Praktikabilität dieses bildungs- bzw. kompetenztheoretischen Rhetorikbegriffs für alle – wie auch immer motivierten – Interessen an einer Theorie erfolgsorientierter Rede läßt sich beispielhaft an Augustins Versuch ablesen, die christliche Rezeption der antiken Rhetorik dadurch zu erleichtern, daß sie als Formaltheorie sprachlicher Wirkungsfaktoren (verba) von den materialen Gehalten (res) abgelöst wird, deren kommunikative Verbreitung sie in der heidnischen Welt besorgt hatte. Warum – so lautet die entsprechend einflußreiche Argumentationsfigur Augustins – soll die Rhetorik nicht auch der Wahrheit ihren Waffendienst anbieten können, wenn sie in der Durchsetzung von Lüge und Irrtum so erfolgreich war?⁹⁹ Daß bei einem solchen

---

⁹⁵ Vgl. den Schlüsseltext von Ammonius bei Apel 1975, S. 150f.
⁹⁶ 1987, S. 16.
⁹⁷ 1981/1, S. 385 u. ö.
⁹⁸ Vgl. Fey 1990.
⁹⁹ De doctrina christiana IV 2,2; vgl. Quintilian: Inst. orat. XII 2,5 („arma rhetorum"). Zu Augustin vgl. Marrou 1982, bes. S. 281 ff. zur Verin-

Das Ende der Verleumdung. Einleitende Anmerkungen 25

sprachfrei konzipierten Wahrheitsbegriff und korrelierenden formalen Sprachbegriff (in medio posita est facultas eloquii) Rede als Medium sprachlicher Verständigung in der Sache erst gar nicht mehr in den Blick gerät, liegt ebenso auf der Hand wie die Tatsache, daß damit einer instrumentellen Fungibilisierung der Rhetorik Tür und Tor geöffnet wurde. Nicht daß Theorie solche Beerbbarkeit prinzipiell verhindern könnte, soll damit behauptet werden, wohl aber, daß eine sich als Theorie erfolgsorientierter Rede empfehlende Rhetorik nicht einmal in der Lage ist, solche Beerbbarkeit plausibel zu denunzieren und die normative Unterscheidung zwischen überredender und überzeugender Rede einzuklagen.

VI

«L'histoire de la rhétorique est celle d'une restriction généralisée.»[100] Die einzelnen Phasen dieser Restriktionsgeschichte haben u.a. Roland Barthes und Gérard Genette bis in moderne Entwürfe einer «Rhétorique générale» nachgezeichnet, die sich nur noch mit den transformationellen Operationen beschäftigt, über die Sprache ihre handlungsbezogene Utilität und referentielle Funktionalität destruiert, um ihre poetische bzw. literarische Autotelie zu wahren.[101] Die Gründe für diese Restriktionsdynamik liegen nicht nur in der spätantik eingeleiteten politischen Entmachtung der Rhetorik und ihrer korrelativen Literalisierung bzw. „ästhetischen Exilierung"[102]; die Gründe liegen auch in der Willfährigkeit der Rhetorik selbst, mit

nerlichung des Wahrheitsbegriffs („in interiore hominis habitat veritas"); Mainberger 1987, S. 316 ff.; Ijsseling 1988, S. 63 ff. (ebd. S. 67 zum stillen Lesen).
[100] Genette 1970, S. 158; Barthes 1970, S. 192 ff. spricht von einer «extinction progressive». Sie kulminiert in der Reduktion der Rhetorik auf eine Theorie der Metapher – fraglos die linguistisch wie philosophisch wichtigste Figur; vgl. Blumenberg 1979, S. 75 ff.; ders. 1960. Gemeint ist die ›Allgemeine Rhetorik‹ von Dubois u. a. 1974.
[101] Vgl. dazu Kopperschmidt 1990a, S. 25 f.
[102] Magass 1967, S. 31 ff.; Curtius 1961, S. 71 ff.

der sie im Interesse der Selbsterhaltung ihre eigenen philosophischen Grundlagen unkenntlich gemacht und ihren Anspruch, den öffentlichen Gebrauch der Vernunft anzuleiten, so weit heruntergestimmt hat, daß ihr sogar die ebenso kühne wie paradoxe Idee einer „eloquentia tacens", einer zur Sprachlosigkeit verinnerlichten Beredsamkeit, zu denken nicht widersprach.[103] Für die Philosophie verlor eine solche Rhetorik ihren Konkurrenzcharakter und blieb – von wenigen Ausnahmen abgesehen – so lange ignorabel, bis ihre eigene Geschichte sie zur Revision der Voraussetzungen nötigte, deren antizipierte Ratifikation sie heute in der Rhetorik wiederentdeckt. Denn „so lange die Philosophie ewige Wahrheiten, endgültige Gewißheiten wenigstens in Aussicht stellen mochte, mußte ihr der consensus als Ideal der Rhetorik ... verächtlich erscheinen"[104]. Von Wiederentdeckung der Rhetorik im Vollsinn dieses Wortes ist daher erst dort zu reden, wo das spezifische Frageinteresse einer nichtrestringierten Rhetorik wiederentdeckt wird, nämlich: das Interesse an den Bedingungen verständigungsorientierter und handlungsbezogener Rede.

Gleichwohl! Zur Wirkungsgeschichte der Rhetorik gehört auch – und gemessen an ihrem Gewicht sogar vorrangig – die Wirkungsgeschichte jener anderen Rhetorik, die zwar die Aufhebung der Dissoziation zwischen „res" und „verba" zu ihrem Programm erhoben hatte, die Faktizität dieser Dissoziation aber nicht mehr zu dementieren vermochte. Verständlich mag dies sein, wenn man mit Cicero die strukturellen Voraussetzungen dieser fatalen Dissoziation bereits in der Sokratischen Philosophie angelegt sieht.[105]

Geläufiger als mit den Begriffen „res" und „verba" läßt sich das gemeinte Problem als Dissoziation zwischen Wahrheit und Wirkung bzw. als Dissoziation zwischen Wahrheits- und Wirkungsbedingungen von Rede reformulieren.[106] Theoriestrategisch hat sie zur Voraussetzung, daß die Wirkung überzeugungskräftiger Rede nicht mehr als konsensuelle Beglaubigung ihres Wahrheitsgehalts fun-

---

[103] Quintilian: Inst. orat. II 18,3; vgl. dazu Seel 1977, S. 58 ff.
[104] Blumenberg 1981, S. 112.
[105] De orat. III 15,56 ff.; vgl. Quintilian: Int. orat. I prooem. 13.
[106] Blumenberg 1981, S. 111 f.; ders. 1960, S. 44 ff., 88 ff.

Das Ende der Verleumdung. Einleitende Anmerkungen 27

giert, sondern als eigen- und selbständige Sprachleistung verstanden wird, der sich die sprachfrei verbürgte Wahrheit als Mittel ihrer ornativen Einkleidung und pragmatischen Durchsetzbarkeit bedient. Rhetorik als Theorie solcher wirkungs- bzw. erfolgsorientierten Rede ist nötig, weil sich – so Georg Klaus in voller Übereinstimmung mit diesem Dissoziationstheorem – „nur soviel Wahrheit durchsetzt", wie Menschen aufgrund ihres „Interesses" an bzw. „Parteilichkeit" für Wahrheit durchzusetzen vermögen.[107] Warum das (leider) so ist, das muß dann klassen- oder gesellschaftstheoretisch bzw. – so die antiken Varianten[108] – psychologisch oder bildungstheoretisch erklärt werden. In den Kategorien von Klaus' „erkenntnistheoretischer Pragmatik" bringt sich ein zwar ideologisch geprägtes („Es gibt nur eine Wahrheit"), ideologieübergreifend aber generalisierbares funktionales Interesse an Rhetorik beispielhaft zur Geltung, dessen Virulenz dieser Art von Rhetorik nicht nur ein Überleben ermöglicht hat, sondern sie auch zwanglos als Teilstück einer bereits erwähnten Sozialtechnologie[109] zu inkorporieren erleichterte, die unter Namen wie „Persuasionswissenschaft" oder „Neue wissenschaftliche Rhetorik"[110] die Amputation des rhetorischen Frageinteresses durch kompensatorischen Methodologieaufwand ebenso unkenntlich zu machen versucht, wie sie einer sogenannten „praktischen Rhetorik"[111] die Wissenschaftlichkeit ihrer theoretischen Grundlagen suggeriert.

Diese Art von Rhetorik mußte nicht wiederentdeckt werden; sie gibt es und sie wird es geben, solange ein Markt für Wissenschaften besteht, deren technisches Erkenntnisinteresse auf die „Macht des Wortes" als Mittel sozialer Selbstbehauptung[112] abonniert ist. Wie-

[107] 1969, bes. S. 97 ff., zur Stelle S. 98.
[108] Vgl. Kopperschmidt 1990a, S. 14 f.
[109] H. Schelsky: Die Arbeit tun die anderen, Opladen 1975, S. 233. Kühn 1977; Kopperschmidt 1985, S. 1 ff.; Dyck 1974a.
[110] Vgl. dazu Ueding/Steinbrink 1986, S. 166 ff.
[111] Auch „angewandte Rhetorik" genannt; vgl. dazu Bausch/Grosse 1985; A. Bremerich-Vos: Populäre Ratgeber, Habil.-Schr. 1989.
[112] Als solche interpretiert Niehues-Pröbsting (1987, S. 43 ff.) plausibel einen „anthropozentrischen" Rhetorikbegriff vor dem Hintergrund der Thales-Anekdote und ihrer Adoption in Platons Theaitet (172c); zum Ver-

derzuentdecken war indes eine Rhetorik, die gerade aufgrund der Restriktion ihres Frageinteresses auf die sprachlichen und dispositionellen Wirkungsbedingungen von Rede ein in seiner subtilen Differenziertheit konkurrenzloses System kategorialer Sprachreflexion[113] entwickelt hatte, das Heinrich Lausberg in enthistorisierender Synopse unter dem Programmtitel ›Handbuch der literarischen Rhetorik‹ als ›Grundlegung einer Literaturwissenschaft‹ empfahl und dem auch Roland Barthes seine Bewunderung nicht versagen mochte.[114] Wiederzuentdecken war genauerhin eine Rhetorik, die nicht nur ein systematisch nutzbares Anregungspotential literaturwissenschaftlicher und linguistischer Theoriebildung bereithielt,[115] sondern auch für historisch interessierte Forschungsrichtungen wertvolle Informationen versprach; denn Rhetorik galt ja jahrhundertelang ebenso als Bezugsdisziplin für die im engeren Sinne sprachbezogenen Reflexionsanstrengungen (artes praedicandi, dictandi, historiae, Poetik usw.) wie als Modelldisziplin für alle Theorien, die in den Kategorien rhetorischer Sprachanalyse die beispielhafte Rekonstruktion der allgemeinen Prinzipien formaler Stoffgestaltung erkannten und die über die Rezeption und Adoption dieser Kategorien sich eine differenzierte Beschreibungssprache zu schaffen versuchten, um ihre jeweiligen materialen Gegenstände (Musik, Kunst, Architektur, Traum usw.) methodisch zugänglich zu machen.[116]

Unter dem der modernen Linguistik entliehenen Titel ›Rhetorik als Texttheorie‹ habe ich im ersten Teil dieser zweibändigen Dokumentation versucht, dieses systematische wie historische Interesse an den allgemeinen Konstitutionsbedingungen von Textualität bei-

gleich mit der „Apologie" und dem „Gorgias" vgl. ebd. S. 64 ff. bzw. 82 ff.; vgl. auch H. Blumenberg: Das Lachen der Thrakerin, Frankfurt a. M. 1987.

[113] Vgl. Vickers (s. Fußn. 89) S. 122.

[114] Lausberg 1960, bes. Vorwort S. 7 f.; Barthes 1970, S. 172.

[115] Ueding/Steinbrink 1986, S. 157 ff.; D. Breuer: Einführung in die pragmatische Texttheorie, München 1974; H. Kalverkämper: Antike Rhetorik und Textlinguistik, in: M. Faust u. a. (Hrsg.): Allgemeine Sprachwissenschaft, Sprachtypologie und Textlinguistik. FS f. P. Hartmann, Tübingen 1983, S. 349 ff.

[116] Vickers 1988, S. 340 ff.; Kopperschmidt 1990a, S. 28 ff.

spielhaft zu belegen. Was diesen Teilaspekt der komplexen Wirkungsgeschichte der Rhetorik relativ leicht ausgrenzbar machte, war die Fokussierung des leitenden Frageinteresses auf Rhetorik im Sinne einer generativen Texttheorie, deren Kategorien sich zugleich als flexibles Instrument einer Textanalyse umfunktionieren ließen. Daß diese Fokussierung gelegentlich der Gefahr erliegt, das rhetorische Teilinteresse an den formalen Gestaltungsprinzipien von Rede zu verabsolutieren und seine Verortung in dem rhetorischen Fundamentalinteresse an den allgemeinen Konstitutionsbedingungen überzeugungskräftiger Rede aus dem Auge zu verlieren, ist die wirkungsgeschichtliche Spätfolge einer bereits zitierten Rhetorikentwicklung, in der die formalen Wirkungsfaktoren tendenziell von dem Prozeß abgekoppelt wurden, in dem sie subsidiär – wie Aristoteles sagt[117] – die konsensstiftende Kraft überzeugender Rede mitkonstituieren. Subsidiär, insofern die sprachliche Form der Rede sowohl das Engagement des Redners und seine Parteinahme für den von ihm verteidigten Geltungsanspruch zu beglaubigen wie das Interesse des Adressaten an dem Gesagten zu wecken bzw. zu stabilisieren vermag; subsidiär aber auch in dem Sinne, daß die zwanglose Leichtigkeit, mit der sich ein Redner der Sprache als Medium der Gedankenfindung und -vermittlung bedient, die Plausibilität des von ihm Gesagten zu stützen hilft.[118]

Die in dem hier vorgelegten zweiten Band der Dokumentation versammelten einschlägigen Beiträge aus den letzten vierzig Jahren verbindet ein anderes und zugleich vielschichtigeres Interesse an Rhetorik. Es ist das Interesse an Rhetorik als beispielhafter Exposition einer Fragestellung, die am Modellfall überzeugungskräftiger Rede die allgemeinen Bedingungen der Verständigung zwischen

---

[117] Rhet. 1403b.
[118] Methodisch beschreibbar sind solche Gestaltungsprinzipien als Prinzipien der Transformation „einer Ordnung niederen Grades in eine Ordnung höheren Grades" (M. Bense: Einführung in die informationstheoretische Ästhetik, Reinbek 1969, S. 36, allgemein S. 33 ff.). Beispielhaft sind diese Prinzipien einer sogenannten rhetorischen Sekundärgrammatik bei Plett (1975, S. 147 ff. und ders. [s. Fußn. 81] S. 125 ff.) sowohl in ihren normalsprachliche Regeln verletzenden wie verstärkenden Deviationsvarianten beschrieben.

gesellschaftlich existierenden Subjekten zu rekonstruieren versucht und die bei diesem Rekonstruktionsversuch eine Strukturierung des komplexen Problemfeldes geleistet hat, deren Kategorien implizit oder explizit die Geistes- und Ideengeschichte bis in die Gegenwart ebenso beeinflußt haben wie die Bildungs- und Sozialgeschichte oder die Theorie- und Problemgeschichte. Der sicher nicht unstrittige Vorschlag, die Wirkungsgeschichte der Rhetorik in dieser Weise dreifach zu spezifizieren,[119] soll nicht mehr leisten als ein Ordnungsprinzip ihrer Dokumentation anbieten, das die Auswahl und Zuordnung des breit gestreuten Interesses an Rhetorik einigermaßen steuern kann.

Unter dem Titel ›Geistes- und ideengeschichtliche Aspekte‹ der Wirkungsgeschichte der Rhetorik sind acht Beiträge aufgenommen (Dockhorn, Murphy, Linn, Grassi, Breymayer, Gadamer, Schanze, de Man), die sowohl die historische Dimensionierung dieser Wirkungsgeschichte (von Augustin, Vico bis Baumgarten, Schlegel und Nietzsche) wie die materiale Breite ihrer extensionalen Geltung (Philosophie, Sprachtheorie, Ästhetik, Hermeneutik, Humanismus, Pietismus) bezeugen und die Virulenz rhetorikgenuiner Kategorien (Ethos, Pathos/Affekt, Topos, Kairos, Figur/Tropos, Argument, Doxität, Probabilität, Schein, das Erhabene, das Wahrscheinliche usw.) für die theoretische Strukturierung der einschlägigen Problemreflexionen belegen sollen. Wie sehr diese Wirkungsgeschichte der Rhetorik „nicht von ihrer Anerkennung", d.h. von ihrer expliziten Ratifikation abhängt,[120] das ist exemplarisch an Gadamers hermeneutischen Arbeiten ablesbar, die erst nach 1960, also nach ›Wahrheit und Methode‹ und nach der durch dieses Grundbuch der philosophischen Hermeneutik ausgelösten interdisziplinären Diskussion[121] die Rolle der Rhetorik und ihrer Kategorien für die Reflexionsgeschichte des Verstehensproblems systematisch freigelegt haben.[122]

---

[119] Gadamer 1960, S. 285.
[120] Zu den geistes- und ideengeschichtlichen Implikaten vgl. bes. Dockhorn 1968 und Blumenberg 1960, S. 8f.
[121] Vgl. bes. Dockhorn 1966, S. 169ff.
[122] Vgl. die in Gadamer 1987 gesammelten ›Ergänzungen‹ zu ›Wahrheit

Das Ende der Verleumdung. Einleitende Anmerkungen 31

Für die Dokumentation der ›Bildungs- und sozialgeschichtlichen Aspekte‹ der Wirkungsgeschichte der Rhetorik sind Beiträge von sechs Autoren ausgewählt worden, deren besonderes Interesse sich auf die Rolle der Rhetorik richtet, die sie kategorial (aptum/decorum, virtus usw.) wie konzeptionell (vir bonus, Stilebenentheorie usw.) bei der Entwicklung des ästhetisch-idealistischen Bildungsideals (Bornscheuer) und humanen Geselligkeitsideals (Ueding) ebenso gespielt hat wie bei der Ausbildung und Disziplinierung einer öffentlichen Rede- und Diskussionskultur (Jäger, Magass), deren aufklärerischer Selbstanspruch bis heute nichts an politischer Aktualität eingebüßt hat (Jens, Geißner).[123] Sosehr nach dem historischen Befund der zitierten Autoren Rhetorik bei der Entstehung einer spezifisch bildungsbürgerlichen Identität und einer entsprechenden bürgerlichen Öffentlichkeitskultur Hilfestellung geleistet hat, ihr besonders von Isokrates, Cicero und Quintilian geprägtes Bildungskonzept ist wirkungsgeschichtlich gleichwohl nicht exklusiv von Emanzipationsbewegungen beerbt worden. Bildungs- und sozialgeschichtlich liest sich die Wirkungsgeschichte der Rhetorik durchaus ambivalent; sie hat ebenso bürgerlichen wie höfischen, humanistischen wie klassenegoistischen Interessen[124] die kategorialen Instrumente ihrer theoretischen Selbstklärung geliefert. Befremden mag diese Ambivalenz der Rhetorik nur, wenn man die jeweiligen geschichtlichen Bedingungen und Vorgaben unterschätzt, die immer schon in die Adoption und Transformation ihrer Kategorien und Konzepte eingehen.

Die ›Problem- und theoriegeschichtlichen Aspekte‹ der Wirkungsgeschichte der Rhetorik schließlich sollen in sechs Beiträgen

und Methode‹. 1960 war Vico noch die favorisierte Vermittlungsinstanz der Rhetorik (S. 17ff.).

[123] Vgl. zur politischen Funktion der Rhetorik bes. Hennis 1977, S. 1 ff., 88 ff.; Sternberger 1967, S. 114 ff.; Dieckmann 1964, ders. 1969; Geißner 1975; Grieswelle 1978; Schild 1973; Zimmermann 1969.

[124] Recht symptomatisch ist die fast entschuldigende Geste, mit der Braungart (1988) seine ›Hofberedsamkeit‹ einleitet und der „republikanischen Reserve" gegen diese „Untertanenstaats"-Rhetorik seine Reverenz bezeugt (S. 1 ff., 22); vgl. auch Göttert 1988.

beispielhaft thematisiert werden, die an der wirkungsgeschichtlichen Virulenz rhetorischer Theoriebildung und kategorialer Problemreflexion interessiert sind, ob sie diese Virulenz nun mehr an den philosophischen und anthropologischen Implikaten rhetorischer Gegenstandskonstitution festmachen (Blumenberg) oder an der Methodik des rhetorischen Problemzugangs (Kopperschmidt) oder endlich an den materialen Erträgen rhetorischer Theoriearbeit (Viehweg, Perelman, Ballweg, Mainberger). Daß in diesem Zusammenhang der Argumentationstheorie als prominentestem Teilstück einer verständigungsorientierten Rhetoriktheorie[125] eine besondere Beweiskraft für die wirkungsgeschichtliche Relevanz der Rhetorik zukommt, erklärt sich aus der fundamentalen Rolle des argumentativen Verfahrens für die prozedurale Einlösung doxastischer Geltungsansprüche[126]; denn deren Rationalität kann sich auf nichts anderes berufen als auf die konsensuelle Ratifikation der Überzeugungskraft ihrer argumentativen Stützung. Darum ist es auch kein Zufall, daß drei Beiträge aus der Feder von Rechtswissenschaftlern stammen (Viehweg, Perelman, Ballweg), die ex professione mit Problemen der Verständigungssicherung im Bereich doxastischer Geltungsansprüche befaßt sind. Was deren Beiträge mit anderen, besonders mit Blumenbergs brillantem Essay und mit Mainbergers kühnem Vergleich zwischen Aristoteles und Lévi-Strauss, zwischen rhetorischem und mythologischem Vernunftanspruch verbindet, ist das identische Interesse an einer mit dem Namen der Rhetorik verknüpften Verständigungstheorie, die sich die Grenzen möglicher Vernunft nicht durch den Geltungsbereich epistemischer Vernunft vorgeben läßt,[127] sondern den „res humanae" (Ballweg) die Chance ihrer vernünftigen Regelbarkeit verspricht.[128]

Daß angesichts aktueller Buchstabierungsversuche eines „Verständigungsparadigmas", das die Erschöpfung des subjektzentrierten

---

[125] Aristoteles: Rhet. 1355a; anders freilich 1356a.
[126] Kopperschmidt 1980, ders. 1989.
[127] Dieses Spannungsverhältnis ist bei Gadamer (1960) in den Titelbegriffen „Wahrheit" und „Methode" angezeigt; vgl. ders. 1986, S. 238 f., 437 ff.
[128] „Die Aristotelische Rhetorik ist die menschlichste der Künste", Mainberger 1987, S. 285.

Vernunftbegriffs ebenso zur Voraussetzung hat wie die Weigerung, aufgrund dieser Erschöpfung den Vernunftbegriff überhaupt preiszugeben,[129] – daß angesichts dieser Situation das Interesse an Rhetorik und ihrem eben genannten Versprechen mehr ist als bloße Rhetorik, das dürften, wie ich hoffe, die einschlägigen Beiträge belegen. Und es ist selbst dort mehr als bloße Rhetorik, wo diese Erschöpfung des subjektzentrierten Vernunftbegriffs – so besonders im französischen und angelsächsischen Raum – poststrukturalistisch und dekonstruktivistisch ganz andere Konsequenzen aufzunötigen scheint: über den Umweg Nietzsche und die rhetorischen Implikationen seiner Philosophie bleibt auch dieses radikale Programm einer „Suspendierung der Logik (durch) Rhetorik"[130] noch innerhalb der Wirkungsgeschichte der Rhetorik rekonstruierbar. Doch einen solchen dekonstruktivistischen Rhetorikbegriff zu dokumentieren, das würde einen weiteren Band nötig machen.

---

[129] Für dieses „Verständigungsparadigma" und das Projekt einer „kommunikativen Vernunft" steht bes. der Name von J. Habermas; vgl. neben 1981 noch 1985, S. 344 ff. Zur Auseinandersetzung mit M. Foucault ebd. S. 279 ff.

[130] De Man 1988, S. 40; vgl. dazu den informativen Themenband ›Rhetorik und Strukturalismus‹ von Rhetorik 9 (1990). Das Zitat ebd. S. 13 (T. Steinfeld: Die melodramatische Wissenschaft).

GEISTES- UND IDEENGESCHICHTLICHE ASPEKTE

DIE RHETORIK ALS QUELLE
DES VORROMANTISCHEN IRRATIONALISMUS
IN DER LITERATUR- UND GEISTESGESCHICHTE

Von Klaus Dockhorn

[...] Für die Rhetorik steht das Irrationale nicht als Problem neben anderen Problemen, sondern ist ihr bewegendes Prinzip. Das kann nicht anders sein. Als Antiphilosophie hat sich die Rhetorik, nach Idee und Schema ihrer Darstellung, aus dem Kampf der Rhetoren mit den Philosophen um den Anspruch auf die Jugenderziehung im Stadtstaat entwickelt zu einer Zeit, da das Reden, der Einfluß durch die Rede auf größere Menschenmengen und Richterkollegien, ein epochales Merkmal der Zeit wurde und blieb. Von daher definiert die Rhetorik ihr Anliegen als „Glaubhaftmachen", „πίστις", „πείθειν", „persuasio", „persuadere",[1] als ein „Gegenstück" der Dialektik, und gleich das erste, die spätere Entwicklung entscheidend festlegende Hauptwerk, die *Rhetorik* des Aristoteles, nimmt, trotz ausdrücklicher Wahrung des philosophischen Standpunktes in ihrem Bestehen auf den sachlichen Beweisen, die rhetorischen Gesichtspunkte maßgeblich in ihr Dispositionsschema auf. Sie nennt drei Arten des Glaubhaftmachens, „πίστεων τρία εἴδη": die Verläßlichkeit des Redners, das Ethos; die emotionale Disponierung oder Zubereitung des Hörers, das Pathos; und das Eingehen auf die Sache, „αἱ δὲ ἐν αὐτῷ τῷ λόγῳ",[2] was Aristoteles später „πρᾶγμα", Pragma, nennt.[3] In der Durchführung aber reduzieren sich diese drei Gliederungsprinzipien auf zwei, denn nachdem er im 1. Buch im wesentlichen die rhetorischen Sachbeweise, die an die Vernunft sich wendenden, den logischen Syllogismus nachahmenden „πίστεις ἐξ

---

[1] Aristoteles, Rhet. I, 1, 3.
[2] Ebd. I, 2, 3.
[3] Ebd. III, 7, 1.

αὐτοῦ τοῦ λόγου" abgehandelt hat, subsumiert er im 2. Buche das Ethos der emotionalen Bereitung der Zuhörer, dem Pathos, der Leidenschaft, indem er die moralische Verläßlichkeit des Redners, das „ἦθος τοῦ λέγοντος" völlig aus dem Auge verliert und statt seiner das Ethos begreift als „Charakter", als erscheinend an den dargestellten Personen, an denen auch das „Pathos", die „Leidenschaft" erscheint und es demgemäß als eine Unterabteilung des Pathos abhandelt.[4] Ebenso wie das Pathos, die Leidenschaft, an Personen auftretend und dargestellt, bei dem Zuhörer unter dem Einfluß der Rede einen Erregungszustand verursacht, so verursacht auch das Ethos, der Charakter einer Person, sein habituelles seelisches Verhalten, sein normales Wesen in Sitte und Gewohnheit, das nach Aristoteles bestimmt ist durch sein (leidenschaftliches) Temperament, seine Lebensgewohnheit, sein Alter und seine soziale Stellung „πάθη, ἕξεις, ἡλικίαι, τύχαι",[5] eine Emotion im Zuhörer. Ethos im Sinne von Charakter dargestellter Personen ist grundsätzlich gemeint, wenn die Rhetorik oder Poetik „πάθος, ἦθος, πρᾶγμα"[6] oder „ἤθη καὶ πάθη καὶ πράξεις",[7] noch häufiger aber „παθητικὸς λόγος" und „ἠθικὸς λόγος" oder „παθητικῶς" – „ἠθικῶς λέγειν" zusammenstellt[8]: während aber bei der Diskussion des Begriffes der Leidenschaften, der Pathe, grundsätzlich klar ist, daß es sich dabei bei den Hörern um emotionale Wirkungen handelt, die sie ihrer Verstandesfunktionen berauben und die Überlegung ausschalten, geht vom Charakter und seiner Darstellung, den Ethe, nach Aristoteles eine später vielfach umstrittene und subtilere, aber auf jeden Fall auch emotionale Wirkung aus, die man provisorisch, zum Unterschied von der entsetzenden Pathos-Emotion, als eine gelassene Gemütsemotion bezeichnen kann. Nach Aristoteles und auch bei seinen Vorgängern entsteht sie als eine Art gefühltes Wie-

---

[4] Zur verwickelten Dispositionsfrage und den drei Hauptarten von Ethos vgl. Wilhelm Süss: Ethos, Leipzig 1912, 147–173 und die Diskussion bei Edward Meredith Cope: Rhetoric of Aristotle, Cambridge 1877, II, 170–175.
[5] Aristoteles, Rhet. II, 12, 1.
[6] Ebd. III, 7, 1.
[7] Aristoteles, Poet. 1. 6.
[8] So etwa Rhet. III, 7, 3 u. 6; III, 16, 9. 10; III, 17, 8. 9; III, 17, 12.

Die Rhetorik als Quelle des vorromantischen Irrationalismus 39

dererkennen eines Bekannten und Gewohnten am Benehmen des Menschen, und ist eine schamvolle Verwirrung, in der der Hörer erkennt, daß der Redner voraussetzt, er nehme an einem allgemein Bekannten teil: „πάσχουσιν δὲ οἱ ἀροαταὶ καὶ ᾧ κατακόρως χρῶνται οἱ λογογράφοι „τίς δ'οὐκ οἶδεν"; „α'Πάντες ἴσασιν"; ὁμολογεῖ γὰρ ὁ ἀκούων αἰσχυνόμενος, ὅπως μετέχῃ οὗ περ καὶ οἱ ἄλλοι πάντες",[9] was Buckley,[10] von dem sich manches über die Praxis der Rhetorik-Interpretationen, wie sie an englischen Universitäten getrieben wurden, lernen läßt, übersetzt: "And the auditors are affected, in some way, by that feeling of which the declaimers avail themselves, till it nauseates; 'who knows not?' – 'all men know it'. For the auditor acknowledges with a kind of confusion, that he participates (in that information) which all the rest of the world possess." Im rhetorischen Grunddispositionsschema von „πρᾶγμα, ἦθος, πάθος"[11] ist also Ethos nicht nur Charakter in unserem Sinne, ein psychologisches konsequentes Verhalten, das wir als wahr begreifen, sondern ein erwartetes menschliches Verhalten, an dem wir als an einem Nahen und innerlich Bekannten teilhaben, indem wir es im Gefühl („πάσχουσιν" wie vorher beim „παθητικῶς λέγειν" das „συνομοιοπαθεῖν") auf uns beziehen.

Wir halten fest: Im Grunddispositionsschema der Rhetorik sind „πράγματα, ἤθη, πάθη" die Darstellungsgegenstände, bei denen grundsätzlich nicht zuerst nach Wahrheit und Naturnachahmung, sondern nach Wirkung als einer Art Glaubhaftmachung im emotionalen Sinne gefragt ist; dabei vertreten „πράγματα" oder „πράξεις" die rationale Wirkung, „πάθη" und „ἤθη", Leidenschaften und Charaktere, die emotionale Wirkung.

b) Diese Dreiteilung der rhetorischen Gegenstände unter dem Gesichtspunkt der Wirkung in Leidenschaften, Charaktere bzw. Gewöhnungen, Sachen oder Handlungen ist, einschließlich der Zäsur, die Leidenschaften und Charaktere zu den emotionalen Wir-

---

[9] Ebd. III, 7, 7.
[10] Theodore A. W. Buckley: Aristotle's Treatise on Rhetoric, London ³1846, 225.
[11] Vgl. Klaus Dockhorn: Wordsworth und die rhetorische Tradition in England, Nachr. Ak. Göttingen phil.-hist. Kl. 1944, 255–292; oben S. 9 ff.

kungen der Rede zusammenfaßt, zum Grunddispositionsschema der römischen Rhetorik geworden, deren Hauptwerke, Ciceros ›De oratore‹ und ›Orator‹ und Quintilians ›Institutio oratoria‹, sie dem Abendland zu dauerndem Bildungsbesitz gemacht haben. Wenn der römische Redelehrer sagt, daß das Reden den Zweck habe zu überzeugen „persuadere", d. h. durch Reden mit Erfolg zu wirken, und dieses „persuadere" auf drei Arten vor sich gehen läßt, durch „probare, conciliare, movere", so denkt der Leser, der durch die normale Schulung der Rhetorik gegangen ist, immer an zwei ihm geläufige Konzeptionen: 1. daß das „probare" durch Sachen, das „conciliare" durch Charaktere, das „movere" durch Leidenschaften geschehe, und 2. daß zwar das „probare", der Sachbeweis, notwendige Grundlage des Redens sei, daß aber, da das Reden diese Provinz mit den Philosophen gemeinsam habe, das „conciliare" und „movere", Charakterdarstellung und Leidenschaftsdarstellung, Pathos und Ethos, die eigentlichen Aufgaben des Redners seien, aus deren Beherrschung sein Ruhm, seine „laus" stamme. Die Bindung von „probare, conciliare, movere" an Sachen, Charaktere, Leidenschaften, mögen hier, für viele andere, zwei Kernstellen der Rhetorik belegen. An aus dispositorischen Gründen wichtiger Stelle von ›De oratore‹ sagt Cicero[12]: „Cum igitur accepta causa et genere cognito rem [!] tractare coepi, nihil prius constituo, quam quid sit illud, quo mihi sit referenda omnis illa oratio, quae sit propria quaestionis et indicii; deinde illa duo diligentissime considero, quorum alterum commendationen [!] habet nostram aut eorum, quos defendimus, alterum est accommodatum ad eorum animos, apud quos dicimus, ad id, quod volumus, commovendos [!]. Ita omnis ratio dicendi tribus ad persuadendum rebus est nixa: ut probemus vera esse quae defendimus; ut conciliemus eos nobis, qui audiunt; ut animos eorum ad quemcumque causa postulabit motum vocemus." In so vielen Abarten die Reihe „probare, conciliare, movere" auch vorkommt, etwa als „conciliare, docere, concitare" in ›De oratore‹ II, 128, als „probare, delectare, flectere" in ›Orator‹ 69, als „docere, delectare, movere vehementius" im ›Brutus‹ 185, als „docere, delectare, permovere" in ›De optimo genere orationis‹ 3: immer geht das „conciliare" als das Her-

---

[12] De oratore II, 114. 115.

vorbringen einer geneigt machenden Emotion von der Charakter- und Sittendarstellung, das „movere" als das Hervorbringen einer tief erregenden Emotion von der Darstellung von Leidenschaften aus. Das besagt deutlich eine andere Kernstelle des ›Orator‹[13]: „Duo sunt, quae bene tractata ab oratore admirabilem eloquentiam faciant: quorum alterum est, quod Graeci ἠθικὸν vocant, ad naturas et ad mores et ad omnem vitae consuetudinem accommodatum; alterum quod eidem παθητικὸν nominant, quo perturbantur animi et concitantur, in quo uno regnat oratio. Illud superius come iucundum, ad benevolentiam conciliandam paratum; hoc vehemens incensum incitatum, quo causae eripiuntur." Damit ist auch, was bei Aristoteles keineswegs überragend klar war, die Art der durch Charakter- und Leidenschaftsdarstellung erzielten Emotionen deutlicher beschrieben und geschieden: Charakterdarstellung, „ad naturas at ad mores at ad omnem vitae consuetudinem accommodatum" hat zur Folge eine Emotion des Wohlwollens, der Freundlichkeit, der Geneigtheit, auch offenbar der Gelassenheit; die Emotion, wie sie durch Vorführung von Leidenschaften geweckt wird, ist offenbar eine tiefe Erregung, in der ein Sichverhärten und Trotzen, auch ein Kraftgefühl eintritt: im ähnlichen Zusammenhang[14] sagt Cicero, daß das „conciliare" Sanftheit der Rede, „lenitas", dagegen das „movere" Kraft, „vis" erfordere und nennt den Effekt des „conciliare" eine „inclinatio voluntatis", den des „movere" eine „permotio animi". Wie „permotio animi" mit Trotz und Härte zusammengeht, wird bald noch deutlicher werden.

Pathos und Ethos aber, „conciliare" und „permovere", sind die eigentliche Domäne des Redens: in ihnen konzentriert sich die rednerische Leistung, die also grundsätzlich als eine ausschließlich emotionale in den Vordergrund tritt: daß der Redner, um zu erregen, auch selbst wirklich erregt sein müsse, ist ein Gemeinplatz der Rhetorik, „ut moveamur ipsi".[15] Diese Zentralität von Pathos und Ethos für die Rhetorik als der beiden emotionalen Gegenstände, die dem Redezweck ursprünglich kongenial sind und nichts mit dem

---

[13] Orator 128.
[14] De oratore II, 129.
[15] Quintilian: Inst. or. VI, 2, 26.

„verum" zu tun haben, belegt am schönsten eine Quintilianstelle[16]: „Hoc est, quod dominatur in iudiciis: hic eloquentia regnat. Namque argumenta plerumque nascuntur ex causa, et pro meliore parte sunt semper ut, qui per haec vicit, tantum non defuisse sibi advocatum sciat. Ubi vero animis iudicum vis afferenda est, et ab ipsa veri contemplatione abducenda mens, ibi proprium oratoris opus est ... Probationes enim efficiant sane, ut causam nostram meliorem esse iudices putent, affectus praestant, ut etiam velint, sed id, quod volunt, credunt quoque. Nam cum irasci, favere, odisse, misereri coeperunt, agi iam rem suam existimant et sicut amantes de forma iudicare non possunt, quia sensum oculorum praecipit animus, veritatis inquirendae rationem iudex omittit occupatus affectibus ... Huc igitur incumbat orator, hoc opus eius, hic labor est ... Adeo velut spiritus operis huius atque animus est in affectibus. Horum autem, sicut antiquitus traditum accepimus, duae sunt species: alteram Graeci πάθος vocant, quod nos vertentes recte ac proprie affectum dicimus, alteram ἦθος, cuius nomine, ut ego quidem sentio, caret sermo Romanus: mores appellantur." Worauf Quintilian die Einkreisung des umstrittenen Ethos-Begriffes in der Rhetorik damit beginnt und vollendet, daß Ethos hier nicht Sitte im Sinne der Moralphilosophie sei, also nicht Norm und Regel, sondern „morum proprietas", „omnis habitus mentis", also Charakter, Eigenart menschlichen Verhaltens.[17]

Wir halten fest: In der für das Abendland den „consensus" abgebenden römischen Rhetorik gelten, in schärferer Ausprägung noch als bei Aristoteles, Leidenschaft und Charakter, Pathos und Ethos, das „movere" und das „conciliare", m. a. W. die emotionalen Redefunktionen, als *die* beiden Aufgaben des Redners. Dabei geht vom „Charakter", den „mores", auch „naturae et mores et omnis vitae consuetudo", „morum proprietas" oder „omnis mentis habitus" genannt, eine Emotion der Neigung und des Zutraulich-Zutunlichen aus; von der Leidenschaft im eigentlichen Sinne, den „affectus", eine Emotion der Verwirrung, „perturbatio animi", deren Wesen noch deutlicher zu klären ist.[18]

---

[16] Ebd. VI, 2, 4–8.
[17] Ebd. VI, 2, 9.
[18] Daß Borinski, der die Bedeutung der Rhetorik so richtig einschätzt

c) Von dem Dispositionsschema „πράγματα, πάθη, ἤθη" bzw. „res (oder causa), affectus, mores" oder „probare, conciliare, movere" aus entwickelt die Rhetorik ihre Lehre von den drei Stilen, dem „genus tenue" oder „subtile", dem „genus grave" oder „grande", und dem „genus medium" oder „temperatum", auch „floridum" genannt. Der Zusammenhang zwischen dem Gegenstand der Rede („πρᾶγμα, πάθος, ἦθος" – Sache, Leidenschaft, Charakter) und den drei Redefunktionen (probare, conciliare, movere) wird damit noch um eine Schicht erweitert, die Form, den Stil. Form und Stil sind also nicht, wie man das der Rhetorik so gern nachsagt, ihr Primäres. Vielmehr folgt in der Rhetorik die Form mit allem, was zu ihr gehört, Redestruktur, Rhythmus und vor allem die zu Unrecht berüchtigte Lehre von den Tropen und Figuren – was alles unter „elocutio" und „ornatus" abgehandelt wird – aus dem Inhalt, den Gegenständen der Rede, „πράγματα, πάθη, ἤθη" und ihrem Gehalt, der beabsichtigten Wirkung des „probare, conciliare, movere".[19] Da der Redner beweisen, „probare", soll, was durch „res" geschieht, tut er es im sachlich-nüchternen Stil, „sermone tenui"; da er den Zuhörer gewinnen und verbinden, „conciliare", will, was durch Darstellung von Charakter, durch Ethos, „mores", geschieht,

(„Die Kunstlehre ist von Anbeginn eine Schöpfung der Renaissance und zwar speziell ihrer Schuldoktrin: der antiken Rhetorik", I 176) und Pathos und Ethos einmal die beiden Kardinalen der antiken Rhetorik nennt (I 126), so wenig aus diesem rhetorischen Grunddispositionsschema für seine Darstellung macht, ist mit einer der Gründe für die verwirrende Gesichtspunktlosigkeit seines Werkes, dessen hohen Wert als gewaltige Materialsammlung die Forschung anerkennt, mit dem aber eben deshalb so wenig für die Geschichte des ästhetischen Problems und ihrer Perioden gewonnen wurde (Karl Borinski: Die Antike in Poetik und Kunsttheorie, 2 Bde., Leipzig 1914/1924).

[19] Das läßt sich aus jeder Gliederung rhetorischer Schriften sehen: die „elocutio", d.h. die Stillehre, folgt, nachdem die Sachbeweise, und danach die Beweise durch Pathe und Ethe abgehandelt sind. So verfahren Aristoteles, Cicero, Quintilian. Die Ablösung der Stillehre von ihrem tragenden Grund, dem Glaubhaftmachen durch Pathos, Ethos, Pragma, ist eine Erscheinung fortschreitender Differenzierung, aber im „consensus" der Hauptwerke nicht vorherrschend und auf jeden Fall immer wieder durch Rückbeziehung auf die Affektenlehre rückgängig gemacht.

tut er es im anmutenden Stil, „suaviter" oder „cum iucunditate"; da er den Hörer hinreißen, niederwerfen, entsetzen, „movere" will, was durch Leidenschaft, Pathos, „affectus" geschieht, tut er es im schweren und bedrängenden Stil, „cum gravitate". Dieser Zusammenhang zwischen Stil, Inhalt und Gehalt ist am klarsten bei Cicero dort zu fassen, wo die Stilgattungen unmittelbar aus den Wirkungsfunktionen abgeleitet werden. Im ›Orator‹[20] sagt Cicero: „Erit igitur eloquens ... is, qui in foro causisque civilibus ita dicet, ut probet, ut delectet, ut flectat: probare necessitatis est, delectare suavitatis, flectere victoriae; nam id unum ex omnibus ad obtinendas causas potest plurimum. Sed quot officia oratoris, tot sunt genera dicendi: subtile in probando, modicum in delectando, vehemens in flectendo." Und der Zusammenhang von Stil über Wirkungsfunktion zum Gegenstand wird, in deutlichster Prägung, in ›De oratore‹[21] gestellt „ut illa altera pars orationis, quae probitatis commendatione boni viri debet speciem tueri, lenis, ut saepe iam dixi, atque summissa, sic haec, quae suscipitur ab oratore ad commutandos animos atque omni ratione flectendos, intenta ac vehemens esse debet. Sed est quaedam in his duobus generibus, quorum alterum lene, alterum vehemens esse volumus, difficilis ad distinguendum similitudo. Nam et ex illa lenitate, qua conciliamur eis, qui audiunt, ad hanc vim acerrimam, qua eosdem excitamus, influat oportet aliquid, et ex hac vi nonnumquam animi aliquid inflandum est illi lenitati; neque est ulla temperatior oratio quam illa, in qua asperitas contentionis oratoris ipsius humanitate conditur, remissio autem lenitatis quadam gravitate et contentione firmatur. In utroque autem genere dicendi et illo, in quo vis atque contentio quaeritur, et hoc, quod ad vitam et mores accommodatur, et principia tarda sint et exitus tamen spissi et producti esse debent." Damit wird, da eben beim „conciliare" grundsätzlich, wie auch an dieser Stelle, an Charakter, „vita et mores" – auch „probitas" heißt, wie wir noch sehen werden, nicht so sehr „Güte des Charakters" als Billigkeit und Maß[22] – und beim „flectere" oder „excitare" grundsätzlich an

---

[20] Orator 69.
[21] De oratore II, 212. 213.
[22] Vgl. S. 12.

Pathos, Leidenschaft gedacht wird, die Differentiation des Emotionalen vom Stil her konturiert. Und dazu fällt hier auch das Stichwort, das vom „conciliare" und vom aristotelischen „πάσχειν" und „μετέχειν" und „ὁμολογεῖν αἰσχυνόμενος", dem "participate in a confusion", erwartet werden konnte: „humanitas". Die Charakterdarstellung hat, von ihrem Gegenstande her, dem menschlichen Charakter, dem man in seiner bloßen Natürlichkeit und gewöhnten „Gewöhnlichkeit" – wir sehen noch, daß dabei das Gesellige stark eingeschlossen ist –, als „naturae et mores et omnis vitae consuetudo" eine Geneigtheit zu Wohlwollen und Gutmütigkeit zuschreibt, eine erfreuende, ergötzende, anmutende, gelassene (im Sinne von „belassen", im Menschsein belassen), „menschliche" Seelenbewegung zur Folge[23]; die Leidenschaftsdarstellung hat, von ihrem Gegenstande, der „vis et contentio" aus, eine wilde, unterjochende, erschütternde, hinreißende, entsetzende und in diesem Gegensatzzusammenhang un-menschliche Seelenbewegung zur Folge. Zur Leidenschaft gehören „asperitas contentionis", „gravitas et contentio", zum Charakter „remissio lenitatis", „humanitas". Dieser Gedanke, nur verständlich, wenn man das Ethos als das Gewöhnt-Menschliche, das Allzumenschliche, nicht als sittliche Regel oder charakterologische Konsequenz im naturalistischen Sinne nimmt, d.h., wenn man vom Emotionalen, nicht vom Moralphilosophischen oder der exakten Psychologie, an es herangeht, ist uns seit langem fremdartig: wo noch Longinus, der Rhetor, ganz unbefangen sagen kann: „πάθος δὲ ὕψους μετέχει τοσοῦτον, ὁπόσον ἦθος ἡδονῆς"[24], da sagt Sulzer mit dem verwunderten Gefühl, dieses Phänomen nicht mehr ganz in den üblichen Zusammenhang von Erhabenheit und hoher Tugend einfügen zu können, unter dem Stichwort *Pathos, Pathetisch*: „Die Griechen setzten zwar das Pathos überhaupt dem Ethos (dem Sittlichen) entgegen. Aber auch in diesem Gegensatz selbst scheinen sie

---

[23] Über das rhetorische „φιλάνθρωπον", das Urbild der „humanitas" des Ethos im Gegensatz zur „asperitas" des Pathos, d. h. „φιλάνθρωπος" im Sinne von „den Menschen gefällig", nicht „menschenliebend", vgl. Süss: Ethos, 94–98.

[24] Longinus: περὶ ὕψους, 29.

unter dem Pathos nur das Große der Leidenschaften zu verstehen, und das bloß sanft und angenehm Leidenschaftliche noch unter das Ethos zu rechnen."[25]

Wir halten fest: Weil Pathos und Ethos, Leidenschaft und Charakter, beide die Gegenstände und Schilderungsarten der emotionalen Redefunktionen sind, weil man diese Emotionen in anmutend-menschliche und wild-entsetzende, erdrückende, einteilt, weil endlich die rationale Redefunktion, der der „nüchterne" Stil zugeordnet ist, auch Provinz der Philosophie ist, tendiert die Rhetorik dahin, im „anmutenden" Stil und im „großen" oder „schweren" Stil, im „genus floridum" und im „genus grande" das ästhetische Werturteil zu erschöpfen. Ausgangspunkt für die verkoppelnde Antithetik des „Anmutenden" und „Großen", damit Ausgangspunkt für die Ästhetik des „Schönen" und „Erhabenen", die dann als „Anmut" und „Würde" die Diskussion des 18. Jahrhunderts beherrschen, sind aber Ethos und Pathos, Charakter und Leidenschaft. Indem so das „Anmutende" am Charakter aus dem „Menschlichen" fließt, wird ersichtlich, daß ein Begriff wie „schöne Menschlichkeit" dem antiken Kritiker einen tautologischen Klang gehabt haben muß.[26] Und

---

[25] Johann George Sulzer: Theorie der Schönen Künste, Leipzig ³1798, III, 720f. s. v. Pathos, Pathetisch.

[26] Dadurch, daß H. Weniger (Die drei Stilcharaktere in ihrer geistesgeschichtlichen Bedeutung, Langensalza 1932) bei deren Darstellung den bestehenden Zusammenhang mit ihrem Ausgangsschema, der Gliederung Pragma, Pathos, Ethos, nicht kennt, entgeht ihm die Selbständigkeit der Kategorie des „Schönen", die sich aus der Selbständigkeit von Ethos als einem der drei Mittel der Glaubhaftmachung herleitet. Daher erscheint ihm später das „Schöne" als eine Abspaltung aus dem „Erhabenen", die Winckelmann vornimmt, womit dessen Leistung überschätzt wird. Das „Schöne" ist von vornherein im Ethos, dem Charakteristischen, vorhanden als das „Anmutende"; mit Harmonie und Organismusvorstellungen hat das zunächst nichts zu tun. Der gleiche Einwand trifft die Darstellung Monks, der, grundsätzlich die Rhetorik mißverstehend, das „Schöne" sich im 18. Jahrhundert infolge einer verwickelten kritischen Bewegung langsam aus dem „Erhabenen" entwickeln läßt, weil er nicht weiß, daß es in der Rhetorik als das „ἡδύ" oder „iucundum" schon immer vorhanden ist und selbständigen Wert hat (Samuel Holt Monk: The Sublime, New York 1935).

jedenfalls hat der ursprüngliche Begriff des „Anmutigen" und „Schönen", wie er in der rhetorischen Tradition überliefert ist, nichts mit Organismusvorstellungen zu tun, sondern mit dem Ethos, dem „vita et mores", der „omnis vitae consuetudo" und „omnis habitus mentis", genau so wie das „Erhabene" ursprünglich mit dem Pathos, der „perturbatio animi" zu tun hat.

d) Aus der zentralen Stellung von Pathos und Ethos in der Rhetorik und ihrer Zusammengehörigkeit als der beiden möglichen Emotionsarten ergibt sich auch, daß die Begriffe Pathos und Ethos stellvertretend für ihre Emotionen stehen können. Das läßt sich besonders gut bei Quintilian sehen.[27] Nachdem er zunächst gesagt hat, daß „ἦθος" im Lateinischen „mores", Charakter, bedeute, wird ihm wegen des damit für den Römer sich einschleichenden Sinnes das bloße „mores" bedenklich. Daher schränkt er „ἦθος" auf „morum proprietas", das Charakteristische im individualisierenden Sinne ein, sagt dann aber, daß es besser sei, mit „πάθος" die wilderregten Affekte, mit „ἦθος" die sanft-milden Affekte zu bezeichnen, von denen das Pathos „verwirrend" sei und „befehle", also willenlos mache, das Ethos aber zum „Wohlwollen" reize und überrede, also den Willen geneigt mache: „Affectus igitur hos concitatos, illos mites atque compositos esse dixerunt: in altero vehementer commotos, in altero lenes: denique hos imperare, illos persuadere: hos ad perturbationem, illos ad benevolentiam praevalere." Das Ausspinnen der Gegensatzschemata auf dem Ethos-Pathos-Gegensatz, das wir in b) mit solchen Antithesen wie „asperitas–lenitas", „gravitas–humanitas" („severitas–suavitas", „gravitas–iucunditas", „asperitas–delectatio" u. ä. gehören auch dazu)[28] kennenlernten, ist bei Antithesen wie „concitati–mites", „concitati–compositi", „vehementer commoti–lenes", „perturbatio–benevolentia" offenbar. An der gleichen Stelle sagt Quintilian: „nam quae πάθος concitavit, ἦθος solet mitigare."[29] Deshalb kann etwa Johannes Sturm in seinem Hermogenes-Kommen-

---

[27] Inst. or. VI, 2, 9.
[28] U.a. Cic., De oratore I, 57; Orator 53, 91–99; Quint., Inst. or. XII, 10, 59. 60ff.
[29] Inst. or. VI, 2, 12.

tar[30] sagen: „Duo potissimum sunt genera argumentandi: quorum alterum docendi causa tantum adhibetur: alterum autem dirigitur ad motum: sed si fit motu leni, vocatur ἠθικόν; sin autem vehementi, nominatur παθητικόν."

Wir fassen zusammen: Aus der Zusammengehörigkeit von Pathos und Ethos als emotionserregenden Gegenständen wird Pathos auch als wilde Erregung, Ethos als sanfte Bewegung der Seele gedeutet. Es zeigt sich die typische Möglichkeit der Barockästhetik mit der Unterscheidung der «grands» und «tendres passions».

e) Das Abblassen der Unterscheidung von Pathos und Ethos, von vornherein in ihrer Zusammengehörigkeit als Emotionserreger gegeben, in eine nur graduelle Unterscheidung – die auch der hellenistischen Rhetorik durchaus geläufig ist, wenn sie das Ethos als „μέτριον πάθος" führen kann[31] – ist aber deshalb nicht erfolgt, weil zum Sinnbestand von Pathos und Ethos von vornherein die ganze Topik dieser Begriffe gehört, die seit Aristoteles und Theophrast ihren Umfang an konkreten Beispielen, in den Fundorten für Pathos und Ethos, beständig ausgedehnt hat. Dazu tritt bei den Römern in die von vornherein mit Pathos und Ethos gegebene Gegensätzlichkeit von entsetzender und gelassener Emotion eine outrierte Antithetik ein, die ihrer Entstehung nach aus dem Eindringen des hellenistischen Menschenbildes in das römische Menschenbild zu stammen scheint.[32] Pathos und Ethos empfangen neuen Konturen. Das läßt sich bei Cicero deutlich feststellen. Als er in ›De oratore‹ die „loci communes" für das „movere", das Pathos, zusammenstellt[33], nennt er als Leidenschaften, die zu „permovere" und „impellere" vermögen, Liebe, Haß, Zorn, Neid, Mitleid, Hoffnung, Freude, Furcht, Angst, läßt sie alle an Situationen hervortreten, die als

---

[30] Hermogenis Tarsensis Rhetoris Acutissimi De Ratione Tractandi Gravitatis Occultae Liber, Latinitati Donatus et Scholis Explicatus atque Illustratus a Joanne Sturmio, 1571, Scholien-Teil 35.

[31] Vgl. Süss: Ethos, 129 u. passim.

[32] Sehr glaubhaft macht das Ulrich Knoch: Magnitudo Animi, Leipzig 1935, ohne allerdings auf die Verwertung und Überlieferung dieses Begriffes in der Rhetorik einzugehen.

[33] De oratore II, 185–216.

Staats-, Kriegs- und Revolutionsfälle anzusehen sind, „casus heroum", Staatsnotstände, Gefahren, Aufstieg und Glanz, Absturz und Elend, Verstümmelung und Entehrung, und faßt die durch die Darstellung solcher Situationen erzielte Wirkung als „vis et contentio" zusammen. Als er an der gleichen Stelle[34] die „loci" für das „conciliare", also das Ethos, zusammenstellt, da nennt er als zum Charakteristischen gehörig Eigenschaften wie Zugänglichkeit, Freimut, Milde, Frömmigkeit, Liebenswürdigkeit und faßt alle am Ende unter dem Begriff „hoc quod ad vitam et mores accommodatur" zusammen. Hier wird nun dem Gegensatz Pathos–Ethos neben dem von „anmutend menschlich" und „ent-setzend wild" ein anderes Licht aufgesetzt. „Facilitatis, liberalitatis, mansuetudinis, pietatis, grati animi, non appetentis, non avidi signa proferre perutile est; eaque omnia, quae proborum demissorum, non acrium, non pertinacium, non litigiosorum, non acerborum sunt, valde benevolentiam conciliant abalienantque ab eis, in quibus haec non sunt." Die „probi" sind also den Bescheidenen und Zurückhaltenden, den Nicht-Prozeßsüchtigen und -Expansiven beigestellt, den „iusti, integri, religiosi, timidi, perferentes iniuriarum" wie Cicero noch hinzusetzt. Solche Menschen gelten also als „charakteristische", ihre Darstellung gibt der Rede „humanitas", weil diese Eigenschaften mit Ethos zusammenhängen, mit „hoc quod ad vitam et mores accommodatur". *E contrario* dazu gehören die Scharfen, Unnachgiebig-Aufdringlichen, Streitsüchtigen, Bissigen in den Umkreis der „asperitas", die der „humanitas" entgegensteht, unter dem Oberbegriff von Gegenständen, die „vis et contentio" im Hörer anregen.

Mit der Zuspitzung des Gegensatzes von Pathos und Ethos, „concitare" und „conciliare", auf die durch diese Beispiele belegte Formel „vis et contentio" gegenüber „vita et mores" wird dieser aber nun identisch mit dem Gegensatz „magnitudo animi – vita et mores" oder „magnitudo animi – res humanae". Denn er wird nun belastet mit dem stoischen moralischen Wertschematismus, der im Ent-setzend-Verwirrenden, dem Pathos, wie es die Rhetorik meint, den Anlaß zu hoher Bewährung der Seele durch die Kraft des Geistes, und im Anmutend-Gewinnenden, dem Ethos, das Sichhingeben,

---

[34] Ebd. II, 178–184.

Hinschmelzen und Fallenlassen zum Nur-Menschlichen sieht. Was bei Cicero in den ethischen Schriften, in ›De officiis‹ und den ›Tuskulanen‹ die Bedeutung der „magnitudo animi" ausmacht, das „gerere res ... magnas quidem, sed vehementer arduas plenasque laborum et periculorum cum vitae tum multarum rerum quae ad vitam pertinent", in Gefahr- und Mühsalsituationen Großes vollbringen, „nulli neque homini neque perturbationi animi nec fortunae succumbere", keinen Menschen, keiner seelischen Verwirrung, keinem Schicksalsschlag sich beugen, „humana contemnere", das Nur-Menschliche verachten, „ea quae eximia plerisque et praeclara videntur, parva ducere eaque ratione stabili firmaque contemnere", das der Menge groß und vorzüglich Scheinende für gering achten und mit fester Vernunft verachten, „ea ... quae et varia in hominum vita fortunaque versantur, ita ferre, ut nihil a statu naturae discedas, nihil a sapientis dignitate", alle die kleinen und vielfältigen Dinge des menschlichen Lebens tragen im Gedanken an die Ewigkeit der Naturgesetze, an denen der Mensch in der Vernunft teilhat, sich vor den laxen und unedlen Begierden der Lust und der Schlaffheit zu hüten, „a libidinibus arcere" und „perturbationem fugere ne aut ira exsistat aut cupiditas aliqua aut pigritia aut ignavia aut tale aliquid appareat", die schmutzigen und transitorischen Spekulationsgeschäfte zu meiden, „sordidi etiam putandi qui mercantur a mercatoribus quod statim vendunt", m. a. W. die hohen und regelgebenden Tugenden der „fortitudo ... magnitudo animi, gravitas, patientia, rerum humanarum despicientia",[35] die „animi robur ac magnitudo et omnium rerum humanarum contemptio"[36], das alles tritt mit den Staats-, Kriegs- und Notstandssituationen, in denen Pathos geweckt wird, zusammen. Die vehementen Leidenschaften, amor, invidia, odium, misericordia, metus, terror, die „perturbationes animi" vereinigen sich als die foliegebenden, der Bewährung und Geistesgröße adäquaten Erregungen mit der ihnen gewachsenen und sich erst in ihnen bewährenden „elatio animi", die eine „robur animi" ist, und machen gemeinsam die auf „vis et contentio", auf „movere" hinzielenden Gegenstände aus, während die „vita et mores" und die ihnen

---

[35] Cic., De off. I, 66 ff. und Tusc. Disp. I, 32.
[36] Tusc. Disp. II, 95.

Die Rhetorik als Quelle des vorromantischen Irrationalismus 51

beigesellten typischen Tugenden der „comitas" und „beneficentia", der „mansuetudo" und „clementia" niedere, nur „ethische" Tugenden, keine pathetischen" Hochleistungen sind und als auf „vita et mores", auf das „conciliare" hinzielend, dieses als ästhetische Emotion und mit ihm die „humanitas", die zum Ethos, zur „vita et mores" gehörte, entwerten. „magnitudo animi", „elatio", ist die in Konfliktsituationen, wir dürfen sagen Pathoslagen, die als Versuchungen auftreten, sich siegreich bewährende und über-menschliche Unberührtheit der Seele, der kämpferische, auf Abwehr und Trotz gerichtete kombinierte Erregungs- und Größenzustand der Seele, die „vis et contentio"; ihm genüber und unter ihm steht die allen Menschen offene, bloß „charakteristische", d.h. „gewöhnliche", in „vita et moribus" und ihren Tugenden, den einfachen und geselligen Qualitäten auftretende „humanitas". Damit geschieht es, daß die ästhetisch-rhetorisch zunächst wertneutralen, weil nur auf verschiedene Emotionalität ausgerichteten Begriffe von Pathos und Ethos, Leidenschaft und Charakter, ent-setzend-bedrückende und anmutend-gewinnende Emotion, sich vermischen mit dem moralphilosophisch wertgeladenen Gegensatzpaar „magnitudo animi – res humanae". Pathos, ursprünglich „perturbatio animi", tritt zusammen mit „elatio animi", ursprünglich bestimmt als Freiheit von „perturbatio animi"; Ethos, ursprünglich eine „perturbatio mitis et lenis", ein „μέτριον πάθος" und erregt durch erwartetes menschliches Verhalten, tritt zusammen mit den „res humanae" und bleibt dadurch Träger der Emotion der „humanitas".

Auf diese Weise entsteht ein neues ästhetisch-emotionales Schema in der Rhetorik. Denn indem man nach der ästhetisch-emotionalen Wirkung dieser zwei unter Tugendaspekten gesehenen Gegenstände: der in Pathossituationen auftretenden „elatio" und des bloßen „Ethos" fragt, verwandelt sich von selbst die „gravitas", die entsetzend-bedrückende Emotion, die dem Pathos auch die Konnotation „dolores" gab, in die Emotion der „admiratio" vor dem Erhabenen, das sich siegreich der Bedrohungen und Versuchungen erwehrt und das Menschliche verachtet; die „iucunditas", das Angenehme und Anmutende, bleibt bestehen als die Emotion, die dem verachteten Menschlichen, dem Charakteristisch-Gewöhnlichen, dem Gesellig-Zutraulichen seit jeher gegolten hat und das als

„sensus hominum" die Antithese zu „dolores" bildete.[37] „Admiratio" und „iucunditas" gehört als ästhetisches Gegensatzschema zum eisernen Bestand der Rhetorik. Auf welchem Umweg es mit Pathos und Ethos als dazugehörige Bezeichnung ästhetischer Emotionen zusammenhängt, zeigt auch Cicero[38]: „Sunt enim aliae virtutes, quae videntur in moribus hominum [Ethos] et quadam comitate ac beneficentia positae; aliae, in ingenii aliqua facultate aut animi magnitudine ac robore. Nam clementia, iustitia, benignitas, fides, fortitudo in periculis communibus iucunda est auditu in laudationibus; omnes enim hae virtutes non tam ipsis, qui ea habent, quam generi hominum fructuosae putantur. Sapientia et magnitudo animi, qua omnes res humanae tenues ac pro nihilo putantur et in excogitando vis quaedam ingenii et ipsa eloquentia admirationis habent non minus, iucunditatis minus ... Sed tamen in laudando sunt iungenda etiam haec (duo) genera virtutum. Ferunt enim aures hominum, cum illa, quae iucunda et grata, tum etiam illa, quae mirabilia sunt in virtute, laudari." Das „Anmutende" geht also immer noch vom Charakter aus, den „mores hominum", die infolge der Kontrastierung mit der „magnitudo animi" ihre Bedeutung des Nur-Menschlichen noch stärker im Geselligen und Verbindlichen haben; das Entsetzend-Hinreißende, das ursprünglich vom Pathos als dem Bedrohlich-Gefährdenden ausging, ist gemildert zur „Bewunderung" vor dem Erhabenen, enthält aber noch das „Furchterregende", die „gravitas" und „asperitas" in sich, weil eben das Erhabene bedroht sein muß und selbst bedrohen muß, ehe es leuchten kann. „Magna etiam illa laus et admirabilis viderit solet tulisse casus sapienter adversos, non fractum esse fortuna, retinuisse in rebus asperis dignitatem."[39] „Oratio admirabilis et iucunda", „admiratio et delectatio" tauchen immer wieder bei Quintilian auf: wenn wir von „Liebe und Bewunderung" sprechen, benutzen wir unbewußt die rhetorische Formel. Das alte Schema von Pathos und Ethos hat sich in diesem Gegensatz mit dem ihm an sich heterogenen Gegensatz von „magnitudo animi",

[37] De oratore II, 96; Orator 209.
[38] De oratore II, 313f.
[39] Ebd. 346.

der stoischen Erhabenheit, und „humanitas", der „vita et mores" verbunden. Wie beharrlich aber die Tradition das Schema von „vis et contentio" als stoischer Erhabenheit und „vita et mores" als anmutender „Humanitas" in seiner Kontamination von Ethik und ästhetischer Emotion festhält, zeigt als Typus humanistischer Anthropologie eine Stelle aus des Petrus Mosellanus Brief an Julius Pflug über Martin Luther auf dem Reichstag zu Worms: „Martinus statura mediocri, corpore macilento, curis pariter et studiis exhausto … Porro in ipsa vita et moribus civilis et facilis, nihil stoicum, nihil superciliosum prae se fert, immo omnium horarum hominem agit. In congressibus festivus, iucundus, alacris et securus ubique, semper laeta facie florens, quantumvis atrocia comminentur adversarii, ut haud facile credas, hominem tam ardua sine nomine Divum moliri."[40]

Wir halten fest: Unter dem Einfluß der stoischen Tugendlehre, die an Pathossituationen sich Erhabenheit bewähren läßt, und am Ethos als dem Gesellig-Freundlichen das Nur-Menschliche und Nicht-Heroische hervorkehrt, bildet sich, immer im Zusammenhang mit Pathos und Ethos als Ausgangsschema das Wertschema von „admiratio – iucunditas", in welchem das „Anmutende" hinter dem „Bewundernswürdigen" zurücktritt. Der genealogische Ursprung des „Erhabenen" und seiner Überordnung über das „Anmutige" liegt, über die „magnitudo animi" und die von ihr vorausgesetzten Pathossituationen der „vis et contentio", im Pathos selbst; der genealogische Ursprung des „Schönen" als des „Anmutigen" liegt, über die „humanitas" und die ihr zugeordneten „vita et mores", im Ethos. Der ästhetische Höchstwert der Renaissanceästhetik, die „magnitudo animi" hat hier seinen Ausgangspunkt und führt hin zu Corneille und dem Barockheroismus.

f) Unter dem dauernd gegenwärtigen Vorstellungsrahmen, daß Pathos nicht nur starke Leidenschaft, sondern in Pathossituationen – „atrocitas" gehört zu den wichtigsten Pathoserregern – sich bewährende Seelengröße und Seelenheroismus bedeutet, dessen Darstellung im Zuhörer eine analoge Emotion von Furcht und Ge-

---

[40] Valentin Ernst Löscher: Vollständige Reformationsacta und Documenta, Leipzig 1729, III, 247f.

hobenheit zugleich erzeugt; daß dagegen Ethos, Darstellung gewöhnlichen menschlichen Verhaltens in charakteristischen Verhältnissen, das sanft-erregte Gefühl zutraulicher Angemutetheit vor dem „Humanen" ist, wird „admiratio–iucunditas", grundsätzlich als das Wirkungspaar angesehen, das von Pathos und Ethos ausgeht, zur Grundformel für rednerische Qualität überhaupt. Wie Cicero, wenn er bei der Diskussion der Aufgabenteilung zwischen Philosoph und Redner[41] ganz natürlich von der Dreiteilung in Sache, Leidenschaft, Charakter, „πρᾶγμα, πάθος, ἦθος" und den ihnen entsprechenden Stilen ausgeht, dem Philosophen den „sermo tenuis", dem Redner aber die „gravitas" und „iucunditas" zuteilt, „illud tamen oratori tribuam et dabo, et eadem, de quibus illi tenui quodam exsanguique sermone disputant, hic cum omni gravitate et iucunditate explicet", so spricht Quintilian, mit deutlicher Beziehung dieser zwei ästhetischen Grundwerte der Rede auf ihre zwei Wirkungsgründe in Pathos und Ethos, von der „oratio admirabilis et iucunda"[42]: „ea sunt maxime probabilia, quae sensum animi nostri optime promunt atque in animis iudicum quod nos volumus, efficiunt. Ea debent praestare sine dubio et admirabilem et iucundam orationem, verum admirabilem non sic, quo modo prodigia miramur, et iucundam non deformi voluptate, sed cum laude et dignitate coniuncta." Auch als „admiratio–delectatio" erscheinen die rhetorischen Höchstwerte, so bei Quintilian[43]: „Nam, qui libenter audiunt, et magis attendunt et facilius credunt, plerumque ipsa delectatione capiuntur, nonnunquam admiratione auferuntur."

Die auf die prinzipiellen Gegenstände der Rhetorik überhaupt zurückgehende Verkoppelung der Höchstwerte des „admirabile" und „iucundum" hat es vermocht, daß die mit dem stoischen Wertschematismus von „elatio animi" und „humanitas" gegebene Zurücksetzung des „Schönen" hinter dem „Erhabenen" in der Antike jedenfalls nicht eingetreten ist, sondern in Amphibolie schwebte, obwohl diese Gefahr der Überordnung der „admiratio" über die „iucunditas" bestand, auch dadurch, daß man das Pathos vorwiegend in der

---

[41] De oratore I, 57.
[42] Inst. or. VIII, Prooem. 33.
[43] Ebd. VIII, 3, 5.

Tragödie, das Ethos in der Komödie verkörpert sah.[44] Während etwa bei Longinus das „Erhabene" als die Kombination von Seelengröße und Pathos, von hohem Gedankenflug und tiefer Erregung bestimmt wird und sogar das Ethische als eine Schwächung dichterischer Energie herabgesetzt wird,[45] ist bei Quintilian dem Ethos sein voller Raum gewährt und gegenüber dem Pathos als dem „elatum" und „sublime" sein eigener Wert als das „blandum et humanum", das „amabile et iucundum", das „mite et placidum" gegeben. Denn während er, ganz wie Cicero, das Pathos und seine Emotionen sich im Raume von „ira, odium, metus, invidia, miseratio" bewegen und an Pathossituationen wie „parricidium, caedes, veneficium" wachsen läßt, die noch durch die sogenannte „ἐνάργεια" und „δείνωσις" besonders „acerba et luctuosa" und „gravia" erscheinen und den „sanguis, pallor, gemitus" handgreiflich vor Augen stellen, was dann alles als „toleranda", als der Seele eben erträglich zum Pathos die Emotion des „superbum", „elatum" und „sublime" hinzutreten läßt,[46] bestimmt er das Ethos als das Schmeichelnd-Menschliche, Liebenswert-Angenehme, Ruhig-Gelassene, läßt es aus den menschlich-elementaren und gewöhnlichen Situationen fließen und im Raum der charakteristischen Beziehungen der Geselligkeit und menschlichen Zuneigungen sich bewegen[47]: „ἦθος, quod intelligimus, id quod ante omnia bonitate commendabitur: non solum mite et placidum, sed plerumque blandum et humanum, et audientibus amabile atque iucundum: in quo exprimendo summa virtus est, ut fluere omnia ex natura rerum hominum videantur, quo mores dicentis ex oratione pelluceant et quodammodo agnoscantur.[48] Quod est sine dubio inter coniunctas maxime personas, quoties perferimus, ignoscismus, satisfacimus, monemus, procul ab ira, procul ab odio. Sed tamen alia patris adversus filium, tutoris adversus pu-

---

[44] Ebd. VI, 2, 20.
[45] Περὶ ὕψους, 1, 4 und 9, 15.
[46] Inst. or. VI, 2, 20–36 und 19.
[47] Ebd. VI, 2, 13–17.
[48] Hier liegt die typische Vermengung vor zwischen dem ἦθος τοῦ λέγοντος, dem objektiven, dem dynamischen und dem moralphilosophischen Ethos, dazu vgl. Süss: Ethos, passim.

pillum, mariti adversus uxorem moderatio est." Die Neigungen sind also charakteristisch verschieden. Einfühlendes Verständnis für die Jugend, das schmunzelnde Belächeln – im Gegensatz zum verächtlich-bitteren Sichlustigmachen – fremder Eigenart und Sonderlichkeit, alles, was aus den nahen Bindungen der Verwandtschaft und der Sozialität fließt, gehört zum Ethos, dem „medius affectus", und setzt es vom Pathos, dem, „quod nos affectum proprie vocamus", ab: „sunt et illa ex eadem natura, sed motus adhuc minoris, veniam petere adolescentiae, defendere amores. Nonnumquam etiam lenis caloris alieni derisus ex hac forma venit, sed is non ex iocis tantum ... ille iam paene medius affectus est ex amoribus et ex desideriis amicorum et necessariorum." Und selbst da, wo die Überordnung der „magnitudo animi" über die bloße „humanitas" am stärksten herausgearbeitet wird, in Ciceros ›De officiis‹, gibt es Stellen, in denen infolge Verschiebung des Tugendschemas von der „temperantia"-Seite aus die hauptsächlich vom Systemzwang der Rhetorik mit ihren Kardinalen Ethos–Pathos bewahrte Gleichsetzung von „magnitudo animi–humanitas" erhalten ist[49]: „Haec praescripta servantem licet magnifice graviter animoseque vivere atque etiam simpliciter, fideliter, vitae hominum amice." Wie stark sich die Ethos-Pathos-Formel in ihrer ästhetischen Fortbildung von „admirabile–iucundum", „sublime–humanum" oder einem ihrer stellvertretenden Glieder erhält, zeigt etwa ihr Gebrauch bei Milton[50]: „De Poeta Anglo subito divinitus facto, mira et perplacida historiola narratur apud Bedam Hist. lib. 4, c, 24." Hier ist der Gedanke an das Übermenschlich-Erhabene (des Engels) und an das Menschlich-Gewöhnliche und deshalb Anmutende (des dummen Caedmon) in seiner vollen Prägnanz der rhetorischen Tradition bewahrt, die dem Pathos das „mirum", dem Ethos das „perplacidum" als Emotionen zuschreibt, wie wir oben bei Quintilian in der Verknüpfung, in der auch „placidum" zum „humanum" trat, sahen.

Wir halten fest: Trotz einer mit dem Einfluß des stoischen Wertschemas gegebenen Höherwertung des „Erhabenen" als der „elatio

[49] De off. I, 92.
[50] Ich entnehme diese Stelle dem Aufsatz von J. W. Lever: Paradise Lost and the Anglo-Saxon Tradition, Rev. Engl. Stud., 1947, 99.

animi" gegenüber dem „Anmutigen" als dem nur „humanum" erhält die rhetorische Tradition, infolge der in ihrem Grunddispositionsschema gegebenen Verkoppelung von Pathos und Ethos, ihre Nebenordnung. Diese drückt sich aus in solch formelhaften Wendungen wie „admiratio–iucunditas", „elatum–humanum", „sublime–placidum", „admiratio–delectatio" als den nebengeordneten ästhetischen Höchstwerten. Dem Ethos als dem sanften Gefühl des „Anmutenden" ist aus dem stoischen Wertschematismus die besondere Bedeutung des „humanum" zugewachsen, dem Pathos als dem erschütternd-ent-setzenden Leidenschaftlichen die besondere Bedeutung der „elatio", der Erhabenheit, d. h. des Heldisch-Übermenschlichen, die seitdem mit dem Begriff der Leidenschaft und des Pathetischen untrennbar verbunden ist.[51]

g) Endlich bleibt das Paar Pathos–Ethos als das Ausgangsschema mit der Grundbedeutung tiefer Erschütterung und sanfter Bewegung, Leidenschaft und Charakter, Erhabenheit und Anmut deshalb in seiner beiden Polen die gleiche Ladung zuteilenden Spannung erhalten, weil das „movere" und „conciliare" zugleich in dem Gedanken verbunden ist, daß alle Rede eine zugleich erregende und beschwichtigende Wirkung haben müsse, wobei das Beschwichtigen grundsätzlich nicht als eine Zurückführung der Erregung zur Vernunft und Geistesmächtigkeit angesehen werden kann, sondern als eine Temperierung und Erzielung eines emotionalen Gleichgewichtszustandes, etwa im Sinn der „κάθαρσις". In den formelhaften Wendungen „incitare et moderare", „excitare aut sedare", „stupescere aut remittere", „concitare animos et remittere", „inflare et extenuare", „augere et abicere"[52] tritt diese Vorstellung von den

---

[51] Die Erkenntnis, daß es auch ein rhetorisches, mit dem Ethos verbundenes, „humanum" und also eine rhetorische „humanitas" als ästhetische Emotion gibt (über „humanitas" als Affekt überhaupt vgl. Thes. Ling. Lat.), die ihre Bedeutung aus dem Gegensatz zur „elatio animi", der mit dem Pathos verbundenen Erhabenheit nimmt, also grundsätzlich den Sinn des „Menschlichen" aus seinem Gegensatz zum Heroisch-Übermenschlichen und als Emotion bestimmt, könnte manch wertvollen Gesichtspunkt zur gegenwärtigen, häufig um so vage Begriffe geführten Humanismusdiskussion beitragen.

[52] Der Gegensatz „amplificatio–diminutio", d. h. die ganze Lehre von der „αὔξησις" gehört in diesen Zusammenhang.

Redewirkungen immer wieder auf; die Vereinigung beider Effekte gilt als überaus schwierige und immer zu erstrebende Aufgabe, auf deren erfolgreicher Lösung die höchste Wirkung der Rede beruht. Für viele Stellen mögen hier nur einige sprechen; ihr Zusammenhang mit „conciliare" und „movere" und dadurch mit Ethos und Pathos ist deutlich. In ›De oratore‹ sagt Cicero[53]: „omnis vis ratioque dicendi in eorum qui audiunt, mentibus aut sedandis aut excitandis expromenda est." Kurz darauf[54] „num admoveri possit oratio ad sensus animorum atque motus vel inflammandos vel etiam exstinguendos, quod unum in oratore dominetur, sine diligentissima pervestigatione earum omnium rationum, quae de naturis humani generis ac moribus a philosophis explicantur etc." Quintilian kennt das Gleiche, wenn er mit Bezug auf den Satzrhythmus sagt[55]: „Ideoque eruditissimo quique persuasum est, valere eam quam plurimum, non ad delectationen modo, sed ad motum quoque animorum ... In certaminibus sacris non eadem ratione concitant animos et remittunt" oder vorher: „nam quae πάθος concitavit, ἦθος solet mitigare".

Wir halten fest: Auch in den als spezifisch rhetorische und zwar als höchste Leistungen angesehenen emotionalen Wirkungseffekten des Erregens und Beschwichtigens, wie sie in den Formeln „excitare et sedare", „inflammare et exstinguere", „concitare et remittere" u. ä. gegeben sind, ist die Beziehung auf Ethos und Pathos als die Gehalt und Form bestimmenden Gegenstände der Rede erhalten.

Zusammenfassend läßt sich über das ästhetische System der Rhetorik sagen: Das rhetorische, nicht vom Wahrheitsbegriff, sondern vom pragmatisch-humanistischen Begriff der Wirkung ausgehende und ein zweites System der Wirklichkeit gar nicht in Betracht ziehende System der Ästhetik kennt als wichtigstes Dispositionsschema das von Sache, Leidenschaft, Charakter oder „πρᾶγμα, πάθος, ἦθος", das in der römischen Rhetorik als die Dreiteilung von „docere, movere, conciliare" erhalten ist und tradiert wird. In diesem System sind Leidenschaft und Charakter, Pathe und Ethe miteinander unlöslich verklammert als die beiden Gegenstände,

---

[53] De oratore I, 17.
[54] Ebd. I, 60, ähnlich I, 219.
[55] Inst. or. IX, 4, 11 und VI, 2, 12.

deren Darstellung emotionale Wirkung hat, und indem diese Wirkung als bedrückend-entsetzende und als anmutend-menschliche unterteilt wird, sind Pathos und Ethos die Ausgangspunkte für die ästhetische Scheidung des Erhabenen und Schönen, von Würde und Anmut. „gravitas–iucunditas" gelten von vornherein als die rhetorischen Wirkungen, und Anmut, das Schöne, hat also primär den Sinn des Menschlich-Charakteristischen, das mit einer Art „Konfusion" als Gemein-Menschliches und Familiär-Nahes, eben als „Anmutendes" wahrgenommen wird. An Maß- oder Organismusästhetik, überhaupt an objektive und äußerliche oder unveränderliche Wirklichkeit im philosophischen Sinne ist dabei nicht gedacht. Auf das Urschema Pathos–Ethos gehen – mit den Modifikationen nach Relevanz und Bewertung, die besonders das stoische Wertschema hinzuträgt – die Formeln für den Stil, „genus grande–temperatum" bzw. „grave–mediocre", „vehemens–lene" und die anderen Formeln wie „elatio animi–humanitas", „asperitas–suavitas", „severitas–lenitas", ebenso auch „admiratio–iucunditas" bzw. „admiratio–delectatio", admirabilis et iucunda oratio" und endlich „concitare–remittere", „incitare–sedare" und „inflammare–restinguere" zurück. „πρᾶγμα" „res" bzw. „causa", „probare" bzw. „docere", „perspicuitas" und „genus tenue" treten hinter Pathos und Ethos als Gegenstände bzw. Mittel der nicht-emotionalen Glaubhaftigkeit zurück. Sie sind in diesem Sinne nicht-ästhetischer Natur.

Originaltitel: Saint Augustine and the Debate about a Christian Rhetoric, in: Quarterly Journal of Speech 46/4 (1960), S. 400–410. Aus dem Englischen übersetzt von Renate Plett.

AUGUSTINUS UND DIE DEBATTE ÜBER EINE CHRISTLICHE RHETORIK

Von JAMES J. MURPHY

Die Bedeutung von Augustins Schrift ›De Doctrina Christiana‹ für die Geschichte der Rhetorik ist seit langem bekannt. Charles Sears Baldwin behauptet, nach Jahrhunderten der Sophisterei stelle dieses Buch einen Neubeginn der Rhetorik dar.[1] Therese Sullivan lobt es wegen seiner Rückkehr zur *doctrina sana* des Cicero als eine Grundlage für die christliche Predigt.[2] Neuere Forschungen sehen in dem Werk „eine christliche Theorie der Literatur"[3] oder eine Grundlegung der mittelalterlichen Predigttheorie.[4] Sein Einfluß ist deutlich erkennbar, da es von Schriftstellern wie Rhabanus Maurus im neunten Jahrhundert, Alain von Lille im zwölften, Humbert von Romans im dreizehnten und Robert von Basevorn im vierzehnten nachgeahmt oder zitiert wird.[5]

[1] Charles S. Baldwin: Medieval Rhetoric and Poetic, New York 1928, S. 51.

[2] S. Aurelius Augustinus: De Doctrina Christiana liber quartus, übers. v. Therese Sullivan (Catholic University Patristic Studies, 23), Washington, D. C. 1930, S. 8.

[3] Bernard Huppé: Doctrine and Poetry: Augustine's Influence on Old English Poetry, New York 1959, S. v.

[4] Dorothea Roth: Die mittelalterliche Predigttheorie und das Manuale Curatorum des Johann Ulrich Surgant, Basel 1956.

[5] Rhabanus Maurus: De clericorum institutione (J. P. Migne: Patrologia Latina [PL] CVII, col. 294–420); Alain de Lille: Summa de arte praedicatoria [PL] CCX, col. 110–98; Humbert of Romans: Treatise on Preaching, übers. v. Studenten des Dominikanerordens, Westminster, Md. 1951; Robert de Basevorn: Forma praedicandi, in: Th.-M. Charland: Artes praedicandi (Publications de l'Institut d'études médiévales d'Ottawa), Paris 1936. Letzteres Werk wurde übers. v. Leopold Krul O. S. B. (M. A.-Arbeit Cornell University 1950).

Da Augustins Einstellung zur Zweiten Sophistik so klar zum Ausdruck kommt,[6] bestand eine gewisse Neigung, sein Werk als bloßen Versuch zu betrachten, die Rhetorik vom Makel des Sophistischen zu befreien. In der Tat kennzeichnet, wie Baldwin ausgeführt hat, sein entschlossenes Eintreten für eine Verbindung von Ausdruck und Bedeutung seine Ablehnung der Sophistik.

Dennoch kann die Aufmerksamkeit, die Augustins späterem Einfluß und seiner Ablehnung der Zweiten Sophistik geschenkt wird, den Blick trüben für seine Rolle bei der Lösung eines christlichen Dilemmas aus dem vierten Jahrhundert. Ein kurzer Überblick über die Haltung der Kirche während dieser Periode mag das Wesen des Dilemmas und die Lösung, die Augustin gibt, illustrieren.

Im Jahre 342 schaffte Kaiser Theodosius durch einen Erlaß formell das Heidentum ab, siebzehn Jahre nachdem das erste ökumenische Konzil von Nicaea zwanzig Grundregeln für die Leitung der Kirche entworfen hatte. Sieht man von Fehlentwicklungen wie der unter Julian ab, so zeichnete sich das vierte Jahrhundert durch solche Zugewinne aus, daß Ambrosius von Mailand (340–397), der Augustin bekehrte, sich auf sein Zeitalter als christliche Epoche, *christiana tempora*, berufen konnte. Ein Historiker schreibt dazu folgendes:

> Bis zu dem Zeitpunkt des Friedensschlusses hatte die Feindschaft der Staatsgewalt schwer auf dem Leben der christlichen Gemeinschaft gelastet. An dem Tage, als diese endgültig vorbei war, sehen wir, wie die Kirche gleichsam aus einem langen Winterschlaf heraustritt, ihre Anhängerscharen konsolidiert und vergrößert, ihre hierarchischen Machtbefugnisse diskutiert, die Grundzüge ihrer Lehren definiert, den Wortlaut des Glaubensbekenntnisses entwirft, den kultischen Ritus festlegt, die heiligen Stätten mit öffentlichen Zeichen von Verehrung umgibt, heilige Zufluchtsorte für Seelen, die nach Vollkommenheit streben, schafft und die lateinische Hälfte der Kirche mit einer genaueren Bibelübersetzung versorgt. Alle diese Früchte sind der Ertrag des vierten Jahrhunderts.[7]

---

[6] Zum Beispiel: De Doctrina Christiana IV.v.7 und IV.xxviii.61, De catechizandis rudibus 9 und Confessiones IX.ii.4. Vgl. ebenfalls die gewissenhafte Diskussion über den Nutzen des Vergnügens in De Doctrina IV.xxv.55–58, wo das Vergnügen dem Zweck der Persuasion dienen soll.

[7] M. Paul Lejay: zit. in: Pierre DeLabriolle: The History and Literature of Christianity from Tertullian to Boethius, New York 1924, S. 231.

Dieses Jahrhundert war daher ein Jahrhundert vieler Entscheidungen. Während der Lebenszeit Augustins sah sich die Kirche beispielsweise den Häresien der Manichäer, Pelagianer, Donatisten und Priszillianer ausgesetzt. Aber außer den Aufgaben, christliche Lehren als Antwort auf ketzerische Angriffe zu definieren, sah sich die christliche Gemeinschaft einer weiteren Aufgabe von nahezu gleicher Wichtigkeit gegenüber, nämlich der Aufgabe, das geistige Fundament einer Kultur zu bestimmen, die es der Kirche erlaubt, ihre Pflicht, die Menschen dem Heile zuzuführen, zu erfüllen. Dies war eine Angelegenheit von größter Tragweite, denn von ihrem Erfolg hing die Schulung künftiger Apologeten ab, die die wahre Lehre gegenüber der Häresie zu verteidigen hatten, ferner die Heranbildung künftiger Dichter, die das Wort Gottes über die Literatur zu den Menschen bringen sollten, und schließlich die Erziehung der Menschen selbst.

Die grundlegende Streitfage war die, ob sich die Kirche in toto die zeitgenössische Kultur, die Rom von Griechenland übernommen hatte, zu eigen machen sollte. Das Schicksal der Rhetorik, die einen Teil der griechisch-römischen Kultur bildete, war nicht nur Inhalt der allgemeineren Diskussion, sondern auch des begrenzteren Meinungsstreits über ihre eigenen Meriten. In der Tat wurde der Gegensatz zwischen *Verbum* (Wort Gottes) und *verbum* (Wort des Menschen) von den ersten Anfängen der Kirche[8] an unterstrichen, lange bevor das umfassendere kulturelle Problem hinzukam.

Die Kirchenführer des vierten Jahrhunderts setzten die Debatte, die mehr als ein Jahrhundert zuvor begonnen worden war, fort, als die Bekehrung vieler Schriftsteller, Dichter, Redner und anderer Persönlichkeiten des öffentlichen Lebens die Kirche schließlich mit einer Truppe wohlausgerüsteter Apologeten ausgestattet hatte. Von

---

[8] Paulus zum Beispiel sagte: „Meine Rede und meine Predigt geschah nicht in gewinnenden Worten der [menschlichen] Weisheit, sondern im Erweise von Geist und Kraft" (I. Kor. 2:3–4). Praktisch jeder frühe christliche Schriftsteller betont den Unterschied zwischen *sapientia huius saeculi* und *sapientia spiritualis*. Johannes von Antiochien z. B. erklärt in seiner Predigt ›Über die Heroen des Glaubens‹: „Aber das Kreuz bewirkte Überzeugung durch unwissende Männer, fürwahr, es überzeugte sogar die ganze Welt."

Anfang an reagierten einzelne heftig auf ihre frühere heidnische Kultur; so spricht Lactanz von der heidnischen Kultur als „süßem Naschwerk, das Gift enthält"[9]; Arnobius, der in hohem Alter bekehrt wurde, zeigte seinen Eifer darin, daß er ein Buch schrieb, in dem er u. a. zu beweisen versuchte, daß sogar die alte Grammatik nicht mehr notwendig sei: „Oder wie vermindert sich die Wahrheit einer Aussage, wenn ein Fehler in Numerus oder Kasus, in Präposition, Partikel oder Konjunktion gemacht wird?"[10] Cyprian, der zur Zeit seiner Bekehrung in Karthago Rhetorik gelehrt hatte, sagte sich von der profanen Schriftstellerei völlig los und zitierte bis zu seinem Lebensende keinen heidnischen Dichter, Rhetoriker oder Redner mehr.[11]

Titian polemisiert gegen die Literatur im allgemeinen und die Rhetorik im besonderen:

Ihr habt die Rhetorik um der Ungerechtigkeit und Verleumdung wegen erfunden ... ihr habt die Dichtung erfunden, um Schlachten zu besingen, die Liebschaften der Götter, all das, was den Geist verdirbt.[12]

Justin warnt vor der ungebührlichen Verehrung der Wörter (das heißt, der Literatur), die nicht von Gott sind.[13] Clemens von Alexandrien weist darauf hin, daß dieser Abscheu vor der alten Ordnung nicht auf die Gebildeten begrenzt war: „Die gemeine Herde fürchtet sich vor der Philosophie ebenso, wie sich Kinder vor Kobolden fürchten."[14]

---

[9] Lactantius: Divinae institutiones (Corpus Scriptorum Ecclesiasticorum Latinorum [CSEL, XIX]), S. 400–404.

[10] Arnobius: Adversus nationes (CSEL, IV), I.59. Arnobius trug dazu bei, daß die Phrase des Paulus zu einem Schlagwort wurde: „Denn die Weisheit dieser Welt ist vor Gott Torheit" (I. Kor. 3:19).

[11] Gustave Bardy: L'église et l'enseignement pendant les trois premiers siècles, in: Revue des sciences religieuses XII (1932), S. 1–28. Die eindrucksvolle Größe dieses Verzichts kann von einem modernen Leser, der sich nicht die an römischen Schulen allgegenwärtige *imitatio*-Doktrin ins Gedächtnis ruft, leicht übersehen werden.

[12] Titianus: Oratio 1–3, zit. in: Gustave Combès: Saint Augustin et la culture classique, Paris 1927, S. 88.

[13] Ebd.

[14] Labriolle, S. 17.

Tertullian unternimmt einen Angriff auf die griechische Philosophie und andere heidnische Schriften. „Wo gibt es irgendeine Ähnlichkeit zwischen dem Christen und dem Philosophen?" fragt er in seiner Verteidigung des reinen Glaubens und bezeichnet Philosophen als „Patriarchen der Häresie". In einem berühmten Passus in ›De praescriptione haereticorum‹ skizziert er das Problem so, wie viele seiner Zeitgenossen es sahen:

> Was fürwahr hat Athen mit Jerusalem gemein? Welche Übereinstimmung besteht zwischen der Akademie und der Kirche? Welche zwischen Häretikern und Christen?[15]

Für Tertullian stellte das Bildungsbedürfnis ein Dilemma dar, da er einsah, daß es verwegen war, für die Unwissenheit einzutreten, andererseits aber auch erklärte, daß es für Christen nicht erlaubt sei, Literatur zu lehren, da diese von falschen Göttern handele.[16]

Ähnliche Äußerungen finden sich in den Schriften von Justinus Martyr, Clemens von Alexandrien, Synesius von Kyrene und dem Historiker Sokrates. Wie Labriolle bemerkt:

> Es tritt daher der Umstand ein, daß wir behaupten können, daß es während der ersten Jahrhunderte des Imperiums kaum einen christlichen Schriftsteller gibt, bei dem sich nicht eine Feindschaft hinsichtlich der verschiedenartigen Formen der heidnischen Bildung aufdrängt, sich mehr oder weniger aufrichtig oder mehr oder weniger diplomatisch zeigt.[17]

Noch war diese Abneigung von kurzer Dauer, denn sogar während Augustin damit befaßt war, die ersten Bücher von ›De Doctrina‹ zu schreiben, verbot das vierte Konzil von Karthago (398) den Bischöfen das Lesen der *libri gentilium*, es sei denn, dies sei unvermeidlich.

---

[15] Tertullian: De praescriptione (PL II, col. 20a–b), 7. Jahrhunderte später drückte Gregor der Große, als er einen Geistlichen tadelte, der klassische Literatur lehrte, eine ähnliche Ansicht aus: „Der gleiche Mund singt nicht den Lobpreis Jupiters und den Lobpreis Christi." In: R. L. Poole: Illustrations in the History of Medieval Thought, London 1884, S. 8.

[16] Zu einem Überblick über Tertullians Ansichten von diesen benachbarten Themen vgl. Gerard L. Ellspermann: The Attitude of the Early Christian Latin Writers toward Pagan Literature and Learning (Catholic University of America Patristic Studies, 82), Washington, D. C. 1949, S. 23–42.

[17] Labriolle, S. 18.

Aus christlicher Sicht gab es für derartige Standpunkte viele Gründe. Selbst wenn Rom nicht das Rom der Verfolgungen mit den schrecklichen Erinnerungen gewesen wäre, war seine Literatur mit menschenähnlichen Göttern durchsetzt und stellte damit etwas zur Schau, was einige christliche Schriftsteller als eine veritable Galerie von Sünden betrachteten. Was nützen die Dekrete gegen die Sünde, fragt Augustin, wenn die Ehebrüche selbst eines Jupiter von Schauspielern, Malern, Schriftstellern, Rezitatoren und Sängern porträtiert werden?[18] Minucius Felix schlägt scharfe Töne an, wenn er auf die Fabeln der heidnischen Götter zu sprechen kommt, und führt dazu aus, daß man sogar Studien betreibt, wie man sich bei solchen Geschichten überbietet, „besonders in den Werken der Dichter, die einen unheilvollen Einfluß hatten, indem sie der Sache der Wahrheit schadeten". Er fügt hinzu, daß Platon klug daran tat, Homer aus seinem idealen Staat auszuschließen, weil dieser den Göttern eine Aufgabe in den Angelegenheiten der Menschen zuwies, und fragt dann:

> Warum sollte ich Mars und Venus erwähnen, die beim Ehebruch ertappt wurden, oder Jupiters Leidenschaft für Ganymed, die im Himmel geheiligt wurde? Solche Geschichten sind lediglich Präzedenzfälle und Sanktionierungen der Laster der Menschen.[19]

Bestenfalls würde die weltliche Erziehung die Aufmerksamkeit der Frommen eher auf irdische als auf geistige Dinge lenken. Und da die Häretiker oft logische Argumente gebrauchten, um die Lehren der Kirche anzugreifen, gab es eine entsprechende Tendenz, im Fideismus Zuflucht zu suchen (z. B. Tertullian: *regula fidei*) und die Argumentation selbst herabzusetzen. Hilarius von Poitiers etwa erklärt, daß die Wahrheit den „wunderbaren Kunstgriffen der verderbten Erfindungsgabe" in der arianischen Logik unzugänglich sei.[20]

---

[18] Augustinus: Ep. XCI, in: Select Letters of Saint Augustine, übers. v. James H. Baxter (Loeb Classical Library), London 1930, S. 159.
[19] Minucius Felix: Octavius, xxiv.2.7., übers. v. Gerald H. Rendall (Loeb Classical Library), London 1953.
[20] Hilarius: De trinitate (PL, X), vii.1.

Ein weiterer Aspekt der griechisch-römischen Kultur, der die hitzige Diskussion in Gang setzte, war der rhetorische Exzeß der Zweiten Sophistik. Zudem war, wie Minucius Felix bemerkt, der Rhetoriker Fronto ein früher Gegner der Kirche gewesen. Obwohl Angriffe auf die Rhetorik bereits eine alte Tradition hatten, sah der christliche Schriftsteller in der Rhetorik seiner Zeit den Makel einer weltlichen, heidnischen Kultur, die die Menschen von Gott wegführen konnte. Gerade unter diesem Aspekt tadelt Gregor von Nazianz Gregor von Nyssa dafür, daß er christliche Bücher abschafft, um das Handwerk des Rhetorikers aufzunehmen.[21] Augustin selbst wurde sozusagen von der Rhetorik zum Christentum bekehrt.

„Unsere Schriftsteller verschwenden ihre Zeit nicht damit, Satzperioden zu polieren", erklärt Basilius von Caesarea, „wir ziehen die Klarheit des Ausdrucks dem bloßen Wohlklang vor." Und ferner: „Die Schule Gottes erkennt die Gesetze des Enkomions nicht an" noch handelt sie mit „sophistischen Eitelkeiten".[22]

Der radikalste christliche Standpunkt zielte offenkundig darauf ab, die rhetorischen Formen gänzlich abzuschaffen. In der Mitte des dritten Jahrhunderts hatte Cyprian das Problem wie folgt dargestellt:

In Gerichtshöfen, auf öffentlichen Versammlungen, bei politischen Diskussionen kann eine üppige Beredsamkeit der Stolz des stimmlichen Ehrgeizes sein, aber wenn man von Gott dem Herrn spricht, hängt eine reine Einfachheit des Ausdrucks *(vocis pura sinceritas non eloquentiae)*, die überzeugend ist, von der Substanz des Arguments ab und weniger von der Eindringlichkeit der Eloquenz.[23]

Sowohl Ambrosius als auch Hieronymus geißeln die rhetorischen Exzesse ihrer Mitbrüder im Predigerstand und rufen dazu auf, den Ratschlag des Paulus zu befolgen. Der Donatist Cresconius ging so

---

[21] A. S. Pease: The Attitude of Jerome toward Pagan Literature, in: Transactions and Proceedings of the American Philological Association L (1919), S. 150–167.

[22] Vgl. James Campbell: The Influence of the Second Sophistic on the Style of the Sermons of Saint Basil the Great (Patristic Studies, 2), Washington, D. C. 1922.

[23] Cyprianus: Ad Donatum 2, zit. in Ellspermann, S. 51.

Augustinus und die Debatte über eine christliche Rhetorik 67

weit, daß er Sprüche 10:19 als Beweis dafür zitierte, daß Beredsamkeit sündhaft sei. Obwohl dies eine scharfe Erwiderung des Augustin[24] nach sich zog, mag der Vorfall zur Illustration der Stimmung jener Zeiten dienen.

Das soll natürlich nicht heißen, daß sich die Meinung vollständig in eine Richtung orientierte. Eine echte Diskussion fand zwischen den Kirchenführern statt, als die offizielle Verfolgung in den Hintergrund trat und die dringenden Erfordernisse der Kirchenorganisation ihren Führern neue Entscheidungen aufnötigten. Einige der leidenschaftlichsten Gegner der heidnischen Literatur räumten die Notwendigkeit eines Bildungswesens ein, während andere (wie Cyprian) der alten Ordnung entschlossen ihren Rücken zukehrten.

Basilius und Ambrosius etwa vermitteln ein anschauliches Bild der gemischten Gefühle der Kirchenväter, als sie sich einem kulturellen Dilemma gegenubersehen. So empfiehlt Basilius auf der einen Seite, die Rosen zwischen den Dornen heidnischer Literatur zu sammeln, warnt jedoch die Studenten davor, sich den Ideen ihrer heidnischen Professoren so hinzugeben, wie sie den Kurs ihres Schiffes einem Steuermann überlassen würden.[25] Er fühlt sich zudem genötigt, die Bibel zu verteidigen, obwohl sie in einer „barbarischen Sprache" abgefaßt sei. Dies macht ein weiteres kulturelles Problem für den gebildeten Kirchenmann des vierten Jahrhunderts deutlich, den offenkundig unliterarischen Stil der Heiligen Schrift. Basilius schließt: „Obwohl ihr Stil ungelehrt ist, ist ihr Inhalt wahr, und es sind die Gedanken, denen wir Ausdruck geben."[26]

Ambrosius hat ebenfalls gemischte Gefühle. Obwohl er den Unterschied zwischen *sapientia saeculi* und *sapientia spiritualis* betont, hält er die Schulung der Prediger für notwendig. Er verurteilt nicht

---

[24] Augustinus: Contra Cresconium et donatistam libri IIII (CSEL, LII), I.i.2.
[25] Combès, S. 97. Zu einem Überblick über die Arten der Reaktion des Basilius auf die heidnische Kultur vgl. Mary M. Fox: The Life and Times of Saint Basil the Great as Revealed in His Works (Patristic Studies, 57), Washington, D.C. 1939.
[26] Basilius, Ep. CCCIX, zit. in Fox, S. 89.

die Rhetorik an sich, sondern deren Mißbrauch durch Sophisten. Seine Verteidigung der Heiligen Schrift gründet sich auf die Anerkennung ihres einfachen Stils im Vergleich zur „protzigen" Sprache der Philosophen und Redner. Lukas, so behauptet er, ist hervorragend im *stilus historicus*. Nichtsdestoweniger erkennt er an, daß das rhetorische Ornament zuweilen nützlich sein kann und manchmal sogar in der Heiligen Schrift selbst vorkommt.[27]

Seine ingeniöse Lösung des Problems der heidnischen Philosophie gewann andererseits nicht allgemeine Zustimmung. Die Heiden, so Ambrosius, gewannen ihre Weisheit ursprünglich aus der Heiligen Schrift. Platon ging nach Ägypten, „um die Taten Moses, die Weissagungen des Gesetzes, die würdigen Äußerungen der Propheten kennenzulernen"[28]. Dies war, wie Laistner bemerkt, ein verlockender Ausweg aus einer Verlegenheit, ein Ausweg, mit dem sogar Augustin eine Zeitlang liebäugelte, aber einer, der weiterer Prüfung nicht lange standhalten konnte.[29] Ambrosius war jedoch von römischer Gelehrsamkeit so weit durchdrungen, daß er sein Lehrbuch für Priester nach dem Vorbild von Ciceros ›De officiis‹ gestaltete.[30] Hilarius von Poitiers mißbilligt den verbalen Pomp der Arianer, betet jedoch für einen guten Stil in seinen eigenen Predigten. Ehre, so sagt er, verleiht derjenige dem Wort Gottes, der mit der Schönheit des Ausdrucks spricht.

Hieronymus, Zeitgenosse und Freund des Augustin, kann vielleicht am besten den inneren Konflikt veranschaulichen, dem sich viele christliche Führer im vierten Jahrhundert gegenübersahen. In seinem berühmten Brief an die Jungfrau Eustochium warnt er:

> Was haben Licht und Finsternis miteinander gemein, welche Übereinstimmung besteht zwischen Christus und Belial? Was hat Horaz mit dem Psalterium zu tun, was Maro mit den Evangelien, was Cicero mit den Aposteln?

---

[27] Ellspermann, S. 120–123.

[28] Ebd., S. 114. Die Idee war natürlich nicht neu bei Ambrosius; sie hatte Vorläufer im vorchristlichen alexandrinischen Gedankengut. Cassiodorus wiederholte sie für das spätere Mittelalter.

[29] Max W. Laistner: The Christian Attitude to Pagan Literature, in: History XX (1935), S. 49–54.

[30] Ambrosius: De officiis ministrorum (PL XVI, col. 23–184).

[...] immerhin können wir nicht zu gleicher Zeit den Kelch Christi und den Kelch der Dämonen trinken.[31]

Später berichtet er im gleichen Brief von einem Traum, der ihm kam, nachdem er sich mit der Frage auseinandergesetzt hatte, ob sich ein Christ zu Recht der griechischen und der römischen Klassiker erfreuen könne:

> Ich Elender fastete also, während ich den Tullius las. Nachdem ich manche Nacht durchwacht und viele Tränen vergossen hatte, welche die Reue über meine früheren Sünden gelöst, nahm ich den Plautus zur Hand. Als ich wieder zu mir selbst zurückfand, fing ich an, einen Propheten zu lesen, aber die harte Sprache stieß mich ab. Mit meinen blinden Augen sah ich das Licht nicht. Ich aber gab nicht den Augen die Schuld, sondern der Sonne. Während so die alte Schlange ihr Spiel mit mir trieb, überkam meinen entkräfteten Körper etwa um die Mitte der Fastenzeit ein Fieber, das bis ins innerste Mark drang. Es ließ mir, fast klingt es unglaublich, keinen Augenblick Ruhe und dörrte meine unglücklichen Glieder so aus, daß die Knochen kaum zusammenhielten. Man traf sozusagen schon Anstalten zu meinem Begräbnis. Der Körper war bereits erkaltet, und nur in der erstarrenden Brust zitterte noch ein Funken natürlicher Lebenswärme. Plötzlich fühlte ich mich im Geiste vor den Richterstuhl geschleppt. Dort umstrahlte mich so viel Licht, und von der Schar der den Richterstuhl Umgebenden ging ein solcher Glanz aus, daß ich zu Boden fiel und nicht aufzublicken wagte. Nach meinem Stande befragt, gab ich zur Antwort, ich sei Christ. Der auf dem Richterstuhl saß, sprach zu mir: „Du lügst, du bist ein Ciceronianer, aber kein Christ. Wo nämlich dein Schatz ist, da ist auch dein Herz."

Darauf berichtet Hieronymus von einem Eid, den er in seinem Traum schwor: „Herr, wenn ich je wieder weltliche Handschriften besitze oder aus ihnen lese, dann will ich dich verleugnet haben." Von jenem Augenblick an wandte sich der Träumer mit solchem Eifer den göttlichen Schriften zu, „wie ich ihn bei der Beschäftigung mit den profanen nie gekannt hatte".[32]

Dieser Traum hat viele und vielfältige Deutungen erfahren, und es ist im allgemeinen klug, ein Werk, das dazu bestimmt ist, eine Moral

---

[31] Hieronymus, Ep. XXIX (CSEL, LIV), übers. v. Ludwig Schade in: Eusebius Hieronymus: Ausgewählte Briefe (Bibliothek der Kirchenväter, II.XVI), I. Briefband, München 1936, S. 99–100.
[32] Schade, S. 100–101.

aufzuzeigen, nicht allzu wörtlich zu nehmen. Dennoch, so legt Points dar, unterließ Hieronymus es ungefähr fünfzehn Jahre lang, Klassikerzitate in seinen Werken zu verwenden, und zwar ab dem Zeitpunkt, an dem der Traum sich vermutlich ereignete. Gerade die Tatsache, daß Hieronymus es für notwendig hielt, im Jahre 402 eine Antwort auf Rufinus zu geben, mag ein weiteres Symptom für die Situation der Zeit sein und möglicherweise für die Ansichten seiner Zeitgenossen von seinem sogenannten Eid.[33]

Sein Grunddilemma offenbart sich auch noch anderswo: An einer Stelle zeigt er sich beunruhigt, weil heidnische Quellen dazu benutzt werden, um das Dogma von der Wiederauferstehung des Leibes anzugreifen. Er schärft den Christen ein, in ihren Entgegnungen die „Waffen der Heiden beiseite zu legen". Es sei besser, eine rechtschaffene Unwissenheit zu haben als eine verderbte Weisheit.[34] An anderer Stelle heißt es:

> Wir sehnen uns weder nach dem Feld rhetorischer Beredsamkeit noch nach den Fallstricken der Dialektiker, noch suchen wir die Spitzfindigkeiten des Aristoteles, sondern die reinen Worte der Heiligen Schrift müssen niedergelegt werden.[35]

Er verweist häufig auf sein Bestreben nach einem einfachen, klaren Stil, der pompöse Wortbildungen vermeidet, doch war er ein Schüler des berühmten Grammatikers Donatus und empfahl später seinen Schülern Demosthenes und Cicero als Vorbilder.[36]

---

[33] A. S. Pease: The Attitude of Jerome toward Pagan Literature, in: TRAPA L (1919), S. 150–167. Rufinus hatte Hieronymus beschuldigt, die Klassiker zu lehren und einen Mönch mit der Abschrift der Werke Ciceros zu beauftragen.

[34] Ellspermann, S. 157.

[35] Hieronymus, Liber contra Helvidium de perpetua virginitate Mariae, xxii, zit. in M. Jamesetta Kelly: Life and Times as Revealed in the Writings of St. Jerome Exclusive of His Letters (Patristic Studies, 52), Washington, D. C. 1914, S. 59.

[36] Hieronymus, Ep. LVIII (CSEL, LIV), zit. in Ellspermann, S. 147. Interessanterweise empfiehlt er ebenfalls Lysias und die Gracchen. Der Rest der Liste (z. B. auf dem Sektor der Dichtung: Homer, Vergil, Menander und Terenz) erinnert an den Lehrplan eines typischen römischen Gymnasiums.

Hieronymus verwendet an einer Stelle das Bild der „Gefangenen", um seinen Wunsch zu veranschaulichen, von der alten Ordnung das zu übernehmen, was für die neue nützlich war. Das Bild kommt im Deuteronomium 21:10:13 vor.

Wenn du in den Krieg ziehst gegen deinen Feind, und der Herr gibt ihn in deine Gewalt, so daß du Gefangene machst, und du erblickst nun unter den Gefangenen eine schöne Frau, wirst von Liebe zu ihr ergriffen und willst sie zum Weibe nehmen, so führe sie hinein in dein Haus, daß sie ihr Haupt schere, sich die Fingernägel schneide und ihre Gefangenentracht ablege. Sie bleibe in deinem Hause und betrauere ihren Vater und ihre Mutter einen Monat lang. Alsdann kannst du zu ihr eingehen und sie heiraten, daß sie dein Weib sei.[37]

Die Gefangene ist natürlich die Weltklugheit, die von ihren Irrtümern und Gefahren gereinigt werden muß. Die Metapher macht den Wunsch des Hieronymus deutlich, bestimmt jedoch nicht im einzelnen, was entfernt und was vollständig erhalten werden soll.

Im vorliegenden Fall – es geht um das Verdienst der Rhetorik – sind seine Gefühle zwiespältig. „Die Einstellung des Hieronymus gegenüber der Rhetorik", folgert Ellspermann, „kann nicht in einem einzigen kargen Statement zusammengefaßt werden. In den in Betracht gezogenen Texten gibt es in der Tat ein ungeheucheltes Wohlwollen gegenüber der rhetorischen Kunst, aber es gibt auch Gefühle einer Mischung von Billigung und Mißbilligung und sogar von klarer Mißbilligung."[38]

Hier könnte man jedoch anführen, daß der Großteil dieser christlichen Aussagen dem Widerstreben zugeschrieben werden dürfte, öffentlich den Wert des römischen kulturellen Erbes anzuerkennen, während man gleichzeitig daraus Nutzen zog. Die Kirchenväter wurden in römischen Rhetorikschulen ausgebildet, und viele von ihnen hatten tatsächlich selbst Rhetorik gelehrt. Man dürfte erwarten, daß sie gerne von ihrer Ausbildung Gebrauch machen würden.

---

[37] Vgl. De Doctrina II.xl.60–xlii.63, wo Augustinus nützliche heidnische Gelehrsamkeit mit dem Gold und Silber vergleicht, das die Israeliten beim Exodus aus Ägypten mitnahmen.
[38] Ellspermann, S. 167.

Dennoch müssen zwei Faktoren richtig eingeschätzt werden. Der erste Faktor ist der, daß die wenigen oben vorgebrachten Beispiele um ein Vielfaches vermehrt werden könnten. Die Fülle christlicher Stellungnahmen gibt einen klaren Hinweis darauf, daß diese Frage noch bis zum Ende des vierten Jahrhunderts erhebliche Bedeutung besaß.[39]

Ein weiterer Punkt ist, daß trotz der rhetorischen Ausbildung der meisten geistlichen Redner der einfache „homiletische" Predigtstil im vierten Jahrhundert einen hohen Popularitätsgrad verzeichnete. Schüler von Predigern wie Chrysostomos und Basilius kamen im allgemeinen zu dem Schluß, daß ihre Predigten weniger von der zeitgenössischen Sophistik vermittelten, als gewöhnlich von Männern ihres Bildungshintergrundes angenommen werden konnte. Verbindet man dies mit den vielen Äußerungen, die die Sophistik verurteilten, so mag die relative Einfachheit der Predigten als ein weiteres Indiz für das Dilemma der Zeit angesehen werden.[40] Lenkt man die Aufmerksamkeit des Lesers zum Beispiel auf die erste Predigt des Chrysostomos über die Statuen, so stellt man folgendes fest: Die Predigt hat eigentlich weder Anfang noch Ende. Sie könnte ohne weiteres an jeder Stelle beendet werden, ohne den Standpunkt des Sprechers zu beeinträchtigen. Der Gebrauch von Figuren ist verhältnismäßig eingeschränkt, und eine Wiederholung aus Gründen der Emphase findet im Prinzip nicht statt.

Wie auch immer das Urteil des modernen Kritikers über den inneren Wert der homiletischen Form des vierten Jahrhunderts aus-

---

[39] Zu anderen Diskussionen vgl. Laistner: Christianity and Pagan Culture in the Later Roman Empire, Ithaca, New York, 1951, S. 49–73; Franz Maier: Augustin und das antike Rom, Stuttgart 1955, bes. S. 17–36 und 206–214; E. K. Rand: Founders of the Middle Ages, New York 1957 (repr.), S. 1–134; und Labriolle, S. 6–32.

[40] Thomas E. Ameringer: The Stylistic Influence of the Second Sophistic on the Panegyrical Sermons of St. John Chrysostom (Patristic Studies, 6), Washington, D. C. 1921; M. Albania Burns: St. John Chrysostom's Homilies on the Statues: A Study of Rhetorical Qualities and Form (Patristic Studies, 22), Washington, D. C. 1930; und Campbell, op. cit. Musterpredigten sind in einer Anzahl von Anthologien gedruckt, u. a. bei Guy Lee, David Brewer und Mabel Platz.

fallen mag, so beweist doch gerade ihr Auftreten in einem hochentwickelten Zeitalter eine wohlerwogene Wahl von seiten der Prediger. Es war schließlich ein Zeitalter, in dem der gleiche Mann, der den Lobpreis auf den Erzsophisten Prohaeresius anstimmte, einen Freund dafür scharf kritisieren konnte, daß er das Handwerk des Rhetorikers dem Studium christlicher Bücher vorzog.[41] Zudem war es ein Zeitalter, in dem frühere Lehrer der Rhetorik – u. a. Hieronymus, Basilius, Augustin – glaubten, darüber eine Entscheidung treffen zu müssen, ob ihr früherer Beruf einen Platz in der neuen Ordnung verdiente.

Diese Frage stand zur Lösung an in einem kritischen Zeitabschnitt innerhalb der Geschichte der westlichen Kultur, denn die Erosion des Römischen Reiches durch die Barbaren war bereits in vollem Gange. Alarich erstürmte Rom im Jahre 410, und der Bischofssitz Augustins in Hippo stand unter der Belagerung der Wandalen, als dieser 430 auf dem Sterbebett lag. Die homogene römische Kultur war durch das neue christliche Element von innen allmählich unter schmerzlichen Druck geraten, und sie sah sich gleichzeitig der Vernichtung von außen gegenüber. Vom christlichen Standpunkt aus gesehen war es ein Zeitalter der Selektion, eine Zeit, die *sapientia saeculi* daraufhin zu untersuchen, was aus einem tausendjährigen Erbe zu retten sei, um dem Werk des Herrn förderlich zu sein. Die getroffenen Entscheidungen sollten die westliche Kultur für ein weiteres Jahrtausend beeinflussen.

Der Historiker wird häufig zu der Annahme verleitet, gewisse Ereignisse seien unvermeidlich; da sie eine gewisse Wendung genommen hätten, sei damit schon jede Alternative ausgeschlossen. Es ist jedoch bereits erwähnt worden, daß sich einige der einflußreichsten Christen zumindest bezüglich der Rolle der Rhetorik unschlüssig waren; erst recht bezüglich der römischen Kultur, und das in mancherlei Hinsicht. Erinnert man sich daran, daß die griechischrömische Kultur dem frühen Mittelalter vorwiegend durch den sehr

---

[41] Gregor von Nazianz. Zu einer aufschlußreichen Biographie des berüchtigten Prohaeresius, vielleicht das beste Einzelbeispiel der Zweiten Sophistik, vgl. Philostratus und Eunapius: Lives of the Sophists, übers. v. Wilmer C. Wright (Loeb Classical Library), London 1922.

engen Trichter der Enzyklopädisten wie Isodor und Cassiodor übermittelt wurde, mag man sich wohl fragen, was sich ereignet hätte, wenn ein so einflußreicher Wortführer wie Augustin der Rhetorik einen Platz in der christlichen Kultur verweigert hätte.[42]

Es war vielleicht unvermeidlich, daß Augustins Ansichten einen starken Einfluß auf die künftige Entwicklung der Rhetorik haben sollten – und sei es auch nur wegen seines allgemeinen Einflusses in zahlreichen Bereichen, was seinen rhetorischen Ideen zusätzliches Gewicht verlieh. Überdies lieferte ›De Doctrina‹ die grundlegende Darstellung einer christlichen Homiletik, bis zu Beginn des dreizehnten Jahrhunderts eine in hohem Maße formalisierte „thematische" oder im „Universitätsstil" dargebotene Predigt sichtbar wurde.[43] Im Lichte dieser Faktoren wäre es folglich nützlich, nicht nur Augustins Beitrag zu der Debatte festzustellen, sondern auch seine eigene Bewertung der darin dargestellten Probleme zu ermitteln.

Augustin verfaßte die vier Bücher von ›De Doctrina Christiana‹[44] zwischen 396 und 426. Nachdem die ersten drei Bücher verfaßt waren, verging fast ein Vierteljahrhundert, bevor er sich entschloß, Buch IV hinzuzufügen. Sein Ziel war eine Abhandlung, die dem Pre-

---

[42] Teile der folgenden Darstellung sind bereits erschienen in: Western Speech XXII (1958), S. 24–29.

[43] Nach meinem besten Wissen bieten die Texte der Predigten, die an der Universität von Paris während des akademischen Jahres 1230–31 gehalten wurden, das früheste Zeugnis einer neuen Methode des Predigens. Vgl. die lateinischen Texte in M. M. Davy: Les sermons universitaires parisiens de 1230–31: contribution à l'histoire de la prédication médiévale, Paris 1931. Die frühesten erhaltenen Handbücher des neuen Stils sind sogar noch späteren Datums. Vgl. Ray C. Petry: No Uncertain Sound: Sermons that Shaped the Pulpit Tradition, Philadelphia 1948, S. 4 ff.

[44] Aurelii Augustini de doctrina christiana libros quattuor, ed. by H. J. Vogels (Florilegium Patristicum, Fasciculus XXIV), Bonn 1930. Eine leicht erhältliche Übersetzung bietet: D. W. Robertson: Saint Augustine on Christian Doctrine (Library of Liberal Arts, 80), New York 1958. Das vierte Buch ist herausgegeben, mit Übers. und Kommentar, von Therese Sullivan in den Patristic Studies, 23. Charles S. Baldwin liefert eine kurze Zusammenfassung von Buch IV in seiner ›Medieval Rhetoric and Poetic‹ (Kap. ii).

diger sowohl den Gegenstand als auch die Form für Predigten geben würde:

> Um zwei Punkte dreht es sich bei jeglicher Beschäftigung mit den (heiligen) Schriften: einmal um die Auffindung *(modus inveniendi)* dessen, was verstanden werden soll, und dann um die Darstellung *(modus proferendi)* des Verstandenen.[45]

Die ersten drei Bücher handeln von der *materia* der Predigten – das heißt, von der Art und Weise, wie die Worte der Heiligen Schrift verstanden werden können. Buch I handelt von natürlichen Zeichen, Buch II von den Wörtern als konventionellen Zeichen und Buch III von dem Problem der Ambiguität. Er beschäftigt sich in den drei Büchern durchweg mit dem Wortgebrauch und führt aus, daß der Prediger über ein Sprachwissen verfügen muß, um sich mit den Werkzeugen der Erkenntnis auszurüsten. So behandelt er sowohl Ambiguitäten, die aus literal gebrauchten Wörtern erwachsen, und Ambiguitäten, die sich aus bildlich gebrauchten Wörtern ableiten.

Überall wird seine Absicht klar, daß der Adept dieser Disziplin die gewöhnlichen Dinge, die in den Schulen gelehrt werden, beherrschen soll. Obwohl Augustin die Anzahl der Dinge, die ein Schüler gewinnbringend aus der profanen Kultur lernen könnte, streng begrenzt, beeilt er sich gleichermaßen darauf hinzuweisen, die Jugend solle jene Einrichtungen, die für das gesellschaftliche Dasein von Bedeutung seien, entsprechend ihren Lebensbedürfnissen nicht vernachlässigen.[46]

Es ist besonders das vierte Buch, welches ein freimütiges Plädoyer für den Gebrauch der *eloquentia* in der christlichen Redekunst enthält und somit dieses Buch zu dem macht, was man „das erste Handbuch der christlichen Rhetorik" genannt hat. Sein Grundprinzip wird in einem *a fortiori*-Argument zu Beginn des Buches dargestellt:

---

[45] De Doctrina, I.i.1., übers. v. Sigisbert Mitterer, in: Aurelius Augustinus: Ausgewählte praktische Schriften [usw.] (Bibliothek der Kirchenväter, VIII), München 1925, S. 14.

[46] Ebd., II.xxxix.58. Im gleichen Buch verweist er auf die „Regeln der Beredsamkeit" als wünschenswert, II.xxxvi.54.

Wer aber eine bloß unweise Beredsamkeit im Überflusse hat, vor dem muß man sich um so mehr hüten, je mehr der Zuhörer von ihm in nutzlosen Sachen ergötzt wird und meint, der Redner spreche deshalb auch schon wahr, weil er ihn beredt sprechen hört. Diese Wahrheit kennen selbst jene recht gut, die einen eigentlichen Unterricht in der Rhetorik für notwendig halten: sie geben zu, daß Weisheit ohne Beredsamkeit einer Gemeinde allzu wenig nütze, daß aber Beredsamkeit ohne Weisheit meistens geradezu sehr viel schade ohne jemals zu nützen. Wenn sich also schon die Lehrer der Beredsamkeit gerade in den hierauf bezüglichen Büchern unter dem Zwange der Wahrheit zu diesem Bekenntnis genötigt sehen, obgleich sie doch die wahre Weisheit, die von oben vom Vater des Lichtes kommt, nicht kennen, um wieviel weniger dürfen wir, die Söhne und Diener dieser Weisheit, einer anderen Ansicht huldigen?[47]

In seinem Bemühen, den Standpunkt, der von solchen Schriftstellern wie Cyprianus und Cresconius vertreten wird, zu bekämpfen, formuliert er die Aussage an anderer Stelle neu:

Die Rhetorik sieht ihre Kunst darin, jemandem eine feste Überzeugung nicht bloß vom Wahren, sondern sogar vom Falschen beizubringen: wer wagte demnach die Behauptung, die Wahrheit müsse in ihren Verteidigern gegen die Lüge unbewaffnet sein? So eine Forderung geschähe natürlich bloß zu dem Zweck, damit jene, die einem etwas Falsches beizubringen versuchen, schon von vorne herein das Wohlwollen, die Aufmerksamkeit und die Gelehrigkeit des Zuhörers zu erwecken verstehen … Jene sollen bei dem Versuch, ihre Zuhörer um jeden Preis in den Irrtum zu treiben, deren Gemüt schrecken, betrüben, erfreuen, feurig ermahnen dürfen; die Verteidiger der Wahrheit aber sollen eine kalte und matte Rede voll Schläfrigkeit halten müssen! Wer ist so töricht, eine solche Forderung zu ersinnen?[48]

Augustin bezieht demnach Stellung in der großen Debatte, wie die neue christliche Gesellschaft die *sapientia mundi* nutzbar anwenden soll. Er erklärt, daß die Kunst der Beredsamkeit rege in Gebrauch genommen und nicht kurzerhand abgelehnt werden solle, weil sie mit

---

[47] Ebd., IV v 7 Der Verweis auf „Weisheit … Beredsamkeit" bezieht sich auf den Eingangspassus von Ciceros ›De inventione‹.

[48] De Doctrina, IV.ii.3., übers. v. Mitterer, S. 161–162. Die *officia* des *exordium* einer Rede in der römischen Rhetoriktheorie waren, das Publikum „aufmerksam, gelehrig und geneigt" zu machen; vgl. Rhetorica ad Herennium, I.iv.6 und De inventione, I.xv.20.

dem Makel des Heidentums behaftet sei. Denjenigen, die antworten könnten, die Rhetorik sei das Werkzeug der Gottlosen, antwortet er mit dem Aristotelischen Diktum, daß die Kunst sowohl der Wahrheit als auch der Falschheit dienen kann:

> Da also die Gabe der Rede an sich etwas Neutrales ist und zur Überredung sowohl zu guten als auch zu schlechten Dingen viel vermag, warum soll sie dann von dem Eifer der Guten nicht zu dem Zweck erworben werden, um der Wahrheit Dienste zu leisten?[49]

Eine weitere Sorge bereitete der Kirchenobrigkeit im vierten Jahrhundert das Problem der *exempla*, die in der literarischen Unterweisung Verwendung finden sollten. Fast jeder Schriftsteller von Paulus bis zu Hieronymus hatte vor den Gefahren gewarnt, die darin bestanden, Christen in Schulen zu schicken, die durch die *imitatio* von Homer und Vergil lehrten. Der Vorschlag des Augustin besteht darin, sich die Heilige Schrift nach Beispielen des Stils anzusehen; und der Großteil des vierten Buches ist dem Bemühen gewidmet, darzulegen, wie dies geleistet werden könnte. In der Tat fordert Augustin das Vorhandensein eines neuen Typus von Beredsamkeit:

> So gibt es auch eine Beredsamkeit, die sich für Männer schickt, die das allerhöchste Ansehen verdienen und geradezu göttlichen Charakter an sich tragen. Mit dieser Beredsamkeit sprechen sie [unsere Autoren], für sie paßt keine andere.[50]

Da die rhetorische Lehre Ciceros darauf bestand, daß drei Stilebenen angewandt werden müssen, führt Augustin sorgfältig den Nachweis, daß alle drei Stilebenen in der Heiligen Schrift existieren.

Es sollte ebenfalls erwähnt werden, daß Augustin die Rhetorik

---

[49] De Doctrina, IV.ii.3. Die gleiche Idee drückt er anderswo aus: ebd., II.xxvi.54 und Contra Cresconium, I.i.2.

[50] De Doctrina, IV.vi.9., übers. v. Mitterer, S. 168. Die Abschnitte xviii bis xxvi von Buch IV liefern zahlreiche Beispiele, besonders von Paulus. Interessanterweise war Beda, als er Beispiele für die Tropen und Schemata des lateinischen Grammatikers Donatus zitieren wollte, in der Lage, 122 Stellen der Hl. Schrift zu ihrer Illustration anzuführen. Beda: Liber de schematibus et tropis, in: Carolus Halm (Hrsg.): Rhetores Minores Latini, Lipsiae 1863, S. 607–618.

nicht auf den Status einer bloß propädeutischen Disziplin zurückdrängen will. Statt dessen möchte er von ihr im aktiven Dienst der Geistlichkeit Gebrauch machen. Hieronymus und Ambrosius waren zwar offenkundig irgendwie gewillt, der Rhetorik einen Platz in der Elementarausbildung zuzubilligen, jedoch unentschlossen, bis zu welchem Umfang sie anderswo zugelassen werden sollte. Augustin besteht auf der homiletischen Nützlichkeit des Gegenstandes, sei es, daß dessen Untersuchung den *praecepta* oder der *imitatio* folgte.[51]

Außerdem beginnt er, wie vorhin erwähnt, die Schrift ›De Doctrina‹ mit der Aussage, daß der *modus inveniendi* oder die Methode der Auffindung vom *modus proferendi* oder der Methode der Darstellung verschieden ist. Die Struktur des gesamten Werkes wird daher zum Beweisgrund für die Notwendigkeit, dem Studium der „Darstellungsmittel" die gleiche Sorgfalt wie dem Studium der Heiligen Schrift selbst zu schenken. Der ungleiche Raum, der jedem der beiden Themenbereiche gewährt wird, beruht auf der Tatsache, daß Augustin gewissermaßen den ersten Themenbereich neu schafft, während er für den zweiten bloß Gründe seiner Nutzung anführt. Daher beginnt er Buch IV mit der Erklärung, daß er nicht beabsichtige, die Regeln der Rhetorik bereitzustellen, da diese anderswo zu finden seien. Buch IV ist geplant als eine *ratio eloquentiae Christianae*.

Es erweckt daher den Anschein einer Irreführung, wollte man wie Baldwin und Therese Sullivan annehmen, daß Augustin mit dem vierten Buch von ›De Doctrina‹ nur die Absicht verband, seine ablehnende Haltung gegenüber der Zweiten Sophistik zum Ausdruck zu bringen. Gewiß ist seine Einstellung zur „leeren Beredsamkeit" der Sophistik eindeutig, aber dies war eine Haltung, die letztlich von

[51] Die rhetorische Unterweisung folgte in Rom drei Hauptmethoden: dem Lehren der Regeln *(praecepta)*, der Nachahmung von Vorbildern *(imitatio)* und der Abhandlung eines Themas *(declamatio)*. Augustinus scheint in Buch IV die *imitatio* als Methode des Erwerbs von Eloquenz vorzuziehen (vgl. IV.iii.4–5), jedoch muß angemerkt werden, daß er zu einem früheren Zeitpunkt das Studium der *praecepta* empfiehlt (II.xxxix.58). Zu einem Kommentar über das möglicherweise größere Unbehagen, das Augustinus später hinsichtlich seiner Empfehlung empfand, vgl. Laistner: The Christian Attitude to Pagan Literature, in: History XX (1935), S. 51.

Augustinus und die Debatte über eine christliche Rhetorik 79

allen seinen christlichen Zeitgenossen geteilt wurde und folglich eines geringen Beweises bedurfte.

Statt dessen könnte man mit größerer Genauigkeit sagen, daß er die Gefahren einer entgegengesetzten rhetorischen Häresie sah. Die Sünde des Sophisten besteht darin, daß er die Notwendigkeit des Inhalts verneint und glaubt, nur die *forma* alleine sei wünschenswert. Der gegenteilige Fehler, dem Geschichtsschreiber der Rhetorik niemals einen Namen gegeben haben, beruht auf dem Glauben, daß derjenige, der im Besitz der Wahrheit ist, auch *ipso facto* in der Lage ist, die Wahrheit anderen zu übermitteln. Es handelt sich um eine ausschließliche Abhängigkeit von der *materia*. Der hauptsächliche Befürworter dieser Richtung war in der Antike der junge Platon. Es schiene daher recht und billig, dies als die „platonische Häresie der Rhetorik" zu bezeichnen, genauso wie wir die Bezeichnung „Sophisterei" für die gegensätzliche Theorie gelten lassen. Das soll nicht heißen, daß die kirchlichen Schriftsteller des vierten Jahrhunderts im *Gorgias* und *Protagoras* nach einer Theorie der Kommunikation suchten, sondern vielmehr, daß ihre Reaktionen auf die heidnische Kultur Roms bei vielen dazu führten, eine nahezu gleiche Haltung gegenüber der Rhetorik einzunehmen, die ein Teil dieser Kultur war. Augustin erkannte offensichtlich in diesem Aspekt der Kulturdebatte seiner Zeit eine Gefahr und benutzte ›De Doctrina‹ dazu, eine Verbindung von Inhalt und Form in der christlichen Predigt voranzutreiben.

Nur wenn man daher das Buch als einen Teil der großen Debatte des vierten Jahrhunderts ansieht, tritt seine historische Bedeutung klar hervor. Der Leser ist beeindruckt davon, daß der Autor darauf insistiert, es sei eine Torheit, dem Feind ein nützliches Instrument zu überlassen. Denn dies ist ein Buch, das nicht für Gegner, sondern für andere Christen geschrieben wurde. Nur seine eigenen Gefährten in der Kirche können mit denen gemeint sein, die er als „langsam und kalt" *(lenti frigidique)* bezeichnet, wenn sie so sprechen, als ob schon die bloße Äußerung des Gotteswortes die Herzen der Menschen bewegte. Augustin würdigt die Rolle von Gottes Gnade in der Predigt, aber er mahnt, daß der Prediger ebenfalls sein Werk gut verrichten müsse.[52]

---

[52] De Doctrina, IV.xv und IV.xxx. Zur Analyse einer früheren Behand-

›De Doctrina Christiana‹ stellt sich folglich als ein Buch heraus, das als eine Widerlegung derjenigen geschrieben ist, die die Kirche eines nützlichen Werkzeugs in der Arbeit der Seelengewinnung berauben wollten. Bezeichnenderweise endet die Debatte mit seinem Erscheinen. Marie Comeau bemerkt dazu schlüssig und klar:

> Es war unerläßlich, daß Augustin in dieser Abhandlung die Frage der Legitimität der Rhetorik zur Sprache brachte, eine Frage, die seit Platon immer wieder erörtert wurde und die das Christentum in einem neuen Licht darstellte. Es scheint, daß er damit das letzte Wort zu dem Problem gesprochen hat.[53]

lung des gleichen Problems vgl. Jean Daniélou: Origen, übers. v. Walter Mitchell, New York 1955, S. 102 ff.

[53] Marie Comeau: La rhétorique de Saint Augustin d'après les Tractatus in Joannem, Paris 1930, S. xv.

A. G. BAUMGARTENS ›AESTHETICA‹
UND DIE ANTIKE RHETORIK

Von Marie-Luise Linn

Das ausgehende 19. Jh. sah in Baumgarten den Sammler, Ordner, eigentlich nur den Mann, der einer Wissenschaft den Namen gegeben hat, eine eigene schöpferische Leistung sprach man ihm ab.[1] Dagegen proklamierten ihn Bergmann und andere als 'Begründer der deutschen Ästhetik', rühmten seine – wie sie meinten – allzusehr verkannte Bedeutung für die Entwicklung der deutschen Ästhetik bis zu Kant hin.[2] Nivelle[3] hat versucht, dieses Urteil ein wenig zu korrigieren, das allzu Emphatische zu streichen. Im wesentlichen

---

[1] B. Croce: Estetica, 4. ed., Bari 1912, S. 253 f.; K. E. Gilbert u. H. Kuhn: A History of Esthetics, New York 1939, S. 289 ff.; W. Windelband: Lehrbuch der Geschichte der Philosophie, 9. u. 10. Aufl., bes. v. E. Rothacker, Tübingen 1921, S. 406; H. Lotze: Geschichte der Aesthetik in Deutschland, München 1868, S. 3 f.; H. Cohen: Kants Begründung der Aesthetik, Berlin 1889, S. 32 ff.

[2] E. Bergmann: Die Begründung der deutschen Ästhetik durch A. G. Baumgarten und G. F. Meier, Leipzig 1911. Der Schwerpunkt dieser Arbeit liegt allerdings ganz auf der Ehrenrettung Meiers, wie schon aus dem ursprünglichen Titel: G. F. Meier als Mitbegründer der deutschen Ästhetik, Leipzig 1910, deutlich wird. – Voll Lob für Baumgarten, sonst im wesentlichen referierend: B. Poppe: A. G. Baumgarten. Seine Stellung in der Leibnizisch-Wolffschen Philosophie und seine Beziehung zu Kant. Nebst Veröffentlichung einer bisher unbekannten Handschrift der Ästhetik Baumgartens. Diss. Münster–Leipzig 1907. – A. Riemann: Die Aesthetik A. G. Baumgartens unter besonderer Berücksichtigung der Meditationes, Halle 1928 (= Bausteine z. Gesch. d. dt. Lit. XXI).

[3] A. Nivelle: Kunst- und Dichtungstheorien zwischen Aufklärung und Klassik (neubearb. dt. Ausg.), Berlin 1960, S. 7–38. – Ähnlich schon vor ihm A. Bäumler: Kants Kritik der Urteilskraft, 1. Bd.: Das Irrationalitätsproblem in der Aesthetik und Logik des 18. Jh., Halle 1923, bes. S. 86 ff. u. ö.

bleibt aber auch nach seiner vorsichtig wägenden Darstellung das Bild des 'Neubegründers', 'Wegweisers', – wobei freilich Nivelle immer wieder darauf hinweist, wie stark Baumgarten von der Tradition der Dichtungstheorien (und der Philosophie) seines Jahrhunderts bestimmt ist, wie stark er im einzelnen wie im ganzen auf dieser Tradition fußt. Unter vielen anderen – Einflüssen der frz. Theoretiker, der englischen und deutschen psychologisch orientierten Philosophen – fehlt nicht der Hinweis darauf, daß es auch und vor allem die Rhetorik ist, von der Baumgarten ausgehe. Näher untersucht ist diese rhetorische Grundlage Baumgartens allerdings nicht. Allzudeutlich schimmere sie durch, meint Nivelle (S. 9, 21). Nun ist die Bedeutung der antiken Rhetorik innerhalb der deutschen Poetik und namentlich der Ästhetik des 18. Jh. noch wenig beachtet worden. Vor allem fehlt die exakte Analyse einzelner 'epochemachender' Werke dieser Zeit hinsichtlich ihrer Aufnahme dieses Traditionsgutes.[4] Die französische Forschung ist uns auf diesem Gebiet voraus: besonders Dubos' Werk, dieses ›Quintilien de la France‹, wurde von B. Munteano eingehend auf seine Stellung zur rhetorischen Tradition befragt.[5] Gewiß kann es nun nicht darum gehen, jeden Ästhetiker des 18. Jh., womöglich nach einem festen Schema, auf rhetorische Einflüsse hin abzuklopfen. Bei einigen Theoretikern (etwa Gottsched) liegt diese Beziehung auch klar zutage. Aber für ein Werk, das so stark im Übergang steht zwischen Rationalismus und Irrationalismus, das von beiden Seiten in Anspruch genommen und angegriffen worden ist, wie das Baumgartens, halte ich ein solches Vorgehen nicht nur für gerechtfertigt, sondern auch

---

[4] Einzelne Hinweise finden sich bei Bäumler, der wie Nivelle die Bedeutung der Rhetorik für die Entwicklung der Ästhetik gesehen hat, a. a. O., S. 123, 197 u. ö.

[5] B. Munteano: L'Abbé Du Bos ou le Quintilien de la France, Mélanges... offerts à J. Bonnerot, Paris 1954, S. 121–131; ders.: L'Abbé Du Bos, esthéticien de la persuasion passionnelle, RLC 30 (1956), S. 318–350; ders.: Les prémisses rhétoriques du système de l'Abbé Du Bos, Riv. di Lett. Mod. e Comp. 1957, S. 5–30; ders.: Principes et structures rhétoriques, RLC 31 (1957), S. 388–420; ders.: La survie littéraire des rhéteurs anciens, RHLF 58 (1958), S. 145–156.

für geboten. Es könnte sich auch hier zeigen, was von Dockhorn[6] stark in den Vordergrund gerückt wurde, was aber auch Munteano gelegentlich anrührt, daß nämlich Rhetorik und Irrationalismus nicht so schroff gegeneinanderstanden, wie es den Anschein haben mag, daß vielmehr auch hier Fäden gehen, die man bloßlegen sollte.

Zwei Dinge sind im folgenden zu trennen, nämlich die Fragen: a) wie ist Baumgartens *erklärte* Stellung zur Rhetorik? (eine Frage, die nicht viel weiterführt) und b) welcher Art ist der rhetorische „Untergrund" in Baumgartens Ästhetik?

Die erste Frage ist verhältnismäßig rasch beantwortet: weder in den ›Meditationes‹[7] noch in der ›Aesthetica‹ finden sich Stellungnahmen *gegen* die Rhetorik (abgesehen von einigen kritischen Bemerkungen zur Topik, s. u., und zum antiken Rhetor-Ideal, Aesth. § 125). Unzählige Male lesen wir Zitate aus antiken Autoren, wobei Quintilian und Cicero besonders für theoretische Äußerungen herangezogen werden (während für praktische Beispiele Vergil, Horaz, Juvenal zitiert werden). Rhetorik wird definiert als *scientia de imperfecte repraesentationes sensitivas proponendo in genere* (Medit. § 117), wobei zur Poetik nur ein gradueller Unterschied bestehe.[8] Aus diesen Äußerungen und Zitaten Baumgartens kann man schließen, daß er eine ausgedehnte Kenntnis der antiken Autoren besaß, eine Feststellung, die für einen Gelehrten des 18. Jh. ohnehin zu erwarten war.

Schwieriger ist es mit Frage (b) nach der Rhetorik als möglicher Grundlage oder Quelle der Baumgartenschen Ästhetik.

---

[6] K. Dockhorn: Die Rhetorik als Quelle des vorromantischen Irrationalismus in der Literatur- und Geistesgeschichte. Nachr. d. Ak. d. Wiss. in Göttingen, Phil.-Hist. Kl. 1949, Nr. 5.

[7] A. G. Baumgarten: Meditationes philosophicae de nonnullis ad poema pertinentibus, Halle 1735; übers. von A. Riemann, S. 103–146. (zit. Medit.). Ders.: Aesthetica, Frankfurt/O. 1750–58; ders.: eine deutsche Fassung in der von Poppe (a. a. O, S. 65–258) hrsg. Kollegnachschrift (zit. Poppe). Ders.: Metaphysica, Halle 1739, benutzt in der 3. Aufl. 1750 (zit. Metaphys.).

[8] Etwas anders die Definition der Rhetorik Metaphys. § 622: Rhetorik lehre *regulas perfectionis in oratione sensitiva solutae* [eloquentiae], *poetica ligatae*. Diese Art der Abgrenzung ist sehr verbreitet, vgl. z. B. noch Wackernagel: Poetik, Rhetorik, Stilistik. Akad. Vorles. hrsg. v. L. Sieber, Halle 1873.

Hier ist zunächst der Aufbau der ästhetischen Schriften zu betrachten; danach werden einige Kernbegriffe von Baumgartens Ästhetik auf ihren rhetorischen Gehalt hin geprüft, Begriffe, die über Baumgarten hinaus oder auf seinen Äußerungen bzw. deren Popularisierung durch G. F. Meier aufbauend für die deutsche Ästhetik der Folgezeit wichtig wurden. Schließlich wäre zu untersuchen, ob einzelne Hauptstücke, Systemteile, Kernpunkte der antiken Rhetorik in Baumgartens System Aufnahme fanden, gegebenenfalls, ob sie dabei Umdeutungen erfahren.

(1) *Aufbau*. Dabei ist im Auge zu behalten, daß die ›Aesthetica‹ nicht vollendet ist, sie umfaßt nur einen relativ kleinen Teil des in §§ 18–20 vorgelegten Planes, nämlich die ersten sechs Punkte von *de rebus cogitandis heuristice*, also knapp den ersten Teil der theoretischen Ästhetik. Hinweise auf den geplanten Aufbau der übrigen Abschnitte lassen sich gewinnen aus den ›Meditationes‹ und aus Meiers ›Anfangsgründen‹,[9] die aber wegen gelegentlicher Änderungen gegenüber dem Gedankengang Baumgartens mit Vorsicht zu benutzen sind.[10] Doch lassen sich auch aus dem vorliegenden Text der ›Aesthetica‹ hinreichende Schlüsse ziehen.

Zunächst die Haupteinteilung in *Aesthetica theoretica (docens)* und *Aesthetica practica (utens)* (§ 2): der Inhalt der ersten ist eindeutig die theoretische, aber auch normative (vgl. Poppe § 2) Behandlung des Schönen, seiner Bedingungen und seines Wesens, zugleich Anweisung und System.[11] Dagegen bleibt der Inhalt der (nicht ausgeführten) *Aesthetica utens* unbestimmt. Es handelt sich um eine praktische Übung und Anwendung der Theorie des ersten Teiles, doch aber wohl nicht in der Form der Einzelanweisung, die schon in (I) gegeben werden sollte[12]. – Eine derartige Einteilung läßt sich nicht auf antike Vorbilder zurückführen.

[9] G. G. Meier: Anfangsgründe aller schönen Künste und Wissenschaften, 3 Bde., Halle 1748–1750; zit. Anfgr
[10] Zu den Verschiebungen, die Meier auch an Kerngedanken der Baumgartenschen Ästhetik vorgenommen hat, vgl. Nivelle S. 40ff.
[11] Zu diesem Doppelaspekt der ›Aesthetica‹ vgl. Nivelle S. 14f., *ars et scientia* zugleich, Aesth. § 10.
[12] Poppe § 2: „Wann ich schöne Gedanken entwerfe, so ist die Ästhetik

Ganz anders verhält es sich mit der Einteilung der *aesthetica docens* in
1. *de rebus et cogitandis heuristice,*
2. *de lucido ordine, Methodologia,*
3. *de signis pulcre cogitatorum et dispositorum, semiotica* (§ 13, entsprechend Medit. § 10).

Hier spiegelt sich deutlich die alte Gliederung in *inventio, dispositio, elocutio*, die ersten drei Stücke der fünfteiligen Gliederung der antiken Rhetorik.[13]

Inhalt – Anordnung – Ausdruck, das sind also auch bei Baumgarten die wichtigsten Punkte des Systems, erst ihre Vollkommenheit bewirkt die vollkommene Schönheit des ästhetischen Werks (§§ 18–20). Er betont die Bedeutung der beiden ersten (Poppe § 20), die gegenüber der Betrachtung der Schönheiten des Ausdrucks, der „Bezeichnung", oft vernachlässigt worden sei.[14] Diese Einteilung

---

die ausübende *(aesthetica utens)*. Wann ich anderen zeige, wie sie solche entwerfen sollen, so ist sie die lehrende *(docens)*." – Nivelle S. 14 nimmt eine Teilung in theoretisch-wissenschaftliche Seite und praktische Anwendung der dabei erworbenen Kenntnisse an, die zumindest in Poppe § 2 keine Stütze findet, wohl aber bei Meier (Anfgr. § 7), dessen Einteilung der Ästhetik derjenigen einer ›Critischen Dichtkunst‹ sehr ähnlich ist (vgl. die Bemerkungen Meiers über Einteilung in seiner ›Beurtheilung der Gottschedischen Dichtkunst‹ [Halle 1747, § 7]).

[13] Zur Geschichte dieser Gliederung im 18. Jh. vgl. U. Stötzer: Deutsche Redekunst im 17. und 18. Jahrhundert, Halle 1962.

[14] An dieser Stelle wird zugleich der Bezug zur Rhetorik deutlich in der Bemerkung, er werde in Zukunft in den Beispielen „meist bei der Rede stehenbleiben", da sie das beste Mittel sei, einen Gedanken auszudrücken (Poppe § 20). Im weiteren Verlauf der Abhandlung handelt er danach, und das hat ihm den Vorwurf eingetragen, seine Ästhetik sei keine alle Künste umfassende Systematik, sondern eine verkappte Rhetorik (vgl. dazu Nivelle S. 9, A. 7). Dieser Einwand übersieht, daß zu dieser Zeit allein die Theorie des geschriebenen und gesprochenen Wortes, eben im Rahmen der Rhetorik, genügend aus- und durchgebildet ist, um dergleichen Überlegungen zu ermöglichen (anders Cohen S. 31). – Zur antiken Tradition der Trennung zwischen *res* und *verba* vgl. Cicero: De Oratore III 19, II 366 u. ö., wo zugleich betont wird, daß beides nicht scharf zu scheiden sei.

wird von Meier übernommen und findet sich, allerdings verhältnismäßig selten und mit anderer Akzentuierung, auch noch im 19. Jh.[15].

Die Ähnlichkeit der Baumgartenschen Einteilung mit der der antiken Rhetorik liegt auf der Hand. Ergiebiger dürfte aber die Untersuchung von Untereinteilungen sein, vor allem die der ziemlich vollständig durchgeführten Heuristik. Sie besteht aus 7 Kapiteln, die mit Ausnahme des ersten die von Baumgarten geforderten Grundbedingungen des Ästhetischen behandeln: *ubertas, magnitudo, veritas, lux, certitudo, vita.*

Nach Baumgarten, Aesth. § 18 u. ö., handelt es sich dabei um die Darstellung der Arten bzw. Grundsätze der Gedanken und der Materie, in der Ausführung wird allerdings, wie vielleicht noch gezeigt werden kann, nicht immer scharf von Gesichtspunkten des sprachlichen Ausdrucks getrennt.

Diese Einteilung kann man kaum als geschlossenes System betrachten, leicht ließen sich einige Abschnitte, weitere 'Notwendigkeiten' des Denkens usw. hinzufügen, ja Baumgarten selbst gibt in seinen Untergruppen weitere an (z. B. *gravitas* S. XXIIII, *magnanimitas* S. XXV). Für diese Gruppierungen der Grundbedingungen von Gedanken und Gegenständen gibt es kein antikes Vorbild,[16] die Einteilung der *inventio* baut dort auf anderen Gesichtspunkten auf (Thesis-, Stasislehre). Wohl aber haben einzelne dieser Gruppen in der antiken Rhetorik Vergleichbares, und zwar in den gelegentlichen Aufzählungen der 'Vorzüge' *(virtutes)* oder Erfordernisse des Inhalts, häufiger noch des Stils. Offenbar gehören die drei ersten Kategorien (Reichtum, Größe, Wahrheit) mehr dem inhaltlichen Bereich an, die drei anderen (Licht [= *claritas?*], *certitudo = perspicuitas*, Lebhaftigkeit) mehr der Sphäre des Stils.[17]

---

[15] Z.B.: K. A. J. Hoffmann: Rhetorik für Gymnasien, Clausthal 1859, S. 2.

[16] K.H. v. Stein (Die Entstehung der neueren Ästhetik, Stuttgart 1886, S. 351) verweist auf Hogarth.

[17] Einzelnachweise: ubertas: Ad. Her. nicht belegt: Cic. De inv. I 19, 27 *varietas rerum*, De or. I 59 *copiose dicere* (= *copiam rerum habere*), II 319 *res uberrimae* (innerhalb der Exordialtopik); II 50 *abundanter dicere* (Wortschatz). Inhaltliche *ubertas* De or. III 76, besonders deutlich III 120. – Quint. Inst. or. X 1,5 *copia rerum ac verborum* (nur letztere ausführlich).

Es überrascht etwas, daß diese Art der Einteilung trotz der versuchten Popularisierung bei Meier kaum Nachfolger findet. Höchstens als „Forderungen" *(virtutes)* an die schöne Schreibart tauchen einzelne dieser Gesichtspunkte wieder auf,[18] jedoch wohl kaum als Übernahmen aus Baumgarten, sondern eher aus Adelung (oder seinen Nachfolgern), der seinerseits die antike Forderung des *latine, plane, ornate apteque dicere*[19] in zehn Stilforderungen auseinanderlegt.[20]

Der Aufbau der einzelnen Untergruppen b)–g) ist nicht gleich, doch gibt es Übereinstimmungen, vor allem die Trennung in *generalis/specialis* bzw. in absolut/relativ, die sich fast bei allen findet.

magnitudo: Ad. Her. ebenso wie *dignitas* nur Stilmerkmal bzw. Qualität der *actio* (IV 11, 16; IV 12, 17); De inv. II 15, 50 *dignitas in inventione rerum*; De or. II 334 *dignitas* (des Redners), III 178 *dignitas verborum*; Inst. or. VIII pr. 20 und XII *dignitas* (des Redners), IV 2, 64 *dignitas* (innerhalb der *narratio*).

veritas: in der antiken Rhetorik nicht als besondere *virtus* belegt. Durch *verisimilitudo* (etwa als *virtus* der *narratio*) ersetzt, z. B. Inst. or. IV 2, 31.

lux (claritas): Ad. Her. I 8, 14 *dilucida (narratio)*, IV 12, 18 stilistisch verstanden, ebenso Cic. De or. III 50 ff., *illuminate dicere* De or. III 53; Quint. Inst. or. IV 2, 31 *(narratio)*, VIII 1, 2 ff. stilistisch.

certitudo (persuasio): Ad. Her. IV 12, 17 *aperte dicere* (als Stilmerkmal); Cic. De inv. I 20, 29 *aperta (narratio;* 22, 31 *partitio)*; De or. II 328 desgl.; Quint. Inst. or. IV 2, 36 *narratio aperta*.

vita: Ad. Her. II 3, 4 *ethos* (Charakterzeichnung) im Bereich der *inventio*; Cic. De inv. I 19, 27 *(festivitas narrationis)*, I 24, 34 ff. *ethos* (in der Argumentation); De or. II 182 *mores* (Charakterzeichnung in *probando*); Inst. or. nicht ausdrücklich genannt.

Ausgaben: Auctor ad Herennium, ed. Caplan, London 1964; Cicero: De oratore, ed. Wilkins, Oxford 1955; De inventione, ed. Hubbell, London 1960; Brutus, ed. A. S. Wilkins, Oxford 1957; Quintilian, Institutio oratoria, ed. Rademacher, 2 Bde., Leipzig 1959. – Horaz: Opera, ed. Wickham-Garrod, Oxford 1955.

[18] Z. B.: Ch. F. Falckmann: Praktische Rhetorik, 2 Bde., Hannover 1835/36, Bd. I, S. 36 ff.

[19] Cicero: De or. III 37 ff.; Quint. Inst. or. I 5, 1.

[20] J. C. Adelung: Über den Deutschen Styl, 2 Bde., Berlin 1785; Bd. I, S. 37.

88 Marie-Luise Linn

Häufig geht eine Zweigliederung einer Dreigliederung voraus, als Beispiel sei c) näher betrachtet. Die Übersicht gibt die Hauptpunkte wieder:

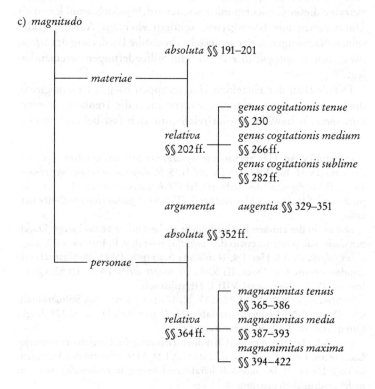

Die Dreigliederung zeigt sich auf den ersten Blick bereits als von der antiken Stillehre bestimmt: die Einteilung in drei *genera dicendi* entsprechend den drei Arten von Reden (Gerichts-, Beratungs-, Lobreden) und damit den drei Aufgaben des Redners *(probare, conciliare, movere)* durchzieht alle Lehrbücher und Schemata der Rhetorik bis ins Mittelalter, seit der Renaissance im Rückgriff auf die Antike. Man kann mit Dockhorn[21] hier vom „Grunddispositions-

---

[21] A.a.O., S. 113.

schema" der antiken Rhetorik sprechen. Dieses Schema wirkt, z. T. in abgeschwächter Form, bis hin zu Wackernagel (1873) und weiter.

Bei Cicero ist diese Einteilung nicht nur eine Frage des rhetorischen Stils, sie greift auch auf das Gebiet des Inhalts über,[22] jedoch steht bei ihm die davon bestimmte Abstufung des sprachlichen Ausdrucks im Vordergrund. Baumgarten hingegen will in dem von uns zu betrachtenden (weil allein vorliegenden) Abschnitt seiner ›Aesthetica‹ ausschließlich die „Arten der Gedanken" betrachten. Er unterscheidet demnach mehrere „Arten zu denken" *(genera cogitationis)*, fehlerhafte wie das *genus cog. nugatorium* (§ 245, Untergruppe des *g. c. tenue*) oder lobenswerte wie das *genus cog. moratum* (§ 266, innerhalb des *g. c. medium*). Noch weiter geht bei dieser Aufspaltung Meier in den ›Anfangsgründen‹. Aber handelt es sich nicht bei beiden Autoren mindestens teilweise zugleich, zuweilen überwiegend um unterschiedliche *Stilarten*, also wie bei Cicero um Fragen des Ausdrucks? So werden als Beispiele des *bathos (vitium des g. c. sublime)* fehlerhafte, weil zu „niedrige" Vergleiche und sprachliche Bilder angeführt.[23]

Ein kurzer Blick auf den ersten, bisher noch nicht erwähnten Abschnitt von Baumgartens Heuristik mag dieses Kapitel abschließen. Hier wird der *character aesthetici* behandelt (§§ 28–1124), d. h. Wesen, Vorbedingungen und Hilfen des ästhetischen (auch hier wieder im wesentlichen: dichterischen) Ingeniums.

Ein fünfteiliges Schema wird entwickelt: *natura, exercitatio, disciplina, impetus, correctio*. Deutlich wird auch hier wieder – schon von

---

[22] De or. III 177 *genus orationis sequitur institutam sententiam*, III 210 *apte dicere*.

[23] Aesth. §§ 314 ff. Kritik einzelner Horazgedichte (Vergleich eines zu Ehrenden mit Kühen; Jupiter *nive conspuit alpes; emunctis naris* usw.), wobei in erster Linie nicht der gedankliche Vergleich, sondern dessen sprachliche Form angegriffen wird. Gedanke und Ausdruck sind hier jedenfalls so eng verknüpft, daß aus Baumgartens Kritik die Herkunft seiner Einteilungsbegriffe aus der antiken *Stil*lehre noch deutlicher wird. – Ähnlich §§ 320 ff., 264. Die Definitionen der hier als fehlerhaft aufgeführten Denkarten stammen bezeichnenderweise gewöhnlich aus den Abschnitten über *elocutio* bei Cicero und Quintilian. Vgl. §§ 248, 250, 258 u. ö.

der Gliederung her – der Einfluß der Rhetorik sichtbar, die nahezu schematisch bei jeder Behandlung der Ausbildung des *bonus orator natura, exercitatio, disciplina* trennt.[24] Dieses Schema tritt aber in der Antike nicht in einer erweiterten Form auf, die etwa derjenigen Baumgartens entspräche. Wohl finden sich Anweisungen zur „Ausbesserung",[25] als eigene Station beim Werden des Kunstwerks wird diese jedoch kaum aufgeführt.[26] In der Aufnahme des *impetus aestheticus* unter die Hauptforderungen an den *aestheticus* möchte man den Einfluß irrationalistischer Strömungen sehen, Lautwerden des Neuen im Alten, vielleicht gar Vorahnung der Sturm-und-Drang-Poetik, wie sie sich auch schon in der Betonung der Veranlagung *(natura)* ausdrückt. Darüber wird freilich noch zu sprechen sein.

Fassen wir zusammen: im großen wie im einzelnen zeigt der Aufbau der ›Aesthetica‹ deutliche Parallelen zu dem der antiken Rhetoriklehrbücher. Neues wird aufgenommen (die einzelnen *virtutes* der Denkarten, die Verschiebung des Akzents auf die *cogitatio*), das aber in seiner Gliederung wiederum vom Alten bestimmt bleibt.

(2) Nicht der Aufbau, so mag man einwenden, macht die Bedeutung eines Werkes aus, auch ein äußerlich traditionelles Gerüst kann neue, ja revolutionäre Ideen aufnehmen. Der Blick muß sich also vor allem auf dieses Neue, auf die für wesentlich anzusehenden Punkte des Baumgartenschen Werkes richten.

n a t u r a, ingenium: Dies ist die Stelle, an der sich der Einbruch des Neuen stets zuerst fassen lassen müßte, die Betonung des Subjektiven gegenüber dem früher (auch bei Gottsched) vertretenen Vorrang der Regeln, in rhetorischer Terminologie also der *ars, disciplina*. – Baumgarten behandelt den Geniebegriff systematisch ganz zu An-

---

[24] Von den Griechen übernommen, allerdings nicht beim Auct. ad Her. (I, 3 *ars, imitatio, exercitatio*); Cic., De or. I, 5 zunächst thesenhaft, im Verlauf der Erörterung bestritten, im Grunde jedoch der Kern des Werkes; Quint. Inst. or. passim.

[25] Besonders bei Horaz: Ars Poetica 291 ff. Cic., De or. II, 148. Eigener Abschnitt über *emendatio*: Inst. or., X 4.

[26] Eigener Gliederungspunkt *Epanorthosis* bei Falckmann, Bd. I, – nach Baumgarten?

fang seines Werkes (§§ 28–46), weiteres findet sich verstreut unter verschiedenen Stichwörtern sowie in den ›Meditationes‹ und der ›Metaphysica‹.[27]
Nach Baumgarten besteht die ästhetische Veranlagung in einem ausgewogenen Verhältnis oberer und unterer Seelenkräfte, erstmals wird hier die Notwendigkeit der *harmonia* betont (§ 573, vgl. Bäumler S. 157 f.). Ergänzt werden muß diese Harmonie durch ein 'gutes Herz' (§ 44). Wesentlich ist die Forderung nach der Fähigkeit, etwas Neues zu schaffen.[28] *ingenium* ist bei Baumgarten nicht = *esprit*, sondern bewegt sich eher in Richtung auf den Geniebegriff des Irrationalismus.[29]

Es ist vielleicht bemerkenswert, daß in diesem Abschnitt der ›Aesthetica‹ Belege aus den klassischen Schriftstellern fehlen, die Baumgarten sonst so häufig bringt. Sicher wäre es aber nicht richtig, daraus zu schließen, daß er sich an solchen Stellen dann völlig frei von aller Tradition äußere.[30] Wichtig für unseren Zusammenhang ist aber weniger die Frage, ob Baumgarten dem Genie eine Mitwirkung bei der ästhetischen Betätigung zuschreibt, – das allein wäre in keiner Weise neu, denn selbst die strengen Rationalisten pflegen wenigstens im Eingangskapitel formelhaft zu betonen, daß ohne Veran-

---

[27] Vgl. H. Wolf: Versuch einer Geschichte des Geniebegriffs in der deutschen Ästhetik des 18. Jh., 1. Bd.: Von Gottsched bis auf Lessing, Heidelberg 1923 (= Beitr. z. Philos. Bd. 9). Über Baumgarten S. 97 ff.; ferner Nivelle S. 21 ff.; Bäumler S. 157 ff.

[28] *Dispositio poetica, ... quanta pulcrae meditationis portio combinando praescindendoque phantasmata formanda sit ... tanta sit quae mundum a se quasi creatum non subtrahat reliquarum e. g. perspicaciae politionis* (Aesth. § 34). – „Der schöne Geist muß die natürliche Anlage haben, etwas Neues zu schaffen, ... ein esprit createur zu sein, ... die alten [Empfindungen] mit Imagination verbunden mit neuen zusammensetzen" (Poppe § 34). – *novitas* wird als Merkmal der wahren Kunst gefordert (§§ 808 ff.), wobei freilich gewisse *cautelae* (§§ 812–822) diese Forderung wieder etwas einschränken. Wolf (S. 103) stellt fest, daß Baumgarten in der deutschen Ästhetik als erster die Forderung nach Originalität erhoben habe.

[29] Meier hingegen übersetzt noch „Witz" (= Fähigkeit zum Erfassen von Übereinstimmungen), Anfgr. Bd. II, § 400.

[30] Vgl. die Nachweise frz. und engl. Vorbilder bei Wolf, S. 103.

lagung kein Künstler denkbar sei.³¹ Die eigentliche Stellung eines Theoretikers wird erst an dem Verhältnis deutlich, das er zwischen den drei Komponenten *natura, exercitatio, disciplina* annimmt, an seinen Äußerungen über den Nutzen der Regeln usw. Bei Gottsched z. B. (§§ 12 ff.) wird sofort deutlich, daß ihm die Regeln und die Kontrolle des Verstandes bei weitem wichtiger sind als die natürliche Veranlagung, und trotz seiner Kritik an Gottsched bietet sich auch bei Meier kein wesentlich verschiedenes Bild.³²

Auch bei Baumgarten wird zunächst (§§ 47–61) als *exercitatio* das aus der Tradition Bekannte vorgeschrieben: Lesen, Nachahmen guter Muster usw. Die Forderung nach ethischer Ausbildung kommt hinzu (§ 50 f.). In der Kollegnachschrift finden sich geschickte pädagogische Ratschläge, die auch von Cicero stammen könnten.³³ – Im folgenden (§§ 62–77) behandelt Baumgarten die *disciplina*, die Bedeutung des theoretischen Systems des Schönen, wobei er ausdrücklich „Gelehrsamkeit" auf vielen Gebieten fordert, worunter er jedoch nicht Spezialistentum und trockene Pedanterie verstanden wissen will (§ 63). Da die Ästhetik die Regeln des Schönen im allgemeinen umfaßt, ist sie am besten geeignet, eine übergreifende Bildung zu verleihen (§ 71), womit spezielle Anweisungen für einzelne Disziplinen weitgehend überflüssig sind. Das Verhältnis des großen Geistes zu den Regeln sieht Baumgarten so: er untersteht ihnen nicht, jedoch berechtigt das den durchschnittlichen Ästhetiker nicht zur Verachtung der Regeln, da sie ihm durchaus nutzen werden.³⁴ Freilich bleibt als Kernsatz bestehen, daß es besser sei, keine, als schlechte Regeln zu haben.³⁵ Der Wert der guten Regel wird davon allerdings nicht berührt.

Festzuhalten bleibt an dieser Stelle, daß Baumgarten sich im Streit um die Vorherrschaft zwischen *ingenium* und *ars* nicht grundsätz-

---

³¹ Boileau: L'Art Poétique (ed. D. N. Smith, Cambridge 1898), I, 4. I 10. – Meier (Kritik § 44) wirft Gottsched vor, er habe die Veranlagung zum Dichten *(facultas fingendi)* nicht erwähnt, jedoch vgl. dessen ›Critische Dichtkunst‹ § 11 (Neudruck 1962 der 4. Aufl. Leipzig 1751).

³² Meier: Anfgr. §§ 41, 58 ff.

³³ Poppe §§ 58 ff. – Vgl. De or. II 88 ff., bes. I 149 ff.

³⁴ Poppe § 58.

³⁵ Poppe § 73.

A. G. Baumgartens ›Aesthetica‹ und die antike Rhetorik 93

lich entscheidet, daß er aber doch leicht dem *ingenium* zuzuneigen scheint. In gewisser Weise nimmt Baumgarten damit den Standpunkt Ciceros ein, der in ›De oratore‹ nach langen Erörterungen zu einer Dominanz der Veranlagung gelangt, ohne daß deren wissenschaftlich-exakte Pflege vernachlässigt werden dürfe.[36]

Für einen weiteren wesentlichen Punkt seiner Lehre vom *character aesthetici* zieht Baumgarten in starkem Maße antike Autoritäten heran, für den *impetus aestheticus* (§§ 78–95). Er sieht in der „ästhetischen Begeisterung" in erster Linie ein psychologisches Phänomen, vom *furor divinus* der Barockpoetik kann keine Rede sein. Dennoch hat man in diesem Abschnitt eine der wichtigen Neuerungen Baumgartens bei der Definition des Geniebegriffes gesehen.[37] Das Übergewicht der *natura* wird damit weiter verstärkt, oder doch der dem Verstande, der *ars* und der Planung unzugängliche Bereich. Das Kunstwerk ist eben im wesentlichen doch aus dem Zusammenwirken irrationaler Kräfte zu verstehen. Gerade für eine solche Auffassung lassen sich reichlich Belege aus antiken Quellen beibringen.[38] In die gleiche Richtung weist die Vorstellung vom *esprit createur*.[39]

Diese Gedanken sind es, die weitergewirkt haben, die in engem Zusammenhang mit der Poetik des Irrationalismus stehen. Nun kann es gewiß nicht darum gehen, für alles Neue bei Baumgarten eine antike Quelle nachzuweisen in dem Bestreben, ihm damit jede Originalität und Bedeutung abzusprechen. Andererseits zeigt er sich immer wieder als ein so vorzüglicher Kenner der antiken Autoren, daß derartige gedankliche, bisweilen sogar wörtliche Übereinstimmungen kaum Zufall sein können. Vielleicht darf man den Schluß umgekehrt ziehen: gerade weil Baumgarten – sei es unter

---

[36] Vgl. De or. II 85, I 223, III 35. Ähnliche Übereinstimmung findet sich auch in der Betonung der Notwendigkeit einer umfassenden *ars* (Ästhetik, bei Cicero: Philosophie) gegenüber der Spezialausbildung (Cic., De or. III 80, *mediocris doctrina* III 77 u.ö.) – Übergewicht der *eloquentia* über die *scientia* I 240.

[37] Nivelle S. 24.

[38] Horaz, A. P. 409 (in den Episteln selten, häufig in den Carmina); Cic. De or. III 189, II 194 u.ö.; Quint. Inst. or. II 8.

[39] Poppe §§ 34, 502, Aesth. § 511, Medit. § 68.

englischem Einfluß, sei es als eigenständiger Denker – dem subjektiven Element und der Originalität in der Ästhetik, vor allem für die Dichtung, breiteren Raum gibt, sucht er seine Stützen für dieses Neue oder doch relativ Neue bei antiken Autoren und zieht die dafür passenden Stellen heran. In der Lehre von der *natura*, von der *vis oratoris*, dem *poeta creator* und der *novitas* zeigt sich ja eine stark subjektive und emotionale Komponente in dem sonst so objektiven System der Antike, allerdings seltener bei den strengen Systematikern ('Ad Herennium', 'Victorinus'), sondern gerade bei den souverän Darstellenden, vor allem bei Cicero. Die Rhetorik kann also auch für eine nichtrational bestimmte Poetik durchaus herangezogen werden. Auf diesen Doppelaspekt der antiken Rhetorik hat besonders Munteano[40] aufmerksam gemacht, doch scheint dieser Gesichtspunkt in der deutschen Forschung (sieht man von Dockhorn ab) bisher zu wenig berücksichtigt.[41]

magnitudo: In diesem wichtigen Abschnitt (§§ 177–422) behandelt Baumgarten die Größe und Würde der Gegenstände und Gedanken (objektive Größe) und die Würde, d. i. seelisch-geistige Veranlagung der schreibenden Person (subjektive Größe). Bedeutungsvoll ist dieser Abschnitt u. a. deshalb, weil Baumgarten hier auf das Verhältnis von Kunst und Ethik eingeht und erstmals einen Primat der Ethik über die Kunst ablehnt.[42] Baumgarten versucht nicht, diese Auffassung durch die Berufung auf antike Autoritäten zu stützen, legt vielmehr dar, inwiefern er sich nach seiner Meinung von ihnen entfernt.[43]

Im übrigen steckt dieses Kapitel voller antiker Zitate, z. B. bei der Behandlung der *dignitas absoluta* des Stoffes (§§ 196 ff.). Wie stark der Aufbau in diesem Kapitel von der antiken Rhetorik bestimmt ist, wurde bereits gezeigt. Es fällt auf, daß es zu Wiederholungen

---

[40] Vgl. oben Fußnote 5. Besonders RLC (1956), S. 325 f.

[41] Auch Bäumler (S. 123, 210), der noch die meisten Einzelnachweise bietet, bewertet den Einfluß der Rhetorik fast ausschließlich negativ.

[42] Poppe § 182, Aesth. §§ 205, 206. – Nivelle S. 30 f. – H. G. Peters: Studien über die Ästhetik des A. G. Baumgarten unter besonderer Berücksichtigung ihrer Beziehung zum Ethischen, Diss. Berlin 1934, bes. S. 39 ff., 55 f.

[43] Poppe §§ 183, 184.

A. G. Baumgartens ›Aesthetica‹ und die antike Rhetorik   95

kommt, indem *materiae et rationes* getrennt durch alle drei *genera* behandelt werden (etwa doppelte Erwähnung der *genera bathous* §§ 224 u. 245, u. ö.). Zudem wird im Streben nach äußerster Genauigkeit auch bei einzelnen *genera* wiederum eine Dreiteilung durchgeführt (z. B. Einteilung des *genus tenue* § 233), wodurch der praktische und theoretische Wert dieser Einteilungen weiter gemindert wird. In dieser Durchrationalisierung geht Baumgarten weit über antike Vorbilder hinaus, hier ist er am stärksten Kind seines Jahrhunderts (ganz ähnlich etwa Adelung und Gottsched).

Die Einschätzung des *genus tenue*, dem geringe Materien und schlichte Gedanken zukommen, ist zwiespältig: in Anlehnung an antike Vorbilder wird der Eigenwert dieses *genus* betont,[44] andererseits es doch als eine geringere Vorstufe und Vorübung „edlerer" Dichtarten aufgefaßt.[45] Abgesehen von Briefen (*epistolae* § 241) werden keine Prosaformen epischer Dichtung erwähnt. Man gewinnt den Eindruck, daß Baumgarten ihr keinen Wert zumißt, allein die „Dichtung", d. h. Lyrik, Epos, Drama, zählt, die Prosa als Kunstform ist noch nicht entdeckt.[46]

Erwähnt werden mögen wegen ihrer großen Ähnlichkeit mit der rhetorischen Tradition die *virtutes generis tenuis*.[47]

Ähnliche feste Verknüpfungen finden sich z. B. in der Definition des *genus medium* (Aesth. § 266), wie überhaupt die Behandlung dieses *genus* Baumgarten ganz ähnliche Schwierigkeiten bereitet wie Cicero, da sich eigentlich darüber nur sagen läßt, daß es „zwischen" den beiden anderen liege. Der Abschnitt ist denn auch der kürzeste. – Für das *genus sublime* stützt sich Baumgarten mindestens ebenso stark auf Longin wie auf Cicero. Über den Mittelteil des *magnitudo-*

---

[44] Aesth. § 234, gestützt auf Cicero: Brutus 64.

[45] Poppe §§ 234, 236. Die Kolleghandschrift bietet, wie schon Nivelle (S. 31) beobachtet hat, in vielen Fällen und so auch hier die plattere, seiner Zeit gemäßere Formulierung.

[46] Über die zögernde Aufnahme der Prosa in den Kanon der Gattungen vgl. B. Markwardt: Geschichte der deutschen Poetik, Bd. II, Berlin 1956, bes. S. 115 ff., 219.

[47] § 242. *proprietas* (= *puritas*), *perspicuitas*, *probabilitas*, *evidentia*. Vgl. Cic. De or. III 37.

Abschnitts *(argumenta augentia),* der zur subjektiven *magnitudo* überleitet, wird noch zu sprechen sein.

Die subjektive *magnitudo, magnanimitas* oder *gravitas* genannt (Aesth. §§ 352–422), ist im Aufbau (vgl. oben S. 429 f.) und Inhalt stark von der rhetorischen Tradition bestimmt. Dabei handelt es sich um einen Abschnitt, der sehr wohl Ansatzmöglichkeiten für das Einfließen „neuerer", irrationalistischer Gedankengänge bieten würde, denn hier geht es ja wiederum um eine der Anlagen oder Begabungen des *poeta* bzw. *aestheticus,* so daß dieser Abschnitt eigentlich eher einen Bestandteil der Behandlung des *ingenium* bilden könnte.[48] Zunächst einmal wird – zugleich im Anschluß an Cicero und Quintilian – vom *aestheticus* gefordert, daß er *vir bonus* sein müsse. Die charakterbildende Kraft der *disciplina aesthetica* war bereits in der Einleitung hervorgehoben worden (Aesth. §12, Poppe §63 u.ö.), zugleich wird betont, daß ein *aestheticus* ohne „gutes Herz" (Poppe §44) nicht denkbar sei.[49] Es geht hier (§§ 361 ff.) nicht so sehr um moralische Qualitäten, sondern, wie auch der ständige Bezug auf Cicero zeigt, um die „humane", charaktervolle Grundhaltung. Ich möchte gerade für diese Forderung den Einfluß Ciceros höher veranschlagen als den der moralisierenden Zeitgenossen, weil hier sehr deutlich wird, daß Baumgarten bei seinem hohen Begriff vom *aestheticus* die allseitige philosophisch-menschliche Bildung fordert, die erst den *vir bonus* ausmacht, ähnlich wie es das ciceronische Orator-Ideal voraussetzt. Das gesamte Kapitel über *magnanimitas* scheint mir in starkem Maße den antiken Vorstellungen vom *orator optimus* und *philosophus* verpflichtet (vgl. Baumgarten, Aesth. §§ 390 f. 404). Man meint, Anklänge bis in die Formulierung hinein feststellen zu können.[50] – Alle nicht damit zusammenhängenden Vorschriften sind rein negativ und wenig an-

---

[48] Die eigenartige Zwiespältigkeit des Aufbaus bei Baumgarten wird an dieser Stelle wieder deutlich: die subjektiven Kriterien des *felix aestheticus* werden nicht einheitlich behandelt, sondern auf die einzelnen Abschnitte verteilt und so auseinandergerissen.

[49] Bäumler S. 208 zieht die Parallele zum *galanthomme, homo politicus.*

[50] §405 *quam nunc quaerimus, magnanimitas* zu Cic. de or. I 213 *oratorem autem ... quoniam de eo quaerimus,* ähnlich auch I 118.

schaulich.⁵¹ In den Ausführungen über *magnanimitas aesthetica maxima* wird ständig auf Longin Bezug genommen. Das ganze Kapitel über *magnanimitas* bringt wenig Neues, aber man spürt eine gewisse Noblesse, die sehr stark an antike Vorbilder erinnert.

fictio und *verisimilitudo*. Beide Fragen sind eng miteinander verknüpft. Im Gegensatz etwa zu Gottscheds⁵² Rationalismus hält Baumgarten es nicht für möglich, die Phantasie des Dichters (Ästhetikers) auf den Bereich des Vernunftbestimmten und Erfahrbaren, des Wahren im Sinne des Möglichen einzuengen. Wahrscheinlichkeit, d. h. innere Wahrheit einer *fictio* ohne Widerspruch in sich genügt als Forderung an den Dichter (Aesth. §486 u. ö.). Der Unterschied zu Gottsched liegt in erster Linie darin, daß Baumgarten, hier sicher beeinflußt von den Schweizern und englischen Theoretikern, das Hinausgehen über die logische Wahrheit nicht nur für erlaubt, sondern für geboten hält (Aesth. und Poppe §§ 487, 498, 585). Ästhetik und Logik werden also hier streng getrennt gehalten, der Eigenwert der Ästhetik hervorgehoben: sie ist nicht nur ein im Grunde minderwertiger Teil der Logik.⁵³

Die antike Rhetorik als eine vorwiegend forensische Kunst fragte nach „dem Wahren" kaum, war sich vielmehr darüber im klaren, daß es in ihrem Bereich weniger um die objektive Wahrheitsfindung als auf Glaubhaftmachen und auf Wirkung ankomme.⁵⁴ Dagegen ist

---

⁵¹ Z.B.: die Forderungen nach der Vermeidung von *bathos* und *tumor* (§§ 407, 409); *animus magnus non suspicax est et incredulus* (§ 411) usw.

⁵² Gottscheds Definition der unbedingt zu fordernden poetischen Wahrscheinlichkeit (Crit. Dichtk. ⁴S. 198): „Ähnlichkeit des Erdichteten mit dem was wirklich zu geschehen pflegt", wobei allerdings Baumgartens heterokosmische Fiktionen ebenfalls zugelassen werden (S. 150), aber doch nur in sehr begrenztem Maße, begrenzt durch den kritischen Verstand, der vieles „Wunderbare" (im Sinne von *admirabile*) als ungereimt verwirft (S. 171, 181). „Das Wunderbare muß doch allezeit in den Schranken der Natur bleiben" (S. 190).

⁵³ Damit wird auch die Kritik Windelbands (S. 406) hinfällig.

⁵⁴ Vgl. die skeptischen Ausführungen Ciceros (De or. II 30), wobei allerdings zu beachten ist, daß sich Cicero meist nicht mit den Ansichten des Antonius identifiziert, der hier gerade vorträgt. – Bereits Bäumler (S. 197) bemerkt, daß gerade Baumgartens Aussagen über *verisimilitudo* in enger Be-

Horaz eine viel zitierte Autorität in bezug auf *probabilitas*, auch bei Baumgarten gerade für diesen Bereich immer wieder herangezogen (z. B. Aesth. §§ 439, 446, 517 u. ö.). Es soll nun nicht behauptet werden, auch diese Ausweitung des Geltungsbereichs der Dichtkunst auf die *fictiones poeticae*, das Zugeständnis der bloßen *verisimilitudo* gegenüber der Forderung nach logisch-philosophischer Wahrheit habe Baumgarten aus der antiken Rhetorik (bzw. hier eher Poetik) übernommen. Vielmehr scheint mir bedeutsam, daß er für seine „moderne" und weiterwirkende Ansicht wiederum Stützen in den antiken Autoren sucht und findet, gewissermaßen historische Rechtfertigung für die Richtigkeit seiner Anschauungen. Und die Rhetorik vermag eben auch das zu bieten.[55] Besonders deutlich wird diese Seite der Rhetorik in den bereits erwähnten Abschnitten über *ingenium* und *impetus*, aber auch hier scheint etwas davon durch.

Entsprechendes gilt für die *fictio poetica*: Wieder taucht (Aesth. § 511) die Vorstellung vom *poeta creator* auf: *quasi novum creat orbem fingendo* (ähnlich § 518). Hier steht das Schöpferische ganz im Vordergrund. Der theoretische Unterbau stützt sich auf Horaz (die Beispiele stammen ohnehin aus dem antiken Schrifttum); zur Abwehr des Arguments, *fictiones* seien *mendacia*, wird diesmal Augustinus bemüht (§ 525). Es ist nicht so leicht, eine Ausweitung des dichterischen Bereichs zu verteidigen, ohne in den Verdacht zu geraten, man leiste eitlem Gaukelwerk Vorschub. So müssen höchste ethische Autoritäten beispringen (wobei dem Text des Augustin sicher Gewalt angetan wird). – Daß bei aller Toleranz *utopiae*, das sind in sich unwahrscheinliche Erdichtungen, abgelehnt werden müssen, läßt sich leicht mit dem Hinweis auf Horaz stützen (§§ 514, 519). Für den ganzen Abschnitt der ›Aesthetica‹ ist die bei Horaz vertretene *ethos*-Lehre der antiken Poetik (und Rhetorik) ausgiebig verwendet worden.

Man könnte ähnliche Zusammenhänge auch für die Behandlung der *fabula* nachweisen, andererseits bietet Baumgarten in diesem

---

ziehung zu Cicero stehen. – Aber auch Quintilian begnügt sich (Inst. or. IV 2, 52 ff.) mit der Forderung nach *verisimilitudo*.

[55] Obgleich im einzelnen Zitate dabei auch verbogen werden können, z. B. § 435.

Abschnitt kaum Neues gegenüber etwa Gottsched (Crit. Dichtk. S. 148 ff.).

Aus dem gesamten System der ›Aesthetica‹ mag noch ein Komplex kurz gestreift werden, der gleichfalls – in der Baumgartenschen Konzeption wichtig – enge Berührung mit der Rhetorik aufweist: *abstractum/concretum*. Baumgarten scheidet in dieser Frage ganz klar: das Konkrete ist das Poetische, Abstraktion ist ein Verlust (Aesth. §560, Medit. §20). Das folgt aus seiner Definition des Schönen als der vollkommenen sensitiven Erkenntnis (Aesth. §14), wobei Vollkommenheit die Harmonie in der Vielfalt voraussetzt (§17). Je mehr Einzelvorstellungen beteiligt sind, desto klarer und damit poetischer wird das Ganze (Aesth. §732). Diese Auffassung wird ausführlicher behandelt in den ›Meditationes‹ (§§ 13 ff.): Das Individuelle ist wesentlich poetischer als das Allgemeine, Vorstellungen der Art poetischer als solche der Gattung (Medit. §18/19), daraus erhellt die Notwendigkeit von *exempla* (§21). Die theoretischen Stützen für diese Auffassung liefern wieder Cicero und Quintilian (Aesth. §§730, 738). Die Bezüge werden besonders deutlich, wenn man etwa die Forderung der Rhetoren nach der Verwendung von *exempla*, vornehmlich aus der Historie, vergleicht.[56]

Es liegt nahe, hier auf die Frage der „Wirkung" bzw. Wirkungsabsicht einzugehen. Wenn es heißt: *affectus movere poeticum* (Medit. §26), so ist das eben nicht ausschließlich eine Definition des Poetischen (später allgemeiner des Ästhetischen), sondern stellt zugleich eine Anweisung zur „Hervorbringung einer poetischen Wirkung" dar, wie überhaupt in der ›Aesthetica‹ die Wirkung auf den Betrachter eine große Rolle spielt: bestimmte Vorstellungen sollen erregt werden (vgl. dazu das über *verisimilitudo* Gesagte). Die Be-

---

[56] Es bildet hier kein Gegenargument, daß Cicero für die Thesislehre den ständigen Blick vom Einzelfall auf das Allgemeine fordert (De or. II 134ff.), sobald juristische Probleme diskutiert werden. Man hat hier zwischen juristischer Methodik und rhetorischer Ausführung zu unterscheiden: für die erstere ist Abstraktion geboten, für die zweite Konkretion gefordert. – Für die Bedeutung des *exemplum* weist Bäumler (S. 210f.) auf die Verbindung zur Rhetorik hin, meint aber, für diese Stelle nicht von dem Ziel der Wirkung, sondern von der Absicht der Mitteilung ausgehen zu können.

ziehung zur Rhetorik liegt dabei klar zutage,[57] noch deutlicher im Abschnitt über die *persuasio aesthetica*, dem letzten, nicht vollendeten Teil der Heuristik (§§ 829–904). Gerade hier werden die Übernahmen aus Cicero und Quintilian noch häufiger.[58] Wenn Markwardt von der „Wirkungspoetik" der Aufklärung spricht, so versteht er darunter den Aspekt einer erzieherischen Aufgabe der Kunst.[59] Baumgarten ist nach Markwardt allenfalls der „Auflockerungspoetik" zuzurechnen (S. 502). Aber Baumgartens Aussagen über das Verhältnis von Kunst und Moral zeigen doch, daß diese Art erzieherischer Wirkung für ihn nicht das Wesentliche der Ästhetik und damit der Kunst darstellt (vgl. oben S. 96). In einem anderen Sinne, als es Markwardt tut, ließe sich aber von einer „Wirkungsästhetik" auch bei Baumgarten sprechen, nämlich indem ständig die Wirkung auf den Hörer/Leser im Auge behalten wird. Dies ist besonders deutlich bei der Behandlung der *persuasio aesthetica*. Für *diesen* Wirkungsaspekt macht Bäumler die Rhetorik verantwortlich.[60] Daß gerade hier ein enger Zusammenhang zwischen Baumgartens Ästhetik und der Rhetorik mit ihrer ausgesprochenen Wirkungsabsicht besteht, zeigt schon die Tatsache, daß sich Baumgarten hier so intensiv wie selten mit Quintilian und Cicero auseinandersetzt. Da es aber hier weniger um Erziehungsabsicht im Sinne Markwardts als um das Be-Eindrucken des Hörers geht, wobei das Gewicht ganz auf dem

---

[57] *Movere* als die wichtigste Aufgabe des Redners, z. B. Cic. De or. I 202, starke Betonung des Emotionalen De or. II 72f.

[58] Bäumler (S. 124) spricht mit deutlich negativer Bewertung von der „sich immer mehr in Quintilian verlierenden Arbeit".

[59] A.a.O., Bd. II, S. 27 Kunst als „Beitrag zu einer Erziehung des Menschengeschlechts". Auch davon weiß Baumgarten zu sprechen: über die erzieherische Wirkung der Ästhetik Poppe § 3.

[60] S. 124, 210; „schädliche Wirkung der Rhetorik" (S. 210): das Hereinnehmen eines Zweckes in die Kunst, die Einflußnahme auf den Hörer. Dagegen ist einzuwenden, daß es Baumgartens erklärtes Ziel ist, die negative *(falsa) persuasio* durch einen höheren Begriff der ästhetischen *persuasio* im Sinne von *convictio veritatis* zu ersetzen, wobei der ethische Gesichtspunkt durchaus im Vordergrund steht (Aesth. §§ 832, 837. *veritatem ... saepius etiam strictissimam ... nuncupare* § 837. Ablehnung der *persuasio falsi* § 838).

A. G. Baumgartens ›Aesthetica‹ und die antike Rhetorik   101

Irrationalen und Gefühlsbereich liegt, läßt sich gerade in diesen Zusammenhang das bereits oben (S. 97) Beobachtete einreihen:

Es geht hier um die Einbeziehung des Gefühlsbereichs beim Hörer, der viel weniger über den Verstand als über das *analogon rationis* angesprochen werden soll, unter Ausnutzung des Affektiven. Zugleich kann damit eine weitere Stütze für den Verzicht auf *veritas absoluta*[61] gegeben werden, ein neues Argument für das Begnügen mit *verisimilitudo*. Die Rhetorik bietet dafür die Traditionsargumente, die das Neue durch ihre Autorität stützen. – Ich möchte nicht so weit gehen wie Dockhorn, der in der Rhetorik eine der Quellen des vorromantischen Irrationalismus sieht, gerade in ihrer Konzentrierung auf das Irrational-Affektive.[62] Daß sie aber eine der Stützen für das Neue sein konnte, daß sie bei einer Verschiebung der Akzente vom Primat des Verstandes und der Ethik auf den des Gefühls, des Affekts und des Genies „mitgehen" konnte, das dürfte deutlich sein.

Gerade diese Flexibilität ist einer der Gründe für die Kontinuität dieser Tradition, die Dockhorn noch in der englischen Romantik als konstitutiven Faktor nachweisen möchte.

(3) Schließlich soll gefragt werden, ob wesentliche Bestandteile des Rhetoriksystems bei Baumgarten aufgenommen werden bzw. ob er sie umformt. Dabei wird sein Verhältnis zur Tradition besonders deutlich werden.

Topik: Da, wie bemerkt, nach Baumgartens eigener Aussage das Hauptgewicht seiner ›Aesthetica‹ auf den Gedanken, ihrer Erfin-

---

[61] Die Beziehung zum *veritas*-Abschnitt wird deutlich, vgl. Aesth. § 845.

[62] Wenn Dockhorn das Irrationale als das „bewegende Prinzip" der Rhetorik bezeichnet (S. 112), so liegt hier insofern eine einseitige Betrachtung der Rhetorik vor, als diese auch darin eine durchaus rationale Absicht verfolgt: im System der Rhetorik überwiegt das *docere* weitaus, *flectere/movere* bleibt auf einzelne Teile der Rede *(exordium)* und auf einzelne Gattungen beschränkt. Jedoch ist diese Einseitigkeit aus dem Gegensatz zur bisherigen Forschung zu verstehen und berechtigt. Der starke Anteil irrationaler Momente *(vis oratoris)* bei der Absicht der Wirkung fällt jedenfalls gerade bei Cicero besonders stark ins Auge (Dockhorn S. 115). – Besonders fruchtbar dürfte Dockhorns Hinweis auf die Notwendigkeit der „Umschaltung unserer ästhetischen Fragestellung ... auf das Wirkungsproblem" sein (S. 149).

dung und Einteilung liegt,[63] rhetorisch gesprochen also im Bereich der *inventio*, so ist wenigstens theoretisch ein Eingehen auch auf die Topik als einen der wesentlichen Punkte der *inventio*-Lehre zu erwarten.[64] Baumgarten behandelt die Topik als eigene Sektion der *ubertas materiae* (§§ 130–141), sie wird als ein heuristisches Prinzip neben dem der *analogica ars* (= *imitatio*, § 129[65]) aufgeführt. Freilich meint Baumgarten, die Topik (*topica s. Topologia* § 130) stelle weniger eine Hilfe der *inventio* dar als vielmehr eine Kunst, einzelne Eigenschaften bestimmter Gegenstände nach festgelegten Gesichtspunkten zu reproduzieren (*ars revocandi* § 129). Damit wird der Topik bereits etwas Wesentliches abgesprochen. Auch für Baumgarten besteht die Topik aus einer Anhäufung von *loci*, d.i. *sedes argumentorum* (§ 132). Er ordnet diese nach seinen übergreifenden Kategorien (*ubertas, magnitudo* usw.) als *argumenta locupletantia, nobilitantia* usw. und erwähnt ihre Unterscheidung als *loci universales (omnibus thematibus aptandi)* oder *poarticulares (certis thematibus proprii)*. Der allgemeinen Topik spricht er nahezu jeden Wert ab.[66] Freilich, schwächt er im Kolleg ab, bei den ersten Übungen sei

---

[63] Vgl. Poppe § 20: Tadel der bisherigen einseitigen Betonung der Stilistik. Dem entspricht die Anlage der ›Aesthetica‹, die ja über 900 Paragraphen allein auf die Heuristik verwendet, und deutlicher noch die ›Anfangsgründe‹ Meiers, nach denen man sich mindestens in den Umrissen eine Vorstellung von Baumgartens Plänen für die Weiterführung machen kann: Meier behandelt erst im letzten Band (§ 708–735) die eigentlichen Stilfragen. Allerdings ließe sich bei ihm noch deutlicher als bei Baumgarten zeigen, daß auch seine Ausführungen zur Heuristik immer wieder auf das Stilistische übergehen, auch wo dies nicht eigentlich seine Absicht ist.

[64] Hauptquellen: Auct. ad Her. I 18–III 15; Cic. De inv.; Quint. Inst. or. V 10, 20 ff. – Zur Stellung zeitgenössischer Autoren zur Topik: in Gottscheds Crit. Dichtk. ist sie relikthaft noch vorhanden (vgl. ›Von heroischen Lobgedichten‹ [§ 10–14, S. 542 ff.]), ohne ausdrückliche Stellungnahme zu systematischer Anwendung. Gottscheds ›Ausführliche Redekunst‹ (Leipzig 1736, Sect. I §§ 4, 9) bewertet sie negativ als eine „falsch berühmte Kunst", bringt allerdings einen knappen Abschnitt über Exordialtopik (IV).

[65] Vgl. dazu Bäumler S. 182 ff.

[66] § 133 f., unter Hinweis auf die „unnützen" Systeme des Lullus und Ramus. Über die Vorliebe des 17./18. Jh. für topische Systeme vgl. Bäumler

„einige Topik nicht zu verwerfen. Es ist doch besser, wann man nach diesen Fragen etwas denkt, als wann man gar nichts denkt" (Poppe § 135). Zur besonderen Topik, deren Wert etwas höher eingeschätzt wird, empfiehlt er ein System entsprechend seinen eigenen Hauptkategorien.[67]

Wir können festhalten, daß Baumgarten vom System der antiken Topik wenig hält, entgegen seiner sonstigen Systemfreudigkeit, ohne sie doch völlig abzulehnen. Der Schematismus, zu dem das System entartet war (vgl. die Ars Lullistica), erscheint ihm als unfruchtbare Künstelei, ein Urteil, dem wir vom heutigen Standpunkt aus völlig zustimmen können. Die Gedanken sollen vom Gegenstand ausgehen, nicht ein vorgegebenes System an ihn herantragen. Allerdings wäre es wohl falsch, hier Baumgarten eine Sonderstellung in seiner Zeit zuzusprechen. Jedoch ist es bemerkenswert, daß der Topikabschnitt mit dem Hinweis auf den Vorrang und die Notwendigkeit des *impetus aestheticus* schließt (§ 141).

Figurenlehre: Im unmittelbaren Anschluß an die Behandlung der Topik folgt bei Baumgarten die erste Behandlung von Figuren. Zwar spricht er vom *argumentum* (das als „Kenntnis, die den Grund zu einer anderen Kenntnis enthält", definiert wird, Poppe § 26), doch werden beide in der Behandlung nicht getrennt, und *figurae* und *argumenta* sind in die gleichen Gruppen eingeteilt (§ 26, § 142). *figura* wird als „besondere Schönheit" eines einzelnen Teils definiert (§ 26). Die Einteilung geschieht nach den 6 Kategorien der Erkenntnis: *argumenta* (und *figurae*) *locupletantia, augentia, probantia, illustrantia, persuasoria* (zu *ubertas, magnitudo, veritas, lux, persuasio*[68]). In der Ausführung wird bei Baumgarten und fast mehr noch bei Meier sichtbar, daß auch seine Äußerungen über die *pulcri-*

S. 170ff.; Th. Vieweg: Topik und Jurisprudenz, München ²1963, S. 18f. Zur Entwicklung der Topik in den Rhetoriken der Zeit, vgl. Stötzer, S. 126ff.

[67] Aesth. § 140, Poppe § 139 am Beispiel des eigenen Lebenslaufes umrissen, ein anderes mögliches System Poppe § 140.

[68] Für *vita cognitionis* bei Baumgarten nicht mehr ausgeführt, nach Meier, Anfgr: *argumenta conciliantia, dulcifera, exarcerbantia, praemonstrantia, promittentia* (I, §§ 205ff.). Im übrigen entspricht Meiers Einteilung völlig derjenigen Baumgartens.

tudines cognitionis in erster Linie vom Wort, d. h. von der besonders treffenden und schönen Bezeichnung, ausgehen, wenn etwa die Metapher als *argumentum augens* bezeichnet und mit einem reinen Wortbeispiel belegt wird (Aesth. § 336). Hier zeigt sich, was oben (S. 88) schon einmal angedeutet wurde, daß Baumgartens Einteilung der *cognitio* zu einem guten Teil von der Stilistik bestimmt ist, indem seine *pulcritudines cognitionis* in erster Linie auf das Gedankliche übertragene Stil-„Schönheiten" sind.[69] Die Einteilung der einzelnen Stilfiguren, namentlich die Trennung von *tropi* und *figurae*, *figurae sententiae* und *verborum*, die den meisten Rhetoriklehrbüchern Schwierigkeiten bereitet hat, soll hier nicht näher untersucht werden. Es läßt sich zeigen, daß Baumgarten sie mehr nach inhaltlichen als nach formalen Gesichtspunkten auf seine einzelnen Kategorien verteilt hat, *figurae sententiae* und *figurae verborum* behandelt er grundsätzlich getrennt. Jedoch kommen beide nebeneinander in einer Rubrik vor.[70] Bei dieser Aufgliederung ist anzunehmen, daß der Abschnitt über *significatio* recht kurz hätte ausfallen müssen, da er im allgemeinen hauptsächlich aus der Figurenlehre besteht. Tatsächlich ist bei Meier dieser Teil seiner ›Anfangsgründe‹ der kürzeste und dürftigste. Er behandelt darin die Grundbedingungen des

---

[69] Sehr deutlich wird das Ausgehen vom verbalen Bereich bei Meier, Anfgr. § 126 (über „nachdrückliche Begriffe" als Teil der *argumenta illustrantia*): An einem Beispiel aus Horaz (carm. I 9) wird ausgeführt: „hier ist sonderlich das Wort *laborantes* nachdrücklich, welches auf das lebhafteste vorstellt, wie sich im Winter unter dem Schnee die Aeste der Bäume beugen." – Zur Vermischung von *figura* und *argumentum* vgl. auch Poppe § 145: „Wenn sie [*figura*] dagegen zur Sache beiträgt, wird man sie als *argumentum persuadens* bezeichnen."

[70] Bsp. *argumenta locupletantia*: 1. einige *fig. verborum* (= *dictionis*) wie Pleonasmus, Synonymie, Hypallage (§§ 145 ff), 2. *praeteritio* als ein Beispiel für *fig. sententiae* (§ 148). Anspruch auf vollständige Erfassung aller zu einer Kategorie gehörigen Figuren wird nicht erhoben (*exempla adducam* § 145). Abgrenzung zwischen *tropus* und *figura*: *tropus est figura cryptica, per substitutionem* (§ 784), also etwa der Definition Quintilians entsprechend (Inst. or. VIII 6,1). Die Tropen werden geschlossen behandelt, innerhalb des Abschnitts *lux* (§§ 780 ff.), einige aber auch herausgegriffen (Metapher unter den *argumenta augentia* zum ersten Mal aufgeführt).

schönen Stils: (1) *puritas*, (2) *concinnitas*, (3) *sonoritas* (Euphonie), (4) *ornatus* (welcher aber als allein von den Gedanken abhängig und daher nicht gesondert darzustellen angesehen wird [§ 726]), (5) *congruentia* (Schicklichkeit).[71] Baumgartens Behandlung dieses wichtigen Komplexes antiker Rhetorik läßt sich etwa wie folgt zusammenfassen: er ordnet die (in der Antike in erster Linie der *elocutio*, d. h. der sprachlichen Gestaltung zugehörige) Figurenlehre ausschließlich nach Gesichtspunkten der *cognitio*, dabei ohne innerlich notwendige und systematische Zuordnung. Es ist jedoch gezeigt worden, wie das Stilistische dabei immer wieder in Erscheinung tritt, da es sich bei der Figurenlehre immer um sprachliche Gestaltung bestimmter Gedankenverhältnisse handelt; zwar nicht mehr als massiver Block, aber in ihren Einzelheiten durchaus lebendig ist die Figurenlehre erhalten. Ihr natürlicher Ursprung wird betont.[72] Der Gegensatz zu ähnlichen Arbeiten dieser Zeit wird deutlich beim Vergleich mit Gottsched, der noch in der ›Critischen Dichtkunst‹ Figuren und Tropen als geschlossenes System behandelt (⁴S. 257–345).

Zuletzt soll, der Vollständigkeit halber, noch einmal das *genus*-System der antiken Rhetorik erwähnt werden. Wir haben bereits gesehen, daß es als Haupteinteilungsprinzip der gesamten ›Aesthetica‹ dient (vgl. oben S. 88 f.). Es ist der am besten erhaltene Kern der antiken Redekunst, und er hat weit über Baumgarten hinaus Geltung behalten. Hier fassen wir die feste rhetorische Grundlage vielleicht am deutlichsten.

Was bleibt als Ergebnis unserer Untersuchung festzuhalten?

Zweierlei erscheint mir wichtig:

[71] Knapp 30 Paragraphen von insgesamt 736, dazu die Bemerkung, „die Schönheiten der Gedanken sind ohne Widerrede vielmals größer und wichtiger, als die Schönheiten der Schreibart" (§ 735). – Man vergleiche die entsprechenden Forderungen bei Cicero: De or. III 37 *latine plane ornate apte congruenterque dicere*, wo übrigens auch der Primat des Sachlichen betont wird (III 130 ff.). Diese vier (bei anderen fünf, vgl. Lausberg: Handbuch der literarischen Rhetorik, München 1961, Bd. I, § 460) *virtutes elocutionis* werden bis ins 19. Jh. tradiert, meist nur geringfügig abgewandelt.

[72] Aesth. § 3/1, ein Topos schon zu Ciceros Zeiten (De or. III 155), der sich ähnlich auch bei Gottsched findet (Crit. Dichtk. ⁴S. 314).

1. Baumgarten verarbeitet gewisse Systemteile der antiken Rhetorik, indem er sie ganz (*genus*-System) oder in angepaßter Form (Figurenlehre) übernimmt. Andere fallen fast ganz aus (Topik).
2. Auch dort, wo Baumgarten Neues bringt (*natura, poeta creator, impetus aestheticus*, Ablehnung der Abstraktion), stützt er sich auf die antike Tradition.

Damit wird noch einmal bestätigt, daß er im ganzen eine Übergangsstellung einnimmt zwischen Regelpoetik (und -ästhetik) und Irrationalismus. Darüber hinaus ist – für die Rhetorik – deutlich geworden, wie vielfältig ihre Entfaltungsmöglichkeiten sind. Auch sie ist durchaus *anceps*, vermag beiden poetisch-ästhetischen Strömungen als Stütze zu dienen, sowohl der des ausklingenden Rationalismus als auch der des beginnenden Irrationalismus. Nicht als Quelle (wie Dockhorn meint), sondern als *Stütze* vorromantischer Ästhetik hat die Rhetorik ihre Funktion. Im Schutze ihrer Traditionsargumente entfaltet sich das Neue, indem es die gefühlsmäßig-irrationalen Elemente innerhalb des rhetorischen Systems betont, die rationalen abschwächt und umakzentuiert. Gerade im Werk Baumgartens haben wir einen in dieser Hinsicht besonders interessanten Versuch vor uns, unter Einbeziehung auch der rationalen Systemteile und gestützt auf die Autorität klassischer Autoren dem „Modernen", d.h. hier: dem Subjektiven, dem Genie, der Originalität, einen Platz einzuräumen, den es in der Folgezeit völlig besetzt. Es kann keine Rede davon sein, daß Baumgarten etwa bewußt die doppelte Entfaltungsmöglichkeit der Rhetorik ausgespielt hätte, um sich abzusichern; ihm ist vielmehr ein Teil des rhetorischen Lehrgebäudes jetzt eben näher gerückt als der früheren Zeit. Es zeigt aber, wie breit, wie vielseitig die rhetorische Grundlage von jeher gewesen ist, wenn sie jetzt, indem eine andere Seite ihres Systems ins Blickfeld gerät, ihren Platz vorerst weiter behaupten kann.

G. B. VICO UND DAS PROBLEM
DES BEGINNS DES MODERNEN DENKENS

Kritische oder topische Philosophie?

Von ERNESTO GRASSI

[...]

II. Pathos und Logos

G. B. Vico ist sich als Grundaufgabe in seinen ersten philosophischen Schriften (also ›De ratione studiorum‹ und ›De antiquissima italorum sapientia‹) der Rettung der humanistischen Tradition, und zwar in der Auseinandersetzung mit Descartes bewußt, in der tiefen Überzeugung, daß es Descartes ist, der mit der Untersuchung eines ersten Wahren, auf Grund dessen die Philosophie und sämtliche Wissenschaften neu zu begründen sind, den Zugang zu den humanistischen Texten versperrt, ja sie von der philosophischen Meditation ausgeschlossen hat.

Um diese Zusammenhänge näher zu erörtern, möchte ich zunächst von einem konkreten Problem ausgehen. Wir sind heute von Vicos Terminologie so weit entfernt, daß uns die Frage, die den Untertitel unserer Überlegung bildet, ganz ohne philosophische Bedeutung erscheint. Was soll die Frage nach „kritischer" oder „topischer" Philosophie heute noch für eine Wichtigkeit haben, ja was kann diese Terminologie überhaupt bedeuten?

Es ist wahr, daß Vico dauernd der kritischen Philosophie – deren bedeutendster Vertreter für ihn Descartes ist – die „topische" Philosophie entgegenstellt; diese Gegenüberstellung scheint jedoch an eine Problematik gebunden zu sein, die höchstens historische Bedeutung hat und somit sicher nicht mehr aktuell ist. Wer weiß heute noch, was der für Vico so wichtige Begriff der „topischen Philosophie" (filosofia topica) bedeutet? Auf jeden Fall also eine überwundene Terminologie: so wird es den meisten Lesern erscheinen.

Um den Zugang zu dieser komplexen Problematik wieder zu erschließen, ist es zunächst angebracht, die Fragestellung Vicos und seine Terminologie zu verlassen.

Die philosophische Tradition des Abendlandes hat – von ihren Anfängen an – die pathetisch-rhetorische von der rational-logischen Rede grundsätzlich unterschieden. Die rhetorische Rede zielt auf die Bewegung des Gemüts, auf Handlung, d. h. auf „Pathos"; sie erreicht dies Ziel, indem sie Schemata gebraucht, die auf unsere Instinkte, auf unsere Leidenschaften wirken. Denn die Leidenschaften werden gemeinhin von Bildern, die die Phantasie entwirft, nicht aber von Vernunftgründen erreicht. Die rationale Rede dagegen gründet auf der menschlichen Fähigkeit, Ableitungen zu vollziehen und also Schlußsätze mit bestimmten Prämissen zu verbinden. Die rationale Rede erreicht ihre beweisende Funktion und ihre Verbindlichkeit mittels der beweisenden Logik. Der deduktive Prozeß ist streng in sich geschlossen und kann als solcher allein die Überzeugungsformen zulassen, die aus dem logischen Prozeß hervorgehen.

Daraus ergibt sich, daß die rhetorische Rede – eben als pathetische Rede – weder eine Berechtigung noch eine Gültigkeit innerhalb der rationalen Rede haben kann, welche die eigentliche Form der Wissenschaft ist. Zu Beginn der modernen Philosophie schließt Descartes streng wissenschaftlich die Rhetorik – und andere wesentliche Bereiche der humanistischen Bildung – aus der Philosophie als der reinen Suche nach der Wahrheit aus. Nach seinen Worten geht es in der Philosophie nicht darum, die Wahrheit in „schöner" oder in rhetorisch „überzeugender" Weise zu formulieren; denn die einzige wissenschaftlich gültige Aussage ist jene, die aus dem Beweis hervorgeht, d. h. aus dem Vermögen, die Gründe der eigenen Behauptungen dem Hörer vorzuführen, sie ihm zu „zeigen", zu „erklären". Derart erscheint die Rhetorik als fremdartige, ungenaue, sogar widerspruchsvolle Art des Sprechens: denn da sie das leidenschaftliche Leben betrifft, verwirrt sie nur die Klarheit des logischen Gedankens.

Aus diesem Dualismus von Pathos und Logos, von rhetorischer und rationaler Rede entstehen Konsequenzen von grundsätzlicher

Bedeutung, die sich auch in den Lehrformen und im täglichen Leben niederschlagen. Vor allem: da der rationale, deduktive Prozeß nach logischen Regeln und somit unabhängig von den besonderen, subjektiven Gegebenheiten sich vollzieht und entsprechend für jedermann die Möglichkeit seiner Verwirklichung bestehen muß, scheint die rationale wissenschaftliche Rede durch *Anonymität* charakterisiert zu sein. Mit andern Worten: jeder Philosophierende kann und muß im rationalen Prozeß auswechselbar sein. Da darüber hinaus die Schlußfolgerungen des rationalen Prozesses nicht auf eine bestimmte Zeit oder einen bestimmten Ort begrenzt sind und es auch nicht sein können – sie sind ja mit zwingender Notwendigkeit und Allgemeingültigkeit abgeleitet –, ergibt sich daraus ihre *Ungeschichtlichkeit*: nur die Fragestellungen können sich nach Ort und Zeit verändern.

Die charakteristischen Elemente der rhetorischen Rede sind dagegen folgende: jedes pathetische Moment erweist sich als subjektiv, relativ, gebunden an eine einzelne Persönlichkeit, an einen bestimmten Ort, eine bestimmte Zeit. In der ›Rhetorik‹ sagt Aristoteles, daß die rhetorische Rede aus der Einsicht in das Besondere, d.h. in die jeweiligen Bedingungen, unter denen jemand spricht, entstehen muß und aus der Erkenntnis der Situation und des Gemütszustandes der Zuhörer. Auf Grund dieser Besonderheiten wird die pathetische Rede niemals anonym oder ungeschichtlich sein, da weder der Redner noch die Hörer und auch nicht die Situation austauschbar sind.

Trotz der hier gebrauchten Argumente, welche die These vom Vorrang der rationalen, wissenschaftlichen Rede stützen, wird in der Geschichte der Beziehung zwischen Rhetorik und Philosophie das Problem des Verhältnisses von pathetischer und rationaler Rede nicht gelöst. Die Gründe dafür können wie folgt zusammengefaßt werden: die rationale Rede gründet im Syllogismus und wird von ihm bestimmt; die Leidenschaften, das pathetische Element des Menschen werden jedoch mittels rationaler Überlegung nicht erreicht, weil sie jenseits des Rationalen allein durch sensitive Schemata, etwa visuellen oder akustischen Charakters, beeinflußt werden. Daher die Wichtigkeit der Bilder, der Zeichen, des Sprachrhythmus in der pathetischen Rede, die überhaupt keine rationale Bedeutung haben. Daraus folgt, daß der Mensch – auch wenn er sich von anderen Lebewesen primär durch den Verstand unterscheidet – dennoch ein pathetisches, emotionales Wesen ist. Deshalb ist immer von neuem behauptet worden, daß den rhetorischen Mitteln vor allem eine pädagogische Bedeutung zukommt und daß sie im Horizont des wissenschaftlichen Lebens höchstens dazu dienen, die Strenge und Trockenheit der rationalen Überlegung zu „versüßen" und sie leichter faßlich zu machen; solcherart wäre die wissenschaftliche Realität angeblich wirksamer und eher zu einer weiteren Verbreitung geeignet. Bilder, Metaphern würden das Verständnis der rationalen Wahrheit erleichtern.

Analog dazu steht die weitverbreitete These, daß der Kunst eine rhetorische Bedeutung zukomme, insofern sie mit ihrem „Nektar" die Wahrheit „versüßt" oder besser, die Einfassung des Gefäßes der Weisheit darstellt: da sich die Kunst der Bilder und Schemata bedient, die das pathetische Leben des Menschen treffen, erscheint die künstlerische Darstellung der rationalen Wahrheit als ein nicht zu vernachlässigender Faktor. Der künstlerische, pathetische Aspekt wird zum „formalen" Element bei der Darstellung der Wahrheit, zu einem Element, das jedoch klar unterschieden bleibt vom eigentlichen sachlichen Inhalt. Es ist offensichtlich, daß trotz dieser Versuche, eine Brücke zu schlagen zwischen pathetischer „Form" und rationalem „Inhalt", der ursprüngliche Dualismus unverändert bleibt. Der Wissenschaftler wendet sich, wenn er pathetisch spricht, an Fähigkeiten, die wesentlich außerhalb der rationalen, d. h. außerhalb der eigentlich wissenschaftlichen Aktivität liegen; und seinerseits muß sich der Redner, wenn er sich auf den Dienst der Wissenschaft stützt, vor allem mit Inhalten abgeben, die nicht streng an seine pathetischen Fähigkeiten gebunden sind. Daraus entstammen jene hybriden Ergebnisse, zu denen in so verschwommener Weise die sogenannte „Popularisierung" der Wissenschaften gelangt, und die – spezifisch für die augenblickliche Situation – eine der Hauptbestrebungen in den Kulturprogrammen der sozialistischen Staaten ausmachen, die sich besonders für die Teilnahme der Masse an den Ergebnissen der Wissenschaft einsetzen.

Die Trennung von pathetischer und rationaler Rede umgreift weitere Konsequenzen: das menschliche Leben verwirklicht sich immer

G. B. Vico und das Problem des Beginns des modernen Denkens 111

im Bereich einer Gemeinschaft, da der Mensch ein wesentlich politisches Wesen ist. Eine politische Gemeinschaft „ist" niemals, sondern „wird" beständig in der Verwirklichung vor veränderlichen historischen Bedingungen, die sich unaufhörlich erneuern: der Mensch muß verstehen, sie zu beherrschen, oder untergehen. Das Individuum als einzelnes Element einer politischen Gemeinschaft muß die Fähigkeit besitzen, die konkreten Situationen, in denen es steht, zu erkennen und zu beurteilen: diese Fähigkeit wird von den Griechen „phronesis", von den Lateinern „prudentia" genannt. In der Konfrontation mit dem Einzelfall – wie auch Vico sagen wird – erweisen sich die von der Vernunft erworbenen allgemeinen Verhaltensregeln als zu zahlreich oder als zu gering: zu zahlreich, weil es schwierig ist, von dem konkreten Fall die gerade treffende auszusondern und zu erkennen, welche anzuwenden ist; oder zu gering, weil die Einzelfälle unbegrenzt und immer wieder neu sind.

III. Die Leugnung des Vorrangs des Wahren. Das Wahrscheinliche

Der Denker, der am Ende der humanistischen Tradition sich bemüht, den Dualismus von Pathos und Logos zu überwinden – ein Ideal, dem sich schon Giovanni und Gianfrancesco Pico, dem sich Valla und Nizolius gewidmet hatten –, war Vico, und zwar gerade mit seiner Diskussion über den Vorrang der kritischen oder der topischen Philosophie. Um die lebendige Aktualität Vicos zu begreifen (eine Aktualität, die unter diesem besonderen Aspekt vom italienischen Idealismus Croces und Gentiles vernachlässigt, wenn nicht geradezu ignoriert wird, auch wenn wir ihnen die erneute Aufmerksamkeit für Vico verdanken), ist es notwendig, das Problem seiner besonderen – für uns heute teilweise fremdartigen – Terminologie aufzugreifen. Der Ausdruck „kritische Philosophie" bietet keinerlei Schwierigkeiten; dagegen erweist sich der Ausdruck „topische Philosophie" eher als dunkel.

Im III. Kapitel von ›De ratione studiorom‹ (1709) erklärt Vico, daß seine Zeitgenossen das Gebäude der Wissenschaften neu begründen wollten, indem sie prinzipiell von einer „kritischen Philosophie" ausgingen. Seine These lautet: „Et principio, quod ad scien-

tiarum attinet instrumenta, a critica hodie studia inauguramur."
(Vico: De ratione studiorum, dt. v. W. F. Otto; Berlin 1947, Kap. III:
„Zunächst nun, was das Rüstzeug der Wissenschaften betrifft, so beginnen wir heute die Studien mit der Erkenntniskritik.") Vico zielt mit dieser These auf den Anspruch Descartes', er treibe keine dogmatische, sondern eine „kritische" Philosophie. Dieser Anspruch bedeutet: Keine These darf Geltung haben, wenn sie nicht durch eine genaue Begründung bewiesen worden ist. Daher die Unvermeidbarkeit des methodischen Zweifels. Im Zusammenhang mit dieser Methode will Descartes die philosophische Tradition, in der er aufgewachsen ist, überwinden, um einen neuen, unerschütterlichen Grund des Philosophierens zu finden, der aus der Wirrnis der Widersprüche und Aporien herausführt.

Hierin erschöpfen sich die Ansprüche der kritischen Methode jedoch nicht; der nächste Satz Vicos, mit dem er tatsächlich das Wesen der Methode und der Philosophie Descartes' trifft, gibt uns Auskunft darüber: „... quae, quo suum *primum verum* ab omni, non solum falso, sed falsi quoque suspicione expurget *vera secunda* et *verisimilia* omnia aeque ac falsa mente exigi jubet." (Ebenda: Kap. III.: „Die Kritik will ihre *erste Wahrheit* nicht nur vom Falschen, sondern auch vom bloßen Verdacht des Falschen frei halten, und sowohl alle sekundären Wahrheiten, als auch alles *Wahrscheinliche* genauso wie das Falsche aus dem Denken entfernt wissen.") Nach Vicos Auffassung ist also die kritische Methode Descartes' durch drei grundsätzliche Elemente gekennzeichnet:

a) Sie beansprucht vor allem, von einem *ersten Wahren* (primum verum), d. h. von einer unableitbaren, evidenten Wahrheit, zu deren Entdeckung bekanntlich der methodische Zweifel dient, auszugehen, die dann den Grund des Wissens bilden soll. Philosophie und Wissenschaft erhalten deshalb einen ausgesprochen rationalen Charakter; wenn eine erste unableitbare Wahrheit gefunden worden ist, so bleibt es allein der kritischen Philosophie überlassen, alle Folgerungen daraus durch den rationalen Prozeß des Schließens und Ableitens zu ziehen.

b) Zweitens: Soll eine einzige erste Wahrheit als schlechthinnige Grundlage der Philosophie gelten, so werden sämtliche anderen Wahrheiten zu „zweiten Wahrheiten" (vera secunda) degradiert.

„Vera secunda" sind – nach Vico – jene Wahrheiten, die die Grundlage der Einzelwissenschaften bilden. Die Axiome der Mathematik gelten einzig für das Seiende *als* Zahl, die der Geometrie für das Seiende *als* Größe; die der Physik für das Seiende *als* Bewegung usw. Schon aus diesen Formulierungen wird deutlich, daß die Prinzipien der Einzelwissenschaften nicht mit den ersten Prinzipien identifiziert werden können, die sich auf das Sein als solches (ὂν ᾗ ὄν) nach der griechischen Terminologie des Aristoteles beziehen. Soweit die Prinzipien der Einzelwissenschaften nicht ursprünglich sind, können sie ersetzt werden: je nachdem, welche Prinzipien zugrunde liegen, kann z. B. von einer dreidimensionalen – euklidischen – oder auch von einer anderen Geometrie die Rede sein. Dasselbe gilt für die Physik: die Prinzipien der klassischen Physik sind keineswegs identisch mit denen der modernen Physik: gemäß den Prinzipien, von denen sie ausgehen, ändern sich die Entwürfe der physikalischen Welt.

Das Gebiet der „vera secunda" – so könnte man behaupten – entspricht dem der antiken „Téchne"; die Einzelwissenschaften sind „τέχναι", die infolge bestimmter Voraussetzungen zu Einzelerkenntnissen und praktischen Resultaten gelangen. Auf Grund welcher Kriterien die Prinzipien der Einzelwissenschaften gewählt werden, soll hier nicht näher in Betracht gezogen werden. Sicherlich werden die Einzelwissenschaften im Grunde nicht von theoretischen oder speziell von erkenntnistheoretischen Gesetzen geleitet, da es bei ihnen vorwiegend um die praktisch notwendige Beherrschung der Natur geht. Es ist wesentlich, gegenwärtig zu halten, daß, wenn man Descartes folgt, die Einzelwissenschaften, um streng wissenschaftlich sein zu können, aus den „ersten Wahrheiten" abgeleitet werden müßten, also einer philosophischen Legitimation bedürfen. Gerade diese Auffassung hat entscheidenden Einfluß auf die weitere Entwicklung des modernen Denkens – sofern es auf Descartes zurückgreift – und lebt besonders im deutschen Idealismus und in dem für ihn wesentlichen Begriff des Systems weiter. Von Fichte bis Hegel bemüht sich der deutsche Idealismus verzweifelt, die Einzelwissenschaften aus philosophischen Voraussetzungen und Prinzipien abzuleiten, um ein systematisches Gebäude der Wissenschaften zu errichten (vgl. die ›Wissenschaftslehre‹ von Fichte, die a priori Deduktionen der Naturwissenschaft bei Hegel).

Es sei nebenbei bemerkt, daß diese Versuche, die Naturwissenschaften in einer „ersten Wahrheit" zu verankern und philosophisch zu begründen, um dadurch ein strenges System der Wissenschaften aufzubauen, in ausdrücklichem Gegensatz stehen zur humanistischen Tradition, die mit ›De nobilitate legum et medicinae‹ von C. Salutati einsetzend, durch die Aufzeichnungen Leonardos erweitert wird und im Denken Galileis gipfelt. In dieser ganzen Tradition werden die Naturwissenschaften ausschließlich im Hinblick auf ihre praktischen Leistungen gedeutet und grundsätzlich von erkenntnistheoretischen Aufgaben ausgeschlossen. So bleibt etwa für Leonardo die Natur unbekannt, da sie sich jeweils nur innerhalb der Grenzen offenbart, die der Mensch im Rahmen eines Experiments mit seinen Fragen gezogen hat.

c) Schließlich: was bedeutet die Behauptung Vicos, daß Descartes im Hinblick auf seine These vom „ersten Wahren" nicht nur jede „zweite Wahrheit", sondern zugleich auch jedes „Wahrscheinliche" (verisimile) ausschließt? Was meint Vico mit verisimile? Um diesen Terminus zu verstehen, müssen wir auf die Rhetorik von Aristoteles zurückgreifen. Aristoteles behauptet, daß es nur davon ein Wissen geben kann, was sich regelmäßig und notwendig abspielt, denn Wissen bedeutet, die Gründe einer Gesetzmäßigkeit zu erfassen. Was sich statt dessen jeweils anders verhält – d. h. sich verändert –, könne zwar Gegenstand einzelner Feststellungen, nicht aber Gegenstand des Wissens werden. Zu diesen Erscheinungen gehört besonders das menschliche Handeln und Verhalten, sofern es stets vor verschiedenartige Situationen gestellt ist, auf die der Mensch in jeweils neuer Weise zu reagieren gezwungen ist. Die Rhetorik – sagt Aristoteles – zeigt einen analogischen Charakter, denn die pathetische Sprache muß sich entsprechend der Situation, in der sich jemand befindet, entfalten, indem sie dem Gemütszustand der Hörer Rechnung trägt, eine Rede, die sich notwendigerweise immer unterschiedlich, ohne sich auf feste Regeln stützen zu können, entwickeln wird. Die Rhetorik ist die Manifestation des Bewußtseins dessen, was wesentlich den menschlichen, geschichtlichen, veränderlichen, den das Hier und Jetzt betreffenden Sprachstil begründet.

Wenn Descartes' Hauptbestrebungen sich auf ein „erstes Wahres" richten, so muß notwendigerweise das Gebiet der Rhetorik von

G. B. Vico und das Problem des Beginns des modernen Denkens 115

seiner Untersuchung ausgeschlossen bleiben: die Rhetorik, die er ausdrücklich als nicht zur Philosophie gehörend definiert, sei daher vom philosophischen Unterricht auszuschließen. Dieser Gesichtspunkt Descartes' gilt noch heute, so daß die Rhetorik nicht mehr Lehrgegenstand ist, sondern nur noch als historische Reminiszenz besteht.

Im Gegensatz dazu bestimmt Vico den Bereich des Wahrscheinlichen, – das nicht durch das Wahre ersetzt werden kann: er erkennt und bestätigt weiterhin nicht nur die Bedeutung der Rhetorik, sondern weist auch auf die Gefahren hin, die sich aus ihrer Vernachlässigung ergeben. In Fortsetzung des oben zitierten Satzes schreibt er: „... a verisimilibus gignitur sensus communis ... Sensus communis, ut omnis prudentiae, ita eloquentiae regula est; nam saepe oratores magis caussa laborant vera quae nihil verisimile habeat, quam falsa, quae credibili ductu constet." (Vico: De ratione studiorum, Kap. III: „... aus dem Wahrscheinlichen entsteht der natürliche Allgemeinsinn. Der Allgemeinsinn, der ebenso die Norm aller praktischen Klugheit wie auch der Beredsamkeit ist. Denn die Redner haben oft mehr Mühe mit einem wahren Sachverhalt, der nichts Wahrscheinliches hat, als mit einem falschen, der einen glaubwürdigen Eindruck macht.")

Mit dem Ausschluß der Rhetorik und der Politik – soweit auch diese aus der Einsicht in das Besondere erwächst – aus der Philosophie vernachlässigt die kritische Methode zwei der wichtigsten Aspekte der menschlichen Aktivität. Vico beklagt die Einseitigkeit, die sich daraus ergibt. Im VII. Kapitel von ›De ratione studiorum‹ sagt er: „Sed haec ratio studiorum adolescentibus illa parit incommoda, ut porro nec satis vitam civilem prudenter agant, nec orationem moribus tingere et affectibus inflammare satis sciant." („Aber diese Studienordnung bringt für die jungen Leute den Nachteil mit sich, daß sie künftig weder die Klugheit im bürgerlichen Leben zeigen, noch eine Rede mit Charakterfarben zu beleben und mit dem Feuer der Affekte zu erwärmen vermögen.")

Vico führt seine Einwände weiter, indem er hervorhebt, daß die kritische Methode Descartes' auch die Bedeutung des Bildes und der Phantasie vernachlässigt, zweier entscheidender Gebiete der menschlichen Tätigkeit. „Denique nostri critici ante, extra, supra omnes corporum imagines, *suum primum elocant verum* ... Nam ut senectus ratione, ita adolescentia phantasia pollet ... Et memoriam, quae cum phantasia, nisi eadem, certe pene eadem est, in pueris, qui nulla alia mentis facultate praestant, excoli impense necesse est; neque ingenia ad artes, quae phantasia, vel memoria, vel utraque valent, ut pictura, poetica, oratoria, jurisprudentia, quicquam sunt hebetanda." (Vico: De ratione studiorum, Kap. III: „Endlich setzen unsere Kritiker vor und über jedes Bild der Körper ihre erste Wahrheit ... Nun, wie das Alter die Vernunft zum Blühen bringt, so die Jugend die Phantasie ... Und das Gedächtnis, das, wenn es nicht direkt mit der Phantasie gleich ist, doch mit ihr innigst verwandt ist, muß in den Kindern entwickelt werden, die keine andere geistige Fähigkeit haben; noch dürfen die Fähigkeiten für die Künste – die in Phantasie und Gedächtnis oder in beiden zusammen bestehen, wie die Malerei, die Dichtung, die Redekunst, die Jurisprudenz – unterdrückt werden.")

Es erhebt sich die Frage, welcher Bezug zwischen Vicos Ablehnung der „kritischen" Philosophie und der Beteuerung einer „topischen", „ingeniösen" Philosophie besteht. Dieser Bezug wird gerade in diesem Kontext deutlich; denn in ihm findet sich der Ausdruck „topische Philosophie", den Vico der „kritischen Philosophie" entgegensetzt. Vico schreibt: „Nam ut argumentorum *inventio* prior natura est, quam de eorum veritate diiudicatio, ita *topica* prior critica debet esse doctrina." (Vico: De ratione studiorum, Kap. III: „Denn wie die *Auffindung* der allgemeinen Beweisgründe naturgemäß früher ist als das Urteil über ihre Wahrheit, so muß die Lehre der *Topik* früher sein als die der Kritik.") Die „Inventio" geht dem „Beweis" voraus. Welches Verhältnis besteht zwischen Inventio und Topik? Wir sagten, wenn einmal eine erste Wahrheit „entdeckt" ist, auf die mit Sicherheit ein System der Wissenschaften aufgebaut werden kann, besteht notwendigerweise der ganze wissenschaftliche Prozeß in einer streng rationalen Deduktion. Somit ist – nach der Auffassung Vicos – die These unhaltbar, daß die Philosophie sich ausschließlich auf diesen rationalen Prozeß beschränken müsse, und zwar vor allem deshalb, weil die Deduktion eine andere Tätigkeit voraussetzt, eben jene des „Findens", die dieser zeitlich vorausgeht.

G. B. Vico und das Problem des Beginns des modernen Denkens 117

Vico identifiziert die Lehre der „Erfindung" mit der „topischen Philosophie".

Was ist aber mit „topischer", „ingeniöser" Philosophie gemeint?

IV. Topische, ingeniöse Philosophie

Wenn wir uns die ersten aristotelischen Überlegungen über die Topik vergegenwärtigen, hat es nicht den Anschein, als erklärten diese das Problem des Verhältnisses von Topik und Philosophie. Die Topik des Aristoteles beginnt mit folgenden Worten: „Das Ziel, das sich diese Abhandlung vornimmt, besteht darin, eine Methode zu finden, um bezüglich jeder vorgeschlagenen Untersuchung solche Syllogismen zu bilden, die aus Elementen, die in der Meinung gründen, abgeleitet werden, damit wir nichts Widersprechendes bezüglich der These, die wir selbst vertraten, sagen" (Aristoteles: Topik, 100a 18). Aristoteles unterscheidet anschließend die Syllogismen, die sich aus ursprünglichen Prämissen ergeben, und jene, die von Meinungen ausgehen. Durch diese Unterscheidung wird es ihm möglich, die Nützlichkeit der Topik für die Entfaltung des rationalen Prozesses hervorzuheben; denn mit einer Methode wird es viel leichter sein, jedes beliebige Thema zu diskutieren, und somit wird es viel eher möglich sein, mit dem Gegenüber ins Gespräch zu kommen. Im Hinblick auf die Wissenschaften, die mit der Philosophie verknüpft sind, ermöglicht es die Topik schließlich, die Schwierigkeiten eines Problems zu erkennen, wenn es so oder so gelöst werden kann (Topik, 101 a 29 – 101 b). Faktisch liefert die Topik nach einem Beispiel des Aristoteles das, was auch in der Dialektik und Medizin notwendig ist: alle Argumente müssen „gegenwärtig" sein, um im gegebenen Augenblick verfügbar zu sein und angewandt zu werden. Es ist also Aufgabe der Topik zu bestimmen, „um wie viele und welche Arten von Argumenten die Reden sich drehen und aus welchen Elementen sie bestehen, und wie leicht wir die Reden finden können" (Topik, 101 b 13).

Aus den oben zitierten Abschnitten sieht man noch nicht, wieso Vico der Topik eine philosophische Bedeutung zumessen kann. Eine weitere Bedeutung, die Aristoteles der Topik gibt, hilft jedoch hier weiter: ihr kommt wesentlich die Aufgabe zu, die notwendigen Argumente für eine rationale oder rhetorische Rede zu finden.

Um diese Auffassung zu entwickeln, erscheint es angebracht, sich an Cicero und Quintilian zu wenden: ihre Formulierungen geben uns Aufschluß über den philosophischen Charakter der Topik. In ›De oratore‹ von Cicero finden wir eine wichtige Stelle: „Sed Aristoteles, is quem maxime admiror, posuit quosdam locos ex quibus omnis argumenti via non modo ad philosophorum disputationem, sed etiam ad hanc orationem qua in causis utimur *inveniretur.*" (Cicero: De oratore: II, 36, 152: „Aber Aristoteles, den ich in höchstem Maße bewundere, hat bestimmte ‚Loci‘ aufgestellt, von denen ausgehend man nicht nur jeden Weg eines Arguments in den philosophischen Diskussionen finden kann, sondern die auch in allen juristischen Fällen benutzbar sind.")

Zwei Elemente sind hervorzuheben: vor allem die Übersetzung von topoi mit „loci". An einer anderen Stelle verwendet Cicero für jenen Terminus auch die Worte „sedes" oder „nota"; Quintilian benützt unter anderem den Ausdruck „sedes argumentorum". Ähnliches sagt Tacitus in seinem Dialog über den Redner: „... a Peripatheticis aptos et in omnem disputationem paratos iam locos." (Tacitus: Dialogus de oratoribus, 31: „... wir entnehmen den Peripathetikern die nützlichen und schon bereiten ‚Orte‘ in jeder Auseinandersetzung.") An zweiter Stelle ist zu betonen: für eine erfolgreiche Diskussion müssen sämtliche Argumente gegenwärtig sein, d.h. die „Allgemeinplätze", um sie auffinden und gegenwärtig haben zu können. Im folgenden Zitat Ciceros finden wir neben dem Ausdruck „Ort" (locus) auch jenen des „findens" (invenire); er zeigt, daß sich die Inventio entfaltet aus der Ansammlung der Argumente unter den ihnen jeweils entsprechenden „Loci", den „notae". „Ut igitur earum rerum quae absconditae sunt *demonstrato et notato loco facilis inventio est*, sic cum pervestigare argumentorum aliquod volumus, locos nosse debemus; sic enim appellatae ab Aristoteles sunt eae quasi sedes, e quibus argumenta promuntur, itaque licet definire locum esse argumenti sedem." (Cicero: Topik 2, 7: „Wie von jenen Dingen, die verborgen sind, die Erfindung leicht ist, wenn wir auf ihren Ort hingewiesen werden und ihn kennen, so müssen wir, wenn wir ein Thema untersuchen, seinen Ort kennen; in dieser Weise werden sie von Aristoteles gewissermaßen Orte genannt, von denen die Argumente stammen, und so kann man sagen, daß der Ort der Sitz der Argumente ist.")

Um die Problematik und die Terminologie Vicos zu verstehen, sei noch eine weitere wesentliche Äußerung Ciceros angeführt, die offensichtlich die Quelle für Vicos Unterscheidung zwischen topischer und kritischer Philosophie darstellt. „Omnis ratio diligens disserendi duas habet partes, una *inveniendi* alteram *iudicandi* ... Stoici autem in altera elaboraverunt, *iudicandi* enim vias diligentes persecuti sunt ea scientia quam διαλεκτικήν appellant; inveniendi autem quae τοπική dicitur ... totam reliquerunt." (Cicero, Topica, 2, 6: „Jede sorgfältige Methode der Auseinandersetzung besteht aus zwei Teilen: einem des *Erfindens* und einem des *Urteilens* ... die Stoiker haben mit großer Sorgfalt die Wege des *Urteilens* ausgebildet, und zwar mittels jener Wissenschaft, die sie *Dialektik* nennen; die Kunst des Erfindens, die *Topik* genannt wird, ... haben sie vollständig vernachlässigt." Vgl. auch Orator, 32, 115.) An einer anderen Stelle von ›De oratore‹ – die sich auf die Kunst des Urteilens (die Vico „Kritik" nennt) bezieht – betont Cicero, daß diese nichts mit der Inventio gemein habe: „In hac arte (dialectica), si modo est haec ars, *nullum est praeceptum quomodo verum inveniatur*, sed tantum est quomodo iudicetur." (Cicero: De oratore, II, 28, 157: „In dieser Kunst [Dialektik], soweit sie eine Kunst ist, gibt es keine Angabe für die Auffindung des Wahren, sondern nur für das Urteilen.") Der Urteilsfähigkeit kommt es zu, von bestimmten gegebenen Prämissen bestimmte Schlüsse zu ziehen, während die Topik die Fähigkeit der inventio ist. So teilt auch im Mittelalter etwa Boethius in seiner Schrift ›De differentiis topicis‹ der Topik inventiven Charakter zu, sofern sie dem „trahere argumenta" dient: „Locus autem sedes est argomenti vel id unde ad propositam quaestionem conveniens *trahitur argomentum*." (Boethius, Opera, S. 827; Basel, 1570: „,Locus' ist der Sitz des Argumentes oder das, von dem das treffende Argument für die vorliegende Problematik genommen wird.")

Um die philosophische Bedeutung zu verstehen, die Vico der Inventio und damit der Topik zusprechen wird, sei auch an die traditionelle Aufteilung der Rhetorik erinnert: sie besteht aus Form und Materie: aus dem, was gesagt wird, und der Art, wie es gesagt wird:

„Omnis autem oratio constat ex iis *quae significantur* aut ex iis *quae significant*, id est *rebus* et *verbis*" (Quintilian, Inst. Orat. III, 5, 1). Jede Form der Rede (die Tradition unterscheidet die juristische, die politische und die Lobrede) besteht aus fünf Teilen, deren erster die Inventio ist (vgl. Cicero: De oratore I, 31, 142; Quintilian, Inst. orat. III, 3, 1). Sei es, daß man einen rationalen Prozeß verwirklichen will, sei es, daß man sich um rhetorische Schlußfolgerungen bemüht, immer muß man vorher die Prämissen „finden"; d. h. erst die „inventio" liefert die Argumente, die eine wirkungsvolle rationale oder rhetorische Rede ermöglichen.

Welche also ist – abschließend – bei Vico die philosophische Bedeutung der Topik als Lehre von der inventio?

V. Die Ablehnung einer „kritischen" Philosophie

In ›De ratione studiorum‹ klagt Vico darüber, daß die modernen Autoren die Topik mißachten und infolge ihrer ausschließlichen Beschränkung auf die kritische Methode davon überzeugt sind, es genüge, über eine Sache in Kenntnis gesetzt zu werden, um sofort zu finden, was an ihr wahr ist. („nam satis est, inquiunt ... rem doceri, ut quid in ea veri inest inveniant." Vico, De ratione studiorum, Kap. III: „es genüge ja, sagen sie, eine Sache zu lehren, damit man ihren Wahrheitsgehalt finde.") Diese Verteidiger der kritischen Methode konfrontiert er mit einer Frage, die zugleich eine Entgegnung bedeutet: „Sed qui certi esse possunt vidisse omnia?" (Vico, De ratione studiorum, Kap. III: „Wie aber können sie sicher sein, *alles* gesehen zu haben?") Mit anderen Worten: die Anhänger dieser Methode können nicht ausschließen, daß die Prämissen, von denen der kritische Prozeß jeweils ausgeht und mit deren Hilfe er seine Ableitungen vollzieht, nur einen vereinzelten Aspekt des Seienden widerspiegeln und somit die darauf aufgebauten Schlußfolgerungen nur beschränkt gültig sind. Beweist die kritische Methode nicht ihre rationalistische Einseitigkeit gerade dadurch, daß sie die Rhetorik, die Politik, die Phantasie völlig vernachlässigt? Das „Finden" (trovare), das „Erfinden" (invenire), wie es im Prozeß der rein rationalen Philosophie verwandt wird, identifiziert sich allein mit dem, was man mittels des deduktiven Prozesses findet, es wird aber niemals die Grenzen solcher Prämissen überschreiten können. Der Kern des philosophischen Problems liegt aber in der ursprünglichen „inventio" aller Prämissen, um – wie Vico sagt – zu einer „reichhaltigen" und nicht bloß „feinen" bzw. „scharfen" (sottile) Rede zu gelangen. Er liegt darüber hinaus in der ursprünglichen, rational nicht ableitbaren „Schau" der Bezüge, die zwischen den eigentlichen, unableitbaren Prämissen herrschen. Mit anderen Worten: der Schlüssel zu Vicos Widerlegung der kritischen Methode und des damit zusammenhängenden Rationalismus besteht in dem Bewußtsein, daß die ursprünglichen ersten Prämissen des logischen Prozesses selbst als solche nicht ableitbar sind; diese vermag der rationale Prozeß nicht zu entdecken, oder: eben weil der rationale Prozeß wesentlich deduktiv ist, wird er niemals auf die Prämissen, die Axiome, die Prinzipien des rationalen Prozesses angewandt werden können.

Während die kritische Methode ausgeht von *einer* ursprünglichen Prämisse und von ihr Schlüsse zieht, die – so scharfsinnig oder umfassend sie auch sein mögen – ihre Grenzen immer in dem durch die Prämissen gegebenen Rahmen finden, macht erst die Bemühung, *alle* Prämissen der menschlichen Welt zu finden – und zu ihr gehören die der Fähigkeit der „prudenza", der „Vorsicht", der Phantasie, des praktischen zielhaften Handelns usw. – die menschliche Rede reich, fruchtbar und „erfinderisch". „Unde illa summa et rara orationis virtus existit, quae ‚plena' dicitur, quae nihil intactum, nihil non in medium adductum, nihil auditoribus desiderandum relinquit." (Vico, De ratione studiorum, Kap. III: „Daher stammt jene höchste und so seltene Kraft der Rede, um derentwillen man sie ‚voll' nennt und die nichts unberührt, nichts im Unklaren, nichts dem Zuhörer zu wünschen läßt.")

Demnach ist die Topik nicht als eine Sammlung schon vorhandener Argumente aufzufassen, die sich auf die jeweiligen Einzelsituationen anwenden ließen; Topik erweist sich bei Vico als die philosophische Lehre von der 'inventio'. Welches ist aber die philosophische Grundlage der 'inventio' und damit der topischen Philosophie?

Unabhängig vom historischen Problem, das uns hier nicht interessiert, wirft schon die aristotelische Lehre von der Topik eine Frage auf, die auf eine philosophische Grundlage der Topik hinweist: Wenn die Topik erste Voraussetzung für die Auffindung des den Umständen entsprechenden Arguments ist, wurzelt die topische Aktivität dann in ihrer ursprünglichen Bedeutung im 'nous', im 'ingenium'? Ist die Topik damit als inventive, (rational unableitbare) Aktivität zu verstehen, als – mit dem lateinischen Ausdruck – 'ingeniöse' Aktivität? In dem ersten veröffentlichten Aufsatz des ›Giornale dei letterati‹, in dem Vico selbst die einzelnen Kapitel seiner Schrift ›De antiquissima italorum sapientia‹ bespricht, sagt er: „Der Autor betrachtet weiter die drei bekannten Tätigkeiten unseres Geistes: Sinneswahrnehmung, Urteil und logisches Schließen (percezione, giudizio, ragionamento), die Gegenstand der Logik sind, die er wiederum in Topik, Kritik und Methode aufteilt (topica, critica e metodo); so ist die Topik die Fähigkeit, bzw. die Kunst des Lernens, die Kritik die des Urteilens und die Methode die des rationalen Prozesses (la topica sia la facoltà ovvero l'arte dell'apprendere la critica del giudicare e il metodo del ragionare)" (Vico: Opere I, 1914, S. 201).

Die Topik begreift in sich jene Lehrformen und Begriffsweisen, die nicht durch die Kunst des Urteilens oder des rationalen Prozesses vermittelt werden können, sondern die in einer ursprünglichen Schau und Erfindung wurzeln, (wir könnten sagen „archaische" Schau, nicht im zeitlichen Sinne des Wortes, sondern insofern es sich auf die „archai" bezieht) also in einer ingeniösen, d. h. rational nicht ableitbaren Einsicht. „Die Topik findet und sammelt (ritruova ed ammassa); die Kritik teilt das Gesammelte auf und gliedert es (la critica dall'ammasato divide e rimuove); deswegen sind die topischen Geister reicher und weniger wahr (più copiosi e men veri), während die kritischen wahrer, aber trockener sind (... più veri, ma però asciutti)" (Vico: Opere, S. 271, op. cit.).

Immer verteidigt Vico die Topik gegen den Vorrang der rationalen Tätigkeit mit der Begründung, daß vor allem die Prämissen gefunden (invenire) werden müssen. „Die Vorsehung hat die menschlichen Dinge gut eingerichtet, indem sie im menschlichen Geist erst die Topik und danach die Kritik erweckt hat, ebenso wie die Erkenntnis der Dinge *vor dem Urteil* über diese kommt (siccome prima è conoscere poi giudicare le cose). Denn die *Topik ist die Fähigkeit, die die Geister 'ingeniös' macht* (la topica è la facoltà di far la menti ingegnose), ebenso wie die Kritik sie zur Genauigkeit bildet (la critica è di farle esatte); und in den ersten Zeiten galt es vor allem, jene Dinge aufzufinden, die für das menschliche Leben notwendig sind, und das Finden ist Eigenschaft des Ingenium (e il ritruovare è proprietà dell'ingegno)" (Vico: Scienza nuova III, Opere op. cit. S. 213).

Aber warum spricht Vico von einer topischen Philosophie, die auch ingeniös sein soll?

Ingenium ist die Fähigkeit, die das ursprüngliche, das „Archaische" zum Gegenstand hat. „Die besondere Fähigkeit des Wissens besteht im Ingenium, mit seiner Hilfe *sammelt* der Mensch die Dinge, welche denjenigen, die kein Ingenium besitzen, ohne jegliche Beziehung untereinander zu sein schienen (compone le cose, le quali, a coloro che pregio d'ingegno non hanno, sembravano tra loro non avere nessun rapporto; Vico: Giornale dei letterati, rima risposta, op. cit. S. 212)." Ingenium ist die „begreifende" („comprensiva") und nicht die „deduktive" Fähigkeit. Das Begreifen aber geht dem Ableiten voraus, da man nur aus dem Schlüsse ziehen kann, was man schon begriffen hat. „Ingenium facultas est in unum dissita, diversa coniungendi." (Vico: Opere I, S. 179: „Das Ingenium ist die Fähigkeit, Getrenntes zu vereinen, Verschiedenes miteinander zu verbinden.")

VI. Die Neubefragung der humanistischen Philosophie

Kritische oder topische Philosophie? Dies ist die Frage, von der wir ausgegangen sind. Vor allem hat sich gezeigt, daß Vicos Unterscheidung der beiden Formen des Philosophierens nicht als eine überwundene Problematik betrachtet werden kann, die höchstens historisches Interesse hätte, sondern daß sie eine auch für uns ganz aktuelle Frage historischer und theoretischer Art enthält. Heute sind wir stolz auf die kybernetischen Wissenschaften und Maschinen, ihnen vertrauen wir die Zukunft unserer menschlichen Gesellschaft an; dabei vergessen wir, daß das eigentliche Problem darin liegt, die „Daten" zu finden, sie zu „entdecken"; denn der kybernetische Prozeß ist nichts anderes, als eben diese auszuarbeiten und aus ihnen die Konsequenzen zu ziehen. Das Problem des Wesens des menschlichen Ingenium und seiner Fruchtbarkeit kann nicht auf jene rationale Deduktion zurückgeführt werden, welche die Technik bis ins Unwahrscheinliche entwickelt.

Das zweite Moment, zu dem wir gelangt sind, ist das Bewußtsein, daß Vicos Theorie der topischen Philosophie in der lateinischen, humanistischen Tradition gründet, für die Rhetorik eine heute völlig in Vergessenheit geratene Bedeutung und Wichtigkeit hat. Das humanistische Denken ist permanent geprägt vom Problem der Einheit von res und verba, von Inhalt und Form, die – einmal getrennt – niemals wieder vereinigt werden können. Wenn man nur das rationale Element als Inhalt unserer Rede zuläßt, wird es nicht mehr möglich sein, ihr eine „Form" zu geben, die das Gemüt bewegt: dadurch büßt die Philosophie jegliche Aktualität ein.

Schließlich: die – teils vom italienischen Idealismus (Croce, Gentile) geleistete – Neubewertung Vicos, die ihn auf Grund seiner These von der Identität des Wahren und des vom Menschen Geschaffenen (identità del vero e del fatto) als einen Vorläufer des Idealismus versteht, löst das Verständnis Vicos aus seinem humanistischen Zusammenhang heraus und verfälscht den Gedanken Vicos vollständig.

Wir haben demgegenüber die Wichtigkeit der Philosophie Vicos für das Verständnis des Beginns des modernen Denkens behauptet. Denn in der Philosophie des Humanismus und der Renaissance spielen die Momente der ingeniösen, topischen Philosophie eine prinzipielle Rolle.

Vicos Unterscheidung von Wahrem und Wahrscheinlichem rettet – und zwar vom philosophischen Standpunkt aus – die humanistischen Fächer: Weiterhin vermittelt er uns die Grundkategorien, um in ganz neuer Weise die Philosophie des Humanismus und der Renaissance zum Sprechen zu bringen und gerade alle jene Momente in ihrer philosophischen Bedeutung zu zeigen, die der Rationalismus verdeckt hat. Hiermit erreicht Vico nicht nur eine prinzipielle Bedeutung vom hermeneutischen Standpunkt aus – insofern er uns das Verständnis einer Zeit erschließt –, sondern weil es auf Grund seiner Erwägungen jetzt möglich wird, Themen und Probleme des Humanismus und der Renaissance unserer philosophischen Meditation zurückzuerobern. Hierzu nur einige Andeutungen.

Wie wir gesehen haben, ist das Grundproblem Vicos nicht mehr das des Vorranges des Wissens und der Wahrheit – und daher Erkenntnistheorie –, sondern die Frage nach dem Sichoffenbaren des Seins, sei es in seinem Wahrheits- wie Wahrscheinlichkeitscharakter. Die Erörterung dieses Problems ereignet sich in Humanismus und Renaissance vor allem anhand der Vermittlung des antiken Wortes: Durch die Interpretation der antiken Texte zeigt sich, wie unmöglich es ist, das Wort als Ausdruck des Wissens zu verstehen: sich daher am Wort zu bilden und damit Philologie zu treiben, bedeutet gleichzeitig zu philosophieren und weil das Wort zum Wesen des Menschen gehört, sind die humanistischen Studien philosophische Studien: „philosophia facta est quae philologia fuit" (Polizian: Leonardo Bruni, Poggio Bracciolini).

Da die Problematik des Humanismus sich vom Problem der rationalen Struktur der Wahrheit auf das „Finden" der Archai des Wahren und des Wahrscheinlichen – d. h. der verschiedenen Formen des Sichoffenbarens der Wirklichkeit – verlegt, so erhalten sämtliche Probleme, die zur „Erweckung" der Sicht des Ursprünglichen dienen, eine zentrale Bedeutung: das Fragen, das Sich-wundern, die zwischenmenschlichen Beziehungen, die pathetischen Momente wie Glauben, Hoffen, Ort und Zeit der Einsicht. An Stelle einer rationalen, erklärenden Pädagogik tritt die ingeniöse, *archaische Pädagogik* auf, die in der Antike schon von Plato mit der Lehre der Majeutik entworfen wurde (Guarino Veronese).

Weiterhin; wenn in den Vordergrund der Untersuchung das Topische, das Archaische tritt, so muß notwendigerweise die Frage nach den Urzeichen, nach den Urbildern, auf Grund deren erst eine Erklärung möglich wird, erörtert werden: daher die Wichtigkeit, die für den Humanismus und die Renaissance der Neoplatonismus einnimmt, jener Neoplatonismus, unter dessen Zeichen Platon zum erstenmal – von Florenz ausgehend – Europa neu vermittelt wurde (Ficinus: G. F. Pico und das Problem des Bildes).

Damit tritt erst die ganze Metaphorik der Sprache, die im Humanismus eine so große Rolle spielt, in den Vordergrund, denn das Archaische kann nicht erklärt, sondern nur analogisch aufgezeigt werden (Cristoforo Landino): Analogie und Metapher, die vom Idealismus als ungenügende Formen des Philosophierens beurteilt wurden.

Weil innerhalb des Humanismus nicht das Problem des Wahren und des Wissens seinen Vorrang erhält, fällt auch der Begriff des Systems und der Versuch, die Naturwissenschaften philosophisch abzuleiten, fort, im Gegensatz zum späteren idealistischen Versuch, sie a priori abzuleiten (Salutatis De nobilitate legum et medicinae, Leonardo da Vincis Begriff des Experiments und Unkennbarkeit der Natur als Ganzes, Galileo Galilei).

Die humanistische Tradition der Unterscheidung des Wahren und des Wahrscheinlichen – um die Terminologie Vicos zu bewahren – hat die ganze Reflexion über das politische Handeln von seiten des Humanismus und der Renaissance in seinem Wesen möglich gemacht und damit zum Aufblühen der juristischen Tradition und ihrer philosophischen Bewertung geführt, Tradition, die vom tiefen Bewußtsein der rationalen Unableitbarkeit des Politischen getragen ist (Laurentius Vallas Verteidigung des römischen Rechtes, Machiavelli, Guicciardini).

Wir müssen uns mit diesen Andeutungen begnügen, denn die wahre Geschichte der humanistischen Tradition in ihrem antikartesianischen Charakter ist noch nicht geschrieben.[1] Wichtig ist für uns hier, die Aktualität von Vicos Entwurf einer topischen in ihrem Gegensatz zur kritischen Philosophie gezeigt und sie in Zusammenhang mit der Frage des Problems des Beginns des modernen Denkens gestellt zu haben.

---

[1] Die Arbeiten des Münchener Centro di studi umanistici und des Seminars für Philosophie und Geistesgeschichte des Humanismus der Universität München, die in der Reihe ›Humanistische Bibliothek‹ erscheinen, bemühen sich, einen Beitrag in dieser Richtung zu liefern. Vgl.: Humanistische Bibliothek, Verlag Fink, München.

Traditio – Krisis – Renovatio aus theologischer Sicht. FS f. Winfried Zeller, hrsg. von Bernd Jaspert und Rudolf Mohr, N.G. Elwert Verlag, Marburg 1976, S.258–272. Hier: Auszug S.264–270.

PIETISTISCHE RHETORIK
ALS ELOQUENTIA NOV-ANTIQUA

Mit besonderer Berücksichtigung Gottfried Polykarp Müllers
(1684–1747)

Von REINHARD BREYMAYER

[...]

Für eine Untersuchung pietistischer Rhetorik ist die Beschäftigung mit dem Leipziger Poesieprofessor Joachim Feller besonders ergiebig, da Feller wie zahlreiche Pietisten dem Kreis akademisch etablierter Rhetorik- bzw. Poetiklehrer (der Konnex zwischen beiden Disziplinen ist in der damaligen Zeit sehr eng) angehört.[1] Beispielsweise war auch Fellers Schwiegervater, der mit Spener befreundete Jakob Thomasius, Professor der Rhetorik! Einer der Nachfolger Fellers in Leipzig verdient wieder besonderes Augenmerk: Merkwürdigerweise hat die deutsche Rhetorikforschung, obwohl sie neuerdings etwas nebulös von einer „Rhetorik der ‚Brüdergemeine'"[2]

---

[1] Zu Feller vgl. Georg Lehmann: Der Gefallene / aber nicht weggeworffene Gerechte / ... [Leichenpredigt auf Joachim Feller] den 10. April Anno 1691. fürgestellet Von D. Georg Lehmannen, Leipzig 1692 (enthält Anhänge mit Beiträgen anderer Verfasser); R. Beck: Aus dem Leben Joachim Fellers. Nach handschriftlichen Quellen der Zwickauer Ratsschulbibliothek, Mitteilungen des Altertumsvereins für Zwickau und Umgegend, Heft IV, Zwickau 1894, S.24–77; H.C. Wolff: Feller, Joachim, MGG 4 (1955) 17–18; Kurt Müller: Feller, Joachim, NDB, 5 (1961) 73; Deutsches Literatur-Lexikon. Biographisch-bibliographisches Handbuch, begründet von W. Kosch, fortgeführt von B. Berger, Bd. 4, Bern und München ³1972, Sp. 888: Feller, Joachim (Franziscus Dermasus).

[2] W. Hinderer: Über deutsche Rhetorik und Beredsamkeit. Eine Einführung, in: Deutsche Reden, hrsg. v. W. Hinderer, Stuttgart 1973, S.15–60 (S.61–67: Bibliographische Hinweise). S.29; S.47 (ohne Zusammenhang mit S.29 Erwähnung G.P. Müllers).

redet, bisher nicht beachtet, daß die Herrnhuter einen veritablen ehemaligen Rhetorikprofessor ihrer Gemeinschaft einverleibt haben: Gottfried Polykarp Müller (1684–1747), ehemals außerordentlicher Professor für Poesie und Eloquenz in Leipzig (1716–1723), dann (1723–1738) Direktor des Gymnasiums in Zittau (unweit von Herrnhut!) und zuletzt Bischof der Brüdergemeine (1740–1747). Bei ihm findet sich das höchst bemerkenswerte Programm einer eloquentia nov-antiqua. Der Terminus erscheint bereits bei einem Rhetoriker, mit dem der junge Zinzendorf in Verbindung stand,[3] nämlich bei Müllers Vorgänger im Amt des Zittauer Direktors, Johann Christoph Wentzel (1659–1723). Wentzel hatte noch als Direktor des Altenburger Gymnasiums ein heute sehr selten gewordenes Rhetoriklehrbuch mit folgendem Titel verfaßt: ›Eloqventia nov-antiqva sive elementa artis rhetoricae Praeceptionibus brevibus ac perspicuis comprehensa Exemplis commodis & luculentis illustrata opusculum Eloquentiae tam Romanae quam vernaculae tironibus perquam utile Praecipue vero in usum pubis Scholasticae Altenburgensis conscriptum ac publici juris factum à Jo. Chr. Wentzelio, D Palaeopyrg. Direct. Altenburgi. Typis & Sumt. Jo. Ludovici Richteri. M DCC XII‹. Im Vorwort geht Wentzel auf den Terminus näher ein: „Titulum ‚Eloquentiae nov-antiquae', utut barbari quid spiret, excusari tamen poterit, quod juventutem altera manu ad eloqventiam antiquam & Romanam, altera ad vernaculam, quam hodie non tot homines saltem, sed ipsa etiam negotia requirunt, perducere tentaverim."[4] Der Ausdruck findet sich auch bei dem Bautzener Gymnasialrektor Georg Ehrenfried Behrnauer (1682–1739), der wie Gottfried Polykarp Müller dem Leipziger Collegium Philobiblicum von November 1707 bis Oktober 1708 – von Mai bis Oktober 1708 gleichzeitig mit Müller – angehört hatte[5] und der als Lehrer des

---

[3] Vgl. Nikolaus Ludwig Graf von Zinzendorf in: Zinzendorfs Tagebuch 1716–1719, hrsg. von G. Reichel und J. T. Müller, ZBG 1 (1907) 113–191, bes. S. 127–128 (mit Anm. 43 auf S. 127).
[4] Praefatio, fol. [x 7]^v – [x 8]^r.
[5] Vgl. Christian Friedrich Illgen: Historiae Collegii Philobiblici Lipsiensis Pars II, Lipsiae 1837 (Dekanatsprogramm der Univ. Leipzig), S. 28, Nr. 101 (G. P. Müller) und Nr. 107 (G. E. Behrnauer).

Dichters Immanuel Jakob Pyra von einiger Bedeutung ist.⁶ Welchen Wert dieser vom Pietismus beeinflußte Schulmann der Rhetorik beimißt, zeigt seine Schrift ›Kurtzer Entwurff wie In dem Budißinischen Gymnasio seithero Die anvertraute Jugend so wohl in Doctrina, als Disciplina, unter Göttlichem Segen angeführet worden‹⁷, in der es heißt: „Nach den Sprachen ist in den Schulen nichts nöthiger als eine angenehme und unaffectirte Beredsamkeit. Und ob man schon die Schul-Oratorie offt vor ein leeres und taediöses Geplaudere hält ...; so siehet doch ein jeder gar leicht, wie höchst nöthig es sey gleich von der Kindheit an Zunge und Gedancken mit einander zu verknüpffen; Weil ein Gelehrter mit allen seinen Wissenschafften nur so viel GOTT und seinem Nächsten zu dienen capabel ist; als er mit Mund und Feder vorzubringen sich geschickt befindet. Wie aber meines Erachtens in der gantzen Oratorie alles 1) auf kurtze und zulängliche Regeln, 2) auf eine stete und fleißige Praxin ankommet; Also haben wir in den ersten des Herrn Hoff-Rath Langens Einleitung zur Oratorie zum Grunde geleget; Doch so, daß wir die Oratoriam Nov-antiquam mit einander conjungiren ..."⁸ Gemeint ist hier wie bei Wentzel die Verknüpfung von altsprachlicher und muttersprachlicher Beredsamkeit.

Eine tiefere Begründung des Terminus gibt G. P. Müller in seiner programmatischen Schrift ›Idea eloquentiae nov-antiquae. Edidit et prolusiones quasdam academicas adjecit Gottfried Polycarpus Müller. Lipsiae, Apud Philippum Wilhelmum Stockium. Anno MDCC XVII‹. In der Praefatio zeichnet er das Bild einer Art „eloquentia perennis": „En novum eloquentiae systema, sed sine nova eloquentia! Namque veram & genuinam eloquentiae normam & rationem unam esse mihi persuadeo, eamque omnium gentium temporumque omnium."⁹ In der ›Oratio de genere dicendi nov-antiquo‹, die der Sammlung einverleibt ist,¹⁰ erläutert er das Ziel der elo-

---

⁶ Vgl. dazu G. Waniek: Immanuel Pyra und sein Einfluß auf die deutsche Literatur des achtzehnten Jahrhunderts, Leipzig 1882, S. 7–13.
⁷ Budißin [Bautzen] 1722.
⁸ S. 12–13.
⁹ Praefatio, fol. xx [1]ʳ.
¹⁰ Müller: Idea, S. 63–76.

quentia nov-antiqua, „veram illam & antiquam eloquentiam"[11] wieder einzuführen: „mirifice me reficit atque recreat, quod tantis viris neque novum quid neque antiquum, sed nov-antiquum (Sit venia voci!) liceat proponere; quod ab antiquitate venerationem ducit, & a novitate delectationem sumit ac commendationem."[12] Der kraftvollen antiken auf Wirkung bedachten Affektrhetorik[13], die auf „affectuum commotionibus & temperaturis"[14] beruhte, d. h. auf dem Widerspiel zwischen heftigen und sanften Affekten, dem πάθος und ἦθος, und die eine natürliche und freie Art der Disposition anwandte („veterum potius naturalem & liberam disponendi rationem")[15], steht die zeitgenössische Regelrhetorik gegenüber, die „totum negotium in periodorum formatione, aetiologiarum tortura, amplificationum & dispositionum frigescentibus regulis"[16] sucht. Das traditionelle Bild von den rhetorischen Figuren als „Maschinen, die die Burg der Affekte erobern" (so z.B. Johann Heinrich Alstedt),[17] gewinnt neue Prägnanz: „Aridos quidem & elumbes consuetarum dispositionum illustrationumque modos regnare, ubique videmus: sed ubi sunt persuadentium argumentorum animos perfringentes machinae, ubi sunt affectuum rebus & personis accomodatorum commotiones ..."[18]? Die vom Pietismus geförderte Hinwendung zur Affektrhetorik, zum Bereich des „Herzens", ist ein Rückgriff auf rhetorische Tradition, wie die klassische Quintilian-Sentenz „Pectus est enim, quod disertos facit, et vis mentis" (Inst. or.

[11] S.65.

[12] S.64.

[13] Vgl. dazu H. F. Plett: Der affektrhetorische Wirkungsbegriff in der rhetorisch-poetischen Theorie der englischen Renaissance, Diss. phil. Bonn 1969, Bonn 1970 (Rotaprint; Buchdruck unter dem Titel ›Rhetorik der Affekte‹. Englische Wirkungsästhetik im Zeitalter der Renaissance‹ [Studien zur englischen Philologie, N. F., Bd. 18], Tübingen 1975).

[14] Müller: Idea, S.65.

[15] S.72.

[16] S.65.

[17] J. H. Alsted, zit. nach W. Jens: Rhetorik, in: Reallexikon der deutschen Literaturgeschichte, hrsg. von W. Kohlschmidt und W. Mohr, Bd. 3, Lieferung 5, Berlin/New York ²1971, S.(432–456) 435, Sp. 1. Müller erwähnt Alsted in: Idea, S.44.

[18] Müller: Idea, S.75.

Pietistische Rhetorik als eloquentia nov-antiqua   131

10, 7, 15)[19] zeigt. Dasselbe gilt für die im Pietismus ständig wiederkehrende Betonung der ethischen Bindung des Redners (unter Anlehnung an das Quintilianische Ideal des Redners als „vir bonus dicendi peritus"),[20] die auch zu seiner Glaubwürdigkeit (πιθανότης), seinem „Credit", notwendig ist und daher zum langfristigen Erfolg der Rede beiträgt: „Neque enim falsitatibus noxiis aut deceptionibus utitur vir bonus vel orator bonus, ut eas persuadeat, noceatque civibus & reipublicae ... non est deceptor, sed prudens ductor."[21] Der Pietist Johann Hieronymus Wiegleb faßt die beiden Bereiche in seiner Abhandlung ›Eloquentia sub exemplo veterum Germanorum descripta‹[22] (in der er sich ausdrücklich auf die Rhetorik des Aristoteles und Quintilians bezieht)[23] zusammen: „Nam non vides, quomodo quis persuadere possit nisi ipsum ex corde sincero locutum esse auditor senserit."[24] Auch der schwäbische Pietist Friedrich Christoph Oetinger (1702–1782),[25] der in vielem eine archaische Auffassung vertritt, macht sich Gemeingut antiker Rhetorik zunutze: „Unsere jetzige gelehrte Welt kommt durch eine übermäßige,

[19] Vgl. das Zitat bei B. Munteano: Constantes humaines en littérature. L'éternel débat de la «raison» et du «cœur», in: Ders.: Constantes dialectiques en littérature et en histoire. Problèmes. Recherches. Perspectives, Paris 1967, S. (219–233) 231.

[20] Cato maior bei Quintilian: Inst. or. 12, 1, 1.

[21] Müller: Idea, S. 79.

[22] Praeses: Io. Hieronymus Wiegleb, Respondens: Petrus Jacobus Langejan, Diss. phil. Jena 1690; dazu Casparis Sagittarii ... Epistola ad cl. M. IO. Hier. Wieglebium Thuringum et Petr. Jacob. Langeian Luneburgensem, Ienae 1690. Zu Wiegleb vgl. Gotthilf August Francke: Die Freudigkeit des Glaubens [Leichenpredigt auf J. H. Wiegleb vom 31. Oktober 1730], Halle 1731 (S. 45–56 „Lebens-Lauff").

[23] Z. B. Wiegleb: Eloquentia, S. 3 zu Quintilian, S. 13 zu Aristoteles.

[24] S. 13.

[25] Vgl. H. Elwood Yeide, Jr.: A vision of the Kingdom of God: The social ethic of Friedrich Christoph Oetinger, Ph.D. Diss. Harvard University 1965. (Unpublished.) Mikrofilm in der Universitätsbibliothek Tübingen (Signatur: Film R 1135 p.). Weiteres Schrifttum in: Friedrich Christoph Oetinger: Öffentliches Denkmal der Lehrtafel der Prinzessin Antonia, hrsg. von R. Breymayer und F. Häußermann (TGP VII/1), Berlin/New York: de Gruyter 1977.

und vor der Fülle und Tiefe des menschlichen Herzens vorbey gehende Subtilität, ganz ab von der Weise der Schrift, die wahre Gestalt der Sachen vollständig zu schreiben, welche doch die Alten, Homerus, Horatius, Confucius, Hippocrates, auf eine mehr schriftähnliche Art besessen haben. Die jetzige Redkunst wird endlich in einen Calculum von Sätzen verwandelt."[26] „Lehren durchs Wort thuts allein nicht; man muß aus dem Leben reden, man muß sich bewegen, παρρησιάσασθαι. Si vis me flere, dolendum est primum ipse [sic!] tibi."[27] Das ist ein Zitat aus der ›Ars Poetica‹ des Horaz! (V. 101–103: „ut ridentibus adrident, ita flentibus adflent / humani voltus. si vis me flere, dolendum est / primum ipsi tibi ..."). Wenn Oetinger die Bedeutung des Lebens hervorhebt – wie Joachim Feller –, so lehnt er dadurch nicht *die* Rhetorik ab, sondern spielt, wie es in den zahlreichen innerrhetorischen Auseinandersetzungen in der Geschichte der rhetorischen Traditionen häufig geschehen ist, die nicht-verbale Komponente der Rhetorik gegen ihre verbale Komponente aus.

In seinem deutschen Rhetoriklehrbuch ›Gottfried Polycarp Müllers Abriß einer gründlichen Oratorie, zum Academischen Gebrauch entworffen und mit Anmerckungen versehen‹ (Leipzig 1722) bemüht sich Müller um eine wohlabgewogene Vermittlung zwischen Alt und Neu: „einem scheinet alles neue gefährlich / wo nicht Atheistisch / dem andern aber vortrefflich / oder wohl gar vollkommen ..."[28] Das ist falsche Voreingenommenheit: „die meisten sehen die alten und neuen Meynungen nicht mit freyen Augen an / sondern nur durch Gläser / so Affekten und interesse gefärbet haben ..."[29] Wenigen also ist die vernünfftige Temperatur[30] gegeben / nichts

---

[26] Friedrich Christoph Oetinger: Anmerkungen über die Mund- und Schreib-Art der Männer Gottes, in: Ders.: Etwas Ganzes vom Evangelio nach Jesaias 40–66. oder evangelische Ordnung des Heils. Nach der dritten Aufl. unverändert hrsg. v. K. C. E. Ehmann, Reutlingen 1850, S. (117–167) 138.

[27] Oetinger: Innhalt der Rede Gottes – [Auszug], abgedruckt in: Oetinger: Etwas Ganzes, a. a. O., S. (247–253) 253.

[28] (Vorwort), fol. x 2ʳ.

[29] Ebd., fol. x 2ᵛ.

[30] Vgl. die Dissertation von Johannes Elias Weise, dem Sohn des berühmten Rhetorikers Christian Weise: De Studio Antiquitatis & Novitatis

altes noch neues / weil es alt oder neu ist / zu hassen oder zu lieben / sondern beydes zu erkennen / zu untersuchen / und aus beyden das Wahre zu erwehlen. Es ist nicht alles alte paedantisch / nicht alles neue galant, nicht alles alte gut / nicht alles neue böse ..."[31] Daraus zieht Müller folgende Konsequenz: „Wie ich also alle meine Lehren niemahls durch das Alterthum / oder die neue Erfindung / recommendirt wissen will / auch weder ein alter noch ein neuer / sondern ein wahrer / bescheidener und vernünfftiger Philosophus und Redner ... zu seyn und zu bleiben trachte: also habe ich die alten Lehren der Oratorie durch die neueren leichter / angenehmer / und zu unsern Zeiten brauchbarer / die neuern Regeln und Anmerckungen aber durch die alten gründlicher und verständlicher machen wollen."[32] Auch hier handelt es sich nicht, wie die undifferenzierte Rede vieler Germanisten glauben machen möchte, um eine „neue Kunstauffassung"[33] im Sinne einer creatio ex nihilo, sondern um eine Erneuerung des Alten (!); die Kategorie des „Re-" ist beteiligt.

Das gilt auch für Müllers Abkehr von barocker Vielfalt und seine

Ad Barclaj. Argenid. Lib. III. Cap. 12. in academia Lipsiensi, Praeside Dn. L. A. Rechenberg ... XXV. Jun. A. C. M. DC. XCVII. publice disseret Johannes Elias Weisius, Diss. phil. Leipzig 1697, fol. A 2^r: („Conspectus thesium"): „XXV. Virtus ergo istos affectus temperans, est mediocritas inter praejudicium & fastidium circa res antiquas & novas." Ähnlich Georg Adolph Rühfel in seiner Dissertation unter dem pietistischen Gießener Professor Johann Christian Lange, der einst Schüler Christian Weises gewesen war: Schediasma academicum de eo quod est moris novissimi in republica literaria: sive Von der neuesten Mode bey der Gelehrten Welt ... Praeside Io. Christiano Langio ... publico examini propositum a Georgio Adolpho Rühfelio, Diss. Mag. Gießen (ursprünglich 1712). Editio secunda (1714), S. 9: „Quare quidem nihil magis erit hac aetate prouidendum, quam ne Charybdin euitaturi incidamus in Scyllam, & Pedantismo antea correpti, nunc Galantismo obruamur." Trotzdem ist die Tendenz unverkennbar: „Ex vtriusque nimirum placent nobis, qui Galantismo quam Pedantismo sunt viciniores ..."

[31] Müller: Abriß, fol. x 2^v – x 3^r
[32] Ebda, fol. x 4^r – x 4^v
[33] Vgl. W. Schmitt: Die pietistische Kritik der „Künste", Diss. phil. Köln 1958.

Hinwendung zu der von vielen Pietisten geschätzten simplicitas,[34] so wenn er den Zustand der zeitgenössischen Rhetorik beklagt: „eo redacta eheu! nostra eloquentia est, ut non nisi cumulus illustrationum amplificationumque aures impleat, non autem afficiat animum, & quo quis profusior in his est, eo ferme eloquentior habeatur"[35] und die Überwindung barocken „Schwulstes" durch Rückgriff auf ältere Sprachstadien proklamiert: „... Praestat veterem Teutonicae linguae majestatem, quantum licet, *reducere* [Hervorhebung durch den Vf.], & ab histrionica, barbara, tumidaque plurium dicendi ratione nobis abstinere..."[36] Auch in seiner Zittauer Leichenrede ›Ein Mann von alten Sitten Wird An dem Exempel Des Wohl-Edlen und Wohlweisen Hrn. Christian Beßers... den 17. Sept. An. 1734... vorgestellet‹[37] dominiert letztlich die rückwärtsgewandte Perspektive: Müller beginnt: „Moribus antiquis[38]! Ein Mann von alten Sitten! Billig rechnen wir diese Benennung, wenn sie einer Person mit Wahrheit gegeben werden kan, vor einen Lob-Spruch..." Allerdings nimmt Müller das Alte nicht pauschal von der Kritik aus: „Wir Deutsche wissen noch itzund viel von alter Treue,

---

[34] Vgl. R.D. Havens: Simplicity, a changing concept, Journal of the History of Ideas 14 (1953) 3–32; W. Stammler: „Edle Einfalt". Zur Geschichte eines kunsttheoretischen Topos, in: Worte und Werte. Bruno Markwardt zum 60. Geburtstag, hrsg. v. G. Edelmann und A. Eichstadt, Berlin 1961, S. 359–382; W. Veit: Toposforschung. Ein Forschungsbericht [1963], in: Toposforschung, hrsg. v. M. L. Baeumer, Darmstadt 1973, S. (136–209) 201–208.

[35] Müller: Idea, S. 69.

[36] Müller: Idea, S. 50.

[37] Zittau o. J. (1734).

[38] Vgl. dazu ein Gedicht Daniel Georg Morhofs, des Kieler Rhetoriklehrers August Hermann Franckes: Danielis Georgii Morhofii primitiae Parnassi Kiloniensis, o. O. o. J. [Kiel 1666], fol. B 2^v – B 3 ^{r}:

„Moralium professori. In Tempore Novo Mores Antiquos:
Moribus antiquis quondam Romana stetit res, /
Et Mores semper displicuere novi,
Tolle novos Mores, quamvis nova tempora surgant,
Perstant in Antiquo gloria summa Bono [...]."

(Anspielung auf Ennius: Annalium lib. inc., v. 500: „Moribus antiquis res stat Romana virisque.")

alter Redligkeit, alter Freundschafft, zu sagen: Und wir scheuen uns nicht die alten Zeiten denen heutigen vorzuziehen: denen alten Deutschen mehr Tugend als uns selbst einzuräumen: Ja, wie ich fast glauben solte, die heutigen Deutschen durch die alten zu beschimpffen. Es brauchet dieses dennoch eine genauere Überlegung [sic!]: Sintemahl weder alles Alte ein so grosses Lob, und einen so ausnehmenden Vorzug, verdienet; noch auch alle Sitten derer Alten durchgehends die wahren Kennzeichen der Tugend führen." Trotz dieser Einschränkung kehrt er unter Verweis auf die Priorität Gottes als der ewigen „Fürtrefflichkeit" und die verwandte heidnische Vorstellung von der „güldenen Zeit"[39] zu dem Schluß zurück: „Also ist das Aelteste wahrhafftig das Beste: Und die allerältesten Sitten sind würcklich die allerherrlichsten. Wolte GOtt wir könnten von allen Menschen auf der Welt sagen: Moribus antiquissimis! Menschen von ältesten Sitten"[40]! Daß Müllers Parteinahme für die (erneuerte) alte Rhetorik komparatistisch, d. h. mit Mitteln der Vergleichenden Literaturwissenschaft, zu analysieren ist, zeigt seine Anspielung auf die ›Querelle des Anciens et des Modernes‹,[41] auf die auch der Gießener pietistische Rhetorikprofessor Matthias Nikolaus Kortholt (1674–1725), ein Sohn des berühmten Kirchenhistorikers Christian Kortholt, Bezug nimmt: ›Matthiae Nicolai Kortholti, Kiloniensis Holsati, Oratio, de antiqua eloquentia, recentiorum perperam postposita à Carolo Peralto, Scriptore libri, cujus est titulus: Parallele des Anciens & des Modernes &c. Dicta publicè d. XXII. Jun. Anno MDCC. cùm Eloquentiae & Poëseos Professionem publicam & ordinariam in Illustri Gissensi Academia solenniter auspicaretur.

---

[39] S.[2]. Vgl. dazu H.J. Mähl: Die Idee des goldenen Zeitalters im Werk des Novalis. Studien zur Wesensbestimmung der frühromantischen Utopie und zu ihren ideengeschichtlichen Voraussetzungen, Heidelberg 1965; R. Stephan: Goldenes Zeitalter und Arkadien. Studien zur französischen Lyrik des ausgehenden 18. und des 19. Jahrhunderts (Studia Romanica 22), Heidelberg 1971; A. Heiner: Der Topos „goldenes Zeitalter" beim jungen Friedrich Schlegel, in: Toposforschung. Eine Dokumentation, hrsg. v. P.Jehn (Respublica Literaria, Bd. 10), Frankfurt a. M. 1972, S. 293–314.
[40] S.[2].
[41] Müller: Idea, S. 15–16. Erwähnung von Balzac, Fleury, Rapin.

Gissae Hassorum, Literis Henningi Mülleri‹[42] ist der Druck seiner Antrittsrede an der Universität Gießen betitelt. Auch M. N. Kortholt schlägt sich also auf die Seite der „Alten"! Noch stärker als in Müllers Programm der eloquentia nov-antiqua ist die Repristinierung der „alten" Rhetorik bei dem von Müller erwähnten Pietisten Gottfried Vockerodt, wie dessen Abhandlung ›Dissertatio de recta & antiqua Eloquentiae, maxime Latinae, ratione, corruptelis praecipuis & harum remediis‹[43] zeigt. Deutlich ist hier die Spitze gegen das Ziel des Weiseschen Rhetors, „sich bey der galanten Welt zu recommendiren".[44] Müller hegt hier – bei aller Kritik im einzelnen – wesentlich größeres Verständnis für den großen Rhetoriker Christian Weise.[45]

Trotz aller solcher Abschattungen ergibt sich insgesamt eine übereinstimmende Tendenz pietistischer Rhetorik, die mit der kirchengeschichtlichen Analyse des Pietismus durch Martin Schmidt harmoniert: „Die neue Reformation der Kirche war Rückkehr zum Ursprung ..."[46] Am eindrücklichsten faßt der schwedische Pietist

[42] [II] S. (S. [II] leer) + 38 S. 4°. – Ungenau zitiert in: F. W. Strieder: Grundlage zu einer Hessischen Gelehrten und Schriftsteller Geschichte, Bd. 7, Cassel 1787, S. (302–307) 305. [Nachträglich konnte im Dissertationenkatalog der Universitätsbibliothek Marburg an der Lahn ein Exemplar nachgewiesen werden; die Signatur lautet: „IV a B Kortholt, Matthias Nikolaus."]

[43] In: Latinitas restituta sive de vitiis Latini sermonis libellus singularis, autore Cyriaco Gunthero, Ienae 1701, S. 7–168; wiederabgedruckt in: Gothofredi Vockerodt: Consultationes de Litterarum studiis recte, & religiose instituendis, Gothae 1705, S. 67–146.

[44] Anonymes Zitat bei Vockerodt: Dissertatio de recta & antiqua Eloquentia, in: Vockerodt, Consultationes, Gothae 1705, S. 123. Vgl. etwa Christian Weise: Curiöse Gedancken von Deutschen Brieffen Wie ein Mensch ... Die galante Welt wol vergnügen soll, 2 Theile, Dresden 1691. Zu Weise vgl. W. Barner: Barockrhetorik. Untersuchungen zu ihren geschichtlichen Grundlagen, Tübingen 1970, S. 190–220.

[45] Dazu Müller: Idea, S. 5–15, vgl. z. B. S. 5: „quod omnem laudem meretur"; ferner: Abriß Der Schul-STUDIen ..., entworffen von Gottfried Polycarpus Müllern, Zittau 1725, S. 12: „der kluge Herr Christian Weise, und dessen geschickte Nachfolger ..."

[46] M. Schmidt: Pietismus (Urban-Taschenbücher, Bd. 145), Stuttgart–

Daniel Haquini Anander († 1697) in einem Buchtitel das Selbstverständnis pietistischer Rhetorik zusammen: Sie sieht sich als ›Nova concionandi methodus non nova, seu antiqua novitati multorum opposita pia simplicitas‹.[47]

Berlin–Köln–Mainz 1972, S. 161. Vgl. dazu die Beurteilung des Pietismus als restaurativ-reformerische Erneuerungsbewegung in der Rezension dieses Buches durch U. Tworuschka in: ZRGG 25 (1973) (283–285) 284.

[47] Wittenbergae sumpt. autoris: Johannes Wilcke, 1683. XVI + 495 + IX S. 8° (Universitetsbiblioteket Lund, Kungl. Biblioteket Stockholm, Universitetsbiblioteket Uppsala).

Als öffentlicher Vortrag der Jungius-Gesellschaft der Wissenschaften gehalten am 22.6.1976 in Hamburg, Veröffentlichung der Joachim Jungius-Gesellschaft der Wissenschaften, Vandenhoeck und Ruprecht, Göttingen 1976, S. 3–19. Hier: Auszug S. 6–19.

RHETORIK UND HERMENEUTIK

Von Hans-Georg Gadamer

[...]

Ein [...] interessanter Typus des Vorverständnisses, durch den die Geschichte der Hermeneutik in einem besonderen Lichte erscheint, ist kürzlich von Hasso Jaeger[1] in einem hochgelehrten Beitrag zur Frühgeschichte der Hermeneutik entwickelt worden. Jaeger stellt Dannhauer in den Mittelpunkt, bei dem sich zuerst das Wort Hermeneutik und die Idee einer Erweiterung der aristotelischen Logik durch die Logik der Auslegung findet. Er sieht in ihm einen letzten Zeugen der humanistischen respublica literaria, bevor der Rationalismus dieselbe zum Erstarren brachte und der Irrationalismus und moderne Subjektivismus von Schleiermacher über Dilthey zu Husserl und Heidegger (und noch Schlimmeren) seine giftigen Blüten trieb. Erstaunlicherweise berührt der Verfasser weder den Zusammenhang der humanistischen Bewegung mit dem Schriftprinzip der Reformation noch die bestimmende Rolle, die die Rhetorik für die gesamte Auslegungsproblematik spielt.

Nun ist es kein Zweifel, und das war Dilthey auch wohl bewußt, daß das reformatorische Schriftprinzip selber, ebensowohl wie seine theoretische Verteidigung, einer allgemeinen humanistischen Wendung entsprach, die von dem scholastischen Lehrstil und seiner Berufung auf die kirchlichen Autoritäten wegführte und das Lesen der originalen Texte selber verlangte. Es gehört somit in den größeren humanistischen Zusammenhang der Wiederentdeckung der Klassiker, die freilich insbesondere das klassische Latein eines Cicero meinte. Das aber war nicht nur eine theoretische Entdeckung, sondern stand zugleich unter dem Gesetz der Imitatio, der Erneuerung

---

[1] Hasso Jaeger: Studien zur Frühgeschichte der Hermeneutik. In: Archiv für Begriffsgeschichte XVIII/1, 1974, S. 35–84 (Anmerk. des Hrsg.).

der klassischen Redekunst und Stilkunst, und so ist die Rhetorik allgegenwärtig.

Allerdings war es eine seltsam deklamatorische Wiedergeburt. Wie sollte die klassische Redekunst ohne ihren klassischen Raum, die Polis, bzw. die res publica, wiedererweckt werden? Die Rhetorik hatte seit dem Ende der römischen Republik ihre politische Zentralstellung verloren und bildete im Mittelalter ein Element der von der Kirche gepflegten Schulkultur. Sie konnte eine Erneuerung, wie sie der Humanismus anstrebte, nicht erfahren, ohne einen noch viel drastischeren Funktionswandel zu durchlaufen. Denn die Wiederentdeckung des klassischen Altertums kam mit zwei folgenschweren Dingen zusammen: der Erfindung der Buchdruckerkunst und, im Gefolge der Reformation, der gewaltigen Ausbreitung des Lesens und Schreibens, die mit der Lehre von dem allgemeinen Priestertum verknüpft war. Damit setzte ein Prozeß ein, der am Ende und über jahrhundertelange Vermittlung hinweg nicht nur zur Beseitigung des Analphabetentums führte, sondern ineins damit zu einer Kultur des stillen Lesens, die das Gesprochene und sogar das laut gelesene Wort und die wirklich gesprochene Rede auf den zweiten Platz verwies. – Ein ungeheurer Vorgang der Verinnerlichung, der uns erst jetzt so recht bewußt wird, seit die Massenmedien einer neuen Mündlichkeit die Bahn geöffnet haben.

So ist die humanistische Neubelebung der Rhetorik, die sich mehr auf Cicero und auf Quintilian als auf Aristoteles berief, sehr bald von ihren Ursprüngen weggeführt worden und in neue Kraftfelder eingetreten, die ihre Figur und ihre Wirkung verwandelten. Ihre theoretische Gestalt ließ sich zwar als eine Logik der Wahrscheinlichkeit begreifen und war mit der Dialektik zu einer unzerreißbaren Einheit zusammengeschlossen. Als solche sollte sie die Befreiung von der Schule des logischen Formalismus und einer auf die Autoritäten gestützten theologischen Dogmatik bringen. Indessen steht die Logik der Wahrscheinlichkeit viel zu sehr unter dem Maßstab der Logik, als daß sie auf die Dauer den Vorrang der Logik der Notwendigkeit, die die Aristotelische Analytik bot, gefährden konnte.

So wiederholte sich in der Epoche der Renaissance eine ähnliche Auseinandersetzung, wie sie im klassischen Altertum zwischen Rhetorik und Philosophie geführt worden war. Doch war es jetzt nicht so sehr die Philosophie als vielmehr die moderne Wissenschaft und die ihr entsprechende Logik von Urteil, Schluß und Beweis, die Recht und Geltung der Rhetorik bestritt und auf die Dauer siegreich blieb.

Für das Übergewicht der neuen Wissenschaft ist das Plädoyer ein sprechendes Zeugnis, das Giambattista Vico am Anfang des 18. Jahrhunderts selbst in dem traditionsstolzen Neapel für die Unentbehrlichkeit der Rhetorik halten mußte. Gleichwohl ist die Sache, die Vico mit seinen Argumenten verteidigte, die Bildungsfunktion der Rhetorik, immer lebendig gewesen und ist bis heute lebendig geblieben – freilich nicht so sehr im wirklichen Gebrauch der Redekunst und im die Redekunst schätzenden Kunstverstand, als eben in der Umwendung der rhetorischen Tradition auf das Lesen klassischer Texte.

Damit kommt aber, auch wenn es sich wie eine bloße Anwendung der Lehren der alten Redekunst gibt, am Ende etwas Neues auf, eben die neue Hermeneutik, die über die Auslegung von Texten Rechenschaft gibt. Nun sind in einem Punkte Rhetorik und Hermeneutik zutiefst verwandt: Redenkönnen wie Verstehenkönnen sind natürliche menschliche Fähigkeiten, die auch ohne bewußte Anwendung von Kunstregeln zu voller Ausbildung zu gelangen vermögen, wenn natürliche Begabung und die rechte Pflege und Anwendung derselben zusammenkommen.

So bedeutete es im Grunde eine thematische Einengung, wenn die Tradition der klassischen Rhetorik nur von der bewußten Kunstübung redete, die in der besonderen Veranstaltung des Redenhaltens vorliegt und die Redekunst daher in die gerichtliche, politische und epideiktische Gattung differenzierte. Es ist übrigens höchst charakteristisch, daß der Praeceptor germaniae, Melanchthon, hier das Genos didaskalikon, den Lehrvortrag, anfügte.[2] Noch charakteristischer aber ist, daß Melanchthon den eigentlichen Nutzen der Rhetorik, der klassischen ars bene dicendi, geradezu darin sah, daß die jungen Leute die ars bene legendi, das heißt die Fähigkeit, Reden, längere Disputationen und vor allem Bücher und Texte aufzufassen und zu beurteilen, nicht entbehren könnten. Das klingt bei ihm zwar

---

[2] CR Melanchthon Op XIII, 423 ff.

aufs erste so, als handelte es sich dabei um eine bloße ergänzende Motivation für die Erlernung und Ausbildung der Beredsamkeit. Aber im Laufe der Melanchthonschen Darlegungen schiebt sich mehr und mehr das Lesen als solches und die Übermittlung und Aneignung der in den Texten zugänglichen religiösen Wahrheiten vor das humanistische Ideal der Imitation. So übten die Rhetorikvorlesungen Melanchthons eine bestimmende Wirkung auf die Gestaltung des neuen protestantischen Schulwesens aus.

Damit verlagert sich die Aufgabe von der Rhetorik weg auf die Hermeneutik, ohne daß ein adäquates Bewußtsein dieser Verschiebung bestand und erst recht, bevor der neue Name Hermeneutik gefunden war. Zugleich bleibt aber das große Erbe der Rhetorik auch für das neue Geschäft der Interpretation von Texten in entscheidenden Punkten wirksam. So wie eine wahre Rhetorik für den Schüler Platos von dem Wissen um die Wahrheit der Sache (rerum cognitio) nicht abgetrennt werden kann, ohne in absolute Nichtigkeit zu versinken, ist auch für die Interpretation von Texten die selbstverständliche Voraussetzung, daß die auszulegenden Texte die Wahrheit über die Sachen enthalten. Das dürfte schon für die älteste Erneuerung der Rhetorik im humanistischen Zeitalter, die ja ganz unter dem Ideal der Imitatio stand, eine fraglose Selbstverständlichkeit besessen haben. Vollends gilt es aber für die Wendung zur Hermeneutik hin, die wir untersuchen. Denn bei Melanchthon wie bei dem ersten Begründer der protestantischen Hermeneutik, bei Flacius Illyricus, bildet überhaupt die theologische Kontroverse über die Verständlichkeit der Heiligen Schrift die motivierende Grundlage. Insofern kann die Frage gar nicht aufkommen, ob die Kunst des Verstehens etwa auch den wahren Sinn eines falschen Satzes aufzuschließen berufen sei. Das wird erst mit dem steigenden Methodenbewußtsein des 17. Jahrhunderts anders – wobei Zabarella großen Einfluß ausübte –, und damit verändert sich auch die wissenschaftstheoretische Anlehnung der Hermeneutik. Das werden wir bei Dannhauer beobachten, der die Rhetorik in den Anhang verweist und die neue Hermeneutik aus der Anlehnung an die Aristotelische Logik zu begründen sucht. Das bedeutet freilich nicht, daß nicht auch er inhaltlich von der Tradition der Rhetorik ganz abhängig bliebe, die eben das Vorbild der Auslegung der Texte bildet.

Betrachten wir zunächst Melanchthon, so ist dort das Schriftprinzip der lutherischen Theologie im Zusammenhang seines Rhetorikkurses zwar eine selbstverständliche Voraussetzung und spielt auch inhaltlich hinein, beherrscht aber nicht den Duktus der Argumentation, die ganz im peripatetischen Schulgeiste gehalten ist. Melanchthon bemüht sich, den Sinn und Wert der Rhetorik ganz allgemein in der neuen Wendung auf das Lesen hin, die wir beschrieben, zu rechtfertigen. „Denn niemand ist in der Lage, längere Ausführungen und komplizierte Disputationen geistig zu erfassen, wenn er nicht durch eine Art Kunst unterstützt wird, die ihm die Anordnung der Teile und die Gliederung sowie die Absichten der Sprecher und eine Methode vermittelt, dunkle Dinge auseinanderzulegen und klarzumachen."[3] Dabei denkt Melanchthon gewiß auch an theologische Kontroversen, aber er folgt ganz Aristoteles, der mittelalterlichen und humanistischen Tradition, wenn er die Rhetorik engstens auf die Dialektik bezieht, und das heißt, ihr kein besonderes Gebiet zuschreibt, sondern ihre allgemeine Anwendbarkeit und Nützlichkeit unterstreicht.

„Das erste, worauf es ankommt, ist die hauptsächliche Absicht und der zentrale Gesichtspunkt oder, wie wir es nennen, der Scopus der Rede."[4] Melanchthon führt damit einen in der späteren Hermeneutik des Flacius beherrschenden Begriff ein, den er aus der methodischen Einleitung zur Aristotelischen Ethik entlehnt. Hier denkt Melanchthon offenkundig gar nicht mehr an Rede im engeren Sinne, wenn er sagt, daß die Griechen so am Anfang aller ihrer Bücher zu fragen pflegen. Die Grundabsicht eines Textes sei für ein adäquates Verständnis wesentlich. Dieser Punkt wird in Wahrheit auch für die wichtigste Lehre grundlegend, die Melanchthon aufstellt, und das ist ohne Zweifel seine Lehre von den loci communes. Er führt sie als einen Teil der inventio ein und folgt damit der antiken Tradition der Topik, ist sich aber der hermeneutischen Problematik, die darin liegt, völlig bewußt. Er betont, daß diese wichtigsten Kapitel, „die die Quellen und die Summe der ganzen Kunst enthalten", nicht einfach ein großer Vorrat von Ansichten sind, von denen möglichst

---

[3] CR Melanchthon Opera XIII, 471 f.
[4] A.a.O., 422 f.

viele zu haben für den Redner oder Lehrer das Nützlichste wäre – denn in Wahrheit schließe die richtige Sammlung solcher loci das Ganze des Wissens ein. Das ist implicite eine hermeneutische Kritik an der Oberflächlichkeit einer rhetorischen Topik. Umgekehrt bezweckt sie die Rechtfertigung seines eigenen Verfahrens. Denn Melanchthon hat als Erster die altprotestantische Dogmatik auf eine sinnvolle Auswahl und Sammlung entscheidender Stellen der Heiligen Schrift gegründet: die 1519 zuerst herausgekommene loci praecipui. Die spätere katholische Kritik an dem protestantischen Schriftprinzip ist nicht ganz im Recht, wenn sie im Hinblick auf solche Aufstellung dogmatischer Sätze dem Schriftprinzip der Reformatoren Inkonsequenz vorwirft. Es ist zwar wahr, daß jede Auswahl eine Interpretation einschließt und damit dogmatische Implikationen hat, aber der hermeneutische Anspruch der altprotestantischen Theologie besteht eben darin, daß ihre dogmatischen Abstraktionen aus der Schrift selber und ihrer Absicht legitimiert sind. Eine andere Frage ist freilich, wieweit die reformatorischen Theologen ihrem Grundsatz wirklich genügend folgten.

Der springende Punkt ist dabei die Zurückdrängung der allegorischen Interpretation, die freilich gegenüber dem Alten Testament eine gewisse Unentbehrlichkeit behielt, wie noch heute in Form der sogenannten 'typologischen' Interpretation anerkannt ist. Eine ausdrückliche Bezugnahme auf Luthers exegetische Praxis bei der Auslegung des Deuteronomiums und der Propheten mag die Fortgeltung des Schriftprinzips illustrieren. Melanchthon sagt: „Hier werden nicht bloße Allegorien übermittelt, sondern zunächst wird die Geschichte selber auf die loci communes des Glaubens und der Werke bezogen, und dann erst ergeben sich aus diesen loci die Allegorien. Aber dies Verfahren kann niemand befolgen, der nicht ausgezeichnete Gelehrsamkeit besitzt."[5] Noch im Kompromiß bestätigt die Stelle unsere Interpretation, daß das Schriftprinzip seine grundlegende Stellung behauptet.

Man könnte fortfahren, Elemente der Rhetorik als Grundsätze der späteren Hermeneutik zu identifizieren, aber es genügt vielleicht eine allgemeine Überlegung. Es geht um die neue Aufgabe des Le-

---

[5] A.a.O., 470.

sens. Im Unterschiede zur gesprochenen Rede ist der geschriebene oder vervielfältigte Text all der Verständnishilfen beraubt, die der Sprecher zu liefern pflegt. Sie lassen sich zusammenfassen unter dem Begriff der richtigen Betonung, und jedermann weiß, wie schwierig es ist, einen überlieferten Satz in wirklich angemessener Betonung wiederzugeben. Die ganze Summe des Verstehens ist in den idealen – und niemals vollendet verwirklichten – Fall der richtigen Betonung eingegangen. Dannhauer macht einmal die richtige Bemerkung: „Literatur wird kaum auf andere Weise zum Verständnis gebracht als durch einen lebendigen Lehrer. Wer vermöchte ohne eine solche Hilfe die alten Manuskripte der Mönche überhaupt zu lesen. Die Interpunktionen aber können nur erkannt werden auf Grund der Vorschriften, die die Redner über Perioden, Kommata und Kola geben." Die Stelle bestätigt: Die neue Lesehilfe der Interpunktion beruht auf der alten Gliederungskunst der Rhetorik.

Die volle Reichweite dieses Problems ist aber eigentlich erst von der pietistischen Hermeneutik erfaßt worden, wie sie in der Nachfolge von August Hermann Francke durch Rambach und dessen Nachfolger entwickelt worden ist. Denn hier erst wird das alte Kapitel der klassischen Rhetorik, die Erweckung von Affekten, als ein hermeneutisches Prinzip erkannt. Aller Rede wohnt aus der eigensten Bestimmung des Geistes Affekt inne und man kennt die Erfahrung: „Dieselben Worte verbreiten, wenn sie mit verschiedenem Affekt und Gestus gesprochen werden, oft einen ganz verschiedenen Sinn." In der Anerkennung dieses Momentes der affektiven Modulation aller Rede (und inbesbesondere der Predigt) liegt dann die Wurzel der von Schleiermacher begründeten „psychologischen" Interpretation und am Ende aller sogenannten Einfühlungstheorie, so wenn es bei Rambach etwa heißt: „Dem Interpreten ist der Geist des Autors so anzuziehen, daß er langsam wie dessen zweites Ich herauskommt."

Doch damit greifen wir weit vor. Die erste hermeneutische Selbstbesinnung ist ja bereits im Zeitalter der Reformation von Flacius vollbracht worden. Auch er war natürlich zunächst nichts als ein Philologe und Humanist, der für die Reformation Luthers gewonnen worden war. Ihm kommt das unbestreitbare Verdienst zu, das lutherische Schriftprinzip gegen die Angriffe der Tridentiner

Theologen durch Entwicklung seiner Hermeneutik abgesichert zu haben. Seine Verteidigung der Heiligen Schrift mußte gleichsam gegen zwei Fronten kämpfen. Auf der einen Seite gegen das humanistische Stilideal des Ciceronianismus, dem die Bibel nicht entsprach. Auf der anderen Seite gegen den gegenreformatorischen Angriff, daß die Heilige Schrift überhaupt unverständlich sei, wenn man sie nicht mit Hilfe der Lehrtradition der Kirche aufschlüßle. Die Heilige Schrift ohne solchen dogmatischen Nachschlüssel aufzuschließen, ist die wesentliche Intention jenes Schlüssels des sogenannten ›Clavis scripturae sacrae‹, den Flacius verfaßt hat. Mit großer Gründlichkeit behandelt Flacius darin die Ursachen der Schwierigkeit der Heiligen Schrift und erhält dafür sogar von seinem katholischen Kritiker Richard Simon ironisches Lob – wie auch für seine Belesenheit in den Kirchenvätern. Nun liegt aber die wichtigste, die für das ganze Schriftprinzip theologisch grundlegende Schwierigkeit der Heiligen Schrift nach Flacius nicht in all den allgemeinen Schwierigkeiten, die ein in fremder Sprache abgefaßter Text dem Verständnis bietet. Das ist nur die am weitesten entfaltete Seite der Sache, für die sich Flacius als ein führender Hebraist und Graecist besonders kompetent fühlen konnte, aber wichtiger ist im Grunde ein religiöser Grund. „In der Heilslehre sind alle Menschen ihrer Natur nach nicht nur schwerfällig und dumm, sondern geradezu dem gegenteiligen Sinne eiligst zugeneigt; wir sind nicht nur unfähig, sie zu lieben, zu begehren und zu verstehen, sondern wir halten sie sogar für töricht und unfromm und schrecken weit von ihr zurück."

Hier gelangt offenbar ein zentrales Motiv aller Hermeneutik, nämlich die Überwindung der Fremdheit und die Aufgabe der Aneignung des Fremden, zu seiner besonderen, ja einzigartigen Ausgestaltung, der gegenüber all die sonstigen Fremdheiten von Texten, die der Sprache, der Zeitanschauungen, der Ausdrucksformen, geradezu untergeordnet wirken. Denn hier handelt es sich um das Urmotiv des Protestantismus, den Gegensatz von Gesetz und Verheißung bzw. Gnade. Man macht es sich zu leicht, wenn man wegen dieses dogmatischen Interesses die hier begründete Hermeneutik selber dogmatisch nennt. Gewiß will sie dem Selbstverständnis des christlichen Glaubens und der Annahme des Evangeliums dienen.

Aber sie bleibt trotzdem im Prinzip eine rein hermeneutische Anstrengung. Sie ist die Ausarbeitung und Rechtfertigung des protestantischen Schriftprinzips, dessen Anwendung die religiöse Voraussetzung der „Rechtfertigung allein durch den Glauben" bestätigt. Es ist in Wahrheit eine verkürzende Perspektive, wenn man die Aufgabe der Interpretation von Texten unter das Vorurteil der Theorie der modernen Wissenschaft und unter den Maßstab der Wissenschaftlichkeit stellt. Die Aufgabe des Interpreten ist in concreto niemals eine bloße logisch-technische Ermittlung des Sinnes beliebiger Rede, bei der von der Frage der Wahrheit des Gesagten ganz abgesehen würde. Jede Anstrengung des Verstehens vom Sinn eines Textes bedeutet das Annehmen einer Herausforderung, die der Text darstellt. Sein Wahrheitsanspruch ist noch dann die Voraussetzung der gesamten Anstrengung, wenn im Ergebnis bessere Erkenntnis zur Kritik daran führt und den verstandenen Satz als falsch erweist. Das muß auch bei der Art, wie Flacius seine Hermeneutik anlegt, beachtet werden. Er weiß, welche Herausforderung das Evangelium darstellt. Es ist keineswegs überflüssig, aber auch nicht dogmatisch beengend, wenn er allerhand Bedingungen für das rechte Verständnis der Heiligen Schrift aufzählt. Es handelt sich dabei nicht nur, um ein Beispiel zu nennen, um die fromme Erwartung, Gottes Wort zu hören, die Flacius verlangt, sondern etwa auch um die Bedingung eines von allen Sorgen freien Geistes, die ausdrücklich in allen schwierigen Sachen und Geschäften notwendig sei (Seite 88). Oder neben dem Rat, etwas, das man nicht ganz verstanden hat, auswendig zu lernen, „in der Hoffnung, daß uns Gott das eines Tages klarmache", steht der andere Rat, der wahrlich allgemein und für das Lesen einer jeden Schrift als gültig empfohlen wird, gleich als erstes den Scopus, den Zweck und die Intention des ganzen Textes zur Kenntnis zu nehmen.

Mit solchen allgemeinen Ratschlägen wird die Besonderheit des Anspruchs der Heiligen Schrift keineswegs nivelliert, sondern kommt gerade durch deren Anwendung zur rechten Abhebung. „Man muß beachten, daß in diesem Buche nicht nur eine Art von Lehre enthalten ist, wie sonst meist in Büchern, sondern deren zwei, das Gesetz und das Evangelium. Sie sind zwar von Natur einander entgegengesetzt, stimmen aber insoweit überein, als das Gesetz, indem es unsere Sündigkeit offenlegt, mittelbar der Annahme der Vergebung (durch den Erlöser) dient." Auch das noch ist eine hermeneutische Angelegenheit. Es bedeutet, daß die Bibel eine besondere Form der Aneignung erheischt, nämlich die Annahme der frohen Botschaft durch den Glaubenden. Das ist der Scopus, unter dem man die Heilige Schrift zu lesen hat, auch dann, wenn man als bloßer Historiker an sie herantritt oder etwa als Atheist, z. B. auf marxistischer Grundlage, die ganze Religion für 'falsch' hält. Diese Art Text muß – wie jeder andere – ihrer Intention nach verstanden werden.

Alle Lektüre und Auslegung der Heiligen Schrift, insbesondere aber auch das Wort der Predigt, das die Heilige Schrift so zum Leben erwecken soll, daß sie erneut zur Botschaft wird, stehen unter dem kerygmatischen Anspruch des Evangeliums. Das hat eine hermeneutische Besinnung anzuerkennen, und dieser Anspruch rechtfertigt keineswegs, daß die hermeneutische Theorie des Flacius deshalb dogmatisch genannt werden dürfte. Sie sucht nichts anderes als eine adäquate theoretische Begründung des Schriftprinzips, das Luther aufgestellt hatte. Die hermeneutische Lehre des Flacius verstößt nicht gegen die humanistischen und philologischen Prinzipien rechter Auslegung, wenn sie einen religiösen Text als religiöse Botschaft versteht. Sie verlangt nirgends inhaltlich dogmatische Vorannahmen, die sich am Text des Neuen Testamentes nicht ausweisen lassen, sondern eine diesem Text gegenüber überlegene Instanz darstellen. Das Ganze seiner Hermeneutik folgt dem einen Grundsatz, daß allein der Zusammenhang den Sinn einzelner Worte, Textstellen usw. wirklich bestimmen kann: „ut sensus locorum tum ex scopo scripti aut textus, cum ex toto contextu petatur." Hier ist die polemische Frontstellung gegen alle schriftfremde Lehrtradition vollkommen deutlich. Es entspricht dem, daß Flacius, wie Melanchthon, Luther folgt, indem er vor den Gefahren der Allegorese warnt. Gerade dieser Versuchung soll die Lehre vom Scopus totius scripti vorbeugen.

Sieht man näher zu, so sind es offenkundig die klassischen Begriffsmetaphern der Rhetorik, die hier gegen die dogmatische Unterwerfung der Schrift unter die Lehrautorität der Kirche aufgeboten werden. Der Scopus wird als der Kopf oder das Gesicht des Textes bezeichnet, der oft schon aus dem Titel deutlich werde, vor allem aber aus den Grundlinien der Gedankenführung hervorgehe. Damit wird der alte rhetorische Gesichtspunkt der Dispositio aufgenommen und ausgebaut. Man habe sorgsam darauf zu achten, wo, um es so auszudrücken, Kopf, Brust, Hände, Füße sind und wie die einzelnen Glieder und Teile zum Ganzen zusammenwirken. Flacius spricht geradezu von einer „Anatomie" des Textes. Das ist echtester Plato. Statt eine bloße Aneinanderreihung von Worten und Sätzen zu sein, muß jede Rede wie ein lebendiges Wesen organisiert sein, einen eigenen Leib haben, so daß sie weder ohne Kopf noch ohne Fuß ist, sondern Mittleres wie Äußeres in gutem harmonischem Verhältnis zueinander und zum Ganzen aufweist. So sagt der Phaidros (264 c). Auch Aristoteles folgt dieser rhetorischen Begrifflichkeit, wenn er in der Poetik den Aufbau einer Tragödie beschreibt (Poetik 23,1, 1459 a 20: ὥσπερ ζῷον ἓν ὅλον). Unsere deutsche Redensart „das hat Hand und Fuß" steht in der gleichen Tradition.

Es ist aber auch echtester Plato (dem Aristoteles Ausführung und Begründung gewidmet hat), daß sich das Wesen der Rhetorik nicht in solchen, in technischen Regeln formulierbaren Künsten erschöpft. Was die Lehrer der Rhetorik, die Plato im Phaidros kritisiert, betreiben, liege noch „vor" der eigentlichen Kunst. Denn die eigentliche Kunst der Rhetorik sei weder von dem Wissen um das Wahre ablösbar noch von dem Wissen um die „Seele". Gemeint ist damit die seelische Lage des Zuhörers, dessen Affekte und Leidenschaften zwecks Überredung durch die Rede erregt werden sollen. So lehrt der ›Phaidros‹, und so folgt die gesamte Rhetorik dem Grundsatz des argumentum ad hominem selbst beim alltäglichen Gebrauch im Umgang mit Menschen bis zum heutigen Tage.

Nun ist es allerdings wahr, daß im Zeitalter der neuen Wissenschaft und des Rationalismus, der im 17. und 18. Jahrhundert zur Entfaltung kommt, das Band zwischen Rhetorik und Hermeneutik gelockert worden ist. In jüngster Zeit hat H. Jaeger vor allem auf die Rolle aufmerksam gemacht, die Dannhauer mit seiner idea boni interpretis gespielt hat. Er scheint der erste zu sein, der das Wort Hermeneutik terminologisch gebraucht hat, und zwar in offenkundiger Anlehnung an die entsprechende Schrift des Aristotelischen Organon. Darin zeigt sich: Es ist der Anspruch Dannhauers, den Anfang, den Aristoteles mit seiner Schrift Peri hermeneias gemacht hatte, fortzusetzen und zu vollenden. Wie er selbst sagt: „die Grenzen des Aristotelischen Organon durch die Hinzufügung einer neuen Stadt zu vermehren." Seine Orientierung ist also die Logik, der er als einen weiteren Teil, als eine weitere philosophische Wissenschaft, die Weise des Interpretierens zur Seite stellen will, und zwar in einer so allgemeinen Weise, daß diese der theologischen wie der juristischen Hermeneutik vorgeordnet sei, ganz so wie Logik und Grammatik aller besonderen Anwendung vorgeordnet sind. Dannhauer läßt dabei das, was er die rednerische Auslegung nennt, nämlich den Gebrauch und Nutzen, den man mit einem Texte anstrebt und den man allgemein 'accomodatio textus' nenne, beiseite und sucht durch seine Hermeneutik eine der Logik ebenbürtige menschliche und logische Unfehlbarkeit im allgemeinen Verständnis von Texten zu bewerkstelligen. Diese Tendenz zu einer Art neuen Logik ist es, die ihn zur Parallelisierung mit und zur ausdrücklichen Abhebung von der analytischen Logik führt. Beide Teile der Logik, die Analytik wie die Hermeneutik, haben es mit der Wahrheit zu tun und beide lehren, Falschheit zurückzuweisen. Aber sie unterscheiden sich dadurch, daß jene, die Hermeneutik, den wahren Sinn auch eines grundfalschen Satzes zu erforschen lehre, während diese, die Analytik, die Wahrheit des Schlusses nur aus durchaus wahren Prinzipien ableite. Jene habe es also nur mit dem „Sinn" von Sätzen zu tun, nicht mit ihrer sachlichen Richtigkeit.

Dannhauer ist sich dabei der Schwierigkeit durchaus bewußt, daß der vom Autor gemeinte Sinn nicht klar und eindeutig zu sein brauche. Das sei eben die Schwäche der Menschen, daß auch eine einzige Rede vielerlei Sinn haben könne. Aber sein Anspruch ist, solche Vieldeutigkeiten durch hermeneutische Anstrengung aufzulösen. Wie rationalistisch er dabei schon denkt, kommt heraus, wenn er es als das Ideal der Hermeneutik hinstellt, Reden, die nicht logisch sind, in logische zu verwandeln und gleichsam zu verflüssigen. Es käme darauf an, derartige Reden, zum Beispiel poetische, derart neu zu placieren, daß sie in ihrem eigenen Lichte leuchten und niemanden täuschen können. Dieser wahre Platz aber sei die logische Rede, die reine Aussage, das kategorische Urteil, die eigentliche Redeweise.

Es scheint mir irrig, eine solche logische Orientierung der Hermeneutik als die eigentliche Erfüllung der Idee der Hermeneutik anzupreisen, wie das H. Jaeger tut. Dannhauer selber, ein Straßburger Theologe des frühen 17. Jahrhunderts, bekennt sich als ein Schüler des Aristotelischen Organon, das ihn von den Konfusionen der zeitgenössischen Dialektik befreit habe. Er teilt aber mit der protestantischen Hermeneutik, wenn man von dieser wissenschaftstheoretischen Einordnung absieht und auf den Inhalt blickt, fast alles, und wenn er den Zusammenhang mit der Rhetorik übergeht, so unter unmittelbarer Berufung auf Flacius, der dieser Seite genügende Aufmerksamkeit gewidmet habe. In der Tat teilt er als protestantischer Theologe auch ausdrücklich die Anerkennung der Bedeutung der Rhetorik. In seiner Hermeneutica sacrae scripturae zitiert er seitenlang Augustin, um zu beweisen, daß in der Heiligen Schrift keineswegs eine bloße Kunstlosigkeit liege (wie das unter dem Ciceronianischen Ideal der Rhetorik erscheinen mochte), sondern eine besondere Art von Beredsamkeit, wie sie Männern von höchster Autorität und beinahe göttlichen Männern gerade angemessen sei. Man sieht, wie noch im 17. Jahrhundert der Stilkanon der humanistischen Rhetorik eine Geltung besaß, gegen die sich der christliche Theologe nur dadurch wehren kann, daß er – mit Augustin – das rhetorische Niveau der Bibel verteidigt. Was seine rationalistische Neuorientierung des methodischen Selbstverständnisses der Hermeneutik inhaltlich an Neuem bringt, betrifft nirgends die Substanz des hermeneutischen Unternehmens als solchen, wie sie durch das reformatorische Schriftprinzip inauguriert worden war. Auch Dannhauer bezieht sich ständig auf die strittigen theologischen Fragen und besteht genau wie die anderen Lutheraner darauf, daß die hermeneutische Fähigkeit und damit auch die Möglichkeit, die Heilige Schrift zu verstehen, allen Menschen gemeinsam sei. Auch bei ihm dient die Ausbildung der Hermeneutik der Abwehr der Papisten.

Indessen, ob man sein methodisches Selbstverständnis in der Orientierung an der Logik oder an der Rhetorik bzw. Dialektik ausbildet – in jedem Fall ist die 'Kunst' der Hermeneutik von einer alle Anwendungsformen – auf die Bibel, auf die Klassiker, auf die Gesetzestexte – überschreitenden Allgemeinheit. Das ist in beiden Orientierungsweisen angelegt und liegt in der eigentümlichen Problematik begründet, die dem Begriff der 'Kunstlehre' anhaftet und die ihren Ursprung in der von Aristoteles eingeführten Begriffsbildung hat. Gegenüber den „reinen" Fällen von Techne oder Kunstlehre stellen die Rhetorik so gut wie die Hermeneutik offenbar Sonderfälle dar. Beide haben es mit der Universalität des Sprachlichen und nicht mit bestimmt begrenzten Sachfeldern des Herstellens zu tun. Damit hängt zusammen, daß sie in mehr oder minder fließendem Übergang von der natürlichen, allgemein menschlichen Fähigkeit des Sprechens oder des Verstehens zu dem bewußten Gebrauch von Kunstregeln des Sprechens und Verstehens fortschreiten. Das aber hat eine andere wichtige Seite, die von dem modernen Wissenschaftsbegriff aus so gut wie von dem antiken Begriff der Techne aus nicht recht sichtbar wird: die Ablösung der „reinen Kunst" von den natürlichen und gesellschaftlichen Bedingungen der alltäglichen Praxis ist in beiden Fällen nur in beschränktem Umfang möglich. Im Falle der Rhetorik bedeutet das, daß losgelöst von Naturanlage und natürlicher Übung das bloße Regelwissen als solches und seine Einlernung nicht zu wirklicher Beredsamkeit verhilft, und es heißt auch umgekehrt, daß die bloße Kunstfertigkeit der Rede, wenn sie keinen angemessenen Inhalt besitzt, leere Sophistik bleibt.

Überträgt man das auf die Kunst der guten Auslegung, so hat man es hier gewiß mit einer eigentümlichen Zwischendimension zu tun, nämlich der in Schrift oder Druck fixierten Rede. Einerseits bedeutet es eine Erschwerung der Verständlichkeit, selbst dann, wenn die sprachlich-grammatischen Bedingungen vollkommen erfüllt sind. Das tote Wort muß ja zu lebendigem Sprechen auferweckt werden. Andererseits bedeutet die Fixiertheit aber auch eine Erleichterung, sofern sich das Fixierte der wiederholten Verstehensbemühung unverändert darbietet. Es handelt sich jedoch nicht um eine starre Aufrechnung von positiven und negativen Punkten, die mit der Fixiertheit gegeben sind. Sofern es in der Hermeneutik um die Auslegung von Texten geht und Texte entweder zum Vorlesen oder zum stillen Lesen bestimmte Rede sind, kommt in jedem Falle der Aufgabe der Auslegung und des Verstehens die Kunst des Schreibens entgegen. So gehörte eine besondere Kunst des Schreibens dazu, in den Frühzeiten der Vorlesekultur die Textgrundlage für den Vortrag richtig einzurichten. Das ist ein wichtiger stilistischer Gesichtspunkt, der im klassischen Zeitalter der Griechen wie der Römer eine bestimmende Rolle spielte. Mit der allgemeinen Verbreitung des stillen Lesens und vollends mit dem Aufkommen des Buchdrucks werden besondere Lesehilfen, Interpunktion und Gliederung möglich und nötig. Damit ändert sich offenkundig auch das, was von der Kunst des Schreibens verlangt wird. Es ließe sich eine Parallele zu den in Tacitus' Dialogus erörterten Gründen für den Niedergang der Beredsamkeit denken: die in der Buchdruckerkunst gelegenen Gründe für den Niedergang der epischen Literatur und für die Veränderung in der Kunst des Schreibens, die der veränderten Kunst des Lesens entspricht. Man sieht, wie weit beides, Rhetorik und Hermeneutik, von dem handfesten Modell handwerklichen Wissens differiert, an das der Begriff 'Kunstlehre' (Techne) geknüpft ist.

Noch bei Schleiermacher ist die Problematik im Begriff der Kunstlehre, wenn er auf Rhetorik und Hermeneutik angewendet wird, recht deutlich fühlbar. Es ist ja eine ganz ähnliche Interferenz, die zwischen Verstehen und Auslegen statthat, wie die, die zwischen Reden und Redenhalten besteht. In beiden Fällen ist der Anteil der regelbewußten Anwendung so untergeordnet, daß es einem richtiger scheint, in der Rhetorik wie in der Hermeneutik, ganz ähnlich wie im Falle der Logik, von einer Art theoretischer Bewußtmachung zu sprechen, d. h. einer 'philosophischen' Rechenschaftsgabe, die von ihrer Anwendungsfunktion mehr oder minder abgelöst ist.

Hier kommt einem notwendig die eigentümliche Sonderstellung in den Sinn, die die praktische Philosophie bei Aristoteles besitzt. Sie heißt zwar „philosophia", und das meint jedenfalls eine Art „theoretischen" und nicht praktischen Interesses. Trotzdem wird sie aber, wie Aristoteles in seiner Ethik betont, nicht um des bloßen Wissens willen betrieben, sondern um der „Arete", d. h. um des praktischen Seins und Handelns willen. Nun scheint es mir sehr bemerkenswert, daß man ähnliches auch von dem sagen möchte, was Aristoteles im 6. Buch der Metaphysik poietike philosophia nennt und was offenbar doch sowohl die Poetik als auch die Rhetorik umfaßt. Beides sind nicht einfach Arten von Techne im Sinne des technischen Wissens. Beide beruhen ja auf einer universalen Fähigkeit des Menschen. Ihre Sonderstellung gegenüber den Technai trägt freilich nicht eine so klare Auszeichnung, wie sie der Idee der praktischen Philosophie zukommt, die sich durch ihren polemischen Bezug auf die platonische Idee des Guten profiliert. Indessen kann man, wie mir scheint, die Sonderstellung und Abgrenzung auch der poietischen Philosophie, in Analogie zur praktischen Philosophie, als eine Konsequenz des aristotelischen Gedankens behaupten, und jedenfalls hat die Geschichte diese Konsequenz gezogen. Denn das in Grammatik, Dialektik und Rhetorik differenzierte Trivium, das unter Rhetorik ja auch die Poetik mit umfaßt, besitzt eine ähnlich universale Stellung gegenüber allen besonderen Weisen des Machens und Herstellens von etwas, wie sie der Praxis überhaupt und der sie leitenden Vernünftigkeit zukommt. Weit entfernt davon, Wissenschaften zu sein, sind diese Bestandstücke des Trivium jedoch „freie" Künste, d. h. sie gehören zum Grundverhalten des menschlichen Daseins. Sie sind nichts, was man tut oder lernt, damit man dann der ist, der das gelernt hat. Diese Fähigkeit ausbilden zu können, gehört vielmehr zu den Möglichkeiten des Menschen als solchen, zu dem, was ein jeder ist oder kann.

Das aber ist es, was das Verhältnis von Rhetorik und Hermeneutik, dessen Entwicklung wir studieren, im letzten Grunde bedeutend macht. Auch die Kunst der Auslegung und des Verstehens ist nicht eine spezifische Fertigkeit, die einer erlernen kann, um ein solcher zu werden, der das gelernt hat, eine Art Dolmetscher von Beruf, sondern gehört zum Menschsein als solchen. Insofern trugen und tragen die sogenannten 'Geisteswissenschaften' den Namen der 'Humaniora' oder 'humanities' mit Recht. Das mag durch die Freisetzung von Methode und Wissenschaft, die zum Wesen der Neuzeit gehört, unklar geworden sein. In Wahrheit kann aber auch eine Kultur, die der Wissenschaft eine führende Stellung einräumt und damit der Technologie, die auf sie gegründet ist, den größeren Rahmen niemals ganz sprengen, in den die Menschheit als menschliche Mitwelt und als Gesellschaft gefaßt ist. In diesem größeren Rahmen aber haben Rhetorik und Hermeneutik eine unanfechtbare und allumfassende Stellung.

Helmut Schanze: Romantik und Aufklärung. Untersuchungen zu Friedrich Schlegel und
Novalis (Erlanger Beiträge zur Sprach- und Kunstwissenschaft, Bd. 27), 2., erweit. Aufl.,
Verlag Hans Carl, Nürnberg 1976, S. 94–106.

UNENDLICHE RHETORIK*

Von Helmut Schanze

Für den „Autor", den „lyrischen und poetischen κτιστης" ist
nächst Mythologie, sinnlicher Anschauung der unendlichen Fülle,
auch „Rhetorik und Litteratur" notwendig. Eben „Rhetorik", ins
Unendliche entwickelt, ist das zweite Element der Schlegelschen
Poesiedefinition. Das ist um so überraschender, als gerade die Abwendung von rhetorischer Regelpoetik eine entscheidende Rolle im
Wertungswandel am Ende des 18. Jahrhunderts spielt. Bis hin zum
Beispiel der ›Ars poetica‹ des Jani, Novalis' Lehrer in Eisleben, war
die Schulpoetik von der Tradition der antiken Rhetorik bestimmt;
innerhalb dieser Tradition ist ein objektiver, auf Gattung und Vorbild Wert legender Zweig von einem subjektiven, mehr vom 'Charakter des Poeten' und seiner Gestimmtheit ausgehenden Zweig zu unterscheiden. In der Tat neu in der Dichtungstheorie des 18. Jahrhunderts
war die von Baumgarten 'erfundene' philosophische 'Ästhetik'.
Diesen Neuansatz sucht Schlegels auf ästhetische Erkenntnis ausgehender Entwurf einer Theorie des Schönen zu 'vollenden'. Auf Kategorien der Wirkungsästhetik kann aber selbst der philosophische
Ansatz Schlegels nicht verzichten, sie strukturieren auch, wie gezeigt, die Definition des Schönen in den Fragmenten des ›Athenäums‹. Zugleich mit ihrer Deduktion innerhalb des ästhetischen
Entwurfs wird die Kantische Konsequenz des „interesselosen Wohl-

---

* Die im Text zitierten Abkürzungen bedeuten; *Fragmente*: „Athenäums-Fragmente". In: J. Minor (Hrsg.): Friedrich Schlegel 1794–1802.
Seine prosaischen Jugendschriften, 2 Bde., Wien 1882; *Kl*: Paul Kluckhohn
(Hrsg.): Novalis' Schriften, 4 Bde., Leipzig o. J. (1929); *LN*: Hans Eichner
(Hrsg.): Friedrich Schlegel, Literary Notebooks 1797–1801, London 1957;
M: J. Minor (Hrsg.): s. *Fragmente*; *PhL*: „Philosophische Lehrjahre". In:
Ernst Behler (Hrsg.): Kritische Friedrich-Schlegel-Ausgabe, München–
Paderborn–Wien und Zürich 1958 ff.

gefallens" zurückgenommen. Der Ansatzpunkt für eine neue, romantische 'Absichtlichkeit' ist gefunden. „Rhetorik" erscheint erneut, aber in einer durchaus gewandelten Weise, wie sie sich in der mathematisierenden Chiffre $\frac{o}{o}$ andeutet. Das Verhältnis der 'neuen' Rhetorik zur traditionellen ist zu untersuchen.

Beschäftigung mit griechischen Rhetorikern wird für Schlegel bedeutsam in dem Augenblick, in dem „Griechische Dichtkunst" zu seiner Hauptbeschäftigung wird. Der Plan eines „poetischen Euklids",[1] einer zyklisch-historischen Poetik der Gattungen, führt von selbst zum Studium rhetorisch-poetischer Technik.

Für den Autodidakten Schlegel, der im Unterschied zu Novalis nicht in der Schultradition steht, wird unmittelbares Studium der 'Alten' zur Maxime. Das ursprünglich-revolutionäre Moment des Renaissance-Humanismus wendet sich gegen die eigene gelehrte Tradition und leitet eine Epoche des Neuhumanismus ein. Im Verhältnis der Romantik zur Tradition reproduziert sich wiederum das Verhältnis Platons zu den Sophisten, wie denn auch Schlegel in den Athenäums-Fragmenten von der Ästhetik des 18. Jahrhunderts als einer „sophistischen Ästhetik" spricht (Fragment 256).

Der Anstoß allerdings, „aus der Fülle" seiner „Belesenheit und Kennerschaft ein morceau auch für Deutschland zu appretiren", kommt von der Seite der modernen 'Sophisten', von Wieland und Böttiger, deren „artiger" Briefstil von Schlegel selbst durch ironisierendes Zitat verspottet wird.[2]

Die Herausgeber des ›Teutschen Merkur‹ gedenken zu dieser Zeit (1795) eine neue 'attische' Phase des Literaturgeschmacks zu eröffnen; Friedrich Schlegel, der zum ›Merkur‹ bereits einen Abriß seiner Ästhetik – ›Über die Grenzen des Schönen‹ – beigetragen hatte,[3] erscheint ihnen dazu als der geeignete Mitarbeiter. Ende des Jahres 1795 kommt die Anfrage Böttigers an Schlegel, ob er „wohl für ein *Attisches Museum von Wieland* (dessen erster Band bald er-

---

[1] Oskar F. Walzel (Hrsg.): Friedrich Schlegels Briefe an seinen Bruder August Wilhelm, Berlin 1890, 271.
[2] Walzel: Briefe, 257, vgl. auch 269.
[3] Neuer Teutscher Merkur, 1795, Nr. V (Mai), 79–92 (M I 21 ff.).

scheinen und den übersetzten Panegyrikus des Isokrates und den Anfang des *Agathodemos* eines Romans in griechischem Kostüm von Wieland enthalten wird) aus Griechischen Rednern übersetzen wolle?".[4]

Im „Griechischen Kostüm" des Agathodämon verbirgt sich der Aufklärer, der „sich selbst von allen Arten von Vorurteilen los gewunden hatte", nun aber erkennt, – „was so manche voreilige Weltverbesserer, zum größten Schaden derer, denen sie helfen wollten, nicht gesehen haben –, daß es **wohltätige Vorurtheile** und schonungswürdige Irrthümer giebt, welche eben darum, weil sie den morschen Bau der bürgerlichen Verfassungen selbst zu Stützen dienen, weder eingerissen noch behutsam untergraben werden dürfen, bis das neue Gebäude auf einem festen Grund aufgeführt ist",[5] und nun die Zeit sich nähern sieht, „wo sie, um den allmählich erlöschenden Glauben wieder anzufachen, die Theurgie wieder zu Hülfe rufen".[6] Zusammen mit scharfsichtiger Resignation des Aufklärers erscheinen nun im selben ›Attischen Museum‹ die Schriften dessen, der sich sein „Haus" aus „eigenem Herzen und Kopfe" bauen will und für die Vervollkommnung des Verstands „gar keine Schranken" kennt,[7] Friedrich Schlegels Übersetzungen, Einleitung, Beurteilung und Nachschrift zu ›Der Epitafios des Lysias‹ und ›Kunsturtheil des Dionysios über den Isokrates‹.[8]

Nicht nur gegenüber Wielands Altersroman, sondern auch innerhalb der Gesamtheit der Schlegelschen Schriften nehmen diese 'Auftragsarbeiten' nur einen bescheidenen Platz ein. Das rechtfertigt jedoch nicht ihre völlige Vernachlässigung.

Die Arbeiten zu Rhetorikern setzen die Fülle der „Belesenheit und Kennerschaft", welches Kompliment Friedrich Schlegel gewiß nicht ohne eigene Eitelkeit seinem Bruder mitteilt, voraus. Als für die Griechenstudien bedeutungsvoll sind im Briefwechsel von den

---

[4] An August Wilhelm 23. Dez. 1795, Walzel: Briefe, 247.
[5] Attisches Museum I, 3, 41 f.
[6] Attisches Museum I, 3, 56.
[7] Vgl. Max Preitz (Hrsg.): Friedrich Schlegel und Novalis, Biographie einer Romantikerfreundschaft in Briefen, Darmstadt 1957, 43. u. M I, 21 f.
[8] Attisches Museum I, 2, 213 ff. und I, 3, 125 ff.

antiken Rhetorikern und Grammatikern Hephästion, Dionys von Halikarnass, Aristoteles, Demetrius, Aristides „u.s.w." genannt.[9] „Redekunst" von „Dichtkunst" differenzierend übt Schlegel in seiner „Beurtheilung" des Epitaphs Kritik an dieser Gattung vom Standpunkt der „Heutigen": das Lob des Lysias sei „rhetorisch" und „mythisch", nicht aber „historisch" – es sei „nur rhetorisch wahr".[10] Die panegyrische oder epideiktische Rede sei eine „unächte und unnatürliche Zwitterart der Redekunst und der Dichtkunst, oder vielmehr ein unrechtmäßiger Eingriff der Redekunst in das Gebiet der Dichtkunst",[11] sie sei „Spiel", aber dieses Spiel sei nicht „durchaus frey".[12]

Panegyrische Redekunst erreicht nicht Autonomie der Zwecke, wie sie für die Dichtkunst zu fordern ist. Diese Rhetorik spielt mit Wahrheit und Gerechtigkeit, spiegelt der „bethörten Menge" eine Freiheit vor, die sie nicht einlöst. Schlegels „Beurtheilung" endet in Ablehnung.

Angesichts aber der Verwandtschaft, die epideiktische und panegyrische Redekunst mit der Dichtkunst zeigen, wird insbesondere der angewandte Teil der rhetorischen Kunstlehre, wie das ›Kunsturtheil des Dionysios über den Isokrates‹, wichtig nicht nur für das Verständnis der antiken Dichtung, sondern für die Theorie des Schönen in der Dichtkunst überhaupt. Begriffe der Rhetorik, so der Begriff der *Epideixis* selber, und die Lehre von den rhetorischen Figuren, deren leerlaufenden Gebrauch Schlegel am Epitaph des Lysias tadelt, finden ihre Stelle in der Theorie der romantischen Prosa: „Die Philosophie der Prosa oder Rhetorik kann nur nach den Arten und Figuren eingetheilt werden; ..." (LN 590). Die Ähnlichkeit der modernen 'Novelas' mit rhetorischer Prosa ist derart, daß die drei Genera der antiken Beredsamkeit, die beratschlagende, gerichtliche und festliche Rede, zu Einteilungsprinzipien in einer Theorie der Novelle werden können (vgl. LN 1221).[13]

---

[9] Walzel: Briefe, 163f.
[10] Attisches Museum I, 2, 258; Anm. 6, 265; M I, 190.
[11] Attisches Museum I, 2, 268; M I, 191.
[12] Attisches Museum I, 2, 269; M I, 192.
[13] Vgl. W. Bausch: Der Begriff der Kunstkritik in der deutschen Ro-

Die erste Epoche in Schlegels Rezeption rhetorischer Kategorien kann mit der Publikation der Rhetorik-Arbeiten 1796/97 als abgeschlossen betrachtet werden, denn im Herbst 1797 setzt Friedrich seinen Bruder von einer „erneuerten antiken Epoche" in Kenntnis, in der er „besonders die historischen und rhetorischen (sogar mit Einschluß der grammatischen) Schriften der Alten" studieren will und neben dem ›Alexis‹ von Hemsterhuis das ›Lexicon Technologiae Rhetoricae‹ von Ernesti anfordert, das er „sehr nothwendig" brauche.[14] Der Niederschlag der „erneuerten antiken Epoche", zugleich die Ansätze zur Neuwertung von „Rhetorik", finden sich in den Fragmentheften zur Poesie und Literatur und in Heften der ›Philosophischen Lehrjahre‹.[15]

Neben den drei *Genera causarum*, der gerichtlichen, beratschlagenden und festlichen Rede, von denen die Gattung der Epideixis die Brücke zu einer 'rhetorischen' Theorie der dichterischen Kunstprosa bildet, sind es die rhetorischen Affektstufen *Ethos* und *Pathos* und die auf sie gegründeten *Genera dicendi*, die im Vordergrund des Interesses stehen. Sie werden, um das Element *Mythos*, der Kategorie der *Fabel*, vermehrt, zu einer Dreiheit zunächst „dramatischer" (LN 734), dann – umfassender – „poetischer" (LN 1618) beziehungsweise „ästhetischer Kategorien" (PhL IV 142) angeordnet.

„Mythos" unterscheidet sich von „Ethos" und „Pathos" nach Schlegel dadurch, daß die Ausfüllung dieser Kategorie nicht „ganz der Willkühr" überlassen ist, sondern immer auf ein Allgemeines verweisen muß (LN 2119). „Mythos" ist das poetische „Datum und Factum" zumindest im „Naturdasein" (LN 737). Der moderne Dichter aber muß auch das „Factum" selbst als freie Regel setzen; die poetische Kategorie der Fabel erwies sich als Ausgangspunkt der Forderung nach „neuer Mythologie".

---

mantik, in: Schriften, hrsg. v. Th. W. und G. Adorno, Frankfurt a. M. 1955, 20 f. Bausch sieht mit Recht das tertium comparationis in der „sprachlichen Artistik" der Novelle wie der panegyrischen Rede.

[14] Walzel Briefe, 329; Ernestis Handbuch hat zwei Teile: Lexicon Technologiae Graecorum Rhetoricae, Leipzig 1795, und L. T. Romanorum Rhetoricae, Leipzig 1797, das von Schlegel verlangte ist wohl das erstere.

[15] Vgl. H. Eichner, LN Einl. S. 7, der allerdings die Beschäftigung mit Rhetorik bei Schlegel abwertet.

Die Kategorie des „Pathos", die bereits im ästhetischen Systementwurf begegnete (subjektive Mannigfaltigkeit durch zukünftigen Schmerz), tritt in den Notizheften hinter der Kategorie des „Ethos", mit der sie fast immer nur gemeinsam gebraucht wird, zunächst zurück. Die Kategorie des „Ethos" ist Träger der für den Begriff der sich ins Unendliche steigernden Rhetorik entscheidenden Entwicklung.

In Schlegels Ansicht ist die Poesie der Modernen durch „ethischen" Stil bestimmt: „Ethische Poesie ist gegenwärtig" (LN 1060). – „Die moderne Poesie ist im Ganzen philosophisch, die alte poetisch; die alte politischer, die moderne aber ächt ethischer. –" (LN 1000). In diesen Fragmenten, wie auch sonst in Schlegels literarischen Heften, ist „ethisch" deutlich im Sinne der rhetorischen Terminologie gebraucht. Die Rhetorik der sanften Affekte zielt auf Dauer der Affizierung, wie denn auch das rhetorische „Ethos" die dauernde Gemütsverfassung, den Charakter bezeichnet.[16] In diesem Sinn ist die moderne Poesie wesentlich „charakteristisch".

Doch wäre eine scharfe Trennung der rhetorischen Bedeutung von der philosophischen für die Betrachtung des Schlegelschen Gebrauchs dieses Wortes verfehlt. „Ethische" Poesie soll sich im Sinne der Kunstlehre Schlegels auf das „Gute", das „lezte Vergnügen" des reinen, menschlichen Triebs, beziehen. Die Einheit der Ästhetik ist „praktisch", „ethische" Poesie bezieht sich auf „praktische" Philosophie im weitesten Sinne. Moderne Poesie ist nicht nur „ethisch", sondern auch „im Ganzen philosophisch" (LN 1000). In der Inkongruenz von 'philosophischer' und 'rhetorischer' Bedeutung von „Ethos" ist Schlegels negatives Urteil über die moderne Poesie begründet. Moderne Poesie ist wesentlich „charakteristisch", aber „unsittlich", sie soll „sittlich" werden. Aus der diagnostizierten Inkongruenz entsteht der vermittelnde Begriff der „poetischen Sittlichkeit", der sich einerseits absetzt gegen bloß mäkelnd-moralische Betrachtungsweise wie andererseits gegen moralischen Indifferentismus, vom Tugendfanatismus der Aufklärung wie vom 'rhetorischen' Ideal des Rokoko-Kavaliers.[17] Aus dem Widerspiel von 'rhe-

---

[16] Vgl. H. Lausberg: Handbuch der literarischen Rhetorik, 2 Bde., München 1960, §§ 257, 2a, 1226, H. O. Burger, a. a. O., 121.

[17] Soweit ich sehe, weist K. Briegleb (Ästhetische Sittlichkeit, Versuch

torischer' und 'philosophischer' Bedeutung des „Ethos" entwickelt sich die besondere Bedeutung des Konzeptes der „ethischen Poesie" in Schlegels Kunstlehre.

„Ethische Poesie" ist die Poesie der „Urbanität" und „Individualität" (LN 216, 727). „Rein ethische Schriften müssen idyllische Wärme, Fülle und Einfachheit mit lyrischer Gleichartigkeit und Schönheit, und mit rhetorischer Strenge verbinden" (LN 29). Ein Kunstwerk mit „ethischer Ganzheit" kann auf den „Flitterstaat" überreichen, schwülstigen Schmucks verzichten (LN 45). „Ethische" Poesie ist harmonisch (LN 1118), „gesellschaftlich" (LN 598), „liebenswürdig" – „Liebenswürdigkeit = ethischer Magnetismus" (LN 1157). „Mittelpunkt" der „ethischen" Poesie ist das Subjekt (LN 544, 700). „Aller *absolut* ethischen Poesie liegt der Satz zum Grunde: **Ich soll Poesie werden.** –" (LN 741).

Kanon der „ethischen" Poesie ist der *Roman*, im Sinne Blankenburgs, Entwicklung eines 'Charakters'. „Romantische Kunst ist eben nichts als ethische Poesie. Kennt man Poesie ganz und hat Ethos, so muß sich das übrige von selbst geben. –" (LN 1336). Dem Imperativ der Individualität entsprechend sind die ›Confessions‹ von Rousseau „ein höchst vortrefflicher Roman" (M II 375, LN 581, 1360).

Der gesamte zyklische Verlauf der Entwicklung der modernen Poesie, von Dante über Shakespeare bis zu den englischen und französischen Romanen des 18. Jahrhunderts, hat Tendenz zum Roman, dem Kunstwerk der Individualität. Das absolute ethische „Poem" ist die Biographie des inneren Selbst des Künstlers, des „absoluten Subjekts", das sich selbst zum „absoluten Objekt" wird (LN 544).

Die Entwicklung der modernen Poesie, ihre Tendenz zum *Roman*, ist demnach unendliche Steigerung des „ethischen" Prinzips; ihr Ziel ist nach Schlegel der „absolute" oder „unendliche" Roman, chiffriert $\frac{R"}{o}$. Im Roman, dem „progressiven Gedicht"

über Friedrich Schlegels Systementwurf zur Begründung der Dichtungskritik, Tübingen 1962) in seinem Versuch zu Schlegels Systementwurf auf die für die Genese der „ästhetischen Sittlichkeit" zumindest mitentscheidende 'rhetorische' Bedeutung von „Ethos" in keinem Zusammenhang hin.

(LN 293), sind „Schönheit, Wahrheit, Sittlichkeit, Gesellschaftlichkeit" vereint (LN 188). „Der Roman sollte sein eine Poesie, die $\frac{\eta\vartheta\,{}^1/\text{o}}{\text{o}}$, $\frac{\varphi\sigma\,{}^1/\text{o}}{\text{o}}$ und $\frac{\pi o\lambda\,{}^1/\text{o}}{\text{o}}$ wäre. –" (LN 274), „absolut ethisch in unendlicher Potenz, absolut philosophisch in unendlicher Potenz und absolut politisch in unendlicher Potenz"; Übertragung nach Eichner.

Die „ethische" Poesie, der „absolute Roman", hat ihren „Mythos" in der Ich-Philosophie: die Sätze *„Ich bin Ich"* und *„Ich soll Poesie werden"* ergänzen und bedingen sich wechselseitig. Im „Factum" des Idealismus sammelt sich das 'Zeitalter' zur Einheit, die zugleich die Einheit der „ethischen Poesie" ist: „Die ethische Einheit ist absolute Individualität. –" (LN 216).

Stilbestimmung und *philosophische Tendenz* des 'Zeitalters' sind also auf das innigste verknüpft. „Ethischer" Stil und subjektivistische Philosophie sind Schlegel zufolge spezifisch 'moderne' Tendenzen. Durch den Zusammenhang von 'ethischem Stil' und Tendenz der neueren Philosophie im 'Zeitalter' entwickelt sich aus der klassifizierenden rhetorischen Kategorie die Charakteristik eines *Zeitstils*. Unter dem Gesetz der unendlichen Perfektibilität ist das 'unendliche Ethos' nicht normative, sondern *historische* Kategorie.

Die Bestimmung des 'modernen' Stils allein als eines 'ethischen' Stils, wie er sich in der Tat als „Aufklärungsstil" am Ende des 17. und Anfang des 18. Jahrhunderts in der deutschen Literaturgeschichte entfaltet,[18] bliebe jedoch einseitig. Kaum ein Menschenalter nach der Wendung des 'Aufklärungsstils' gegen barockes „Pathos", gegen die erhabene „Rolle" entdeckt das 18. Jahrhundert in der Longin zugeschriebenen Schrift ›Περὶ ὕψους‹ sein *„neues Pathos"*, den „hohen" oder „erhabenen" Stil.[19] Schon 1674 war Boileau auf diesen Traktat gestoßen, die Forderung (Pseudo-)Longins nach *Einfachheit* des „Hohen" wird ihm zum Argument gegen barocke Übersteige-

---

[18] Vgl. H. O. Burger, a. a. O., 120 ff.

[19] Vgl. Karl Vietor: Die Idee des Erhabenen in der deutschen Literatur, in: Geist und Form, Bern 1952, 234 ff. Vietors Schluß, daß der Gegensatz von „Schönheit" und „Erhabenheit" für die Romantik „keine Bedeutung" mehr habe, kann ich nicht zustimmen (vgl. a. a. O., 263).

rung. Gottsched nennt Longin bei der Beschreibung der „pathetischen Schreibart", in der „vielmals das sogenannte Hohe seinen Sitz" habe.[20] Bei Georg Friedrich Meier endlich, in der ›Beurtheilung der Gottschedischen Dichtkunst‹ von 1747, wird das „Erhabene" zur unabdingbaren Forderung, zur „allgemeinen Schönheit aller Gedichte".[21] Jakob Immanuel Pyra hatte schon ein Jahrzehnt zuvor „heilige", „hohe" Poesie in seinem ›Tempel der wahren Dichtung‹ veröffentlicht. So entsteht vor der Mitte des 18. Jahrhunderts jener Dualismus der Stilarten, des 'erhabenen' und des 'schönen' Stils, wie er dann noch für Novalis' Jugenddichtung bezeichnend ist. Beiden Stilarten, dem 'neuen Pathos' und dem 'Ethos' ist der „Imperativ: Ich soll Poesie werden" gemeinsam; beide zusammen in ihrem Widerspiel charakterisieren den Stil des 'Zeitalters'.[22] Longin kann zum Rhetoriker der Zeit werden, da sein Rekurs auf den 'Charakter des Poeten' in die gleiche Richtung geht wie die philosophische Tendenz der Zeit, deren Ziel das Subjekt ist.

Die Forderung nach 'Individualität' des Stils findet sich am deutlichsten ausgesprochen in dem Satz «Le style est l'homme même» aus Buffons Antrittsrede vor der Französischen Akademie im Jahre 1753. Ihre scharfe Wendung gegen die «rhéteurs», gegen Vorschriften über das «Noble» aktualisiert den im Stilbegriff der antiken Rhetorik angelegten Gegensatz von objektiv-lehrhaften, normierenden und subjektiven, auf Ausdruck des Persönlichen, Individuellen, gerichteten Tendenzen.[23] Wie Longin steht Buffon auf der Seite des Subjekts; als Aufklärer argumentiert er gegen künstliches, hohes Pathos, für individuellen, menschlich-natürlichen, 'ethischen' Stil. Es zeigen sich aber auch die Ansätze eines 'neuen', bürgerlichen Pathos. Buffon spricht davon, daß es zwei wahrhaft „erhabene" Objekte gebe: «l'Homme et la Nature.»[24] Im ganzen gesehen

---

[20] Versuch einer critischen Dichtkunst, Leipzig 1751, 371.
[21] Beurtheilung..., Halle 1747, 235.
[22] Vgl. dazu H. O. Burger, a. a. O., 94 ff.
[23] Vgl. Mohammed Rassem: Einleitung zu: Kunstgeschichte und Kunsttheorie im 19. Jahrhundert (Probleme der Kunstwissenschaft I), Berlin 1963, 7.
[24] Buffon: Œuvres Philosophiques, ed. Piveteau, Paris 1954, 503.

ist also Buffons 'individuelles' Stilideal doppelseitig: 'ethisch', gegen künstlich übersteigertes Pathos, 'pathetisch' aber für Menschlichkeit und Natürlichkeit.

Die Ästhetik der Genies kann hier anknüpfen. Ähnlich doppelseitig wie Buffons 'individuelles' Stilideal ist Winckelmanns Ideal der 'edlen Einfalt und stillen Größe', welches das Wunschbild der Zeit, 'pathetisches' Ethos und 'ethisches' Pathos, in die Antike zurückprojiziert, zu einer gültigen Formulierung vollendet.[25]

Im Prozeß der unendlichen Steigerung des „Ethos", den Schlegel als Kennzeichen der modernen Poesie ansieht, geht „Ethos" (als rhetorische Kategorie) in „Pathos" über, denn im Sinne der Kategorie wäre Steigerung eines maßvollen Affekts ein Widerspruch in sich. Auf den 'ethischen' Zeitstil (den „Aufklärungsstil") bezogen, heißt dies, daß sich die „ethische Poesie" 'erhebt' zum Pathos der Menschlichkeit und Natürlichkeit, der individuellen Bindung in Freundschaft, der Sittlichkeit und Rechtlichkeit und vor allem der Denkfreiheit.[26] Mit dem „Pathos" zugleich wird aber auch das „Wunderbare", das „Transcendente", das *Geheimnisvolle* entdeckt. Das 'neue Pathos', das die Aufklärung aus sich heraus (und doch im Widerspruch zu ihr) entwickelt, ist nicht „Rolle", künstlich hervorgebracht, sondern ein Pathos innerer Wirkung: es ist die im Glauben der Aufklärung an den Menschen gegründete „Erhebung des Menschen über sich selbst", ein „Pathos", das überall mit dem philosophischen Anspruch auf 'Wahrheit' auftritt.[27]

Was sich um die Mitte des 18. Jahrhunderts als polemischer Gegensatz ausgebildet hatte, wird in den Kunstlehren des späten 18. Jahrhunderts unter die Rubriken „Schönheit" und „Erhabenheit" klassifiziert und erscheint als verschiedene Möglichkeiten dichterischer Gestaltung in der Schulpoetik. Nach Schlegels Analyse ist es aber gerade die Tendenz des Zeitalters, das 'Wesentlich-Verschiedene' 'absolut' hervorzutreiben und dadurch auf die innere Einheit hinzuweisen. Als 'wesentlich-verschiedene' Stile finden die Roman-

---

[25] Zu Winckelmanns Formulierung vgl. H. O. Burger, a. a. O., 118 f.

[26] Dies ist schon an Hallers ›Alpen‹ zu beobachten.

[27] Vom Realismus des 19. Jahrhunderts entlarvt, erscheint dies als die größte Münchhauseniade; vgl. Immermanns Roman.

tiker das „Reizende" („Ethos") und das „Erhabene" („Pathos") vor, im Gegensatz der Stilarten sehen sie die Tendenz zur Vereinigung begründet. Romantische Schönheit soll „zugleich reizend und erhaben" sein.

Wie das „Ethos", so steht auch das (neue) „Pathos" unter dem Gesetz einer unendlichen Entwicklung, die Richtung auf das „Absolute" als Tendenz der modernen Poesie ist ihren beiden 'Stilarten' gemeinsam: „Die moderne Poesie geht entweder auf *absolute Fantasie* – oder auf *absolute Lust* – *absolute Mimik* (Shakspeare) – absolutes Pathos – *absolute Form* (Shakspeare) [*Absoluten* Enthusiasmus – *absolute* Kunst – *absolute* Wissenschaft pp. überhaupt das *Absolute*. *Absolutes Wunderbares*]" (LN 248).

Wie dieses Fragment andeutet, findet Schlegel die 'moderne' Tendenz der unendlichen Steigerung bereits in der Bühnenkunst Shakespeares, ebenso auch die Durchdringung von „Ethos" und „Pathos" als Konsequenz der unendlichen Entwicklung der Individualität. Shakespeares Drama, ›Hamlet‹ vor allem, ist „Roman", weil es 'innere' Geschichte darstellt und allgemeine Aussage erst durch absolute Individualität hindurch deutlich werden läßt. Folgerichtig findet sich eine auf Shakespeares Werk bezogene Notiz, in der die beiden Kategorien des „Ethos" und „Pathos", ins Unendliche entwickelt, parallel mit einer in Auseinandersetzung mit Schillers Begriff des „Sentimentalischen" gewonnenen Dreiheit von „Mimik", „Fantastik" und „Sentimentalität" angewandt werden, unter Bemerkungen „Zum Roman": „Im Shakespeare findet sich *absolutes* Pathos (sentimentale Tragödie), *absolutes* Ethos und *absolute* Mimik. *Absolute* Fantastik in den Märchenstücken. **Absoluter Reiz** kömmt von selbst, Romeo; ist nicht Zweck. –" (LN 577).

Der Imperativ „Ich soll Poesie werden" hat in der Poetik sein Äquivalent im „Imperativ der Romantisazion" (LN 605). „Romantisazion" bedeutet für die moderne Poesie nicht allein *Gattungsmischung* – sie zeigt sich bei Shakespeare in der Parodie der dramatischen Form durch „Stück im Stück" (LN 507), in der „ethischen Poesie" an der Möglichkeit der Mischung von Prosa und Vers (LN 1233) –, sondern auch *Stilmischung*, wobei sich die „Mischung" auf die wesentlich-verschiedenen Stile des „Ethos" und des „Pathos" bezieht.

Verschmelzung von „Ethos" und „Pathos" bemerkt Schlegel bereits an der Gattung des Epos: „Die Form der Lyrik originell, des Dramas individuell, des Epos universell. – Im Epos muß alles Pathos zu Ethos verschmelzen. Das *Motivirte* entsteht aus der Durchdringung des Ethos und Pathos und hängt zusammen mit der Individualität. –" (LN 1750). In der stilistischen Bestimmung folgt also der moderne „Roman", die „subjektive Epopöe" (Goethe), tendenziell aber die gesamte moderne Poesie, dem antiken Epos.[28] Auch im „Roman" soll alles „Pathos" zu „Ethos" verschmolzen sein. Vermischung der Stile, „spielende" Behandlung des „Ethos" und „Pathos" (LN 1198), „komisches πάθος" (LN 1145), findet Schlegel im Shakespeare-Drama; im romantischen Kunstwerk, dem „progressiven Gedicht", soll Stilmischung, Verschmelzung der Stile, bisher nur vom einzelnen Genie absichtsvoll gebraucht, ganz Absicht werden.

Stilmischung aber, als allgemeines Prinzip, widerspricht den Vorschriften der antiken Rhetorik, die für jedes der Genera dicendi ein besonderes „aptum" vorsieht. Mit dem Argument des Aptum der Stile wendet sich Voltaire im Artikel ›Style‹ seines ›Dictionnaire philosophique‹ gegen «mélange de style»: «Un de grands défauts de ce siècle ... c'est le mélange des styles.»[29] Im Artikel ›Genre de style‹ nennt er die zwei wesentlichen Stilarten, «simple et relevé», dem rhetorischen „Ethos" und „Pathos" entsprechend.[30]

Voltaire, der „eklektische" und „skeptische" „Minus-Poet" (eine Bezeichnung, die er in Novalis' Ansicht mit Schlegel teilt),[31] erkennt

---

[28] Die Bemerkung der 'epischen' Tendenz der modernen Poesie, zugleich mit 'ethischer' Tendenz, ist aufschlußreich noch für die Konzeption des 'epischen' Theaters bei Bertolt Brecht. Ansätze dessen, was Brecht programmatisch fordert, sieht Schlegel bereits im Drama Shakespeares verwirklicht. Brechts 'ethische' Stilhaltung ist der Aufklärung wahlverwandt, was er auch selbst bekannte. In Begriffen dagegen wie *'Ironie', 'Witz'* und *'Verfremdung'* zeigen sich deutliche Berührungspunkte der Theorie des epischen Theaters und der des „Romans" bei Schlegel und Novalis. Bei *gleichem* dialektischem Grund-'Schema' liegt die *Differenz* darin, daß Brecht das Absolute auflöst, auf das die Romantik zielt, das Pathos der inneren Welt.
[29] Voltaire: Œuvres t. 20, 442.
[30] Voltaire: Œuvres t. 19, 248.
[31] Vgl. Kl II, 39 u. 328.

den «défaut» des Zeitalters; Friedrich Schlegel sucht diese „Tendenz" (die stilistische „Krankheit") kritisch zu „vollenden". In den Athenäums-Fragmenten wirft er gerade Voltaire vor, spezifische Gesetze der Gattung verletzt zu haben; auf diese Weise komme die „langweilige Gattung" zustande (Athenäums-Fragment 324). Noch schärfer ist die Polemik gegen Voltaires Totaleffekt in einer Bemerkung der Notizhefte: „Zeigen, daß man alles wissen und machen könne in Ethos und Pathos ist immer noch ein besseres Princip, als auf alle beliebige Weise wirken können zu wollen. Effektolatrie" (LN 234).

Hier setzt sich eine *neue*, die 'absolute Rhetorik' $\left(\frac{\varrho"}{"o}\right)$, die Schlegel auch in seinem Studiums-Aufsatz entdeckt, von den Auflösungserscheinungen der *alten* rhetorischen Wirkungsästhetik ab. Die Mischung der Stile und Gattungen, die Voltaire als Schriftsteller praktiziert, widerspricht der Theorie, die er vertritt. Im Werk spielt er zwar mit der Freiheit, ist aber nicht „durchaus frey"; es entsteht so jene „Affektazion", die Schlegel bereits am Epitaph des Lysias kritisiert. Voltaire steht am Ende, nicht am Anfang einer Entwicklung.

„Mehr Kunstsinn" als Voltaire hat nach Schlegels Meinung Diderot (LN 238). Im ›Jacques le Fataliste‹ herrscht das ironische Verhältnis des Autors zu seinem Stück, das Schlegel zum romantischen Kunstprinzip erhebt (Lyceums-Fragmente 3 und 15). In seiner ›Religieuse‹ ist es die „Darstellung absoluter Marter", welche dieses Werk „wesentlich zur modernen Poesie und zu den Prolegomena des Romans" gehören läßt (LN 154).

Ablehnung der „Effektolatrie" (LN 234), Hinweis auf die „absolute" Tendenz der modernen Poesie (LN 248) und Entdeckung der „absoluten" oder „unendlichen" „Rhetorik" (LN 246) stehen nicht nur äußerlich zufällig im Manuskript des Notizheftes in nächster Nachbarschaft, sondern sind auch inhaltlich aufeinander bezogen. Sie sind Konsequenz der 'unendlichen Entwicklung' der „ethischen Poesie" zur „romantischen Poesie".

Die „progressive Universalpoesie", 'mischt' nicht nur Prosa und Vers, sie 'mischt' auch die Stile zum einzigen 'romantischen' Stil, in dem „alles Pathos zu Ethos" verschmolzen ist. Schlegel faßt diese

Entwicklung in einem Fragment aus der Reihe ›Zur Theorie der Prosa‹ zusammen: „Alle modernen Rhetoriker stimmen fest ein keine Gattung im Styl anzunehmen; dieses ist merkwürdig und beweißt den Imperativ der Romantisazion. –" Wer im Einzelnen unter den „modernen Rhetorikern" zu verstehen ist, darauf gibt Schlegel keinen Hinweis. Vielleicht denkt er an Rousseau und Fichte, deren „Rhetorik" er im Athensäums-Fragment 137 erwähnt. Offenbar bedeutet in Schlegels Sprachgebrauch das Wort „Rhetorik" beides, sowohl die Lehre von den Kunstmitteln der Rede als auch die Rede selber. Es könnte dann auch die „Rhetorik" der französischen Revolutionsversammlungen gemeint sein, vielleicht aber auch das auf Buffon zurückgehende „individuelle" Stilideal.

Das eigentümlich doppelseitige Verhältnis der 'modernen', 'unendlichen Rhetorik' zur 'alten' – einerseits Ablehnung der „Effektolatrie", andererseits „alles wissen und machen können in Ethos und Pathos" – ist von der Geschichte der Kunstlehre im 18. Jahrhundert her zu verstehen. Noch Schlegel hat den Affekt gegen Künstelei und Schwulst, der den 'Aufklärungsstil' begründet und dessen letzte Konsequenz sich in Kants Begriff vom „interesselosen Wohlgefallen" niederschlägt. Zugleich aber begründet der Romantiker eine neue Lehre der poetischen Mittel und ihrer Wirkungen, die sich deutlich gegen eine bloß naturalistische Ästhetik des Genies absetzt. Schlegel löst diesen Widerspruch nicht nach einer Seite auf, sondern behauptet für das romantische Kunstwerk die Vereinigung – eine Vereinigung von „Kunstpoesie" und „Naturpoesie".

Die rhetorischen Kategorien des „Ethos" und „Pathos", die sich Schlegel für das „Organon" der „romantischen Poesie" neu entdeckt, werden gebraucht als sich gegenseitig bestimmende Möglichkeiten reinen Stils, deren bewußte „Mischung" für das romantische Kunstwerk bezeichnend ist. Wie die rhetorischen Figuren sind sie Elemente einer „Philosophie der Prosa"; sie dienen nicht der Beschränkung der „absoluten Liberalität" des Dichters (LN 586), sondern steigern dessen Allfähigkeit. „Durch die wahre Lehre von den Figuren wird das Classische Sache der Absicht und Kunst; man bekommt es in die Gewalt. –" (LN 902). „Ethos und Pathos" sind der bewußten dichterischen Willkür überlassen: „Alles Willkührliche = Rhetorik" (LN 699). Die „progressive Universalpoesie", die

auch eine ins Unendliche zu entwickelnde Rhetorik ist, ist „allein...
unendlich, wie sie allein frey ist, und das als ihr erstes Gesetz anerkennt, daß die Willkühr des Dichters kein Gesetz über sich leide"
(Athenäums-Fragment 116).

Die neue Wertung der 'Absichtlichkeit' und 'Künstlichkeit', wie sie der Begriff einer 'unendlichen Rhetorik' bezeichnet, sieht deren Wesen nicht in Heteronomie, dienstbar einem fremden Interesse, sondern in „Freyheit", in Autonomie des ästhetischen Bereichs. Zeichen der dichterischen „Freyheit" ist die poetische Ironie, „gleichsam die επιδειξις der Unendlichkeit, der Universalität, vom Sinn fürs Weltall" (PhL III 76). Romantische Poesie kann „frey von allem realen und idealen Interesse auf den Flügeln der poetischen Reflexion immer wieder potenziren und wie in einer endlosen Reihe von Spiegeln vervielfachen" (Athenäums-Fragment 116).

In dieser Weise ironisch, „spielend", behandelt der romantische Dichter die rhetorischen Kategorien: „Ethos" und „Pathos" bilden ein gegensätzliches, aber sich wechselseitig bestimmendes Spiegelpaar. Die wechselseitige Bestimmung, der historische Wechsel ihrer Dominanz, jene endlose Progression, ist ein Charakteristikum des *Romans* selber und seiner Geschichte, der Entwicklung der wesentlich-modernen Poesie.

Schlegels ›Organon der Poesie‹ ist eine Synthese *mathematischer, rhetorischer* und, wie noch zu zeigen ist, *musikalischer* Begriffe: „Offenbar hat der Roman die ganze Form von Mathematik, Rhetorik und Musik. – Von Mathematik das Potenziren, Progression des $\frac{x}{o}$ Irrationalen, von Rhetorik die Figuren. – [›Organon der Poesie‹]" (PhL V 311, parallel LN 1643).

Auf das Ziel eines solchen *Organons*, einer historischen Theorie der progressiven Gattung, sind Schlegels Bemühungen seit den frühen Griechenschriften und dem ästhetischen Systementwurf gerichtet. Der „moderne Rhetoriker" der „progressiven Universalpoesie" setzt Poesie, Rhetorik und Philosophie „in Berührung" und entwickelt eine „unendliche Rhetorik". Neben die historische Poetik der Gattungen in den Griechenschriften tritt mit der Dynamisierung (der 'unendlichen Steigerung') der rhetorischen Stilkategorien von „Ethos" und „Pathos" auch eine *historische Stilistik*.

Dieser geht es weniger um eindeutige Zuordnung zu einer der Stilgattungen oder um Vorschrift, sondern um Charakteristik der spezifischen 'Mischung' innerhalb historischer Individualitäten: innerhalb eines Werkes, der Gesamtheit der Werke eines Autors, einer Epoche, eines poetischen „Zyklus", in der Geschichte des „Romans", der modernen Poesie, als der unendlich sich entwickelnden Folge von Werken, Epochen und Zyklen. „Styl", so definiert Schlegel, individuelle und universelle Tendenz verbindend, „ist historische (classische oder progressive) objektive Kunsteigenthümlichkeit" (LN 145). Kunstkritik im Schlegelschen Sinne „soll die Werke nicht nach einem allgemeinen Ideal beurtheilen, sondern das *individuelle* Ideal jedes Werkes aufsuchen" (LN 1733). Bei dieser Suche erweisen sich rhetorische Begriffe durchaus nicht als obsolet; die romantische Poetik setzt Analyse voraus, ihre Tendenz ist die absichtsvoll-freie Synthese des Getrennten.

Ansätze und Beispiele einer solchen „historischen", individuellen Stilkritik finden sich in der Charakteristik des ›Wilhelm Meister‹ mit ihrem Stufengang vom 'Reizenden' zum 'Erhabenen', im „Versuch über den verschiedenen Styl in Goethe's früheren und späteren Werken" innerhalb des „Gesprächs über die Poesie" (M II 376 ff.), in den Aufzeichnungen zur Shakespeare-Kritik in den Notizheften sowie in der Zyklen-Theorie der „romantischen Poesie".

Bereits im ersten Teil der Poesiedefinition in den ›Philosophischen Lehrjahren‹, in den Chiffren „Mythologie" und 'unendliche Rhetorik', sind also wesentliche Elemente der romantischen Theorie versammelt. „Progressive Universalpoesie", die in einer unendlichen Folge von Werken sich dem 'unendlichen Roman' $\left(\frac{R^{\text{``}}}{_{\text{``}}0}\right)$ „approximirt" und als „Poesie der Poesie" („π^2") Poesie und Theorie der Poesie, das „Producirende mit dem Product" darstellt, ist selber jene 'unendliche Rhetorik', die Schlegel für sein neues ›Organon der Poesie‹ entwickelt.

Paul de Man: Allegories of Reading: Figural Language in Rousseau, Nietzsche, Rilke and Proust, New Haven 1979. Hier: Deutsche Übers. in: Ders.: Allegorien des Lesens, Suhrkamp Verlag, Frankfurt a. M. 1988, S. 146–153.

RHETORIK DER TROPEN

(Nietzsche)

Von PAUL DE MAN

Es mag weithergeholt erscheinen, ins Zentrum einer Betrachtung von Nietzsches Beziehung zur Literatur seine Theorie der Rhetorik zu stellen. Warum sollte man, was allem Anschein nach als ein exzentrischer und geringfügiger Teil von Nietzsches Unternehmen gelten muß, als Zugang zur komplexen Frage nach seiner Anschauung von Literatur und nach den spezifisch literarischen Aspekten seines eigenen philosophischen Diskurses wählen? Eine Unmenge anderer, weniger indirekter Annäherungen an diese Frage könnte vorteilhafter erscheinen. Die Konfiguration der früheren literarischen Vorbilder, die von Nietzsche ausdrücklich erwähnt werden – eine Konstellation, die eine große Vielfalt von Schriftstellern von Goethe, Schiller und Hölderlin bis Emerson, Montaigne und Sterne einschließt –, könnte den Interpreten gewiß zu umfassenden Einsichten verhelfen. Oder es ließe sich Nietzsches literarische Nachkommenschaft untersuchen, gewiß eine umfassendere und aufschlußreichere Arbeit als man vermutet. Das Repertoire der offenbaren oder verborgenen Gegenwart Nietzsches in den zentralen literarischen Texten des 20. Jahrhunderts wartet noch auf seine Komplettierung. Sie würde dem Verständnis unserer Literatur und unserer Epoche insgesamt viele überraschende Einsichten eröffnen.[1] Denn Nietzsche ist offenkundig eine jener Figuren wie Platon, Augustinus, Montaigne oder Rousseau, deren Werk die beiden Aktivi-

---

[1] Um ein Beispiel unter vielen zu nennen: ich war überrascht, viel mehr Spuren Nietzsches in Proust zu finden, als ich angenommen hatte, die meisten in Verbindung mit Wagner und mit dem Thema der Musik im Allgemeinen.

täten des menschlichen Intellekts, die einander am nächsten und füreinander am undurchdringlichsten sind, umschließt –: die Literatur und die Philosophie.

Dennoch wird der anscheinend krumme Pfad durch die vernachlässigte und dunkle Nische des Nietzsche-Kanons, in der die Rhetorik liegt, uns schneller zu unserem Ziel hinführen als der gewohnte Weg, der von Studien über Einzelfälle ausgeht und von dort zu synthetischen Generalisierungen fortschreitet. Daß dies Gebiet als eine mögliche Hauptstraße zu zentralen Problemen der Nietzsche-Interpretation vernachlässigt und gemieden wurde, belegt die Bibliographie: eines der raren Bücher, die diesem Gegenstand gewidmet wurden, Joachim Goths ›Nietzsche und die Rhetorik‹ (Tübingen 1970), das auf eine Anregung von Ernst Robert Curtius zurückgeht, bleibt strikt auf Stilbeschreibungen beschränkt und sucht an keiner Stelle, umfassendere Fragen der Interpretation anzugehen. Daß andererseits die Untersuchung von Nietzsches Theorie der Rhetorik, so marginal sie auch sein mag, einige Einsichten zumindest ankündigt, wird durch die Arbeiten einer Reihe junger französischer Kommentatoren wie Philippe Lacoue-Labarthe, Bernard Pautrat, Sarah Kofman und anderer belegt.[2] Unter dem Einfluß eines in Frankreich erneuerten Interesses an Sprachphilosophie ist ihre Arbeit auf die philosophischen Implikationen von Nietzsches Beschäftigung mit der Rhetorik gerichtet, weniger auf Rede- und Überredungstechniken, die in seinem Stil offenkundig eine Rolle spielen. Ich beabsichtige nicht, auf diese Beiträge einzugehen, die bestenfalls erst vorbereitend und vorläufig sind, sondern will in sehr groben und sehr eiligen Zügen andeuten, wie die Frage der Rhetorik auf einige von Nietzsches Texten, frühe wie späte, bezogen werden kann.

Es ist bekannt, daß sich Nietzsches unmittelbare Beschäftigung mit der Rhetorik auf die Notizen für ein Seminar beschränkte, das er

---

[2] Vgl. Bernard Paturat: Versions du soleil – Figures et système de Nietzsche, Paris 1971; Sarah Kofman: Nietzsche et la métaphore, in: Poétique 5 (1971), S. 77–98 –, Philippe Lacoue-Labarthe: Le détour, in: Poétique 5 (1971), S. 53–76, inzwischen auch in: Philippe Lacoue-Labarthe: Le sujet de la philosophie, Paris 1979, und deutsch in der Sammlung: Nietzsche aus Frankreich, hrsg. Werner Hamacher (Berlin/Frankfurt a. M./Wien 1986).

im Wintersemester 1872/73 an der Universität Basel vor nur zwei Studenten abgehalten hatte. Teile dieser Notizen wurden im Band V der Kröner-Musarion-Ausgabe publiziert. Erst aufgrund ihrer vollständigen Veröffentlichung in der neuen Colli-Montinari-Ausgabe werden wir beurteilen können, ob das Argument der früheren Herausgeber, daß die Bedeutung der Notizen nach dem siebten Abschnitt ihre Publikation überflüssig machten, gerechtfertigt war. Ebenso ist bekannt, daß Nietzsches Rhetorik-Vorlesung wenig originell war und reichlich viel aus den seinerzeit für das akademische Studium klassischer Rhetorik gebräuchlichen Lehrbüchern entlehnte, vor allem aus Richard Volkmanns ›Die Rhetorik der Griechen und Römer in systematischer Übersicht‹ (1872), aus Gustav Gerbers ›Die Sprache als Kunst‹ (1872) und zur Frage der Beredsamkeit aus den Arbeiten von Blass (1868).[3] Es gibt indessen so viele Änderungen an diesen Quellen und so viele neue Akzentuierungen in Nietzsches Notizen, daß ihre Untersuchung trotz der mangelnden Originalität gerechtfertigt ist. Die Behauptung, daß sie von mehr als lokaler Bedeutung sind, erfordert freilich eine ausführlichere Begründung. Dem ersten Blick bieten diese Notizen wenig, was sie einer besonderen Aufmerksamkeit empfiehlt.

Zwei Punkte, die aus den Notizen abgeleitet werden können, verdienen hervorgehoben zu werden. Nietzsche bewegt das Studium der Rhetorik von dem der Techniken der „Beredsamkeit" weg, indem er deren Abhängigkeit von einer vorgängigen Theorie der Sprachfiguren oder Tropen darstellt. So enthalten die Notizen eine ausdrückliche Diskussion von mindestens drei Tropen: von Metapher, Metonymie und Synekdoche, und sie erklären Nietzsches Absicht, diese Reihe mit einer Taxonomie von Tropen, in der Katachrese, Allegorie, Ironie, Metalepsis usw. enthalten wären, fortzusetzen. Beredsamkeit und Stil sind die Anwendungsformen einer Theorie der Figuren. Nietzsche schreibt: „Ebensowenig wie zwischen den eigentlichen Wörtern und den Tropen ein Unterschied ist, giebt es einen zwischen der regelrechten *Rede* und den sogenannten

---

[3] Vgl. dazu: Friedrich Nietzsche – Rhétorique et langage, übersetzt, hrsg. und annotiert von Ph. Lacoue-Labarthe und J.-L. Nancy, in: Poétique 5 (1971), S. 100 ff.

rhetorischen Figuren. Eigentlich ist alles Figuration, was man gewöhnlich Rede nennt."[4]

Die Abhängigkeit der Rede von der Figur ergibt sich nur als weitere Konsequenz aus einer grundsätzlicheren Beobachtung. Tropen sind weder ästhetisch, als Ornamente, noch semantisch, als figurative Bedeutungen, die sich von buchstäblichen, eigentlichen Benennungen herleiten, zu verstehen. Eher ist das Umgekehrte der Fall. Die Trope ist keine abgeleitete, marginale oder anormale Form der Sprache, sondern das linguistische Paradigma par excellence. Die figurative Struktur ist nicht ein Sprachmodus unter anderen, sondern sie zeichnet die Sprache insgesamt aus. Eine Reihe von aufeinanderfolgenden Überlegungen läßt erkennen, wie Nietzsche seine Bemerkungen radikalisiert, bis sie die folgende Konklusion erreichen:

Es ist nicht schwer zu beweisen, daß was man als Mittel bewußter Kunst „rhetorisch" nennt, als Mittel unbewußter Kunst in der Sprache und deren Werden thätig waren, ja, daß die *Rhetorik eine Fortbildung der in der Sprache gelegenen Kunstmittel* ist, am hellen Lichte des Verstandes. Es giebt gar keine unrhetorische „Natürlichkeit" der Sprache, an die man appelliren könnte: die Sprache selbst ist das Resultat von lauter rhetorischen Künsten. [...] *die Sprache ist Rhetorik*, denn sie will nur eine δοξα, keine ἐπιστήμη übertragen [...] In summa: die Tropen treten nicht dann und wann an die Wörter heran, sondern sind deren eigenste Natur. Von einer „eigentlichen Bedeutung", die nur in speziellen Fällen übertragen würde, kann gar nicht die Rede sein.[5]

Sie mag zwar als dreistes Paradox erscheinen, aber diese Bemerkung ist verwandt mit ähnlich orientierten Formulierungen in Gerbers ›Die Sprache als Kunst‹. Dies ist nicht so überraschend, wenn man bedenkt, daß Gerber seine Vorläufer in der deutschen Romantik, insbesondere in Friedrich Schlegel und Jean Paul, hatte; die Beziehung von Nietzsche zu seinen sogenannten romantischen Vorläufern ist immer noch weithin verdunkelt durch unser mangelndes Verständnis der romantischen Sprachtheorie. Allerdings ist die direkte Behauptung, daß die paradigmatische Struktur der Sprache rhetorisch sei und sich nicht repräsentativ oder expressiv auf eine referentielle, eigentliche Bedeutung beziehe, in diesem verhältnismäßig

---

[4] Friedrich Nietzsche: Gesammelte Werke, München 1922, Bd. 5, S. 300.
[5] l. c., S. 297–300.

frühen Nietzsche-Text kategorischer formuliert als in den Texten seiner Vorgänger, von denen sie sich herleiten läßt. Sie vollzieht eine vollständige Umkehrung der etablierten Prioritäten, die traditionell die Autorität der Sprache in ihrer Übereinstimmung mit einem außersprachlichen Referenten oder einer Bedeutung gründen lassen und nicht in den innersprachlichen Tropenbeständen.

Eine solche Passage könnte noch als ein verspätetes Echo früherer Spekulationen verstanden werden, die seither längst von den postkantianischen und post-hegelianischen Synthesen überholt worden sind, welche die Rhetorik an ihren gehörigen Platz verwiesen oder sie als eine Form ästhetischer Dekadenz verabschiedet haben, die auch Nietzsche in seinen späteren Schriften gegen Wagner und Schopenhauer als einer der ersten denunzieren wird. Die Frage bleibt indessen, ob Implikationen dieser frühen Spekulationen über Rhetorik in späteren Schriften ausgeführt und entwickelt werden. Auf den ersten Blick scheint das kaum der Fall zu sein. Das rhetorische Vokabular, noch im ›Philosophenbuch‹ reich vorhanden (das vom Herbst 1872 datiert und also der Vorlesung über Rhetorik unmittelbar vorangeht), verschwindet fast völlig seit ›Menschliches, Allzumenschliches‹. Es scheint, als hätte sich Nietzsche von den Problemen der Sprache zu denen des Selbst und zu einer Philosophie gewandt, die in unvermitteltem existentiellen Pathos wurzelt, einem Pathos, das für die Interpretation seines Werks so maßgeblich wurde.

Die Gültigkeit dieses Schemas kann durch die Untersuchung einer einzigen, aber typischen Passage eines der späteren Texte überprüft werden. Er datiert von 1888 und ist Teil der nachgelassenen Fragmente, die unter dem Titel ›Der Wille zur Macht‹ bekannt geworden sind. Der Abschnitt ist charakteristisch für viele späte Nietzsche-Texte und kann nicht als Anomalie angesehen werden. Ich bin nicht primär an seiner These interessiert, sondern eher an der Form, in der sie vorgetragen wird.

In dieser Passage geht es um das, was Nietzsche den Phänomenalismus des Bewußtseins nennt, die Tendenz, geistige Akte wie Erinnerung oder Gefühl mit Begriffen zu beschreiben, die sich aus der Erfahrung der Erscheinungswelt herleiten: Sinneswahrnehmung, die Interpretation räumlicher Strukturen usw. Unter dem Titel ›Der Phänomenalismus der „inneren Welt"‹ schreibt Nietzsche:

Die *chronologische Umdrehung*, so daß die Ursache später ins Bewußtsein tritt als die Wirkung. – Wir haben gelernt, daß der Schmerz an eine Stelle des Leibes projiziert wird, ohne dort seinen Sitz zu haben –: wir haben gelernt, daß die Sinnesempfindung, welche man naiv als bedingt durch die Außenwelt ansetzt, vielmehr durch die Innenwelt bedingt ist: daß die eigentliche Aktion der Außenwelt immer *unbewußt* verläuft ... Das Stück Außenwelt, das uns bewußt wird, ist nachgeboren nach der Wirkung, die von außen auf uns geübt ist, ist nachträglich projiziert als deren „Ursache"...[6]

Die Darstellung beginnt bei einer binären Polarität von klassischer Banalität aus der Geschichte der Metaphysik: dem Gegensatz von Subjekt und Objekt, wie er auf dem räumlichen Modell einer „inneren" und einer „äußeren" Welt aufgebaut ist. An der Betonung der Unverläßlichkeit, der Subjektivität von Sinneseindrücken selber ist nichts Ungewöhnliches. Aber die tragende Hypothese der Polarität wird bald selbst zur Zielscheibe der Analyse. Zuerst darin, daß gezeigt wird, wie die Priorität innerhalb der polaren Struktur umgekehrt werden kann. Dem äußeren, objektiven Ereignis war unterstellt worden, daß es das innere, Bewußtseinsereignis bedingt wie die Ursache die Wirkung bedingt. Es stellt sich nun aber heraus, daß, was als objektive, äußerliche Ursache angesehen wurde, selbst Resultat einer inneren Wirkung ist. Was als Ursache galt, ist in Wirklichkeit die Wirkung einer Wirkung, und was als Wirkung galt, kann seinerseits den Anschein erwecken, als Ursache seiner eigenen Ursache zu fungieren.

Beide Polaritätengruppen, Innen/Außen und Ursache/Wirkung, die zusammen ein geschlossenes und kohärentes System auszumachen schienen (äußere Ursachen bedingen innere Wirkungen), sind nun zu einem arbiträren, offenen System auseinandergeschlagen, in dem die Kausal- und Ortsbestimmungen bis zur Täuschung vertauscht und einander willkürlich substituiert werden können. Die Konsequenz: unser Vertrauen in das ursprüngliche binäre Modell, das als Ausgangspunkt diente, wird erschüttert. Das wichtigste Resultat dieser Dekonstruktion des klassischen Schemas von Ursache/Wirkung und Subjekt/Objekt wird im zweiten Teil dieses Ab-

---

[6] Friedrich Nietzsche: Werke in drei Bänden, hrsg. v. Karl Schlechta, München 1956, Bd. 3, S. 804–805.

schnittes deutlich. Es basiert, wie wir sehen konnten, auf einer Inversion oder „Umdrehung" von Bestimmungen, welche in diesem besonderen Fall als wesentlich zeitliche charakterisiert wird. Logische Priorität wird unkritisch aus der kontingenten zeitlichen Priorität abgeleitet: wir stellen die Pole von Außen und Innen mit denen von Ursache und Wirkung nach Maßgabe der zeitlichen Polarität Vor/Nach oder Früh/Spät zusammen, ohne daß diese reflektiert würde. Das Resultat ist akkumulierter Irrtum, die Folge „aller ehemaligen falschen Kausal-Fiktionen", die, was die „wirkliche" Welt betrifft, sämtlich an „den alten Irrtum vom Grunde"[7] gebunden sind. Der gesamte Prozeß von Substitution und Verkehrung wird von Nietzsche – und das ist für uns in diesem Kontext der wichtigste Punkt – als ein sprachliches Ereignis verstanden. Der Abschnitt schließt folgendermaßen: Die

„innere Erfahrung" tritt uns ins Bewußtsein, erst nachdem sie eine Sprache gefunden hat, die das Individuum *versteht* – d. h. eine Übersetzung eines Zustandes in ihm *bekanntere* Zustände –: „verstehen" das heißt naiv bloß: etwas Neues ausdrücken können in der Sprache von etwas Altem, Bekanntem.[8]

Was hier Sprache genannt wird, ist das Medium, in dem das in diesem Abschnitt beschriebene Spiel von Verkehrungen und Substitutionen stattfindet. Dieses Medium oder diese Eigenart der Sprache stellt daher die Möglichkeit der wechselweisen Substitution binärer Polaritäten wie Vor für Nach, Früh für Spät, Außen für Innen und Ursache für Wirkung bereit, und zwar ohne Rücksicht auf den Wahrheitswert dieser Strukturen. Doch genau so definiert Nietzsche auch die rhetorische Figur, das Paradigma der Sprache überhaupt. In der Vorlesung über Rhetorik wird die Metonymie als das charakterisiert, was in der rhetorischen Terminologie auch Metalepsis heißt, als „Vertauschung von Ursache und Wirkung", und eines der Beispiele, die Nietzsche anführt, ist, bezeichnend genug, die Substitution von „Zunge" für Sprache. Später wird in denselben Notizen Metonymie als Hypallage definiert und folgendermaßen charakterisiert:

---

[7] l.c., Bd. 3, S. 805.
[8] l.c.

[...] die abstrakten Substantiva sind Eigenschaften in uns und außer aus, die ihren Trägern entrissen werden, und als selbständige Wesen hingestellt werden. [...] Jene Begriffe, die lediglich unserer Empfindung ihr Entstehen verdanken, werden als das innere Wesen der Dinge vorausgesetzt: wir schieben den Erscheinungen als *Grund* unter, was doch nur Folge ist. Die Abstrakta erregen die Täuschung, als seien *sie* jenes Wesen, welches die Eigenschaften bewirkt, während sie nur in Folge jener Eigenschaften von uns bildliches Dasein erhalten.[9]

Praktisch derselbe Text, der 1872 die Metonymie ausdrücklich als den Prototyp aller figurativen Sprache definiert, beschreibt 1888 ein metaphysisches Konstrukt (den Phänomenalismus des Bewußtseins) als aufgrund seiner sprachlichen, rhetorischen Struktur dekonstruierbar. Wir befassen uns hier nicht mit den Konsequenzen dieser Kritik des Phänomenalismus, die in mancher Hinsicht eine vorweggenommene Kritik dessen darstellt, was später als Phänomenologie bekannt werden wird. Leser des ›Willens zur Macht‹ wissen, daß diese Kritik den Phänomenalismus keineswegs zu beseitigen, sondern unsere Aufmerksamkeit auf die Tendenz zu richten sucht, Bewußtsein zu einer maßgeblichen ontologischen Kategorie zu hypostasieren. Und sie werden auch bemerken, daß das Argumentationsmuster, das hier gegen den Begriff des Bewußtseins gerichtet wird, dasselbe ist wie dasjenige, das die Kritik der zentralen Kategorien der metaphysischen Tradition leitet: der Begriffe von Identität und Kausalität, von Subjekt und Objekt, von Wahrheit usw. Legitimerweise können wir deshalb behaupten, daß der Schlüssel zu Nietzsches Kritik der Metaphysik – die vielleicht irreführend als eine bloße *Umkehrung* der Metaphysik oder des Platonismus beschrieben worden ist – im rhetorischen Modell der Trope liegt oder, anders gesagt, in der Literatur als der am ausdrücklichsten in Rhetorik gegründeten Sprache.

Die Idee der Umkehrung oder Vertauschung von Bestimmungen (im vorausgehenden Beispiel ist es die Vertauschung der Attribute von Ort und Kausalität) erscheint bei Nietzsche konstitutiv gepaart mit der Idee des Irrtums: die kritische Dekonstruktion zeigt, daß philosophische Modelle wie der Phänomenalismus des Bewußtseins

---

[9] Musarion-Ausgabe, Bd. 5, S. 319.

tatsächlich Verirrungen sind, deren systematische Wiederkehr die Gesamtheit der klassischen Metaphysik beherrscht. Sollte daraus nicht folgen, daß es genügen müßte, sich des Umstandes bewußt zu werden, daß der Irrtum sich auf rhetorische Substitutionen gründet, um ihn aufzulösen und die Bestimmungen an ihren „richtigen" Ort zu rücken? Wenn Zeit- und Kausalbestimmungen in unrichtiger Weise miteinander verbunden worden sind, müßte es möglich sein, die Kreuzung der miteinander vertauschten Polaritäten rückgängig zu machen, um dem Anspruch der Wahrheit Genüge zu tun. Im gegenwärtigen Falle wäre es denkbar, das irreführende zeitliche Schema zu entfernen und für die abgeleitete Ursache, die fälschlich als in der Außenwelt objektiv vorhanden angesehen wurde, eine authentische Ursache einzusetzen, die aus der kritischen Dekonstruktion der irrigen erschlossen werden könnte. Setzen wir als gesichert voraus, daß die Fehlinterpretation der Realität, die Nietzsche in der philosophischen Tradition systematisch wiederholt findet, tatsächlich in der rhetorischen Struktur der Sprache wurzelt –, können wir dann nicht hoffen, dieser Fehlinterpretation durch eine gleichermaßen systematische Reinigung der Sprache von ihren gefährlichen figuralen Eigenschaften zu entfliehen? Ist es nicht möglich, von der rhetorischen Sprache der Literatur zu einer Sprache fortzuschreiten, die, wie die der Naturwissenschaft oder der Mathematik, epistemologisch zuverlässiger wäre? Die Ambivalenz von Nietzsches Verhältnis zu Wissenschaft und Literatur, wie sie zum Beispiel im Gebrauch des Begriffs Wissenschaft im Titel ›Die fröhliche Wissenschaft‹ oder in den späteren Fragmenten, die auf die ›Geburt der Tragödie‹ zurückblicken, hervortritt, deutet die Komplexität seiner Position nur an. Man kann diese Texte als Verherrlichung wie als Verdammung der Literatur lesen. Der Grundzug von Nietzsches Denken läßt sich, was diesen Punkt betrifft, besser verstehen, wenn diejenigen Texte in die Untersuchung einbezogen werden, die der Vorlesung über Rhetorik von 1873 vorausgehen, insbesondere das nie vollendete ›Philosophenbuch‹.

Genau diese Frage nach der Möglichkeit, den Fallgruben der Rhetorik dadurch zu entkommen, daß man sich der Rhetorizität der Sprache vergewissert, ist für das gesamte ›Philosophenbuch‹ und sein einziges vollendetes Kapitel, den Versuch ›Über Wahrheit und

Lüge im außermoralischen Sinn‹, zentral. Der Essay konstatiert rundheraus die notwendige Subversion der Wahrheit durch Rhetorik als Charakteristikum aller Sprache. „Was ist Wahrheit?" fragt Nietzsche, und er antwortet:

> Ein bewegliches Heer von Metaphern, Metonymien, Anthropomorphismen, kurz eine Summe von menschlichen Relationen, die, poetisch und rhetorisch gesteigert, übertragen, geschmückt wurden und die nach langem Gebrauch einem Volke fest, kanonisch und verbindlich dünken: die Wahrheiten sind Illusionen, von denen man vergessen hat, daß sie welche sind, Metaphern, die abgenutzt und sinnlich kraftlos geworden sind, Münzen, die ihr Bild verloren haben und nun als Metall, nicht mehr als Münzen, in Betracht kommen.[10]

Was über dieser falschen Buchstäblichkeit vergessen wird, ist just die rhetorische, symbolische Qualität aller Sprache. Die Degradation der Metapher zu buchstäblicher Bedeutung wird nicht verurteilt, weil sie das Vergessen einer Wahrheit wäre, sondern weil sie vielmehr die Un-Wahrheit vergißt, die Lüge, die die Metapher zuerst war. Der Glaube an die eigentliche Bedeutung der Metapher ist naiv, weil ihm das Bewußtsein von der problematischen Natur ihrer faktischen, referentiellen Begründung fehlt.

Der erste Schritt in Nietzsches Dekonstruktion erinnert uns deshalb, wie in dem obigen Zitat, an die Figuralität aller Sprache. Im Unterschied zur ›Geburt der Tragödie‹ wird diese Einsicht hier offen als das Hauptthema des Essays angegeben. Folgt daraus, daß der Text deshalb der Art von Irrtum entgeht, die er denunziert? Und da wir die Möglichkeit dieses Irrtums zum Merkmal von Literatur überhaupt machen können –, folgt daraus etwa, daß der Essay ›Über Wahrheit und Lüge‹ nicht länger Literatur, sondern etwas ist, das der Wissenschaft näher steht – wie Wittgensteins ›Tractatus‹ eher wissenschaftlich als literarisch zu sein beanspruchen kann? Oder können wir, wenn wir einen hybriden Text wie diesen „philosophisch" nennen, Philosophie als die systematische Demystifikation literarischer Rhetorik definieren?

Der Text setzt seinen dekonstruktiven Gang fort, indem er einige derjenigen Begriffe in Frage stellt, die Zielscheiben auch der späteren

---

[10] Friedrich Nietzsche: Werke in drei Bänden, Bd. 3, S. 314.

Kritik der Metaphysik im ›Willen zur Macht‹ sind. Er zeigt zum Beispiel, daß die Idee der Individuation und der menschlichen Subjektivität als einer privilegierten Instanz eine bloße Metapher ist, durch die sich der Mensch gegen seine eigene Bedeutungslosigkeit schützt, indem er seine Weltdeutung dem gesamten Universum aufzwingt, indem er also ein anthropozentrisches Bedeutungsgefüge, das seiner Eitelkeit schmeichelt, an die Stelle eines Bedeutungsgefüges setzt, das ihn auf einen flüchtigen Zufall in der kosmischen Ordnung reduziert. Diese metaphorische Substitution ist irrig, doch kein menschliches Wesen könnte ohne diesen Irrtum entstehen. Angesichts der Wahrheit seiner Inexistenz würde das Selbst wie ein Insekt von der Flamme verzehrt, die es anzieht. Doch der Text, der diese Vernichtung des Selbst behauptet, wird selber nicht verzehrt, weil er sich selbst noch als das Zentrum sieht, das die Behauptung aufstellt. Die Attribute von Zentrum und Selbstheit werden im Medium der Sprache ausgetauscht. Indem die Sprache, die das Selbst entwertet, sich zum Zentrum macht, rettet sie das Selbst im selben Augenblick, in dem es ihm die Bedeutungslosigkeit und Leere einer bloßen Sprachfigur zuschreibt. Das Selbst kann als Selbst nur bestehen, wenn es sich in den Text verschiebt, der es negiert. Das Selbst, das zuerst als ihr empirischer Referent das Zentrum der Sprache war, wird nun zur Sprache des Zentrums als Fiktion, als Metapher des Selbst. Was ursprünglich ein bloß referentieller Text war, wird nun zum Text eines Textes, zur Figur einer Figur. Die Dekonstruktion des Selbst als einer Metapher mündet nicht in der strengen Scheidung zweier Kategorien (Selbst und Figur), sondern in einem Austausch von Eigenschaften, der beider Fortbestand ermöglicht, freilich um den Preis ihrer buchstäblichen Wahrheit. Dieser Prozeß ist genau das, was Nietzsche als die beispielhafte „Lüge" der Sprache beschreibt: „Der Lügner gebraucht die gültigen Bezeichnungen, die Worte, um das Unwirkliche als wirklich erscheinen zu machen; [...] Er mißbraucht die festen Konventionen durch *beliebige Vertauschungen oder gar Umkehrungen der Namen*."[11] Indem er das Subjekt einen Text nennt, ernennt der Text sich selbst, in gewissem Umfang, zum Subjekt. Die Lüge erhebt sich zu neuer figuraler Macht, aber sie ist

---

[11] l.c., Bd. 3, S. 311 (Hervorhebung von P. d. M.).

Rhetorik der Tropen

immer noch eine Lüge. Indem wir als Wahrheit behaupten, daß das Selbst eine Lüge ist, sind wir der Täuschung nicht entkommen. Wir haben bloß das gewöhnliche Schema umgekehrt, das Wahrheit aus der Übereinstimmung zwischen Selbst und Anderem herleitet, indem wir gezeigt haben, daß die Fiktion einer solchen Übereinstimmung für die Entstehung der Illusion des Selbst vonnöten ist.

Das Muster tritt vielleicht am deutlichsten zutage in der Umkehrung der Kategorien von Gut und Böse in ihrer Verbindung mit denen von Wahrheit und Lüge. Das übliche Schema leitet das Gute von der Wahrheit, das Böse von der Falschheit ab. Nietzsche erzählt die Geschichte vom umgekehrten Muster: um in Gesellschaft überleben zu können, begann der Mensch durch Lüge.

Nun vergißt freilich der Mensch, daß es so mit ihm steht; er lügt also in der bezeichneten Weise unbewußt und nach hundertjährigen Gewöhnungen – und kommt eben *durch diese Unbewußtheit*, eben durch dies Vergessen zum Gefühl der Wahrheit. An dem Gefühl, verpflichtet zu sein, ein Ding als „rot", ein anderes als „kalt", ein drittes als „stumm" zu bezeichnen, erwacht eine moralische, auf Wahrheit sich beziehende Regung: aus dem Gegensatz des Lügners, dem niemand traut, den alle ausschließen, demonstriert sich der Mensch das Ehrwürdige, Zutrauliche und Nützliche der Wahrheit.[12]

So wird gezeigt, daß die Tugend aus Lügen entspringt. Doch der Text kann bei dieser Dekonstruktion, die immerhin in gewissem Umfang die Sittlichkeit der Täuschung rechtfertigen könnte (wie wir zum Beispiel im politischen Kontext bei Machiavelli und Rousseau erfahren), nicht zur Ruhe kommen. Denn wenn wir an die Sittlichkeit der Täuschung glauben, so müssen wir auch an das Böse der Wahrheit glauben, und in dem Maße, in dem die Gesellschaft durch Täuschung zusammengehalten wird, muß das offene Eingeständnis dieses Faktums auch die moralische Ordnung zerstören. Man kann ohne nähere Präzisierung schwerlich behaupten, daß ein Text wie dieser gesellschaftlich oder moralisch erhebend ist. Wieder hat die Umkehrung der Polaritäten nicht zur Wiederherstellung der buchstäblichen Wahrheit geführt – denn in diesem Fall würde sie in der Überzeugung liegen, daß moralische Erziehung die Fähigkeit zur Lüge auszubilden hätte –, statt dessen hat sie uns noch tiefer in die

[12] l.c., S. 314.

Komplikationen des rhetorischen Trugs hineingetrieben. Wir mögen zwar die rhetorische Form gewechselt haben, aber wir sind gewiß nicht der Rhetorik entflohen. Was auch kaum zu erwarten war. Die ursprüngliche Paarung von Rhetorik und Irrtum, der wir von der Rhetorik-Vorlesung bis zum ›Willen zur Macht‹ begegnen, war auf jenem kreuzweisen Austausch von Eigenschaften gegründet, den die Rhetorik als Chiasmus bezeichnet. Und es stellt sich nun heraus, daß der Prozeß der Dekonstruktion, wie er in diesem Text zu beobachten ist, ein weiterer Austausch dieser Art ist, in dem sich dieselbe rhetorische Struktur ein weiteres Mal wiederholt. Alle rhetorischen Strukturen, ob wir sie nun Metapher, Metonymie, Chiasmus, Metalepsis, Hypallage oder anders nennen, basieren auf substitutiven Umkehrungen, und es ist in hohem Maße unwahrscheinlich, daß eine weitere solche Umkehrung hinreichen könnte, die Dinge an ihren eigentlichen Platz zu rücken. Eine „Wendung" oder eine Trope, zu einer Reihe früherer Umkehrungen hinzugefügt, wird die Wendung zum Irrtum nicht aufhalten. Ein Text wie ›Über Wahrheit und Lüge‹ bleibt durch und durch literarisch, rhetorisch und trügerisch, obgleich er sich selber zu Recht als eine Demystifikation literarischer Rhetorik darstellt. Heißt das aber, daß er in einer Erhebung der Literatur über die Wissenschaft enden wird oder, wie manchmal von Nietzsche behauptet wird, in einer bloß literarischen Konzeption von Philosophie?

Zwei Zitate aus dem ›Philosophenbuch‹, das nahezu zeitgleich zu ›Über Wahrheit und Lüge‹ entstanden ist, zeigen die Zweideutigkeit, die diesem Problem anhaftet, ganz deutlich. Einerseits wird der Wahrheitswert der Literatur, obgleich ein negativer, anerkannt und bestätigt. Kunst wird nicht länger mit der dionysischen Unmittelbarkeit der Musik assoziiert, sondern ist nunmehr in ihrer dekonstruktiven Funktion offen sokratisch. Deshalb ist sie von allen menschlichen Tätigkeiten die einzige, die Anspruch auf Wahrheit erheben kann: „Kunst behandelt also den *Schein als Schein*, will also gerade *nicht* täuschen, ist *wahr*."[13] Doch die Wahrheit des Scheins ist im Unterschied zur Wahrheit des Seins keine Drohung und keine Leidenschaft, die in solchen Wendungen beschrieben werden könnte, wie

[13] Musarion-Ausgabe, Bd. 6, S. 98.

Rhetorik der Tropen 183

›Die Geburt der Tragödie‹ sie gebraucht, um das dionysische Pathos der Wahrheit zu evozieren. Man kann deshalb behaupten, daß sie über Lust und Schmerz steht, wobei diese Begriffe in ihrem gebräuchlichen Sinn zu nehmen sind. Der Künstler, der in der Anerkennung von Illusion und Lüge sich wahrhaftig verhält, gewinnt dadurch eine spezifische Art von affektiver Freiheit, eine Euphorie, die die einer *fröhlichen* Wissenschaft oder der homerischen *Heiterkeit* ist, völlig verschieden vom Lustprinzip, das an Libido und Begehren gebunden ist. „So lange man *Wahrheit* in der Welt sucht, steht man unter der Herrschaft des Triebes: der aber will *Lust* und nicht Wahrheit, er will den Glauben an die Wahrheit, also die Lustwirkungen dieses Glaubens."[14] Nur der Künstler, der die ganze Welt als Schein betrachten kann, ist im Stande, sie begierden- und trieblos anzusehen: das führt zum Gefühl der Freiheit und Schwerelosigkeit, das den von den Zwängen referentieller Wahrheit entlasteten Menschen charakterisiert, und bezeichnet einen Zustand, den Barthes im Auge haben mußte, als er, in freilich jüngerer Zeit, von «la libération du signifiant» sprach. ›Über Wahrheit und Lüge‹ beschreibt das Hochgefühl, das sich mit diesem Typ von „Wahrheit" verbindet:

Der Intellekt, jener Meister der Verstellung, ist so lange frei und seinem sonstigen Sklavendienste enthoben, als er täuschen kann, ohne zu *schaden*, und feiert dann seine Saturnalien. Nie ist er üppiger, reicher, stolzer, gewandter und verwegener: mit schöpferischem Behagen wirft er die Metaphern durcheinander und verrückt die Grenzsteine der Abstraktionen, so daß er zum Beispiel den Strom als den beweglichen Weg bezeichnet, der den Menschen trägt, dorthin, wohin er sonst geht. [...] Er kopiert das Menschenleben, nimmt es aber für eine gute Sache und scheint mit ihm sich recht zufrieden zu geben.[15]

Diese attraktive Paarung von Heraklit und Stendhal geht aber nicht ohne Gefahrensignale vonstatten. Sie hat ihre eigene Pseudo-Teleologie, der Fluß der Zeit genießt sich im selbstgenügsamen, unschuldigen Schauspiel seiner eigenen Bewegung. Doch wenn diese Bewegung auf die bloße Erscheinung reduziert wird, die sie ist, verliert sie ihren Grund und wird zu einer unter einer Vielzahl anderer Meta-

---

[14] l.c.
[15] Schlechta-Ausgabe, Bd. 3, S. 320.

phern der Selbstzerstörung, die über diesen kurzen Text versprengt sind: das Insekt und das flatternde Licht, die Begriffspyramide, die sich als Grab erweist, der seiner Hände beraubte Maler, der Mensch, der auf dem Rücken eines Tigers in Träumen hängt.[16] Die all diesen Bildern innewohnende Drohung ist derjenigen nicht unähnlich, die mit der Verwechslung zwischen einer Straße und einem Fluß verbunden ist. Die kritische Dekonstruktion, die zur Aufdeckung des literarischen, rhetorischen Wesens des philosophischen Wahrheitsanspruchs führt, ist lauter und unabweislich genug: Literatur erweist sich als der zentrale Gegenstand der Philosophie und als das Modell jener Art von Wahrheit, die sie erstrebt. Doch wenn Literatur uns durch die Freiheit ihrer figurativen Kombinationen verführt, die so viel lichter und luftiger sind als mühevoll ausgearbeitete Begriffskonstruktionen, so ist sie dadurch nicht weniger trügerisch, daß sie ihre eigenen trügerischen Eigenschaften eingesteht. Der Schluß des Essays zeigt den Künstler in einer nicht eben beneidenswerten Situation: zwar ist er in der Tat freier, aber „freilich leidet er heftiger, *wenn* er leidet: ja er leidet auch öfter, weil er aus der Erfahrung nicht zu lernen versteht und immer wieder in dieselbe Grube fällt, in die er einmal gefallen. Im Leide ist er dann ebenso unvernünftig wie im Glück, er schreit laut und hat keinen Trost."[17] Ein Aphorismus, der aus genau derselben Zeit stammt, sagt es unverblümter und aus einem weniger persönlichen Blickwinkel: es mag wahr sein, daß die Kunst die Norm der Wahrheit setzt, aber „Wahrheit tödtet – ja tödtet sich selbst (insofern sie erkennt, dass ihr Fundament der Irrthum ist)".[18] Philosophie erweist sich als unendliche Reflexion ihrer eigenen Destruktion in den Händen der Literatur.

Diese unendliche Reflexion ist selber eine rhetorische Form, da sie unfähig ist, dem rhetorischen Trug zu entfliehen, den sie denunziert. Die Definition dieser Form liegt außerhalb unsrer aktuellen Interessen, aber einige entsprechende Hinweise können wir schon der eben zitierten Beschreibung der Zwangslage des Künstlers, und einige weitere der allgemeinen Tonalität und der Struktur dieses

---

[16] l.c., S. 310, 315, 317, 311.
[17] l.c., S. 322.
[18] Musarion-Ausgabe, Bd. 6, S. 93.

Textes entnehmen. Zunächst: die Beschreibung ist nicht die einer tragischen Situation; das in der Passage beschriebene Leiden wie das zuvor dargestellte Glück können schlechterdings nicht ernst genommen werden, denn beide sind Resultat der Narrheit. Dieselbe Narrheit eignet aber auch dem Text selbst, denn der Künstler-Autor dieses Textes ist, als Künstler, für sie ebenso empfänglich wie die in seinem Text beschriebene Künstlerfigur. Die Weisheit des Textes ist selbstzerstörerisch (Kunst ist wahr, aber die Wahrheit tötet sich selbst), doch diese Selbstzerstörung wird durch eine unendliche Folge rhetorischer Umkehrungen verschoben, die sie durch die endlose Wiederholung derselben Figur zwischen der Wahrheit und dem Tod dieser Wahrheit suspendiert. Die Androhung unmittelbarer Zerstörung wird dadurch, daß sie sich selbst als Sprachfigur darstellt, zur dauernden Wiederholung dieser Drohung. Da diese Wiederholung ein zeitliches Ereignis ist, kann es in einer Sequenz erzählt werden, doch was da erzählt wird, der Gegenstand der Geschichte, ist selbst eine bloße Figur. Ein nicht-referentieller, repetitiver Text erzählt die Geschichte eines buchstäblich zerstörerischen, aber ganz untragischen sprachlichen Ereignisses. Wir könnten diese rhetorische Form, die die der «conte philosophique» ›Über Wahrheit und Lüge‹ und darüber hinaus die des philosophischen Diskurses insgesamt ist, als ironische Allegorie bezeichnen – aber nur, wenn wir „Ironie" mehr im Sinne von Friedrich Schlegel als in dem von Thomas Mann verstehen. Der Ort, an dem wir etwas von dieser Ironie finden können, liegt in Nietzsches eigenem Werk, nicht in dem seiner angeblichen Nachfahren.

Diese Schlußfolgerung über die fundamental ironische und allegorische Natur von Nietzsches Diskurs erstreckt ihre Geltung auf die Werke, die dem ›Philosophenbuch‹ folgen, wie auch auf die, die ihm vorangehen, und auf das Verhältnis zwischen diesen mehr oder weniger willkürlich voneinander isolierten Epochen. Wie eine ironische Lektüre allegorischer Texte wie ›Also sprach Zarathustra‹ oder ›Die Genealogie der Moral‹ oder wie die allegorische Lektüre ironischer Aphorismen-Reihen aus ›Die fröhliche Wissenschaft‹ oder ›Der Wille zur Macht‹ zu verfahren hätten, kann hier nicht – und sei's auch nur skizzenhaft – dargestellt werden. Es mag am Ende ergiebiger sein zu prüfen, wie ein früher Text wie ›Die Geburt der Tragödie‹ in dieses Muster hineinpaßt. Denn eine der hartnäckigsten Formen, in denen sich die Illusion, die rhetorische Blindheit ließe sich überwinden, zum Ausdruck bringt, ist die Übertragung dessen, was Nietzsche „den alten Irrtum vom Grunde" nennt, aus der *Aussage* in die *Geschichte* des Textes. Wenn man die Ambivalenz des späten Nietzsche gegenüber dem Problem der Wahrheit für gesichert hält, kann man diese Behutsamkeit leicht mit der relativen Naivität der früheren Schriften kontrastieren. Bestimmte Texte seit ›Über Wahrheit und Lüge‹ können als epistemologisch destruktiv anerkannt werden, doch wenn man sie als Stationen einer Entwicklung auffaßt, die über die angeblichen Verblendungen der früheren Schriften hinausführt, bleibt die „Geschichte" von Nietzsches Werk als ganzem die einer Erzählung, deren Gestalten sich vom Falschen zum Wahren, von Blindheit zu Einsicht bewegen. Dann aber ist die Frage zu stellen, ob das Muster dieser Erzählung „historisch" ist, das heißt eine teleologische Bedeutung offenbart, oder „allegorisch", das heißt wiederholend auf eine potentielle Verwirrung von figurativer und referentieller Aussage bezogen ist. Ist Nietzsches Werk als Prozeß strukturiert, als Bewegung des „Werdens" – Nietzsches später Hinweis auf die „Unschuld des Werdens" ist wohlbekannt –, oder ist es als Wiederholung strukturiert? Das Gewicht dieser Frage wird allein schon aus dem Zwangscharakter deutlich, mit dem Nietzsche selbst und nicht minder seine Interpreten immer wieder zu den Rätseln seiner frühen ›Geburt der Tragödie‹ zurückgekehrt sind.

Das offenkundige Pathos und die Exaltation der ›Geburt der Tragödie‹ scheint mit Ironie ganz unverträglich. Es ist schwierig, diesen Text nicht als ein Plädoyer für die unvermittelte Gegenwart des Willens, für eine wahrhaft tragische gegenüber einer ironischen Kunst zu lesen. Wäre das wirklich der Fall, dann müßte man eine genuine Entwicklung, sogar eine Konversion in Nietzsches Denken während der Zeit, die der Niederschrift der ›Geburt der Tragödie‹ folgt, annehmen. Die Konversion könnte durch seine Beschäftigung mit der Rhetorik in Gang gekommen sein, wie sie im ›Philosophenbuch‹ und in den Vorlesungs-Notizen von 1873 dokumentiert sind, und sie würde sich auch in der Reaktion gegen Wagner und Schopenhauer in den ›Unzeitgemäßen Betrachtungen‹ abzeichnen. Die Struktur des

Werkes als ganzem würde dann wesentlich verschieden sein von der, die in ›Über Wahrheit und Lüge‹ beschrieben und inszeniert wird. Eine rhetorisch bewußtere Lektüre der ›Geburt der Tragödie‹ zeigt, daß alle Autoritätsansprüche, die in ihr erhoben zu werden scheinen, durch Äußerungen, die der Text selber enthält, untergraben werden. Und wenn man auch Notizen in Rechnung zieht, die für ›Die Geburt der Tragödie‹ geschrieben, aber nicht in den publizierten Text aufgenommen worden sind, wird die in der letzten Fassung implizite Ironisierung unverkennbar. Darüber hinaus zeigt die neue kritische Edition von Nietzsches Werken, in die auch marginale Materialien zur ›Geburt der Tragödie‹ aufgenommen worden sind, daß der Ausschluß dieser Notizen von Überlegungen diktiert war, die die epistemologische Autorität des in der publizierten Fassung entfalteten Systems noch radikaler zerreißt. Wir erfahren aus diesen Fragmenten, daß die Bewertung des Dionysos als der ersten Quelle der Wahrheit viel eher eine taktische Notwendigkeit als eine substantielle Behauptung ist. Nietzsche muß zu seinem Auditorium in Begriffen des Dionysischen reden, weil es, anders als die Griechen, unfähig ist, die apollinische Sprache von Figur und Erscheinung zu verstehen. Mit pseudo-historischen Argumenten, die an Hölderlins Reflexionen über die dialektische Beziehung zwischen der griechischen und der westlichen Welt erinnern, schreibt Nietzsche: „Die antike Fabel symbolisirte das Dionysische (in Bildern). Jetzt symbolisirt das Dionysische das Bild. Das Dionysische wurde durch das Bild erklärt. Jetzt wird das Bild durch das Dionysische erklärt. Also völlig umgekehrtes Verhältniß. [...] Ihnen war die Bilderwelt das an sich Klare, uns ist es das Dionysische."[19] Woraus folgt, daß das gesamte Wertsystem, das in der ›Geburt der Tragödie‹ am Werk ist, willkürlich umgekehrt werden kann. Das dionysische Vokabular wird nur gebraucht, um das Apollinische, das es dekonstruiert, einem verblendeten Publikum verständlicher zu machen. Dieser Austausch von Attributen, der die Kategorien von Wahrheit und Schein involviert, beraubt beide Pole ihrer Autorität. Die binäre Polarität, die die Erzählung des Textes strukturiert, stellt sich als die-

---

[19] Friedrich Nietzsche – Sämtliche Werke, Kritische Studienausgabe, Bd. 7, S. 308.

selbe Figur heraus wie die, der wir in allen früheren Beispielen begegnet sind, als derselbe Namenstausch, der in ›Über Wahrheit und Lüge‹ erwähnt worden ist. Wenn wir Nietzsche mit jener rhetorischen Aufmerksamkeit lesen, die er selbst in seiner Theorie der Rhetorik kultiviert, so werden wir finden, daß die allgemeine Struktur seines Werkes der endlos wiederholten Geste jenes Künstlers gleicht, der „aus der Erfahrung nicht zu lernen versteht und immer wieder in dieselbe Grube fällt, in die er einmal gefallen". Am schwersten fällt das Eingeständnis, daß diese Allegorie der Irrungen das Modell philosophischer Strenge ist.

BILDUNGS- UND SOZIALGESCHICHTLICHE ASPEKTE

Walter Magass: Das öffentliche Schweigen, Verlag Lambert Schneider, Heidelberg 1967, S. 37–43.

JENSEITS DER REDE:
DAS EIGENTLICHE DEUTSCHLAND

Von WALTER MAGASS

Zur öffentlichen Rede gehört der verändernde Trieb, der auf ein Besseres aus ist, gehört der Optimismus der Aufklärung, daß alle natürlichen Verhältnisse auch menschlich angeeignet werden können durch Rede-Räson in Kunst und Bildung.

Seit dem 18. Jahrhundert und besonders seit der politischen Romantik setzt eine Gegenbewegung ein, die noch unmittelbarer sein will als die Rede. Sie will die Aufklärung überholen und als eine „Stadtkultur" durchschauen. Leben und Unmittelbarkeit, Traum und Vision quellen aus der deutschen „Natur". Von Kain dem Städtebauer, meint Franz von Baader, stamme „der kainitische Stamm, der erste industriöse und rationalistische".[1]

Die Tiefe der Welt und ihr Geheimnis suchen sich unmittelbar ihre Objektivation. Die Musik und die Lyrik sammeln alle Energien des inneren Reiches.

Adam Müller hat uns dieses Innere offen gelegt. Die Poesie hat in Deutschland „eine Art von Publikum, die Beredsamkeit aber keines". Es ist das Unglück der Nation, daß die Gefäße den wertvollen Inhalt nicht fassen können. Justus Möser hatte noch sagen können, daß das Volk keine Gelegenheit gehabt habe, sich selbst dar-

---

[1] Franz von Baader: Schriften zur Gesellschaftsphilosophie, Jena 1925, S. 445. In Frankreich ist bis zur Revolution Stadt und sens commun identisch. Mario Wandruszka: Der Geist der französischen Sprache, Hamburg 1959, S. 123. – Die Diskriminierung der Stadt als Lebensform finden wir verbunden mit dem antirhetorischen Affekt besonders bei Vilmar und W. H. Riehl. Riehl: *„Die Herrschaft der Großstädte wird zuletzt gleichbedeutend werden mit der Herrschaft des Proletariats."* Die Naturgeschichte des deutschen Volkes, Leipzig 1935, S. 109.

zustellen; Adam Müller stellt fest, „daß sie (sc. die Nation) das äußere Leben, Vaterland und Gesellschaft versäumt hat".
Was fehlt ... „kein Wörterbuch, auch keine Hauptstadt". Die vermeintliche deutsche Größe: „unser Gedanke reicht weiter als unsere Sprache."[2]
Kein Maß der westlichen Welt vermag dieses „Reich" auszumessen: hier gelten Extension und Progreß nichts mehr, sondern alles ist Ursprung und Anfang.
An Ernst Moritz Arndt und seinen Aussagen über die deutsche Sprache können wir das Ineinander von Anspruch und Inferiorität besonders gut sehen; die deutsche Sprache sei „eine Ursprache und keine Mischlingssprache". Sie hat sich wohl noch nicht herausgearbeitet, sei noch nicht allgemein geachtet, laufe herum „als eine gemeine Magd", „wie die verlegene und blöde arme Sünderin".
Die Elementargeister nährten sie noch, daher trage sie Züge des Gespenstischen, des Schwankenden und Unbestimmten.[3] Diese Sprache ist zu Größerem berufen als zur Diskussion und endloser Debatte, als zur Klärung von bestimmten Dingen. Diese Sprache hält sich für fähig, jenseits allen Streites das Wesen der Versöhnung selbst auszusprechen. „Aller reeller Streit ist ein Schein..." „Genau haben die meisten Revolutionisten nicht gewußt, was sie wollten – Form oder Unform."[4]
Am ergiebigsten für das deutsche Wesen wäre es überhaupt, aus dem Prozeß der Geschichte auszusteigen in ein Reich der Natur, aus der Rede in das Schweigen.
Die Polis aber ist ein Ort der Verantwortung und politische Geschichte eine Herausforderung für die verantwortliche Rede als ein Handeln.
Die öffentliche Rede spricht in eine bestimmte geschichtliche Situation hinein, die in einem schon laufenden Prozeß ihren epochalen Stellenwert hat. Erwartung und Hoffnung sind in der Rede anwesend, Tageshelligkeit und Neuland des Kommenden. Armin Mohler

---

[2] Adam Müller in: Wert und Ehre deutscher Sprache, hrsg. von Hugo von Hofmannsthal, Frankfurt a. M. 1957, S. 136, 140.
[3] E. M. Arndt, daselbst S. 144, 150, 152, 154.
[4] Novalis: Sämtliche Werke, Stuttgart 1960, II, 232; 499.

Jenseits der Rede: das eigentliche Deutschland

hat in seiner Studie von 1950 ›Die konservative Revolution‹ nachzuweisen versucht, daß die Konservativen der 20er Jahre den Logos der Geschichte zurückbringen wollten zum kreisenden Mythos.

Die Welt ist ganz Mittag, „ganz Zeit ohne Ziel". Nietzsche. Die zyklische Parusie des Seins bedarf des Gesanges, als eines Organs der Eigentlichkeit. Die öffentliche Rede vermag nur auf Antagonismen zu weisen. Was gefordert wird, ist Weltanschauung. Wovon spricht der Mythos? Die Welt – „ganz nur Spiel". Friedrich Nietzsche, Sils-Maria.

Die deutsche Bewegung wußte sich von Dionysos gerufen, die Welt und ihre Geschichte als „Spiel" zu verstehen. „Dionysos als den Gott des Spiels."[5]

Der Tod als ewige Wiederkehr und der ›Wille zur Macht‹ als Wille zur eigenen Geschichte können Deutschland lehren, sich selbst zu behaupten. Das sind die zwei großen „Rhetoren", denen die Deutschen bezaubert gelauscht haben, dem Meister Tod und der Meisterin Macht; sie machen Geschichte, ohne zu reden.

Die Revolution von 1789 war ein rhetorischer Überfall und Irrtum, deutsche Weltanschauung kommt „aus dem Geiste der Musik". Rede wird sokratische Geschwätzigkeit genannt. Die Geschichte aber als das große Welt-Spiel mischt Sein und Schein. „... erst aus dem Geiste der Musik heraus verstehen wir eine Freude an der Vernichtung des Individuums."[6]

Rausch und *Taumel*, Zerstörung und Lust sind der selige Kreis. Rede wäre hier ein Wecken, ein Sprechen aus der Nüchternheit in den korybantischen Taumel.

„Das Politikum der Kritik" und „die Verwandlung der Geschichte in einen forensischen Prozeß" mußte man als nichtig und undeutsch erklären, Kritik schiebt sich vermittelnd zwischen das Schweigen der Untertanen und der Mächtigen.[7]

Die Rede und ihre Räson retten nur noch Partikularitäten im allgemeinen Untergang.

---

[5] Armin Mohler: Die konservative Revolution in Deutschland, Stuttgart 1950. Nietzsche: Sils-Maria. Eugen Fink: Nietzsches Philosophie, Stuttgart 1960, S. 176.

[6] Friedr. Nietzsche: Die Geburt der Tragödie, Kröner, S. 138.

[7] R. Koselleck: Kritik und Krise, Freiburg 1959, S. 102, 156.

Aus dem Primitivismus vermag der Pessimismus zu wachsen, aus der Ohnmacht der Vernunft der naturalistische Regreß. Spengler gibt dem Kulturpessimismus Ausdruck: „Menschheit ist für mich eine zoologische Größe. Ich sehe keinen Fortschritt, kein Ziel, keinen Weg der Menschheit außer in den Köpfen abendländischer Fortschrittsphilister."[8] Gottfried Benn nennt die Konzeption des Menschen als politisches Wesen eine „Balkan-Idee".

„Gespräche, Diskussionen – es ist alles nur Sesselgemurmel, nichtswürdiges Vorwölben privater Reizzustände." Die ganze Welt zieht sich zusammen auf ihren Anfang, auf die „thalassale Regression". Was danach kommt, sind die „Bauchredner der Synthese".

„Bonmots, Arabesken, kleine Strudel im Panta rhei." „... und dann der Untergang."[9]

Naturgeschichte kennt keine Rede und Öffentlichkeit, sie ist gefrorene Vergangenheit und entzieht sich jeglicher Befragung durch Verschwinden; Verschwinden ist aber nur ein Verblühen.

Erich Heller faßt alle diese Äußerungen zusammen, indem er vom deutschen Volk als dem Volk der romantischen Gegenrevolution spricht. „... Ein Aufstand der Musik gegen die Literatur."[10]

Thomas Mann hat über diese Musikalität viel nachgedacht. „... denn abstrakt und mystisch, d.h. musikalisch ist das Verhältnis des Deutschen zur Welt."

Es geht „mit der Macht gegen den Geist".[11]

Hier im Inneren Reich sind die Reden nur klägliche Variationen auf die Musikalität des Charakters. Musikalität ist hier Plastizität, Bildbarkeit bis in ein national Unmögliches.

Die Polarität von Einsamkeit und Unendlichkeit zeigt diese Krankengeschichte an. Alfred Rosenberg sprach lobend von dieser Spannung: „Sicher ist auch das Einsamkeits- und Unendlichkeitsgefühl ein Kennzeichen abendländischen Wesens."[12]

---

[8] O. Spengler: Reden und Aufsätze, München 1961, S. 13.

[9] G. Benn: Essays, Reden, Wiesbaden 1959, S. 529. Prosa, 1958, S. 248, 256.

[10] Erich Heller: Thomas Mann, der ironische Deutsche, Frankfurt a. M. 1959, S. 178.

[11] Thomas Mann: Neue Studien, Frankfurt a. M. 1948, S. 15.

[12] A. Rosenberg: Der Mythus des 20. Jahrhunderts, München 1936,

Jenseits der Rede: das eigentliche Deutschland

Von dieser Innerlichkeit her vermochte man alle politische Form nur wie ein Fremdes oder Falsches zu betrachten. Wir müssen hier nun die Frage stellen: Gibt es eine Rezeption der revolutionären Aufklärung und des Naturrechts in Deutschland?

Der common man und der common sense sind maßgebend für die Gesellschaft der anglo-amerikanischen Tradition geworden. Das rationale Naturrecht christlicher und stoischer Herkunft ist maßgebend für die Rechte des Menschen in der revolutionären Überlieferung geworden.

„Natur" in Naturrecht ist politischer Herkunft und eine „Vor-Ordnung", wie Hermann Jahrreiß sagt. Um in der und gegen die Natur-Ordnung zu bestehen, gewinnt die Rede-Räson Raum in der faederation und constitution, Rede sucht Teilhaber für das öffentliche Bündnis. Redemöglichkeit schafft Bündnisfähigkeit der Bürger in einer Konstitution der Freiheit. Constitutio libertatis.

Um in dem alten oratorischen Topos von ratio und oratio zu sprechen, die Vernunft blieb im Selbstdenken befangen und vermochte das Licht ihrer selbst in der *Nullität (Nichtigkeit)* der Öffentlichkeit

S. 388. Es sei erlaubt, hier die andere Schwester der Einsamkeit zu nennen, die Freiheit. „*Einsamkeit und Freiheit*", darin ist der idealistische Versuch des Selbstdenkens zu sehen, durch Denken zum „*Eigentlichen*", zum Absoluten zu kommen. Der Selbstdenker – Fr. Nietzsche sprach später wissend vom „*Selbsthenker*" – denkt nicht im Medium des Common sense, geht auch nicht auf eine „*Brotwissenschaft*", sondern auf die Absolution seiner selbst. Schelling sagt: „*Akademien können nur einen absoluten Zweck haben: außer diesem haben sie gar keinen.*" Hier hat sich die Einsamkeit von allem dispensiert, erst recht von „*den Ekelnamen der Brotwissenschaften*".

H. Schelsky: Einsamkeit und Freiheit, Hamburg 1963, S. 74 ff. Einsamkeit und Freiheit haben einen „*Jargon der Eigentlichkeit*" entwickelt (Adorno).

In der Geschichte der Bildung in Deutschland wurde der Sensus communis auf das Bildungsziel der „*Persönlichkeit*" und des „*Geschmacks*" (Gadamer) abstrahiert. „*Die deutschen Bildungsideale haben vom 17. Jahrhundert an bis zum Beginn des 1. Weltkrieges das Individuum vor die Gemeinschaft gestellt.*" Werner Richter: Von der Bedeutung der Geisteswissenschaften für die Bildung unserer Zeit, Köln 1953, 13.

Hegel in den Gymnasial-Reden: „*Was durch die Schule zu Stande kommt, die Bildung der Einzelnen, ist die Fähigkeit derselben, dem öffentlichen Leben anzugehören.*" Hegel: Glockner III, 273.

nicht weiterzugeben. Die Aufklärung vermochte kaum die Einheit vernünftiger Kommunikation zu schaffen als Voraussetzung der öffentlichen Rede. Seit der Orthodoxie stand die Rede unter Bekenntniszwang oder Selbstbehauptung und ließ sich nur auf ihre eigene Immunität ein. Hören wir von Wilhelm Liebknecht ein treffendes Beispiel der fortgesetzten „Orthodoxie":

„Die Sozialdemokratie darf unter keinen Umständen und auf keinem Gebiet mit dem Gegner verhandeln. Verhandeln kann man nur, wo eine gemeinsame Grundlage besteht; mit prinzipiellen Gegnern verhandeln, heißt sein Prinzip opfern." Die Partikularitäten blieben in der Dunkelheit der Unvernunft und wollten von dort über alle „Kompromißrede" hinaus in eine letztgültige deutsche Gestalt: Ursprache, Musik, Natur und Schweigen.[13]

Ernst Troeltsch hat nach dem ersten Weltkrieg auf die Wichtigkeit der Rezeption des Naturrechts und seiner öffentlichen Anerkennung für die Republik aufmerksam gemacht.

Naturrecht, Humanität und Fortschritt sind zusammen nur ein Maßstab. Wer diesen Maßstab als nicht gültig anerkennt, über den wird die Natur kommen, um ihn zu brutalisieren und „den Zynismus zu romantisieren".[14]

Dieses Maß ist zu beachten, nämlich „Herrschaft nach dem Maß des Menschen". Die öffentliche Rede in einem Staat hilft mit, daß alle Herrschaft auf dieses Maß zur „Räson" gebracht wird.[15]

Darüber hinaus gilt für uns, daß auch das Terrain jenseits der Rede, das sich in seiner Unmittelbarkeit dem Denken sperrt, von der öffentlichen Rede permanent beunruhigt werden muß und befragt werden soll. Insofern ist öffentliche Rede Bürgerpflicht.

---

[13] Bei Ernst Fraenkel: Deutschland und die westlichen Demokratien, Stuttgart 1964, S. 33, 121.

[14] E. Troeltsch: Naturrecht und Humanität in der Weltpolitik, 1923.

[15] H. Jahrreiß: Mensch und Staat, Köln 1957, S. 99; 3.

Walter Jens: Von deutscher Rede, R. Piper & Co. Verlag, München 1969, S. 9–15. Hier: Auszug S. 9–14.

ARS RHETORICA

Von WALTER JENS

I

Von der Spätantike bis zum Sturm und Drang, von den Kirchenvätern bis hin zu Lessing sah sich die Literatur – hier mehr und dort minder – von der Rhetorik bestimmt: Solange Regeln ihre Gültigkeit hatten, die Poesie in verbindlicher Weise Objekte repräsentierte und die Substantialität im Raum der Künste für wichtiger galt als subjektives Bekenntnis, zehrten die Schriftsteller von jenem Formenschatz und jener Darstellungslehre, die, wie Ernst Robert Curtius gezeigt hat, die Rhetorik in eben dem Augenblick anbot, als sie keine Möglichkeit mehr sah, sich im politischen Kampf zu bewähren. Es war die Zeit der zweiten Sophistik: Das Forum stand leer, Prozesse bewegten die Fachleute, aber nicht mehr das Volk; statt der republikanischen Rede herrschte die Rhetorik kaiserlicher Edikte; später wurde allenfalls noch in der Kirche geklatscht, wenn der Prediger seine Perioden, gorgianisch rollende Sätze, wie ein Cicero auf der Kanzel akzentuierte; aber auch das endete schnell: Was von der alten Beredsamkeit übrigblieb, war epideiktische, auf Lob und Tadel zielende, sich am Beispiel von Mythenumkehrungen, Seefahrergeschichten und Städtebeschreibungen entfaltende Rhetorik. *Sie* machte Literatur zu einem Gegenstand der Eloquenz. *Sie* lehrte die Briefschreiber und Prediger, die Versemacher, Notare und – Beter die Kunst, durch gedankliche Operationen in erschließbaren Magazinen Gesichtspunkte zu finden. *Sie* analysierte Fragen der Gliederung so gut wie Probleme des Stils. *Sie* machte die Autoren mit der Technik vertraut, Diktion und Gattung entsprechend den Gegenständen zu wählen, das Sakrale zu blümen, das Profane schlicht zu berichten, den Herrscher in tragischer Maske, den Knecht in komischer Gewandung auftreten zu lassen. *Sie*, die Rhetorik, die zugleich Poetik war, ordnete den Objekten der Literatur (den Gegenständen, den Charakteren, den Leidenschaften) bestimmte dichterische Pflichten zu (das Belehren, Erfreuen, Bewegen), denen wiederum drei Stillagen entsprechen: das niedere, das mittlere, das hohe *genus dicendi*. Sie zeigte die Möglichkeiten der Stoff-Zubereitung: Umkehrung der Zeitenfolge, Verdrängung des Natürlichen durch das Artifizielle. Sie entwarf Lob-Praktiken und Tadel-Regeln, bestimmte Einzelheiten der Personen-Beschreibung und beflügelte die Phantasie der Autoren, indem sie es ihnen, wie früher den Anwalt-Rhetoren, zur Aufgabe machte, sich in die Lage der Angeklagten hineinzuversetzen. *Sie* endlich katalogisierte Figuren und Tropen, drang im Sprachlichen auf Reinheit, Klarheit und Schmuck, forderte hier Eleganz und dort Kürze und erläuterte vor allem, auf welche Weise es dem Schriftsteller möglich sei, das Publikum für sich zu gewinnen. Überredung blieb das erste Ziel der Rhetorik. Die Praxis, von der malerischen Vergegenwärtigung der Objekte – *ut pictura poesis* – bis zum Ornat, der immer auf den Gegenstand bezogen war (Eine Heiligen-Vita wollte nicht kunstvoll geschminkt sein), folgte dem Leitprinzip der aristotelischen These: *Eine Rede, die nicht auf die Überredung zielt, ist ein Widerspruch in sich selbst.*

II

Aber Rhetorik, die Lehre von der Schönheit und der Wirksamkeit des Redens und Schreibens, war nicht nur Poetik; sie lehrte nicht allein, als *rhetorica docens*, wie man in der Poesie, der *rhetorica utens*, mit Hilfe der zur Verfügung stehenden *loci* ein Gedicht abfassen könne (wie genau folgen noch die angeblich so „persönlichen" Gryphius-Gedichte dem strengen Reglement der *loci a partitione* und *a definitione*!) ... Rhetorik war von Augustins Predigtlehre über Melanchthons Homiletik bis hin zu den Redelehrbüchern der Aufklärung auch Hermeneutik. Wer Literatur – und zumal die *scriptura sacra* – verstehen wollte, hatte sich in die Schule Ciceros und Quintilians zu begeben, weil nur mit ihrem Beistand und ihrer interpretatorischen Technik hinter der Allegorie das Eigentliche, die inspirierte Aussage, zu verdeutlichen war. (Wer die Rhetorik nicht begreift, erklärte Melanchthon, begreift auch den Text nicht, und bringt somit die Kirche in Gefahr.)

Kurzum, Rhetorik diente der Literatur, war Literatur, die mit den *verba* die *res* kleidete, war Hermeneutik und bildete schließlich (Klaus Dockhorn hat es jüngst gezeigt) so etwas wie den „zweiten Bildungsweg" der Antike neben der Philosophie ... einen Weg, in dessen Verlauf sich dann jener *sensus communis* herausbildete, der bis zum achtzehnten Jahrhundert die Verständigung unter den *homines eruditi* gewährleistete. Kein Wunder also, daß die Eloquenz im Bildungs-Kanon der Jahrhunderte gerade unter den Aspekten der Praxis als bedeutsam erschien. Ob Adels-Lehre, Schul-Oratorie oder Jesuiten-Theater: Immer ging es um die Ausbildung eines rednerisch gewandten, anpassungsfähigen, in allen Lebenslagen geschulten, zu freundschaftlicher Kommunikation und erbittertem Streitgespräch fähigen Mannes! In Brief und Disput, bei feierlicher Aufführung und fürstlicher Visitation bewährte sich jene Segen wie Erfolg verbürgende Beredsamkeit, die einmal – bei protestantischen Humanisten und höfischen Jesuiten – für die *sapiens et eloquens pietas* und ein anderes Mal – bei Castiglione oder Christian Weise – für weltmännisch-urbanen Habitus stand: Wer sich behaupten wollte, mußte auf jeden Fall – Rhetoriker sein!

III

Nun, das alles scheint heute – so wenig es im einzelnen erforscht ist – nur noch von historischer Bedeutung zu sein. Wer anno 69 das Epitheton „rhetorisch" benutzt, hat Pejoratives im Sinn. Eloquenz: Das ist Scholastik, Periodenputz, Phrase und routinierter Betrieb, ein mechanisches Transportieren von längst nicht mehr gültigen Formeln, wie es in Hofmannsthals ›Timon‹-Fragment, ein Reden in Anführungszeichen, wie es bei Thomas Mann in ›Königliche Hoheit‹ heißt. *Wenn* die moderne Literatur ein einheitliches Theorem illustriert hat, dann die These, daß sich spätestens seit dem achtzehnten Jahrhundert eine Kluft zwischen den *res* und den *verba* aufgetan hat, daß das Objekt, dem Willen des Beschreibenden entsprechend, einmal so und ein anderes Mal so dargestellt und daß das Hohe niedrig und das Schmutzige feierlich interpretiert werden kann. Doch diese Umkehrung eben, dieses Spielen mit überraschenden Transformationen, dieses „Gegen-den-Strom-Schwimmen" ist ja in eminenter Weise rhetorisch, will wirken, will aufmerksam machen und durch Gegen-Entwürfe zu überreden versuchen. Mögen Status- und Stil-Lehre, Tropen- und Figuren-Schemata heute als verstaubte Gespenster erscheinen – die Rhetorik als die Lehre von der Wirksamkeit des Artikulierten: die Rhetorik als soziale Wissenschaft ist in unseren Tagen zeitgemäßer denn je. Erst jetzt, da in den Vereinigten Staaten, in enger Kooperation mit der Kybernetik und mehr noch mit der Psychologie und Soziologie, die „neue" oder „wissenschaftliche" Rhetorik die emotionalen Elemente dieser auf Psychagogie zielenden Disziplin, ihren Werbungs- und Überredungscharakter aufs neue herausgestellt hat – erst jetzt, da man mit genuin rhetorischen Mitteln Literatur (im weitesten Sinn) nach ihrem Wirkungsziel und ihrer Wirkungsmöglichkeit befragt – und das im Hinblick auf die Mauergrafitti so gut wie auf den Soerensen-*touch* der Kennedy-Ära! –: erst jetzt tritt der suasorische Grundzug der Rhetorik wieder ins Blickfeld, der Wille zu rühren, zu überzeugen, zu agitieren und mit rationalen Mitteln irrationale Reaktionen heraufzubeschwören.

IV

So betrachtet bezeichnet der Einschnitt um 1750, der angeblich den Tod der Rhetorik als solcher markiert, lediglich das Ende der rhetorischen Scholastik: Die Chrie tritt ab, die Propaganda wird wichtig. Je stärker eine künftige Literaturwissenschaft auf Zweckformen wie den Leitartikel, die Predigt, die Rede, das Plakat, die Anzeige, die Reportage, das Pamphlet, die underground-Literatur, den Werbespot (aber auch das Dokumentations- und Straßen-Theater, das politische Fernseh-Magazin, ja, die medizinische Anamnese und ihre individuelle und soziale „Strategie") eingehen wird – und das nicht in formalistischer, sondern geschichtsbezogener Weise! –, desto mehr wird auch die *rhetorica nova* an Bedeutung gewinnen. Sie, die – praxisbezogen – das Wesen der Parteilichkeit erhellt, die Frage der Bewußtseins-Manipulation analysiert und dem Problem sozialer Lenkbarkeit und dessen Methodik nachgeht, mag, als eine Gesellschafts-Wissenschaft *kat exochen*, in der Zukunft für die Gesellschaft sogar noch bedeutsamer werden als jetzt, wenn man bedenkt, daß Hermann Kahn unter den kommenden technischen Erfindungen dieses Jahrhunderts nicht zuletzt *new and pervasive techniques for surveillance, monitoring and control of individuals and organizations* und *new and more relionable "educational" and propaganda techniques effecting human behavior – public and private* aufführt ..., „rhetorische" Steuerungen also, die von der wissenschaftlichen Rhetorik kritisch reflektiert werden müssen.

ANPASSUNG ODER AUFKLÄRUNG

Zur Theorie der rhetorischen Kommunikation

Von Hellmut Geissner

[...]

1.2 Miteinandersprechen und Sichverständigen oder Rhetorik und Hermeneutik

Miteinandersprechen ist die soziale Interaktion, die auf Verständigung zielt. Wie Miteinandersprechen auf Verständigung, so ist Sicherverständigen auf Miteinandersprechen verwiesen. Während Sprachwissenschaft vor allem in der von Chomsky begründeten neuen Linguistik sämtliche Operationen untersucht, die ein „idealer Sprecher/Hörer" auszuführen vermöchte, untersucht Sprechwissenschaft „die miteinander in einer Sprache (über etwas) sprechenden Menschen und die von ihnen in situativ gesteuerten Sprechhandlungen erzeugten gesprochenen Sprachwerke" (15; S. 38). Das jeweils zu verstehende Gesprochene ist ein aus wechselseitig sich steuernden Variablen gegliedertes mehrdimensionales Zeichen, einerlei ob es sich dabei um situativ produzierende Prozesse der rhetorischen (Gespräch/Rede) oder reproduzierende der ästhetischen Kommunikation (Vorlesen/Rezitieren) handelt. (Mögliche Unterschiede zwischen primärer Sprachkommunikation = sprechen–hören und sekundärer = schreiben–lesen bleiben hier außer Betracht.)

Die Konstitutionsfaktoren des Gesprochenen sind – zur Abkürzung wird hier eine Variante der nacharistotelischen rhetorischen Formel gewählt (vgl. 19; S. 38) –: Wer spricht/liest Was, Wo und Wann, Wie (sprecherisch und sprachlich), Warum und Wozu, auf welche Weise (direkt oder medial), mit oder zu Wem, bzw. für Wen. Diese Sinnkonstituentien des Gesprochenen bedingen den Prozeß der Sinnvermittlung und beeinflussen das Sinnverstehen. Im Sinnverstehen kommen aber zugleich formal reziproke, konkret jedoch veränderte Konstituentien zur Geltung: Wer versteht Was, Wo und Wann, Wie (sprecherisch und sprachlich), Warum und Wozu, auf welche Weise (direkt oder medial), mit oder von Wem. Der Sinn des Gesprochenen ist also weder „identisch mit der Sinnintention des Äußernden noch mit der Sinnapperzeption des ursprünglichen Hörers" (14; S. 24); mit seiner eigenen Geschichtlichkeit ist der Sinn vielmehr ständig auf Auslegung hin offen, so wie es im alltäglichen Gespräch geschieht oder im Gespräch der Wissenschaft. Dabei macht es prinzipiell keinen Unterschied, ob der zu verstehende Sinn schriftlich oder mündlich geäußert wurde; der Verstehensprozeß ist nie abgeschlossen. Sinn ist als verstehbarer Sinn abhängig von seinem leibhaften Ausdruck und seiner dialogischen Kommunizierbarkeit. Dieses „Leibapriori" der Erkenntnis (Apel: 5; S. 28) bestimmt noch die „Kalkülsprachen", unmittelbar einsichtig wird es in jeder umgangssprachlichen Kommunikation. „Das Gesagte ist eben nicht nur jemandes Gesagtes, sondern das Gehörte auch jemandes Gehörtes. Das Gesprochene in seinem Sinnhorizont eigener Geschichtlichkeit vermittelt den Auslegungshorizont des Sprechenden und den Auslegungshorizont des Hörenden" (14; S. 26); wobei daran zu erinnern ist, daß diese unterschiedlichen „Auslegungshorizonte" nicht nur abstrakt „sprachliche" Unterschiede umgreifen, sondern konkrete von „Leib und Leben" in ihrer auch sozio-kulturellen Determiniertheit. Das Sinnverstehen, das von der dialogischen Kommunikation sich leiten läßt, erfährt nicht nur den Grund der interpretatio interpretationis, der letztlich unabschließbaren Deutung, sondern es erkennt einen möglichen Doppelaspekt: „Im Gesprochenen kommt immer *etwas* zur Sprache als dem Prozeß der geschehenden Auslegung; also geht es einmal darum etwas zu verstehen. Im Miteinandersprechen kommen aber auch die Miteinandersprechenden ins Gesprochene; so geht es auch darum, *sich* zu verstehen. Während dieses das ungesicherte Glück des Augenblicks ausmacht, kann jenes wenigstens als Frage gesichert werden; als Frage nach der Wahrheit" (14; S. 26/vgl. 12; S. 43 f.).

Schon Schleiermacher erkannte, daß das Verfahren beim Verstehen von schriftlich überlieferten Denkmälern nur ein Sonderfall des Verstehens von Gesprochenem sei. Dagegen hat die „Kunstlehre des Verstehens" als Interpretationstheorie das allgemeine Bewußtsein so einseitig fixiert, daß übersehen wurde, in welcher Weise die Theorie des Verstehens prinzipiell verwiesen ist auf eine Theorie des Redens. Dieses Vorurteil literarischer Bildung kann heute vor allem durch die Arbeiten von Gadamer (10) und Dockhorn (8) als aufgebrochen gelten. Selbst wenn die „Hermeneutik der Rede" (17; S. 45-50) einzelwissenschaftlich den Prozessen der rhetorischen Kommunikation, den Formen des Gesprächs und den Formen der Rede, zugeordnet ist, so ist sie doch zugleich einbezogen in den übergreifenden Anspruch einer universalen philosophischen Hermeneutik, der von Gadamer damit begründet wird, „daß Verstehen und Verständigung nicht primär und ursprünglich ein methodisch geschultes Verhalten zu Texten meinen, sondern die Vollzugsform des menschlichen Soziallebens sind, das in letzter Formalisierung eine Gesprächsgemeinschaft ist" (32; S. 289).

Diesen Absolutheitsanspruch der philosophischen Hermeneutik kritisiert Habermas in erster Linie; denn er meint, Hermeneutik stoße „gleichsam von innen an die Wände des Traditionszusammenhangs", deshalb könne sie von dieser Grenzerfahrung aus „kulturelle Überlieferung nicht länger absolut setzen" (32; S. 52). Mir scheint, dies ist von Gadamer durchaus gesehen, wenn er den Schein romantischer Naturwüchsigkeit wie den Schein der Objektivität der Geschichtserkenntnis durch die geschichtsbedingte Sprachlichkeit des Auslegers zerstört. Habermas konzediert dies: „Es hat einen guten Sinn, Sprache als eine Art Metainstitution aufzufassen, von der alle gesellschaftlichen Institutionen abhängen; denn soziales Handeln konstituiert sich allein in umgangssprachlicher Kommunikation" (32; S. 52). Ausgehend von den „erkenntnisleitenden Interessen", die „sich im Medium von Arbeit, Sprache und Herrschaft bilden" (21; S. 163), folgert er anschließend: „Aber diese Metainstitution der Sprache als Tradition ist offenbar ihrerseits abhängig von gesellschaftlichen Prozessen, die nicht in normativen Zusammenhängen aufgehen. Sprache ist *auch* ein Medium von Herrschaft und sozialer Macht. Sie dient der Legitimation von Beziehungen organisierter Gewalt. Soweit die Legitimationen das Gewaltverhältnis, dessen Institutionalisierung sie ermöglichen, nicht aussprechen, soweit dieses in den Legitimationen sich nur ausdrückt, ist Sprache *auch* ideologisch. Dabei handelt es sich nicht um Täuschungen in einer Sprache, sondern um Täuschung mit Sprache als solcher. Die hermeneutische Erfahrung, die auf eine solche Abhängigkeit des symbolischen Zusammenhangs von faktischen Verhältnissen stößt, geht in Ideologiekritik über" (32; S. 52 f.). Wird nun „Rhetorik" nicht länger nur als „Kunstlehre des Redens" verstanden – was sie als praktische Rhetorik nicht nur in gewissen Praktiken, sondern im strengen methodischen Verständnis auch ist –, vielmehr als Theorie des Redens, so gehört es zu den Aufgaben rhetorischer Theorie, die aus „gesprochener Sprache" gemachten Akte rhetorischer Kommunikation kritisch zu reflektieren. Theoretische Rhetorik geht wie die Hermeneutik allein schon wegen der Sprachlichkeit rhetorischer Kommunikationsakte in Ideologiekritik über; wenngleich nicht nur wegen der Ideologieträchtigkeit von Sprache, sondern auch wegen der Verhältnismäßigkeit von Rede und Herrschaft. Genau in diesen Zusammenhang zielte meine frühere Aussage: „Reden sind aus gesprochener Sprache. Sprache ist Netzwerk verhängter Ideologien und zugleich Instrument der Kritik und des freien Entwurfs. Die Dialektik von Mensch und Sprache ist politisch konkret die von Sprache und Gesellschaft. Hier liegt der Grund für die ‚Ambivalenz' der soziokulturell geprägten rhetorischen Interaktionen" (19; S. 38), einer Ambivalenz, die hier thematisiert wird als „Anpassung oder Aufklärung". Dabei sieht sich rhetorische Ideologiekritik nicht nur verwiesen auf die Sprache als System, also auf Sprachkritik, sondern auf sämtliche, zu Anfang dieses Kapitels beschriebene, Variablen der konkreten Akte rhetorischer Kommunikation.

1.3 Miteinanderreden und Miteinanderhandeln
oder rhetorische Kommunikation
und kommunikatives Handeln

„Rhetorische Kommunikation ist der Prozeß des situativ gesteuerten, mentale oder reale Handlungen auslösenden Sprechens" (19; S. 42).
Es sind hier nicht die von mir früher dargelegten Ansätze zur

Klassifikation und Typik der Akte rhetorischer Kommunikation zu wiederholen, doch scheint es für den Gang der jetzigen Überlegungen wichtig, noch einmal auf den Grundunterschied hinzuweisen, der zwischen den „Formen der Rede" (latent-dialogische Formen) und den „Formen des Gesprächs" (dialogische Formen) besteht. Bezogen auf Handeln, zumal auf politisches Handeln, wird allgemein – und dies zweifellos aus der einschneidenden geschichtlichen Erfahrung mit imperativer Rhetorik – „Rede" als Instrument der Politik betrachtet. Zur repräsentativen Öffentlichkeit gehörte die eine Hierarchie repräsentierende Rede (vgl. 23; S. 296). Selbst noch im Zerfall von Öffentlichkeit behält Rede dort, wo „ex officio" gesprochen wird, ihren repräsentativen Charakter; sie behält aber auch die Möglichkeit oder erhält in einer gewandelten Situation die Möglichkeit, diese gewandelte Öffentlichkeit gegen das „officium" zu repräsentieren. Deswegen scheint es eine Selbsttäuschung, wenn heute gelegentlich schon die pure Attacke auf „Rede qua Rede" als emanzipatorisch sich dünkt.

Für eine demokratisch verfaßte Gesellschaft ist aber „das Gespräch" die entscheidende Form politischer Rhetorik. Wahrscheinlich bedarf es einer Erklärung, warum als leitender Begriff „Gespräch" dem gängigen „Diskussion" vorgezogen wird. Dies entspringt keiner Deutschtümelei noch einem Anti-Anglizismus – denn zweifelsfrei ist „Diskussion" als reeducation-Vokabel zu neuer Geltung gelangt –, sondern der Tatsache, daß das „Schwammwort Diskussion" das Gesamtfeld der Gesprächsformen nivelliert (vgl. 12; S. 38). Auch der Versuch, „Diskussion" dem öffentlichen und „Gespräch" dem privaten Gesprächsverhalten zuzuordnen, führt schnell zu unauflösbaren, nicht nur terminologischen Schwierigkeiten. Der Begriff „Gespräch", sofern er nicht schon als zum Innerlichkeitskult gehörend ideologisch verstanden wird, trifft genau das, was eine phänomenologische Analyse an dieser dialogischen Interaktionsform freizulegen imstande ist. Gruppen von Äußerungen, die durch fragend-antwortendes Miteinandersprechen entstehen, heißen Gespräch. Ketten aus Einzeläußerungen mehrerer sind dagegen ein Kollektiv-Monolog. Gespräch ist also formal nicht bestimmt durch die Verteilung des Redestroms auf wenigstens zwei Partner, sondern durch den offenen Prozeß chancengleichen, wechselseitigen Fragens und Antwortens. Jeder Gesprächspartner hat gleiches Frage- und Rederecht. Die Rollen von Frager und Antworter sind prinzipiell tauschbar. Wird dagegen das Fragerecht auf einer Seite usurpiert, dann verändert sich das Gespräch zum „Quasi-Dialog" von Abfragen (Lehrgespräch) und Ausfragen, von Interview und Verhör; institutionalisierte Frage verbietet letztlich die Gegenfrage. Wird das Antwortrecht auf einer Seite usurpiert, dann verkürzt sich das Gespräch ebenfalls zum „Quasi-Dialog" von Rede und Proklamation, von Anweisung und Befehl: autoritärer Spruch verbietet Widerspruch. Wer Wechselseitigkeit offenen Fragens und Antwortens nicht duldet, setzt selbst sich als unfehlbar in Geltung, muß mit Verbot und Tabu sich eingrenzen. Mißachtung des Gesprächs ist allemal Ausdruck von Dogmatismus und/oder menschenverachtender Selbstgewißheit, letztlich von Herrschaft; Unfähigkeit zum Gespräch ist als Pendant allemal Ausdruck des individual- oder sozial-pathologischen Zustands der Unmündigkeit als Folge individueller oder sozialer Obsessionen und Repressionen, ist letztlich Ausdruck der Unterdrückung.

Wer fragt – also: etwas, andere, sich selbst in Frage stellt – äußert, daß er nicht sicher weiß. Er zeigt an, daß er darauf vertraut, der Angesprochene werde nicht nur hören, sondern zuhören. Er hofft daß der Zuhörende ihm antwortet oder fragen hilft. Er räumt ein, daß der andere das, was er gesagt hat, und ihn selbst in Frage stellt. Er erwartet aber auch, daß der andere das, was er geantwortet hat, und sich selbst wieder in Frage stellen läßt. (Zur Sondersituation des therapeutischen Gesprächs vgl. 29; passim und 32; passim.) *Fragen* und *Zuhören* sind die entscheidenden Voraussetzungen jeglichen sach- und/oder personbezogenen Antwortens; sie sind zugleich in formalisierten Gesprächen die entscheidenden Voraussetzungen von Gesprächsleitung.

Jedes Miteinandersprechen hat – darauf wurde im vorigen Kapitel bereits aufmerksam gemacht – einen Doppelbezug: Sprecher und Hörer sprechen sich über etwas aus (Sachbezug) und ineins damit sprechen sie sich aus (Personbezug). In bestimmten Sprechsituationen kann jeweils eine der beiden Intentionen bewußt verfolgt werden, ohne daß sich die andere je ganz eliminieren ließe; dementsprechend lassen sich als Großgruppen des Gesprächs unterscheiden: Persongespräch und Sachgespräch. Dabei ist jedoch zu berücksichtigen, daß selbst im Falle der intersubjektiven Kommunikation (Persongespräch) nicht einfach eine Ich-zu-Ich-Kommunikation stattfindet, sondern, daß jedes Ich als vergesellschaftetes zugleich in Rollen handelt. Soziale Rollen sind folglich auch Sprechrollen unter einem Theorieaspekt und Rederollen unter einem anderen (vgl. 13; S. 8 u. 9). Das Rollenhandeln „richtet sich nach geltenden Normen, die reziproke Verhaltenserwartungen definieren und von mindestens zwei handelnden Subjekten verstanden werden müssen. Gesellschaftliche Normen sind durch Sanktionen bekräftigt. Ihr Sinn objektiviert sich in umgangssprachlicher Kommunikation" (21; S. 62 f.).

Werden die Akte des Miteinandersprechens nicht nur betrachtet auf die in ihnen geschehenden sprachlichen Prozesse (Sätze), sondern auf die im sozialen Kontext verständlichen, d. h. „situativ gesteuerten" Prozesse des Inbeziehungsetzens von Menschen und Sachverhalten (Äußerungen), dann zeigt sich, daß und auf welche Weise jedes Miteinandersprechen zugleich ein Handlungsvollzug ist. Genau diesen Zusammenhang meint schon Karl Bühlers sprachtheoretischer Ansatz; der entweder intrasubjektiv oder als potentiell kommunikativ zu analysierende „*Sprechakt*" wird im kommunikativen Vollzug, als intersubjektive oder soziale Aktion also, zur „*Sprechhandlung*" (vgl. 15; S. 34–38). Vom Standpunkt der ordinary language philosophy hat jüngst John R. Searle diesen Doppelaspekt zum Ausgangspunkt einer Theorie der Sprechakte gemacht (30).

In Sprechhandlungen veranlassen sich die Miteinandersprechenden zum (Mit-)*Denken*, d. h. zum sprachbestimmten mentalen „Probehandeln" (Freud) oder zum (Mit-)*Handeln*, d. h. zur realen Veränderung in der Außenwelt (vgl. 16; S. 76–80). *Unter dem Gesichtspunkt der – mentalen oder realen – Handlungsauslösung werden die Akte des Miteinandersprechens rhetorisch.* Die eingangs erwähnte universale Rhetorizität hat somit ihren letzten Grund in der Tatsache, daß in jeder Sprechhandlung verschiedene Sprach-Dimensionen und verschiedene Handlungs-Dimensionen durch sozio-kulturell verschieden determinierte Sprecher vermittelt sind. „So lehrt die rhetorische Erfahrung die Verschränkung von Sprache und Praxis" (32; S. 125). *Rhetorik als Theorie des handlungsauslösen-*

den Sprechens steht somit im Schnittpunkt von Sprachtheorie und Handlungstheorie.

Der Rhetoriker bemerkt mit Interesse, daß in jüngster Zeit sowohl die Linguistik als auch die Kritische Soziologie sich mit dem Begriff „kommunikative Kompetenz" diesem Zwischenbereich nähern. Während für Chomsky „Kompetenz" zunächst ausschließlich „grammatische Kompetenz" bedeutete (Fähigkeit des idealen Sprechers/Hörers, nach abstrakten Regeln zu codieren und zu decodieren), der sämtliche Fälle aktualer Verwendung als „Performanz" gegenübergestellt wurden, wird jetzt, z. B. im „Funkkolleg Sprache", „die Fähigkeit eines Sprechers/Hörers, sich in verschiedenen Redesituationen sprachlich zu verständigen (zu sprechen und zu verstehen)", als „kommunikative Kompetenz" definiert. Andererseits macht Habermas ›Vorbereitende Bemerkungen zu einer Theorie der kommunikativen Kompetenz‹ (27; S. 101–141). Er greift auf die bekannte Unterscheidung von „Satz" und „Äußerung" zurück und stellt fest: „Äußerungen sind situierte Sätze, d. h. pragmatische Einheiten der Rede" (27; S. 102). Zwar gehörten zu diesen auch kontextuelle und situative Variablen, die er als Gegenstände einer „empirischen Pragmatik" der verhaltenswissenschaftlich orientierten Kommunikationstheorie zuweist, aber es gibt auch „allgemeine Strukturen möglicher Redesituationen", die er als Gegenstand einer „Universalpragmatik" reklamiert oder einer „Theorie der kommunikativen Kompetenz"; sie „muß die Leistungen erklären, die der Sprecher oder Hörer mit Hilfe pragmatischer Universalien vornehmen, wenn sie Sätze in Äußerungen transformieren" (27; S. 103).

Die Fähigkeit der Transformation von Sätzen in Äußerungen hier, dort die Fähigkeit, in verschiedenen Redesituationen sich zu verständigen, erweist die kommunikative Kompetenz als rhetorische, die als rhetorische zwingend auf Interaktion, auf Handlung bezogen ist. Diesen Handlungsspielraum nennt Habermas „kommunikatives Handeln"; ein Begriff, der bei ihm deshalb nicht tautologisch ist, weil er von ihm einen Bereich des „rationalen Diskurses" abtrennt, in dem nur sprachliche Äußerungen thematisiert seien. Rede als Diskurs „dient der Begründung problematisierter Geltungsansprüche von Meinungen und Normen" (27; S. 117). Aber abgesehen davon, daß auch „Rede als Diskurs" Rede bleibt, mithin auch Gegenstand rhetorischer Theorie, führt sie Habermas zu der Behauptung, „daß wir in jedem Diskurs genötigt sind, eine ideale Sprechsituation zu unterstellen, d. h. kontrafaktisch in derselben Weise zu antizipieren wie die Zurechnungsfähigkeit der handelnden Subjekte im Zusammenhang der Interaktion" (27; S. 122); denn nur von dieser idealen Antizipation aus lasse sich über richtigen und falschen Konsens entscheiden, lasse sich das „pseudokommunikative Einverständnis" aufklären, in dem gerade „durch den objektiven Schein der Gewaltlosigkeit" Gewalt sich perpetuiere (32; S. 157).

Wird diese Hypothese akzeptiert, dann findet die Theorie der Rhetorik, die – wie gezeigt – auch Ideologiekritik treibt, einen Bezugspunkt, der dann auch die rhetorische Praxis, in der Rhetorik mehr als eine Sozialtechnik ist, und Redepädagogik, in der Rhetorik mehr als Sozialkunde ist, mitbetrifft. Dann nämlich, wenn es in Redepädagogik, praktischer Rhetorik und theoretischer Rhetorik nicht um Anpassung geht, um Herrschaftswissen, um pseudokommunikative Wirkungsstrategien, sondern um – utopisch gesprochen – „herrschaftsfreies" Miteinandersprechen und die Bedingungen seiner Möglichkeit, letztlich also um rhetorische Kommunikation als Emanzipation.

Rhetorische Theorie hätte so verstanden Teil an einer „Theorie der systematisch verzerrten Kommunikation", der Habermas die Aufgabe zuteilt: die „in den Kommunikationsstrukturen selbst angelegten Blockierungen, welche für bestimmte Inhalte die Option zwischen nichtverbaler und verbaler Ausdrucksform, zwischen kommunikativem und kognitivem Sprachgebrauch und schließlich zwischen kommunikativem Handeln und Diskurs einschränken oder ganz ausschließen", zu erklären (22; S. 19).

1.4 Rhetorische Kommunikation und Öffentlichkeit

Abgesehen von den Bemerkungen über die Rollenstruktur des Sprechens und Redens war bislang zunächst nur von Frager und Antworter die Rede, wenngleich schon die Überlegungen zum „Gespräch" nicht nur das Zwiegespräch thematisierten. In meiner ›Rede in der Öffentlichkeit‹ versuchte ich darzulegen, warum im „Hinzukommen des Dritten der Beginn der Öffentlichkeit" liegt (17; S. 33), an der gemessen „die Reduktion des Privaten auf den isolierten Einzelnen eine Verkennung seiner sprachlichen Existenz (ist)". Dieser Begriff von Öffentlichkeit ist aber zu allgemein, als daß sich mit ihm der „Strukturwandel der Öffentlichkeit" und sein Einfluß auf Prozesse rhetorischer Kommunikation hinreichend beschreiben ließe. Trügerisch wäre die Annahme, dazu genüge es, die „Öffentlichkeit des eingeschlossenen Dritten" in eine „Gruppen-Öffentlichkeit" zu überführen.

Die Gruppenöffentlichkeit wird nämlich ausgezehrt von der Tatsache, daß, wo immer Menschen sich zu Gruppen zusammenschließen, sie ebenso zwingend sich von anderen ausschließen. Der Innergruppenkonsens schafft Zwischengruppenkonflikt, der selten mit gleicher Haltung und gleichen Methoden ausgetragen wird. Erst der Kommunikationszusammenhang zwischen Gruppen, idealisiert: zwischen allen Gruppen, stellte letztlich und im umfassenden Sinn Öffentlichkeit her. Es ist zu bedenken, ob nicht gerade das Verharren in einer Nur-Gruppenöffentlichkeit das Herstellen von „Öffentlichkeit" verhindert. Das ingroup-Verhalten kann nämlich dazu führen, daß die Gruppe als Ersatzgemeinde funktioniert; daß sie z. B. den sensitiv Trainierten jene „Nestwärme" bietet, die sie in der „kalten" Gesellschaft entbehren; daß die Gruppen-Robinsonade aus der Leistungsgesellschaft als neue Variante des Eskapismus gelten kann; daß schließlich – in einer allerdings fatalen Konsequenz – auf diese Weise sogar politische Gruppen gegen ihre programmatischen Ziele einer allgemeinen Entpolitisierung zuarbeiten können. Der partikularen Öffentlichkeit von Gruppen entspricht eine partikulare Gültigkeit der in Gruppen umlaufenden Meinungen.

Habermas unterscheidet in seiner exemplarischen Untersuchung ›Strukturwandel der Öffentlichkeit‹ nach dem Grad ihrer Verbindlichkeit drei Ebenen „der informellen, persönlichen, nicht-öffentlichen Meinungen" (23; S. 288 f.): „auf der untersten Ebene dieses Kommunikationsbereichs werden die nicht diskutierten kulturellen Selbstverständlichkeiten verbalisiert, die überaus zähen Resultate jenes, der eigenen Reflexion normalerweise entzogenen Enkulturationsprozesses – zum Beispiel die Einstellung zur Todesstrafe, zur

Sexualmoral usw. Auf der zweiten Ebene werden die wenig diskutierten Grunderfahrungen der eigenen Lebensgeschichte verbalisiert, die schwerflüssigen Resultate jener aus der Reflexion wieder abgesunkenen Sozialisierungsschocks – zum Beispiel die Einstellung zu Krieg und Frieden, bestimmte Sicherheitswünsche usw. Auf der dritten Ebene finden sich die häufig diskutierten kulturindustriellen Selbstverständlichkeiten, die flüchtigen Resultate jener publizistischen Dauerberieselung oder auch propagandistischen Bearbeitung, der die Konsumenten vorzüglich in ihrer Freizeit ausgesetzt sind."

Es gehört nur geringe schulische und außerschulische Gruppenerfahrung dazu, um zu erkennen, daß in diesem Katalog Themen genannt sind, die häufig von Gruppen als Gesprächsthemen vorgeschlagen werden. Hierin zeigt sich, wie stark die „Kommunikationsprozesse der Gruppen unter dem Einfluß der Massenmedien (stehen), entweder unmittelbar, oder, was häufiger der Fall ist, durch opinion leaders vermittelt" (23; S. 290).

Ehe gefragt werden kann, ob diese sozialpsychologische Auflösung von „Publikum" in die partikulare Gruppenöffentlichkeit unumgänglich ist oder ob sie gar durch eine Anpassungspädagogik, die sich neuerdings auch häufig gruppendynamischer Methoden bedient, gefördert wird, scheint es sinnvoll, den zweiten politisch relevanten Kommunikationsbereich in die Betrachtung mit einzubeziehen, nämlich den der „formellen institutionell autorisierten Meinungen". Hierbei handelt es sich um quasi-öffentliche Kommunikation von offiziellen oder offiziösen Meinungen, die sich zwar auf Institutionen zurückführen lassen, die aber, obwohl sie sich vorgeblich an alle richten, einerseits privilegiert sind, andrerseits einen Rückfluß der Kommunikation nicht zulassen. Das eine ließe sich z. B. an der Sprache der Nachrichten demonstrieren, in der oft über 50% der Textmenge aus Aussagen der Herrschenden bestehen, das andere am Scheinfeedback sogenannter „Telefonsendungen". Habermas schließt: „Nicht durch öffentliche Kommunikation, sondern durch die Kommunikation der öffentlich-manifestierten Meinungen wird das Publikum der nichtorganisierten Privatleute im Sog *demonstrativ oder manipulativ entfalteter Publizität* beansprucht" (23; S. 291).

Das „Modell" – wie Habermas ausdrücklich bemerkt – der informellen und der formellen Kommunikation kennt zwar auch Einzelmomente von Beziehungen zwischen beiden Bereichen, aber „eine im strengen Sinne öffentliche Meinung kann sich ... nur in dem Maße herstellen, in dem beide Kommunikationsbereiche durch jene andere, die *kritische Publizität*, vermittelt werden. Eine solche Vermittlung ist freilich heute, in einer soziologisch relevanten Größenordnung, nur auf dem Weg der Teilnahme der Privatleute an einem über die organisationsinternen Öffentlichkeiten geleiteten Prozeß der formellen Kommunikation möglich" (23; S. 292).

Wie aber soll diese „kritische Publizität" zustande kommen, wenn die Mechanismen der formellen wie der informellen Kommunikation so reibungslos funktionieren? Die Fähigkeit zur rhetorischen Kommunikation ist dann, so scheint es, zwar noch nicht diese „kritische Publizität", wohl aber deren entscheidende Voraussetzung, weil und sofern sie kritische Mündigkeit intendiert. C. W. Mills, den Habermas wegen der seiner Meinung nach „empirisch brauchbaren Kriterien für eine Definition der öffentlichen Meinung" zitiert (23; S. 293), stellt „Publikum" und „Masse" einander gegenüber: "In *a public*, as we may understand the term, (1) virtually as many people express opinions as recieve them. (2) Public communications are so organized that there is a chance immediately and effectively to answer back any opinion expressed in public. *Opinion formed by such discussion* (Hervorheb. von mir, H. G.) (3) readily finds an outlet in effective action, even against – if necessary – the prevailing system of authority..." Die der massenhaften Kommunikation Ausgelieferten verlieren dagegen die Chancengleichheit des Fragens und Antwortens, des Gebens und Nehmens von Meinungen, verlieren die Autonomie der "formation of opinion by discussion" und damit letztlich die Freiheit zur Aktion, auch gegen „gesetzte" Autorität. Wer also kritische Publizität will, wer Demokratie auch „unter den Bedingungen sozialstaatlicher Massendemokratie" will, der muß auch rhetorische Kommunikation wollen; denn es gibt nur den Weg "democracy through discussion".

1.5 Rhetorische Kommunikation und kritische Mündigkeit

Als Bereiche theoretischer Rhetorik haben rhetorische Analytik als Voraussetzung rhetorischer Kritik und rhetorische Kritik teil an der „kritischen Publizität"; denn nur durch sie werden Prozesse praktischer Rhetorik – aufklärende oder verschleiernde, ideologiebildende oder konsumsteigernde, direkte oder mediale – kritisiert. Nur durch sie kann es gelingen, die diesen Kommunikationsprozessen Ausgelieferten gegen die unbedachte Übernahme von Versatzstücken zu immunisieren, damit sie nicht als Angepaßte jener inhumanen „Macht der Rede" verfallen, gegen die demokratische Verfassung steht (vgl. 17; S. 69). Rhetorische Kritik intendiert Kritikfähigkeit der Redenden, und zwar Kritikfähigkeit im Medium der Rede als dem Medium von Demokratie.

„Kritik ist aller Demokratie wesentlich. Nicht nur verlangt Demokratie Freiheit zur Kritik und bedarf kritischer Impulse. Sie wird durch Kritik geradezu definiert" (4; S. 10). Deshalb folgert Adorno, von Kritik als Voraussetzung von Demokratie könne nur ineins mit Mündigkeit gesprochen werden. „Mündig ist der, der für sich selbst spricht, weil er für sich selbst gedacht hat und nicht bloß nachredet; der nicht bevormundet wird. Das erweist sich aber in der Kraft zum Widerstand gegen vorgegebene Meinungen und, ineins damit, auch gegen nun einmal vorhandene Institutionen, gegen alles bloß Gesetzte, das mit seinem Dasein sich rechtfertigt."

Spätestens hier wird deutlich, warum in Deutschland auch die dritte Dimension theoretischer Rhetorik, die Redepädagogik, überhaupt erst am Anfang steht, jene Redepädagogik, der es nicht um soziale Anpassung, um rollensicheres Verhalten, um Rede als Herrschaftsinstrument sprachlich elaborierter Elitegruppen geht. Sie steht erst am Anfang, weil Jahrhunderte obrigkeitlicher Bevormundung nicht in 25 Jahren parlamentarischer Demokratie aufgearbeitet werden können. Die Resistenz des sozialpathologischen Zustands der Unmündigkeit ist deshalb so groß, weil die Haltung des weisunggebenden Vormunds nicht auf den Staat und seinen Gehorsamsanspruch beschränkt blieb, sondern nahezu alle Bereiche der Öffentlichkeit durchsetzte. Der Zwangsmechanismus von „Befehlen und Gehorchen", auf den „Staatsräson" sich oft verkürzte, wurde vorbildhaft von den Uniformierten demonstriert und von dort, institutionell und personell, übertragen auf die paramilitärischen Organisationsmodelle in Exekutive und Verwaltung, Industrie und Wirtschaft, Schule und Kirche. So ist es eine zwanghafte Reaktion, wenn das „Mündel", das seinen Zustand zu durchschauen lernt, nur in seltenen Fällen mündig wird, sondern meist den Wunsch hat, möglichst schnell selber ein Vormund zu werden. Im Zustand verzerrter Kommunikation bleibt der Zirkel des Bevormundens erhalten. Noch immer verschanzt sich Indoktrination hinter dem logischen Theorem der Widerspruchsfreiheit, wenn sie Widerspruch nicht duldet und Wert darauf legt, „daß vorgegebene Meinungen gelernt und weitergegeben werden, daß ‚nachgeredet' wird. Noch immer gilt ‚antworten' für wichtiger als ‚fragen'. Auf diese Weise läßt sich zweifelsfrei ruhiger und sicherer lehren, verwalten, verkünden, verkündigen und regieren, aber die Opfer dieser Bevormundung werden weder mündig noch kritisch. Das zeigt sich noch in den Ausbrüchen emotionaler Kritik" (18; S. 11). Auch die emotionale Kritik zeigt, wie sehr sie beschädigt ist von den Zwängen herrschaftsdienlicher Kommunikation, darin, daß sie im Konfliktfall kurzschlüssig Konsens durch Aktion herzustellen versucht, weil sie die rationale Konfliktlösung entweder nicht kann oder verweigert.

Soll aber Gesellschaft im ganzen mündig werden, so scheint es nötig, „für eine vernünftigere Gesellschaft zu arbeiten, in der mehr und mehr Konflikte rational ausgetragen werden" (33; S. 29). Allerdings hat die Bereitschaft zur rationalen Konfliktlösung Konsequenzen für die Stabilität des gesellschaftlichen Systems, das sie ermöglicht; denn Konflikt und Rationalität verlangen prinzipiell die Möglichkeit des Zweifels, der gegen alle Verfestigungen den Prozeß offen hält. „Offene Gesellschaften sind nicht sehr stabil, eben weil sie kritischen Diskussionen ausgesetzt sind. Die Diktaturen sind immer stabiler, und natürlich erst recht die Utopien, die ja immer als statisch hingestellt werden" (33; S. 24). Das, was er „offene Gesellschaft" nennt, charakterisiert Popper mit zwei Feststellungen: „Erstens, daß in einer Gesellschaft freie Diskussion möglich ist und daß die Diskussion Einfluß hat auf die Politik. Zweitens, daß Institutionen bestehen für den Schutz der Freiheit und der Schwachen"

(33; S. 22). An beiden Bestimmungen partizipiert Rhetorik, nicht nur was den Einfluß der kritischen Diskussionen auf die Politik, sondern auch was den Schutz der Schwachen anlangt, sofern „Minderheitenschutz" innerhalb des Prozesses rationaler Konfliktlösung ein Konstitutionsprinzip des Streitgesprächs, sogar noch im Bereich der formalisierten parlamentarischen Debatte ist. Von hier erklärt sich auch, warum das Einüben fundamental demokratischer Formen rhetorischer Kommunikation zugleich demokratische Haltung entwikkelt [...].

Zumindest in diesem Feld scheinen sich „kritische Theorie" (Habermas) und „kritischer Rationalismus" (Popper) zu treffen, wenngleich jene noch einen äußersten Bezugspunkt in die Reflexion einbezieht. Seit seiner Frankfurter Antrittsvorlesung denkt Habermas auf eine Idee der Mündigkeit hin. Dort heißt es schon: „Das Interesse an Mündigkeit schwebt nicht bloß vor, es kann a priori eingesehen werden. Das, was uns aus Natur heraushebt, ist nämlich der einzige Sachverhalt, den wir seiner Natur nach kennen können: die *Sprache*. Mit ihrer Struktur ist Mündigkeit *für uns* gesetzt. Mit dem ersten Satz ist die Intention eines allgemeinen und ungezwungenen Konsensus unmißverständlich ausgesprochen. Mündigkeit ist die einzige Idee, deren wir im Sinne der philosophischen Tradition mächtig sind" (21; S. 163). Verzerrte Kommunikation und pseudokommunikativer Konsens als Auswirkungen der Zwänge entfremdender Arbeit und von ihr ermöglichter Herrschaft schaffen das Trauma der Unmündigkeit. Deshalb folgert er schon damals: „Freilich würde sich erst in einer emanzipierten Gesellschaft, die die Mündigkeit ihrer Glieder realisiert hätte, die Kommunikation zu dem herrschaftsfreien Dialog aller mit allen entfaltet haben, dem wir das Muster einer wechselseitig gebildeten Identität des Ich ebenso wie die Idee der wahren Übereinstimmung immer schon entlehnen" (21; S. 164). Die „Idee der Mündigkeit" verbürgt so letztlich die „Idee des herrschaftsfreien Dialogs", beide aber sind abhängig von dem Vorgriff auf eine „ideale Sprechsituation", die Habermas „nicht durch die Persönlichkeitsmerkmale idealer Sprecher, sondern durch strukturelle Merkmale einer Situation möglicher Rede, nämlich durch die symmetrische Verteilung der Chancen, Dialogrollen wahrzunehmen und Sprechakte auszuführen, zu charakterisieren" versucht (27; S. 139). Damit aber gerät die „ideale Sprechsituation" in die Nähe transzendentalen Scheins ...

Wenn Habermas – wie ich meine zu Recht – schließt: „Durch das Erlernen der Logik und der Linguistik eigne ich mir ein theoretisches Wissen an, ich verändere dadurch jedoch die bislang geübte Praxis des Schließens oder Sprechens im allgemeinen nicht" (22; S. 29), so ist zu fragen, ob das nicht auch für die Einsicht in die „ideale Sprechsituation" als Oberbegriff für die strukturellen Merkmale der „kommunikativen Kompetenz" gilt. Denn habituelle oder okkasionelle Stimmstörungen oder soziolektale Verschiedenheiten, „konkrete" Meinungsverschiedenheiten oder herrschende Gruppenmeinungen können die rhetorische Kommunikation einschränken, vereiteln oder sinnlos machen, obwohl die „Kommunikative Kompetenz" unangefochten bei allen Partnern besteht. So zweifelt nach Giegel „die unterdrückte Klasse ... nicht nur die Gesprächsfähigkeit der herrschenden Klasse an, sondern hat auch gute Gründe zu der Annahme, daß jeder ihrer Versuche, mit der herrschenden Klasse in einen Dialog einzutreten, dieser bloß als Gelegenheit dient, ihre Herrschaft abzusichern" (32; S. 279). Bezweifelt wird dabei wiederum nicht die „kommunikative Kompetenz", sondern die Bereitschaft zur Veränderung von Herrschaftsstrukturen.

Rhetorische Theorie im Schnittpunkt von Sprach- und Handlungstheorie reflektiert nicht nur die „kommunikative Kompetenz", sondern die konkreten Handlungen rhetorischer Kommunikation. Hierin liegt die Möglichkeit einer Veränderung rhetorischer als Teilfunktion politischer Praxis. Entsprechend versucht eine emanzipatorische Redepädagogik, geleitet von der Idee kritischer Mündigkeit, den Umschlag von Wissen in Verhalten zu ermöglichen, d. h. zum Konflikt zu ermutigen, der – den Schutz von minderheitlichen Meinungen einschließend – verbal, nicht brachial gelöst werden kann. So könnte gesellschaftliches Zusammenleben, das ist das Zusammenleben der Sprechenden, „menschlich" werden. Dies bedeutet, immer wieder den Versuch zu machen, was als Ziel der Rhetorik von Aristoteles bis Gadamer bestimmt wird, andere zu überzeugen; „... gewiß nicht in dem Sinne, daß nun Politik und Gestaltung des sozialen Lebens nichts als eine bloße Gesprächsgemeinschaft wäre, so daß man sich an das zwangsfreie Gespräch unter

Ausschaltung allen Herrschaftsdrucks als das wahre Heilmittel verwiesen sähe. Politik verlangt von der Vernunft, daß sie Interessen zu Willensbildungen führt, und alle sozialen und politischen Willensbekundungen sind vom Aufbau gemeinsamer Überzeugungen durch Rhetorik abhängig" (23; S. 316).

Wer dagegen rhetorische Kommunikation als Mittel und Inhalt von Politik und politischer Bildung verneint, müßte seine Antwort geben auf Adornos Feststellung (1; S. 62): „... das blank Antirhetorische ist verbündet mit der Barbarei, in welcher das bürgerliche Denken endet."

1.6 Literaturangaben

1. Adorno, Th.: Negative Dialektik, Frankfurt a. M.: Suhrkamp 1966.
2. Adorno, Th.: Eingriffe, Frankfurt a. M.: Suhrkamp 1963 (es 10).
3. Adorno, Th.: Stichworte, Frankfurt a. M.: Suhrkamp 1969 (es 347).
4. Adorno, Th.: Kritik, Frankfurt a. M.: Suhrkamp 1971 (es 469).
5. Apel, O.: Szientistik, Hermeneutik, Ideologiekritik. Entwurf einer Wissenschaftslehre in erkenntnisanthropologischer Sicht. Jetzt in: 32, 7–45.
6. Badura, B.: Sprachbarrieren. Zur Soziologie der Kommunikation, Stuttgart: Frommann-Holzbog 1971.
7. Dittmar, N.: Möglichkeiten einer Soziolinguistik. Zur Analyse rollenspezifischen Sprachverhaltens, in: Sprache i. techn. Zeitalter 38 (1971), 87–105.
8. Dockhorn, K.: Macht und Wirkung der Rhetorik, Bad Homburg: Gehlen 1968.
9. Dubiel, H.: Sprachsoziologische Bemerkungen zu einer bildungspolitischen These, in: Sprache i. techn. Zeitalter 38 (1971), 106–109.
10. Gadamer, H.-G.: Wahrheit und Methode, Tübingen: Mohr ²1965.
11. Gadamer, H.-G.: Rhetorik, Hermeneutik und Ideologiekritik. Jetzt in: 32, 57–82.
12. Geißner, H.: (Das Gespräch) Sprechkundliche Grundlegung, in: Sprechkunde und Sprechererziehung III (1957), 27–44
13. Geißner, H.; Soziale Rollen als Sprechrollen, in: Kongreßbericht d. Gemeinschaftstagung f. allg. u. angew. Phonetik, Hamburg 1960, 194–204.
14. Geißner, H.: Zur Hermeneutik des Gesprochenen, in: Sprache und Sprechen I (1968), 13–30.
15. Geißner, H.: Sprechwissenschaft, in: Ebd. II (1969), 29–40.
16. Geißner, H.: Rhetorische Kommunikation, in: Ebd. II (1969), 70–81.

17. Geißner, H.: Rede in der Öffentlichkeit. Eine Einführung in die Rhetorik, Stuttgart: Kohlhammer 1969.
18. Geißner, H.: Gespräch und Demokratie. Formen des Gesprächs, in: Film, Bild, Ton 10 (1969), 11–17.
19. Geißner, H.: Rhetorik und politische Bildung, in: Europäische Integration. Herausforderung an die politische Bildung. Schriften der Europäischen Akademie Otzenhausen, Bd. 7, 1970, 35–42.
20. Giegel, H. J.: Reflexion und Emanzipation, in: 32, 244–282.
21. Habermas, J.: Technik und Wissenschaft als „Ideologie", Frankfurt a. M.: Suhrkamp 1968 (es 287).
22. Habermas, J.: Theorie und Praxis, Frankfurt a. M.: Suhrkamp ⁴1971 (s. Tb. 9).
23. Habermas, J.: Strukturwandel der Öffentlichkeit, Neuwied: Luchterhand ³1971.
24. Habermas, J.: Erkenntnis und Interesse, Frankfurt a. M.: Suhrkamp ²1971.
25. Habermas, J.: Zu Gadamers ›Wahrheit und Methode‹, in: 32, 45–56.
26. Habermas, J.: Der Universalitätsanspruch der Hermeneutik, in: 32, 120–159.
27. Habermas, J./N. Luhmann: Theorie der Gesellschaft oder Sozialtechnologie, Frankfurt a. M.: Suhrkamp 1971 (Theorie Diskussion).
28. Hartmann, K. D./W. Jacobsen: Ein Vortest über Schülereinstellungen zum Politikunterricht, in: aus politik und zeitgeschichte. Beil. z. Wochenzeitung ›das parlament‹ B44 (1971), 11–26.
29. Schiwy, G.: Neue Aspekte des Strukturalismus, München: Kösel 1971.
30. Searle, J. R.: Speech Acts. Cambridge: University Press 1969 (vgl. meine Anzeige in: Germanistik 3 [1970], Nr. 2473); deutsch: Frankfurt a. M.: Suhrkamp 1971.
31. Wunderlich, D.: Pragmatik, Sprechsituation, Deixis, in: Literaturwissenschaft und Linguistik 1–2 (1971), 153–190.
32. Hermeneutik und Ideologiekritik. Mit Beiträgen von Apel, Bormann, Bubner, Gadamer, Giegel, Habermas, Frankfurt a. M.: Suhrkamp 1971 (Theorie Diskussion).
33. Revolution oder Reform? Herbert Marcuse und Karl Popper. Eine Konfrontation, hrsg. v. F. Stark, München: Kösel 1971.

[Nachtrag 1990]

Vgl. auch:
Geißner, H.: Sprechwissenschaft. Zur Theorie der mündlichen Kommunikation, Frankfurt a. M.: Scriptor 1981 (2. Aufl. 1988).
Geißner, H.: Sprecherziehung. Methodik und Didaktik der mündlichen Kommunikation, Frankfurt a. M.: Scriptor 1982 (2. Aufl. 1986).
Geißner, H.: Rhetorik und politische Bildung, Frankfurt a. M.: Scriptor 1975 (3. Aufl. 1986).
Geißner, H. (Hrsg.): Ermunterung zur Freiheit. Rhetorik und Erwachsenenbildung, Sprache und Sprechen Bd. 23/24, 1990.
Slembek, E. (Hrsg.): Miteinander sprechen und handeln. Festschrift für Hellmut Geißner, Frankfurt a. M.: Scriptor 1986.

1.7 Aufgabenvorschläge

[...]

DER DEUTSCHUNTERRICHT AUF GYMNASIEN
1780 BIS 1850

Von GEORG JÄGER

[...]

Rhetorik und Liberalismus

Ein wichtiger Anstoß für die Pflege der engeren Rhetorik, der Rede, geht vom Liberalismus in seiner weitesten Bedeutung aus. Das Argumentationsschema, das die Beredsamkeit in der Öffentlichkeit der Republik ansiedelt, ist seit Cicero und Tacitus ein fester Bildungsbestandteil. Er ist selbst während des Absolutismus unvergessen, was seine bemühte Umkehrung, die Rede beherrsche den Staat nur in Zeiten der Demagogie und des Pöbels (Griechenland), beweist.[1] Die liberalen Prinzipien der Öffentlichkeit und Diskussion haben der Kunst der Rede, wo sie zur Anwendung gelangten, eine neue Realität gegeben. Sie war „während der zunächst verfloss'nen Jahrhunderte fast auf das einzige, enge Räumlein der Kanzel beschränkt",[2] sieht man von den sporadischen Lob-, Schul-

---

[1] Johann Elias Schlegel: Rede, daß die vortheilhaftesten Umstände der Beredsamkeit, allemal mit einem verwirrten Zustande des gemeinen Wesens verknüpft sind, in: [Johann Christoph Gottsched (Hrsg.):] Sammlung einiger Ausgesuchten Stücke, der Gesellschaft der freyen Künste zu Leipzig, 1754, S. 272–85. Die Rede ist bereits im Titel Programm. Den Zusammenhang von Rede und Republik bei Walter Jens: Von deutscher Rede (1966), in: Ders.: Von deutscher Rede, 1969, S. 16–45. Außerhalb des Topos belegt die Politisierung der Rhetorik Hans-Wolf Jäger: Politische Kategorien in Poetik und Rhetorik der zweiten Hälfte des 18. Jahrhunderts, 1970.

[2] Heinrich Niemeyer: Über Anleitung zu deutscher Beredtsamkeit auf Gymnasien, 1843, S. 2. „Denn [...] sind nicht alle jene Veränderungen, die im heutigen Staatenleben hervortreten, eben so viele Mahnungen: Übungen im

und Gelegenheitsreden ab. „Durch die Errichtung ständischer Verfassungen [...] hat diese Kunst auch in unserm Vaterlande einen neuen Schauplatz ihrer Thätigkeit gewonnen. [...] Auch an den Schranken der Gerichtssäle ertönt neuerdings das lebendige Wort zur Anklage des Verbrechens und zur Vertheidigung der Unschuld, wie es einst in Athen und in Rom gewirkt hat."[3] Der Liberalismus argumentiert mit Rom und Athen, wo humanistisch gebildete Honoratioren und Beamte seine Träger sind. Die politische Rhetorik erfaßt die konstitutionellen Staaten Süd- und Mitteldeutschlands wie die Schweiz am stärksten, sie erhält mit den Konstitutionen nach 1830 erneut Aufschwung und scheint ein Hauptgrund, weshalb die Rhetorik in den frühkonstitutionellen Staaten ein langes Ansehen genoß. „Der Volksrepräsentant sinkt ohne die Gabe der Beredsamkeit mehr oder weniger zur bedeutungslosen Nulle herab."[4] Die Forderung lautet demnach, wer als Mitglied ständischer Versammlungen „die politische Beredsamkeit praktisch üben will, der muß darin bereits tüchtige Vorübungen gemacht, und die allgemeinsten Grundsätze der Theorie der Beredsamkeit sich angeeignet haben".[5] Dieser Satz von Pölitz, einem führenden Schulbuchautor des Deutschunterrichtes, gilt, wo die politische Diskussion, wie vor dem Realismus in der Politik allgemein, abstrakt und prinzipiell bleibt. In der deutschen Philologenversammlung 1840 hält der Schuldidaktiker Günther eine begeisterte Rede darüber, „was die Gymnasien zur Wiederherstellung der öffentlichen Beredtsamkeit beitragen können". „Ein Volk, das nicht reden kann, kann auch nicht handeln. Rede ist Handlung, ist die Mutter derselben bei An-

---

mündlichen Ausdrucke der Gedanken beim Unterricht der Jugend jetzt ganz vorzüglich zu berücksichtigen?"
[3] Joseph Nikolaus Schmeisser: Theoretisch-praktisches Lehrbuch der Rhetorik, 2 Tle., 1838–1840; hier: Tl. 1, 1838, S. III/IV.
[4] Friedrich Haupt: Mustersammlung der Beredsamkeit. Für die Schule und das Leben, 1838, S. VII. Der Rhetorikunterricht trägt dem Umstand Rechnung, „daß der Staatsbürger zu einer hier freiern, dort beschränktern Theilnahme an der Leitung des Staatslebens gelangt ist" (S. VI/VII). Der Autor war Lehrer in Zürich.
[5] Zit. bei Fr. Haupt: Mustersammlung, S. VII Anm.

Der Deutschunterricht auf Gymnasien 1780 bis 1850   223

deren. Zum Reden muß man erzogen werden. Dies führt auf den Unterricht in unsern höheren Schulen."[6] Die Schule, in Reden, Wechselreden und Disputationen eine „Arena zur Beredtsamkeit", habe „Volksredner" zu erziehen! Eine solche Verbindung von Handlung und Rede, Rede und Schule ist nach dem Zusammenbruch der 1848er Revolution undenkbar. Doch die Parlamentarier vor 1848 bestätigen sie ausdrücklich. „In der jetzigen Zeit der konstitutionellen Staaten", so wird in der Volkskammer Badens in einem Kommissionsbericht über Angelegenheiten der Schule am 24. 9. 1833 ausgeführt, „sei die Redekunst für die Führung von öffentlichen Verhandlungen ein notwendiges Handwerkszeug. Die Regierung habe daher mit Recht ‚Declamation' in den Lehrplan aufgenommen."[7]

Was Wunder, daß die Schulbuchautoren Anthologien parlamentarischer Reden bereitstellen. Die Schweizer ›Mustersammlung der Beredsamkeit‹ (1838) enthält ausschließlich „Staatsreden" – eine Tat in der Restauration. Die noch heute zentralen Gestalten in der Kunst der politischen Rede Englands (William Pitt d. Ältere, Horace Walpole, Edmund Burke, Charles James Fox, George Canning, Daniel O'Connell, Thomas Macaulay, Robert Peel u. a.) und Frankreichs (Mirabeau, Constant, Lamartine u. a.) dienen dem Schüler zum Muster, darunter die Streitrede von Burke gegen Fox über die Französische Revolution, die Adam Müller in Deutschland zu Ruhm gebracht hatte.[8] Je länger sich die Parlamente in Deutschland bewähren, je mehr treten deutsche Beispiele in den Vordergrund. O. L. B. Wolffs ›Handbuch deutscher Beredsamkeit‹ (1846)[9] druckt

---

[6] Verhandlungen der dritten Versammlung deutscher Philologen und Schulmänner in Gotha 1840, S. 22–28. Zitate S. 24, 28, 26, z. T. gleichlautend Friedrich Joachim Günther: Ueber den deutschen Unterricht auf Gymnasien, 1841, Die Redefertigkeit, S. 207–74.

[7] Werner Ruf: Der Neuhumanismus in Baden und seine Auswirkungen auf die Gelehrtenschulen, Phil. Diss. München 1961, S. 54.

[8] Adam Müller: Zwölf Reden über die Beredsamkeit und deren Verfall in Deutschland (1812). Nachwort von Walter Jens, 1967, S. 110–14.

[9] Oskar Ludwig Bernhard Wolff: Handbuch deutscher Beredsamkeit usw. Zusammengestellt und herausgegeben mit besonderer Rücksicht auf höhere Schulen und Selbststudium, 2 Tle., 1846; hier: Tl. 2, S. 1–281. Eine Skizze und Namenlisten zur parlamentarischen Beredsamkeit Deutschlands

fünf Reden aus den badischen, je zwei aus den sächsischen und bayerischen Kammern ab. Die Mehrzahl handelt Programmpunkte des Vormärzliberalismus – Preßfreiheit, Gerichtsöffentlichkeit, die Landwehrverfassung – ab, womit auch diese rhetorische Sammlung die Verbreitung freiheitlicher Prinzipien unterstützt. Noch dem ›Deutschen Redner‹ (2. Aufl. 1854), wo Abgeordnete aus Ständeversammlungen zu Wort kommen, wird „die edelste Freisinnigkeit" bescheinigt.[10] Vor diesem Hintergrund ist es verständlich, wie die Märzrevolution und das Frankfurter Parlament „die Krönung der deutschen Rhetoriktradition" (F. Sengle) werden konnten. Verständlich auch, daß die Reaktion nach 1848 das absolutistische Argument gegen Cicero und Tacitus aufgewärmt hat, wo es darum ging, die Beredsamkeit aus der Schule zu verbannen: Die Rhetorik gehöre „nicht den Zeiten der Freiheit, sondern denen des Verfalls und der Auflösung der Freiheit an".[11]

Baden

Baden bewahrt in unseren Fragen sichtbar das Gepräge der Gelehrtenschulen. Die Krönung der letzten Klasse bildet die Rhetorik „in systematischem Zusammenhange" (Verordnung über die Gelehrtenschulen, 1837), wozu ab 1837 „eine Uebersicht der Geschichte der deutschen Literatur" tritt.[12] Die zweite Abteilung der

vor 1848 bei Joseph Kehrein: Die weltliche Beredsamkeit der Deutschen, 1846, S. 437–52.

[10] Karl Ludwig Kannegießer: Der deutsche Redner usw. Zum Gebrauch auf Gymnasien (Prämie), ferner für Studierende und Staatsbeamte und für Gebildete überhaupt, 2., verb. u. verm. Aufl. 1854, Rez. von Wilhelm Assmann, in: Zeitschrift für das Gymnasialwesen 10 (1856), S. 470–73. Hier S. 472.

[11] Johann Christian Friedrich Campe: Die Uebungen in freien Vorträgen in den oberen Klassen der Gymnasien, in: Zeitschrift für das Gymnasialwesen 5 (1851), S. 81–112; hier S. 94. Damit verbunden moralische (Lüge) und politische (Aufhetzung) Vorwurfe gegen die Rhetorik.

[12] Verordnung über die Gelehrtenschulen im Großherzogthum Baden nebst dem Lehrplan für dieselben, 1837, S. 22. Der Aufbau des Deutschunterrichtes in Baden kann studiert werden bei Cyriak Duffner: Ueber den deut-

vorletzten Klasse, die alte Poetica, treibt Theorie des poetischen Stils, die erste Abteilung, die alte Rhetorica, Theorie des prosaischen Stils. Die Aufeinanderfolge von Stilistik, Poetik und Rhetorik stellt überall ein Grundmuster dar, wo der Unterricht am Herkommen festhält. Die Namengebung verdeutlicht, daß die abschließende Rhetorik nicht einfach Fortsetzung des deutschen Unterrichtes ist. Von der ersten bis zur fünften Klasse – in Baden zählt man umgekehrt wie heute – heißt der Titel in der entscheidenden ›Verordnung über die Gelehrtenschulen‹ (1837) durchgehend „deutsche Sprache", in der sechsten jedoch „Rhetorik und Geschichte der klassischen Literatur der Deutschen". Die einzelnen Anstalten haben diesen Brauch vorgebildet, denn sie führen im letzten Jahrgang „Rhetorik" (Mannheim 1824, Rastatt 1829) oder „Beredsamkeit" (Karlsruhe 1825), nicht wie sonst „Deutsche Sprache" auf, nach 1837 dann „Rhetorik und deutsche Literaturgeschichte" (Heidelberg 1840, 1850, 1855), in Freiburg (1848) gar getrennt „Rhetorik" und „Geschichte der deutschen Literatur". Es ist offensichtlich, wie Deutsch in den Oberklassen aus einzelnen Elementen zusammenwächst und wie diese noch gesondert ins Bewußtsein fallen. Deutsch entwickelt sich hier aus der Rhetorik heraus. Die Unterscheidung bleibt indes gerechtfertigt, solange systematische Rhetorik auf dem Plan steht, da es die Rhetorik eines nationalen Schrifttums nicht geben kann. Der einzige Weg, sie dem Deutschen einzugliedern, liegt in der Praxis, nämlich darin, sich auf deutsche Beispiele zu beschränken. Baden hat diesen Weg nicht eingeschlagen. In Mannheim (1824) erläutert man die Theorie „an Beispielen aus dem Alterthume und aus der neuern Zeit", in Karlsruhe (1825) betreibt man das „Studium von Mustern in beiden Sprachen", in Latein und Deutsch, Rastatt (1829) spricht von „Erklärung teutscher und lateinischer Muster" und nennt Cäsar und Cicero. Als Praxis erscheinen „Uebungen in teutschen und lateinischen Ausarbeitungen". Das ›Lehrbuch der Rhetorik‹ von Schmeisser (1838–40), einem Freiburger Gymnasialdirektor, das in den vierziger Jahren im Gebrauch ist, hält neben deutschen Proben, die überwiegen, immer noch antike gegenwärtig,

schen Sprachunterricht an Gelehrtenschulen, Programm Freiburg, 1848, S. 1–53.

wenngleich meist nur mit Stellenangaben ohne Abdruck. (Die Textausgaben der Alten dürften den Schülern leichter greifbar gewesen sein.) Es versteht sich bei all dem, daß die Lektüre durch die Rhetorik mediatisiert wird (s. u.). Die „prüfende Lectüre einzelner Musterstücke" (Karlsruhe 1825) ist die Regel, „eine ausführliche Erläuterung in sprachlicher, rhetorischer und poetischer Hinsicht", wie sie Schillers ›Spaziergang‹ zuteil wird (Heidelberg 1850), die Grenze, die man hinsichtlich einer freien Lektüre erreicht.

Bayern

Bayern beansprucht Interesse durch das Nacheinander unterschiedlicher Lehrpläne, durch die frühe Betonung der Lektüre, dann aber durch eine Restauration der Rhetorik. Die Grundlage der Restauration war gegeben, da sich die Rhetorik in den Schulen auch dann behauptete, als das Niethammersche Normativ (3. 11. 1808) die deutsche Klassik in den Mittelpunkt rückte. Denn die Lektüre bleibt fest in den Rahmen der Poetik und Rhetorik eingespannt. Die Schulnachrichten drücken es deutlich aus. Die Stilistik bildet in den mittleren Klassen des Gymnasiums den Richtpunkt. Man macht die Stileigenschaften „in Beyspielen aus teutschen Klassikern anschaulich" (Salzburg, Untergymnasialklasse 1813). Exemplarisch Passau 1818: „Nach Adelungs deutschem Stil im Auszuge von Heinsius die allgemeinen Eigenschaften eines richtigen, klaren und schönen Stils, besonders Tropologie, nachgewiesen an den Elegien des Ovid und an Goethe, Schiller, Matthisson, Nicolay, Zachariae, Wilhl. Schlegel, Collin, Tiedge, Körner u. a."[13] Die Dichter der Gegenwart und jüngsten Vergangenheit werden von der Stilistik und Gattungstheorie der Aufklärung und der Metrik aus erschlossen. In Innsbruck (Untergymnasialklasse 1813) wird die Theorie der Dichtungsarten „mit

---

[13] Max Hergt: Beiträge zur Geschichte des deutschen Unterrichts an den humanistischen Gymnasien des Königreichs Bayerns, 2 Tle. Programm Theresien-Gymn. München, 1900–01; hier: Tl. 1, Tabelle. Johann Christoph Adelung: Über den deutschen Styl, im Auszuge von Theodor Heinsius, 1800 u. ö.

vielen passenden Muster-Stellen der besten deutschen Dichter" belegt. Kempten (3. und 2. Gymnasialklasse 1818) behandelt nach dem Unterricht über lyrische Dichtung „viele Gedichte mit Rücksicht auf Versbau und Silbenmaß, auf Figuren und Tropen".[14] Die beiden obersten Gymnasialklassen schließen die Lektüre an die Poetik und Rhetorik an. Sie lesen (Salzburg, Mittelgymnasialklasse 1813) „von der teutschen Literatur mehrere klassische Muster des prosaischen und poetischen Styls aus Göthe, Schiller, Herder und Pfeffel in Verbindung mit der Theorie der äsopischen Fabel, der poetischen Erzählung und Beschreibung, der Idylle, Satyre, Ode, des Lieds und Epigramms nach Eschenburg"[15] oder erklären die Theorie „mit stetem Hinblick auf die Klassiker deutscher Nation" (Speyer, Mittelgymnasialklasse 1821). In Speyer (Obergymnasialklasse 1820) werden die Regeln des Epos „in den vorzüglichsten Mustern nachgewiesen" und „zu festerer Begründung der rhetorischen Regeln, gewählte Stellen aus Herders, Joh. v. Müllers und Schillers Schriften gelesen". So lauten die Nachrichten. Stilistik, Rhetorik und Poetik sind in Bayern ohne Unterbrechung bis über 1850 hinaus feste Unterrichtsgegenstände. Der deutschen Lektüre aber gedenkt die Schulordnung vom 10.10.1824, die das Niethammersche Normativ ersetzt, mit keiner Silbe mehr. Die Schulordnungen vom 8.2.1829 und 13.3.1830 sprechen nur von der Privatlektüre der Schüler, auf die beim Unterricht Rücksicht zu nehmen sei. Die Ordnung von 1830 bezeichnet das Fach, früher Deutsche Sprache, in der ersten Gymnasialklasse als deutschen Stil, in den drei übrigen als Theorie der redenden Künste.[16] Werke der deutschen Literatur werden demgemäß seit den zwanziger Jahren in den Programmen seltener und erst mit den vierziger Jahren wieder häufiger. Umfang und Betonung der deutschen Klassiker blieben so eine Episode.

[14] Ebd.
[15] Gemeint ist Johann Joachim Eschenburg: Entwurf einer Theorie und Literatur der schönen Wissenschaften, 1783, 5., völlig umgearb. Ausg. von Moritz Pinder 1836. Eines der erfolgreichsten Lehrbücher. Kurze Darstellung durch M. Hergt: Beiträge, Tl. 1, S. 59/60. – Salzburg und Innsbruck gehören 1809 (Friede von Schönbrunn) bis 1814 zu Bayern.
[16] M. Hergt: Beiträge, Tl. 1, S. 51–54 über den Plan 1824, Tl. 2, S. 9–14 über den Plan 1829, S. 18–22 über den Plan 1830.

Poetik und Rhetorik, die Lehre von der poetischen und prosaischen Gestaltung, werden mit gleicher Intensität betrieben. Entsprechend erhält die Lektüre prosaischer Muster großes Gewicht. Das allgemeine Normativ 1808[17] nennt an Prosaikern: Herder und Goethe für die Unterklasse, Lessing und Jacobi für die Untermittelklasse, Lessing, Schiller ('Geschichte des Abfalls der vereinigten Niederlande', 'Geschichte des Dreißigjährigen Kriegs') und Johannes von Müller für die Obermittelklasse, Winckelmann für die Oberklasse des Gymnasiums. Schon die Schulordnung läßt erkennen, welchen Raum die didaktische und historische Prosa einnehmen. Schiller ist nicht nur als Dramatiker und lyrisch-didaktischer Dichter, sondern auch als Prosaschriftsteller klassisch! Die Jahresberichte des zweiten Jahrzehnts führen am häufigsten Herder, Schiller und Johannes von Müller, oft in Verbindung mit der Rhetorik, auf. So heißt es in Passau (Obergymnasialklasse 1812): „Rhetorik: Muster aus mehreren klass. Prosaikern, bes. aus Schillers, Engels, Joh. von Müllers und Winckelmanns Werken."[18] Außer den im Normativ genannten Schriftstellern findet die Prosa der Spätaufklärung stärkste Beachtung. Engel, Heydenreich und Sturz (Ansbach 1820), Jerusalem, Heyne und Melle (Regensburg 1813) finden sich ebenso wie Garve, Jakobs, Morgenstern und Glatz (Regensburg 1818).[19] Die Rhetorik bringt es mit sich, daß die oratorische Prosa bevorzugt herangezogen wird. Auch als Redner ('Was heißt und zu welchem Ende studiert man Universalgeschichte?') ist Schiller am beliebtesten. Man läßt „Schulreden von Herder, Mörlin, Matthiae", „Kanzelreden von Sailer, Zollikofer, Reinhard" (Aschaffenburg, Obergymnasialklasse 1821), daneben Lobreden (Engels Lobrede auf

---

[17] Adolf Matthias: Geschichte des deutschen Unterrichts, 1907, S. 387. Hans-Georg Herrlitz: Der Lektürekanon des Deutschunterrichts im Gymnasium, 1964, S. 91–98. Allgemein für die Klassiker, aber mit Schwerpunkt auf Preußen Albert Ludwig: Schiller und die Schule, in: Mitteilungen der Gesellschaft für deutsche Erziehungs- und Schulgeschichte 20/2 (1910), S. 55–95. Wilhelm Schöppa: Goethes Eindringen in den deutschen Unterricht, in: Ebd., H. 4, 271–80.

[18] M. Hergt: Beiträge, Tl. 1, Tabelle.

[19] Regensburg ebd. Die Angabe für Ansbach aus dem Programm.

Friedrich II., Kempten 1818)[20] lesen, also alle Redegattungen, in denen das absolutistische Deutschland Muster bietet. Die neuhumanistische Reaktion hat mit der Einschränkung des deutschen Unterrichts auch diese Entwicklung unterbrochen. Thiersch, der Initiator der deutschfeindlichen Schulordnung von 1829, ist der Ansicht, daß von den Werken unserer Prosa „kein einziges die Erklärung in der Schule begehrt oder eine Behandlung, wie sie hier nötig ist, zuläßt".[21] Die Prosa noch mehr als die Poesie wird der Privatlektüre überwiesen. Als die deutsche Lektüre in den vierziger Jahren sich erneut aufdrängt, ist die Ausrichtung auf die Poesie eindeutig.

Die klassischen Sprachen gewinnen für die Rhetorik und Poetik erhöhte Bedeutung, wo beide Fächer an sie geknüpft werden. Rhetorik und Poetik sind ja nicht nationalsprachlich festgelegt, ihr Regelsystem gilt als universal und fördert den Vergleich zwischen den Werken verschiedener Literaturen. Der literarische Horizont wird so stets offengehalten. Der Lateinunterricht in Innsbruck (Obergymnasialklasse 1813) ergänzt die Behandlung von Vergils ›Aeneis‹ „mit Bemerkungen über die Oekonomie eines Helden-Gedichtes überhaupt nach Eschenburg und anderen, wie auch Vergleichung mit andern Gedichten dieser Art der alten sowohl als neueren Zeiten und Nationen". Die Grundsätze der epischen, lyrischen und dramatischen Poesie werden in München (Obergymnasialklasse 1814) „aus griechischen und deutschen Klassikern entwickelt", die Theorie der Beredsamkeit und des Dramas (Obergymnasialklasse 1816) wird „durch griechische, lateinische und deutsche Muster erklärt".[22] Die dritte Gymnasialklasse Straubings treibt 1837 Rhetorik, „Alles in

---

[20] Ebd. J. Kehrein: Die weltliche Beredsamkeit, S. 312 über Fr. Aug. Christ. Mörlin (gest. 1806), Prof. am Gymnasium zu Altenburg, S. 288/89 über J. J. Engel. Kehrein: Geschichte der katholischen Kanzelberedsamkeit der Deutschen, Bd. 1, 1843, S. 159–63 über J. M. v. Sailer, Bischof von Regensburg. Ein Porträt von Franz Volkmar Reinhard (1753–1812), zuletzt Oberhofprediger in Dresden, bei August Nebe: Zur Geschichte der Predigt. Charakterbilder der bedeutendsten Kanzelredner, Bd. 2, 1879, S. 181–234.

[21] Friedrich Thiersch: Über gelehrte Schulen mit besonderer Rücksicht auf Bayern, Bd. 1, 1826. Zit. bei M. Hergt: Beiträge, Tl. 2, S. 6. Über die Ansichten von Thiersch H.-G. Herrlitz: Der Lektüre-Kanon, S. 85–90.

[22] M. Hergt: Beiträge, Tl. 1, S. 28.

Beziehung auf die griechischen und lateinischen Klassiker und mit häufiger Vorlesung und Erklärung von deutschen Mustern". Die neuhumanistische Reaktion der zwanziger und dreißiger Jahre hat der Bindung der Theorie an Latein und Griechisch noch einmal Vorschub geleistet. Kannte doch die Schulordnung von Friedrich Thiersch (8.2. 1829) überhaupt keine besonderen deutschen Wochenstunden. Die Ordnung von 1830 (13.3.) schreibt „eine zunächst auf die altklassischen Muster zu begründende und hauptsächlich aus ihnen herzuleitende (!) Theorie der redenden Künste",[23] der Poetik und Rhetorik, vor. Der Erlaß von 1834 (3.2.) will die Theorie „unter steter Hinweisung auf die schon erklärten oder gleichzeitig zu erklärenden Muster aus der griechischen, römischen und deutschen Literatur"[24] gelehrt wissen. Aber auch in diesen Jahren schließt der Deutschunterricht in den drei obersten Klassen mit Stilistik, Poetik und Rhetorik ab, so daß es sich hier darum handelt, dem deutschen Unterricht eine universale Note zu geben und ihn so einzuschränken.

Die Restauration der Rhetorik wird durch die Streichung der Logik und Dialektik, der Vorstudien zur Philosophie, auf die das Niethammersche Normativ (3.11. 1808) besonderes Gewicht gelegt hatte, unterstrichen. „Seit dem Schulplan von 1829 und 1830 ist die Theorie der redenden Künste wieder unter die Lehrgegenstände der K. bayrischen Gymnasien aufgenommen, nachdem sie lange Zeit so wie fast in ganz Deutschland in Misscredit gestanden, und hie und da den propädeutischen Wissenschaften der Philosophie wie der Logik oder der Psychologie hatte weichen müssen."[25] Nach der Schulordnung 1830 (13.3.) soll in der Oberklasse nur die Rhetorik

[23] Ebd., Tl.2, S.21.
[24] Ebd., S.23.
[25] Ludwig Döderlein: Aristologie für den Vortrag der Poetik und Rhetorik. Programm Erlangen, 1842, S.3. „Ein ziemlich allgemeines Gefühl hat aber bereits seit einiger Zeit die Lenker der deutschen Gymnasialstudien bewogen, den quiescirten Lehrgegenstand [d, Rhetorik, d. Vf.] zu reactiviren. So auch seit dreizehn Jahren [also seit 1829, d. Vf.] auf den Gymnasien des Königreichs Bayern" (S.4). D. betont, daß er Rhetorik und Poetik „so eng als möglich an den humanistischen Unterricht anschloß" (S.4), und so enthält seine Sammlung ausschließlich griechische und lateinische Beispiele.

vollendet werden. Es tritt ein weiteres Moment hinzu, das die Herrschaft der rhetorischen und poetischen Theorie festigt: das späte Einsetzen des geschichtlichen Unterrichts der Nationalliteratur. Sieht man von einzelnen Anstalten ab (Nürnberg ab 1813, Speyer ab 1819), die das Fach sporadisch lehrten, so sehen es erst die Jahre 1834, 1835 gleichmäßig eingeführt (Erlaß vom 3.2. 1834). Erst wo die nationalliterarische Bildung sich durchsetzt, muß mit der Rhetorik und Poetik gebrochen werden (vgl. Preußen, unten).

Preußen unter dem Oberschulkollegium (1787–1806)

Das Profil der Schule der Spätaufklärung bietet Preußen musterhaft dar. Das Niveau ist allerdings äußerst unterschiedlich, ist noch lokal an die Anstalt und personal an die Lehrer gebunden. Die Möglichkeiten, die diese Schule bietet, fallen aber klar ins Auge, auch wenn sie hier akzentuiert werden. Die Deutschstunden in den Oberklassen werden als Oratorie, Poetik, Epistolographie, Stilübungen o. ä. bezeichnet. Findet in den ersten Klassen eine Unterweisung in Grammatik und Orthographie statt, so kann in den mittleren Klassen der deutsche Unterricht fehlen.[26] Das ist das Kennzeichnende: Der Grammatikunterricht auf der unteren, der Rhetorik- und Poetikunterricht auf der oberen Stufe sind die Grundpfeiler, auf denen der Deutschunterricht sich historisch gründet, ohne vorerst eine zusammenhängende Konzeption zu besitzen.

Die Rhetorik steht unter den Unterrichtsgegenständen, die sich zum Deutschen zusammenfinden, obenan. Der Briefstil pflegt im allgemeinen zur systematischen Behandlung des Lehrgebäudes überzuleiten. Damit nimmt die Epistolographie im Studienaufbau noch gegen Ende des Jahrhunderts eine Stelle ein, die fortan der Stilistik zukommt. Über die behandelten Gegenstände der Rhetorik geben die mündlichen und schriftlichen Abituraufgaben Auskunft.

---

[26] Paul Schwartz (Hrsg.): Die Gelehrtenschulen Preußens unter dem Oberschulkollegium (1787–1806) und das Abiturientenexamen. 3 Bde., 1910–12; hier: Bd. 1, S. 32/33, 31.

Zum Kernbestand gehört die Stilistik, mit den immer wiederkehrenden Fragen nach dem „deutschen Stil und dessen Haupteigenschaften" (Königsberg/Neumark 1792), nach „den notwendigsten Eigenschaften eines guten Stils" (Stargard 1797) und „den Fehlern der Schreibart" (Aschersleben 1791).[27] Das Protokoll der mündlichen Prüfung in Stargard (1804) zeigt, wie die Bestimmungen, die Adelung für einen guten Stil gibt, getreu durchgenommen werden: „das Hochdeutsche, Sprachrichtigkeit, Sprachreinigkeit, Deutlichkeit und Klarheit, Schicklichkeit, Natürlichkeit, Bestimmtheit, Praecision, Würde und Wohlklang."[28] Ganz die sprachlich korrekte, gesellschafts- und sachbezogene Form, die im Dienste der Mitteilung steht. Der Schüler lernt die zahlreichen Stilarten noch scharf zu trennen. Man prüft die Unterschiede des historischen, rednerischen und poetischen Stils (Aschersleben 1795), frägt nach den Charakteristika „des vertraulichen, historischen, blühenden und erhabenen Stils" (Hamm 1802).[29] Beim prosaischen Stil will man die „Hauptgattungen in Absicht seiner Würde" (Prenzlau 1791),[30] die internen Abstufungen nach Gegenstand und Absicht, wissen. Die Historiographie, klassisches Erbe und Blüte der Aufklärung, ist im Rahmen der Rhetorik auch theoretisch präsent. „Sind die Reden der Alten in ihren historischen Schriften auch von den Neuern nachzuahmen" (Züllichau 1805); „wievielerlei ist der historische Stil, welchen Stoff bearbeitet jede Art, und was ist bei einer jeden zu beobachten?" (Königsberg/Neumark 1802).[31] Mehr ins Detail gehen die beliebten Fragen nach Figuren und Tropen, den Perioden und ihrer Einrichtung, nach dem Unterschied der logischen und rhetorischen Schlüsse (Hamm 1795, 1800), den Metaphern und ihren Fehlern (Hamm 1800), den stehenden Beiwörtern Homers, dem tertium comparationis seiner Gleichnisse (Züllichau 1802, 1803).[32] „Über die von Homer gebrauchten Bilder und Vergleichungen, wobei zu-

---

[27] Ebd., Bd. 2, S. 284, 168; Bd. 3, S. 131.
[28] Ebd., Bd. 2, S. 182.
[29] Ebd., Bd. 3, S. 136, 267.
[30] Ebd., Bd. 2, S. 528.
[31] Ebd., S. 353/54, 289.
[32] Ebd., Bd. 3, S. 258 u. 264; Bd. 2, S. 346 u. 348.

gleich untersucht wird, woher sie genommen und warum sie für Leser unsers Zeitalters anstößig sind" (Herford 1793).[33]

Welcher Abiturient könnte heute mit diesen Fragen etwas anfangen? Damals waren sie kein Ballast, sondern der kaum vergangenen oder gegenwärtigen Diskussion – um die Grenze von Logik und Dichtung und das dichterische Bild, die Sprache Homers – entnommen. Die letztgenannte Frage lautet übersetzt: Sind die bäuerlichen Gegenstandsbereiche der Bildlichkeit Homers der Kultur des 18. Jahrhunderts anstößig? Damit bringt sie die kultursoziologischen Determinanten des Stils zur Sprache. Die Spätaufklärung führt gesellschaftliche und ökonomische Gründe an, um die Sprach- und Kunstbildung einer Region, z.B. Leipzigs und Sachsens, zu erklären. „Warum blühen Künste und Wissenschaften im Westfälischen Kreise nicht so als im Obersächsischen?" (Halle, Reformierte Schule 1805).[34] Dem politischen Gesichtspunkt, der Verknüpfung von Beredsamkeit und Republikanismus seit Cicero und Tacitus (vgl. o.), kommt gar eine bevorzugte Stellung an manchen Anstalten zu. In Stettin (Ratsschule) wird der deutsche Aufsatz 1795 über die Frage „Woher es gekommen, daß Griechen und Römer in der Beredsamkeit so vollkommen geworden, da sie in der Theorie unter den neuen Nationen zurückstehen" geschrieben.[35] Stargard 1800: „Warum ist in unseren Zeiten die Beredsamkeit nicht so blühend als ehemals?"[36] Warum? „Man kann sich die Ursachen davon erklären, wenn man in ihre Staatsverfaßung einen genauen Blick geworfen hat. Griechenlands und Roms goldene Freyheit war der Boden, auf welchem jene herrlichen Früchte zur Reife gediehen."[37] Warum, „als wegen der dämokratischen Regierungsform", wogegen jetzt „die meisten Reiche unter Monarchen ständen, wo das Volk nur Gesetze annehmen und befolgen kann, aber nie selbst eigne Vorschriften

---

[33] Ebd., Bd. 3, S. 344.
[34] Ebd., S. 26. Eine Skizze der Argumente Adelungs in dieser Frage bei Dieter Nerius: Untersuchungen zur Herausbildung einer nationalen Norm der deutschen Literatursprache im 18. Jahrhundert, 1967, S. 63–66.
[35] Ebd., Bd. 2, S. 108.
[36] Ebd., S. 177/78.
[37] Ebd., S. 108.

machen darf".[38] Das sind Auszüge aus den Antworten der Schüler! Man sieht: Die Rhetorik ist kein toter Gedächtniskram, sie liefert der stilistischen wie der gesellschaftlichen und politischen Diskussion der Zeit ihre Argumente und begleitet sie.

Der Unterricht der Poetik oder Ästhetik stellt die Gattungstheorie und die Geschmackslehre, Lieblingskinder des 18. Jahrhunderts, in den Vordergrund. Poetik ist im wesentlichen Gattungspoetik. Mit welcher Ausführlichkeit das Gattungssystem der Lehrbücher abgefragt wird, führt das Stargarder Protokoll der mündlichen Prüfung (März 1806) vor Augen: Der Lehrer „redete weiter von den verschiedenen Arten der Poesie; der lyrischen, wohin die Ode, das Lied, die Elegie, die Kantate und Dithyrambe gehöret; ferner der historischen, wohin die Fabel, die Epopee, die poetische Erzählung und Beschreibung und das Drama zu rechnen ist; weiter der didaktischen, zu welcher das Lehrgedicht und die Satire gehöret; endlich den gemischten Gedichten, wohin das Epigramm und Sinngedicht zu zählen ist".[39] Eine Zusammenstellung zeigt, wie auch die schriftlichen Arbeiten kaum eine traditionelle Gattung auslassen, wie die Fragen aber auch ins Einzelne gehen können:

„Was ist lyrische Poesie überhaupt und wie viele Hauptgattungen begreift sie?" (Prenzlau 1790) – „Wie unterscheidet sich das lyrische Gedicht von dem dramatischen?" (Stargard 1797) – „Worauf sieht die Kritik besonders bei der Beurteilung des Trauerspiels?" (Küstrin 1805) – „Wie unterscheidet sich lyrische und didaktische Poesie, und welches sind die berühmtesten alten und neuern Dichter in beiden Arten?" (Berlin, Friedrichswerdersches Gymnasium 1790) – „Wie pflegt man den Stoff, die nähere Einteilung und die Haupteigenschaften des Lehrgedichts zu bestimmen, und welches sind die Meister unter den Griechen und Römern, besonders unter den Deutschen?" (Prenzlau 1794) – „Worin besteht das Wesen der Satire? Welches sind die vorzüglichsten Regeln für den satirischen Dichter und welches seine vorzüglichsten Muster?" (Berlin, Friedrichswerdersches Gymnasium 1791) – *De origine, indole, et virtute fabulae Aesopianae.* (Züllichau 1804) – „Was sind

---

[38] Ebd., S. 178.
[39] Ebd., S. 185. Zur Gattungspoetik der Zeit, gerade auch der Schulbücher Georg Jäger: Das Gattungsproblem in der Ästhetik und Poetik von 1780 bis 1850, in: Zur Literatur der Restaurationsepoche 1815–1848, hrsg. von Jost Hermand u. Manfred Windfuhr, 1970, S. 371–404.

Maschinen in der Epopöe? Zu welchem Endzweck gebraucht sie der epische Dichter?" (Minden 1792) – „Was ist eine Heroide?" (Züllichau 1795).[40]

Aus der Beispielreihe geht hervor, wie die Schule das Bewußtsein einer legitimen Gattungsvielfalt aufrechterhält und bereits umstrittene Gattungen wie das Epos, das Lehrgedicht und die Heroide noch in ihren Kreis zieht. An die Unterscheidung der Gattungen, der mehrere Aufgaben gelten, konnten klassizistische Strömungen, wenn sie die Gattungsreinheit als Wertkriterium behaupteten, anschließen. Die Gattungen werden noch durchaus rational verstanden als Mache, die nach Gegenstand und Zweck verschiedene Regeln hat. Die Autorennennungen, die Zusammenstellung der 'Meister', ersetzen keine Literaturgeschichte, bieten aber einen Kanon, der nationalitäts- wie epochenmäßig verschiedenartigen Werken Raum gibt. Dem entspricht der abendländische voridealistische Horizont der Ästhetik, ein Raum ohne nationalstaatliche Grenzen, dem auch die vergangenen Autoritäten gegenwärtig waren. Bei der Frage, was die Alten und Neuen für die Theorie der schönen Wissenschaften und der Poesie insbesondere getan haben (Aschersleben 1793), reihen die Abiturienten den Autoritäten der Antike französische, englische und deutsche Namen, von Boileau bis Marmontel, von Vida bis Home, von Gottsched und Breitinger bis Sulzer an.[41] Sie konnten die Theoretiker den Lehrbüchern entnehmen, die ihnen die Resultate eklektisch verabreichten, aber immerhin: Sie hatten die Namen einmal gehört.

Die Streitpunkte der Spätaufklärung werden neben diesen, oft akademischen Themen nicht ausgespart. Der jugend- und volksverderbliche Einfluß der Theater und Romane hat die Kulturkritiker, Pädagogen und Geistliche, am damaligen literarischen Leben wohl am meisten bewegt. „Über den sittlichen Wert des Schauspiels auf den Jüngling" (Züllichau 1806), „Warum ist es nicht ratsam, viele

---

[40] Ebd., Bd. 2, S. 527, 174, 325, 407, 529, 407, 353; Bd. 3, S. 371; Bd. 2, S. 337. Über die Theorie des didaktischen Gedichts im 18. Jahrhundert, mit Beziehung der Lehrbücher Hans-Wolf Jäger: Zur Poetik der Lehrdichtung in Deutschland, in: DVjs 44 (1970), S. 544–76.
[41] Ebd., Bd. 3, S. 134.

Romane zu lesen?" (Aschersleben 1794).[42] Auch der historische Roman, von der Aufklärung neubegründet, wird zum Abiturthema: „Über den Einfluß des historischen Romans auf die Geschichte" (Stargard 1803). „Die Sucht zu lesen ist so eingerißen, daß Menschen von der niedrigsten Caste sogar bey ihren Verrichtungen lesen und dadurch oft dieselben verabsäumen; ohne zu gedenken, daß einige ganz unglücklich dadurch werden, indem sie die Wahl der Bücher, welche sie lesen, nicht verstehen, und es überdies auch an schicklichen Büchern für diese Classe von Menschen fehlet."[43] Der künftige Gelehrte beklagt nicht nur standesgemäß die Ausweitung des Lesens (um 1800 altbewährte Topoi!), ihm ist auch die Notwendigkeit neuer Volksbücher deutlich. Der Wind des Tages weht gleicherweise in den spekulativen Themen. So will man wissen, ob die Ästhetik eine Wissenschaft sei (Züllichau 1805), wie sich „die Wahrheit des Philosophen von der des Dichters" unterscheide und ob „etwas in der Moral Schändliches oder in der Natur Häßliches ästhetisch schön" sein könne (Aschersleben 1802).[44] Ohne Rücksicht auf Jugendgemäßheit werden Ausführungen über schwierigste Fragen der Ästhetik erwartet.

Preußen im Zeitalter der Restauration

Preußen zeigt in der Restaurationszeit das zwiespältigste Antlitz. Rhetorik und Poetik können im Extrem systematisch vorgetragen oder völlig negiert werden. Den beiden Fächern wird in den westlichen und katholischen Landesteilen zwar größeres Gewicht gegeben, doch zeichnen sich die grundsätzlichen Möglichkeiten jenseits regionaler und konfessioneller Unterschiede ab. In Magdeburg, im Pädagogium zum Closter Unser Lieben Frauen, wird 1847 in der Sekunda die Rhetorik „beendet", die Prima nennt gesondert „Medi-

---

[42] Ebd., Bd. 2, S. 354; Bd. 3, S. 135.
[43] Ebd., Bd. 2, S. 180, 181. Über die Kritik der Pädagogen und Theologen Material bei Georg Jäger: Empfindsamkeit und Roman, 1969, besonders S. 57–64, 79–83. Über die Volksbildungsbestrebungen der gleichen Kreise handelt Heinz Otto Lichtenberg: Unterhaltsame Bauernaufklärung, 1970.
[44] Ebd., Bd. 2, S. 353; Bd. 3, S. 140.

tation" *(inventio)* und Disposition, während das Kölner Friedrich-Wilhelms-Gymnasium 1848 und 1849 Rhetorik und Poetik nicht kennt. In der Provinz Westfalen weisen 1847 zwei von fünf evangelischen Programmen Rhetorik, eines zusätzlich Poetik aus, von vier katholischen drei Poetik, eines Rhetorik.[45] Zwei altehrwürdige Anstalten Berlins können den Horizont der Hauptstadt abstecken. Das Friedrichswerdersche Gymnasium gibt 1839 der Prima „Anleitung zur Bearbeitung von Abhandlungen und Reden", wozu der Lehrer „die Literatur der Beredsamkeit" vorträgt, das Joachimsthalsche Gymnasium vermeidet 1839, 1840, 1846, also wohl durchgehend, jede Andeutung des Faches, auch der Poetik. Wenngleich das Lehrgebäude noch zuweilen vermittelt wird, ist die Rhetorik doch auf ganzer Linie im Abbau begriffen. Ein Indiz ist das geringe Gewicht, das die Lehrerschaft auf sie legt. In Preußen handeln von 1825 bis 1850 nur drei Schulprogramme über Rhetorik, in Bayern zur gleichen Zeit dagegen neun, in dem kleinen Baden allein vier![46] Eine Restauration – wie in Bayern – hat es in Preußen, wo die Ideen des Idealismus und der Klassik in das Kultusministerium (ab 1817) und die Lehrerschaft früh eingedrungen sind, nicht gegeben.

Preußen ist es auch, das die für das 19. Jahrhundert repräsentativen Schwundstufen der Rhetorik auf der Schule ausbildet. Es ist einmal die Reduktion auf die Stilistik, die Lehre „von der Darstellung des Stoffes, oder vom Stil im Allgemeinen, dessen grammatischen, logischen, ästhetischen Eigenschaften" (Paderborn 1830), wie

---

[45] Zusammengestellt in der Zeitschrift für Gymnasialwesen 2/2 (1848), S. 856–63.

[46] (Franz Winiewski): Syst. Verzeichniß der in den Programmen der Preußischen Gymnasien und Progymnasien, welche in den Jahren 1825–1841 erschienen sind, enthaltenen Abhandlungen, Reden u. Gedichte, 1844. Gustav Hahn: Syst. geordnetes Verzeichniß der Abhandlungen, Reden u. Gedichte, die in den an den Preußischen Gymnasien u. Progymnasien 1842–1850 erschienenen Programmen enthalten sind, 1854. Joseph Gutenäcker: Verzeichniß aller Programme u. Gelegenheitsschriften, welche an den Bayer. Lyzeen, Gymnasien u. lat. Schulen vom Schuljahre 1823/24 bis zum Schlusse des Schuljahres 1859/60 erschienen sind, 1862. Jakob Köhler: Die Programmbeilagen der badischen höheren Lehranstalten usw. Beilage zum Programm Rastatt 1888.

sie seit Adelung (Ueber den deutschen Styl, 1785 u. ö.) vorliegt. Der Stilistik (Minden 1825, Merseburg 1836, Naumburger Domgymnasium 1842) stellt sich die Beschränkung auf die Aufsatzlehre zur Seite: „Rhetorik, als Anleitung zur Ausarbeitung schriftlicher Aufsätze" (Posen 1837, Sekunda). Bildet bei der Stilistik den Kern der Reduktion die *elocutio* des Lehrgebäudes, so bei der Aufsatzlehre die *dispositio*, daneben die *inventio*.[47] Sie ist also überall dort gegeben, wo „zur Erleichterung der Erfindung und Behandlung des Stoffes [im Aufsatz, d.Vf.] zuvor die nöthigen Winke" (Stendal 1829, Obertertia) erfolgen. Die Aufsatzlehre und die Stilistik, in dieser Reihenfolge, können sich selbstverständlich verbinden. Dann scheint noch etwas von der alten Rhetorik *(inventio, dispositio, elocutio)* durch. So folgen im Katholischen Gymnasium Kölns (1843) der „Anleitung zu freien schriftlichen Aufsätzen" die „Hauptregeln der Stilistik". Die Stilistik hat neben den Tropen und Figuren ihr zweites Schwergewicht in der Unterscheidung der verschiedenen Stilarten. Die letztmögliche Verengung liegt deshalb erst dort vor, wo nur mehr Tropen und Figuren auf dem Plan stehen (Rosleben 1842, Sekunda; Stendal 1842, Tertia; Berlin, Friedrichswerdersches Gymnasium 1842, Prima).

Der Kern des literarischen Unterrichts in Preußen wird seit 1812, wo die Prüfungsordnung Kenntnis der deutschen Literatur vorschreibt, die Literaturgeschichte. Sie findet sich „fast überall in den Plänen als besonderer Lehrgegenstand".[48] Erfaßt sie zunächst noch als „Literärgeschichte der deutschen Sprach- und Redekunst" (Trier 1830) die Gesamtheit der redenden Künste ohne nationalen Gedanken, so herrscht seit den 30er Jahren die Literaturgeschichte, wie sie sich mit der Romantik entwickelt.[49] Die historische Ausrichtung

---

[47] Die Beschränkung der Rhetorik auf die Stilistik wird außerhalb der Schule im theoretischen Rahmen nachgewiesen von Marie-Luise Linn: Studien zur deutschen Rhetorik und Stilistik im 19. Jahrhundert, 1963. Den Zusammenhang von Rhetorik und Aufsatzlehre bei Hermann Bukowski: Der Schulaufsatz und die rhetorische Sprachschulung. Rhetorische Methoden u. Aufgaben in der Institutio oratoria Quintilians u. die Theorie des deutschen Schulaufsatzes, Phil. Diss. masch. Kiel 1956.

[48] A. Matthias: Geschichte des deutschen Unterrichts, S. 392.

[49] Eva Dorothea Becker: Klassiker in der deutschen Literaturgeschichts-

verdrängt die Systeme der Rhetorik und Poetik, die ahistorisch konzipiert sind. Die Literarhistorie nimmt in Preußen den Platz ein, den in Bayern und Baden die Rhetorik und Poetik beanspruchen. Diese Länder haben die Literaturgeschichte ja charakteristischer weise spät (Bayern 1834/35, Baden 1837) eingeführt. Mit der Kombination von Literaturgeschichte und Lektüre legen die preußischen Gymnasien das Fundament für die künftigen Jahrzehnte. Eine Anzahl von Schulen von Berlin (Joachimsthalsches Gymnasium 1839, 1840, 1846) und Potsdam (1831) bis Halberstadt (1842) und Köln (Friedrich-Wilhelms-Gymnasium 1848, 1849) kennen in den obersten Klassen, außer schriftlichen und mündlichen Übungen, nichts als Literaturgeschichte, die oft mit „biographischen Notizen" (Heiligenstadt 1842, Sekunda) beginnt und sich über mehrere Klassen hinzieht, sowie Lektüre. Die wegweisende erste Ostpreußische Direktorenkonferenz (1831) stellte sich einen zusammenhängenden Vortrag über die verschiedenen Perioden und Persönlichkeiten vor, der durch „Musterstellen aus dem Gebiete der Prosa und Poesie" illustriert wird.[50] Die Programme sprechen davon, daß die Historie „in Verbindung mit Erklärung einzelner Stücke aus den Werken jener Zeit" (Stendal 1829) unterrichtet wird, sie wird „verbunden mit Erklärung klassischer Dichtungen" (Rosleben 1842). So wird „mehr Literaturgeschichte als Literatur"[51] betrieben. Die Mediatisierung der Lektüre ist vor 1850 ein Grundgesetz, geschehe sie durch Literaturgeschichte (Preußen) oder durch Rhetorik und Poetik (Bayern, Baden).

Die Stimmen gegen die Mediatisierung der Lektüre erhalten erst von den vierziger Jahren an Gewicht. Man gründet den Unterricht „durch und durch auf gehaltvolle und eindringende Lectüre"

schreibung zwischen 1780 und 1860, in: Zur Literatur der Restaurationsepoche, S. 349–70. Sie weist nach, daß „die Literatur-Lehrbücher und Literaturgeschichten der Zeit von 1780 bis zum Ende der 1820er Jahre nach den 30er Jahren – etwa 1835 – nicht mehr neu aufgelegt worden" (S. 358) sind. Den gleichen Schnitt zeigen die Schulprogramme.

[50] Zit. bei Philipp Wegener: Zur Geschichte des deutschen Unterrichts. Jahresbericht Greifswald, 1906, S. 20/21.

[51] A. Matthias: Geschichte des deutschen Unterrichts, S. 392.

(Hiecke, 1841)[52] und rechtfertigt pädagogisch die unmittelbare Begegnung mit Dichtung (Wackernagel, 1843). „Deutlich wird an dieser Stelle die bewußte Abkehr von der Aufgabe der Wissensvermittlung in der Schule, wenn Wackernagel den Unterricht in ‚den literarischen Fachbegriffen' geradeheraus für ‚schädlich' erklärt und statt ‚diesem Wissen den Instinct der Poesie' sich festigen lassen möchte."[53] Dumpf christliche und nationale Töne heizen die Kampagne gegen Abstraktion und Reflexion seit den vierziger Jahren an: Die Literatur „als der klar herausgearbeitete Ausdruck des nationalen Geistes"[54] und der Gesinnung, die sie bilden hilft. Dabei gerät der letzte beträchtliche rhetorische Rest, Stilistik und Figurenlehre, ins Schußfeld. „Wenn nur das Aergste von Zeitverderb auf den Schulen, der Unterricht in den verschiedenen Arten des deutschen Stils und sogar Uebungen darin, diese Caricatur von Gedankenlosigkeit, nicht mehr in den Programmen vorkämen!"[55] Die Mehrheit verpflichtet sich nach 1850 der Lektüre, wie die Referate und Abstimmungsergebnisse der offiziösen Direktorenkonferenzen belegen. Die Referenten der Versammlung 1861 in Pommern und 1870 in Posen sprechen sich „gegen eine gesonderte Behandlung" von Rhetorik, Stilistik und Poetik aus, die Mehrzahl in Pommern stimmt „gegen einen besonderen Unterricht in der Rhetorik u.s.w.".[56] Von der Konferenz in Ostpreußen 1871 verzeichnet das Protokoll: „Soll ein besonderer Unterricht gegeben werden in der Poetik? (Nein,

[52] Robert Heinrich Hiecke: Der deutsche Unterricht auf deutschen Gymnasien, 1842. Auszug bei Dietrich Boueke (Hrsg.): Der Literaturunterricht, 1971, S. 46–63; hier S. 47. Zu Hiecke H.-G. Herrlitz: Der Lektüre-Kanon, S. 98–105.

[53] Hermann Helmers: Geschichte des deutschen Lesebuchs in Grundzügen, 1970, S. 196. Insgesamt zu Wackernagel S. 194–98, 204–06. D. Boueke: Der Literaturunterricht, S. 6. Beide Werke mit Auszügen.

[54] R. H. Hiecke. Bei D. Boueke: Der Literaturunterricht, S. 49.

[55] Jakob Hülsmann: Ueber den Unterricht in der deutschen Sprache und Literatur. Programm Duisburg, 1842, S. 24. Dazu A. Matthias: Geschichte des deutschen Unterrichts, S. 368. Zur christlichen Reaktion in der Gymnasialpädagogik der 40er Jahre H.-G. Herrlitz: Der Lektüre-Kanon, S. 105–10.

[56] Wilhelm Erler (Hrsg.): Die Direktoren-Conferenzen des Preussischen Staates, S. 66, 67.

gegen 1 St.), in der Metrik? (Nein, gegen 3 St.), in der Rhetorik, Stilistik, Dispositionslehre? (Nein)."⁵⁷ Hier wird also ausdrücklich auch die rhetorische Aufsatzlehre verbannt. Sachsen 1874: „Ein besonderer Unterricht in der Poetik und Rhetorik findet nicht statt."⁵⁸ Alle zitierten Stellungnahmen wenden sich gegen einen eigenen systematischen Unterricht in der Theorie. Der textimmanente Angang mittels metrischer, rhetorischer und poetischer Kategorien bleibt bis mindestens zur Jahrhundertwende davon unberührt. „Man lasse das Wissen um die Sprache und Literatur, um ihre Gesetze und Geschichte hervorgehen aus der Lectüre."⁵⁹ Oder wie es im preußischen Lehrplan der Gymnasien vom 31.3. 1882 in bezug auf Poetik, Rhetorik und Metrik heißt: „Der Lehrer muß hierüber ein begründetes, systematisch zusammenhängendes Wissen besitzen; der Schüler hat sich zwar ein nicht geringes Maß von Kenntnissen anzueignen, aber ausschließlich so, daß die betreffenden Belehrungen zunächst der vollständigen Auffassung der Lektüre dienen und allmählich in den durch die Natur der Sache selbst gegebenen Zusammenhang gebracht werden."⁶⁰

---

⁵⁷ Ebd., S. 69.
⁵⁸ Ebd., S. 72.
⁵⁹ R. H. Hiecke. Bei D. Boueke: Der Literaturunterricht, S. 60.
⁶⁰ Auszug ebd. S. 113/14. Hier S. 114.

ZUM IDEOLOGISCHEN PROBLEM
DES RHETORISCHEN UND ÄSTHETISCHEN SCHEINS –
EINE SKIZZE

Von Lothar Bornscheuer

II

[...] In Deutschland, wo sich zwischen 1700 und 1800 im westeuropäischen Vergleich die geringsten revolutionären Schubkräfte entwickelt hatten, gewann die ästhetische Theoriebildung und die praktische Kunst- und Literaturbegeisterung einen überragenden Stellenwert für das Selbstverständnis der bürgerlichen Intelligenz. Indem man beide Aspekte aufeinander bezieht, drängt sich von vornherein der Schluß auf, daß die „Ästhetik" – wie das neue kunstorientierte Bildungskonzept abkürzend und im Kontrast zur „Rhetorik" genannt sei – tief in der oben umrissenen kulturgeschichtlichen Entwicklung selbst wurzeln muß, insbesondere also auch tief in der alten „rhetorischen" Bildungstradition. Noch immer gilt zwar die vor 15 Jahren von Herman Meyer getroffene Feststellung: „Die Bedeutung der rhetorischen Tradition für die Ästhetik und Poetik des 18. Jahrhunderts und für die deutsche Geistesgeschichte des 18. Jahrhunderts überhaupt ist noch wenig untersucht worden."[1] Doch bahnen sich neuerdings vielversprechende Versuche an, die Lücke zu schließen.[2] Insbesondere kommt der Verfol-

---

[1] Herman Meyer: Schillers philosophische Rhetorik (1959), in: Ders.: Zarte Empirie. Studien zur Literaturgeschichte, Stuttgart 1963, S. 350.
[2] Vgl. Gert Ueding: Schillers Rhetorik. Idealistische Wirkungsästhetik und rhetorische Tradition, Tübingen 1971 sowie jetzt die Beiträge von Reinhard Breymayer: Die Erbauungsstunde als Forum pietistischer Rhetorik, und von Marie-Luise Linn: A. G. Baumgartens Aesthetica und die antike

gung der pietistischen Rhetorik³ exemplarische Bedeutung zu für ein neues Verständnis der Tatsache, daß sich gesellschaftssprachliche Pathosformel und subjektiver Ausdruckswille in rhetorisch-humanistischer Tradition ebensowenig widersprochen haben wie in der neuen Kunst des empfindsamen Ausdrucks.

Aus der „engen Verflechtung von pietistischer Religiosität einerseits mit jenem Bündnis von Rhetorik und Anstandslehre andererseits, auf dem bekanntlich die Hofliteratur von Baldesar Castiglione bis Adolph Freiherr von Knigge fußt",⁴ erwächst beispielsweise eines der ersten großen Dokumente des neuen, ästhetischen Bildungsideals, Karl Philipp Moritz' „psychologischer Roman" ›Anton Reiser‹. In diesem unmittelbaren Vorläufer des Prototyps ›Wilhelm Meister‹ sind öffentliches, rhetorisch-deklamatorisch-theatralisches Auftrittsbedürfnis, reales soziales Rollenbewußtsein, „poetische" Empfindsamkeit und das innerste Selbstwertgefühl als „Basis der Tugend" unlösbar miteinander verknüpft. Pietistisch erbauliche Innenbetrachtung schließt für Anton Reiser nicht aus, die Aufzeichnung der „inneren Geschichte seines Geistes" in den Formen des Tagebuchs und Freundesbriefs zugleich als schriftstellerische „Übung im Stil" aufzufassen. Die zeittypische Theatersüchtigkeit Anton Reisers ist ein deutlicher Brückenpfeiler zwischen dem barockrhetorischen theatrum mundi mit seiner weltläufigen Rollenvielfalt und dem neuen verinnerlichten Bildungsideal, dem das empfindsam-pathetische Rollenspiel auf der Bühne bzw. in der poetischen Einbildungskraft weniger ein „Kunstbedürfnis" als ein „Lebensbedürfnis" war, d.h. ein existentieller Ersatz für die tief empfundene „Unterdrückung" im wirklichen gesellschaftlichen Rollenspiel. So sind die Übergänge von der älteren Pathosrhetorik zum emphatischen Empfindsamkeitskult fließend,⁵ wobei sich aller-

---

Rhetorik (1967), in: Helmut Schanze (Hrsg.): Rhetorik. Beiträge zu ihrer Geschichte in Deutschland vom 16.–20. Jahrhundert, Frankfurt a. M. 1974, S. 87 ff. und 105 ff.
³ Vgl. Breymayer: Die Erbauungsstunde (s. Anm. 2).
⁴ Breymayer: Die Erbauungsstunde, S. 98.
⁵ Grundsätzlich ist dies seit langem erkannt, vgl. Klaus Dockhorn: Die Rhetorik als Quelle des vorromantischen Irrationalismus in der Literatur-

dings das 'kalkulierte' bzw. bewußt disponierte, streng funktional eingesetzte Rollenpathos der rhetorischen Tradition gewandelt hat zu einer Kunst der erlebnismäßigen Identifikation mit der jeweils in der Einbildungskraft beschworenen, zumeist erhabenen Seelenverfassung. In dieser 'identitätsbestimmenden Einbildungskraft' konkurrieren zwei antinomische Bewußtseinsmomente, die einen Reflex auf die ambivalente reale Situation der bürgerlichen Intelligenz darstellen. Der eine Impuls der hochbürgerlichen Bildungs-Ästhetik beruht auf der Forderung nach der „Wahrheit" der Empfindungen, ein Postulat, das sich im 18. Jahrhundert aus den Sprach- und Verhaltensnormen entwickelte, die seit dem späteren 17. Jahrhundert aus der sozialen Lage des Bürgertums heraus gefordert waren – den Sprach- und Verhaltensnormen der Einfachheit, Deutlichkeit, Redlichkeit usw. Der andere emanzipatorische Impuls jedoch verlangte nach Selbstwertgefühl und der Fähigkeit zu erhabenen, sich über die äußeren drückenden Verhältnisse hinwegsetzenden, menschenwürdigen Gesinnungen.

Aus diesem Grundwiderspruch zwischen einem voll entwickelten emanzipatorischen Anspruch und einer objektiven gesellschaftlich-politischen Unterdrückung, die abzuschütteln gerade das eigene Ethos, aber auch die tatsächlichen ökonomischen und politischen Kräfte nicht zuließen, aus diesem in der Mitte des 18. Jahrhunderts zur vollen Reife gekommenen Bewußtseinsdilemma entwickelte sich die ästhetische Programmatik. Den wesentlichen Inhalt der klassischen, deutschen Ästhetik, insbesondere in der von Schiller radikal zugespitzten aporetischen Form, stellt dieses gespaltene Bewußtsein der zeitgenössischen bürgerlichen Intelligenz dar. Es wäre durchaus unzutreffend, diese Ästhetik in dem Sinne als 'Ideologie' zu bezeichnen, als repräsentiere sie schlechthin ein 'falsches Bewußtsein'.[6] Sie ist sich vielmehr selbst ihres Verdrängungscharakters

---

und Geistesgeschichte (1949), in: Ders.: Macht und Wirkung der Rhetorik. Vier Aufsätze zur Ideengeschichte der Vormoderne, Bad Homburg 1968 (= Respublica literaria 2), S. 46 ff.

[6] Vgl. Werner Hofmann: Universität, Ideologie, Gesellschaft. Beiträge zur Wissenschaftssoziologie, Frankfurt a. M. 1968, S. 54 ff.: „Ideologie soll verstanden werden als gesellschaftliche Rechtfertigungslehre. Ideologische

voll bewußt, was ihren Ideologiecharakter kompliziert. Ihre hochgradige Selbstreflexion impliziert das klare Bewußtsein vom Fiktionscharakter des ästhetisch idealisierten „Scheins", kam es doch dem ästhetischen Bewußtsein expressis verbis lediglich darauf an, „daß ein Gegenstand frei erscheine, nicht wirklich ist".[7] In diesem problematischen Sinne gilt „Schönheit" als „Freiheit in der Erscheinung", – eine Freiheit des „reinen Willens", „dem Objekt von der Vernunft nur geliehen" unter der Voraussetzung, daß „der Realgrund der Möglichkeit eines Objekts ... nie in die Sinne (fällt)" und daher ästhetisch vernachlässigt werden könne.[8] Legitimationsgrund der sich in dieser Weise neutralisierenden, agnostischen Wahrnehmung der Erscheinungswelt und der sich verabsolutierenden subjektiv-emphatischen Einbildungskraft ist der absolute Freiheitsanspruch gegenüber jeglichem Gewaltverhältnis. Kann der Mensch – in der Lage des aufgeklärten Bürgertums des 18. Jahrhunderts – nach dieser ästhetischen Moral, die ihre Werturteile nicht auf eine objektive Realitätsanalyse stützt, sondern auf eine subjektive Bedeutungsgebung,

den physischen Kräften keine verhältnismäßige physische Kraft mehr entgegensetzen, so bleibt ihm, um keine Gewalt zu erleiden, nichts anders übrig als: ein Verhältnis, welches ihm so nachteilig ist, ganz und gar aufzuheben und eine Gewalt, die er der Tat nach erleiden muß, dem Begriffe nach zu vernichten. Eine Gewalt dem Begriffe nach vernichten, heißt aber nichts anders, als sich derselben freiwillig unterwerfen. Die Kultur, die ihn dazu geschickt macht, heißt die moralische ...

Urteile wollen soziale Gegebenheiten absichern, legitimieren, aufwerten. Sie sind von konservierender Natur. – Unsere Definition besagt: Ideologie-Charakter können nur unzutreffende Aussagen haben. Die Wahrheit ist niemals Ideologie, auch wenn sich an sie im allgemeinen Sinne ‚gesellschaftliche Interessen' heften mögen ..."

[7] Friedrich Schiller: Kallias oder Über die Schönheit. Briefe an Gottfried Körner, Br. v. 8. Febr. 1793, zit. nach: Fr. Schiller: Sämtliche Werke. Auf Grund der Originaldrucke hrsg. v. Gerhard Fricke und Herbert G. Göpfert, München 1958/1959 (im folgenden abgekürzt SW), 5. Bd., S. 400.

[8] Schiller: Kallias, Br. v. 8. Febr. 1793, SW, 5. Bd., S. 400. Vgl. außerdem Br. v. 18. Febr. 1793, SW, 5. Bd., S. 402.

Diese Sinnesart aber, welche die Moral unter dem Begriff der Resignation in die Notwendigkeit und die Religion unter dem Begriff der Ergebung in den göttlichen Ratschluß lehret, erfordert, wenn sie ein Werk der freien Wahl und Überlegung sein soll, schon eine größere Klarheit des Denkens und eine größere Energie des Willens, als dem Menschen im handelnden Leben eigen zu sein pflegt. Glücklicherweise aber ist nicht bloß in seiner rationalen Natur eine moralische Anlage, welche durch den Verstand entwickelt werden kann, sondern selbst in seiner sinnlich vernünftigen, d. h. menschlichen Natur eine ästhetische Tendenz dazu vorhanden, welche durch gewisse sinnliche Gegenstände geweckt und durch Läuterung seiner Gefühle zu diesem idealischen Schwung des Gemüts kultiviert werden kann. ...

Ein Gemüt, welches sich soweit veredelt hat, um mehr von den Formen als dem Stoff der Dinge gerührt zu werden und, ohne alle Rücksicht auf Besitz, aus der bloßen Reflexion über die Erscheinungsweise ein freies Wohlgefallen zu schöpfen, ein solches Gemüt trägt in sich selbst eine innre unverlierbare Fülle des Lebens ...[9]

So hat sich die theatrum-mundi-Perspektivik des Barockzeitalters zur positiven Autonomieerklärung zugunsten der Welt des Scheins und der erhabenen Einbildungskraft überhöht. Die von der Rhetorik und dem barockhöfischen theatrum mundi gepflegte „Fülle" des Stils und des Rollenpathos hat sich durch die „ästhetische Tendenz" verinnerlicht, aber nichts verloren von der Ambivalenz des Scheins. Die kompensatorische Funktion, die das theatrum mundi für die Selbstlegitimation des Spätfeudalismus besitzt, erfüllt die idealistische Autonomieerklärung des „schönen Scheins" und der „inneren unverlierbaren Fülle des Lebens" für die Selbstlegitimation des Bildungsbürgertums. Kein anderer Theoretiker hat so entschieden wie Schiller das „ästhetische" Bildungsprogramm und die Ästhetik des „schönen Scheins" aus der Auseinandersetzung mit dem absolutistischen Herrschaftsanspruch heraus als bürgerliche Legitimationsideologie entwickelt.

Das Thema der Rebellion[10] und die Problematisierung von Herrschaftslegitimität durchzieht Schillers gesamtes dramatisches Werk. Das Kategorienpaar „herrschen – gehorchen" (bzw. entsprechende

---

[9] Schiller: Über das Erhabene, SW, 5. Bd., S. 794f.

[10] Vgl. schon Karl Kautsky: Die Rebellionen in Schillers Dramen, in: Die Neue Zeit 23 Nr. 31 (1904/1905), S. 133ff.

Wechselworte) stellt eine grundlegende Argumentationsfigur in seinen ästhetischen Schriften dar – was meines Wissens bislang noch nicht methodisch durchleuchtet worden ist. Schließlich wird der politische Problemkern seines ästhetischen Reflexionsansatzes nicht erst durch seine Hauptschrift über die ästhetische Erziehung des Menschen offengelegt, sondern schon mit aller Deutlichkeit in der Abhandlung „Über Anmut und Würde". Nun darf man seit langem ein grundsätzliches Einvernehmen darüber voraussetzen, daß Schillers Ästhetik „in ihrem Kern eine Fortsetzung seines Nachdenkens über die Geschichte" darstellt; „ja man kann dieses Philosophieren geradezu als eine Antwort auf die Fragen bezeichnen, die durch die Krisis der Revolution in ihm ausgelöst wurden".[11] Insbesondere bestätigen dies „die mit der Schrift ›Über Anmut und Würde‹ fast gleichzeitig verfaßten Briefe an den Herzog von Augustenburg, in denen ja das Problem des zeitgenössischen Staates und der zeitgenössischen Gesellschaft nicht ein zufälliger, sondern ein die Gedankenführung leitender Ausgangspunkt ist, von dem aus Schiller seinen Zugang zur Sphäre des Ästhetischen gewinnt".[12]

Noch nicht deutlich genug ist jedoch bislang herausgearbeitet worden, daß die nach dem Revolutionsausbruch sich vollendende ästhetische Lösung des Konflikts zwischen monarchischem Prinzip und bürgerlichem Freiheitsanspruch tief in die Anstandslehre bzw. Legitimationsideologie des sich im Dienst des höfischen Feudalismus qualifizierenden neuzeitlichen Beamten- und Bildungsbürgertums zurückreicht. Bezeichnenderweise beginnt Schiller nämlich seine der politisch-gesellschaftlichen Versöhnung dienende Bildungs-Ästhetik unter zwei Leitbegriffen, die zum alten rhetorischen Stil- und Verhaltensideal gehörten und die seit Castigliones ›Cortegiano‹ (1528) und Giovanni Della Casas ›Galateo‹ (1558) einen dezidiert formbewußten, die Strenge des höfischen Zeremoniells verbergenden, scheinbar mühelosen und in höchstem Maße anpassungsfähigen Verhaltenshabitus bezeichneten. Gemeint sind die Begriffe „Anmut" und „Würde". „Das Begriffspaar hat eine lange Tradition von der Antike (venustas et gravitas) bis zu den englischen Sensuali-

---

[11] Benno von Wiese: Friedrich Schiller, Stuttgart 1959/1963, S. 446.
[12] v. Wiese: Schiller, S. 465.

sten (grace and dignity), und es war in der zweiten Hälfte des 18. Jahrhunderts allen Gebildeten wohlvertraut."[13] „Die Definition der Anmut, wie sie Castiglione im ›Buch vom Hofmann‹ gibt, als diejenige Verhaltensweise, die ‚die Kunst (nämlich der scheinbar freiwilligen Anpassung und Unterwerfung, L.B.) verbirgt und bezeigt, daß das, was man tut oder sagt, anscheinend mühelos und fast ohne Nachdenken (also quasi-natürlich, L.B.) zustande gekommen ist', überträgt nun die ursprünglich vor allem doch stilistische virtus der Rhetorik, wie sie noch von Longinos ganz traditionell formuliert wird, völlig auf eine gesellschaftliche Verhaltensweise."[14] Schillers ästhetisches Bildungsideal folgt damit einer Bildungstradition, deren sprachlich-soziale Verhaltensnormen nicht aus einer kategorischen Gesinnungsethik heraus gewonnen sind, aus einem autonomen Persönlichkeitsideal oder einer Pflichtmoral der Brüderlichkeit, sondern die lediglich ein Verhalten fordern, „„was der Tugend

---

[13] Klaus L. Berghahn: Friedrich Schiller, Kallias oder über die Schönheit. Über Anmut und Würde, Stuttgart 1971, S. 146; vgl. auch die ausführliche Anmerkung in: Schillers Werke. Nationalausgabe, 21. Bd. Philosophische Schriften. Zweiter Teil, unter Mitwirkung v. Helmut Koopmann hrsg. v. Benno von Wiese, Weimar 1963, S. 216–218.
In seinem Brief an den Verleger Georg Göschen vom 5. Juli 1793 (Schillers Briefe. Krit. Gesamtausgabe, hrsg. v. Fritz Jonas, 3. Bd., Stuttgart usw. o. J., S. 325 f.) begrüßt Schiller bezeichnenderweise eine geplante Übersetzung von ›Über Anmut und Würde‹ „in ciceronianisches Latein" und bittet zugleich um die Übersendung einer Ausgabe von „Quintilians Institutiones Orationis", deren Grundsätze er, wie sich aus anderem Zusammenhang ergibt, nicht nur für die Erziehung seines Sohnes in Aussicht nahm, sondern auch „zum Gegenstand einer Abhandlung zu machen" beabsichtigte (vgl. Jonas, a. a. O., S. 541). Dieser Hintergrund verdeutlicht den alten rhetorisch-humanistischen Kontext, der neben Kants Transzendentalphilosophie den wichtigsten Nährboden für Schillers Ästhetik bildet und der bislang am besten von Ueding beleuchtet worden ist. In der Sache aufschlußreich, aber völlig unkritisch geht dem Einfluß der alteuropäisch-aristokratischen Verhaltensmoral auf die klassische Bildungsästhetik nach: Heinz Otto Burger: Europäisches Adelsideal und deutsche Klassik, in: Ders.: Dasein heißt eine Rolle spielen. Studien zur deutschen Literaturgeschichte. München 1963, S. 211 ff., bes. S. 220 ff.
[14] Ueding: Schillers Rhetorik (s. Anm. 2), S. 56.

ähnelt': nicht die Ethik, sondern die Anmut, die Etikette. Nicht mehr die freien Sitten, sagt uns Della Casa, sondern ‚ein Verhalten, das der Tugend ähnelt': species, Masken, nicht Antlitze."[15]

Im Zentrum der ästhetischen Betrachtung der Sitten steht auch für Schiller nicht die „Gesinnung", sondern die Unverletzlichkeit der guten Umgangsformen der Kulturgesellschaft:

> Wenn nun der Geschmack als solcher der wahren Moralität in keinem Fall schadet, in mehreren aber offenbar nützt, so muß der Umstand ein großes Gewicht erhalten, daß er der Legalität unsers Betragens im höchsten Grade beförderlich ist. Gesetzt nun, daß die schöne Kultur ganz und gar nichts dazu beitragen könnte, uns besser gesinnt zu machen, so macht sie uns wenigstens geschickt, auch ohne eine wahrhaft sittliche Gesinnung also zu handeln, wie eine sittliche Gesinnung es würde mit sich gebracht haben ... Je zufälliger aber unsre Moralität ist, desto notwendiger ist es, Vorkehrungen für die Legalität zu treffen, und eine leichtsinnig oder stolze Versäumnis dieser letztern kann uns moralisch zugerechnet werden ...
>
> Ich habe hier nicht ohne Absicht Religion und Geschmack in eine Klasse gesetzt, weil beide das Verdienst gemein haben, dem Effekt, wenngleich nicht dem innern Wert nach, zu einem Surrogat der wahren Tugend zu dienen und die Legalität da zu sichern, wo die Moralität nicht zu hoffen ist ...[16]

Im Rahmen dieser dezidierten „Legalitäts"-Optik steht auch die Begriffsbestimmung von „Anmut" und „Würde". Im politisch-sozialen Rollenspiel bedeutet „Würde" primär den herrscherlichen Habitus, „Anmut" die dem Herrscher geschuldete 'Höflichkeit'. Auf diesen Wesenskern der höfischen Umgangsformen und zugleich des Grundverhältnisses zwischen Herrscher und Untergebenen konzentriert sich Schiller – unternimmt dabei jedoch eine klare Umwertung. „Man ist sonst der Meinung, daß auf den Thron Würde gehöre, und bekanntlich lieben die, welche darauf sitzen, in ihren Räten, Beichtvätern und Parlamenten – die Anmut. Aber was in einem politischen Reiche gut und löblich sein mag, ist es nicht immer

---

[15] Eugenio Garin: Geschichte und Dokumente der abendländischen Pädagogik, II. Humanismus, Reinbek 1966, S. 48.
[16] Fr. Schiller: Über den moralischen Nutzen ästhetischer Sitten, SW., 5. Bd., S. 787 und 789.

in einem Reiche des Geschmacks."[17] In ausdrücklichem Gegensatz gegen die traditionelle rhetorisch-höfische Stil- und Verhaltensnorm oder genauer: gegen deren innerstes politisch-soziales Selbstverständnis richtet Schiller den (bürgerlichen) Anspruch: „Man fordert Anmut von dem, der verpflichtet, und Würde von dem, der verpflichtet wird."[18] Dem Herrscher also wird hiermit höfische Bescheidenheit, dem (bürgerlichen) Untertanen eine erhabene Gesinnung abgefordert und damit die im Rahmen der Etikette symbolisierte Ethik im Verhältnis zwischen Herrscher und Untertan auf den Kopf gestellt, in unmittelbarer Vorbereitung des späteren Hegelschen Diktums, daß die „wahre Selbständigkeit", d. h. der objektive Selbstwert, im Bewußtsein des Knechts und nicht beim Herrn liege, während in der Selbstdarstellung der Herrschaft nur mehr das Gegenteil dessen zu erblicken sei, „was sie sein will", nämlich: souverän.[19]

Schiller selbst vollzieht allerdings, genau betrachtet, noch nicht diese substantielle Umwertung des Herrschaftsverhältnisses, sondern vollendet lediglich die Entwertung des Symbolwerts der äußeren

---

[17] Schiller: Über Anmut und Würde, SW., 5. Bd., S. 480.
[18] Schiller: Über Anmut und Würde, S. 479.
[19] G. W. F. Hegel: Phänomenologie des Geistes. Nach dem Texte der Originalausgabe hrsg. v. Johannes Hoffmeister, Hamburg 1952, S. 147: „Die Wahrheit des selbständigen Bewußtseins ist demnach das knechtische Bewußtsein. Dieses erscheint zwar zunächst außer sich und nicht als die Wahrheit des Selbstbewußtseins. Aber wie die Herrschaft zeigte, daß ihr Wesen das Verkehrte dessen ist, was sie sein will, so wird auch wohl die Knechtschaft vielmehr in ihrer Vollbringung zum Gegenteile dessen werden, was sie unmittelbar ist; sie wird als in sich zurückgedrängtes Bewußtsein in sich gehen und zur wahren Selbständigkeit sich umkehren." Es kann hier nur nebenbei darauf hingewiesen werden, daß sich schon im ›Anton Reiser‹ recht verwandte Reflexionen und Erlebnisabläufe finden innerhalb der Spannung zwischen Unterdrückungsbewußtsein und Selbstwertgefühl. Vgl.: „Dieser einsame Spaziergang war es, welcher Reisers Selbstgefühl erhöhte, seinen Gesichtskreis erweiterte, und ihm eine anschauliche Vorstellung von seinem eignen wahren, isolierten Dasein gab; das bei ihm auf eine Zeitlang an keine Verhältnisse mehr geknüpft war, sondern in sich und für sich selbst bestand." Karl Philipp Moritz, Anton Reiser. Ein psychologischer Roman. Mit Textvarianten, Erläuterungen und einem Nachwort hrsg. v. Wolfgang Martens, Stuttgart 1972, S. 276 f.

gesellschaftlichen Verhaltensformen gemessen am politisch-sozialen „Realgrund". Dem höfischen Rollenspiel wird kein echter Repräsentationswert mehr zugebilligt, sondern ein die tatsächlichen Machtverhältnisse verdrängender autonomer Spielcharakter zugeschrieben. Das höfische „theatrum mundi" wird verabsolutiert zur wahrhaft theatermäßigen Darstellung wahrhaft menschlicher Verhältnisse. D.h. die rein-menschliche Versöhnungsgesinnung zwischen Herrscher und Untertan ist ebenso wahrhaftig gemeint wie die Reinheit ihres Schein-Charakters[20]:

Man fordert Anmut von dem, der verpflichtet, und Würde von dem, der verpflichtet wird. Der erste soll, um sich eines kränkenden Vorteils über den andern zu begeben, die Handlung seines uninteressierten Entschlusses durch den Anteil, den er die Neigung daran nehmen läßt, zu einer affektionierten Handlung heruntersetzen und sich dadurch den Schein des gewinnenden Teiles geben. Der andre soll, um durch die Abhängigkeit, in die er tritt, die Menschheit (deren heiliges Palladium Freiheit ist) nicht in seiner Person zu entehren, das bloße Zufahren des Triebes zu einer Handlung seines Willens erheben und auf diese Art, indem er eine Gunst empfängt, eine erzeigen.

Unter der Idealvoraussetzung, daß die Entschlüsse eines Herrschers „uninteressiert", d.h. nicht von privaten Zwecken, sondern allein von der Staatsräson bestimmt sind, soll sich der Herrscher nicht wirklich seiner Prärogativen begeben, vielmehr lediglich ihre Durchsetzung nicht so kalkuliert und teilnahmslos erscheinen lassen, wie sie an sich zu sein haben. Und umgekehrt soll der Untertan die tatsächliche „Abhängigkeit" und Zwangserfahrung („das bloße Zufahren des Triebes") nicht widerwillig, sondern freiwillig akzeptieren und so die „Gunst" des Herrschers durch seine eigene „Gunst", nämlich durch den Verzicht aufs „Interesse", erwidern. Der vom bürgerlichen Untertan durch seine innere Gesinnung geleistete Versöhnungsakt wird vom Herrscher durch eine „affektionierte Handlung" erwidert. Die Realität des Abhängigkeitsverhältnisses verdrängt und beschönigt jener innerlich und mit erhabener Gesinnung, dieser in einem öffentlichen Zurschaustellen seines Wohlwollens. Indem Schiller den „Schein"-Charakter dieses Versöh-

---

[20] Schiller: Über Anmut und Würde, S. 479f.

nungsverhältnisses gründlich herausstellt, begreift er nicht nur das öffentliche Erscheinungsbild von Herrschaft als ein künstliches, womit er die gesamte Legitimationsfunktion der traditionellen monarchischen Herrschaftssymbolik disqualifiziert, sondern betreibt zugleich die Entwertung der bürgerlich-aufklärerischen Emanzipationsphilosophie zu einer Ideologie.

Die ambivalente politische Versöhnung zwischen bürgerlichem Freiheitsanspruch und realer Untertanenschaft ist das Grundparadigma für Schillers Versuch, den Begriff des Schönen auf einen Akt der „Gunst" zu gründen, „die das Sittliche dem Sinnlichen erzeigt":

Man erlaube mir, dies durch eine bildliche Vorstellung zu erläutern. Wenn ein monarchischer Staat auf eine solche Art verwaltet wird, daß, obgleich alles nach eines Einzigen Willen geht, der einzelne Bürger sich doch überreden kann, daß er nach seinem eigenen Sinne lebe und bloß seiner Neigung gehorche, so nennt man dies eine liberale Regierung.[21]

Die 'doppelte Moral', die der bürgerlichen Versöhnung mit dem monarchischen Prinzip zugrunde liegt, setzte einerseits eine strikte Trennung zwischen privat-'moralischer' und öffentlich-'politischer' Sphäre voraus, andererseits die Substitution einer prästabilierten Harmonie zwischen beiden. Diese Trennung wird von Schiller in das soziale Rollenspiel selbst hineingetragen und die Menschlichkeit im öffentlichen Umgang, also ebenso das alte rhetorisch-humanistische Ideal des formgewandten Hofmannes wie das noch im frühen 18. Jahrhundert verfolgte bürgerliche Ideal vom „redlichen Mann am Hof" (Loen), nunmehr zum rein ästhetischen „Schein" erklärt. Die allgemeine Klage, „daß alle Solidität aus der Welt verschwunden sei und das Wesen über dem Schein vernachlässigt werde", hält Schiller für „trivial", weil dabei nicht zwischen dem „falschen" und dem „aufrichtigen Schein" unterschieden werde; während jener „die Wirklichkeit zu vertreten sich anmaßt", sage sich dieser „von allem Anspruch auf Realität ausdrücklich los".[22]

Der ästhetische Schein kann der Wahrheit der Sitten niemals gefährlich werden, und wo man es anders findet, da wird sich ohne Schwierigkeit

---

[21] Schiller: Über Anmut und Würde, S. 460.
[22] Schiller: Über die ästhetische Erziehung des Menschen in einer Reihe von Briefen, 26. Br., SW, 5. Bd., S. 659f.

zeigen lassen, daß der Schein nicht ästhetisch war. Nur ein Fremdling im schönen Umgang z. B. wird Versicherungen der Höflichkeit, die eine allgemeine Form ist, als Merkmale persönlicher Zuneigung aufnehmen und, wenn er getäuscht wird, über Verstellung klagen. Aber auch nur ein Stümper im schönen Umgang wird, um höflich zu sein, die Falschheit zu Hülfe rufen und schmeicheln, um gefällig zu sein.[23]

Das soziale Rollenspiel wird zum reinen Theaterspiel, zu einer eigengesetzlichen „schwierigen Lebenskunst", völlig losgelöst vom realen Spiel der „Kräfte". Die vom ästhetischen Bildungsideal erstrebte reine Menschlichkeit bleibt reiner „Spiel"-Habitus, ein von der subjektiven Einbildungskraft des Bürgers in die gesellschaftliche Realität hineingedachtes Ideal. Eben das erhabene Ideal von Freiheit selbst befähigt und legitimiert den Bürger, daß er trotz der faktischen absolutistischen Machtverhältnisse „sich doch überreden kann, daß er nach seinem eigenen Sinne lebe und bloß seiner Neigung gehorche".

Hier liegt die idealistisch-ästhetische Wende der Rhetorik. Der ästhetische Idealismus ist gleichsam eine 'verinnerlichte Rhetorik'. An die Stelle einer politisch-öffentlichen Interessen-Rhetorik setzt die Ästhetik die Rhetorik der „Selbst-Überredung",[24] d. h. die Kunst, aus der (äußeren) Not eine (innere) Tugend zu machen, die faktische politische Ohnmacht als erhabene Interesselosigkeit umzudeuten und mit idealistisch-subjektiver Einbildungskraft in der privaten Sphäre 'die schwächere Sache zur stärkeren zu machen', also prinzipiell etwas zu tun, was Sokrates und Platon in der Geburtsstunde der Öffentlichkeits-Rhetorik als das große Täuschungsgeschäft der Sophistik verurteilt hatten.

---

[23] Schiller: Über die ästhetische Erziehung des Menschen in einer Reihe von Briefen, 26. Br., SW, 5. Bd., S. 660.
[24] Die Wendung „sich überreden" in der Bedeutung von „sich einbilden" findet sich vielfach im späteren 18. Jahrhundert, mehrfach z. B. im ›Anton Reiser‹, hier insbesondere im Sinne der Selbsttäuschung, vgl. die in Anm. 19 zitierte Ausgabe, S. 358 und 487.

III

Was der gerade in Deutschland kultivierte ästhetische Idealismus aus dem klassisch-humanistischen Rhetorik-Ideal als „Überredungs"-Absicht gleichsam herausgebrochen hatte und, vor allem im Laufe des 19. Jahrhunderts, als Gegenteil wahrhaftiger „Überzeugungs"-Absicht zu verketzern begann, ist im wesentlichen das 'Negativprofil' der ästhetischen Bildungsidee selbst. Dieses beruht auf dem ambivalenten Verhältnis der ästhetisch sublimierten bildungsbürgerlichen Mentalität gegenüber der öffentlich-politischen Interessensphäre, insofern von jener zwar moralisch entschieden kritisiert, zugleich aber auch jedes konkrete politische Engagement ebenso entschieden abgelehnt wurde. Damit propagierte das ästhetische Bildungskonzept eine der gesellschaftlichen Praxis selbst sich verweigernde Moral, ein rein-menschliches innerliches Verhaltensideal ohne den Willen zu seiner konkreten Realisierung. Das soziale Bewußtsein des Bildungsbürgertums ist unter diesem Gesichtspunkt durch eine tiefe Brüchigkeit und Unwahrhaftigkeit gekennzeichnet. Diese eigene Negativität wurde mit zunehmender Affektuosität auf die Rhetorik projiziert und nunmehr deren generelle gesellschaftlich-intentionale 'Zweckhaftigkeit' als Unwahrhaftigkeit diskreditiert.

'Unwahrhaftigkeit' ist jedoch de facto ein Negativ-Aspekt, der sich erst aus der Problematik des ästhetischen Bewußtseins und seiner vollen Autonomieerklärung des „Scheins" heraus ergibt. Damit hängt aufs engste der gegenüber der Rhetorik erhobene Grundvorwurf der „Künstlichkeit" zusammen. Ein rhetorisches Produkt gilt als „Machwerk". Nun war stilistisch-argumentatorische bzw. konversatorische Kunstfertigkeit in der Tat ein altes rhetorisches Bildungsziel. Aber erst die ästhetische Kunstabsicht gerät in das Dilemma, den so entschieden proklamierten Kunstcharakter dennoch nicht in seiner Kunsthaftigkeit wahrhaben zu wollen. Insofern ist das „Kunst"-Ideal der Ästhetik sehr viel komplizierter und ambivalenter als das der Rhetorik. Auch die rhetorische Bildung strebte ursprünglich bei aller Kunstfertigkeit stets zugleich nach einer „vis naturae" (Cicero), nach einem aus der ganzen rednerischen Persönlichkeit fließenden überzeugenden Ausdruckswillen;

aber dieser Doppelanspruch wurde erst von der Ästhetik zu einem kaum noch zu vereinbarenden Ideendualismus verschärft. Mit der Forderung nach „Natürlichkeit" verfolgt das ästhetische Konzept die gleiche Scheinhaftigkeit wie mit dem Ideal der „Freiheit". Die hochgradige Ambivalenz des ästhetischen „Kunst"-Begriffs beruht ferner auf einer Komplikation der aufklärerisch-idealistischen Emanzipationsphilosophie. Das progressive Kunstpathos erreicht seinen Höhepunkt in Schillers Forderung, der Künstler habe „unangesteckt von der Verderbnis der Geschlechter und Zeiten", „unter fernem griechischem Himmel zur Mündigkeit" gereift, das antik-humanistische Ideal menschheitlicher „Würde" zu rekonstruieren, das „die Kunst ... gerettet und aufbewahrt (habe) in bedeutenden Steinen"; „die Wahrheit lebt in der Täuschung fort, und aus dem Nachbilde wird das Urbild wieder hergestellt werden. So wie die edle Kunst die edle Natur überlebte, so schreitet sie derselben auch in der Begeisterung, bildend und erweckend voran." Der Künstler möge danach streben, „aus dem Bunde des Möglichen mit dem Notwendigen d a s I d e a l z u e r z e u g e n. Dieses präge er aus in Täuschung und Wahrheit, präge es in allen sinnlichen und geistigen Formen und werfe es schweigend in die unendliche Zeit."[25] Keine geringere Aufgabe also als die Erzeugung des „Ideals" selbst wird der modernen Kunst abverlangt. Darin liegt zweifellos eine Grenzüberschreitung gegenüber der seit der Antike von der Rhetorik kultivierten Einbildungskraft, deren „ars inveniendi" stets an den hermeneutischen Horizont einer allgemeinen Topik gebunden war. Niemals hatte die Rhetorik die Selbsterzeugung der topischen Leitnormen (loci communes) beansprucht. Der in Schillers Kunst-Idee kulminierende transzendentalphilosophische Idealismus verschmilzt die „rhetorische" Kunst der 'Überredung zum Schein' mit der alten, entgegenstehenden „philosophischen" Zielsetzung, die Wahrheit hinter allen täuschenden Hüllen der Erscheinungswelt freizulegen, und darüber hinaus adaptiert dieser ästhetische Idealismus auch noch den archaischen, von Platon reklamierten Anspruch des Dichters auf ein höheres daimonion, auf eine überirdische Inspiration.

---

[25] Schiller: Über die ästhetische Erziehung des Menschen, 9. Br., S. 593 f. (Sperrung von mir).

"Hier aus dem reinen Äther seiner dämonischen Natur rinnt die Quelle der Schönheit herab, unangesteckt von der Verderbnis der Geschlechter und Zeiten, welche tief unter ihr in trüben Strudeln sich wälzen."[26] Dieser ästhetische Idealismus bedeutet keine eigentliche Synthese, sondern ein enthusiastisches Amalgam antinomischer Prinzipien. Die Erklärung der Autonomie der schöpferischen Einbildungskraft bleibt inkonsequent, weil sie die 'Künstlichkeit' aller schöpferischen Produktion nur als Scheinhaftigkeit zu begreifen, nicht aber substantiell im Sinne der realen Selbsterzeugung des Menschen durch Kunst, Bildung und Arbeit (!) zu legitimieren vermag. Substantiell subsumiert der ästhetische Idealismus statt dessen eine quasireligiöse Inspiration. Allein Schiller hat die ambivalente Position der poetischen Selbsterzeugung des Ideals „in Täuschung und Wahrheit" radikal zur Sprache gebracht, während wenig später schon auf der Suche nach einer „neuen Mythologie" die Tendenz einsetzt, die Doppelmoral des ästhetischen Bildungsideals durch Mystizismus und Irrationalismus zu verdecken bzw. durch eine kapriziöse philosophische Spekulation zu beseitigen. Vollends der Abfall des deutschen Idealismus von der Höhe der aufklärerischen Selbstreflexion zu einem epigonalen Bildungsphilistertum in der Mitte des 19. Jahrhunderts war deswegen leicht gemacht, weil dieser Idealismus sich von Anfang an als eine Verdrängungsmentalität konstituiert hatte und sich als solche in dem Augenblick potenzierte, in dem auch noch das klare Wissen um den Schein-Charakter der bürgerlichen Freiheit und der künstlerischen Autonomie durch teils poetisch-imaginative, teils begrifflich-spekulative „Vermittlungs"-Versuche „vernichtet" wurde.

Der durch die „romantische" Bewegung beförderte Reflexionsverzicht machte die Kluft zwischen subjektiver Illusionsbildung und objektiv-gesellschaftlicher Situation irreparabel. Der von Hegel als literarisches Grundthema der bürgerlichen Epoche konstatierte „Konflikt zwischen der Poesie des Herzens und der entgegenstehenden Prosa der Verhältnisse"[27] ist der getreue Spiegel der bürgerli

---

[26] Wie Anm. 25.
[27] G. W. F. Hegel: Ästhetik, hrsg. v. Friedrich Bassenge, Frankfurt a. M. o. J., 2. Bd., S. 452.

chen Doppelmoral von privater Menschlichkeit und öffentlicher, geschäftlich-politischer Inhumanität. Während das rhetorische Bildungsideal gerade den öffentlichen Interessenkampf niemals verleugnet hatte, sondern sich immer als Instrument konkreter politisch-gesellschaftlicher Absichten verstand, suggerierte erst das ästhetische Bildungsideal den Schein einer grundsätzlichen Interesselosigkeit. Während die Interessen-Rhetorik allein verdächtigt werden konnte, ihrer parteilichen Argumentation den Schein von Allgemeingeltung verleihen zu wollen, potenzierte sich der Scheincharakter der Bildungs-Ästhetik zu der Illusion, sie verfolge überhaupt keine realen Interessen. In völliger Analogie jedoch zur Rhetorik, die von Haus aus das Argumentationsinstrument einer Aristokratie darstellt, die in einer komplexer werdenden ökonomischen Situation ohne fachkundiges Spezialwissen politische Gesamtentscheidungen zu begründen vermag, stellt die im späten 18. Jahrhundert entfaltete, ästhetisch fundierte Bildungs-Konzeption nach ihrem wahren Wesen das als hohes Geschmacksideal sich manifestierende klassenspezifische Legitimationsinstrument des Bildungsbürgertums dar. Indem die bürgerliche Intelligenz sich in die vom absolutistischen Staat gesetzten Verhaltensnormen einzupassen lernte und auf jede praktische Relevanz ihres Freiheits- und Autonomieideals verzichtete, trennte sie nicht nur die Nabelschnur zwischen ihrem neuen Bildungsideal und der die eigene Emanzipation letztlich begründenden realen Arbeitswelt und Arbeitsethik, sondern etablierte, vor allem nach der Französischen Revolution, dieses Bildungsideal zunehmend auch in strikter sozialer Abgrenzung nach unten gegenüber dem „arbeitenden Teil der Menschen". Die ästhetische Ideologie führte zu dem idealisierten Selbstverständnis des Bildungsbürgertums als

einer Klasse von Menschen ..., welche, ohne zu arbeiten, tätig ist und idealisieren kann, ohne zu schwärmen, welche alle Realitäten des Lebens mit den wenigstmöglichen Schranken desselben in sich vereiniget und vom Strome der Begebenheiten getragen wird, ohne der Raub desselben zu werden. Nur eine solche Klasse kann das schöne Ganze menschlicher Natur, welches durch jede Arbeit augenblicklich und durch ein arbeitendes Leben anhaltend zerstört wird, aufbewahren und in allem, was rein menschlich ist, durch ihre Gefühle dem allgemeinen Urteil Gesetze geben. Ob eine solche Klasse wirklich existiere, oder vielmehr, ob diejenige, welche unter ähnlichen äußern Verhältnissen wirklich existiert, diesem Begriffe auch im Innern entspreche, ist eine andre Frage, mit der ich hier nichts zu schaffen habe. Entspricht sie demselben nicht, so hat sie bloß sich selbst anzuklagen, da die entgegengesetzte arbeitende Klasse wenigstens die Genugtuung hat, sich als ein Opfer ihres Berufs zu betrachten.[28]

Das ästhetische Bildungsideal erneuert damit das sich aus der Arbeitswelt ausgrenzende Mußeideal des alteuropäischen aristokratischen Humanismus. Im „Spieltrieb" manifestiert sich für Schiller das höchste Kulturprinzip, im sorgenfreien olympischen Götterhimmel „das freieste und erhabenste Sein". Die Schönheit der Juno Ludovisi wird zum Inbegriff der „Freiheit in der Erscheinung": „In sich selbst ruhet und wohnt die ganze Gestalt, eine völlig geschlossene Schöpfung."[29] Dieses ästhetische Autonomie-Ideal bedeutet in soziokultureller Betrachtung zwar den Vorschein politischer Freiheit im Sinne einer Freiheit von gesellschaftlich-staatlicher Indienstnahme, jedoch zugleich auch eine rigorose standesmäßige Abkapselung der bildungsbürgerlichen Privatsphäre gegen die von unten andrängende, in der Französischen Revolution erstmals sichtbar gewordene „Herrschaft bloßer Kräfte". In der Überzeugung, daß nur „in dem wohltätigen Mittelstande, dem Schöpfer unsrer ganzen Kultur, ein dauerhaftes Glück für die Menschheit heran reifen" konnte (Schiller[30]), ist die ästhetisch proklamierte „Interesselosigkeit" des Bildungsbürgertums der ideologische Schein des realpolitischen bürgerlichen Standesinteresses: nämlich des Interesses an einer Absicherung des bürgerlichen status quo sowohl gegenüber den feudal-absolutistischen Kräften als auch gegenüber dem nachdrängenden sozialen Massenschub und Emanzipationsanspruch.

Erst in der hochbürgerlichen Ästhetik tritt der verhüllende bzw. verdrängende Wesenszug der Bildungsideologie in einer Klassengesellschaft in aller Schärfe hervor, und zwar deswegen, weil es sich hier erstmals um eine Bildungsideologie handelte, die nach einem emanzipatorischen, klassenüberwindenden Gesetz angetreten war

---

[28] Schiller: Über naive und sentimentalische Dichtung, S. 768.
[29] Schiller: Über die ästhetische Erziehung des Menschen, S. 618.
[30] Nationalausgabe Bd. 17, S. 369.

und sich am Ende des 18. Jahrhunderts zum bloßen Ausdruckssystem des bürgerlichen Klasseninteresses verfestigte. Es wäre zu prüfen, ob nicht, im Blick auf den oben zitierten Passus aus Schillers Schrift ›Über naive und sentimentalische Dichtung‹, also im ästhetischen Kontext das bürgerliche Klassenbewußtsein überhaupt zum erstenmal in solcher Deutlichkeit aus dem Gegensatz zur „arbeitenden Klasse" heraus bestimmt worden ist.

Dieser Klassenegoismus war vom aristokratischen Bildungssystem der „artes liberales" niemals ausdrücklich geleugnet worden, während er von der bürgerlichen Bildungsästhetik – trotz des Schillerschen Durchblicks – seit den Bildungsreformen des frühen 19. Jahrhunderts endgültig tabuisiert worden ist und bis heute von ihr bestritten wird.

Ein über die bürgerliche Legitimationsproblematik hinausweisender Aspekt liegt demgegenüber darin, daß sich die ästhetische Einbildungskraft nicht mehr wie die rhetorische ars inveniendi auf die Explikation eines traditionell-konventionell gegebenen Normenensembles (Topik), also auf eine letztlich hermeneutische Funktion beschränkt – so problematisch das Verhältnis zwischen Normativität und Interpretationsbedürftigkeit der rhetorischen Topik auch immer war, wie oben angedeutet worden ist; die ästhetische Einbildungskraft erstreckt sich vielmehr auf die schöpferische Erfindung der Ideale selbst. Darin liegt eine Komplikation des alten Prinzipienstreits zwischen Philosophie und Rhetorik, insofern nunmehr das 'Reich des Ideals' und das 'Reich des Scheins' zusammenzufallen begannen, in striktem Gegensatz zum platonischen ontologischen Idealismus. In der ästhetischen Einbildungskraft verschmelzen sozusagen die Überzeugungskraft des philosophischen Lichtes der Wahrheit und die Illusionskraft rhetorischer Überredungskunst.

Es war nicht zuletzt der Agnostizismus der bürgerlichen Intelligenz gegenüber dem realgeschichtlichen Basisprozeß, der auch im Bereich der Kunst keine objektiven Unterscheidungskriterien zwischen überzeugender Kunst und artifizieller Künstlichkeit, zwischen Wesen und Erscheinung erlaubte. Diese Indifferenz ist der empfindlichste Punkt der bürgerlichen Kunstkritik, und ihre Entscheidung wurde völlig dem subjektiven Gefühl und dem metaphysischen Glauben an dessen Allgemeingültigkeit anheimgestellt. Dennoch liegt eine epochale Leistung der bildungsbürgerlichen Ästhetik darin, nicht nur die zweckorientierte Sprach- und Auslegungskunst der Rhetorik, sondern auch die philosophische Wahrheits- und Ideenspekulation in die Ambivalenz des menschlich-menschheitlichen Bildungsprozesses hineingezogen zu haben.

Die durch die bürgerliche Ästhetik verschärfte Problematik des ideologischen Scheins läßt sich nur auf dem Boden einer Erkenntnistheorie lösen, die Kriterien zur Unterscheidung zwischen dem wahren und dem falschen Gesicht der sozialen Erscheinungswelt bereitstellt, die also vor allem jeden ideellen Geltungsanspruch auf seinen realen Interessencharakter hin zu durchleuchten vermag. Eine moderne Erkenntnistheorie hätte von dem totalen Vermittlungskontinuum sämtlicher soziokulturellen Prozesse und Erscheinungen auszugehen, vom Bereich der „sinnlichen Erkenntnis" bis zum „Reich des Ideals". Die für das fortgeschrittene dialektische Bewußtsein unserer Zeit gültigen „transzendentalen" Bedingungen einer jeden möglichen Erkenntnis und ästhetischen Urteilskraft liegen in den konkret-allgemeinen Strukturen des realen Gesellschaftsaufbaus und seiner historischen Gesetze. Gerade in der objektiven Totalität der historisch-gesellschaftlichen Praxis und der in ihr sich manifestierenden Dialektik zwischen realer Arbeitswelt und sämtlichen idealen bzw. ideologischen Konstrukten aber stellt sich das Grunddilemma einer jeden Erkenntnistheorie, einer jeden rhetorischen Argumentationstheorie und einer jeden ästhetischen Produktions- und Rezeptionstheorie mit besonderer Schärfe. Dieses Dilemma enthält zugleich das Problem der Bestimmbarkeit von „Ideologie". Das Dilemma lautet: „Die Erscheinung zeigt das Wesen und verbirgt es zugleich."[31] Diesem Dilemma ist auch und gerade eine sozialistische Ästhetik nicht entzogen, so wenig sie es bislang auch problematisiert hat.

---

[31] Vgl. Karel Kosik: Die Dialektik des Konkreten. Eine Studie zur Problematik des Menschen und der Welt, Frankfurt a. M. 1967, S. 9.

RHETORISCHE KONSTELLATIONEN
IM UMGANG MIT MENSCHEN

Von GERT UEDING

[...]

2. Immer ist mit der Frage nach dem Ursprung einer Sache die Absicht verbunden gewesen, mit der Antwort auch eine Legitimationsgrundlage zu finden, die ihren Gebrauch, ihre ideologische Verwendung, ihren sozialen Sinn fraglos macht. Ciceros geschichtsphilosophische Konstruktion eines Naturzustandes, in dem die Menschen wie Tiere unzivilisiert und barbarisch gegeneinander lebten, entspringt keineswegs dem historischen Interesse an der Entwicklung des Menschengeschlechts, sondern soll Sinn, Bedeutung, auch Zweck einer gesellschaftlichen Praxis offensichtlich machen, die in der Überwindung dieses Naturzustandes ihren Ursprung hat und ohne welche auch das zeitgenössische Leben nicht wäre, ja dessen fortwährende Wirkung den abermaligen Rückfall in die Barbarei verhindert. „Denn gerade darin besteht unser größter Vorzug vor den rohen Tieren, daß wir uns miteinander unterreden und unsere Empfindungen durch Worte ausdrücken können."[1] Dem 19. Jahrhundert erstarrte die europäische Kultur der Rhetorik in einem toten Regelsystem zur Verfertigung akademisch-klassizistischer Poesie und Prosa, weil die Sprache unter dem Einfluß der auf neue ökonomische Bedürfnisse antwortenden Naturwissenschaften und der durch sie entstehenden neuen Medien der Kommunikation nicht mehr als Manifestation und Zeichen von Wahrheit galt. Auch Cicero, und das zeigt seine ausführliche Erörterung, konnte offenbar nicht damit rechnen, daß solche Ansicht von Sprache selbstverständlich war, sie war aus politischen und bildungspolitischen Gründen nicht auf der Tagesordnung seiner

---

[1] M. Tullius Cicero: Vom Redner (De oratore), übers., eingel. u. erl. v. R. Kühner, München o. J., 1, VIII, 32, S. 56.

Zeit[2] und bedurfte einer erneuten Begründung. Cicero, sein eigenes Interesse verfolgend, erklärt den Redner zum Sachwalter der Sprache und damit, als Konsequenz seiner geschichtsphilosophischen Konstruktion, zum Vorbild menschlicher Bildung überhaupt. „Um nun aber auf das Wichtigste zu kommen, welche andere Macht konnte die zerstreuten Menschen an einem Ort zusammenscharen oder von der wilden und rohen Lebensweise zu der jetzigen menschlichen und bürgerlichen Bildung leiten oder nach Gründung der Staaten Gesetze, Gerichte und Rechte anordnen?"[3] Das ist keine nun selber erst der praktischen Beredsamkeit Ciceros entstammende Übertreibung zum augenblicklichen Zwecke,[4] sondern garantiert für ihn und ganz allgemein für den rhetorischen Diskurs als letztes und entscheidendes Prinzip die universale Geltung der Rhetorik. Die Sprache ist nicht nur Voraussetzung der geselligen Bildung, garantiert nicht nur die Ordnung des Denkens, sondern auch die der gesamten menschlichen Lebensweise bis hinauf zur bürgerlichen Ordnung des Staates, seiner Rechte und Gesetze, darin besteht die Legitimationsgrundlage des Redners und seiner ars bene dicendi. Gut zu reden bedeutet dann aber nicht mehr eine bloß technische Fertigkeit, sondern diese Fertigkeit beruht selber auf der Anerkennung der eigenen Würde und sozialen Bedeutung des Redners, die wiederum seinen sozialen und politischen Anspruch begründet. Diese Argumentation bedeutet viel mehr als bloß eine Phase in der seit Platon unaufhörlich geführten Auseinandersetzung zwischen Philosophie und Rhetorik, die vielmehr nur eine katalysatorische Bedeutung für einen sehr viel weiterreichenden und wirkungsmächtigeren Prozeß besaß, in dem es um nichts Geringeres ging als um die erneute Festigung der in der griechischen Geschichte begründeten europäischen Kultur. Auch in der Folgezeit bis hin zu

---

[2] Vgl. P.L. Schmidt: Cicero und die republikanische Kunstprosa, in: Neues Handbuch der Literaturwissenschaft, Bd. 3, Römische Literatur, hrsg. v. M. Fuhrmann, Frankfurt a. M. o. J., S. 147 ff. Vgl. auch: Bernd Steinbrink: Antike Rhetorik, in: Gert Ueding: Einführung in die Rhetorik, Stuttgart 1976.

[3] Cicero, de or., 1, VIII, 33, S. 56.

[4] Vgl. auch: Cicero: Rhetorik oder von der rhetorischen Erfindungskunst (De inventione), übers. v. W. Binder, Stuttgart o. J., bes. I, 2.

Mercier, Gottsched, Schiller begegnet diese Begründung der Kultur als einer rednerisch geselligen, in der dem Redner und Dichter eine ausgezeichnete Stellung zukam. Die Forderung Ciceros, der Redner müsse auch ein sittlich vollkommener Mensch sein, ist daher keine der Rhetorik a posteriori (und weil sie spätestens durch Platon ins Zwielicht gesetzt worden war) aufgepfropfte Verpflichtung, sondern folgt direkt aus der Legitimationsüberzeugung der Rhetorik, wonach menschliche Rede menschliche Ordnung begründet habe, allein dazu imstande war und fortlaufend immer wieder zu erzeugen und erhalten verpflichtet sei. Damit faßt die Rhetorik ihre Beziehung zur sozialen Wirklichkeit nicht primär funktional, sondern wesentlich konstitutiv. Cicero hat dieser Überzeugung mit dem Begriff des decorum zu entsprechen gesucht, er faßt die Beziehung der Rede zur Ordnung der Welt als strukturelle Übereinstimmung, der sich der Redner immer bewußt bleiben muß, will er nicht den Zweck seiner Rede verfehlen. So ist es eine nicht nur aus den besonderen Entstehungsbedingungen des Buches ›Vom Redner‹ (De oratore) folgende Denkfigur, wenn sich Cicero zu Anfang des ersten Buches der alten Zeiten erinnert und sie sich zu vergegenwärtigen sucht, sondern demonstriert, was der Redner schon während seiner Ausbildung, vor allem durch die Lektüre und dann später während seiner rhetorischen Praxis als Selbstvergewisserung zu betreiben hat. Denn die strukturelle Übereinstimmung zwischen rhetorischer Ordnung und Ordnung der Welt liegt darin begründet, daß erst durch die Sprache aus der lex naturae die Gesetze einer vernünftigen menschlichen Lebensordnung sich historisch entwickeln konnten. Die Aufgabe des Redners, wie jedes Menschen, besteht darin, sich in Übereinstimmung (convenientia) mit der allgemein gültigen Naturordnung zu setzen, sich in dieser Übereinstimmung zu zeigen und sie, falls sie gestört, verhindert oder verzögert wird, erst herbeizuführen und aufs neue zu bekräftigen. Cicero gebraucht die convenientia – Lehre also in stoischem Verständnis, das gerade nicht auf eine konventionelle Regelung der Dinge nach unserem Verständnis hinausläuft.[5] In der universalen Konvenienz aller Dinge und Lebe-

---

[3] Karl Borinski: Die Antike in Poetik und Kunsttheorie, 2 Bde., Darmstadt 1965, Bd. 1, S. 148.

wesen wird der vir bonus tendenziell bereits zum mikrokosmischen Abbild der Weltordnung. Das begründet die alles überragende soziale Stellung des Redners, seine Bedeutung für das politische und kulturell-gesellige Leben und die Sitten, seine Aufgabe, alle Kenntnisse und Fertigkeiten sich anzueignen, schließlich seinen Wert als Musterbild gesellschaftlicher Erziehung, in dem alle Bildungstendenzen der Zeit zu ihrer Blüte aufgehen.[6]
[...]
5. Adolf Freiherr von Knigge, der Autor des sprichwörtlich gewordenen und zu Unrecht so verrufenen Buches ›Über den Umgang mit Menschen‹, hat die für die bürgerliche Entwicklung, für die Herausbildung einer spezifisch bürgerlichen Lebensart und sozialen Verhaltensweise folgenreichste Konsequenz aus dem von der Rhetorik begründeten und dem von Gottsched[7] schon mit ähnlichen Intentionen wieder aufgegriffenen rhetorischen Ideal der Menschenbildung gezogen. Knigges Werk war im 19. Jahrhundert in jeder gebildeten Familie anzutreffen und wurde auch in den Schulen als vorbildliches Lesebuch benutzt, leider mit fortschreitendem Jahrhundert in immer fragwürdiger werdenden Bearbeitungen. Dieser Freiherr aus alter Adelsfamilie hat dem Bildungsideal des trotz aller politischen Frustrationen zu kulturellem Selbstbewußtsein gefundenen Bürgers seiner Epoche zusammenfassend und ordnend Ausdruck gegeben, er hat an Hand von Beispielen und begründeten Anweisungen wie durch die Konstruktion eines normativen Idealtyps die sittliche Vervollkommnung des Bürgers zum wahrhaft vorbildlichen Menschen befördern helfen wollen – wie sehr er sich mit seinen ganzen Bemühungen als Schriftsteller mit dem Humanitätsideal der deutschen Klassik eins weiß, ist ebenso unverkennbar

---

[6] Das Ideal des perfectus orator, wie Cicero es entwirft, ist die Zusammenfassung und gültige Formulierung von ihm bereits überlieferten Entwürfen und Vorstellungen, wie sie seit Platon und Aristoteles in einem Prozeß der Selbstvergewisserung die Geschichte der Rhetorik bestimmen und in die auch philosophische Konzeptionen, etwa der Sophistik und der Stoa, eingegangen sind.
[7] Siehe dazu: J. Chr. Gottsched: Ausführliche Redekunst, nach Anleitung der alten Griechen und Römer, Leipzig 1736, bes. S. 31 ff.; und: Gottsched: Gesammelte Reden, Leipzig 1749, bes. S. 575 ff.

wie meist unbeachtet, erschien er doch bisheriger Literaturgeschichtsschreibung allzusehr als „bloß" politischer Tagesschriftsteller ohne bleibende Wirkung. Knigge wollte ein Erziehungsbuch schreiben, das den Moral- und Tugendbegriffen des Bürgertums, und damit auch seinen sozialen und politischen Vorstellungen verpflichtet, die Ausbildung des bürgerlichen Individuums organisieren sollte. Der Titel ist sehr bewußt gewählt und programmatisch gemeint, wie schon im Vergleich mit Castigliones Werk sichtbar wird. Das ›Buch vom Hofmann‹ war für den Hofmann geschrieben.[8] Knigge betont dagegen ausdrücklich: „Der Gegenstand dieses Buchs kömmt mir groß und wichtig vor, und irre ich nicht, so ist der Gedanke, in einem eigenen Werke Vorschriften für den Umgang mit allen Classen von Menschen zu geben, noch neu."[9] Gerade aber in seiner demokratischen, von Knigge für neu erachteten Begründung ist der „Umgang mit Menschen" der rhetorischen Überlieferung verpflichtet, die nicht allein den Gemeinplatz von der Rhetorik als Tochter der Republik bis ins 19. Jahrhundert trägt,[10] sondern die mit ihrer auf universelle Wirkung hin angelegten aptum-Doktrin eine Auffassung vom Menschen entwickelt hat, die zwar die besonderen Bedingungen (soziale Umstände der Rede, was auch eine besondere Beachtung der ständischen Ordnung erfordern kann) berücksichtigt, durch diese hindurch aber auf diejenigen Eigenschaften und Merkmale des Adressaten zielt, die die Wirkung der Rede garantieren, weil sie allen Menschen kraft ihres natürlichen Ursprungs zukommen. Der Redner hatte schon bei der Abfassung

---

[8] Vgl. Baldesar Castiglione: Das Buch vom Hofmann, übers., eingel., erl. v. F. Baumgart, Bremen o. J., I, 16, S. 38.

[9] Adolph Freiherr Knigge: Über den Umgang mit Menschen, Leipzig 1878, S. 5.

[10] Noch ein so gewandter Verächter demokratisch-republikanischer Traditionen wie Adam Müller (dessen Bild freilich noch nicht so ausgemacht ist, wie es Feinden und Freunden bis heute scheint) fühlt sich verpflichtet, diesen Zusammenhang auch seinerseits zu bekräftigen: „Darum gedeiht in Republiken die Beredsamkeit ... weil jeder frühe gewöhnt wird einzugehn in die freie Gesinnung ..." A. Müller: Zwölf Reden über die Beredsamkeit und deren Verfall in Deutschland, hrsg. u. eingel. v. W. Jens, Frankfurt a. M. 1967, S. 75.

seiner Rede, in deren ersten Stadien intellectio und inventio nicht nur die innere Stimmigkeit seiner Argumentation, später in der elocutio die angemessene Beziehung zwischen res und verba zu wahren, sondern ebenso deren angemessen-richtige, geziemende Position in der sozialen Konfiguration der Rede zu bestimmen. Diese Forderung schloß sowohl die Berechnung der Rede auf ein selten homogenes Publikum ein wie auch eine sorgfältige Abstimmung im Verhalten des Redners; in der Praxis bedeutete es die Einübung von Verhaltensweisen, die vor jedem Publikum Aussicht auf Erfolg versprechen konnten, weil sie generell menschlicher Konstitution entsprechen. Die bürgerliche Reaktivierung rhetorischer Theorie richtete sich natürlich auf diese demokratisch interpretierbaren Elemente[11] – und die Frage, die Knigge zu beantworten sucht, wie der bürgerliche Mensch am besten das Leben zu meistern imstande sei, führt beinahe zwangsläufig zur humanistisch-rhetorischen Bildungstradition zurück, da sie vor allem den Menschen als erziehbares, der Erziehung bedürftiges Wesen bestimmt und damit einen Weg gewiesen hatte, wie der nach Herkunft und sozialer Stellung Benachteiligte seinen Rückstand aufzuholen vermag. Es versteht sich von selber und ist gerade auch Folge der sozialen Bindungen, mit denen die Rhetorik in die feudale Gesellschaftsordnung eingefügt war, daß die rhetorische Überlieferung nicht in scholastischer Manier lediglich reproduziert werden durfte, sollte sie bürgerlichen Interessen dienstbar werden. War ihm in der Neuinterpretation des rhetorischen Stil- und Bildungsideals Gottsched bereits

---

[11] Die auch später Otto Gildemeister besonders betont: „Denn *Gleichheit* ist das Lebenselement der Höflichkeit, wie Ungleichheit das der Ehrerbietung" (Otto Gildemeister: Von Höflichkeit, in: Ders.: Essays, 2 Bde., Berlin 1896, Bd. 1, S. 66). Und noch offener die Umgangsformen auf den sozialen Konflikt zwischen Adel und Bürgertum zurückführend: „Wenn irgend ein sociales Gesetz nachweisbar ist, so ist es dieses, daß die Höflichkeit nach und nach die Zeichen der Ehrerbietung für sich usurpiert (!), sie in immer weiteren Kreisen umlaufen läßt und dadurch entwerthet..." (Gildemeister, S. 69). – Daß es sich nur um eine „formale Gleichheit" handelt, die das „Ziel der Höflichkeit ist", weiß auch Gildemeister (S. 69), das von ihm beklagte Fehlen der Höflichkeit im bürgerlichen Umgange verweist denn auch deutlich auf dessen ebenfalls fehlende soziale Grundlage.

vorausgegangen, so aktiviert Knigge nun unter dem Einfluß der seit der Renaissance und besonders von Bacon entwickelten bürgerlich-empirischen Denkweise die Rhetorik als eine aus Erfahrung und Beobachtung methodisch erschlossene Wissenschaft. Bacons *natura parendo vincitur* schließlich ist selber – so umwälzend neu sie auf die Zeitgenossen wirkte – eine ganz aus rhetorischem Geist formulierte Einsicht. „Wenn aber die Beobachtungen", so Cicero, „die man in der Erfahrung und Ausübung der Rede macht, von einsichtsvollen und erfahrenen Männern bemerkt und aufgezeichnet, durch Worte bestimmt, nach den Gattungen erläutert und in gewisse Abteilungen gebracht worden sind ..., so sehe ich nicht ein, warum man dieses nicht, wenn auch nicht nach jener strengen Begriffsbestimmung, so doch nach unserer gewöhnlichen Ansicht für Wissenschaft halten dürfe."[12] Das Prinzip des Beherrschens durchs scheinbare Gegenteil, wie es Bacon formulierte, verallgemeinert das Verhältnis, das der Redner zu den Dingen (res) und seiner Umwelt einnahm, und überträgt es auf das Verhältnis des Menschen zur Natur: in Zukunft erschließt sich der Mensch die Natur nicht mehr deduktiv, sondern nach Weise des Redners induktiv und sorgsam das Prinzip der Angemessenheit seiner Erkenntnisse an die Erfahrung der Natur beachtend. Sich angemessen zur Natur zu verhalten, auf sie einzugehen, wird Voraussetzung einer optimalen Einwirkung auf die Natur: in Gestalt der neuen Naturwissenschaften. Im Essay über ›Komplimente und Ehrenbezeigungen‹ richtet Bacon die empirische Denkweise selber auch auf das gesellschaftliche Verhalten: „Es trägt daher viel zu dem Ruf eines Mannes bei, ... wenn man der Formen des Anstandes mächtig ist. Um diese sich anzueignen, bedarf es fast nichts weiter, als daß man sie nicht verachte; dann wird man sie an Andern beobachten, und ein gewisses Selbstvertrauen thut das Übrige."[13]

[12] Cicero, De oratore, I, 23, 109, S. 78.
[13] Franz Baco (d. i. Francis Bacon): Versuche moralischen, ökonomischen und politischen Inhalts, übers. v. A. G. Bruschius, Leipzig 1836, S. 237. – Im Versuch über das Gespräch wie in den anderen, gesellschaftliches Verhalten beleuchtenden Essays, hier nur noch sichtbarer von rhetorischer Tradition bestimmt, finden sich ganz ähnliche Formulierungen. Die Konstitution eines neuen Naturverhältnisses und damit der modernen Naturwis-

Der ›Umgang mit Menschen‹ beruht, wie er dauernd betont, auf Knigges eigener Erfahrung: „Ich bin von jeher ein sehr geselliges Geschöpf gewesen und habe mich gern unter Menschen von allerley Ständen gemischt ... um Menschen kennenzulernen und ihr verschiedenes Gepräge, das ihnen Stand, Conventionen und Erziehung aufdrückt ... (und deshalb) speise ich gerne an großen Wirthstafeln und höre mit Vergnügen heute den Staatsmann, morgen den Handwerker über dieselben großen Weltbegebenheiten plaudern."[14] Und in der Einleitung zum ersten Teil seines ›Umgangs mit Menschen‹ ergänzt er: „Wir sehen die klügsten verständigsten Menschen im gemeinen Leben Schritte thun, wozu wir den Kopf schütteln müssen. / Wir sehen die feinsten theoretischen Menschenkenner das Opfer des gröbsten Betruges werden. / Wir sehen die erfahrensten, geschicktesten Männer bei alltäglichen Vorfällen unzweckmäßige Mittel wählen ... / Wir sehen manchen Redlichen fast allgemein verkannt. / Wir sehen die witzigsten, hellsten Köpfe in Gesellschaften ... eine *nicht* vortheilhafte Rolle spielen ... Wir sehen, daß die glänzendsten Schönheiten nicht allenthalben gefallen, indeß Personen, mit weniger äußern Annehmlichkeiten ausgerüstet, allgemein interessiren."[15] Knigges Vorgehen, aus eigenen Beobachtungen die Grundsätze des Richtigen und Falschen im menschlichen Verhalten zu

---

senschaft folgt, daran kann wohl kein Zweifel mehr bestehen, gerade in ihrer empirischen, am Nutzeffekt orientierten Ausrichtung der rhetorischen Konvenienz-Doktrin. Eine entsprechende Untersuchung steht m. W. leider noch aus. – Vgl. Bacon, S. 153 ff. Ebenso wie Knigge war auch Wieland der Überzeugung, daß Erfahrung und Beobachtung für die „Kunst zu leben" von entscheidender Bedeutung seien, und ausdrücklich stellt er den Bezug zur antiken Überlieferung her: „*Cicero* sagt irgendwo: *die Natur sey die beste Führerin des Lebens*, welches vermuthlich so viel sagen soll, sie zeige uns am besten, wie wir uns durch dieß Erdenleben durchhelfen können, – ingleichen: *man könne gar nicht fehlen, wenn man sich von ihr führen lasse* ... Es bedarf nur so vieler Aufmerksamkeit, als uns jeder Gegenstand selber abnöthigt ..." – Chr. Martin Wieland: Sämmtliche Werke, hrsg. v. J. G. Gruber, 53 Bde., Leipzig 1825, Bd. 30, S. 197.

[14] Vgl. B. Zaehle: Knigges Umgang mit Menschen und seine Vorläufer, Heidelberg 1933, S. 170.

[15] Knigge: Umgang, S. 21 f.

erschließen, zeigt deutlich deren inneren Zusammenhang mit der neuen Naturforschung: an die Stelle einer vorgegebenen, überlieferten Systematik tritt die Beobachtung der Wirklichkeit, die freilich nach Gesetzen und Regeln geordnet ist, die es zu erfahren gilt. „Man muß die Gemüthsarten der Menschen studieren, in so fern man im Umgange mit ihnen auf sie wirken will."[16] Dennoch ist Knigges Erfahrungskunst natürlich nicht voraussetzungslos, der Maßstab des richtigen und falschen Verhaltens wird nicht allein ganz empirisch und pragmatisch nach der gesellschaftlichen Wirkung geeicht. Schon seine grundlegende Überzeugung vom menschlichen Charakter als eines wirkenden, geselligen[17] verdankt er der Überlieferung, die die Prinzipien seiner eigenen Erziehung hergegeben hatte, die durch Vermittlung Castigliones und Gracians den Begriff höfischer Geselligkeit auch in Deutschland geprägt hatte und die von den bürgerlichen Schriftstellern von Thomasius bis hin zu Jean Paul und Friedrich Schiller dem Bürgertum als Korrektiv ungeselliger Lebensart empfohlen wurde. „Der Mensch hat keinen andern Wert als

---

[16] Adolph Freiherr Knigge: Schriften. 10 Bde., Hannover 1804, Bd. 1, S. 132. Die ersten drei Bände dieser Ausgabe enthalten den ›Umgang mit Menschen‹ und werden hier (als Knigge, Schriften) neben der Ausgabe Leipzig 1878 zitiert, die mir bei der Überarbeitung für den Druck nicht mehr vorlag. – Ganz ähnlich argumentiert Knigge schon in der Einleitung, hier Erfahrung und Kunst gleichberechtigt verbindend: „Sich ... nach Ort, Zeit und Umständen umzuformen, und von verjährten Gewohnheiten sich loszumachen: das erfordert Studium und Kunst." – Schriften, S. 14.

[17] „,(D)aß die vereinigten Kräfte der Barbarei, des Aberglaubens und der Unterdrückung, immer unvermögend geblieben, diesen kostbaren Samen jeder gesellschaftlichen Tugend gänzlich zu vertilgen ...'" ist auch Wielands Bekenntnis (Bd. 31, S. 80), der einer der wichtigsten Überlieferer der humanistischen Ideale, vorzüglich des Ideals der Geselligkeit und des ‚guten Menschen' für Aufklärung und Klassik wurde. Die Privatisierung und Domestizierung dieser Ideale, die man auch bei Knigge beobachten kann, ist allerdings Ergebnis einer Entwicklung, die an Wieland vorbeiging und im Werk von Schriftstellern wie Gellert, Lessing, auch, auf andere Weise, Jean Paul kulminierte. Über die sozialpsychologischen Bedingungen dieser kulturellen Entwicklung vgl. meine Untersuchung über Kitsch und Kolportage: Glanzvolles Elend, Frankfurt a. M. 1973, v. a. S. 23 ff.

seine Wirkungen", heißt der programmatische Satz aus Schillers ›Gespräch aus dem Geisterseher‹.[18] Das Bildungsideal der Klassik hat viel mehr, als bisher allgemein angenommen, diese aktive, nach außen gerichtete Tendenz; es bedeutet Erfahrung mit der Wirklichkeit, sich abarbeiten an ihr, verändernd in sie eingreifen und selber verändert aus diesem Prozeß hervorgehen.[19] Diese Konzeption bestimmt bis in Einzelheiten Knigges Abhandlung, in allen Kapiteln lehrt das Prinzip der Beobachtung, der Beschreibung menschlichen Verhaltens, der anschließenden Analyse, Interpretation und Wertung wieder.[20] „Und wenn ich sage, daß oft auch die weisesten und klügsten Menschen in der Welt, im Umgange und in Erlangung äußerer Achtung, bürgerlicher und andrer Vortheile ihres Zwecks verfehlen ... so bringe ich hier weder in Anschlag, daß ein widriges Geschick zuweilen den besten verfolgt, noch daß eine unglückliche ... Gemüthsart bei Manchem die vorzüglichsten, edelsten Eigenschaften verdunkelt ... Was ist es, das Diesen fehlt und Andre haben ... – eine Kunst, die oft der schwache Kopf, ohne darauf zu studieren, viel besser erlauert, als der verständige, weise, witzreiche: die Kunst, sich bemerken, geltend, geachtet zu machen, ohne beneidet zu werden ..."[21] Nur scheinbar hebt Knigge an dieser Stelle bereits die in der Konzeption des vir bonus gedachte Einheit von tugendhaften, gebildeten und sich wirkungsvoll darstellenden Menschen auf. Die Betonung allerdings des Studiums der Menschen, nicht der Bücher, die Hervorhebung der natura, nicht der ars, durchaus noch, wie ersichtlich, von den antiken Gewährsmännern Knigges gedeckt, ist Zeichen eines bürgerlichen Wirklichkeitsverständnisses, das in dieser

---

[18] Friedrich Schiller: Sämtliche Werke, hrsg. v. G. Fricke u. H. G. Göpfert, 5 Bde., München 1965, Bd. 5, S. 167.

[19] Eine Erkenntnis, die in keiner Abhandlung über Umgangsformen, den gesellschaftlichen Verkehr oder einzelne ihn betreffende Regeln fehlt und die Zugehörigkeit solcher durch adlige Praxis desavouierten oder doch verdächtig gewordenen Erörterungen zur sozialen und ideologischen Bewegung des Bürgertums erweisen sollte. Vgl. z. B. „In der höflichen Übung steckt eine civilisierende Kraft." – Gildemeister, S. 181.

[20] Dazu ausführlicher Zaehle, S. 172 ff.

[21] Knigge: Umgang, S. 24 f.

Form dem aristokratischen Bildungsideal fehlt. Immer noch aber ist es Knigges Ziel, daß der Wert eines Menschen nicht durch dessen falsche Vorstellung unerkannt und wirkungslos bleibt, nicht aber, den „schwachen Kopf" als neuen vir bonus auszurufen. Und wenn er die von ihm gelehrte Umgangskunst scharf von der Kunst des lügnerischen Scheins abgrenzt, so ist damit schon nicht mehr allein die höfische Kultur gemeint; mit der „schändlichen, niedrigen Gefälligkeit des verworfenen Sklaven, der sich von jedem mißbrauchen läßt, sich jedem preis gibt; um eine Mahlzeit zu gewinnen dem Schurken huldigt, und um eine Bedienung zu erhalten, zum Unrechte schweigt, zum Betruge die Hände bietet und die Dummheit vergöttert",[22] wird ein spezifisch bürgerliches Verhalten der freiwilligen Unterordnung kritisiert, ein sozialpsychologisches Syndrom vor allem des deutschen Bürgertums. Solchem Verhalten entgegen stellt Knigge Biederkeit, Bürgerlichkeit und Rechtschaffenheit, sie sind ihm – und hier tritt er das Erbe Gottscheds, der Popularphilosophie und der Moralischen Wochenschriften an – Leittugenden und Bildungsziele, die letztlich auch die Unterscheidung des falschen vom richtigen Umgang möglich und nochmals den dezidiert bürgerlichen Standort sichtbar machen, den dieser Adlige in den Auseinandersetzungen seiner Zeit einnahm. Mehrmals betont Knigge, daß er für Menschen „mittleren Standes" schreibe, und viele seiner Leitbegriffe und Vorstellungen sind in dieser bürgerlichen Schicht verankert. So auch sein Ideal der häuslichen Glückseligkeit, der Kontrapunkt adliger Erziehung.

Die Verwandlung des vir bonus in den rechtschaffenen Familienvater hatte für Europa muster- und vorbildhaft Diderot mit seinem bürgerlichen Drama (drame bourgeois) ›Le Père de famille‹ vollendet.[23] Der vir bonus, für Cicero selbstverständlich die Vereini-

---

[22] Knigge: Umgang, S. 25.
[23] Die früheren oder gleichzeitigen Bemühungen etwa Richardsons, Lillos oder Gellerts können hier unberücksichtigt bleiben, da Diderots Stück sämtliche Tendenzen seiner Zeit, soweit sie die familiale Sozialisation des Bürgertums betreffen, zusammenfaßt und übrigens an einer dem niederen Adel zugehörigen Familie buchstäblich sichtbar macht: nämlich in der Ordnung des Familientableaus.

gung von Politiker, Philosoph und Orator, wird zur Privatperson,[24] deren Angelegenheiten zwar vom gesellschaftlichen Kontext nicht zu isolieren sind – man würde Diderots Absicht zweifellos verkennen, unterstellte man ihm solchen Zweck[25] –, deren Zentrum aber in Haus und Familie liegt. Das Schlußtableau des ›Hausvaters‹: „Indem sie aus dem Saale gehen, führet der Hausvater seine zwey Töchter; Saint Albin hat die Arme um seinen Freund Germeuil geschlagen; Herr Le Bon giebt der Frau Hebert die Hand; die andern folgen, wie sie kommen, und alle sind vor Freuden außer sich"[26] – dieses Familiengemälde zeigt nicht allein die bürgerliche Familie in ihrer Ordnung, sondern auch eine ihr kongruente Denkstruktur, die es gestattet, Dinge und Ereignisse wie auch Lebewesen musterhaft vernünftig zu ordnen: „Seht ihr, daß ihr euch von mir nicht entfernen können (!), ohne euch zu verirren?" bemerkt triumphierend zum guten Schluß der zeitweilig so arg verkannte Hausvater.[27]

---

[24] „Da nichts öffentlich bei uns ist, sondern alles häuslich", darin erkannte auch Jean Paul (der zur häuslichen Kultur des Bürgertums ein ambivalentes Verhältnis hatte) einen Hauptgrund bürgerlicher Misere in Deutschland. Vgl. Jean Paul: Werke, hrsg. v. N. Miller, 5 Bde., München 1963, Bd. 5, S. 118.

[25] Denn daß der Sohn vermeintlicherweise adlige, höfische Verhaltensweisen angenommen hat und dem familiären Glück entflieht, also 'liederlich' geworden ist, beschwört den Konflikt herauf, dessen verkappte politische Bedeutung auch später in den Auseinandersetzungen zwischen Vater und Sohn immer wieder zum Vorschein kommt.

[26] Das Theater des Herrn Diderot (übers. v. G. E. Lessing), 2 Bde., Berlin 1760, Bd. 1, S. 228.

[27] Diderot: Theater, Bd. 1, S. 216. 1760, im selben Jahr, in dem Lessing seine Übersetzung von Diderots Dramen publizierte, erscheint im ›Nordischen Aufseher‹ Klopstocks Aufsatz ›Gespräche von der Glückseligkeit‹, die den Ordnungszwang, der vom bürgerlichen Familientableau ausging, mit allem Enthusiasmus feiern: „Ich dachte mir den Vater einer Familie, die er glücklich macht! Ich eilte zu einem Vater so vieler Familien fort, als zu einer ganzen Nation gehören, die er glücklich macht! Nun wurde die Erde klein (sic!), und das ganze menschliche Geschlecht zu *einer* Familie. Zu dieser einen, vielleicht sehr kleinen Familie, dachte ich mir die unzählbaren andern Familien in der großen Stadt oder vielmehr in dem großen Reiche Gottes,

Die Folgen von Diderots Drama in Deutschland: mehrfach, darunter von Lessing, übersetzt, hoch gelobt und zwischen 1767 und 1776 von allen deutschen Schauspieltruppen gespielt, mannigfach kopiert und variiert, ein Hauptgegenstand der ästhetischen Kritik und Praxis und des intellektuellen Gesprächs[28] – dieser, an der französischen Reaktion gemessen, unglaublich große Erfolg dieses bürgerlichen Schauspiels zeigt, wie sehr das deutsche Publikum seine Wünsche und Bedürfnisse in der Konfiguration dieses Dramas Gestalt angenommen sah. Die innerliche Glückseligkeit, die schon Heumann am wahren Politicus pries,[29] ist jetzt erst, wirklich repräsentativ, zum äußeren Ereignis geworden.

Knigge seinerseits preist den „Sinn für häusliche Freuden" und das „Familienband",[30] und die „häusliche Glückseligkeit"[31] ist ihm alle Aufmerksamkeit wert, die ehemals der überirdischen, dann, säkularisiert, der sozial zu verwirklichenden galt, wobei er sie immer wieder polemisch gegen die höfischen Verhältnisse wendet, denen es eben an freundschaftlichen, menschlichen, familiären Bindungen ebenso wie an seelischer Anteilnahme und natürlicher Bildung fehle; statt gründlicher Kenntnisse nur Entfernung von der Natur, statt Würde allein Rang- und Titelsucht, statt Wahrheit bloß Prunk und Verstellung. „*Glückliche Unwissenheit!*" ruft Knigge angesichts des unverdorbenen Bürgers in der Provinz aus, „Glückliche Unwissenheit! nicht zu vertauschen mit dem *Ekel*, welcher den Mann anwandelt, der in seinem Leben so gar viel aller Orten erlebt, erfahren, gesehen, bauen und zerstören gesehen hat und zuletzt an nichts mehr Freude finden, nichts mehr bewundern kann ..."[32] Rousseaus Maßstab der Kritik war zum Allgemeinplatz der Zeit geworden, allenthalben Lobreden auf die glückliche Unwissenheit, die Naivität des

und den Vater ... *Gott, der sie alle glückselig macht.*" – F. G. Klopstock: Ausgewählte Werke, hrsg. v. K. H. Schleiden, München 1962, S. 965.

[28] Auch Knigge beteiligte sich 1788/89 mit ›Dramaturgischen Blättern‹ an der Diskussion.
[29] Heumann, a. a. O., S. 3.
[30] Knigge: Schriften, Bd. 2, S. 20.
[31] Knigge: Umgang, S. 154.
[32] Knigge: Umgang, S. 29.

natürlichen Menschen, ob in ländlicher oder insularischer Idylle, und als Pendant dazu die Tadelreden auf die Verdorbenheit der Zivilisation, der höfischen Kultur, der Depravation der Sitten. Doch ist diese Polemik gegen Ende des 18. Jahrhunderts auch schon gegen die oberen Schichten der Bourgeoisie gerichtet, der „vornehme Bankerottierer" ist eines der Beispiele, die Knigge anführt.[33] Und ebenso kritisiert er schon das mittelständische Bürgertum, dessen „veränderlichen, leichtfertigen Geschmack".[34] Doch trotz der mit dieser Polemik einhergehenden Idolatrie der Natürlichkeit und Unverdorbenheit fordert Knigge kein „Zurück zur Natur" im Umgang mit Menschen; was er lehrt, bezeichnet er selber als eine Kunst, die man sich aneignen kann, wenn man sich zusätzlich zu den von ihm induzierten Regeln durch Beobachtung und Erfahrung anleiten läßt. Wie die rhetorische Menschenbildung ihr ethisches Fundament hat, so ist auch Knigge um eine solche Grundlegung seines Werks bemüht. „Wenn die Regeln des Umgangs nicht bloß Vorschriften einer konventionellen Höflichkeit oder gar einer gefährlichen Politik sein sollen", erklärt er in der Vorrede zur dritten Auflage, „so müssen sie auf die Lehren von Pflichten gegründet seyn, die wir allen Arten von Menschen schuldig sind. Ein System, dessen Grundpfeiler Moral und Weltklugheit sind, muß dabey zum Grunde liegen." Der Ursprung dieses Ideals der Weltklugheit ist das politische Lebensideal, wie es sich in der zweiten Hälfte des 16. Jahrhunderts bereits herauszubilden begann und das nicht bloß dem staatlichen und diplomatischen Leben regulativ vorstand, sondern das sich bald schon – in Opposition gegen den konservativ gewordenen Humanismus – auch im zivilen Leben verbreitete. „‚Politisch' handelt, wer in ‚kluger', auch skrupelloser Weise, unter konsequenter Ausnutzung sich bietender Gelegenheiten seinen individuellen Erfolg, sein irdisches ‚Glück' sucht."[35] Unter kritischer Abgrenzung gegen derart skrupellos gefaßte Klugheit wirkt dieses Bildungsideal auch noch in Knigges Abhandlung nach, wenn er auch gleich in der Einleitung einräumt, daß „der theoretische Unterricht in wahrer Weltklugheit

---

[33] Knigge: Umgang, S. 41.
[34] Knigge: Umgang, S. 308.
[35] Wilfried Barner: Barockrhetorik, Tübingen 1970, S. 142.

bei der Jugend theils selten mit Erfolge, theils nicht immer ohne Gefahr zu ertheilen" sei,[36] und verhindert, daß der Umgang mit Menschen, wie erst durch spätere Bearbeiter geschehen, ganz auf den häuslich-familiären Umgang beschränkt wurde. Denn der Zweck dieses Buches ist es, wie Knigge betont, „Vorschriften zu einem glücklichen, ruhigen und nützlichen Leben in der Welt und unter Menschen" zu geben.[37]

„Jeder Mensch gilt in dieser Welt nur so viel, als er sich selbst geltend macht"[38] – so der erste Satz des ersten Kapitels im ›Umgang mit Menschen‹. Bezeichnend für Knigges System ist die Verbindung eines solchen Pathos der Selbsterzeugung des Menschen mit einer streng moralischen Erörterung, die zunächst alle negativen Folgen betrachtet, welche aus der konsequenten Verwirklichung dieser Maxime entstehen können, um dann erst deren Berechtigung für alle diejenigen nachzuweisen, die im „strahlenden Bewußtsein der Wahrheit und Redlichkeit" leben.[39] Nochmals und unmißverständlich bekräftigt Knigge gegen Schluß seines Werks dessen Absicht: „Ich habe aber in diesem Werk nicht die Kunst lehren wollen, die Menschen zu seinen Endzwecken zu mißbrauchen, über alle nach Gefallen zu herrschen, jeden nach Belieben für unsre eigennützigen Absichten in Bewegung zu setzen. Ich verachte den Satz, ‚daß man aus den Menschen machen könne, was man wolle, wenn man sie bei ihren schwachen Seiten zu fassen verstände'. Nur ein Schurke kann das und will das, weil nur ihm die Mittel, zu seinem Zwecke zu gelangen, gleichgültig sind; der ehrliche Mann kann nicht aus allen Menschen Alles machen, und will das auch nicht …"[40] Mit dieser Argumentationskette belegte schon die antike Rhetorik den Gegensatz zwischen Überreden und Überzeugen, auf ihr fußt die Formulierung des Rednerideals vom vir bonus, und sie konstituiert auch manch kritischen Widerspruch im ›Umgang mit Menschen‹, in der Erörterung der einzelnen bürgerlichen Tugenden und ihrer gesell-

---

[36] Knigge: Schriften, Bd. 1, S. 26.
[37] Knigge: Schriften, Bd. 2, S. 241 f.
[38] Knigge: Schriften, Bd. 1, S. 33.
[39] Knigge: Umgang, S. 42.
[40] Knigge: Umgang, S. 372.

schaftlich-geselligen Darstellung. So vertritt Knigge nicht die krasse Nützlichkeitsmoral, wie sie vor allem die Moralischen Wochenschriften verbreiten, in Gestalt des fleißigen und nützlichen Bürgers,[41] der seiner Arbeit nachgeht, nicht weil er dazu verdammt ist – die biblische Arbeitsauffassung, die auch das ganze Mittelalter beherrschte –, sondern weil er sie für sinnvoll und segensreich erachtet: sie festigt und fördert seine soziale Stellung und dient dem Allgemeinwohl. Wie wenige Jahre später Friedrich Schiller, der den Nutzen als das große Idol, als Trugbild seiner Zeit charakterisieren sollte, so arbeitet auch Knigge an einer Bildungskonzeption, die im kritischen Widerspruch zu den herrschenden und immer offenbarer werdenden Tendenzen der bürgerlichen Gesellschaft steht. Pflege und Veredlung des Individuums ist sein Ziel, und allein solche Vervollkommnung ist Voraussetzung für einen vollkommenen gesellschaftlichen Umgang. „Strebe nach Vollkommenheit, aber nicht nach dem Scheine der Vollkommenheit und Ohnfehlbarkeit", heißt einer der Zentralsätze der Abhandlung.[42] Zu dieser Vollkommenheit gehört sowohl die Entwicklung der Tugend – die scharf gegen die „äußere Tugend", den Schein der Tugend also abgegrenzt wird – wie auch eine möglichst umfassende wissenschaftlich-künstlerische Ausbildung. Zwar verurteilt Knigge die seichte Vielwisserei: „mich ekelt vor den herumwandelnden encyklopädischen Wörterbüchern; mich ekelt vor den allwissenden, recitirenden jungen Herrn", ruft er aus und verlangt statt dessen gründliche und tiefe Kenntnis eines Faches.[43] Allein, trotz dieser nur scheinbar den zeitgenössischen Tendenzen nach einer einseitigen Ausbildung Tribut leistenden Aufforderung macht er wenig später unmißverständlich klar, daß ihm als eigentlich vorbildlich nur der Umgang mit einem gebildeten Manne gilt, „der philosophischen Geist, Gelehrsamkeit und Witz verbindet. Es ist ein Glück, an der Seite eines solchen Künstlers zu leben, dessen Geist durch Kenntnisse gebildet, dessen Blick durch Studium der Natur und der Menschen geschärft, bei dem durch die milden

---

[41] Vgl. Wolfgang Martens: Die Botschaft der Tugend, Stuttgart 1968, S. 319 ff.
[42] Knigge: Umgang, S. 42.
[43] Knigge: Umgang, S. 312.

Einwirkungen der Musen das Herz zu Liebe, Freundschaft und Wohlwollen gestimmt und die Sitten sind gereinigt worden."[44] Zur Kultivierung des bürgerlichen Individuums zählt Knigge sowohl die Beförderung der leiblichen Gesundheit, die Veredlung der Gemütskräfte und der Leidenschaften wie schließlich die Entwicklung der „Fakultäten seines Verstandes und Gedächtnisses".[45] Die Verfeinerung der inneren „Fähigkeiten und Anlagen"[46] geht einher mit „äußerem Anstand", mit „Haltung und Harmonie im äußern Betragen",[47] ohne Rücksicht auf die Situation, in der sich der Mensch befindet: „Selbst in Deinem Äußern, in Deiner Kleidung sieh Dir nicht nach, wenn Du allein bist!"[48] Obwohl Knigge als seine vorzügliche Aufgabe schildert, dem Bürger zu zeigen, wie er auf tugendhafte und vernünftige Weise „den höchsten Grad von Glückseligkeit und alle Vortheile zu erlangen" imstande ist,[49] so bemüht er sich gleichfalls, als Voraussetzung dazu die bürgerlichen Untugenden im Umgang: Steifheit und Grobheit, „Blödigkeit und Schüchternheit"[50] seinen Landsleuten auszureden und durch jene leichten, zwanglosen und höflichen Umgangsformen zu ersetzen, die von Castiglione bis Gracian als die eigentlichen Tugenden geselligen Verkehrs gepriesen wurden. „Eine gewisse *Leichtigkeit* im Umgange

[44] Knigge: Umgang, S. 325.
[45] Knigge: Umgang, S. 85.
[46] Knigge: Umgang, S. 87.
[47] Knigge: Schriften, Bd. 1, S. 86.
[48] Knigge: Schriften, Bd. 1, S. 125. – Des Grafen Bruchsall Lobrede auf Tellheim gipfelt in dem Satz: „Doch Sie sind ein ehrlicher Mann, Tellheim; und ein ehrlicher Mann mag stecken, in welchem Kleide er will, man muß ihn lieben." – Minna von Barnhelm V, 13. Doch bedeutet dieser Satz keine Abwertung des äußeren Anstandes als Ausweis innerer Güte, den Tellheim ja bis zur Selbstaufgabe zu wahren versteht, nicht nur in seinen Manieren, seiner Haltung, sondern ebenso in seiner Kleidung: der Satz bezieht sich auf die Uniform als Zeichen nationaler Bindung und ist in weltbürgerlicher Absicht gesprochen.
[49] Knigge: Schriften, Bd. 8, S. 6.
[50] Wie sie Gildemeister nennt, S. 62. – „Die Begriffe deutsch und grob liegen dem Gefühle nahe bei einander. Wenn einer sagt: ‚ich werde einmal deutsch reden', so machen wir uns auf Grobheiten gefaßt." Gildemeister, S. 55.

also, die Gabe sich gleich bei der *ersten* Bekanntschaft *vortheilhaft* darzustellen, mit Menschen aller Art zwanglos sich in Gesprächen einzulassen ... das sind Eigenschaften, die man zu erwerben und auszubauen trachten soll."[51] Nichts anderes – eben Leichtigkeit (sprezzatura), Anmut, Grazie, Zwanglosigkeit – hatte Castiglione vom vollkommenen Hofmann erwartet.[52] Einerseits rät Knigge, wer immer dazu in der Lage sei, solle den Höfen fernbleiben, „diesem Schauplatze des glänzenden Elends",[53] um dann nur wenige Seiten später seiner Kritik am zeitgenössischen Hofleben nicht bürgerliche Maßstäbe, sondern das Ideal des Hofmanns zugrunde zu legen: „Übrigens gestehe ich ... daß der Ton, welcher jetzt ... in der feinen Welt eingeschlichen ist, mir gar nicht so gefallen will, wie der, welcher vor etwa zwanzig Jahren herrschte. Viele von ihnen (den Hofleuten) kommen mir äußerst ungeschliffen und plump vor; es scheint mir, als suchten sie etwas darinn, Bescheidenheit, Höflichkeit und Delicatesse zu beleidigen ... selbst ihren Körper zu vernachlässigen, ohne alle Grazie beim Tanze herumzuspringen, krumm und schief und gebückt zu gehen, keine Kunst, keine Wissenschaft gründlich zu lernen ... Es giebt freilich einen Bocksbeutel, einen Rang und eine Steifigkeit im Umgange, die in vorigen Zeiten in Teutschland herrschend waren; und es ist ein Glück, daß wir anfangen, sie abzulegen; aber edler Anstand ist nicht Steifigkeit, – verbindliche Höflichkeit und Aufmerksamkeit nicht Bocksbeutel, – Grazie nicht Zwang – und ächtes Talent, wahre Geschicklichkeit nicht Pedanterie."[54] Beinah unmerklich geht die Tadelrede auf gegenwärtiges Hofleben über in die Lobrede auf ein allgemeingültiges Bildungsideal, das aus jener Kritik gewonnen wurde.

Bis in Einzelheiten ließe sich Knigges Gesellschaftsbuch auf das ihm zugrunde liegende rhetorisch-humanistische Muster hin dechiffrieren. Die ganze Gesellschaftskunst, die es lehrt, steht unter dem

---

[51] Knigge: Umgang, S. 63.

[52] Das höfische Bildungsideal war Knigge natürlich und eigenem Zeugnis nach in der Erziehung vermittelt worden. So heißt es auch im Umgang: „Ich trat als ein sehr junger Mensch, beinahe noch als ein Kind, schon in die große Welt und auf den Schauplatz des Hofes." – Knigge: Schriften, Bd. 1, S. 25 f.

[53] Knigge: Schriften, Bd. 3, S. 50.

[54] Knigge: Schriften, Bd. 3, S. 50.

Primat der angemessenen Wirkung der Person, angemessen nach außen, an die äußeren Lebensumstände, und angemessen nach innen, an die moralische Verfassung des Menschen, beides in Einklang zu bringen, macht wahre Bildung aus: Feinheit in „Sitten und Geberden", eine feinere Bildung in den Wissenschaften, die Angemessenheit des eigenen Verhaltens zu den sozialen Verhältnissen, in denen man sich befindet, zu Ort, Zeit und Gelegenheit. Natürlichkeit und Schicklichkeit im Umgang sind dem Menschen nicht schon von Natur garantiert, Leichtigkeit und Zwanglosigkeit im Gespräch lassen sich lernen. „Ein großes Talent, und das durch Studium und Achtsamkeit erlangt werden kann, ist die *Kunst*, sich bestimmt, fein, richtig ... nicht weitschweifig auszudrücken, lebhaft im Vortrage zu sein, sich dabei nach den Fähigkeiten der Menschen zu richten, mit denen man redet, sie nicht zu ermüden ... nach den Umständen trocken oder lustig, ernsthaft oder komisch seinen Gegenstand darzustellen und mit natürlichen Farben zu malen. Dabei soll man sein Äußeres studieren, sein Gesicht in seiner Gewalt haben, nicht grimaciren ... Der Anstand und die Geberdensprache sollen edel sein; man soll nicht bei unbedeutenden und affectlosen Unterredungen ... mit Kopf, Armen und andern Gliedern, herumfahren und um sich schlagen ... kurz, Alles, was eine *feine* Erziehung, was Aufmerksamkeit auf sich selbst und Andre verräth, das gehört notwendig dazu, den Umgang angenehm zu machen ..."[55] So gibt es zwei Tendenzen in Knigges gesellschaftlichem Aufklärungsbuch, trotz des einheitlichen Musters, auf das es sich bezieht und das immer noch das Ideal der gesellschaftlich-rednerisch bestimmten Kultur ist.

Die Wirkung, die das erfolgreichste Buch des ins bürgerliche Lager übergelaufenen Freiherrn von Knigge auf seine Zeitgenossen wie das ganze 19. Jahrhundert ausgeübt hat, ist noch einige ausführliche Untersuchungen wert, und sie beschränkt sich nicht nur auf die Durchdringung adlig-humanistischer Bildungsvorstellungen und pragmatischer Bedürfnisse des aufsteigenden Bürgertums. Indem Knigge einen Schwerpunkt seiner Bemühungen in der Veredlung des häuslichen Lebens sieht und die familiäre, häusliche Glückseligkeit als die höchste der Freuden preist, zieht er bereits sehr weitreichende

---

[55] Knigge: Umgang, S. 63 f.

und auch zu anderen Zwecken brauchbare Konsequenzen aus der berufsbürgerlichen Trennung des Lebens in einen öffentlichen und einen Privatbereich. Zwar hatten auch schon die Moralischen Wochenschriften, hatten Schriftsteller wie Diderot oder Gellert den „Sinn für häusliche Freuden und das Familienband" geweckt und ausgebildet, doch erweist sich Knigge auch hier als der geniale Kompilator, der die verschiedenen Tendenzen der ganzen Gesellschaft seiner Zeit höchst wirkungsvoll zusammenfaßt und in einen einheitlichen bürgerlichen Bildungsplan integriert. Mit der Übernahme bürgerlicher Idolatrie des häuslichen Lebens hat er dann selber den Grundstein zu der unangemessenen Rezeption seines Werkes im 19. Jahrhundert gelegt, die vor allem im Aussparen der rhetorisch-humanistischen Elemente seines Bildungsideals bestand und damit auch die Eliminierung aller auf politische Verwirklichung des Bürgers zielender Akzente bedeutete. Auf sie aber war es Knigge angekommen, selbst wo er Tischregeln abfragt und neue Kleiderordnungen gibt. Statt dessen betonte man seine Anweisungen zur privaten Glückseligkeitsbeförderung, weit ab vom feilen Treiben der großen Welt; seine Lobreden auf die harmonische Gemeinschaft der Familie, auf die Freundschaftsbande, auf die gesellige Vertraulichkeit im kleinen Kreise dienten dann zur Legitimation einer bürgerlichen Haltung in Deutschland, wie sie schon Norbert Elias eindringlich als Ausdruck politischer Machtlosigkeit und Resignation beschrieben hat.[56]

Es ist gewiß müßig, den Anwalt der bürgerlichen Revolution in Deutschland vor seinen falschen Erben in Schutz zu nehmen. Er sah seine Aufgabe selber darin, die Hindernisse zu beseitigen, „die auch oft den verständigsten Menschen abhalten, früh genug, zu seinem und Andrer Glücke diesen Grad von Bildung, diese, allein des Namens der Aufklärung würdige Vervollkommnung (!) zu erlangen"[57]; daß diese Aufgabe durch Erziehung allein nicht lösbar ist, blieb zu erkennen einer späteren Generation von Schriftstellern vorbehalten. Doch ist es eben dieses Selbstverständnis, das Knigge zu einem politischen Schriftsteller ohne Misere hat werden lassen – es führte ihn

---

[56] Norbert Elias: Über den Prozeß der Zivilisation, 2 Bde., Bern und München 1969.
[57] Knigge: Schriften, Bd. 8, Vorrede.

ganz natürlich zu der rhetorischen Auffassung seines Berufs, wie er sie ausführlich in seinem Buch ›Über Schriftsteller und Schriftstellerey‹ formuliert: „Schriftstellerey ist also öffentliche Mittheilung der Gedanken; gedruckte Unterhaltung; laute Reden, an Jeden im Publico gerichtet, der sie hören will; Gespräch mit der Lesewelt; und aus diesem Gesichtspuncte betrachtet, können wir die Rechte und Pflichten der Schriftsteller bestimmen."[58] Es ist kennzeichnend für die gewiß nicht einheitliche Rezeption der Rhetorik in der deutschen Literatur, daß unter ihrem Einfluß die enge Verbindung des Schriftstellers mit den Interessen und Bedürfnissen des „Volkes", also der bürgerlichen Mittelschichten vor allem, aber auch der plebejischen und – denken wir an Büchners ›Hessischen Landboten‹ – bäuerlichen Schichten zustande kam. Die Lehre vom vollkommenen Redner dient wie in der Tradition der ethischen Fundierung seiner Absichten. Dagegen konzentrierte Knigge sich für seine Abhandlung über gesellschaftlichen Umgang im wesentlichen auf diejenigen Aspekte der Rhetorik, die sich von der Theorie der Beredsamkeit im engeren Sinne ablösen lassen und die ihm für eine Ausgestaltung der bürgerlichen Lebensverhältnisse brauchbar erschienen. Das Ergebnis sollte der gut erzogene Bürger sein, ein Ideal, das erst später zum Spießerspruch herunterkam. Der Orator Ciceros, wenn auch schon als Idealmensch entworfen, war doch Träger einer genau bestimmten Rolle im Staat, seine auctoritas gründet sich auf seine überragende Stellung im politischen Leben, die aber nicht von seiner Tätigkeit als Redner ablösbar ist. Castiglione wie auch Knigge sehen von dieser Wirksamkeit ab, verallgemeinern die zunächst in der Rhetorik doch vor allem auf die Redesituation als einen ganz bestimmten Wirkungszusammenhang bezogenen Maximen und Regeln. Da Rhetorik immer schon nicht allein die Kunst der richtigen und wahren Wirkung der Rede, sondern auch der des Redners in einem gesellschaftlichen Bereich gewesen ist, konnte die Kunst des Redners, mit seinem Publikum „umzugehen", zu einer allgemeinen Kunst des „Umgangs mit Menschen" erweitert werden. In einem sehr umfassenden Sinne – das jedenfalls lehrt die Konstellation, in der Knigges Abhandlung steht – steht die Rhetorik im Zentrum aller

---

[58] Knigge: Schriften, Bd. 9, S. 9.

bürgerlichen Bemühungen im 18. Jahrhundert, die auf die Herstellung einer öffentlichen Meinung, Ausdruck bürgerlicher Mündigkeit und sozialer Emanzipation zielten. Auch Kants Verdikt über die Beredsamkeit als einer Lügen- und Schmeichelkunst, die „keiner Achtung würdig sei", trifft nur die höfische Rhetorik (wie schon die Wortwahl zeigt), nicht, wie allzu pauschal später interpretiert, jene Redekunst, in der sich auch Kant selber als Meister zeigte. Schillers Konzeption einer ästhetischen Erziehung, seine Bildungsideale „schöne Seele und erhabener Charakter" sind ebenso bisher zu wenig beachtete Zeugnisse rhetorischer Tradition, wie auch Jean Pauls Geniedoktrin oder seine Vorstellung vom Idealmenschen als der regulativen Idee seiner Erziehlehre: „Sollte man übrigens den Preis- und Idealmenschen in Worte übersetzen: so könnte man etwa sagen, er sei das harmonische Maximum aller individuellen Anlagen zusammengenommen..."[59] Die für die Geschichte der Aufklärung in Deutschland konstitutive rhetorische Überlieferung erschließt überhaupt erst die besondere Konstellation der Werke; von der philosophischen Kritik bis hin zum Unterhaltungsroman der Karoline von Wobeser (›Elisa, oder das Weib, wie es sein sollte‹) gibt sie die Gestalt der Erziehung wider, die die Humanisierung des Bürgers vollenden sollte. Daß sie über den Anfang nicht hinauskam, macht die Betroffenheit erklärlich, die der Verballhornung Knigges im 19. Jahrhundert vorausgegangen sein muß. „Hier wäre denn wohl der Ort, einen eignen, nicht unbedeutenden Abschnitt den Bemerkungen über den Umgang mit verstorbenen großen und edeln Männern zu widmen... Man träumt sich in jene Zeiten hinein, wird beseelt von dem Geiste, der aus den Thaten und Reden jener erhabnen Menschen hervorgeht; und in diesem Sinne hat der Umgang mit Verstorbenen sehr oft größere Wirkung auf Köpfe, Herzen, und durch diese auf große Weltbegebenheiten, geäußert, als der Umgang mit den Zeitgenossen."[60] Auch hier spricht Knigge aus Erfahrung, denn er pflegte einen gewiß sehr lebendigen Umgang mit den verstorbenen Großen – es ist an der Zeit, auch mit ihm selber wieder ein, natürlich geselliges und unterhaltendes, Gespräch zu beginnen.

[59] Jean Paul: Werke, Bd. 5, S. 566.
[60] Knigge: Schriften, Bd. 3, S. 201 f.

PROBLEM- UND THEORIEGESCHICHTLICHE ASPEKTE

Hans Blumenberg: Wirklichkeiten, in denen wir leben. Aufsätze und eine Rede, Philipp Reclam jun., Stuttgart 1981, S. 104–136 (Original 1970).

ANTHROPOLOGISCHE ANNÄHERUNG AN DIE AKTUALITÄT DER RHETORIK

Von Hans Blumenberg

Was der Mensch ist, wurde in zahllosen definitionsähnlichen Bestimmungsversuchen auf Sätze gebracht. Die Spielarten dessen, was man heute Philosophische Anthropologie nennt, lassen sich auf *eine* Alternative reduzieren: der Mensch als armes oder als reiches Wesen. Daß der Mensch biologisch nicht auf eine bestimmte Umwelt fixiert ist, kann als fundamentaler Mangel einer ordentlichen Ausstattung zur Selbsterhaltung oder als Offenheit für die Fülle einer nicht mehr nur vital akzentuierten Welt verstanden werden. Kreativ macht den Menschen die Not seiner Bedürfnisse *oder* der spielerische Umgang mit dem Überfluß seiner Talente. Er ist das Wesen, das unfähig ist, irgend etwas umsonst zu tun, *oder* das Tier, das allein zum 'acte gratuit' fähig ist. Der Mensch wird definiert durch das, was ihm fehlt, *oder* durch die schöpferische Symbolik, mit der er sich in eigenen Welten beheimatet. Er ist der Zuschauer des Universums in der Mitte der Welt *oder* der aus dem Paradies vertriebene Exzentriker auf dem Stäubchen Erde, das nichts bedeutet. Der Mensch birgt in sich den wohlaufgeschichteten Ertrag aller physischen Wirklichkeit *oder* er ist das von der Natur im Stich gelassene Mängelwesen, geplagt von unverstandenen und funktionslos gewordenen Instinktresiduen. Ich brauche mit der Aufzählung der Antithesen nicht fortzufahren; man sieht leicht das Prinzip, nach dem sie sich verlängern ließe.

Was die Rhetorik betrifft, so lassen sich ihre traditionellen Grundauffassungen ebenso auf *eine* Alternative zurückführen: Rhetorik hat es zu tun mit den Folgen aus dem Besitz von Wahrheit *oder* mit den Verlegenheiten, die sich aus der Unmöglichkeit ergeben, Wahrheit zu erreichen. Plato führte den Kampf gegen die Rhetorik der Sophisten mit der Unterstellung, sie beruhe auf der These von der Unmöglichkeit der Wahrheit und folgere daraus das Recht, das

Durchsetzbare für das Wahre auszugeben. Die in unserer Tradition einflußreichste Rhetorik, die des Cicero, geht dagegen vom möglichen Wahrheitsbesitz aus und gibt der Redekunst die Funktion, die Mitteilung dieser Wahrheit zu verschönen, sie eingängig und eindrucksvoll zu machen, kurz: der Sache angemessen mit ihr zu verfahren. Die christliche Tradition schwankt zwischen den beiden möglichen Konsequenzen aus der Prämisse des Wahrheitsbesitzes, daß einerseits die göttliche Wahrheit der menschlichen Hilfestellungen rhetorischer Art nicht bedarf und sich aufs schmuckloseste selbst darbieten sollte – ein Muster, das sich in jeder Rhetorik der Aufrichtigkeit wiederholt – und daß andererseits eben diese Wahrheit sich im kanonisierten Gehäuse der rhetorischen Regeln humanisiert. In der neuzeitlichen Ästhetik feiert die Implikation der Rhetorik, sie habe es positiv oder negativ mit der Wahrheit zu tun, ihren letzten Triumph, in dem sich der Zusammenhang umkehrt: der Schluß von der Kunst der Rede, vom Stil, vom Schönen auf den Wahrheitsgehalt wird zulässig, oder gar: Kunst und Wahrheit werden identisch. Die von Plato gesetzte Feindschaft zwischen Philosophie und Rhetorik ist in der Philosophie selbst, zumindest in ihrer Sprache, als Ästhetik gegen die Philosophie entschieden. Nur als Ästhetik?

Es läßt sich leicht sehen, daß man die beiden radikalen Alternativen der Anthropologie und der Rhetorik einander eindeutig zuordnen kann. Der Mensch als das reiche Wesen verfügt über seinen Besitz an Wahrheit mit den Wirkungsmitteln des rhetorischen *ornatus*. Der Mensch als das arme Wesen bedarf der Rhetorik als der Kunst des Scheins, die ihn mit seinem Mangel an Wahrheit fertig werden läßt. Die erkenntnistheoretische Situation, die Plato der Sophistik unterstellt hatte, radikalisiert sich anthropologisch zu der des 'Mängelwesens', dem alles in die Ökonomie seines Instrumentariums zum Überleben rückt und das sich Rhetorik folglich nicht leisten kann, es sei denn, daß es sich sie leisten muß. Die anthropologische Verschärfung der Ausgangsbedingungen hat zur Folge, daß auch der Begriff einer ihnen zugeordneten Rhetorik elementarer gefaßt werden muß. Die Technik der Rede erscheint dabei als der spezielle Fall von geregelten Weisen des Verhaltens, das etwas zu verstehen gibt, Zeichen setzt, Übereinstimmung bewirkt oder Widerspruch herausfordert. Ein Schweigen, eine sichtbare Unterlassung in einem Verhaltenskontext können so rhetorisch werden wie ein vom Blatt abgelesener Aufschrei des Volkszorns, und der platonische Dialog ist nicht weniger zur Rhetorik aufgelegt als der sophistische Lehrvortrag, gegen den er literarisch angetreten ist. Rhetorik ist, auch unterhalb der Schwelle des gesprochenen oder geschriebenen Wortes, Form als Mittel, Regelhaftigkeit als Organ. Nietzsche mag fehlgegangen sein mit der Feststellung, Platos Kampf gegen die Rhetorik sei aus dem Neid auf ihren Einfluß zu verstehen, aber hat recht, wenn er an derselben Stelle sagt, die Griechen hätten mit der Rhetorik die 'Form an sich' erfunden.[1]

Die beiden großen Negationen Platos, die der Atomistik und die der Sophistik, waren wohl noch folgenreicher als die dogmatischen Positionen seiner als „Platonismus" benannten und dadurch feststellbaren Wirkungsgeschichte. Der philosophische Vorzug des semantischen Sachverhaltnisses der Sprache hatte eine ständige Empfindlichkeit gegen die pragmatische Sprachauffassung der Rhetorik zur Folge, die nur episodisch zugunsten der Rhetorik umschlug, wenn die Begriffssprache in Formen der Scholastik ihren Sachbezug unglaubwürdig werden ließ. Der zu den trivialen Bildungsbeständen gehörende Satz des platonischen Sokrates, Tugend sei Wissen, macht die Evidenz anstelle der Institution zur Norm des Verhaltens. Niemand wird bestreiten wollen, daß er damit ein Ideal formulierte, ohne dessen bald hochgemute, bald verzweifelte Verfolgung europäische Tradition nicht gedacht werden kann. Aber ebenso gilt, daß er eine Überforderung konstituierte, der die Resignationen auf dem Fuße folgten – angefangen bei dem katastrophalen Rückschlag, den die Ideenlehre in Platos eigener Schule durch den Ausbruch des akademischen Skeptizismus kaum ein Jahrhundert nach dem Tode ihres Begründers erfuhr, und endend bei dem, was Nietzsche als Nihilismus bezeichnet hat. Die Philosophie der absoluten Ziele legitimierte nicht die Theorie der Mittel, sondern verdrängte und erstickte sie. Eine Ethik, die von der Evidenz des

---

[1] Friedrich Nietzsche: Gesammelte Werke, Musarion-Ausg., hrsg. von Richard Oehler, Max Oehler und Friedrich Christian Würzbach, Bd. 6, München 1921, S. 105

Guten ausgeht, läßt keinen Raum für die Rhetorik als Theorie und Praxis der Beeinflussung von Verhalten unter der Voraussetzung, daß Evidenz des Guten nicht verfügbar ist. Das betrifft auch die in der Rhetorik angelegte und aufgegangene „Anthropologie"; als eine Theorie des Menschen außerhalb der Idealität, verlassen von der Evidenz, hat sie die Möglichkeit, „philosophisch" zu sein, verloren und wird die letzte und verspätete Disziplin der Philosophie.

Die anthropologische Bedeutung der Rhetorik profiliert sich am ehesten vor dem Hintergrund der seit der Antike dominanten Metaphysik, die einen kosmologischen Grundriß hat: die Ideen bilden einen Kosmos, den die erscheinende Welt nachbildet. Der Mensch, mag er auch in der Mitte des Ganzen als Zuschauer noch so bevorzugt plaziert sein, ist dennoch kein reiner Sonderfall, sondern eher ein Schnittpunkt fremder Realitäten, eine Komposition – und als solche problematisch. In dem modernisierten Schichtenmodell lebt der Gedanke fort, beim Menschen sei einiges zueinander gekommen, was sich schwer miteinander verträgt. Prinzipiell besagt diese Metaphysik, daß die Gedanken des Menschen auch die eines Gottes sein könnten und das, was ihn bewegt, das Bewegende einer Himmelssphäre oder eines Tieres. Man stand vor einer Komplikation der sich sonst nur rein darstellenden und umweglos regulierenden Natur, die sich am ehesten als Unfall oder Vermischung heterogener Elemente erklären ließ; das Problem des Verhaltens war dann, einem dieser Elemente die Herrschaft über die anderen zuzuweisen, eine Art substantieller Konsequenz herzustellen. Kurz: über den als einzigartig behaupteten Menschen hat die metaphysische Tradition im Grunde nichts Besonderes zu sagen gewußt. Das ist erstaunlich, aber es hängt eng mit der philosophischen Verbannung der Rhetorik zusammen. Denn die Rhetorik geht aus von dem und nur von dem, worin der Mensch einzig ist, und zwar nicht deshalb, weil Sprache sein spezifisches Merkmal wäre, sondern weil Sprache in der Rhetorik als Funktion einer spezifischen Verlegenheit des Menschen zutage tritt. Will man diese Verlegenheit in der Sprache der traditionellen Metaphysik ausdrücken, so wird man sagen müssen, daß der Mensch zu diesem Kosmos (wenn es ihn denn gibt) nicht gehört – und zwar nicht wegen eines transzendenten Überschusses, sondern wegen eines immanenten Mangels: des Mangels an vorgegebenen, präparierten Einpassungsstrukturen und Regulationen für einen Zusammenhang, der „Kosmos" zu heißen verdiente und innerhalb dessen etwas Teil des Kosmos genannt werden dürfte. Auch in der Sprache der modernen biologischen Anthropologie ist der Mensch ein aus den Ordnungsleistungen der Natur zurückgefallenes Wesen, dem Handlungen die Regelungen ersetzen müssen, die ihm fehlen, oder die korrigieren müssen, die erratische Ungenauigkeit angenommen haben. Handeln ist die Kompensation der „Unbestimmtheit" des Wesens Mensch, und Rhetorik ist die angestrengte Herstellung derjenigen Übereinstimmungen, die anstelle des „substantiellen" Fundus an Regulationen treten müssen, damit Handeln möglich wird. Unter diesem Aspekt ist die Sprache nicht ein Instrumentarium zur Mitteilung von Kenntnissen oder Wahrheiten, sondern primär der Herstellung der Verständigung, Zustimmung oder Duldung, auf die der Handelnde angewiesen ist. Hier wurzelt der *consensus* als Basis für den Begriff von dem, was „wirklich" ist: „wovon alle überzeugt sind, das nennen wir wirklich", sagt Aristoteles[2] und hat dafür immer ein teleologisches Argument im Hintergrund. Erst die skeptische Zerstörung dieses Rückhalts macht den pragmatischen Untergrund des *consensus* wieder sichtbar.

Ich weiß, daß der Ausdruck „Skepsis" gegenwärtig nicht hoch im Kurs steht. Dazu wird zu vieles wieder einmal zu genau gewußt, und da ist man nicht gern der Störenfried. Aber die Anthropologie, deren metaphysische Verdrängung ich kurz zu lokalisieren versucht habe, ist in der untergründigen, nur gelegentlich aufflackernden Tradition des Skeptizismus am ehesten dringlich geworden, wenn die ewigen Wahrheiten auf das Maß der nächsten Verläßlichkeiten herabgestimmt werden mußten und der Mensch nicht mehr als verkleidete Variante eines reinen Geistes erschienen war. Die erste philosophische Anthropologie, die diesen Namen verdiente, ist am Anfang der Neuzeit Montaignes ›Apologie de Raimond Sebond‹. Unter den Händen eines Skeptikers, der über den Menschen hinauszufragen sich verwehrt sieht, gerät ein überwiegend konventionelles Material in einen neuen Aggregatzustand, in welchem der einzige noch mögliche Gegenstand des Menschen erzwingt, daß alles nur noch Sym-

---

[2] Aristoteles: Metaphysik 1172 b 36 f.

ptom dieses Gegenstandes ist. Über die Moralistik führt diese Tradition zu der ausdrücklich so benannten *Anthropologie* Kants.

Die nur zum Zwecke ihrer endgültigen Erledigung aufgehäufte Skepsis im Vorfeld von Erkenntnistheorien (aber auch der Phänomenologie Husserls) bringt sich um die Chance ihres anthropologischen Ertrages, der an der Frage hängt, was dem Menschen bleibt, wenn ihm der Griff nach der reinen Evidenz, nach der absoluten Selbstbegründung mißlingt. Beleg für diesen Sachverhalt ist die Art, wie Descartes nicht nur den radikalisierten theoretischen Zweifel, sondern auch das Problem einer *morale par provision* erledigt hatte, die bis zur Vollendung der theoretischen Erkenntnis die dann möglich werdende *morale définitive* vertreten sollte. Descartes' noch immer aufschlußreiche Illusion bestand nicht so sehr darin, daß die *morale définitive* bald kommen müsse, weil die Physik schnell zu vollenden wäre, sondern vielmehr darin, daß die Zwischenzeit eine statische Phase des Festhaltens am seit eh und je Verbindlichen sein könne. Descartes erkannte nichts von der Rückwirkung des theoretischen Prozesses auf das vermeintliche Interim der provisorischen Moral. Es ist sehr merkwürdig, die Folgen dieser Idee einer *morale par provision* unter der Voraussetzung der ausbleibenden wissenschaftlichen Eschatologie zu bedenken und darin vieles von dem wiederzuerkennen, was die immer wieder enttäuschten Enderwartungen gegenüber der Wissenschaft an Gemeinsamkeiten produzieren. Daß Descartes das Vorläufige als Stillstand inszenieren wollte, brachte ihn um die Nötigung, die anthropologischen Implikationen dieses Zustandes zu durchdenken. So konnte er als Exempel der provisorischen Moral den im Walde Verirrten aufstellen, der nur in einer Richtung entschlossen geradeaus zu gehen braucht, um aus dem Walde herauszukommen, da alle Wälder endlich sind und für die gedachte Situation als unveränderlich betrachtet werden dürfen. Die Empfehlung der formalen Entschlossenheit für die provisorische Moral bedeutet das Verbot der Beachtung aller konkreten Merkmale der Situation und ihrer Veränderungen, einschließlich der Disposition des Menschen für eine Lage der ungewissen Orientierung. Die angekündigte Endleistung der „Methode" verhindert die gegenwärtige Selbstverständigung des Menschen, verhindert auch Rhetorik als eine Technik, sich im Provisorium vor allen definitiven

Anthropologische Annäherung

Wahrheiten und Moralen zu arrangieren. Rhetorik schafft Institutionen, wo Evidenzen fehlen.

Man könnte den Dualismus von Philosophie und Rhetorik, dessen Ausgleich immer wieder mißlungen ist, in einem bestimmten geschichtsphilosophischen Konzept aufgehen lassen, das den Entwurf des Descartes umformt, indem es die Bedingungen der *morale par provision* skeptisch modifiziert. Zweifelhaft bleibt nicht nur die Vollendbarkeit wissenschaftlicher Erkenntnis, auf welchem Gebiet immer, sondern auch der mögliche Ertrag solcher Vollendung für eine *morale définitive*. Es ist fast vergessen, daß der „Fortschritt" nichts anderes ist als die auf Dauer gestellte Lebensform jenes cartesischen Interims, für das die provisorische Moral gedacht war. Worin Descartes recht behielt, ist dies, daß es nicht so etwas wie einen vorläufigen und vorab gewährten Anteil am Erfolg des Ganzen gibt. Anders ausgedrückt: das Programm der Philosophie gewinnt oder verliert, aber es wirft keinen Ertrag auf Raten ab. Alles, was diesseits der Evidenz übrig bleibt, ist Rhetorik; sie ist das Organ der *morale par provision*. Diese Feststellung bedeutet vor allem, daß sie ein Inbegriff legitimer Mittel ist. Die Rhetorik gehört in ein Syndrom skeptischer Voraussetzungen. Darüber kann nicht hinwegtäuschen, daß sie sich gegen das Verdikt der „bloßen Mittel" nur erwehren konnte, indem sie sich als das Mittel der Wahrheit ausgab. Denn noch in ihren Siegen mußte die Rhetorik „rhetorisch" verfahren: als im 4. vorchristlichen Jahrhundert die Rhetorik faktisch die philosophischen Ansprüche ausgeschaltet hatte, nannte Isokrates seine Sophistik mit einem sophistischen Kunstgriff „Philosophie". Der Sinn der Griechen für Wirkung, statt für Wirklichkeit, ist für Jacob Burckhardt die Basis der Rhetorik, die „nur auf Augenblicke" sich zur „Staatsberedsamkeit" aufschwang, im übrigen „aber auf den Erfolg vor den Tribunalen hin ausgebildet" gewesen sei. Aber von den Griechen selbst ist die Überredung in den Gegensatz zur Überwältigung gestellt worden: im Umgang der Griechen mit Griechen, so Isokrates, sei das Überreden angemessen, im Umgang mit Barbaren der Gebrauch der Macht; aber diese Differenz ist als eine der Sprache und der Bildung verstanden, weil Überredung Gemeinsamkeit eines Horizontes voraussetzt, der Anspielung auf Prototypisches, der Orientierung an der Metapher, am Gleichnis. Die Antithese von Wahrheit und Wirkung ist oberflächlich, denn die rhetorische Wirkung ist nicht die wählbare Alternative zu einer Einsicht, die man *auch* haben könnte, sondern zu der Evidenz, die man *nicht* oder noch nicht, jedenfalls hier und jetzt nicht, haben kann. Dabei ist Rhetorik nicht nur die Technik, solche Wirkung zu erzielen, sondern immer auch, sie durchschaubar zu halten: sie macht Wirkungsmittel bewußt, deren Gebrauch nicht eigens verordnet zu werden braucht, indem sie expliziert, was ohnehin schon getan wird.

Solange die Philosophie ewige Wahrheiten, endgültige Gewißheiten wenigstens in Aussicht stellen mochte, mußte ihr der *consensus* als Ideal der Rhetorik, Zustimmung als das auf Widerruf erlangte Resultat der Überredung, verächtlich erscheinen. Aber mit ihrer Umwandlung in eine Theorie der wissenschaftlichen „Methode" der Neuzeit blieb auch der Philosophie der Verzicht nicht erspart, der aller Rhetorik zugrunde liegt. Zwar erschien es zunächst so, als seien die Hypothesen der Wissenschaft immer vorläufige Hilfsmittel der Erkenntnis, Anweisungen zur Herbeiführung der Verifikation und damit der endgültigen Sicherung; aber die Geschichte der Wissenschaft gab Aufschluß darüber, daß auch Verifikation den Typus der Zustimmung auf Widerruf repräsentiert, daß die Publikation jeder Theorie einen Appell impliziert, die angegebenen Wege ihrer Bestätigung nachzugehen und ihr das Placet der Objektivität zu geben, ohne daß durch diesen Prozeß je endgültig ausgeschlossen werden kann, daß auf anderen Wegen anderes gefunden und Widerspruch erhoben wird. Das, was Thomas S. Kuhn in seiner ›Struktur wissenschaftlicher Revolutionen‹[3] das „Paradigma" genannt hat – die beherrschende Grundvorstellung in einer wissenschaftlichen Disziplin für einen längeren Zeitraum, die sich alles verfeinernde und erweiternde Nachforschungen integriert –, dieses Paradigma ist nichts anderes als ein *consensus*, der sich zwar nicht ausschließlich, aber auch über die Rhetorik der Akademien und der Lehrbücher zu stabilisieren vermochte.

Mag der Mangel an Evidenz auch die dem theoretischen Prozeß

---

[3] Vgl. Thomas S. Kuhn: The Structure of Scientific Revolutions, Chicago 1962, dt.: Die Struktur wissenschaftlicher Revolutionen, Frankfurt a. M. 1967.

Anthropologische Annäherung 293

und der Rhetorik gemeinsame Situationsbestimmung sein, so hat doch die Wissenschaft sich den unschätzbaren Vorteil verschafft, die Vorläufigkeit ihrer Resultate unbegrenzt ertragen zu können. Das ist nicht selbstverständlich; noch Descartes hätte es für unerträglich gehalten. Aber seine Vorstellung der „Methode" hat es möglich gemacht, Wissenschaft als einen ständig „übertragbaren", die Individuen und Generationen nur als Funktionäre sich integrierenden Gesamtprozeß zu verstehen und zu organisieren. Alles Handeln, welches sich als „Anwendung" auf diese Art von Theorie stützt, muß die Schwäche ihrer Vorläufigkeit teilen, jederzeit desavouiert werden zu können. Auch Theorien werben implizit um „Zustimmung", wie es Rhetorik explizit tut. Der entscheidende Unterschied besteht in der Dimension der Zeit; Wissenschaft kann warten oder steht unter der Konvention, es zu können, während Rhetorik den Handlungszwang des Mängelwesens als konstitutives Situationselement voraussetzt – wenn sie nicht mehr *ornatus* einer Wahrheit sein kann. Es ist deshalb eine Kopie der Prozeßform von Wissenschaft, wenn die Diskussion als Instrument der öffentlichen Willensbildung so betrachtet wird, als sei sie ein Mechanismus rationaler Ergebnisfindung, während sie sich doch gerade die prinzipielle Unendlichkeit der wissenschaftsförmigen Rationalität nicht leisten kann. Die begrenzte Redezeit mag die Strenge der rhetorischen Formvorschriften nur dürftig ersetzt haben, aber sie ist auch als Ersatz ein essentielles Institut der Rhetorik; wo sie mißachtet wird oder unbekannt ist oder gar ihr Gegenteil institutionalisiert wird ("Filibuster"), wird der Alternativcharakter der Rhetorik zum Terror manifest. Sich unter dem Aspekt der Rhetorik zu verstehen heißt, sich des Handlungszwanges ebenso wie der Normentbehrung in einer endlichen Situation bewußt zu sein. Alles, was hier nicht Zwang ist, gerät zur Rhetorik, und Rhetorik impliziert den Verzicht auf Zwang.

Dabei kann der Handlungszwang, der die rhetorische Situation bestimmt und der primär eine physische Reaktion verlangt, rhetorisch so transformiert werden, daß die erzwungene Handlung durch *consensus* wiederum „nur" eine rhetorische wird. Physische durch verbale Leistungen zu ersetzen, ist ein anthropologisches Radikal; Rhetorik systematisiert es. Ernst Cassirer hat in seiner ›Philosophie der symbolischen Formen‹ den Menschen als das *animal sym-*

bolicum beschreiben, dessen originäre Leistung es sei, den äußeren „Eindruck" als „Ausdruck" von Innerem umzuverstehen und derart für etwas Fremdes und Unzugängliches etwas anderes, sinnlich Greifbares zu setzen. Sprache, Mythos, Kunst und Wissenschaft sind nach Cassirer Regionen solcher „symbolischen Formen", die im Prinzip nur jenen primären Umsetzungsvorgang von „Eindruck" in „Ausdruck" wiederholen. Aber diese Theorie Cassirers verzichtet darauf zu erklären, weshalb die „symbolischen Formen" gesetzt werden; das Faktum, daß sie in der Kulturwelt in Erscheinung treten, läßt den Schluß auf das *animal symbolicum* zu, das sein „Wesen" in seinen Kreationen äußert. Eine Anthropologie des „reichen" Menschen läßt auf der Basis einer gesicherten, zumindest unbefragten biologischen Existenz Schicht um Schicht das Kulturgehäuse der „symbolischen Formen" emporwachsen. Die Anreicherung der nackten Existenz steht in keinem Funktionszusammenhang zu ihrer Möglichkeit. Aber sofern Philosophie Abbau von Selbstverständlichkeiten ist, hat eine „philosophische" Anthropologie zum Thema zu machen, ob nicht die physische Existenz gerade erst das Resultat derjenigen Leistungen ist, die dem Menschen als „wesentlich" zugesprochen werden. Die erste Aussage einer Anthropologie wäre dann: es ist nicht selbstverständlich, daß der Mensch existieren kann. Der Typus einer solchen Überlegung ist in der neuzeitlichen Staatsvertragstheorie vorgebildet, die die Notwendigkeit der Begründung des bürgerlichen Zustandes des Menschen daraus deduziert, daß sie im „natürlichen" Zustand einen Widerspruch gegen die Bedingungen der Möglichkeit physischer Existenz findet. Bei Hobbes ist der Staat das erste Artefakt, das nicht die Lebenssphäre in Richtung auf eine Kulturwelt anreichert, sondern ihren tödlichen Antagonismus beseitigt. Philosophisch ist an dieser Theorie nicht primär, daß sie das Auftreten einer Institution wie des Staates – und noch dazu des absolutistischen – erklärt, sondern daß sie die vermeintliche *Wesens*-Bestimmung des Menschen als des 'zoon politicon' in eine funktionale Darstellung überführt. Ich sehe keinen anderen wissenschaftlichen Weg für eine Anthropologie, als das vermeintlich 'Natürliche' auf analoge Weise zu destruieren und seiner 'Künstlichkeit' im Funktionssystem der menschlichen Elementarleistung 'Leben' zu überführen. Einen ersten Versuch dieser

Art hat Paul Alsberg 1922 mit seinem zu wenig beachteten, weil schon im Titel und in der Sprache fehlleitenden, Buch ›Das Menschheitsrätsel‹ unternommen. Arnold Gehlen hat dann 1940 mit dem grundlegenden, wenn auch in der Intention fragwürdigen Werk ›Der Mensch‹ den Ansatz zu einer Theorie der Wahrnehmung und der Sprache ausgebaut und seither zu einer Fundierung der Lehre von der 'Institution' weitergeführt. Mit Gehlens Absolutismus der 'Institutionen' kehrt die Anthropologie in gewisser Weise zu ihrem Ausgang im Modell des Staatsvertrags zurück. Die Diskussion um diese Anthropologie hat bis heute nicht geklärt, ob jene fatale Rückkehr unausweichlich ist.

Der Mangel des Menschen an spezifischen Dispositionen zu reaktivem Verhalten gegenüber der Wirklichkeit, seine Instinktarmut also, ist der Ausgangspunkt für die anthropologische Zentralfrage, wie dieses Wesen trotz seiner biologischen Indisposition zu existieren vermag. Die Antwort läßt sich auf die Formel bringen: indem es sich nicht unmittelbar mit dieser Wirklichkeit einläßt. Der menschliche Wirklichkeitsbezug ist indirekt, umständlich, verzögert, selektiv und vor allem „metaphorisch". Wie der Mensch mit dem Übermaß der Anforderungen aus seinem Wirklichkeitsverhältnis fertig wird, ist in der nominalistischen Interpretation des Urteils seit langem vorgeführt worden. Prädikate sind 'Institutionen'; etwas Konkretes wird begriffen, indem es aufgelöst wird in seine Zugehörigkeiten zu diesen Institutionen. Als Konkretes ist es verschwunden, wenn es in Urteilen aufgegangen ist. Aber, etwas *als* etwas zu begreifen, unterscheidet sich radikal von dem Verfahren, etwas *durch* etwas anderes zu begreifen. Der metaphorische Umweg, von dem thematischen Gegenstand weg auf einen anderen zu blicken, der vorgreifend als aufschlußreich vermutet wird, nimmt das Gegebene als das Fremde, das Andere als das vertrauter und handlicher Verfügbare. Ist der Grenzwert des Urteils die Identität, so ist der Grenzwert der Metapher das Symbol; hier ist das Andere das ganz Andere, das nichts hergibt als die pure Ersetzbarkeit des Unverfügbaren durch das Verfügbare. Das *animal symbolicum* beherrscht die ihm genuin tödliche Wirklichkeit, indem es sie vertreten läßt; es sieht weg von dem, was ihm unheimlich ist, auf das, was ihm vertraut ist. Am deutlichsten wird das dort, wo das Urteil mit seinem

Identitätsanspruch überhaupt nicht ans Ziel kommen kann, entweder weil sein Gegenstand das Verfahren überfordert (die „Welt", das „Leben", die „Geschichte", das „Bewußtsein") oder weil der Spielraum für das Verfahren nicht ausreicht, wie in Situationen des Handlungszwanges, in denen rasche Orientierung und drastische Plausibilität vonnöten sind. Die Metapher ist nicht nur ein Kapitel in der Behandlung der rhetorischen Mittel, sie ist signifikantes Element der Rhetorik, an dem ihre Funktion dargestellt und auf ihren anthropologischen Bezug gebracht werden kann.

Es wäre ganz einseitig und unvollständig, die Rhetorik nur als die „Notlösung" angesichts des Mangels an Evidenz in Situationen des Handlungszwanges darzustellen. Sie ersetzt nicht nur die theoretische Orientierung für die Handlung; bedeutender ist, daß sie die Handlung selbst zu ersetzen vermag. Der Mensch kann nicht nur das eine anstelle des anderen *vorstellen*, sondern auch das eine anstelle des anderen *tun*. Wenn die Geschichte überhaupt etwas lehrt, so dieses, daß ohne diese Fähigkeit, Handlungen zu ersetzen, von der Menschheit nicht mehr viel übrig wäre. Die ritualisierte Vertretung des Menschenopfers durch ein Tieropfer, wie sie in der Abraham-Isaak-Geschichte noch durchscheint, mag ein Anfang gewesen sein. Das Christentum hat es durch zwei Jahrtausende hindurch für ganz verständlich gehalten, daß der Tod des einen das geschuldete Unheil aller aufwiegen kann. Freud hat im Totenmahl die Konvention der Söhne gesehen, mit der Tötung des Hordenvaters ein Ende zu machen und statt dessen – eben etwas anderes zu tun. Vor der gemeinsamen Amerikareise 1909 überredete Freud den des Schulverrats verdächtigen C. G. Jung in Bremen, zum Essen Wein zu trinken – was gegen die Grundsätze seines ersten Lehrers Bleuler verstieß –, statt ihn zu einem Akt der Unterwerfung zu bringen, im Grunde des Inhalts, nicht selbst der Vater sein zu wollen. Politisch gilt der Vorwurf, ein verbaler oder demonstrativer Akt sei „reine Rhetorik", als schwer; aber das gehört selbst zu einer Rhetorik, die nicht wahrhaben will und auch gar nicht wahrzuhaben braucht, daß eine Politik um so besser ist, je mehr sie es sich leisten kann, sich auf „bloße Worte" zu beschränken. Außenpolitisch tragen Warnungen am meisten ein, die in dem Augenblick noch ausgesprochen werden, in dem der Gewarnte ohnehin davon Abstand genommen hat, den

Akt zu vollziehen, vor dem er gewarnt wird. Es kann alles darauf ankommen, es – wie man zu sagen sich gewöhnt hat – „bei Erklärungen zu belassen", den Handlungszwang herunterzureden, wenn das Risiko des Handelns alle möglichen Erfolge des Handelns zu disqualifizieren vermag. Hier spielen Fragen des Wirklichkeitsbegriffes herein, die an dieser Stelle nicht ausgetragen werden können.

Evidenzmangel und Handlungszwang sind die Voraussetzungen der rhetorischen Situation. Rhetorisch ist aber nicht nur das substitutive und metaphorische Verfahren. Der Handlungszwang selbst ist kein durch und durch „realer" Faktor, er beruht auch auf der „Rolle", die dem Handelnden zugeschrieben wird oder mit der er sich selbst zu definieren sucht – auch das Selbstverständnis bedient sich der Metaphorik, und „sich selbst gut zuzureden" ist eine Wendung, die verrät, daß der interne Gebrauch von Rhetorik keine Neuentdeckung ist. Die heute wieder gängige Rollenmetaphorik beruht auf einer sehr soliden Tradition, Leben und Welt als „Theater" zu veranschaulichen, und es ist nicht für alle historischen Formen von Theater gleichermaßen selbstverständlich, daß seine „Rollen" so fixiert sind, wie wir es heute beim Gebrauch der Metapher voraussetzen. Jemand im Verlauf eines Konfliktes zu gestatten, „sein Gesicht zu wahren", kommt zwar aus einem anderen Sprachbereich, deckt aber weitgehend das in der Rollenmetaphorik implizierte Gebot, die Bezugsperson eines Vorganges, der diese zur Änderung ihres Verhaltens bestimmen soll, nicht aus der Identität ihrer Rolle herauszuzwingen, sondern die zugemutete Schwenkung als glaubwürdige Konsequenz anzubieten. Ich brauche nicht zu illustrieren, in welchem Maße die Politik von großen und kleinen Mächten heute mit dem Ausdruck der Rollendefinition und Rollenerwartung (hier ist die anthropologische Metapher nochmals zur Metapher genommen) beschrieben werden kann und welche pragmatischen Anweisungen, potentiell rhetorisches Verhalten aktuell rhetorisch zu behandeln, darin enthalten sind. Georg Simmel hat darauf hingewiesen, daß die Rollenmetapher nur deshalb so leistungsfähig ist, weil das Leben eine „Vorform der Schauspielkunst" sei; gerade Simmel hat dabei erkannt, daß mit dieser Metaphorik nichts mehr von der Unterstellung verbunden ist, es ginge um Illusion, szenisches Doppelleben mit und ohne Maske, mit und ohne Kostüm, so daß man Bühne und Schauspieler nur zu entblößen brauchte, um der Realität ansichtig zu werden und dem theatralischen Intermezzo ein Ende zu machen. Jenes „Leben", von dem Simmel spricht, ist nicht nebenher und episodisch „Vorform" der Schauspielkunst, sondern Lebenkönnen und Sich-eine-Rolle-Definieren sind identisch. Ich behaupte nun, daß nicht nur dieses Reden von der „Rolle" metaphorisch ist, sondern daß der Definitionsprozeß des Rollenkonzepts – an dem das Identitätsbewußtsein hängt und mit dem es verletzt werden kann – selbst in der Metapher wurzelt und intern wie extern metaphorisch behauptet und verteidigt wird. Gerade der Verteidigungsfall macht das deutlich: Erving Goffmanns ›Stigma‹ (1963) belegt es vielfältig. Die „Zustimmung", die das Ziel jeder „Überredung" (sogar der Selbstüberredung) sein muß, ist die in allen Situationen gefährdete und immer neu zu sichernde Kongruenz von Rollenbewußtsein und Rollenerwartung seitens der anderen. Vielleicht ist „Zustimmung" ein zu starker Ausdruck, denn Beifall wäre immer schon ein Überschußmoment. Im Grunde kommt es darauf an, keinen Widerspruch zu finden, sowohl im internen Sinne der Konsistenz als auch im externen Sinne der Hinnahme. Rhetorik ist nicht nur ein System, um Mandate zum Handeln zu werben, sondern um eine sich formierende und formierte Selbstauffassung bei sich selbst und vor anderen durchzusetzen und zu verteidigen. Wissenschaftstheoretisch erfüllt die metaphorisch konzipierte „Rolle" die Funktion einer Hypothese, welche jeder Akt „verifiziert", der sie nicht falsifiziert. Der Rest, der aller Rhetorik vom teleologischen Wert des *consensus* als einer Bürgschaft der Natur noch geblieben ist, ist die Sicherung des Nicht-Widerspruchs, des Nicht-Zerbrechens der Konsistenz des Hingenommenen, das im politischen Tagesjargon deshalb gern eine „Plattform" genannt wird. Es ist angesichts dieses Befundes verständlich, daß ein Bedürfnis nach der „Basis gemeinsamer Überzeugungen" immer wieder und in immer anderen Angeboten virulent wird. Man mag den *consensus* weiterhin eine „Idee" der rhetorischen Wirkung nennen; in der anthropologischen Begründung der rhetorischen Funktion ist er redundant.

Die rhetorische Substitution im Handlungszwang und die rhetorische Abschirmung der Selbstpräsentation als „Selbsterhaltung" haben gemeinsam, daß sie zwar kreative Akte (Symbolschöpfung,

Rollenkonzeption) voraussetzen, aber in der reinen Kreativität doch
ohnmächtig und funktionslos bleiben. Hier stellt sich zugleich die
Frage, ob der heute so gesuchte Zusammenhang von Produktions-
ästhetik und Rezeptionsästhetik nicht auf eine analoge Struktur hin-
führt. „Jede Kunst hat eine Stufe der Rhetorik", schreibt Nietzsche
1874 in einem Fragment über Cicero.[4] Die „Erfindung" des substitutiven Symbols etwa kann der harmloseste, phantasieärmste Akt von
der Welt sein; es muß zur Anerkennung gebracht werden, und dafür
enthält es materiell – im Gegensatz zum ästhetischen Werk – nicht
den geringsten Anreiz. Aber diese Anerkennung ist hier so gut wie
alles; erst sie hat Folgen. Ich erinnere an die klassische politische
Formel, der Handel folge der Flagge; heute kann man ihn umkehren
und sagen, die Flagge folge dem Handel (Staaten, die nicht einmal
diplomatische Beziehungen unterhalten, schließen Handelsab-
kommen in der Erwartung, das andere werde folgen) – die Umkehrung des alten Satzes ist zugleich Ausdruck der völligen Entwertung
des Symbols „Flagge", das nur noch zuletzt die Realitäten zu
schmücken vermag. Wenn gesagt wurde, die Geltung von Substitutionen beruhe auf „Konvention", so ist das ebenso richtig wie tautologisch. Die Konvention ist ein Resultat – wie kommt es zustande?
Zweifellos durch Angebot und Werbung. Das gilt sogar für den ab-
straktesten Fall aus der Wissenschaftsgeschichte, die Durchsetzung
formallogischer Symbolsysteme; die Werbungsrhetorik geht ins Detail oder besteht darin, von ungeliebten Nationsformen öffentlich
vorzugeben, man werde sie nie begreifen. Je weniger politische Realitäten außerhalb der wirtschaftlichen Sphäre noch „geschaffen"
werden können, um so wichtiger werden „Anerkennungen", Benen-
nungsfragen, Verträge, in denen auf das ohnehin nicht Mögliche verzichtet, Prozeduren, in denen das ohnehin schon Feststehende hart
umkämpft wird. Sobald es das nicht mehr gibt, was einmal als „real"
galt, werden die Substitutionen selbst „das Reale". In der Ästhetik
ist mit der Preisgabe aller Arten und Grade von Gegenständlichkeit
das Angebot, etwas als Kunstwerk zu akzeptieren oder auch nur als
das, was nach dem Ende aller Kunst „fällig" ist, nur noch mit einem

---

[4] Friedrich Nietzsche: Cicerofragment, in: Ders.: Gesammelte Werke,
Bd. 7, 1923, S. 385.

großen Aufwand an Rhetorik durchzusetzen. Es ist nicht primär die Kommentarbedürftigkeit eines Werkes, die sich in begleitenden und nachkommenden Texten geltend macht, sondern seine Deklaration zum Kunst- oder Kunstnachfolgewerk; insofern ist der Verriß eines kompetenten Kritikers immer noch Akzeptation in einen Zusammenhang einer Geschichte, in der immer wieder Kunst gegen Kunst – mit dem rhetorischen Gestus, dem Gewesenen ein Ende und dem Kommenden einen Anfang zu setzen – produziert worden ist. Auch die Verleugnung der Rhetorik ist dabei noch rhetorisch; noch der Fußtritt, der dem konventionell um „Verstehen" bemühten Zuschauer verpaßt wird, demonstriert ihm, daß zu Recht besteht, was er nicht versteht, und zwar an der „Stelle" dessen, was einmal zu verstehen war oder von der einschlägigen Instanz jetzt verstanden wird. Die „Umbesetzungen", aus denen Geschichte besteht, werden rhetorisch vollzogen.

Rhetorik hat auch mit der Temporalstruktur von Handlungen zu tun. Beschleunigung und Verzögerung sind Momente an geschichtlichen Prozessen, denen bisher zu wenig Beachtung zuteil wurde. „Geschichte" besteht nicht nur aus Ereignissen und ihrer (wie immer gedeuteten) Verknüpfung, sondern auch aus dem, was man den zeitlichen „Aggregatzustand" nennen könnte. Was in unserer Tradition als Rationalität bezeichnet worden ist, kam fast immer dem Moment der Beschleunigung, der Verdichtung der Prozesse zugute. Selbst dialektische Theorien der Geschichte akzentuieren die Faktoren der Beschleunigung, weil sie den Prozeß an den kritischen Punkt des Umschlags treiben und damit dem Endzustand erkennbar, also die behauptete Gesetzlichkeit bestätigend, näherbringen. Das vielschichtige Phänomen der Technisierung läßt sich reduzieren auf die Intention des Zeitgewinns. Rhetorik hingegen ist hinsichtlich der Temporalstruktur von Handlungen ein Inbegriff der Verzögerung. Umständlichkeit, prozedurale Phantasie, Ritualisierung implizieren den Zweifel daran, daß die kürzeste Verbindung zweier Punkte auch der humane Weg zwischen ihnen sei. Ästhetisch, etwa musikalisch, ist uns dieser Sachverhalt ganz vertraut. Überforderungen gehen in der modernen Welt nicht nur von der Kompliziertheit der Sachverhalte aus, sondern auch von der zunehmenden Divergenz der beiden Sphären der Sacherfordernisse und der Entscheidungen hinsichtlich ihrer Zeitstruktur. Es ist ein Mißverhältnis entstanden zwischen der Beschleunigung von Prozessen und den Möglichkeiten, sie im Griff zu behalten, mit Entscheidungen in sie einzugreifen und sie mit anderen Prozessen durch Übersicht zu koordinieren. Gewisse Hilfsfunktionen, die technische Einrichtungen für menschliches Handeln ausüben können, haben einen assimilierenden Effekt: wo alle Daten schnell verfügbar sind, scheint der schnelle Entschluß eine sachgemäße Auszeichnung zu haben. Der Wunsch, Entwicklungen in der Hand zu behalten und wieder in die Hand zu bekommen, beherrscht die Erwägungen zur Kritik des Fortschritts, sofern sie nicht reine Romantik sind. Operationsanalysen liefern optimale Problemlösungen, aber sie beheben nie den Zweifel mit, ob das Problem richtig gestellt war – und dieser Zweifel charakterisiert das Handeln schon als das, was seiner Theorie vorausgeht, und was aus ihr nicht als bloßes Resultat folgt. Man erkennt deutlich die stärkere Ausprägung von Verzögerungsmomenten im öffentlichen Handeln. Nicht zufällig konnte ein so abgelebtes Wort wie „Reflexion" erneut zum Schlagwort werden. Es liegt ein Bedürfnis nach institutionalisiertem Atemholen vor, das auch entscheidungsfähige Mehrheiten auf lange rhetorische Umwege schickt. Es soll sichtbar werden, daß man nicht „getrieben" wird (wovon auch immer) und nicht das längst Entschiedene bloß noch zu sanktionieren gedenkt. Die Beschleunigung der Prozesse ist ja nur eine Variante jener „Reizüberflutung", der das biologisch verarmte Wesen Mensch konstitutiv ausgesetzt ist und der es mit der Institutionalisierung seines Verhaltens begegnet. Verbale Institutionen sind dabei keineswegs eine Schwundstufe massiverer Regulationen; ihre Mächtigkeit muß an dem Ideal dezisionistischer Theorien gemessen werden, das in der Punktualität besteht.

Es gibt so etwas wie eine Zweckmäßigkeit des Unzweckmäßigen. Wir beobachten heute einen rasanten Abbau „überholter" Formen durch kritische Verfahren, in denen alles Bestehende die Beweislast seiner Existenzberechtigung trägt; aber zugleich sehen wir eine üppige Phantasie in der Neugestaltung umständlicher Prozeduren am Werk, die sich nur durch nüchternere Benennungen wie Geschäftsordnungen, Kontrollorgane, Funktionssysteme auszeichnen. Jeder Zeitgewinn wird allemal sogleich verbraucht.

Wir müssen den Gedanken an einen Bildungstypus zunehmend preisgeben, der von der Norm beherrscht wird, der Mensch müsse jederzeit wissen, was er tut. Ein Arzt sollte nicht nur die Funktionsbedingungen der Organe kennen, deren Versagen die Krankheiten ausmacht, und dazu die Wirkungsweise der Therapien und Pharmaka, die er verordnet, sondern noch die Herkunft der Fremdwörter, die er zur Bezeichnung von all diesem ständig benutzt und deren Gebrauch ihm Zunftweihe gibt. Ein Kapitän sollte nicht nur den Sextanten und die zugehörigen Formeln der Trigonometrie anwenden können, sondern müßte auch wissen, wie das Instrument funktioniert und wie die Formeln abgeleitet werden können, so daß er ein potentieller Robinson wäre, der ex nihilo anfangen könnte, wenn die vorfabrizierten Hilfsmittel verlorengegangen wären. Dagegen gewinnt seit langem der Gedanke an Boden, die technische Welt brauche trainierte, sachgemäß reagierende, aber nicht ihre Funktionszusammenhänge allseitig durchschauende Funktionäre. Immer weniger Leute werden wissen, *was* sie tun, indem sie lernen, *weshalb* sie so tun. Die Handlung verkümmert zur Reaktion, je direkter der Weg von der Theorie zur Praxis ist, der gesucht wird. Der Schrei nach der Eliminierung „unnützen" Lernstoffes ist immer der nach der „Erleichterung" der funktionellen Umsetzungen. Zwar ist die Umständlichkeit des Anspruches zu wissen, was man tut, noch nicht die Garantie einer humanen oder moralischen Einsicht, aber doch als Typus einer verzögerten Reaktion potentiell der eines „bewußten" Handelns. Ich unterstelle, daß „Bildung" – was immer sie sonst noch sein mag – etwas mit dieser Verzögerung der funktionalen Zusammenhänge zwischen Signalen und Reaktionen zu tun hat. Dadurch werden ihre Inhalte, ihre „Werte" und „Güter", sekundär. Die Diskussion um diese Werte wird meistens mit einer ungeprüften Beweislastverteilung geführt: wer tradierte Bildungsgüter verteidigt, soll beweisen, was sie noch wert sind. Nehmen wir an, daß sie als solche überhaupt nichts wert sind, so wird ihr „rhetorischer" Charakter deutlich: sie sind Figuren, Pflichtübungen, obligatorische Umwege und Umständlichkeiten, Rituale, die die unmittelbare Nutzbarmachung des Menschen erschweren, die Heraufkunft einer Welt der kürzesten Verbindungen zwischen jeweils zwei Punkten blockieren, vielleicht auch nur verlangsamen. Zielt die klassische Rhetorik wesentlich auf das Mandat zum Handeln, so wirbt die moderne Rhetorik für die Verzögerung des Handelns oder zumindest um Verständnis für diese – und das auch und gerade dann, wenn sie Handlungsfähigkeit demonstrieren will, indem sie wiederum symbolische Substitutionen vorweist.

Der Hauptsatz aller Rhetorik ist das Prinzip des unzureichenden Grundes *(principium rationis insufficientis)*. Er ist das Korrelat der Anthropologie eines Wesens, dem Wesentliches mangelt. Entspräche die Welt des Menschen dem Optimismus der Metaphysik von Leibniz, der sogar den zureichenden Grund dafür angeben zu können glaubte, daß überhaupt etwas und nicht eher nichts existiert *(cur aliquid potius quam nihil)*, so gäbe es keine Rhetorik, denn es bestände weder das Bedürfnis noch die Möglichkeit, durch sie zu wirken. Schon die der Verbreitung nach bedeutendste Rhetorik unserer Geschichte, die des Gebetes, mußte sich entgegen den theologischen Positionen des rationalistischen oder voluntaristischen Gottesbegriffes an einen Gott halten, der sich überreden ließ; für die Anthropologie wiederholt sich dieses Problem: der für sie thematische Mensch ist nicht durch die philosophische Überwindung der „Meinung" durch das „Wissen" charakterisiert.

Aber das Prinzip des unzureichenden Grundes ist nicht zu verwechseln mit einem Postulat des Verzichtes auf Gründe, wie auch „Meinung" nicht das unbegründete, sondern das diffus und methodisch ungeregelt begründete Verhalten bezeichnet. Mit dem Vorwurf der Irrationalität muß man dort zurückhaltend sein, wo unendliche, unbestimmbar umfangreiche Verfahren ausgeschlossen werden müssen; im Begründungsbereich der Lebenspraxis kann das Unzureichende rationaler sein als das Insistieren auf einer „wissenschaftsförmigen" Prozedur, und es *ist* rationaler als die Kaschierung von schon gefallenen Entscheidungen durch wissenschaftstypisierende Begründungen. Die Euphorie hinsichtlich der Beratung öffentlichen Handelns durch Wissenschaft ist zwar etwas abgeklungen, aber die Enttäuschungen an diesem Bündnis beruhen auf der fehlenden Einsicht, daß Gremien von Wissenschaftlern in Ermangelung abschließender Evidenz ihrer Erkenntnisse ihrerseits gar nicht anders verfahren können als die Institutionen, die sie zu beraten haben, nämlich rhetorisch, namlich auf einen faktischen *consensus* zielend, der nicht der *consensus* ihrer theoretischen Normen sein kann. Wissenschaftliche Norm ist auch die klare Kennzeichnung der Modalität von Sätzen. Apodiktisch, ja schon assertorisch zu behaupten, was nur problematisch behauptet werden kann, verstößt gegen diese Norm. Wer von öffentlichem Handeln betroffen wird oder wer diese zu akzeptieren hat, darf beanspruchen zu erfahren, von welcher Dignität die Voraussetzungen sind, die als Ergebnisse wissenschaftlicher Beratung ausgegeben werden. Rhetorik lehrt, Rhetorik zu erkennen, aber sie lehrt nicht, Rhetorik zu legitimieren.

Es geht nicht nur um das Verhältnis von Wissenschaft und politischen Instanzen, sondern um einen Bereich von Aussagen, die von sehr bedeutender und nicht zu sistierender praktischer Auswirkung sind, aber ihrem theoretischen Status nach vielleicht für immer auf unzureichender Begründung beruhen oder gar erweislich nicht verifizierbar sind. Der positivistische Vorschlag, solche Fragen und Aussagen auszurotten, die keine Anweisung zu ihrer Verifikation enthalten, schließt die Stillegung von Praxis ein, die auf solchen Prämissen beruht, und wird dadurch illusionär. Man kann die Entscheidung solcher Fragen wie dieser, ob der Mensch von Natur gut oder schlecht, durch seine Anlagen oder durch seine Umwelt bestimmt, der Faktor oder das Faktum seiner Geschichte sei, zwar wissenschaftlich, aber nicht praktisch aufschieben oder für sinnlos erklären. So steht jede Art von Pädagogik schon im praktischen Prozeß und kann auf die Zulieferung ihrer theoretischen Voraussetzungen nicht warten; sie wird daher gezwungen, aus dem Angebot theoretischer Verallgemeinerungen der Biologie, Psychologie, Soziologie und anderer Disziplinen Quasiresultate zu akzeptieren. In dieser Grenzzone spielen sich merkwürdige Vorgänge vom Typus der rhetorischen ab, bei denen Rationalität und Realismus zu divergieren scheinen; denn hier gibt es nicht nur den Handlungszwang als solchen, sondern eine Nötigung zur Axiomatisierung von Voraussetzungen, ohne die eine auf Handlungszwänge bezogene Theorie lahmgelegt und zur Sterilität verurteilt wäre. Dennoch meine ich, daß diese Entscheidungen nichts mit dem Zynismus eines *liberum arbitrium indifferentiae* und schon gar nichts mit existentialistischer Selbstsetzung zu tun haben.

Im Geltungsbereich des Prinzips vom unzureichenden Grunde

Anthropologische Annäherung 305

gibt es rationale Entscheidungsregeln, die nicht wissenschaftsförmig sind. Pascal hat in seinem ›Argument du pari‹ ein Modell dafür gegeben, das uns nur deshalb nicht mehr einleuchtet, weil es die Chance eines transzendenten unendlichen Gewinns mit dem Risiko eines endlichen Einsatzes vergleicht, das aber darin gültig bleibt, der Mensch müsse auf die seiner Selbstbehauptung und Selbstentfaltung günstige Chance einer theoretischen Alternative den ganzen Einsatz seiner Praxis bei jedem Risiko des Irrtums setzen. Kein theoretischer Zweifel an der Geltung des Kausalitätsprinzips oder seiner evidenten Begründbarkeit kann irgend etwas daran ändern, daß wir auf dessen uneingeschränkte Geltung in unserem Verhalten setzen. Eine der folgenreichsten Aussagen aus dem Bereich verschiedener Wissenschaften wäre die Beantwortung der Frage, in welchem Maße die Verhaltensweisen des Menschen durch endogene oder exogene Determinanten bestimmt und daher beeinflußbar sind. Mag man auch diese komplexe Frage für wissenschaftlich noch weitgehend unentschieden ansehen, so ist doch leicht erkennbar, daß wissenschaftstheoretische Überlegungen einen endogenen Determinismus begünstigen, wie sie ganz unabhängig von empirischen Befunden in der Evolutionstheorie eine Bevorzugung des Darwinismus vor den Spielarten des Lamarckismus implizieren. Die auf spezifisch wenige, methodisch sauber isolierbare und darstellbare Faktoren beschränkte Theorie hat größere Chancen, „Paradigma" im Sinne Thomas S. Kuhns zu werden, als diejenige, die ein weniger gut präparierbares Faktorenfeld von diffuser Verteilung anzubieten hat. Die wissenschaftliche Annäherung an ein Resultat vom Typus der darwinistischen Theorien erscheint mir als unausweichlich und theoretisch fundiert.

Diese Entwicklung müßte weittragende Folgen auf vielen Gebieten des öffentlichen und privaten Lebens haben: für Erziehung und Rechtsprechung, für die soziale Prophylaxe und den Strafvollzug, sogar für den alltäglichen Umgang der Menschen miteinander. Tatsächlich aber scheint sich der Vorzug praktischer Axiome nicht nach der wissenschaftlichen Dominanz zu richten. Das ist ein Sachverhalt, den Kant entdeckt hat, als er in der Lehre von den „Postulaten" seiner ›Kritik der praktischen Vernunft‹ die Unabhängigkeit moralischer Setzungen von theoretischen Beweisen annahm.

Für Kant sind es die klassischen Hauptsätze aller Metaphysik – Freiheit des Menschen, Existenz Gottes, Unsterblichkeit –, die in der Gestalt des Postulates dem praktischen Gesetz „unzertrennlich anhängen". Die Logik dieser Unzertrennlichkeit wird deutlicher, wenn man sieht, daß nur der, der das Gesetz mißachtet, ein Interesse daran hat, sich auf seine Unfreiheit und auf die Vergeblichkeit gesetzlichen Verhaltens im Hinblick auf Wohlstand zu berufen. Wir würden die Postulate, aller Metaphysik entzogen, zur Rhetorik der Moral schlagen: sie sind der Inbegriff dessen, was den *consensus* praktischer Axiome durch Überredung und Selbstüberredung ausmacht, was den öffentlichen und privaten Anstrengungen Zustimmung verschafft und Sinn gibt, die Bedingungen für delikt- und konfliktfreies Leben zu verbessern und Vertrauen in die Heranführung zurückgebliebener oder fehlgeleiteter Lebensläufe zu setzen. Wir tun so, „als ob" wir wüßten, daß Anstrengungen und Aufwand dieser Art zugunsten des Menschen nicht vergeblich sind und durch Wissenschaft nicht in Frage gestellt werden. Die Praxis axiomatisiert als „Postulat", was die größeren humanen Chancen wahrzunehmen motiviert. Rhetorik ist hier auch die Kunst, zur Nichtbeachtung dessen zu überreden, was der Wette auf diese Chancen entgegensteht. Die deprimierenden Resultate der genetischen Zwillingsforschung haben die Anhänger der Milieutheorien nicht entmutigen können – und mit Recht. Der Unsicherheitsbereich wissenschaftlicher Aussagen mag noch so schmal werden, er wird nie ganz verschwinden, und auf ihn wird gesetzt werden, wo Theorie der Praxis unzumutbar und unerträglich erscheint. Das praktische Postulat steht seit Kant gegen den überwältigenden Determinismus der Welt möglicher wissenschaftlicher Objekte.

Rhetorik hat es nicht mit Fakten zu tun, sondern mit Erwartungen. Das, was sie in ihrer ganzen Tradition „glaubwürdig" und „dem Wahren ähnlich" genannt hat, muß in seiner praktischen Valenz deutlich unterschieden werden von dem, was theoretisch „wahrscheinlich" heißen darf.[5] Daß der Mensch die Geschichte „macht", ist eine Chance, auf die die Neuzeit nach geschichtsphilo-

---

[5] Vgl. dazu Hans Blumenberg: Paradigmen zu einer Metaphorologie, Bonn 1960, S. 88–105.

sophischen Umwegen gesetzt hat. Was dieser Satz bedeutet, kann nur verstanden werden, wenn man die „Umbesetzung" wahrnimmt, die mit ihm vollzogen wird. Ich habe diesen Begriff in meiner ›Legitimität der Neuzeit‹ (1966) eingeführt und erläutert, aber noch nicht gesehen, daß er einen theoretischen Vorgang impliziert. Denn, wer das handelnde Subjekt der Geschichte ist, wird nicht entdeckt oder bewiesen; das Subjekt der Geschichte wird „ernannt". Im System der Wirklichkeitserklärung unserer Tradition gibt es eine „Stelle" für dieses Geschichtssubjekt, auf die Vakanz und Besetzung sich beziehen. Durchsetzung und Bestätigung der Umbesetzung sind rhetorische Akte; „Geschichtsphilosophie" thematisiert nur die Struktur dieses Vorganges, sie trägt ihn nicht. Nicht zufällig hat der Akt, durch den das Subjekt der Geschichte bestimmt und legitimiert wird, den Namen einer fundierenden rhetorischen Figur getragen als *translatio imperii*. „Übertragungen", metaphorische Funktionen spielen hier immer wieder eine wesentliche Rolle. Alexander ergreift seine historische Konzeption in der Umkehrung des Xerxeszuges über den Hellespont. Der Gott des Alten Testament überträgt seine Geschichtshoheit durch Vertrag. Die Bürger des Konvents der Französischen Revolution nehmen die Metaphorik der römischen Republik beim Wort, mit Kostüm und Phrase. „Die Menschen machen ihre eigene Geschichte, aber sie machen sie nicht aus freien Stücken, nicht unter selbstgewählten, sondern unter unmittelbar vorgefundenen, gegebenen und überlieferten Umständen", schreibt Marx im ›18. Brumaire‹.[6] Je tiefer die Krise der Legitimität reicht, um so ausgeprägter wird der Griff nach der rhetorischen Metapher – nicht die Trägheit macht die Tradition, sondern die Verlegenheit, der Designation als Geschichtssubjekt zu genügen. Man begnügt sich daher leichter mit Partizipation an der Rolle des Geschichtssubjekts: man *ist* es nicht, aber man *gehört dazu*, müßte dazu gehören, wenn es eben nur mit rechten Dingen zuginge. Rhetorisch liegen Zurechnungen wie Ausreden immer gleichermaßen bereit.

Die Rhetorik wird hier nicht gefeiert als ein kreatives Talent des Menschen. Ihre anthropologische Beleuchtung ist nicht der Nachweis einer „metaphysischen" Auszeichnung. Als Verhaltens-

---

[6] Karl Marx/Friedrich Engels: Werke, Bd. 8, Berlin 1960, S. 115.

merkmal eines Wesens, das *trotzdem* lebt, ist sie im Sinne des Wortes ein „Armutszeugnis". Ich würde mich scheuen, sie eine „List der Vernunft" zu nennen; nicht nur, weil sie da in eine noch zweifelhaftere Gesellschaft kommt, sondern weil ich daran festhalten möchte, in ihr eine Gestalt von Vernünftigkeit selbst zu sehen, das vernünftige Arrangement mit der Vorläufigkeit der Vernunft. Es mag sein, daß die theoretische Vorläufigkeit, die sie wahrnimmt und nutzt, nur die Gnadenfrist für sie selbst ist, wenn nicht zutrifft, daß es theoretische Unwiderruflichkeit nicht gibt. Gegen alle Rhetorik, die nicht „der klare und elegante Ausdruck der Gedanken und Begriffe" ist, empfahl Hobbes den Gebrauch der „richtigen Vernunft". Dieser Ausdruck ähnelt dem gegenwärtig umlaufenden der „kritischen Vernunft". Schön gesagt, aber wer sonst könnte beurteilen, ob es sich jeweils um die „richtige" Vernunft handelt, als wiederum die Vernunft, und zwar die „richtige"? Für Hobbes ist es einer der gewichtigsten Einwände gegen die Demokratie, daß sie nicht ohne Rhetorik auskommen kann und folglich zu Entscheidungen mehr *impetu animi* als *recta ratione* gelangt, denn ihre Redner richten sich nicht nach der „Natur der Dinge", sondern nach den Leidenschaften ihrer Zuhörer. „Dies ist nicht der Fehler der Menschen, sondern der Beredsamkeit, deren Zweck, wie alle Lehrer der Beredsamkeit es lehren, nicht die Wahrheit (ausgenommen zufällig), sondern der Sieg ist, und deren Aufgabe nicht die Belehrung, sondern die Überredung ist."[7] Ein merkwürdiger Satz, der die Menschen ausdrücklich von den Wirkungen eines Instrumentes freispricht, das sie nur eben dieser Wirkungen wegen erfunden haben und gebrauchen. Ein merkwürdiger Satz erst recht dann, wenn man ihn konfrontiert mit dem Typus von Rationalität, den Hobbes' Theorie des Staates repräsentiert: die Selbsterhaltung als rationale Motivation des Unterwerfungsvertrages riskiert mit dem unbestimmten und unbestimmbaren Willen des absoluten Herrschers jeden *impetus animi*, den Hobbes als Korrelat der Rhetorik diskriminiert.

Hobbes' Pathologie der Rhetorik führt die Erregung der Leidenschaften auf den „metaphorischen Gebrauch der Worte" zurück. Auch für ihn ist Metaphorik das signifikante Element der Rhetorik;

---

[7] Thomas Hobbes: De Cive X, 11.

er meint, sie sei „den Leidenschaften angepaßt" und damit „weit entfernt von der wahren Erkenntnis der Dinge".[8] Worauf beruht dieser Zusammenhang von Metaphorik und Leidenschaft, den Hobbes hier als selbstverständlich unterstellt? Für ihn ist die Metapher der Gegensatz zum Begriff; indem sie das Instrumentarium der Vernunft ausschaltet, gibt sie das Feld frei für alles, was der Tradition nach von der Vernunft gezügelt und kontrolliert wird, was sich gern vor der Anstrengung des Begriffs in die Bequemlichkeit der bildhaften Orientierung flüchtet. Hobbes läßt an dieser Stelle eine Beredsamkeit *(eloquentia)* gelten, die sich der Metapher enthält und „aus der Betrachtung der Dinge selbst" hervorgeht, die nur in der Eleganz der Darstellung von Erkenntnissen besteht. Der „Natur der Dinge" als einem möglichen Besitz konfrontiert, erscheint die Rhetorik wirklich als ein exzentrisches Kunstmittel. Betrachtet man freilich Hobbes' Theorie des Begriffs, so ist man verwundert, daß seine Ablehnung der Metapher darauf beruht, dem menschlichen Verstand mehr zuzutrauen, als er ihm in der Theorie des Begriffs zuzugestehen vermag. Denn auch der Begriff ist nur ein Kunstmittel, das mit jener „Natur der Dinge" nichts gemein hat. Es geschieht hier nicht beiläufig, daß auf diese Unstimmigkeit in der Kritik der Metapher als dem wesentlichen Element der Rhetorik der Finger gelegt wird. Sie legt die Vermutung nahe, die Kritik der Metapher unter Berufung auf ihre Affinität zu den Leidenschaften beruhe im Grunde auf dem Widerspruch der Idee des absoluten Staates zu einer Rhetorik, die er als „notwendige Eigenschaft des zu Unruhen geborenen Menschen" beschreibt. Nun ist in der Tat die Metapher nicht nur ein Surrogat des fehlenden, prinzipiell aber immer möglichen und deshalb einzufordernden Begriffs, sondern ein projektives Element, das sowohl erweitert als auch den leeren Raum besetzt, ein imaginatives Verfahren, das sich im Gleichnis seine eigene Konsistenz schafft. Der rational aus dem Prinzip der Selbsterhaltung deduzierte absolute Staat kommt, wie Ahlrich Meyer erst kürzlich gezeigt hat,[9] in die Zange der Metaphorik des Organischen einerseits, des Mecha-

---

[8] Ebd. X, 12.
[9] Ahlrich Meyer: Mechanische und organische Metaphysik politischer Philosophie, in: Archiv für Begriffsgeschichte 13 (1969), S. 128–199.

nismus andererseits. Solche Leitmetaphorik hat ihre eigene Überzeugungskraft, die gerade aus den möglichen Erweiterungen des metaphorischen Kerns auf diesen zurückwirkt: die Möglichkeit einer organischen Geschichtsphilosophie verstärkt zum Beispiel den organischen Staatstypus; Hobbes selbst hat den Widerspruch seiner organischen Metaphorik für die „Staatsperson" zur Künstlichkeit ihres Ursprunges übersehen – und gerade das ist aufschlußreich, denn das Verdikt der Metapher erschwert die Wahrnehmung ihrer faktischen Hintergrundfunktion. Noch das Verbot der Rhetorik ist ein rhetorischer Vorgang, den dann nur die anderen als solchen wahrnehmen. Das Beispiel Hobbes zeigt, daß Antirhetorik in der Neuzeit zu einem der wichtigsten rhetorischen Kunstmittel geworden ist, für sich die Härte des Realismus in Anspruch zu nehmen, die dem Ernst der Lage des Menschen – hier in seinem „Naturzustand" – allein gewachsen zu sein verspricht.

Rhetorik ist deshalb eine „Kunst", weil sie ein Inbegriff von Schwierigkeiten mit der Wirklichkeit ist und Wirklichkeit in unserer Tradition primär als „Natur" vorverstanden war. In einer hochgradig artifiziellen Umweltwirklichkeit ist von Rhetorik so wenig wahrzunehmen, weil sie schon allgegenwärtig ist. Die klassische antirhetorische Figur 'res, non verba!' verweist dann auf Sachverhalte, die ihrerseits nichts mehr von der Sanktion des Natürlichen besitzen, sondern bereits rhetorische Tinktur tragen. Das macht andererseits die betonte Empfehlung oder Präsentation rhetorischer Stilmittel leicht ein wenig (oder mehr) lächerlich. Man schreibt sich das dann als gesteigerten Realismus zu. Die modernen Schwierigkeiten der Rhetorik mit der Wirklichkeit bestehen zum guten Teil darin, daß diese Wirklichkeit keinen Appellationswert mehr hat, weil sie ihrerseits Resultat künstlicher Prozesse ist. So begibt man sich in die spezifisch rhetorische Situation, sich einen Mahnruf deshalb zu sichern, um ihn nicht den anderen zu überlassen: 'ad res', 'zur Sache und zu den Sachen!'. Es ist Rhetorik, anderen die Voraussetzung zu suggerieren, es sei nötig, wieder oder überhaupt erst zu denken und zu handeln. Wenn die Wirklichkeit „realistisch" zu sehen und zu handhaben wäre, wäre sie schon immer so gesehen und gehandhabt worden. Die Attitüde des *retour au réel* muß sich daher viel mehr als mit der Realität, die sie verspricht, mit der Erklärung der Illusionen,

Blendwerke, Verführungen abgeben, die dabei zu erledigen sind. Jede Rhetorik des Realismus braucht die Verschwörungen, die ihn bisher verhindert haben. Platos Höhlengleichnis, in dem die Gefangenen vor den Schattenspielen ihrer Höhlenwand das wahre Wirkliche niemals erfahren, wenn sie nicht gewaltsam herausgerissen werden, ist das Modell solcher Entlarvungen: es ist gegen die Rhetorik gerichtet, denn die Machinatoren der Schattenwelt sind die Sophisten als „Bildermacher", und es ist selbst Rhetorik, indem es auf einer elementaren Metapher des Ans-Licht-Kommens beruht und sie zum Gleichnis für eine absolute Realität erweitert, deren Evidenzverheißung nicht eingelöst werden kann. Die philosophische Wendung von den Schatten zur Wirklichkeit ist von der Rhetorik – und ihr folgend von der Ästhetik – usurpiert worden. Jean Paul hat sie in der ›Unsichtbaren Loge‹ in zwei Sätzen ironisch reflektiert: „Ach, wir sind nur zitternde Schatten! Und doch will ein Schatten den anderen zerreißen?"

Kant hat in der ›Kritik der Urteilskraft‹ die Rhetorik, „als Kunst, sich der Schwächen der Menschen zu seinen Absichten zu bedienen", für „gar keiner Achtung würdig" erklärt.[10] Diese „hinterlistige Kunst" habe es damit zu tun, „die Menschen als Maschinen in wichtigen Dingen zu einem Urteile zu bewegen". Nun ist hier gar nicht strittig, daß die konstitutive Angewiesenheit des Menschen auf rhetorische Handlungen immer auch eine Anfälligkeit für Rhetorik ist; zur Maschine zu werden, gibt es für ihn Gefahren und Pressionen genug. Die Absichten, diese *Schwächen der Menschen* zu benutzen, hat die Theorie der Rhetorik immer zugleich bloßgelegt, indem sie ihnen diente. In einer anthropologischen Lokalisierung der Rhetorik ist von diesen Schwächen, nicht von jenen Absichten die Rede. Dabei konvergieren die anthropologischen Zugänge zur Rhetorik auf eine zentrale deskriptive Feststellung: der Mensch hat zu sich selbst kein unmittelbares, kein rein „innerliches" Verhältnis. Sein Selbstverständnis hat die Struktur der „Selbstäußerlichkeit". Kant hat als erster der inneren Erfahrung jeden Vorgang vor der äußeren abgesprochen; wir sind uns selbst Erscheinung, sekundäre Synthesis einer primären Mannigfaltigkeit, nicht umgekehrt. Der

---

[10] Immanuel Kant: Kritik der Urteilskraft, §53.

Substantialismus der Identität ist zerstört; Identität muß realisiert werden, wird zu einer Art Leistung, und dem entspricht eine Pathologie der Identität. Die Anthropologie hat nur noch eine „menschliche Natur" zum Thema, die niemals „Natur" gewesen ist und nie sein wird. Daß sie in metaphorischen Verkleidungen auftritt – als Tier und als Maschine, als Sedimentenschichtung und als Bewußtseinsstrom, in Differenz oder in Konkurrenz zu einem Gott –, berechtigt nicht zu der Erwartung, sie werde am Ende aller Konfessionen und aller Moralistik enthüllt vor uns liegen. Der Mensch begreift sich nur über das, was er nicht ist, hinweg. Nicht erst seine Situation, sondern schon seine Konstitution ist potentiell metaphorisch. Der schlechteste Platz, den wir wählen könnten, sei der in uns selbst, formuliert Montaigne das Ergebnis seiner Anthropologie als Selbsterfahrung («la pire place, que nous puissions prendre, c'est en nous»).[11] Er verweist auf den kopernikanischen Umsturz, der als Trauma der Weltinnerlichkeit des Menschen metaphorisch die Skepsis an seiner Selbstinnerlichkeit bestärkt. Selbstüberredung liegt aller Rhetorik im Außenverhältnis zugrunde; sie ergreift nicht nur die sehr allgemeinen praktisch effizienten Sätze, von denen früher die Rede war, sondern das Selbstverständnis aus der Selbstäußerlichkeit. Die kühnste Metapher, die die größte Spannung zu umfassen suchte, hat daher vielleicht am meisten für die Selbstkonzeption des Menschen geleistet: indem er den Gott als das Ganz-Andere von sich absolut hinwegzudenken versuchte, begann er unaufhaltsam den schwierigsten rhetorischen Akt, nämlich den, sich mit diesem Gott zu vergleichen.

---

[11] Michel Montaigne: Essais II, 12.

NOTIZEN ZU EINER RHETORISCHEN ARGUMENTATIONSTHEORIE DER RECHTSDISZIPLIN

Von THEODOR VIEHWEG

I

(1) Die Auffassung, die hinter den folgenden Notizen steht, sieht etwa so aus:

Unsere Gesellschaft lebt, wie man in stark abgekürzter, aber nicht unzutreffender Weise zuweilen sagt, „aus Wissenschaft". Es entspricht daher ihrer Eigenart, ihre philosophischen Erwägungen in erster Linie an *Fachwissenschaften* anzuknüpfen, d. h. an intellektuelle Tätigkeiten, die hier und jetzt als Fachwissenschaften ausgestaltet sind. Die gegenwärtigen *philosophischen Probleme* werden also nicht neben den Fachwissenschaften, sondern in ihnen ermittelt. Es scheint daher heute in erster Linie eine *Wissenschaftsphilosophie* zum Zuge zu kommen. Diese setzt fachliches Wissen und Können voraus und beginnt vornehmlich ihre philosophische Kritik damit, daß sie fragt, was der Wissenschaftler tut, wenn er das, was er seine Wissenschaft nennt, betreibt, insbesondere, wie er das, was er seine Argumente nennt, findet und verwendet. Die Antwort auf derart gestellte Fragen ist gewöhnlich eine philosophische *Wissenschaftstheorie*. Sie muß zum guten Teil *Argumentationstheorie* sein. Im Falle der Rechtswissenschaft, d. h. einerseits der Rechtsklugheit (juris prudentia), andererseits der Rechtsforschung, handelt es sich um eine *Rechtstheorie als Wissenschaftstheorie* im angedeuteten Sinne.

(2) Die neue *Hinwendung zur Rhetorik*, die auf unserem Gebiete seit den fünfziger Jahren erfolgte,[1] hat für die eben geschilderten

---

[1] Vgl. Chaïm Perelman et L. Olbrechts-Tyteca: Rhétorique et Philosophie, Bruxelles 1952; dies.: La nouvelle Rhétorique. Traité de l'Argumenta-

Erörterungen neue Aspekte vermittelt. Sie betreffen u. a. die *Sprachproblematik*, *Fragen der operativen Logik* sowie neu gestellte *Begründungsfragen*. Denn eine rhetorische Argumentationstheorie wird in Fortentwicklung der Rhetorik eine *Theorie vom begründenden Reden* darstellen müssen. Man wird von ihr Abklärungen über die Sprachverwendung und das Unterreden (dialegesthai) erwarten dürfen. Bei näherer Prüfung wird man bemerken, daß zu ihrem Problemstand seit alters her Fragen gehören, die erst in letzter Zeit die Aufmerksamkeit der (analytischen) Philosophie gewinnen konnten. Das ist auffällig und hängt vermutlich damit zusammen, daß die Philosophie in unserem Kulturbereich eine vorwiegend antirhetorische Tradition hat.[2] Unsere klassische Philosophie entstand bekanntlich hauptsächlich im Widerspruch zur Rhetorik und ging in dieser Richtung ihren Weg. Fragen, die das Interesse der Rhetorik fanden, blieben meist philosophische Randerscheinungen. Erst in jüngster Vergangenheit hat sich diese Lage verändert. Man kann feststellen, daß zeitgenössische sprachkritische Untersuchungen in ihrem Anliegen häufig viel ungezwungener aus einem rhetorischen als aus einem traditionell philosophischen Aspekt zu verstehen sind.[3]

(3) Wie schon gesagt, sind im Bereich der Rhetorik neben der eben erwähnten Sprachproblematik, die meist ohne Bezug auf rhetorisches Kulturgut behandelt wird und von der hier nicht weiter die Rede sein soll, zwei Fragenkreise besonders bemerkenswert: Der eine betrifft *die operative Logik*, der andere die begründende Rede als *Vollbegründung*.

Über beide Angelegenheiten soll in den Abschnitten II und III etwas gesagt werden. Im IV. Abschnitt folgen Ergänzungen, die Dogmatik und Zetetik betreffen und für den Bereich der Rechtsdisziplin erforderlich sind.

tion, Paris 1958; Theodor Viehweg: Topik und Jurisprudenz, 1. Aufl., München 1953 (4. Aufl. 1969).

[2] Vgl. Platon: Gorgias 17, p. 462 G und hierzu Heinrich Lausberg: Handbuch der literarischen Rhetorik, München 1960, § 36.

[3] Sehr informativ: E. v. Savigny: Die Philosophie der normalen Sprache, Frankfurt a. M. 1969, und Kuno Lorenz: Elemente der Sprachkritik, Frankfurt a. M. 1970.

II

(1) Was die *Logik* angeht, so ist leicht ersichtlich, daß ihre Auffassung als Techne *dem rhetorischen Aspekt* entspricht. Als *operative* Lehre von den folgerichtigen Redehandlungen und nicht als eine Lehre über Gegenstände besonderer Art war sie von vornherein in der rhetorischen Dialektik wirksam. Sie wurde dort von Aristoteles ermittelt, der, wie viele versichern, die eben erwähnte rhetorische Techne-Ansicht teilte.[4] Die Gegenansicht, die Logik sei als Episteme zu verstehen, entfernt sich jedenfalls, wie unschwer erkennbar ist, vom rhetorischen Ausgangspunkt. Sie ist im ontologischen Sinne philosophischer. Ihre Lehre über die entia rationis erschien im lang anhaltenden und verwickelten Disput über die logica als ars (Techne) oder scientia (Episteme) meist gewichtiger und bedeutsamer als die in Operationen denkende Rhetorik. Doch ist bei alledem nicht zu verkennen, daß die Praxis des mittelalterlichen Schulbetriebs, der für unsere europäische Gesamtkultur und damit auch für unsere Jurisprudenz so außerordentlich effektiv war, an der rhetorischen Dialektik festhielt. Die scholastischen Disputationen gebrauchten die Logik als ars (Techne).

(2) Es ist durchaus möglich, die neuesten Bemühungen um eine sogenannte *operative Logik* in vieler Hinsicht als eine Wiederaufnahme und Fortentwicklung der eben erwähnten rhetorischen Techne-Auffassung der Logik zu verstehen.[5] Denn es geht dort wie hier letztlich immer darum, logische Beziehungen als logische Operationen oder Anweisungen zu logischen Operationen verständlich zu machen und auf diesem Wege zweifelhafte Vergegenständlichungen und das, was in der zeitgenössischen mathematischen Grundlagenforschung zuweilen Hyperrealismus genannt wird,[6] zu vermeiden. Natürlich spielt die Erfindung dubioser Entitäten, die hier durch die operative Logik verhindert werden soll, auch in fach-

---

[4] Thomas v. Aquin, Arist. 1. Post., lect. 20.
[5] Hierzu: Vladimir Richter: Untersuchungen zur operativen Logik der Gegenwart, Freiburg/München 1965.
[6] Vgl. Wolfgang Stegmüller: Hauptströmungen der Gegenwartsphilosophie, Stuttgart 1969, S. 675 ff.

wissenschaftlichen Bereichen nicht selten eine bedenkliche Rolle. Weithin bekannte Konstruktionen einiger unserer rechtsdogmatischen Grundbegriffe, zum Beispiel der juristischen Person, des Eigentums u. a., sind hierfür längst Paradebeispiele geworden.[7] Wie auch immer, die operative Logik läßt die begründende Rede stets als eine Tätigkeit in einem Tätigkeitszusammenhang erscheinen und ermöglicht dadurch neue Logikkalküle oder neue logische Techniken, die den Fachwissenschaften zugute kommen können. Dabei muß klar sein, daß hier nicht etwa von einer neuen Logik die Rede ist, sondern lediglich von neuen, unkonventionellen Logikgestalten. Zu ihnen gehört zum Beispiel die *dialogische Interpretation* der operativen Logik nach Lorenzen und Lorenz.

(3) Das Auffallende an ihr ist, daß man hier, ganz im Sinne der *Rhetorik*, die formale Logik gleich im Ansatz der Überlegung in die *Redesituation* hineinnimmt. Man läßt also die immer zugrunde liegende Kommunikation des Miteinanderredens nicht beiseite, sondern versucht, sie im Sinne einer (effektiven) Logik zu präzisieren und zu formulieren. Man entwirft dementsprechend eine Dialogik, die es erlaubt, den Dialog als ein geregeltes Spiel zwischen zwei Spielern oder Parteien aufzufassen. Diese werden in rhetorischer Tradition Proponent (oder Respondent, oder Defendent) einerseits und Opponent andererseits oder einfach W (weiß) und S (schwarz) genannt. Ihre Redehandlungen sind die Züge im Dialogspiel, die eine zusammengesetzte oder einfache Aussage (hier mit Behauptung gleichgestellt) angreifen oder verteidigen. Die allgemeine Spielregel gibt in einer Tabelle an, welche Möglichkeiten des Angriffs und der Verteidigung bestehen, und die spezielle Spielregel gibt an, wann ein Angriff oder eine Verteidigung im Verlauf des Dialogs (ebenfalls in einem Tableau beschreibbar) stattfinden kann. Derjenige Spieler, dem es gelingt, alle denkbaren Züge des Gegenspielers im Dialog zu seinem Vorteil zu beantworten, ist Gewinner des Dialogs. Er ist, so sagt man in Anlehnung an neuere Spieltheorien, im Besitz der Gewinnstrategie für diesen Dialog. Der Begriff

---

[7] Vgl. Manfred Moritz: Über den Begriff der Juristischen Person, in: Akten des XIV. Intern. Kongr. f. Phil., Wien 1968.

der Gewinnstrategie bestimmt, was hier logisch wahr oder logisch falsch ist.[8]

Für unser Interesse bleibt bemerkenswert, daß hier die Logik *in den rhetorischen Aspekt zurückgenommen* wird, aus dem sie hervortrat. Die rhetorische Auffassung läßt jedenfalls nicht vergessen, daß alle begründende Rede immer zugleich sprachliche Handlungen darstellt, und sie legt die Frage nahe, ob diese Feststellung möglicherweise dann eine besondere Bedeutung gewinnt, wenn man die axiomatisch-deduktive Begründung als unzureichend ansieht und sich deshalb veranlaßt fühlt, sie zu einer vollen Argumentation zu ergänzen. Hierüber einiges im nächsten Abschnitt.

III

(1) Es geht also jetzt um die *Begründungsproblematik*, genauer darum, wann man von einer vollen Argumentation (Vollbegründung im strengen Sinne)[9] sprechen darf. Zur näheren Erläuterung sei eine *semiotische Überlegung* vorangestellt.

Nennt man den Zusammenhang der Zeichen mit anderen Zeichen Syntax, den Zusammenhang der Zeichen mit Gegenständen, deren Bezeichnung behauptet wird, Semantik, und den situativen Zusammenhang, in dem Zeichen verwendet werden, Pragmatik, so entspricht es unserer, in vieler Hinsicht auch bewährten Denkpraxis, in erster Linie die Syntax zu beachten, sie womöglich als selbständigen Bereich zu isolieren, oder von ihr aus alsbald zum semantischen Bereich fortzuschreiten und nur hilfsweise, gleichsam notgedrungen, die Pragmatik heranzuziehen. Bei dieser Einstellung nimmt man an, daß die Strenge des Denkens in der angegebenen Reihenfolge abnimmt. Die Pragmatik wird als Feld der (weniger strengen) Rhetorik betrachtet und insgesamt als Paralipomenon behandelt. Da die juristische Argumentation hierhin gehört, erfährt sie eine entsprechende Einschätzung.

---

[8] Vgl. Vladimir Richter, a.a.O., S. 70 ff., und Kuno Lorenz: Arithmetik und Logik als Spiele, Diss. Kiel 1961.

[9] Vgl. hierzu Hugo Dingler: Die Ergreifung des Wirklichen, München 1955.

Die fortentwickelte Rhetorik stimmt nun mit denjenigen überein, die den Einsatz der semiotischen Überlegungen umzukehren versuchen.[10] Denn es erscheint ihr ratsam, das Unterreden (dialegesthai) d. h. die beiderseitigen Sprachhandlungen zum Ausgang zu nehmen, also die Verflechtung der Argumentation in eine kommunikative Situation gedanklich zu wahren und von vornherein im Auge zu behalten, mit anderen Worten, mit der Pragmatik zu beginnen. Das geschieht im deutlichen Gegensatz zum konventionellen Verfahren. Denn dieses schaltet den eben genannten Zusammenhang gedanklich aus. Es nimmt die Begründung aus ihm heraus und stellt sie in einer axiomatischen Theorie als isoliertes, deduktives Begründungssystem dar, wobei klar ist, daß die Gültigkeit der Axiome des Systems in diesem System nicht gesichert werden kann.

Hält man die eben erwähnte Loslösung und Isolierung für eine unerlaubte Vereinfachung, steht man vor der schwierigen Aufgabe, den ursprünglichen situativen Zusammenhang in den Argumentationsprozeß miteinzubeziehen. Denn nur, wenn das hinreichend gelingt, scheint jene Vollbegründung möglich zu werden, die durch das deduktive Begründungssystem nicht zu erreichen ist.

(2) Es ist ein Verdienst der rhetorischen Sicht, daß sie diese *entscheidende Problematik* im Umkreis der deduktiv-axiomatischen Methode deutlich macht. Sie läßt die logische Durchdringung der diskutierenden Tätigkeit als *Kernfrage* erscheinen. Sie weckt dadurch das Interesse an einer *Dialogik*, wie sie oben im Sinne der operativen Logik Erwähnung fand (vgl. II,3), und sie führt darüber hinaus zu Überlegungen, welche *die praktische Philosophie* betreffen und die auf anderem Wege kaum zum Zuge kommen.

Diese verlaufen etwa so: Ist das Begründen notwendigerweise ein Reden und Unterreden, so ist das eine Tätigkeit, die nur dadurch möglich wird, daß sie bestimmten Kommunikationspflichten genügt. Die rhetorische Blickwendung führt also zur Frage nach dem gegenseitigen richtigen Verhalten der Redenden. Begründendes Reden, so kann man formulieren, bedeutet Behauptungen aufstellen, die einer Verteidigungspflicht (officium defensionis) unterliegen und die nur dann Bestand haben, wenn sie dieser Verteidi-

---

[10] Kuno Lorenz: Elemente der Sprachkritik, Frankfurt a. M. 1970, S. 11 f.

gungspflicht genügen können.[11] Der Dialog zwischen Defendent und Opponent ist daher auf die in ihm enthaltenen Verpflichtungen und ihre Differenzierungen zu untersuchen. Angriff, Verteidigung und Erläuterungsverlangen sind als Verpflichtungen zu reflektieren, was deshalb besonders dringlich zu sein scheint, weil unsere „wissenschaftliche" Wirklichkeit in kaum zu überbietendem Maße auf die verläßlichen Behauptungen anderer angewiesen ist. Bei der Kompliziertheit der Welt, der Kürze unseres Lebens und der Begrenztheit unserer Fähigkeiten hat die Verpflichtung, unsere Wirklichkeit nicht durch unbegründete Behauptungen zu entstellen, allgemeines Interesse.

Für die praktische Philosophie scheint die Aufgabe, Begründungsverpflichtungen und ihre Erfüllung neu zu überdenken, daher heute erneut besondere Bedeutung zu gewinnen. Für die Rhetorik war sie, wie auch immer motiviert, seit jeher naheliegend. Die Jurisprudenz hat diese Aufgabe, wenigstens stückweise, in der Lehre von der Beweislast (onus probandi) behandelt, indem sie Beweispflichtverletzungen mit schwerwiegenden Sanktionen versah. Denn Behauptungs- und Beweispflichten und die Folgen ihrer Verletzung wurden für den Rechtsprozeß unentbehrliche Mittel, um Nonliquet-Entscheidungen zu verhindern.[12] Kann beispielsweise der Kläger im Zivilprozeß seiner Pflicht, den Klagegrund zu beweisen, ganz oder teilweise nicht genügen, weil Tatfragen ungeklärt blieben, führt diese Prozeßlage dennoch zu einer klaren Entscheidung in der Rechtsfrage, nämlich ganz oder teilweise zur Klagabweisung. Im Strafprozeß gilt Entsprechendes. Gelingt dem Ankläger der ihm obliegende Beweis nicht, weil das Gestrüpp der Tatfragen nicht zu lichten war, tritt in der Rechtsfrage die klare Folge „in dubio pro reo" ein, also möglicherweise Freispruch. Jeder Jurist weiß, daß die Beweislastverteilung einen großen Teil der Prozesse entscheidet. Das heißt aber, daß in praxi Überlegungen entscheiden, die in den oben angegebenen größeren Rahmen der praktischen Philosophie ge-

---

[11] Vgl. Friedrich Kambartel: Was ist und soll Philosophie?, Konstanz 1968.
[12] Hierzu Alessandro Giuliani: Il concetto di prova, Milano 1961; Leo Rosenberg: Die Beweislast, 3. Aufl., München 1953, insbes. S. 90 ff.

hören. Das ist von der Rhetorik aus relativ leicht zu sehen und bedarf im neuen Aspekt weiterer Erörterungen, die hier wegbleiben.

(3) Im Hinblick auf die allgemeine Begründungsproblematik, also im Hinblick auf die Frage, was über die axiomatisch-deduktive Begründung hinaus zu einer Vollbegründung gehöre, wird man nach alledem die Behauptung verteidigen können, daß die angegebene *Dialogik* und die *kommunikative Verpflichtung* zumindest dazugehören.

Geht man dergestalt auf die Tätigkeit des Begründens zurück, um die Tätigkeit, die dem axiomatisch-deduktiven Begründungssystem vorausgeht, aufzudecken, gerät man offensichtlich zu einem Tun, welches man vorweisen muß, wenn man gefragt wird, was Topik sei. Denn in diesem Zusammenhang interessieren natürlich nicht die verschiedenen geschichtlichen Topikgestalten, sondern es ist lediglich das durchgehende systematische Problem von Belang.[13] Man kann sagen, daß die obengenannten Tätigkeiten zur *formalen Topik* gehören. Diese hat nicht nur Auffindungsfunktion, sondern auch Begründungsfunktion.[14] Unter welchen Bedingungen die Auffindungsfunktion überwiegt, gehört in einen anderen Gedankengang. Im übrigen versteht sich von selbst, daß die *materiale Topik* höchst unterschiedliche Topoi aufweisen kann, da alle inhaltliche Topik einer bestimmten gesellschaftlichen Synechie verhaftet bleibt.

(4) Nach alledem scheint es für eine juristische Argumentationstheorie aussichtsvoll zu sein, die *klassische Rhetorik* unter den angegebenen Gesichtspunkten neu zu diskutieren. Denn der lange Zeit vernachlässigte und nun neu gewonnene rhetorische Aspekt scheint die Beantwortung der Frage, was man tue, wenn man „Rechtswissenschaft" treibt, zumindest zu erleichtern. Jedenfalls kann nicht unbeachtlich sein, daß von den drei aristotelischen γένη τῶν λόγων (ge-

---

[13] Vgl. hierzu Gerhard Otte: Zwanzig Jahre Topik-Diskussion: Ertrag und Aufgaben, in: Zeitschrift Rechtstheorie, Berlin 1970, S. 183 ff.; Jürgen Blühdorn: Kritische Bemerkungen zu Theodor Viehwegs Schrift: Topik und Jurisprudenz, in: Tijdschrift voor Rechtsgeschiedenis, Groningen 1970, S. 269 ff.

[14] Abweichend: Franz Horak: Rationes Decidendi, Aalen 1969, insbes. S. 49 ff.

nera causarum, genera rhetorices) die Gerichtsrede, δικανικὸν γένος (genus judiciale), sachlich und formal vor συμβουλευτικὸν γένος (genus deliberativum) (Beratungsrede) und ἐπιδεικτικὸν γένος (genus demonstrativum) (Lobrede) an erster Stelle steht. Sie wurde frühzeitig *Modellfall aller Reden*. Mit ihr wurde in erster Linie die ῥητορικὴ τέχνη (ars rhetorica = ars bene dicendi) eingeübt. Das Ziel der Rede war: die Erreichung einer gerichtlichen Entscheidung. Infolgedessen war ihr Kernstück: πίστις, argumentatio, probatio. Es lohnt sich, die rhetorische Argumentationslehre zu studieren, da sie vieles enthält, was die juristische Argumentation beibehalten hat. Insbesondere sind die τόποι (loci), die als *Suchformeln* für das Auffinden von Argumenten empfohlen werden, von großem Interesse, unter ihnen beispielsweise die loci a comparatione, die den loci a simili eng verwandt sind.[15] Ferner sei hervorgehoben, daß die oben gebrauchten Grundbegriffe Angriff, Verteidigung und Erläuterung, also Begriffe, die neuerlich geeignet erscheinen, den systematischen Kern aller begründenden Rede zu verdeutlichen, im genus judiciale als intentio, defensio, interpretatio (oder ähnlich) in Verbindung mit entsprechenden officia entwickelt worden sind.[16] Man sollte nicht übersehen, daß man hier neuerlich eine Wissenschaftstheorie mit rhetorischen Mitteln gewinnt. Genauer: Man erläutert theoretisches Handeln mit Hilfe eines Modells aus der gerichtlichen Rhetorik.

Im übrigen zeigt das genus judiciale am deutlichsten die dialektische Seite der Rhetorik. Ein und derselbe Sachverhalt wird von mindestens zwei gegensätzlichen Standpunkten, das heißt, im Widerspruch, erörtert. Es ist ohne weiteres ersichtlich, daß das genus deliberativum dialektisch schwächer ist, aber natürlich ebenfalls dialektisch gestaltet werden kann, und daß das genus demonstrativum die dialektisch schwächste Gestalt hat. Die τέχνη διαλεκτική ist jedenfalls anfänglich eine rhetorische Angelegenheit, die schließlich von der Philosophie in besonderer Weise in Anspruch genommen worden ist.

---

[15] Vgl. Gerhard Otte: Komparative Sätze in juristischen Argumentationen, in: Jahrbuch für Rechtssoziologie und Rechtstheorie 2/1972, S. 301 ff.

[16] Vgl. Heinrich Lausberg, a. a. O., § 61, 1 a u. ö.

Man wird insgesamt einräumen müssen, daß man auf der Suche nach einer Begründung, die die Bestimmung der Axiomata einbezieht, gleichsam von selbst auf die Rhetorik trifft. Möglicherweise ist diese in ihrer Fortentwicklung geeignet, unsere intellektuelle Tätigkeit im ganzen auf einen praktischen Zusammenhang zurückzuführen, in welchem sich *die logischen und ethischen Bedingungen dieser Tätigkeit verknüpfen*. Ist das so, hat alle Argumentation ihre ultima ratio in der Methode des Argumentierens.

IV

Das bisher Festgestellte genügt freilich nicht, um die Argumentationen in der Rechtsdisziplin hinreichend zu kennzeichnen. Dazu ist vielmehr noch erforderlich, *Dogmatik* und *Zetetik* zu scheiden, was an anderer Stelle ausgeführt worden ist, und worauf verwiesen werden darf.[17] Hier mag nur das oben angeführte rhetorisch-judiciale Modell mit den Grundbegriffen Angriff, Verteidigung und Erläuterung zur weiteren Klärung benutzt werden. Man wird sagen können, daß Behauptungen dann als *Dogmata* behandelt werden, wenn sie in thesi einem Angriff langfristig entzogen sind, daher keiner Verteidigungspflicht, d. h. also Begründungspflicht, sondern lediglich einer Erläuterungspflicht unterliegen.[18] Bestimmte Behauptungen sind in einem bestimmten Kulturbereich außer Frage gestellt. Man hinterfragt sie nicht. Man redet nicht über das, was sie überschreitet, sondern hat die Intention, sie „so, wie sie sind", festzuhalten. Das Gegenteil findet bei allen Behauptungen statt, die in

---

[17] Vgl. Theodor Viehweg: Ideologie und Rechtsdogmatik, in: Ideologie und Recht, hrsg. von Werner Maihofer, Frankfurt a. M. 1969, S. 83 ff.; ders.: Systemprobleme in Rechtsdogmatik und Rechtsforschung, in: Studien zur Wissenschaftstheorie, Bd. 2, Meisenheim a. G. 1968; ders.: Some Considerations Concerning Legal Reasoning, in: Law, Reason, and Justice, ed. by Graham Hughes, New York 1969, p. 257 ss.

[18] Definiert man den Begriff „Behauptung" als eine Äußerung, die einer Verteidigungspflicht unterliegt, so Kambartel, a. a. O., muß man hier eine andere Bezeichnung einführen.

aller Forschung lediglich als *Zetemata* verwendet werden. Sie sind in thesi jedem Angriff ausgesetzt, unterliegen daher der Verteidigungspflicht, also der Begründungspflicht, ebenso wie der Erläuterungspflicht. Sie bleiben stets in Frage gestellt. Daher kommt die begründende Rede in der Zetetik (Forschung) immer nur zu einem vorläufigen, möglicherweise recht kurzfristigem Ende. Die zetetische Argumentation bleibt infinit, die dogmatische wird durch Dogmata finit gemacht. Die berühmte Bemühung, mit Hilfe der Evidenz auch im zetetischen Bereich dem Begründungszwang einen Schlußstein zu setzen, erinnert deshalb an Dogmatisierungen.

Es ist klar, daß in jedem Kulturbereich *Dogmatisierungen, Entdogmatisierungen* und *Neudogmatisierungen* offen oder versteckt eine erhebliche Rolle spielen. Dogmatisierte Topoikataloge (zuweilen verfassungsrechtlich geschützt) sind die Fundamente der unterschiedlichen Rechtskulturen. Dabei ist beachtenswert, daß außer Frage gestellte (dogmatisierte) Bekundungen schon als solche direktiv wirken. Man ist geneigt, den in ihnen bezeichneten Sachverhalt bereits als gesollt aufzufassen, und zwar auch dann, wenn eine ausdrückliche Sollformulierung nicht vorliegt. Die ausdrückliche Formulierung der direktiven Funktion und die eventuelle Sanktionierung der Dogmenverletzung sind nur weitere Schritte auf dem gleichen Wege. Denn dogmatisches Denken hat die Funktion, Entscheidungen zu ermöglichen und Handlungen zu steuern. Es kommt selbstverständlich nicht ohne Kognition aus, ist aber primär nicht kognitiv, sondern direktiv, während das zetetische Denken primär kognitiv ist. Der Gegensatz zwischen Dogmatik und Zetetik ist in unserem gesamten Denken durchgehend bemerkbar.

Im täglichen Umgangsdenken, das selbstverständlich nicht lediglich dem Denken dient, sondern dem täglichen Entscheiden und Handeln, sind Dogmatisierungen unentbehrlich. In der Fachforschung (Fachzetetik) sind sie eine bekannte Gefahr, da sie möglicherweise die Fachgrenzen erstarren lassen. Die philosophische Forschung (fachfreie Zetetik) ist für alle Dogmatisierungen das berufene Korrektiv. Dabei ist der Wechsel von zetetischer zu dogmatischer Denkweise und umgekehrt keinesfalls selten, wenn auch nicht immer leicht zu ermitteln. Was bis zu einem gewissen Zeitpunkt Bestandteil einer Forschung war, wird nicht selten schließlich zum Bestandteil einer Dogmatik oder umgekehrt. Mit der Funktion eines Denkens ändert sich seine Struktur, aus Zetemata werden z. B. Dogmata, aus dem Sein wird ein Sollen, was freilich unbemerkt bleiben darf.

In der Rechtsdisziplin findet man die eben genannten Denkvarianten ohne Schwierigkeiten wieder. Sie bewirken unterschiedliche Argumentationen. Man kann daher über das, was man Rechtsprobleme nennt, in rechtsdogmatischer oder rechtszetetischer Weise reden. Der gelernte Jurist, d. h. der gelernte Rechtsdogmatiker, ist jedenfalls Fachmann der rechtsdogmatischen Argumentation, die als solche ihre Besonderheiten hat. Treibt er darüber hinaus Rechtsgeschichte, Rechtssoziologie, Kriminologie, Rechtspsychologie usw., verwendet er im Rahmen einer Fachforschung zetetische (auch metadogmatisch genannte) Argumentationen, und ist er als Rechtsphilosoph oder Rechtstheoretiker tätig, bemüht er sich um philosophische (fachfreie) zetetische Argumentationen. Eine vollständige Rechtsdisziplin umfaßt alle diese Tätigkeiten in ihrem Miteinander und Gegeneinander.

Originaltitel: The New Rhetoric: a Theory of Practical Reasoning, in: The New Rhetoric and the Humanities, D. Reidel Publishing Co., Dordrecht 1979, S. 1–42; hier: Auszug S. 9–31, 37–38 (Anmerkungen). Aus dem Englischen übersetzt von Renate Plett.

DIE NEUE RHETORIK:
EINE THEORIE DER PRAKTISCHEN VERNUNFT

Von Chaïm Perelman

[...]

Argumentation und Beweis

Die neue Rhetorik ist eine Theorie der Argumentation. Die spezifische Rolle, die von der Argumentation gespielt wird, konnte jedoch erst voll verstanden werden, als die moderne Theorie des Beweises, zu der sie komplementär ist, entwickelt worden war. In seiner gegenwärtigen Form ist der Beweis ein Kalkül, das in Übereinstimmung mit zuvor niedergelegten Regeln getroffen wird. Kein Rückgriff ist erlaubt auf die Evidenz oder auf irgendeine andere Intuition als die der Sinne. Einziges Erfordernis ist die Fähigkeit, Zeichen zu unterscheiden und Operationen nach Regeln auszuführen. Ein Beweis wird, je nachdem ob er den Regeln entspricht oder nicht, als korrekt oder falsch betrachtet. Ein Schluß gilt dann als bewiesen, wenn er mittels einer Serie von korrekten Operationen erreicht wird, die von Prämissen ausgehen, welche als Axiome gelten. Ob nun diese Axiome als evident, notwendig, wahr oder hypothetisch angesehen werden, in jedem Fall bleibt die Beziehung zwischen ihnen und den bewiesenen Theoremen unverändert. Um von einer korrekten Folgerung zur Wahrheit oder zur berechenbaren Wahrscheinlichkeit des Schlusses überzugehen, muß man sowohl die Wahrheit der Prämissen als auch die Kohärenz des axiomatischen Systems anerkennen.

Die Annahme dieser Vermutungen zwingt uns dazu, den reinen Formalismus aufzugeben, gewisse Konventionen anzuerkennen und sich mit der Realität gewisser Modelle und Strukturen abzufinden. Nach der klassischen Theorie des Beweises, die vom Formalismus abgelehnt wird, war die Gültigkeit der deduktiven Methode durch

Intuition oder Evidenz gesichert – durch das natürliche Licht der Vernunft. Lehnen wir jedoch eine solche Grundlage ab, sind wir nicht genötigt, den Formalismus zu akzeptieren. Er ist immer noch unzureichend, da wir gute Gründe benötigen, die Prämissen, von denen wir ausgehen, anzunehmen, und diese Gründe können nur für denjenigen gut sein, der in der Lage ist, sie zu beurteilen. Haben wir jedoch einmal das Gerüst eines formalen Systems akzeptiert und wissen, daß es frei von Ambiguität ist, dann sind die Beweise innerhalb dieses Systems zwingend und unpersönlich. In der Tat kann ihre Gültigkeit mechanisch kontrolliert werden. Eben dieser spezifische Charakter des formalen Beweises unterscheidet ihn von den dialektischen Schlüssen, die auf Meinung gründen und sich mit kontingenten Realitäten befassen. Ramus sah diesen Unterschied nicht und verwechselte beide, indem er in bezug auf die Wahrnehmung veränderlicher und unveränderlicher Farben eine fehlerhafte Analogie verwandte.[1] Zuweilen ist es möglich, indem man auf frühere Vereinbarungen und Konventionen zurückgreift, ein Argument in einen Beweis von mehr oder weniger probabilistischem Charakter umzuwandeln. Es bleibt nichtsdestoweniger wahr, daß wir sorgfältig zwischen den beiden Typen der Beweisführung unterscheiden müssen, wollen wir genau verstehen, in welcher Beziehung sie zueinander stehen.

Eine Argumentation ist immer von einer Person, Redner genannt, an ein Publikum von Zuhörern oder Lesern gerichtet, sei es nun mündlich oder schriftlich. Sie zielt darauf ab, dem Publikum die Annahme einer These, für die man sich Zustimmung erhofft, nahezulegen oder es darin zu bekräftigen. Die neue Rhetorik sucht wie die alte zu überreden oder zu überzeugen, eine Zustimmung zu erlangen, welche zunächst *theoretisch* sein kann, obwohl sie sich schließlich in einer Disposition zum Handeln manifestiert, oder *praktisch*, indem sie entweder eine unmittelbare Handlung, das Fassen eines Entschlusses oder ein Engagement zum Handeln hervorruft.

---

[1] Diese Identifikation ist fehlerhaft, da eine dialektische Beweisführung ebensowenig auf ein formales Kalkül wie auf Gemeinplätze (Topoi) zurückgeführt werden kann; vgl. Otto Bird: The Tradition of the Logical Topics: Aristotle to Ockham, in: Journal of the History of Ideas 23 (1962), S. 307–23.

So setzt die Argumentation anders als der Beweis eine Begegnung von geistigen Aktivitäten voraus: auf seiten des Redners den Willen zu überzeugen und nicht zu zwingen oder zu beherrschen, und auf seiten des Auditoriums eine Disposition zum Zuhören. Ein solcher wechselseitiger guter Wille muß nicht nur allgemein vorhanden sein, sondern sich auch auf das einzelne zur Diskussion gestellte Problem beziehen. Es darf nicht vergessen werden, daß jede Argumentation auf irgendeine Weise darauf abzielt, eine bestehende Sachlage zu modifizieren. Aus diesem Grund besitzt jede Gesellschaft Institutionen, die die Diskussion zwischen fachkundigen Personen fördern und andere verhindern. Nicht jeder kann über alles Mögliche an jedem beliebigen Ort eine Diskussion anfangen. Ein Mensch zu sein, dem die Leute zuhören, bedeutet etwas Wertvolles; eine solche Eigenschaft ist Vorbedingung für eine wirksame Argumentation.

In einigen Fällen hat man bis ins Detail gehende Regeln entworfen, um diese Beziehung herzustellen, bevor eine Frage diskutiert werden kann. Primäres Ziel eines zivil- oder strafrechtlichen Verfahrens ist es, eine ausgewogene Entfaltung der gerichtlichen Debatte zu sichern. Selbst in Angelegenheiten, in denen es keine expliziten Diskussionsregeln gibt, existieren doch Gewohnheiten und Bräuche, die ohne ausreichenden Grund nicht außer acht gelassen werden können.

Argumentation setzt ebenfalls ein Mittel des Kommunizierens voraus, eine gemeinsame Sprache. Deren Gebrauch in einer bestimmten Situation kann jedoch je nach der Stellung der Gesprächspartner Variationen zulassen. Zuweilen sind nur bestimmte Personen dazu berechtigt, Fragen zu stellen oder die Diskussion zu leiten.

Aus diesen Darlegungen wird ersichtlich, daß die neue Rhetorik die mehr oder weniger konventionellen und sogar willkürlichen Grenzen, die traditionell der antiken Rhetorik gesetzt sind, nicht tolerieren kann. Für Aristoteles war die Ähnlichkeit zwischen Rhetorik und Dialektik äußerst wichtig.[2] Nach ihm unterscheiden sie sich nur darin, daß die Dialektik Diskussionstechniken für eine all-

---

[2] Vgl. Aristoteles: Rhetorik I, 1354 a 1–6, 1355 a 35–36, 1355 b 8–10, 1356 a 30–35, 1356 b 35, 1356 b 37–38 [Übers. F. G. Sieveke].

gemeine Suche nach Wahrheit zur Verfügung stellt, während die Rhetorik lehrt, eine Debatte zu führen, in der verschiedene Standpunkte ausgedrückt werden und das Urteil darüber dem Publikum überlassen wird. Diese Unterscheidung zeigt, weshalb die Dialektik von der Philosophie traditionell als eine vornehmlich ernste Disziplin angesehen wurde, wohingegen man der Rhetorik mit Verachtung begegnete. Die Wahrheit, so war die Meinung, beherrsche eine dialektische Diskussion, und die Gesprächsteilnehmer hätten über sie allein ein Einvernehmen zu erzielen, während die Rhetorik nur lehre, wie man einen Standpunkt darstelle – d. h. einen Teilaspekt der Frage – und die Entscheidung über den Sachverhalt einer dritten Person überlasse.[3]

Es sollte jedoch erwähnt werden, daß für Platon die Dialektik allein nicht zur metaphysischen Wahrheit gelangt. Letztere erfordert eine Intuition, für die die Dialektik nur den Weg bahnen kann, indem sie unhaltbare Hypothesen ausschließt.[4] Dennoch ist die Wahrheit das Grundthema der Dialektik, die mittels der diskursiven Methode so nahe wie möglich an die Wahrheit herankommen möchte. Der Rhetoriker andererseits wird so beschrieben, als versuche er, seine Rivalen in der Debatte auszustechen, und wenn seine Richter grob und unwissend sind, so wird der Triumph des Redners, der mit größter Gewandtheit schmeichelt, nicht immer der Sieg der besten Sache sein. Platon betont diesen Standpunkt nachdrücklich im ›Gorgias‹, wo er zeigt, daß der Demagoge, um den Sieg zu erreichen, nicht zögern wird, Methoden anzuwenden, die eines Philosophen unwürdig sind. Diese Kritik erlangt ihre Rechtfertigung durch eine Beobachtung des Aristoteles, die zweifellos auf athenischer Praxis beruht, daß es nämlich der Rhetorik gezieme, sich mit solchen Dingen zu beschäftigen, „welche Gegenstand unserer Beratung sind, für die wir aber keine systematischen Wissenschaften besitzen, und vor solchen Zuhörern, die nicht in der Lage sind, vielerlei mit einem Blick zusammenzufassen und weitreichende logische Schlüsse zu ziehen".[5]

---

[3] Platon: Politeia I, 348 a–b.
[4] Platon: Politeia 511, 7. Brief 344 b.
[5] Aristoteles: Rhetorik I, 1357 a 1–2 [Übers. F. G. Sieveke].

In der neuen Rhetorik hat jedoch die Argumentation als nichtformale Beweisführung, die darauf abzielt, die Zustimmung durch eine Zuhörerschaft hervorzurufen oder zu bekräftigen, ein größeres Wirkungsfeld. Dies zeigt sich sowohl in der Diskussion als auch in der Debatte, und es ist dabei unerheblich, ob das Ziel die Suche nach Wahrheit ist oder die Durchsetzung eines Standpunktes, und das Publikum kann jedwedes Maß an Kompetenz besitzen. Der Grund dafür, daß die Rhetorik der Bemühungen des Philosophen nicht würdig schien, liegt nicht darin, daß die Dialektik eine Methode von Fragen und Antworten verwendet, während die Rhetorik Reden gegensätzlicher Standpunkte zum Gegenstand hat.[6] Es ist nicht dies, sondern vielmehr die Idee der Einzigartigkeit der Wahrheit, die die Rhetorik in der westlichen philosophischen Tradition disqualifiziert hat. So erklärt Descartes:

> Sooft indessen zweier Urteile über dieselbe Sache in die entgegengesetzte Richtung laufen, hat sich sicherlich mindestens einer von beiden getäuscht, und es besitzt offenbar nicht einmal einer von ihnen Wissenschaft. Wenn nämlich dessen Grund zuverlässig und evident wäre, so könnte er ihn dem anderen so auseinandersetzen, daß er zuletzt auch dessen Verstand überzeugte.[7]

Sowohl Descartes als auch Platon vertreten diesen Gedanken, da sie eine Meinung, die variabel ist, ablehnen und ein Wissenschaftsideal annehmen, das auf dem Modell von Geometrie und mathematischer Beweisführung beruht – dem nämlichen Modell, nach dem die Welt erschaffen worden sein soll. *Dum Deus calculat, fit mundus* (während Gott rechnet, entsteht die Welt) ist die Überzeugung nicht nur von Leibniz, sondern von allen Rationalisten.

Innerhalb einer Tradition, die eher einem juristischen als einem mathematischen Modell folgt, stellen sich die Dinge ganz anders dar. So gilt es etwa in der Tradition des Talmud als allgemein anerkannt, daß gegenteilige Positionen in gleicher Weise annehmbar sein können; eine von ihnen muß nicht unbedingt richtig sein.

---

[6] Platon: Kratylos 390c; Theaitetos 167e.
[7] Descartes: Regulae ad directionem ingenii, hrsg. u. übers. v. Heinrich Springmeyer, Lüder Gäbe, Hans Günter Zekl, Hamburg 1973, S. 362–63.

So sind im Talmud zwei biblische Interpretationsschulen in ständiger Opposition, die Schule von Hillel und die von Shammai. Rabbi Abba berichtet, daß Rabbi Samuel, der über diese einander widersprechenden Interpretationen des heiligen Textes verärgert war, sich an den Himmel wendet, um zu erfahren, wer die Wahrheit spricht. Eine Stimme von oben antwortet ihm, daß diese beiden Thesen gleichermaßen das Wort des lebendigen Gottes ausdrückten.[8]

So ist auch für Platon das Thema der Diskussion immer eines, für das man keine Methode zur unmittelbaren Erzielung einer Übereinkunft besitzt:

> Aus der Uneinigkeit über was für Dinge aber entsteht wohl Feindschaft und Erzürnung, oh Bester? [so Sokrates zu Euthyphron]. Laß uns das so überlegen. Wenn wir uneinig wären, ich und du, über Zahlen, welche von beiden mehr betrüge, würde die Uneinigkeit hierüber uns wohl zu Feinden machen und erzürnt gegeneinander? Oder würden wir zur Rechnung schreitend sehr bald über dergleichen Dinge uns einigen? ... Nicht auch, wenn wir über Größeres und Kleineres uneinig wären, würden wir zur Messung schreitend sehr bald dem Streit ein Ende machen? ... Und zur Abwägung schreitend, würden wir, glaube ich, über Leichteres und Schwereres entscheiden? ... Worüber also müßten wir uns wohl streiten und zu was für einer Entscheidung nicht kommen können, um uns zu erzürnen und einander feind zu werden? Vielleicht fällt es dir eben nicht bei: allein, laß mich es aussprechen, und überlege, ob es wohl dieses ist, das Gerechte und Ungerechte, das Edle und Schlechte, das Gute und Böse.[9]

Wenn eine Übereinkunft leicht auf dem Wege der Berechnung, des Messens oder Wiegens erzielt werden kann, wenn ein Ergebnis entweder demonstriert oder verifiziert werden kann, wird es niemand in den Sinn kommen, von einer dialektischen Diskussion Gebrauch zu machen. Letztere betrifft nur das, was auf diese Weise nicht entschieden werden kann, und hier vor allem Meinungsverschiedenheiten über Werte. Tatsächlich ist es in Ansichtssachen oft der Fall,

---

[8] Babylonischer Talmud, Seder Mo'ed 2, 'Erubin 136 (hrsg. v. Epstein); vgl. Ch. Perelman: What the Philosopher May Learn from the Study of Law, in: Natural Law Forum 11 (1966), S. 3–4; ders.: Désaccord et rationalité des décisions, in: Droit, morale et philosophie (Paris: Librairie générale de droit et de jurisprudence 1968), S. 103–10.

[9] Platon: Euthyphron 7 [Übers. F. Schleiermacher].

daß weder Rhetorik noch Dialektik alle eingenommenen Positionen miteinander in Einklang bringen können.

Genauso liegen die Dinge in der Philosophie. Der Appell des Philosophen an die Vernunft gibt keine wie auch immer geartete Garantie dafür, daß jeder mit seinem Standpunkt übereinstimmt. Unterschiedliche Philosophien unterbreiten unterschiedliche Standpunkte, und es ist bezeichnend, daß ein Historiker der vorsokratischen Philosophie imstande war zu zeigen, daß die verschiedenen Standpunkte als Widersprüche oder Diskurse gegensätzlicher Seiten betrachtet werden können, dergestalt, daß jeweils einer These eine Antithese gegenübersteht.[10] Man könnte sich sogar mit Alexandre Kojève, dem kürzlich verstorbenen Experten Hegelianischer Philosophie, fragen, ob die Hegelianische Dialektik ihren Ursprung statt in der Platonischen Dialektik nicht vielmehr in der Entwicklung philosophischer Systeme hatte, die einander als These und Antithese gegenüberstehen und die Synthese beider nach sich ziehen. Der Vorgang gleicht einem Prozeß, in dem der Richter die Elemente, die er in den Behauptungen der gegnerischen Parteien als begründet ansieht, identifiziert. Für Kant wie auch für Hegel sollen aus der Philosophie, die auf Rationalität abzielt, Meinungen ausgeschlossen sein. Um aber die Divergenzen, auf die man in der Geschichte der Philosophie regelmäßig stößt, zu erklären, braucht man diese Meinungen nur die natürlichen Illusionen der Vernunft zu nennen, die dem Tribunal der kritischen Vernunft unterworfen werden (wie bei Kant), oder aber aufeinanderfolgende Momente im Fortschreiten der Vernunft zum absoluten Geist (wie bei Hegel).

Um die Ansprüche der Philosophie an die Rationalität mit der Pluralität der philosophischen Systeme zu versöhnen, müssen wir erkennen, daß der Appell an die Vernunft nicht als ein Appell an eine einzige Wahrheit identifiziert wird, sondern statt dessen als ein Appell an die Zustimmung eines Publikums, das man sich nach Art und Weise von Kants kategorischem Imperativ als alle vernünftigen und fähigen Menschen umfassend vorstellen kann. Der charakteristische

---

[10] Vgl. Clemence Ramnous: Le développement antilogique des écoles grecques avant Socrate, in: La dialectique (Paris: Presses Universitaires de France 1969), S. 40–47.

Aspekt der philosophischen Kontroverse und der Geschichte der Philosophie kann nur verstanden werden, wenn der Appell an die Vernunft als ein Appell an eine ideale Zuhörerschaft begriffen wird – welche ich die universale Zuhörerschaft nenne –: sei es, daß sie in Gott,[11] in allen vernünftigen und fähigen Menschen, im nachdenkenden Menschen oder in einer Elite verkörpert ist.[12] Anstatt die Philosophie mit einer Wissenschaft zu identifizieren, die nach dem positivistischen Ideal nur analytische, d. h. unstrittige und leere Urteile hervorbringen könnte, täten wir besser daran, das Ideal einer apodiktischen Philosophie aufzugeben. Wir müßten dann einräumen, daß der Philosoph in Ausübung seiner spezifischen Aufgabe nur über eine Argumentation verfügt, die er nach Kräften so vernünftig und systematisch wie eben möglich durchführen kann, ohne daß er jedoch jemals in der Lage wäre, sie absolut zwingend zu gestalten oder zu einem demonstrativen Beweis werden zu lassen. Außerdem ist es höchst unwahrscheinlich, daß irgendeine Beweisführung, aus der wir Gründe zum Handeln herleiten könnten, sich im Zeichen der Wahrheit durchführen ließe, denn diese Gründe müssen uns befähigen, unsere Handlungen und Entscheidungen zu rechtfertigen. Somit bringt uns die Analyse philosophischer Beweisführung indirekt zurück zu Ansichten, die im Existentialismus geläufig sind.

Das Publikum zeigt eine unendliche Vielfalt sowohl an Zahl als auch an Kompetenz: an Zahl, insofern es von einer Zuhörerschaft, die aus einem einzelnen, der in eine innere Reflexion vertieft ist, besteht, bis hin zur universalen Zuhörerschaft reicht; und an Kompetenz, insofern es von denen, die nur *loci* kennen, bis zu den Spezialisten, die ihr Wissen nur durch lange und sorgfältige Vorbereitungen erworben haben, reicht. Indem wir so die Idee der Zuhörerschaft generalisieren, können wir Platons Angriff auf die Rhetoriker, daß sie

---

[11] Platon: Phaidros 273c.
[12] Ch. Perelman u. L. Olbrechts-Tyteca: The New Rhetoric, A Treatise on Argumentation, übers. v. John Wilkinson u. Purcell Weaver (Notre Dame, Ind.: University of Notre Dame Press, 1969), Sektion 6–9; franz. Ausgabe: La nouvelle rhétorique, traité de l'argumentation (Paris: Presses Universitaires de France 1958).

größeres Interesse am Erfolg als an der Wahrheit zeigten, parieren. Auf diese Kritik kann man antworten, daß die Techniken, die dazu geeignet sind, eine Menge auf einem öffentlichen Platz zu überreden, ein gebildeteres und kritischeres Publikum nicht überzeugen könnten, und daß der Wert einer Argumentation nicht nur an ihrer Wirksamkeit zu messen ist, sondern auch an der Qualität der Zuhörer, an die sie sich richtet. Folglich kann die Idee einer rationalen Argumentation nicht *in abstracto* definiert werden, da sie von der historisch fundierten Idee der universalen Zuhörerschaft abhängt.

Die Rolle, die das Publikum in der Rhetorik spielt, ist von entscheidender Bedeutung, da jegliche Argumentation, indem sie darauf abzielt zu überzeugen, sich dem Publikum anpassen und sich daher auf Meinungen gründen muß, die von den Zuhörern mit solcher inneren Gewißheit angenommen werden, daß sich der Rest des Diskurses sorglos darauf stützen kann. Wo dies nicht der Fall ist, muß man die Zustimmung zu diesen Ausgangspunkten mittels aller verfügbaren rhetorischen Techniken verstärken, bevor man versucht, die kontroversen Punkte anzufügen. In der Tat begeht der Redner, der seinen Diskurs auf Prämissen, die vom Publikum nicht akzeptiert werden, aufbaut, einen klassischen Argumentationsirrtum – eine *petitio principii*. Das ist kein Fehler in formaler Logik, da formal jegliche Proposition sich selbst impliziert, sondern es ist ein Fehler in der Argumentation, da der Redner die Antwort auf eine Frage schuldig bleibt, indem er die Existenz einer nicht vorhandenen Zustimmung präsupponiert, auf deren Erlangung seine Bemühungen eigentlich gerichtet sein sollten.

Die Basis der Übereinstimmung

Die persuasiven Grundelemente, auf denen der Redner sein Argument aufbauen kann, sind vielfältig. Auf der einen Seite gibt es Fakten, Wahrheiten und Annahmen, auf der anderen Werte, Hierarchien und *loci* des Vorzuziehenden.[13]

Tatsachen und Wahrheiten können als Grundelemente gekenn-

---

[13] Ebd., Sektion 15–27.

zeichnet werden, denen die universale Öffentlichkeit bereits zugestimmt hat. Folglich besteht keine Notwendigkeit, die Intensität ihrer Wirkung zu verstärken. Wenn wir die Kohärenz der Realität und unserer Wahrheiten als einer jeweiligen Ganzheit voraussetzen, kann es keinen Konflikt zwischen Tatsachen und Wahrheiten geben, der das Fällen einer Entscheidung erforderlich machte. Wenn ein derartiger Konflikt einzutreten scheint, geschieht es, daß das inkompatible Element seinen Status verliert und entweder zu einem illusorischen Faktum oder einer augenscheinlichen Wahrheit wird, es sei denn, wir können die Inkompatibilität tilgen, indem wir zeigen, daß sich die beiden scheinbar inkompatiblen Wahrheiten auf verschiedene Gegenstandsbereiche beziehen. Wir werden auf diese argumentative Methode später zurückkommen, wenn wir von der Dissoziation der Begriffe handeln.

Annahmen sind Meinungen, die keines Beweises bedürfen, obwohl ein Festhalten an ihnen entweder, wenn nötig, verstärkt oder unterdrückt werden kann, indem das Gegenteil bewiesen wird. Rechtsverfahren machen reichlich Gebrauch von Annahmen. Ausgeklügelte Definitionen und subtile Regeln werden für ihren Gebrauch ausgearbeitet.

Man beruft sich auf Werte, um unsere Handlungsentscheidungen zu beeinflussen. Sie liefern Gründe dafür, weshalb man einen Verhaltenstyp einem anderen vorzieht, obgleich nicht alle sie notwendig als gute Gründe akzeptieren. In der Tat sind die meisten Werte insofern speziell, als sie nur von einer besonderen Gruppe akzeptiert werden. Die Werte, die als universal gelten, können auf so mannigfaltige Art und Weise aufgefaßt werden, daß man ihre Universalität besser als tendenzielle Übereinstimmung betrachtet, da diese verschwindet, sobald man versucht, einen solchen Wert auf eine konkrete Situation anzuwenden. Für die Argumentation ist es nützlich, konkrete Werte, wie etwa das eigene Land, von abstrakten Werten wie Gerechtigkeit und Wahrheit zu unterscheiden. Für Werte ist es bezeichnend, daß sie zum Zentrum des Konflikts werden können, ohne dadurch aufzuhören, Werte zu sein. Diese Tatsache erklärt, wie ein wirkliches Opfer möglich ist, indem der Gegenstand, auf den verzichtet wird, keineswegs bloßer Schein ist. Aus diesem Grunde ist das Bemühen, das Festhalten an Werten zu verstärken, niemals überflüssig. Ein solches Bemühen wird im epideiktischen Diskurs unternommen, und allgemein gesprochen ist auch jede Erziehung bestrebt, bestimmte Werte so darzustellen, daß sie anderen vorzuziehen sind.

Neben den Werten spielen konventionelle Hierarchievorstellungen in der Argumentation eine Rolle. Eine solche ist die der Überlegenheit des Menschen über Tiere, der Erwachsenen über Kinder. Es gibt auch doppelte Hierarchien wie in dem Fall, in dem wir das Verhalten entsprechend der geläufigen Einstufung der Handlungsträger klassifizieren. Aus diesem Grund ist eine Äußerung wie „Du verhältst dich wie ein Tier" pejorativ, wohingegen die Ermahnung, „wie ein Mann zu handeln", lobenswertes Verhalten verlangt.

Unter all den *loci*, die Aristoteles in seiner ›Topik‹ erörtert, betrachten wir nur diejenigen, die im dritten Buch untersucht sind; wir nennen sie die '*loci* des Vorzuziehenden'. Es sind sehr allgemeine Sätze, die nach Bedarf dazu dienen können, Werte oder Hierarchien zu rechtfertigen, die jedoch auch als eine spezielle Eigenschaft die Fähigkeit haben, komplementäre Aspekte der Realität zu bewerten. Den '*loci* der Quantität' wie „Was dauerhafter ist, ist mehr wert als das, was weniger dauerhaft ist" oder „Eine Sache, die einer größeren Anzahl von Personen dient, ist mehr wert als eine für eine kleinere Anzahl" können wir die '*loci* der Qualität' entgegensetzen, die das Einzigartige, das Unersetzliche, das Opportune, das Seltene hoch einschätzen, das heißt, die Ausnahme statt der Regel. Durch den Gebrauch dieser *loci* ist es möglich, den Unterschied zwischen dem klassischen und dem romantischen Geist zu beschreiben.[14]

Obwohl die neue Rhetorik für jede nichtformale Beweisführung ungeachtet ihrer Beschaffenheit, ihres Themas oder ihres Publikums den Rahmen bereitstellt, gibt sie nicht vor, eine Liste all der *loci* und allgemeinen Meinungen zu liefern, die als Ausgangspunkt für die Argumentation dienen können. Es reicht, zu betonen, daß der Redner in allen Fällen die Ansicht seines Publikums kennen muß, und zwar in bezug auf alle Fragen, die er behandeln will, die Art der Argumente und Gründe, die sowohl hinsichtlich des Themas als auch des

---

[14] Ch. Perelman u. L. Olbrechts-Tyteca: Classicisme et Romantisme dans l'argumentation, in: Revue Internationale de Philosophie (1958), S. 47–57.

Publikums relevant sind, was wahrscheinlich als starkes oder schwaches Argument gilt, was erregen könnte und was gleichgültig läßt. Quintilian weist in seiner ›Institutio oratoria‹ auf den Vorteil einer allgemeinen Schulbildung für künftige Redner hin. Dies stellt sie gleich mit ihrer Zuhörerschaft und schafft eine Gemeinschaft mit ihr. Dieser Rat ist vernünftig, was die Argumentation über Dinge anbelangt, die kein spezielles Wissen erfordern. Im übrigen jedoch ist es unerläßlich, will man die Zuhörer in Spannung halten, eine vorbereitende Einführung in die Gesamtheit der zu diskutierenden Ideen voranzustellen.

Die Gestaltung des Ausgangspunktes ist recht unterschiedlich, je nachdem, ob man mit einer einzelnen Person oder einer kleinen oder aber einer großen Gruppe diskutiert. Die einzelnen Meinungen und Überzeugungen, die man benötigt, können bereits früher ausgedrückt worden sein, und der Redner hat keinen Grund anzunehmen, daß seine Gesprächspartner ihre Ansichten geändert haben. Oder er kann die Technik von Frage und Antwort verwenden, um die Prämissen seines Arguments auf einen festen Boden zu stellen. Sokrates ging so vor, daß er die Zustimmung des Gesprächspartners als ein Zeichen der Wahrheit der angenommenen Behauptung wertete. So sagt er zu Kallikles im ›Gorgias‹:

> Wenn du mit mir über etwas in unseren Reden übereinkommst, das wird alsdann hinlänglich erprobt sein durch mich und dich, und es wird nicht nötig sein, es noch auf eine andere Probe zu bringen. Denn du würdest es ja sonst nicht eingeräumt haben, weder aus Mangel an Weisheit noch aus Überfluß an Scham; noch auch um mich zu betrügen, würdest du es einräumen. Denn du bist mir Freund, wie du auch selbst sagst. Gewiß also wird, was ich und du eingestehen, das höchste Ziel der Richtigkeit haben.[15]

Es liegt auf der Hand, daß ein derartiger Dialog nicht in Frage kommt, wenn eine größere Versammlung angesprochen wird. In diesem Fall sind die Prämissen des Diskurses jene, von denen der Redner weiß, daß die Zuhörerschaft sie akzeptieren wird.[16]

---

[15] Platon: Gorgias 487 d – 2 [Übers. F. Schleiermacher].
[16] Perelman/Olbrechts-Tyteca: The New Rhetoric, S. 104.

Schaffung von 'Präsenz'

Das, was ein Publikum akzeptiert, bildet eine Gesamtheit von Meinungen, Überzeugungen und Bindungen, die sowohl umfassend als auch unbestimmt ist. Aus dieser Gesamtheit muß der Redner gewisse Elemente auswählen, auf die er seine Aufmerksamkeit konzentriert, indem er sie sozusagen mit einer 'Präsenz' ausstattet. Das soll nicht heißen, daß die ausgelassenen Elemente gänzlich ignoriert werden, aber sie werden in den Hintergrund zurückgedrängt. Eine derartige Selektion mißt einigen Aspekten der Realität implizit mehr Wert bei als anderen. Erinnern wir uns an die reizende chinesische Geschichte, die von Meng-Tseu erzählt wird: „Ein König erblickt einen Ochsen auf dem Weg zur Opferung. Er ist von Mitleid gerührt und befiehlt, daß ein Schaf den Platz des Ochsen einnehmen soll. Er bekennt, daß er so handelte, weil er den Ochsen vor Augen hatte, das Schaf jedoch nicht."[17]

Gegenwärtige Dinge, Dinge, die uns in Raum und Zeit nahe sind, wirken unmittelbar auf unser Empfinden. Das Bestreben des Redners besteht jedoch häufig darin, Dinge zu Bewußtsein zu bringen, die nicht unmittelbar präsent sind. Bacon war sich dieser Funktion der Beredsamkeit bewußt:

Das Gefühl erblickt nur die Gegenwart; die Vernunft erblickt die Zukunft und die Summe der Zeit. Und da folglich die Gegenwart die Vorstellung stärker erfüllt, wird die Vernunft gewöhnlich besiegt; läßt aber die Kraft der Beredsamkeit und der Überredung künftige und entfernte Dinge als gegenwärtig erscheinen, dann obsiegt die Vernunft über die sich sträubende Vorstellung.[18]

Um „künftige und entfernte Dinge als gegenwärtig erscheinen" zu lassen, d. h. Präsenz zu schaffen, bedarf es besonderer Bemühungen der Darstellung. Zu diesem Zweck sind alle Arten literarischer Techniken und eine Anzahl rhetorischer Figuren entwickelt worden. Die *hypotyposis* oder *demonstratio* zum Beispiel wird als eine Figur bezeichnet, „die etwas auf eine solche Weise darstellt, als entwickelte und ereignete sich die Sache unmittelbar vor unseren

---

[17] Ebd., S. 116.
[18] F. Bacon: Of the advancement of learning, Buch II, Kap. xviii.

Augen".[19] Offensichtlich ist eine solche Figur als persuasiver Faktor höchst bedeutsam. Tatsächlich ist das Studium der Figuren ein nutzloser Zeitvertreib, wenn deren argumentative Rolle außer acht gelassen wird, eine Suche nach fremdartigen Namen für ziemlich weit hergeholte und manierierte Sprachwendungen. Andere Figuren wie *repetitio, anaphora, amplificatio, congeries, metabole, pseudodirekter Diskurs, enallage* sind insgesamt verschiedenartige Mittel, das Gefühl für Präsenz im Publikum zu verstärken.[20]

In seiner Beschreibung von Fakten, Wahrheiten und Werten muß der Redner eine Sprache wählen, welche die Klassifizierungen und Bewertungen berücksichtigt, die in der Akzeptanz durch das Publikum impliziert sind. Um seinen Diskurs auf die Ebene von Allgemeinheit zu stellen, die er für seinen Zweck und sein Publikum am angemessensten hält, hat er ein ganzes Arsenal linguistischer Kategorien zur Hand – Substantive, Adjektive, Verben, Adverbien – und ein Vokabular und eine Phrasierung, die ihn unter dem Vorwand einer deskriptiven Schilderung in die Lage versetzen, die Hauptelemente zu betonen und die sekundären bloß anzudeuten.

In der Selektion von Daten und ihrer Interpretation und Präsentation ist der Redner der Anschuldigung der Parteilichkeit ausgesetzt. Tatsächlich gibt es keinen Beweis dafür, daß seine Darstellung nicht durch ein tendenziöses Bild der Dinge verzerrt worden ist. Daher muß vor Gericht der Rechtsanwalt dem Staatsanwalt antworten, während sich der Richter eine Meinung bildet und seine Entscheidung erst mitteilt, nachdem er beide Parteien gehört hat. Obgleich sein Urteil ausgewogener erscheinen mag, kann es keine vollkommene Objektivität erlangen – die nur ein Ideal sein kann. Selbst wenn man tendenziöse Ansichten und Irrtümer vermeidet, kann man dadurch nicht eine völlig gerechte Entscheidung erreichen. So ist es auch im wissenschaftlichen und technischen Diskurs, wo die Wahlfreiheit des Redners geringer ist, da er ohne triftigen Grund nicht von der allgemein anerkannten Terminologie abweichen kann, wo Werturteile implizit sind und ihre Rechtfertigung in den Theorien, Klassifikationen und der Methodologie liegt, die die technische

---

[19] Rhetorica ad Herennium, IV.68.
[20] Perelman/Olbrechts-Tyteca: The New Rhetoric, Sektion 42.

Terminologie hervorgebracht haben. Die Idee, daß die Wissenschaft aus nichts als einem Korpus zeitloser, objektiver Wahrheiten besteht, wurde in den letzten Jahren zunehmend angezweifelt.[21]

Die Struktur des Arguments

Das nichtformale Argument besteht nicht aus einer Kette von Ideen, von denen sich einige gemäß allgemein anerkannter Regeln des Schließens von anderen ableiten, sondern vielmehr aus einem Netz, geknüpft aus all den Argumenten und Gründen, die zusammenwirken, um das gewünschte Ergebnis zu erzielen. Allgemein ist es das Ziel des Diskurses, die Zuhörer zu den Schlußfolgerungen zu bringen, die vom Redner angeboten werden, beginnend bei Prämissen, die sie bereits akzeptieren, es sei denn, der Redner hat sich einer *petitio principii* schuldig gemacht. Der argumentative Prozeß besteht darin, daß eine Verbindungslinie eingerichtet wird, durch die Akzeptanz oder Zustimmung von einem Element zum anderen weitergeleitet wird. Dieses Ziel kann entweder dadurch erreicht werden, daß man die verschiedenen Elemente des Diskurses unverändert und so assoziiert läßt, wie sie sind, oder dadurch, daß man eine Dissoziation von Begriffen herbeiführt.

Wir betrachten nun die verschiedenen Typen der Assoziation und Dissoziation, die dem Redner zur Verfügung stehen. Zur Vereinfachung der Klassifikation haben wir die Assoziationsprozesse in drei Klassen gegliedert: quasilogische Argumente; Argumente, die auf

---

[21] Nur einige Werke außer Thomas Kuhns ›The Structure of Scientific Revolutions‹ (Chicago, Ill.: University of Chicago Press 1962) seien genannt. Da gibt es zunächst Michael Polanyis fesselndes Werk, das bezeichnenderweise den Titel trägt ›Personal Knowledge‹ (London: Routledge & Kegan Paul 1958). Der gesellschaftliche, persuasive, ja rhetorische Aspekt der Wissenschaftsmethodologie wurde von dem Physiker John Ziman in seinem ausgezeichneten Buch ›Public Knowledge‹ (London: Cambridge University Press 1968) hervorgehoben. Dieses Buch ist dem verstorbenen Norwood Russell Hanson gewidmet, dessen ›Patterns of Discovery‹ (London: Cambridge University Press 1958) und ›Concept of the Position‹ (London: Cambridge University Press 1963) den neuen Ideen großes Gewicht verliehen.

der Struktur des Wirklichen basieren; und Argumente, die von Einzelfällen ausgehen, die dann entweder verallgemeinert oder von einer Realitätsebene zur anderen transponiert werden.[22]

Quasilogische Argumente

Diese Argumente gleichen den formalen Strukturen der Logik und Mathematik. In der Tat kamen die Menschen offenkundig zu einem Verstehen des rein formalen Beweises, indem sie quasilogische Argumente, wie sie als *loci* etwa in der ›Topik‹ des Aristoteles aufgelistet sind, einer Analyse unterzogen, die Genauigkeit und Formalisierung gewährte. Es besteht ein Unterschied von allergrößter Bedeutung zwischen einem Argument und einem formalen Beweis. Statt eine natürliche Sprache zu gebrauchen, in der dasselbe Wort mit verschiedenen Bedeutungen verwendet werden kann, benutzt ein logisches Kalkül eine künstliche Sprache, die so konstruiert ist, daß ein Zeichen nur eine Bedeutung haben kann. In der Logik bezeichnet das Prinzip der Identität eine Tautologie, eine unstrittige, aber leere Wahrheit, wie auch immer seine Formulierung aussehen mag. Dies ist jedoch in der Normalsprache nicht der Fall. Wenn ich sage „Geschäft ist Geschäft" oder „Jungen sind nun mal Jungen" oder „Krieg ist Krieg", so geben diejenigen, die diese Worte hören, nicht der Eindeutigkeit der Aussage den Vorzug, sondern deren vielsagendem Charakter. Sie pflegen solche Aussagen niemals als Tautologien anzusehen, die diese bedeutungslos machen würden, sondern nach verschiedenen plausiblen Interpretationen desselben Begriffs Ausschau zu halten, wodurch die ganze Aussage sowohl bedeutsam als auch annehmbar wird. In ähnlicher Weise suchen wir nach einer Interpretation, die Inkohärenz ausschaltet, wenn wir mit einer Aussage konfrontiert werden, die formal ein Widerspruch ist – „Wenn zwei Personen das gleiche tun, ist es nicht das gleiche" oder „Wir steigen und wir steigen nicht zweimal in denselben Fluß".

Um einen Redner zu verstehen, müssen wir uns bemühen, seinen

[22] Perelman/Olbrechts-Tyteca: The New Rheotric, Sektion 45–88.

Diskurs kohärent und bedeutungsvoll wiederzugeben. Diese Mühe erfordert guten Willen und Respekt für die Person, die redet, und für das, was sie sagt. Die Techniken der Formalisierung machen Berechnung möglich, folglich ist die Richtigkeit der Beweisführung mechanisch kontrollierbar. Dieses Ergebnis kann man ohne eine gewisse linguistische Strenge nicht erreichen. Die Sprache der Mathematik wird ebensowenig für die Dichtung wie für die Diplomatie verwendet.

Wegen ihrer Anpassungsfähigkeit kann die Normalsprache stets rein formale Gegensätze vermeiden. Doch ist sie nicht frei von Widersprüchen, wenn zum Beispiel zwei Normen empfohlen werden, die sich beide nicht auf die gleiche Situation anwenden lassen. So wird man der Lächerlichkeit preisgegeben, wenn man einem Kind sagt, es solle nicht lügen und seinen Eltern gehorchen, wenn das Kind fragt: „Was soll ich tun, wenn mein Vater mir befiehlt zu lügen?" Tritt eine solche Antinomie auf, so sucht man nach Modifikationen oder Verbesserungen und empfiehlt den Primat einer Norm vor der anderen oder führt aus, daß es Ausnahmen von der Regel gebe. Theoretisch ist es der eleganteste Weg, eine Inkompatibilität auszuschließen, wenn man zu einer Dissoziation von Konzepten Zuflucht nimmt – aber davon später mehr. Die Inkompatibilität ist ein bedeutendes Element in der Sokratischen Ironie. Indem Sokrates die Inkompatibilität der Antworten auf seine hinterhältigen Fragen entlarvt, zwingt er seinen Gesprächspartner dazu, gewisse allgemein anerkannte Meinungen aufzugeben.

Definitionen spielen in der Argumentation eine ganz andere Rolle als in einem formalen System. Dort handelt es sich meist um Abkürzungen. In der Argumentation jedoch legen sie fest, weshalb einer bestimmten Bedeutung der Vorrang vor anderen gegeben wird – gelegentlich dadurch, daß eine Beziehung zwischen einem alten und einem neuen Ausdruck hergestellt wird. Die Definition wird als eine rhetorische Figur betrachtet – die oratorische Definition –, wenn sie darauf abzielt, nicht die Bedeutung einer Idee zu erhellen, sondern Aspekte zu betonen, die die persuasive Wirkung, die gesucht wird, hervorrufen. Es handelt sich um eine Figur, die sich auf die Auswahl bezieht: die Auswahl von Fakten, die in der Definition herausgestellt werden, ist ungewöhnlich, da das *definiens* nicht dem Zweck dient, einem Ausdruck Bedeutung zu verleihen.[23]

Eine Analyse, die darauf abzielt, einen Begriff in all seine Teile zu zerlegen, und eine Interpretation, die darauf abzielt, einen Text zu erhellen, ohne etwas Neues hinzuzufügen, sind ebenfalls quasilogische Argumente und erinnern an das Prinzip der Identität. Diese Methode kann Redefiguren weichen, die Häufung und Interpretation genannt werden, wenn sie einem anderen Zweck als dem der Klarstellung dienen und dazu tendieren, das Gefühl der Präsenz zu verstärken.[24]

Diese wenigen Beispiele machen deutlich, daß Ausdrücke Stilfiguren genannt werden, wenn sie eine feste Struktur zeigen, die leicht erkennbar ist, und zu einem Zweck verwendet werden, der von ihrem normalen Gebrauch abweicht – der Persuasion. Wenn die Figur so eng in die Argumentation hineingewoben ist, daß sie als ein der Situation angemessener Ausdruck erscheint, wird sie als eine argumentative Figur betrachtet, und ihr ungewöhnlicher Charakter wird häufig übersehen.

Einige Verfahren der Beweisführung begnügen sich – im Gegensatz zu Definition und Analysis, die auf eine vollständige Identifikation abzielen – mit einer teilweisen Reduktion, d. h. mit einer Identifikation der Hauptelemente. Ein Beispiel dafür ist der Rechtsgrundsatz, daß gleiche gleich behandelt werden sollten. Wären Handelnde und Situationen identisch, so würde die Anwendung des Grundsatzes die Form eines exakten Beweises annehmen. Da dies jedoch niemals der Fall ist, muß eine Entscheidung getroffen werden, ob die Unterschiede außer acht gelassen werden sollen. Daher ist der Rückgriff auf Präzedenzfälle in Rechtsangelegenheiten kein völlig unpersönliches Verfahren, sondern erfordert stets die Intervention eines Richters.

Argumente der Reziprozität sind diejenigen, die die gleiche Behandlung für das Antezedens als auch die Konsequenz einer Beziehung beanspruchen: Käufer – Verkäufer, Zuschauer – Akteure etc. Diese Argumente setzen voraus, daß die Beziehung symmetrisch ist.

---

[23] Ebd., S. 172–173.
[24] Ebd., S. 176.

Die neue Rhetorik 343

Unvernünftiger Gebrauch kann komische Ergebnisse haben, wie folgende Geschichte, die bekanntlich Kant zum Lachen brachte:

> In Surat öffnet ein Engländer eine Flasche Ale, die enorm aufschäumt. Er fragt einen Inder, der sich erstaunt zeigt, was er daran wohl so seltsam fände. „Worüber ich mir den Kopf zerbreche", so der Eingeborene, „ist nicht, was aus der Flasche herauskommt, sondern wie man es überhaupt da hat hineinbringen können."

Andere quasilogische Argumente nehmen die Transitivität einer Beziehung als erwiesen an, obgleich sie nur wahrscheinlich ist: „Meines Freundes Freunde sind auch meine Freunde." Wieder andere Argumente treffen auf alle Arten von anderen Verhältnissen zu wie die zwischen Teil und Ganzem oder zwischen Teilen, Verhältnissen der Differenz, des Vergleichs, der Wahrscheinlichkeit. Sie unterscheiden sich deutlich vom genauen Beweis, da in jedem Fall komplementäre, nichtformale Hypothesen notwendig sind, um das Argument zwingend zu machen.[25]

Appell an das Wirkliche

Argumente, die auf der Struktur des Wirklichen beruhen, können in zwei Gruppen eingeteilt werden, je nachdem, ob sie Sequenz- oder Koexistenzverbindungen bilden.

Bei den Sequenzbeziehungen spielt die der Kausalität eine wesentliche Rolle. So können wir versuchen, die Ursachen einer Wirkung, die Mittel zu einem Zweck, die Folgen einer Tatsache zu finden oder eine Handlung oder eine Regel nach den Folgen, die sie nach sich zieht, zu beurteilen. Dieses letztere Verfahren könnte man das pragmatische Argument nennen, da es für den Utilitarismus in der Moral und für den Pragmatismus im allgemeinen typisch ist.[26]

Argumente, die Koexistenzverbindungen begründen, beruhen auf dem Bindeglied, das eine Person mit ihren Handlungen vereinigt. Verallgemeinert stellt dieses Argument die Beziehung zwischen dem Wesen und der Handlung her, eine Beziehung von ausschlagge-

---

[25] Ebd., Sektion 45–59.
[26] Siehe J. S. Mill: Utilitarianism, GBWW, Bd. 43, S. 443 ff.

bender Bedeutung in den Gesellschaftswissenschaften. Dieses Modell hat die Periodeneinteilung in der Geschichte bewirkt (Antike, Mittelalter), alle literarischen Klassifikationen (Klassizismus, Romantik), Stile (Gotik, Barock), ökonomische oder politische Systeme (Feudalismus, Kapitalismus, Faschismus) und Institutionen (Heirat, die Kirche).[27] Sofern die Rhetorik als Theorie der Argumentation begriffen wird, bildet sie eine Richtschnur für das Verständnis sowohl der Art und Weise, wie diese Kategorien konstituiert wurden, als auch der Gründe, die dazu geführt haben. Sie hilft uns, die Vor- und Nachteile ihrer Verwendung zu erfassen und gewährt einen Einblick in die Werturteile, die bei ihrer Gestaltwerdung explizit oder implizit vorhanden waren. Die Besonderheit der Gesellschaftswissenschaften kann man am besten verstehen, wenn man die methodologischen Gründe, die die Konstitution ihrer Kategorien rechtfertigen, berücksichtigt – Max Webers *Idealtypus*.

Dank der Koexistenzverbindungen sind wir auch in der Lage, das Autoritätsargument in allen seinen Aspekten zu verstehen wie auch die persuasive Rolle des *ethos* in der Argumentation zu würdigen, da der Diskurs als eine Handlung auf seiten des Redners betrachtet werden kann.[28]

Konstitution von Wirklichkeit

Argumente, die versuchen, die Struktur der Wirklichkeit zu konstituieren, sind erstens Argumente durch Beispiel, Illustration und Modell und zweites Argumente mittels Analogie.

Das Beispiel führt zu der Formulierung einer Regel durch Generalisierung vom Einzelfall oder durch Gleichstellung eines neuen mit einem älteren Fall. Die Illustration zielt darauf ab, die Präsenz für eine Regel zu erlangen, indem man sie mit einem konkreten Fall veranschaulicht. Das Argument durch ein Modell rechtfertigt eine Handlung, indem es zeigt, daß diese einem Modell entspricht. Auch das Argument durch ein Antimodell sollte erwähnt werden; ein Bei-

---

[27] Ch. Perelman (Hrsg.): Les catégories en histoire (Brüssel: Editions de l'Institut de Sociologie 1969).
[28] Perelman/Olbrechts-Tyteca: The New Rhetoric, Sektion 60–74.

spiel: der betrunkene Helot, den die Spartaner als Folie benutzten, um ihren Söhnen zu zeigen, wie man sich nicht benehmen sollte.

In den verschiedenen Religionen sind Gott und alle göttlichen oder quasigöttlichen Personen offenbar hervorragende Modelle für ihre Gläubigen. Christliche Tugend kann als Nachahmung Christi definiert werden; die buddhistische Tugend besteht darin, Buddha nachzuahmen. Die Modelle, die eine Kultur ihren Mitgliedern zur Nachahmung vorschlägt, stellen einen geeigneten Weg zu ihrer Charakterisierung dar.[29]

Das Argument durch Analogie ist in der nichtformalen Beweisführung äußerst wichtig. Wenn wir von einer Relation zwischen zwei Termen A und B ausgehen, die wir das *Thema* nennen, da sie den eigentlichen Gegenstand des Diskurses bestimmt, können wir durch Analogie ihre Struktur darstellen oder ihren Wert festsetzen, indem wir sie zu den Termen C und D in Beziehung setzen, die den *phoros* [Träger] der Analogie konstituieren, so daß sich A zu B wie C zu D verhält. Die Analogie, die ihren Namen von dem griechischen Wort für Proportion ableitet, ist nichtsdestoweniger von der mathematischen Proportion verschieden. In der letzteren ist die charakteristische Gleichheitsrelation symmetrisch, wohingegen der *phoros*, der herangezogen wird, um die Struktur zu klären oder den Wert des Themas festzusetzen, in der Regel besser bekannt sein muß als das Thema. Wenn Heraklit sagt, daß der Mann in den Augen Gottes ebenso kindlich ist wie das Kind in den Augen eines Erwachsenen, ist es unmöglich, den *phoros* gegen das Thema auszuwechseln und umgekehrt, es sei denn, es handelt sich um ein Publikum, das die Beziehung zwischen Gott und Mensch besser kennt als die zwischen einem Kind und einem Erwachsenen. Es ist ebenfalls beachtenswert, daß, wenn der Mann mit einem Erwachsenen gleichgesetzt wird, sich die Analogie auf drei Terme reduziert, so daß der mittlere zweimal wiederholt wird: C verhält sich zu B wie B zu A. Diese Argumentationstechnik ist für Platon, Plotin und alle diejenigen typisch, die innerhalb der Wirklichkeit Hierarchien aufstellen.

In den Naturwissenschaften ist der Gebrauch von Analogien hauptsächlich heuristisch. Die Absicht besteht letztlich darin, die

---

[29] Ebd., Sektion 78–81.

Analogie zu eliminieren und sie durch eine Formel mathematischen Typus zu ersetzen. Anders ist es jedoch in den Gesellschaftswissenschaften und in der Philosophie, wo das gesamte Korpus der zu untersuchenden Fakten nur Gründe für oder gegen eine besondere analoge Sicht der Dinge bietet.[30] Dies ist einer der Unterschiede, auf die Wilhelm Dilthey verweist, wenn er behauptet, die Naturwissenschaften zielten darauf ab, zu erklären, während die Humanwissenschaften zu verstehen suchten.

Die Metapher ist die Stilfigur, die dem Argument durch Analogie entspricht. Sie besteht aus einer verdichteten Analogie, in der ein Ausdruck des Themas mit einem Ausdruck des *phoros* verknüpft ist. So ist der „Lebensmorgen" eine Metapher, die die Analogie zusammenfaßt: Der Morgen ist für den Tag, was die Jugend für das Leben ist. Natürlich ist bei einer ziemlich großen Anzahl von Metaphern die Rekonstruktion der vollständigen Analogie weder einfach noch eindeutig. Wenn Berkeley in seinen Dialogen[31] von einem „Ozean der falschen Gelehrsamkeit" spricht, so gibt es verschiedene Wege, die fehlenden Ausdrücke der Analogie zu ergänzen; jeder von ihnen unterstreicht eine andere Beziehung, die in der Metapher nicht ausgedrückt ist.

Der Gebrauch von Analogien und Metaphern enthüllt am besten die schöpferischen und literarischen Aspekte der Argumentation. Bei einigen Zuhörern sollte ihr Gebrauch so weit wie möglich vermieden werden, bei anderen wäre hingegen durch ihr Fehlen der Diskurs zu technisch und zu schwierig. Spezialisten neigen dazu, Analogien zu mißtrauen. Sie benutzen sie nur, um Studenten in ihre Disziplin einzuführen. Populärwissenschaftliche Darstellungen machen von der Analogie extensiven Gebrauch, und nur von Zeit zu Zeit wird das Publikum an die Gefahr erinnert, die die Identifikation von Thema und *phoros* in sich birgt.[32]

---

[30] Ch. Perelman: Analogie et métaphore en science, poésie, et philosophie, in: Revue Internationale de Philosophie (1969), S. 3–15; vgl. auch Hans Blumenberg: Paradigmen zu einer Metaphorologie (Bonn: H. Bouvier 1960), und Enzo Melandri: La linea e il circolo. Studio logico filosofico sull' analogia (Bologna: il Mulino 1968).
[31] George Berkeley: Works, 2 Bde., London 1843, Bd. II, S. 259.
[32] Perelman/Olbrechts-Tyteca: The New Rhetoric, Sektion 82–88.

Die neue Rhetorik 347

Die Dissoziation der Begriffe

Abgesehen von argumentativen Assoziationen müssen wir auch für die Dissoziation der Begriffe Platz schaffen, deren Erörterung von der rhetorischen Tradition zu häufig vernachlässigt wird. Dissoziation ist die klassische Lösung für Inkompatibilitäten, die eine Änderung konventioneller Denkweisen verlangen. Philosophen weichen häufig vom gesunden Menschenverstand ab, wenn sie die Dissoziation verwenden. Sie bilden eine Vision der Realität, die frei von Meinungsgegensätzen ist.[33] Die große metaphysische Tradition von Parmenides bis zur Gegenwart zeigt in ihrer Gesamtheit eine Folge von Dissoziationen, wo jeweils die Wirklichkeit der Erscheinung entgegengesetzt ist.

Gewöhnlich wird Wirklichkeit wahrgenommen durch Erscheinungen, die als auf sie verweisende Zeichen angesehen werden. Sind jedoch die Erscheinungen inkompatibel – ein Ruder im Wasser stellt sich dem Blick als gebrochen dar, aber dem Tastsinn als gerade –, so müssen wir, wenn wir ein kohärentes Bild der Wirklichkeit haben wollen, zugeben, daß mancher Augenschein trügerisch ist und uns, was das Wirkliche angeht, zum Irrtum führt. So wird man zu der Konstruktion eines Wirklichkeitsbegriffs veranlaßt, der gleichzeitig als ein Kriterium für die Beurteilung von Erscheinungen verwendet werden kann. Was immer diesem entspricht, ist gültig; was immer ihm entgegengesetzt ist, ist ungültig und wird als bloße Erscheinung angesehen.

Jeder Begriff kann einer ähnlichen Dissoziation unterworfen werden. Der wirklichen Gerechtigkeit können wir die scheinbare Gerechtigkeit gegenüberstellen und der wirklichen Demokratie die scheinbare Demokratie oder formale oder nominale Demokratie oder die Quasidemokratie oder sogar „Demokratie" (in Anführungszeichen). Was man so als scheinbar bezeichnet, ist gewöhnlich das, was die Zuhörer normalerweise Gerechtigkeit, Demokratie etc. nennen würden. Sichtbar wird dies erst dann, nachdem das Krite-

---

[33] Ch. Perelman: Le réel commun et le réel philosophique, in: Etudes sur l'histoire de la philosophie, en hommage à Martial Gueroult (Paris: Fischbacher 1964), S. 127–38.

rium der wahren Gerechtigkeit oder wahren Demokratie darauf angewandt wurde und den Irrtum enthüllt, der hinter dem Namen verborgen ist. Die Dissoziation hat die Herabsetzung eines bislang anerkannten Wertes zur Folge, welcher durch eine andere Vorstellung, der der ursprüngliche Wert zugesprochen wird, ersetzt wird. Um eine solche Herabsetzung zu bewirken, bedarf man einer Vorstellung, die sich als nützlich, als bedeutsam wie auch als unvereinbar mit dem allgemeinen Gebrauch desselben Begriffes erweisen kann.

Wir können alle Begriffsreihen, die nach dem Modell des Paares Erscheinung–Wirklichkeit gebildet werden, „philosophische Paare" nennen. Der Gebrauch solcher Paare macht deutlich, wie philosophische Ideen entwickelt werden, und zeigt auch, wie sie vom Prozeß des Zu- und Aberkennens von Werten, der für alle Ontologien typisch ist, nicht dissoziiert werden können. So gelangt man zu der Erkenntnis, daß argumentative Kunstgriffe in der Entwicklung des Denkens und besonders der Philosophie Bedeutung haben.[34]

Interaktion von Argumenten

Eine Argumentation ist gewöhnlich ein gesprochener oder geschriebener Diskurs von variabler Länge, der eine große Anzahl von Argumenten mit dem Ziel vereinigt, die Zustimmung zu einer oder mehrerer Thesen durch das Publikum zu erlangen. Diese Argumente interagieren in den Köpfen der Zuhörer, indem sie einander stärken oder schwächen. Sie interagieren ebenfalls mit den Argumenten der Gegner wie auch mit denen, die spontan in den Köpfen der Zuhörer entspringen. Diese Situation ruft eine Anzahl theoretischer Fragen hervor.

Ist die Anzahl der Argumente hinsichtlich ihrer Zweckdienlichkeit beschränkt? Erzeugt die Wahl der Argumente und die Reichweite der Argumentation besondere Probleme? Was ist ein schwaches oder unerhebliches Argument? Welche Wirkung hat ein schwaches Argument auf die ganze Argumentation? Gibt es irgend-

---

[34] Perelman/Olbrechts-Tyteca: The New Rhetoric, Sektion 89–92.

welche Kriterien für die Bewertung von Stärke oder Relevanz eines Arguments? Sind solche Dinge vom Publikum abhängig, oder können sie objektiv bestimmt werden?

Wir haben auf diese Fragen keine allgemeine Antwort. Die Antwort, so scheint es, richtet sich nach dem Forschungsgebiet und der Philosophie, die seine Organisation bestimmt. In jedem Fall handelt es sich um Fragen, die selten aufgeworfen wurden und die niemals eine zufriedenstellende Antwort erhalten haben. Bevor irgendeine befriedigende Antwort gegeben werden kann, wird es notwendig sein, viele Detailstudien in verschiedenen Disziplinen anzufertigen, und zwar über alle möglichen Arten von Publikum.

Sind unsere Argumente erst einmal formuliert, macht es dann irgendeinen Unterschied, in welcher Reihenfolge sie präsentiert werden? Sollte man mit starken Argumenten beginnen oder enden oder beides tun, indem man die schwächeren in die Mitte plaziert – die sogenannte nestorianische Ordnung? Diese Art der Problemstellung impliziert, daß die Stärke eines Arguments von seinem Platz innerhalb des Diskurses unabhängig ist. Doch scheint in der Tat das Gegenteil wahr zu sein; denn was für das eine Publikum als ein schwaches Argument erscheint, erscheint oft als ein starkes Argument für ein anderes Publikum, was davon abhängt, ob die Präsuppositionen, die von dem einen Publikum abgelehnt werden, von dem anderen akzeptiert werden. Sollten wir daher unsere Argumente in der Anordnung darstellen, die ihnen die größte Durchschlagskraft verleiht? Wenn ja, sollte es eine besondere Technik geben, die der Organisation eines Diskurses gewidmet ist.

Eine solche Technik hätte aufzuzeigen, daß in einigen Fällen ein *exordium* äußerst wichtig ist, während es in anderen Fällen völlig überflüssig ist. Zuweilen sollten die Einwände des Gegners im vorhinein vorweggenommen und widerlegt werden, während es in anderen Fällen besser ist, die Einwände spontan aufkommen zu lassen, damit es nicht so scheint, als vernichte man einen Popanz.[35]

In allen diesen Fällen scheint es unwahrscheinlich, daß irgendwelche starren Regeln niedergelegt werden können, da man den spezifischen Charakter des Publikums berücksichtigen muß, seine

---

[35] Ebd., Sektion 97–105.

Entwicklung während der Debatte sowie die Tatsache, daß Gewohnheiten und Verfahren, die sich in einem Bereich als gut erweisen, sich in einem anderen Bereich nicht bewähren. Eine allgemeine Rhetorik kann nicht durch Gebote und Regeln fixiert werden, die ein für allemal niedergelegt worden sind. Sie muß jedoch imstande sein, sich den verschiedenartigsten Umständen, Themen und Auditorien anzupassen.

Vernunft und Rhetorik

Die Geburt einer neuen Kulturepoche ist durch ein Hervorbrechen origineller Ideen und eine Vernachlässigung methodologischer Bedenken, akademischer Klassifikationen und Einteilungen gekennzeichnet. Begriffe werden mit verschiedenen Bedeutungen verwendet, die die Zukunft differenzieren und entwirren sollen. Die Grundideen der griechischen Philosophie bieten für diesen Vorgang ein gutes Beispiel. Eine der komplexesten und verwirrendsten Ideen wird durch den Begriff *logos* ausgedrückt, der u. a. bedeutet: Wort, Vernunft, Diskurs, Beweisführung, Berechnung und alles, was später den Inhalt von Logik und Ratio bestimmen sollte. Die Vernunft war der Lust und den Leidenschaften entgegengesetzt. Sie galt als das Vermögen, welches das menschliche Verhalten im Namen von Wahrheit und Weisheit lenken sollte. Die Tätigkeit des *logos* manifestiert sich in langen Reden oder in Fragen und Antworten und ruft so die Unterscheidung hervor, die oben zwischen Rhetorik und Dialektik erwähnt wurde, noch bevor die Logik als autonome Disziplin eingerichtet wurde.

Die Entdeckung des Syllogismus durch Aristoteles und seine Entwicklung einer auf dem Beweis beruhenden Wissenschaft stellte die Frage nach dem Verhältnis der Syllogistik – der ersten formalen Logik – zu Dialektik und Rhetorik. Kann jedwede Form der Beweisführung syllogistisch ausgedrückt werden? Man nimmt oftmals an, daß Aristoteles ein solches Ergebnis zumindest für die deduktive Beweisführung erstrebte, wohl wissend, daß induktive Beweisführung und Argument durch Beispiel von der Deduktion völlig verschieden sind. Er war sich ebenfalls bewußt, daß dialektische Schlüsse, die charakteristisch für die Diskussion und in der Zielsetzung wesenhaft

Die neue Rhetorik

kritisch sind, sich in hohem Maße von beweisenden Schlüssen, die aus Prinzipien die wissenschaftlichen Schlußfolgerungen ableiteten, unterschieden. Doch er begnügte sich damit, den Unterschied in der Art der Prämissen, die in beiden Fällen verwendet werden, zu lokalisieren. In analytischen oder beweisenden Schlüssen sind die Prämissen nach Aristoteles wahr und zwingend oder sonst von derartigen Prämissen abgeleitet, wohingegen in dialektischen Schlüssen die Prämissen aus allgemeingültigen Meinungen bestehen. Das Wesen der Schlüsse wurde in beiden Fällen als gleich angesehen, da es darin bestand, Schlußfolgerungen aus Propositionen, die als Prämissen gesetzt waren, zu ziehen.[36]

Die Rhetorik andererseits sollte Syllogismen auf eine besondere Weise verwenden, indem sie einige Prämissen unausgesprochen ließ und sie so in Enthymeme verwandelte. Vom Redner, wie Aristoteles ihn sah, konnte man nicht behaupten, daß er reguläre Syllogismen gebrauchte; daher sollte seine Beweisführung aus abgekürzten Syllogismen und entsprechend der induktiven Methode aus Argumenten durch Beispiel bestehen.

Was ist von dieser Reduktion auf zwei Formen der Beweisführung zu halten, wenn man an die große Vielfalt von Argumenten denkt, von der Menschen in ihren Diskussionen Gebrauch machen, ob sie eine Rechtssache vertreten oder eine Handlung verteidigen? Seit der Zeit des Aristoteles hat die Logik freilich ihr Arbeitsgebiet auf die deduktive und induktive Beweisführung beschränkt, als ob jedes Argument, das von diesen abwich, der Vielfalt ihres Inhalts und nicht ihrer Form zuzuschreiben sei. Die Folge ist, daß ein Argument, das nicht auf eine kanonische Form zurückgeführt werden kann, als logisch wertlos betrachtet wird. Wie verhält es sich dann mit dem Folgern aus der Analogie? Wie mit dem Argument *a fortiori*? Müssen wir, wenn wir solche Argumente verwenden, immer in der Lage sein, eine fiktive unausgesprochene größere Prämisse einzuführen, um so eine Übereinstimmung mit dem Syllogismus zu bewirken?

Es kann gezeigt werden, daß praktisches Folgern, welches bei einer Wahl oder einem Beschluß involviert ist, immer in der Form theoretischen Folgerns ausgedrückt werden kann, indem zusätz-

---

[36] Aristoteles, Topik I, 100 a 25–32.

liche Prämissen eingeführt werden. Was aber wird durch solch einen Schritt gewonnen? Die Beweisführung, durch die neue Prämissen eingeführt werden, ist bloß verdeckt, und der Gebrauch solcher Prämissen erscheint völlig willkürlich, obwohl in Wirklichkeit auch ihr Gebrauch das Ergebnis einer Entscheidung ist, die nur durch Argument und nicht durch Beweis zu rechtfertigen ist.[37]

Zunächst hat es den Anschein, daß der Hauptunterschied zwischen Rhetorik und Dialektik nach Aristoteles derjenige ist, daß die letztere unpersönliche Techniken der Beweisführung verwendet, während die Rhetorik auf dem *ethos* (oder Charakter) des Redners beruht und auf der Art und Weise, wie er auf die Leidenschaften (oder *pathos*) seines Auditoriums einwirkt.[38] Für Aristoteles jedoch ist der *logos* oder der Gebrauch der Beweisführung die Hauptsache, und er kritisiert solche Autoren vor ihm, die die Betonung auf rednerische Kunstgriffe legten, welche dazu bestimmt waren, die Leidenschaften zu entfachen. Dazu schreibt er folgendes:

> Wenn es daher bei allen richterlichen Entscheidungen so wäre, wie jetzt in einigen Staaten, und zwar in solchen mit besonders guter Gesetzgebung, so hätten sie wohl nichts zu sagen: Alle meinen nämlich, die Gesetze müßten so befehlen, bzw. sie handeln auch dementsprechend und verhindern ein Abrücken von dem zur Debatte stehenden Sachverhalt, wie z. B. im Areopag – eine durchaus richtige Ansicht. Man soll nämlich den Richter nicht verwirren, indem man ihn zu Zorn, Neid und Mitleid verleitet; das wäre ja gerade so, wie wenn man das, was man als Richtlatte gebrauchen will, zuvor verbiegt.

Aus diesem Grund folgert er, nachdem er der Rolle der Leidenschaft in der Redekunst eine lange Diskussion gewidmet hat: „Sie [die Rhetorik] ist ein Teil und ein Abbild der Dialektik, wie wir schon zu Beginn sagten."[39]

[37] Ch. Perelman: Le raisonnement pratique, in: Contemporary Philosophy, hrsg. v. Raymond Klibansky (Florenz: La Nuova Italia 1969), Bd. I, S. 168–76.

[38] Vgl. Aristoteles: Rhetorik I, 1356 a, 15–18; Paul I. Rosenthal: The Concept of Ethos and the Structure of Persuasion, in: Speech Monographs (1966), S. 114–126.

[39] Vgl. Aristoteles: Rhetorik I, 1354a 19–27, 1356a 30–31 [Übers. F. G. Sieveke].

Faßt man das Gesagte zusammen, so scheint es, daß die Konzeption des Aristoteles, die hauptsächlich empirisch ist und auf der Analyse des ihm zur Verfügung stehenden Materials basiert, die Dialektik von der Rhetorik nur durch den Typus des Zuhörers und insbesondere durch die Art der Fragen, die in der Praxis behandelt werden, unterscheidet. Seine Vorschriften sind leicht zu verstehen, wenn man berücksichtigt, daß er hauptsächlich an die Debatten dachte, die vor Bürgerversammlungen abgehalten wurden, wo entweder politische oder juristische Angelegenheiten diskutiert wurden oder ein öffentlicher Anlaß feierlich begangen wurde. Es gibt jedoch keinen Grund, weshalb wir nicht auch theoretische und besonders philosophische Fragen, die in einem ungebrochenen Diskurs erläutert werden, in Betracht ziehen sollten. In diesem Fall hätte Aristoteles vermutlich die Techniken empfohlen, von denen er selbst in seinem Werk Gebrauch machte, analog der goldenen Regel, die seiner ›Nikomachischen Ethik‹ zugrunde liegt, daß nämlich die Methode, die für Untersuchung und Auslegung eines jeden einzelnen Themas verwendet wird, dem Gegenstand entsprechen muß, und zwar unabhängig von der Art der Darstellung.[40]

Nach Aristoteles wurde die Dialektik mit der Logik, als einer Technik der Beweisführung, gleichgesetzt. Dies ist auf den Einfluß der Stoiker zurückzuführen. Die Folge war, daß die Rhetorik fortan als etwas galt, was sich nur mit den irrationalen Teilen unseres Seins befaßt, sei es dem Willen, den Leidenschaften, der Einbildungskraft oder der Befähigung zu ästhetischem Vergnügen. Jene, die wie Seneca und Epiktet glaubten, daß die Rolle des Philosophen darin bestehe, den Menschen dazu zu bringen, sich der Vernunft zu unterwerfen, standen der Rhetorik ablehnend gegenüber, selbst wenn sie sich ihrer im Namen der Philosophie bedienten. Jene, die andererseits wie Cicero glaubten, daß man zur Rhetorik Zuflucht nehmen müsse, um den Menschen dazu zu bewegen, sich der Vernunft zu unterwerfen, empfahlen die Vereinigung von Philosophie und Beredsamkeit. Die Denker der Renaissance wie Valla und auch Bacon, die von der Rhetorik erwarteten, daß sie auf die Einbildungskraft einwirkt, um den Triumph der Vernunft zu gewährleisten, folgten dem Beispiel.

---

[40] Vgl. Aristoteles: Ethik I, 1094 b 12–27.

Die eher rationalistischen Denker wie Ramus betrachteten die Rhetorik, wie wir bereits bemerkten, als bloßes Ornament und bestanden auf einer Trennung von Form und Inhalt, wobei nur letzterer der Beachtung durch den Philosophen würdig schien. Descartes übernahm die gleiche Konzeption und verlieh ihr noch größeren Nachdruck. Er betrachtete die geometrische Methode als die einzige Methode, die für die Wissenschaften wie auch für die Philosophie geeignet sei, und stellte sich gegen die Rhetorik, da sie dem Willen gegen die Vernunft eine Handlung aufnötigte. Er nahm so die Position der Stoiker ein, jedoch mit einer anderen methodologischen Rechtfertigung. Um jedoch innerhalb dieses Schemas für die Beredsamkeit Platz zu machen, müssen wir lediglich der Vernunft das Monopol absprechen, allein im Besitz der richtigen Methode zur Beeinflussung des Willens zu sein. So zögert Pascal nicht, während er sich zu einem Rationalismus nach cartesianischer Manier bekennt, zu erklären, daß die Wahrheiten, die für ihn von größter Bedeutung sind – d.h. die Wahrheiten des Glaubens –, mit dem Herzen aufgenommen werden müssen, bevor sie von der Vernunft anerkannt werden können:

Jedermann weiß, daß es zwei Tore gibt, durch welche die Meinungen in die Seele aufgenommen werden: es sind ihre beiden wichtigsten Fähigkeiten: der Verstand und der Wille. Das natürlichste Tor ist das des Verstandes, denn man sollte stets nur den bewiesenen Wahrheiten zustimmen; aber das gewöhnlichste, obgleich es gegen die Natur ist, ist das des Willens; denn alle Menschen werden fast nie durch den Beweis, sondern fast immer durch das Wohlgefallen zum Glauben bestimmt. Dieser Weg ist niedrig, unwürdig und sonderbar, und darum verleugnet ihn jeder. Jedermann gibt vor, nur das zu glauben, ja nur das zu lieben, von dem er weiß, daß er dessen würdig ist.

Ich spreche hier nicht von den göttlichen Wahrheiten, weil ich gar nicht daran denke, sie in die Kunst, zu überzeugen, einzubeziehen, denn sie stehen unendlich hoch über der Natur: Gott allein kann sie in die Seele pflanzen, und auf die Weise, die ihm gefällt. Ich weiß, er hat gewollt, daß sie vom Herzen in den Geist gelangen und nicht vom Geist in das Herz, um die stolze Macht der Vernunft zu demütigen.[41]

[41] Blaise Pascal: Vom geometrischen Beweis, in: Vermächtnis eines großen Herzens. Die kleineren Schriften, hrsg. und übers. v. Wolfgang Rüttenauer, Wiesbaden 1947, S. 35–36.

Der Glaube an göttliche Dinge erfordert Gnade; sie wird uns das lieben lassen, was die Religion uns zu lieben befiehlt. Doch ist es auch die Absicht Pascals, zu diesem Ergebnis durch seine Beredsamkeit beizutragen, obwohl er zugeben muß, daß er die Regeln dieser Beredsamkeit nur auf sehr allgemeine Weise niederlegen kann:

> Daraus erhellt, daß, wovon man auch überzeugen wolle, man die Person berücksichtigen muß, die man überzeugen will; daß man ihren Geist und ihr Herz kennen muß, und wissen, welche Prinzipien sie anerkennt, welche Dinge sie liebt; weiter, daß man gewahr werden muß, in welchen Beziehungen die Sache, um die es geht, zu den anerkannten Prinzipien steht, oder zu den Gegenständen, die durch den Zauber, den man ihnen zuschreibt, Lust wecken. So besteht die Kunst, zu überzeugen, ebensosehr in der Kunst, zu gefallen, wie in der Kunst, zu überzeugen – so viel mehr lassen sich die Menschen durch die Laune als durch die Vernunft beherrschen!
>
> Von diesen beiden Methoden, der zu überzeugen und der zu gefallen, werde ich hier nur die Regeln der ersten geben; und auch das nur unter der Voraussetzung, daß man die Prinzipien anerkannt hat und an dieser Anerkennung unerschütterlich festhält: andernfalls weiß ich nicht, ob es eine Kunst gibt, die imstande wäre, die Beweise mit der Unbeständigkeit unserer Launen in Einklang zu bringen.
>
> Aber die Kunst, zu gefallen ist unvergleichlich viel schwieriger, feiner, nützlicher und bewunderungswürdiger; wenn ich sie also nicht erörtere, so geschieht das nur darum, weil ich dazu nicht fähig bin; ich fühle mich dazu dermaßen außerstande, daß ich es für völlig unmöglich halte.
>
> Nicht als ob ich nicht glaubte, daß es für das Gefallen nicht ebenso sichere Regeln gäbe wie für das Beweisen, und daß es dem, der sie vollkommen zu erkennen und zu verwirklichen verstände, nicht ebenso sicher gelingen würde, sich bei Königen und Leuten aller Art beliebt zu machen, wie die Elemente der Geometrie denen zu beweisen, die Einbildungskraft genug haben, um ihre Voraussetzungen zu begreifen. Aber ich halte dafür – und vielleicht ist es meine Schwäche, die mich zu diesem Glauben bringt –, daß es unmöglich ist, dieses Ziel zu erreichen.[42]

Was die formalen Regeln der Rhetorik betrifft, so leitet Pascals Reaktion hier bereits die Romantik ein mit ihrer Verbeugung vor dem Genius des großen Redners. Doch bevor die Romantik herrschte, entwickelte sich im England des 18. Jahrhunderts die Assoziationspsychologie. Gemäß den Denkern dieser Schule bestimmt nicht die

---

[42] Ebd., S. 39–40.

Vernunft, sondern das Gefühl das Verhalten des Menschen. So kommt es, daß auf der Basis dieser Psychologie Bücher über die Rhetorik geschrieben wurden. Das bekannteste ist Campbells ›The Philosophy of Rhetoric‹.[43] Fünfzig Jahre später definiert Whately, der Bacons Vorbild folgt, das Thema von Logik und Rhetorik wie folgt:

> Ich bemerkte, indem ich jene Wissenschaft [Logik] behandelte, daß die Beweisführung als zwei Zwecken dienlich betrachtet werden kann, die ich mir erlaubte, jeweils durch die Begriffe „Folgern" und „Beweisen" zu bestimmen, d. h. die *Feststellung* der Wahrheit durch Ermittlung und ihre *Einsetzung* zur Zufriedenheit der anderen; und ich bemerkte dort, daß Bacon in seinem ›Organon‹ Regeln für die Handhabung des ersteren dieser Prozesse niedergelegt hat und daß letzterer zum Bereich der Rhetorik gehört; und es wurde hinzugefügt, daß das Folgern die eigentliche Aufgabe des Philosophen oder des Richters ist, das Beweisen die des Advokaten.[44]

Indem diese Auffassung die gesellschaftliche Bedeutung der Rhetorik betont, macht sie dieselbe für den Philosophen zu einem unbedeutenden Faktor. Diese Tendenz nimmt unter dem Einfluß Kants und der deutschen Idealisten zu, die sich rühmten, jegliches Meinungswissen aus der Philosophie zu verbannen und ihr ausschließlich apodiktische Wahrheiten vorzubehalten.

Die Beziehung zwischen der Vorstellung, die wir von der Vernunft bilden, und der Rolle, die der Rhetorik zugewiesen wird, ist so bedeutsam, daß sie Studien über all die großen Denker, die sich dazu geäußert haben, verdient – Studien, die denen über Bacon von Karl Wallace oder über Ramus von Walter J. Ong entsprechen.[45] Im folgenden möchte ich kurz darlegen, wie das positivistische Klima des logischen Empirismus eine neue oder erneuerte Konzeption von Rhetorik möglich macht.

---

[43] Vgl. V. M. Bevilacqua: Philosophical Origins of George Campbell's Philosophy of Rhetoric, in: Speech Monographs (1965), S. 1–12; Lloyd F. Bitzer: Hume's Philosophy in George Campbell's Philosophy of Rhetoric, in: Philosophy and Rhetoric (1969), S. 139–66.

[44] Whately: Elements of Rhetoric, 1828, S. 6–7.

[45] Karl Wallace: Francis Bacon on Communication and Rhetoric (Chapel Hill: University of North Carolina Press 1943); Walter J. Ong: Ramus: Method and the Decay of Dialogue (Cambridge, Mass.: Harvard University Press 1958, ²1983).

Aus dem Blickwinkel des Neopositivismus betrachtet, beschränkt sich das Rationale darauf, was uns Erfahrung und formale Logik zu verifizieren und demonstrieren ermöglichen. Als Folge davon schlägt der weite Bereich all dessen, was sich mit Handlung befaßt – ausgenommen die Wahl der angemessensten Mittel, ein bestimmtes Ziel zu erreichen –, ins Irrationale um. Gerade die Idee einer vernünftigen Entscheidung hat keine Bedeutung und kann nicht einmal zufriedenstellend in bezug auf die gesamte Handlung, in der sie sich ereignet, definiert werden. Der logische Empirismus hat keine Technik der Rechtfertigung zu seiner Verfügung, außer der, die auf der Theorie der Wahrscheinlichkeit gründet. Warum aber sollte man die eine Handlung der anderen vorziehen? Nur, weil sie wirksamer ist? Wie kann man zwischen den verschiedenen Zielen, die man anstrebt, wählen? Wenn Messungen der Quantität die einzigen sind, die in Betracht gezogen werden können, wäre die einzige vernünftige Entscheidung die, die mit utilitaristischen Berechnungen konform geht. Wenn dem so ist, würden alle Ziele nur auf das des Vergnügens oder der Nützlichkeit reduziert, und alle Wertkonflikte würden als auf nutzlosen Ideologien basierend aufgegeben.

Wenn man nun nicht bereit ist, eine solche Beschränkung auf einen Monismus der Werte in der Lebenswelt hinzunehmen, und eine solche Reduktion mit der Begründung ablehnt, daß die Nichtreduzierbarkeit vieler Werte die Grundlage unserer Freiheit und unseres geistigen Lebens ist; wenn man darüber nachdenkt, wie Rechtfertigung in den verschiedensten Bereichen stattfindet – in der Politik, der Ethik, dem Recht, den Gesellschaftswissenschaften und vor allem in der Philosophie –, scheint es einleuchtend, daß unser intellektuelles Rüstzeug nicht ganz auf die formale Logik reduziert werden kann, selbst wenn diese um eine Theorie für die Kontrolle der Induktion und der Wahl der wirksamsten Techniken erweitert wird. In dieser Situation sind wir gezwungen, eine Theorie der Argumentation als ein unentbehrliches Werkzeug für die praktische Vernunft zu entwickeln.

In einer solchen Theorie wird die Argumentation, wie wir gesehen haben, von dem Festhalten an Meinungen, d. h. von einem Publikum abhängig gemacht, ob es sich um ein reflektierendes Individuum oder die Menschheit handelt, so wie sie vom Philosophen in seinem Appell an die Vernunft angesprochen ist. Whatelys Unterscheidung zwischen der Logik, die die Argumentationsregeln für den Richter bereitstellt, und der Rhetorik, die die Richtschnur für den Rechtsanwalt liefert, scheitert, da sie ohne Grundlage ist. Allerdings kann die Rede des Anwalts, die darauf abzielt, den Richter zu überzeugen, nicht auf irgendeiner anderen Art der Beweisführung beruhen als der, von der der Richter selber Gebrauch macht. Der Richter, der beide Parteien gehört hat, ist besser informiert und eher in der Lage, die Argumente beider Seiten zu vergleichen. Sein Urteil pflegt jedoch eine Rechtfertigung zu enthalten, die sich in der Sache keineswegs von der Argumentation des Anwalts unterscheidet. Tatsächlich ist die Rede des idealen Anwalts genau diejenige, die den Richter mit der gesamten Information versorgt, die er benötigt, um die Gründe für sein Urteil vorzutragen.

Wenn die Rhetorik als der formalen Logik und die Argumentation als dem demonstrativen Beweis komplementär betrachtet wird, so wird sie von größter Bedeutung in der Philosophie, da sich kein philosophischer Diskurs entwickeln kann, ohne auf sie zurückzugreifen. Dies wurde deutlich, als unter dem Einfluß des logischen Empirismus jegliche Philosophie, die nicht auf Kalküle zurückgeführt werden konnte, als unsinnig und wertlos angesehen wurde. Die Philosophie verlor daraufhin ihren Status in der zeitgenössischen Kultur. Diese Situation kann nur dadurch geändert werden, indem man eine Philosophie und eine Methodologie des Vernünftigen entwickelt. Denn wenn das Rationale auf das Gebiet des Berechnens, Messens, Wiegens beschränkt ist, verbleibt dem Vernünftigen das weite Feld all dessen, was quantitativen und formalen Techniken nicht zugänglich ist. Dieses Feld, das Platon und Aristoteles mittels dialektischer und rhetorischer Kunstgriffe zu untersuchen begannen, steht der Erforschung durch die neue Rhetorik offen.

ARGUMENTATIONSTHEORETISCHE ANFRAGEN AN DIE RHETORIK

Ein Rekonstruktionsversuch der antiken Rhetorik

Von Josef Kopperschmidt

1. Erläuterung der thematischen Fragestellung

1. Die Geschichte der Rhetorik (qua Theorie) hört weder mit Tacitus' brillanter Analyse der politischen Bedingungen des Verfalls öffentlicher Rede (›Dialogus de oratoribus‹ [c. 96 n. Chr.]) auf noch mit Quintilians faszinierendem Versuch, den praktisch bewährten Ertrag theoretischer Problemreflexion aus vier Jahrhunderten in seiner voluminösen ›Institutio oratoria‹ (c. 95 n. Chr.) unter der Leitidee des „vollkommenen Redners" ebenso unprätentiös wie verläßlich zusammenzufassen.[1] Gleichwohl! Wer unter „Rhetorik" zunächst einmal einen historischen, genauerhin: antiken Problem- und Reflexionstitel versteht, erliegt nicht bloß einer wortgeschichtlichen Suggestion; er ratifiziert vielmehr nur die Einsicht, daß sich spät- wie nachantike Theoriearbeit in Sachen Rhetorik weithin in einem Reflexionsrahmen bewegen, dessen paradigmatische Logik und konstruktive Systematik in den theoretischen Schriften eines Aristoteles, Cicero und Quintilian entwickelt worden sind. Ich werde mich daher im folgenden an dieses terminologische Vorverständnis halten und unter „Rhetorik" die antike Ausprägung einer geschichtlichen Reflexionsanstrengung verstehen, als deren problem- bzw. wirkungsgeschichtlich wichtigste Zeugnisse ich die Aristotelische ›Rhetorik‹ (4. Jh. v. Chr.) sowie die Quintiliansche ›Institutio oratoria‹ ansehe (beide Werke sind jetzt endlich in verläßlichen deutschen Übersetzungen zugäng-

---

[1] Vgl. Kopperschmidt: Quintilian: De argumentis.

lich).² Entsprechend werde ich mich bevorzugt auf diese beiden Texte beziehen, ohne freilich deren doxographische oder gar ideengeschichtliche Interpretation hier auch nur im Ansatz leisten zu wollen.³

2. Die in diesem Aufsatz gewählte Fragestellung ist nicht nur nicht ideengeschichtlich oder doxographisch, sie ist auch weder philologisch-historisch noch systematisch-dogmatisch an der antiken Rhetorik interessiert. Ebensowenig fungieren die folgenden Seiten schließlich als Teilstück einer neuerlich angestrengten Reaktualisierung bzw. Rehabilitierung der antiken Rhetorik unter dem gegenwärtig so innovationsträchtigen Titel „Argumentation". Vielmehr geht es – statt um *Rehabilitation* oder gar *Restauration* – um die (mit *Revision* durchaus vereinbare) *Rekonstruktion* eines Teilstücks (zudem eines historisch sehr unterschiedlich gewichteten Teilstücks) der antiken Rhetorik auf der materialen Grundlage zweier exemplarischer Texte.

Dabei soll genauerhin der Begriff „Rekonstruktion", auf dessen vergleichbare kategoriale Ausdifferenzierung bei Habermas in seiner Einleitung ›Zur Rekonstruktion des historischen Materialismus‹⁴ ich hier verweise, die Intention eines Beitrags spezifizieren, dessen leitende Frage nicht so sehr das Eigeninteresse der gewählten historischen Texte authentisch abzubilden beansprucht, sondern vielmehr ein aktuelles, diesfalls als argumentationstheoretisch gekennzeichnetes *Interesse* an den historischen Texten anzeigt.⁵ Die solchermaßen ermöglichte größere Unbefangenheit gegenüber der Autorität der historischen Texte ist zwar der legitimatorischen Rückfrage nach der Angemessenheit des leitenden Frageinteresses nicht gänzlich entzogen; doch diese Frage ist auch nicht aus der Logik der historischen Texte allein entscheidbar, sondern allenfalls über den (rekonstruktiv leistbaren) Nachweis eines in den Texten unterstellten, aber noch nicht „ausgeschöpften Anregungspotentials"⁶ für den Prozeß einer aktuellen Problemreflexion.⁷

---

² Ich meine die Aristoteles-Übersetzung von Sieveke und die Quintilian-Übersetzung von Rahn.
³ Vgl. dazu Seel: Quintilian, bes. Kp. II und VI.
⁴ Habermas: Zur Rekonstruktion, S. 9–48.
⁵ Vgl. Kopperschmidt: Von der Kritik der Rhetorik zur kritischen Rhetorik.
⁶ Ebd., 9.9. Der Klappentext der Sievekeschen Übersetzung qualifiziert die Aristotelische ›Rhetorik‹ als „unentbehrlich" u. a. für eine „Theorie der Argumentation".
⁷ Bedingt vergleichbar wäre hinsichtlich des rekonstruktiven Interesses

3. Die Spezifikation dieses rekonstruktiven Frageinteresses als *argumentationstheoretisch* ist der Versuch, die allgemeine Orientierung einer rekonstruktiven Ausschöpfung des rhetorischen Anregungspotentials eher anzudeuten als explizit zu definieren. Denn eine Disziplin oder Forschungsrichtung, die den anspruchsvollen Titel „Argumentationstheorie" verdiente, sehe ich – entgegen Berks optimistischer Einschätzung[8] – heute noch nicht. Allenfalls dürfte „Argumentation" ein integrationsfähiger Problemtitel sein, mit dem sich ein vergleichbares Frageinteresse in sehr verschiedenen Disziplinen und Forschungsrichtungen (Philosophie, Logik, Linguistik, Jurisprudenz, Soziologie, Kommunikationswissenschaft usw.)[9] einigermaßen treffen läßt. Will man dieses gemeinsame Interesse etwas genauer bestimmen, so wäre es als Interesse an der Klärung der Chancen, Bedingungen und Methoden einer (wenn auch nicht wissenschaftlichen, so doch) vernünftigen, weil gewaltfreien, sozialen Verständigung charakterisierbar – ein Interesse, das auch mit dem Titel des Habermasschen langfristigen Forschungsprogramms einer „Kommunikationstheorie der Gesellschaft" als einer „Kritik der Verständigungsverhältnisse" angemessen zu beschreiben wäre.[10]

---

außerhalb argumentationstheoretischer Fragestellung Breuers Versuch, am Modell des Redners Kategorien für die Konzeptualisierung einer pragmatischen Texttheorie zu gewinnen. Dagegen erspart sich Wolff in seinem so anspruchsvoll klingenden Buch ›Der rhetorische Charakter der sozialen Ordnung‹ jede ernstzunehmende Auseinandersetzung mit der antiken Rhetorik und dekretiert statt dessen ein Verständnis von Rhetorik qua „Sozialkompetenz" (S. 77–79), das für die eigentliche ethnomethodologische Fragestellung des Buches theoretisch wie methodologisch völlig irrelevant ist. Gleichwohl könnte eine solchermaßen interessierte Rekonstruktion der Rhetorik aufschlußreich sein, bes. hinsichtlich der Topik. Vgl. etwa Heideggers Hinweis in: Sein und Zeit, S. 138.

[8] Berk: Argumentationstheorie, S. 13 u. 190.

[9] Vgl. Alexy: Juristische Argumentation, S. 51 ff.; Schecker (Hrsg.): Theorie der Argumentation, Einleitung; Berk: Argumentationstheorie, S. 190 ff. u. a. m.

[10] Habermas: Zur Rekonstruktion, S. 129 ff.; vgl. Henrichs Laudatio auf J. Habermas: Kritik der Verständigungsverhältnisse, sowie McCarthy: Kritik der Verständigungsverhältnisse.

Die Einschätzung der Relevanz eines solchen Interesses hängt von der Einschätzung ab, ob es – soziokulturell wie pragmatisch – heute noch eine plausible Alternative zu gewaltfreier Verständigung innerhalb von Gesellschaften und zwischen Gesellschaften geben kann. Daß freilich die Relevanz dieses Interesses *an* Argumentation nicht die Institutionalisierung *von* Argumentation innerhalb von Gesellschaften und zwischen Gesellschaften strategisch garantieren kann, sei – um allen möglichen idealistischen Verdächtigungsversuchen zuvorzukommen – vorweg zu- und eingestanden.

2. Das argumentationstheoretische Interesse an der Rhetorik und das rhetorische Interesse an der Argumentation

1. Daß ein solchermaßen charakterisierbares Interesse, sobald es sich problemgeschichtlich nicht mehr blind stellt, auf die Rhetorik stoßen muß, ist nur für den überraschend, der in der Tradition der Erlanger (konstruktivistischen) Schule „rhetorisch" und „vernünftig" bzw. „persuasiv" und „rational" als widersprüchliche Kategorien zu lesen gelernt hat.[11] Wer sich dagegen dieser Zwangsopposition entziehen konnte, fand in der Rhetorik – sofern er sie nur von Sophistik zu unterscheiden wußte – geradezu das historische Subjekt einer Reflexionsanstrengung, die nach den Chancen möglicher Rationalität eben dort suchte, wo wissenschaftliche Methode sie allein nicht mehr gewährleisten kann, nämlich in der Praxis als dem Bereich normativ orientierten und darum sinnhaft verstehbaren Handelns.

In expliziter Erinnerung an diese heuristische Rolle der Rhetorik[12] haben Ch. Perelman und L. Olbrechts-Tyteca ihren ›Traité de l'argumentation‹ von 1958 eine ›Nouvelle rhétorique‹ genannt. Mit diesem ebenso ideenreichen wie umständlichen Werk hat sich zwar

---

[11] Berk: Argumentationstheorie, S. 56ff.; Kambartel: Ethik und Mathematik, S. 500.

[12] Vgl. Perelman: Reich, S. 1ff.; ders.: Logik, S. 74ff. Zu Perelman vgl. u. a. Gethmann: Protologik, S. 16ff.; Alexy: Juristische Argumentation, S. 197ff.

Argumentationstheoretische Anfragen an die Rhetorik 363

nicht – entgegen der bereits oben abgelehnten These von Berk – „eine eigenständige philosophische Theorie der Argumentation" bereits konstituiert.[13] Gleichwohl ist das Jahr 1958 – und darin hat Berk recht – der Zeitpunkt, zu dem unter dem Titel „Argumentation" eine lange vergessene Problemreflexion wieder aufgenommen wurde, deren Dringlichkeit bereits Vico gegenüber dem seinerzeit herrschenden Cartesianismus erfolglos eingeklagt hatte.[14]

Wie unterschiedlich freilich dieses Vergessen schuldhaft zu verrechnen ist, das zeigt ein Vergleich zwischen der ›Nouvelle rhétorique‹ und einem Werk, das gleichfalls 1958 erschien und das zusammen mit dem ›Traité de l'argumentation‹ diesem Stichjahr erst seine problemgeschichtliche Signifikanz verleiht[15]; ich meine St. Toulmins Buch ›The uses of argument‹, das besonders seit seiner (leider schlechten) Übersetzung ›Der Gebrauch von Argumenten‹ (1975) zumindest die deutschsprachige Argumentationstheorie weit mehr als Perelman/Olbrechts-Tytecas voluminöses (noch immer nicht ins Deutsche übersetzte) Opus beeinflußt hat. Während nämlich Perelman außer wichtigen Kategorien (wie «orateur», «discours», «persuader», «adhésion», «accord» etc.) besonders die grundsätzliche juristisch orientierte Konzeptionalisierung seiner Argumentationstheorie der antiken Rhetorik allgemein und der Aristotelischen ›Rhetorik‹ im besonderen entleiht, formuliert Toulmin sein forschungsstrategisch durchaus vergleichbares Programm in direkter Konfrontation mit dem Autor der ›Rhetorik‹, wenn er sein juristisches bzw. besser: *forensisches Paradigma* (im Kuhnschen Sinne verstanden) als radikales „Konkurrenzmodell" zum traditionellen, durch Aristoteles sanktionierten mathematischen Logik-Paradigma versteht, innerhalb dessen sich die Logik als formale Wissenschaft interpretiert habe und in gleichem Maße durch ihre Separation von der Praxis zu deren möglicher Kritik unfähig geworden sei.[16]

Ohne die problemgeschichtlichen Fakten hier im einzelnen zurechtrücken zu können, läßt sich doch so viel sagen: Wer, wie Toulmin, Aristoteles offensichtlich nur als Autor der beiden ›Analytiken‹

---

[13] Berk: Argumentationstheorie, S. 13.
[14] Vgl. Kopperschmidt: Topik und Kritik.
[15] Berk: Argumentationstheorie, S. 13; Öhlschläger: Linguistische Überlegungen, S. 3; Alexy: Juristische Argumentation, S. 108 ff. u. 197 ff.; van Dijk: Textwissenschaft, S. 144; Kopperschmidt: Argumentation, S. 21 f.
[16] Toulmin: Der Gebrauch, S. 9 ff. u. S. 43 u ö.

kennt oder zur Kenntnis nimmt, der erliegt einer – philosophiegeschichtlich durchaus eingeübten – Ausblendung des anderen Aristoteles, der neben (in diesem Fall genauer: vor) den ›Analytiken‹ eine ›Topik‹ und neben den großen ›Ethiken‹ eine ›Rhetorik‹ geschrieben hat.[17] Eben diesen anderen Aristoteles meint Perelman, wenn er von ihm als dem „Begründer der Argumentationstheorie" spricht, auf den er bei der Suche nach einer möglichen „Logik der Werte" gestoßen sei.[18] Die undogmatische Weite Aristotelischen Denkens findet ihre Bestätigung unter anderem gerade darin, daß es der nachkantianisch so anfälligen szientistischen Identifikation der verschiedenen Formen möglichen Erkennens mit der Methodologie spezifisch wissenschaftlichen Erkennens nicht erlag, sondern an der *Struktur des Gegenstandes* das mögliche Maß methodologischer Rationalitätsforderung ablas, statt einem abstrakten Exaktheitsanspruch sachangemessene und mögliche Rationalitätschancen zu opfern.[19]

Daß der Widerspruch gegen einen monistischen (und meist auch monologischen) Rationalitätsanspruch Aristoteles nicht gegen sich, sondern auf seiner Seite hat, das haben Perelman ebenso wie Apel, Gadamer und Habermas besser bemerkt als Toulmin; denn Aristoteles versteht seine ›Rhetorik‹ als Versuch der theoretischen Bewältigung eben des Gegenstandsbereichs, für den es – so wörtlich – „*keine systematischen Wissenschaften*" geben kann.[20] Über die geraffte Interpretation dieses Satzes möchte ich im folgenden Kapitel die Aristotelische Gegenstandsbestimmung des rhetorischen Reflexionsinteresses zu erläutern versuchen, das – so meine ich mit Perelman u. a. – in vielen Punkten mit dem Interesse einer *praktischen* Argumentations- bzw. Diskurstheorie identisch ist.

2. Wenn man mit Aristoteles Wissenschaft (im emphatischen Sinne) als methodisch angeleiteten Versuch versteht, das *So-Sein* von

---

[17] Kopperschmidt: Argumentation, S. 15 ff.
[18] Perelman: Reich, S. 11 u. ö.
[19] Vgl. Habermas: Erkenntnis und Interesse, S. 11 ff.; ders.: Wozu noch Philosophie?, S. 11 ff., bes. S. 30 f.; Aristoteles: Nikomachische Ethik 1094 b.
[20] Aristoteles: Rhetorik 1357a; Hellwig: Untersuchungen zur Theorie, S. 43 ff.

Wirklichkeit (oti) als ein aus allgemeinen Gesetzen erklärbares (dioti), mithin *Notwendig-Sein* (ex anankes) zu rekonstruieren,[21] dann bedeutet die eben zitierte Aussage, daß der Gegenstandsbereich der Rhetorik sich streng wissenschaftlicher Thematisierung entzieht, genauerhin: Der Gegenstandsbereich der Rhetorik läßt nomologische Erklärungen nicht zu, weil er die *Möglichkeit des Anders-Seins*[22] nicht ausschließt bzw. weil ihm der Charakter des Notwendig-Seins prinzipiell und wesensmäßig abgeht.

Der etwas spröde und umständliche Aristotelische Begriff „Möglichkeit des Anders-Seins" (der in einem neuen Watzlawickschen Buchtitel ziemlich entstellend zitiert wird)[23] steht zunächst einmal für eine im strengen Sinn *ontologische* (De-)Qualifikation von Gegenständen, die – statt unveränderlich, ewig und selbständig zu sein[24] – dem Prozeß der Veränderung, d. h. dem Werden und Vergehen unterliegen und entsprechend dieser ihrer ontologischen Unvollkommenheit *epistemologisch* und *gnoseologisch* einen geringen Rang einnehmen: „Wir nehmen alle an, daß das, was wir wissenschaftlich erkennen, die Möglichkeit des Anders-Seins ausschließt."[25] Andererseits – und dies verweist auf die Reformulierungsbedürftigkeit dieser sperrigen ontologischen Kategorie – beschreibt die „Möglichkeit des Anders-Seins" bzw. einfacher: das *Veränderliche* kategorial ja auch einen Bereich, dessen So-Sein – statt *vom* Menschen bloß erkennbar zu sein – auch *durch* den Menschen praktisch (neben technisch) *veränderbar* ist: „Möglich ist das, was wir durch eigene Kraft vollbringen können."[26] Und weiter: einen Bereich,

---

[21] Aristoteles: Metaphysik 981 a/b, 1072b; Höffe: Einführung, S. XIX ff.; Düring: Aristoteles, S. 113 ff.; Vollrath: Aristoteles, S. 89 ff.; Riedel: Aporien, S. 84 ff.

[22] Aristoteles: Rhetorik 1357a, Nikomachische Ethik 1139b (vgl. zur Stelle den Kommentar von Dirlmeier); Hellwig: Untersuchungen zur Theorie, S. 64 ff.; Wieland: Praktische Philosophie, S. 506 f.; Riedel: Aporien, S. 87; Düring: Aristoteles, S. 618 Anm. 204; Kopperschmidt: Kritische Rhetorik, S. 18 ff.

[23] Watzlawick: Die Möglichkeit des Anders-Seins.

[24] Riedel: Aporien, S. 88.

[25] Aristoteles: Nikomachische Ethik 1139b.

[26] Ebd., 1112b, Aristoteles: Rhetorik 1359a. Zur Unterscheidung zwi-

dessen *So-Sein*, weil es weder als *Notwendig-Sein* bzw. *Unmöglich-Sein* noch als *Zufällig-Sein* rekonstruierbar ist,²⁷ auch nur (mehr oder weniger) als *Gewollt-Sein* verstehbar ist: „Gegenstand des Handelns und Gegenstand der Wahl-Sein ist ein und dasselbe."²⁸ Und schließlich einen Bereich, der, weil er als Gewollt-Sein rekonstruierbar ist, auch – statt bloß *theoretisch erklärbar* zu sein – *praktisch rechtfertigungsfähig* und *verantwortbar* sein muß. In dieser prinzipiell unterstellten Rechtfertigungsfähigkeit des Bereichs des Nicht-Notwendig-Seins, und d.h. nach Aristoteles besonders: des Bereichs *menschlichen Handelns*,²⁹ bezeugt sich zugleich die prinzipielle Möglichkeit seiner einklagbaren (etwa im gerichtlichen Prozeß institutionalisierten) *Rechtfertigungsbedürftigkeit*, einer Rechtfertigungsbedürftigkeit, die grundsätzlich über die Rechtfertigungsbedürftigkeit theoretischer Wissensansprüche hinausgeht. Denn anders als bei der praktischen Rechtfertigung normativer Ansprüche impliziert die theoretische Rechtfertigung von Wissensansprüchen nicht die Rechtfertigung der Existenz gewußter Sachverhalte.³⁰

3. „Möglichkeit des Anders-Seins" kennzeichnet mithin kategorial nicht nur *negativ* die ontologische Defizienz eines *nicht-notwendigen* (sondern *bloß möglichen*) und die epistemologische Insuffizienz eines *nicht-erkennbaren* Gegenstandsbereichs, sondern benennt zugleich auch *positiv* – freilich in einer handlungstheoretisch erst noch zu reformulierenden ontologischen Ausdrucksweise – den Bereich des *durch* Handeln *noch Möglichen* bzw. des durch Handeln *noch nicht* Verwirklichten. In die Terminologie des Kapitels ›Die Schichten der Kategorie Möglichkeit‹ („Möglichkeit" verstanden als das „partiell Bedingte") aus Blochs ›Das Prinzip Hoffnung‹ übersetzt, bedeutet diese Ambivalenz des Möglichkeitsbegriffs:

---

schen „technisch" und „praktisch" bzw. „Poiesis" und „Praxis" bei Aristoteles vgl. u.a. Kopperschmidt: Kritische Rhetorik, S. 25 ff.

[27] Aristoteles: Rhetorik 1359 a.
[28] Aristoteles: Metaphysik 1025 b
[29] Aristoteles: Rhetorik 1356 a, 1357 a: Im menschlichen Handeln gibt es prinzipiell „keine letzte Gewißheit".
[30] Kopperschmidt: Argumentation, S. 79 ff.

„Anders-Seinkönnen zerfällt in Anders-Tunkönnen und Anders-Werdenkönnen. Sobald diese beiden Bedeutungen konkret unterschieden sind, dann tritt die innere partielle Bedingung als aktive *Möglichkeit*, das ist, als *Vermögen, Potenz*, hervor und die äußere partielle Bedingung als Möglichkeit im *passiven Sinne*, als *Potentialität*."[31]

Gleichwohl! In dem, ontologischen Denkvoraussetzungen verhafteten, Aristotelischen Möglichkeitsbegriff bildet sich eine *Aporie* ab, die man mit Riedel wie folgt charakterisieren könnte:

„Von Gegenständen, die veränderlich und unselbständig sind und somit auch Veränderung durch Handeln zulassen, gibt es kein methodisch gesichertes Wissen, jene Gegenstände hingegen, die ein solches Wissen zulassen, sind infolge ihrer Beschaffenheit (der Unveränderlichkeit bzw. Selbständigkeit) nicht zu verändern."[32]

Diese Aporie hat ohne Zweifel die Problemgeschichte der Praktischen Philosophie beeinflußt und ihr wissenschaftstheoretisches Selbstverständnis belastet. Doch diese Aporie ist bei Aristoteles zugleich dadurch gemildert, daß gegenstandsbedingtes *Nicht-Wissen-Können* den Bereich des Handelns nicht unbedingt dem Dezisionismus ausliefert, sondern vielmehr die Notwendigkeit eines kompensatorischen Prinzips plausibel macht, das Aristoteles in der ›Nikomachischen Ethik‹ explizit entfaltet und ebenfalls in seiner ›Rhetorik‹ zitiert, nämlich das Prinzip des *Sich-Beraten-Müssens*.[33] Die Möglichkeit des Anders-Seins ist nicht nur die objektive *Voraussetzung* subjektiv möglichen Handelns, sondern sie impliziert zugleich die pragmatische, besser: soziale *Nötigung* kooperativer Beratung darüber, *wie* denn eigentlich werden *soll*, was durch uns werden *kann*. Gemäß solcher kategorialen Wechselbeziehung zwischen der objektiven *Möglichkeit* des Handelns und der sozialen *Nötigung* der Beratung zwischen den Handelnden kann Aristoteles den Gegenstandsbereich der Rhetorik auch nicht nur *negativ* da-

---

[31] Bloch: Prinzip Hoffnung, S. 267f.; vgl. ders.: Avicenna, S. 67ff.
[32] Riedel: Aporien, S. 88f.
[33] Aristoteles: Nikomachische Ethik 1112 a ff.; 1141 b ff.; Hellwig: Untersuchungen zur Theorie, S. 64f.; Sprute: Topos, S. 72f.; Schreiber: Münchener Scholastik, S. 215 ff. Zum Beratungsprinzip in der Erlanger Philosophie vgl. exemplarisch: Schwemmer: Philosophie der Praxis, S. 60 u. ö.

durch definieren, daß ihm die ontologische Qualität der Unveränderbarkeit und die epistemologische Dignität der Erkennbarkeit abgeht, sondern auch *positiv* als Gegenstandsbereich der Dinge, über die wir uns, weil sie *von uns* abhängen, *beraten* bzw. allgemeiner: *redend verständigen müssen*: „Wir beraten nur über solche Dinge, welche sich allem Anschein nach auf zweierlei Weise verhalten können."[34] Umgekehrt definiert sich Wissenschaft material durch solche Dinge, über die wir uns, weil sie aufgrund ihres Notwendig-Seins *nicht* in unserer Verfügungsgewalt stehen, auch *nicht* zu beraten brauchen: „Niemand geht mit sich zu Rate über das, was keine Veränderung zuläßt."[35] Rhetorik ist mithin – wie ihre dialektische Definition an der oben zitierten Stelle der ›Rhetorik‹ lautet – eine Theorie der Probleme, *„welche Gegenstand unserer Beratung sind, für die wir aber keine systematischen Wissenschaften besitzen"*.[36] Rhetorik als so verstandener Versuch der theoretischen Bewältigung dieses nicht streng wissenschaftlich methodologisierbaren Bereichs „menschlichen Handelns" ist damit zugleich implizit als Theorie *des* Mediums definiert, in dem Beratung überhaupt erst möglich wird, nämlich in der *Rede* als kommunikativer Beanspruchung von Sprache. Aus solchem Verständigungsbezug des rhetorischen Sprachbegriffs bei Aristoteles wird dessen disziplinäre Annäherung der Rhetorik an Ethik und Politik erst begreiflich.[37] Und aus solchem genuinen Verständigungsbezug des rhetorischen Sprachbegriffs wird schließlich auch die theorieimmanente Dominanz *der* Instanz ableitbar, an die solche verständigungsinteressierte Rede adressiert ist, nämlich an das *Urteil des Hörers*.[38] Diese Rückbindung an das Urteil des Hörers benennt – jenseits aller sophistisch-strategischen Pervertierungsmöglichkeiten – die nicht tilgbare Wahrheit eines kommunikativen Verständigungsprinzips, das in der gelungenen Übereinstimmung (Kon-

---

[34] Aristoteles: Rhetorik 1357a, Nikomachische Ethik 1139b.
[35] Aristoteles: Rhetorik 1357a, Nikomachische Ethik 1139a.
[36] Aristoteles: Rhetorik 1357a. Das 3. konstitutive Element rhetorischer Gegenstandsbestimmung, nämlich eine spezifische Hörerqualität, lasse ich hier aus Platzgründen aus.
[37] Ebd., 1356a.
[38] Ebd., 1377b, 1391b u.ö.

Argumentationstheoretische Anfragen an die Rhetorik 369

sens) zwischen den Redenden die einzige Ratifikationsinstanz über die *Gültigkeit* und *Vernünftigkeit* praktischer Geltungsansprüche erkennt. Das Gelingen einer solchen Übereinstimmung ist die Leistung einer Rede, deren spezifische Qualität Aristoteles wie die Rhetorik allgemein als *pithanon* kennzeichnet, und die wir *überzeugungskräftig* nennen. Dabei bildet diese Qualifikation von Rede ausschließlich das Urteil des Hörers, nicht des Redenden ab: überzeugungskräftig – so Aristoteles – ist immer „überzeugungskräftig *für* jemanden"[39] bzw. in moderner Reformulierung: „Nicht ich entscheide, was ein triftiger Grund für etwas sei."[40]

In der Konsistenz solcher rekonstruierten Beziehung zwischen der Möglichkeit des Anders-Seins (als objektiver Bedingung des *Handlungsprinzips*), der Notwendigkeit kommunikativer Verständigung (*Beratungsprinzip*) und der Abhängigkeit ihres Gelingens vom überzeugten Urteil des Hörers (*Konsensprinzip*) entfaltet sich das Aristotelische Verständnis des Reflexionsobjekts der Rhetorik, die in seiner bekannten Standard- und Kurzdefinition bestimmt wird als „(allgemeine) *Theorie* (nicht Praxis!) *überzeugungsinteressierter* (nicht überzeugender) *Rede*".[41]

3. Chancen und Grenzen des forensischen Paradigmas der Rhetorik

1. Das Gewicht, das in der zitierten Konzeption der Rhetorik als allgemeiner Theorie überzeugungsinteressierter Rede notwendigerweise dem solche Überzeugungskraft ratifizierenden Hörer zukommt,[42] ist exemplarisch ablesbar an dem Aristotelischen Versuch, die klassischen drei Arten bzw. Gattungen öffentlicher Rede systematisch aus den drei Rollen abzuleiten, die Hörer als Adressaten überzeugungsinteressierter Rede in dem Bereich jeweils über-

---

[39] Ebd., 1356b.
[40] Wittgenstein: Über Gewißheit, S. 73.
[41] Aristoteles: Rhetorik 1355b. Die in Klammern gesetzten Explikate bzw. Negate reformulieren das an der zit. Stelle skizzierte Theorieverständnis des Aristoteles, vgl. ebd. 1356b.
[42] Ebd., 1358b, 1391b u. ö.

nehmen, der die Möglichkeit des Anders-Seins, d. h. nach unserer bisherigen Interpretation: der die Möglichkeit des Handelns zuläßt und mit der *Möglichkeit des Handelns* zugleich die *Verantwortung* der *Handelnden* für ihr Handeln begründet. Entweder nämlich sind die Hörer überzeugungsinteressierter Rede aufgefordert, aufgrund von Beratung eine *Entscheidung* über eine zukünftige Handlung zu treffen (als Mitglieder der *Volksversammlung*) oder ein *Urteil* über ein vergangenes Handeln zu fällen (als Mitglieder des *Richterkollegiums*) oder schließlich die normative *Einschätzung* über eine (meist gegenwärtig-aktuelle) Handlung zu bestätigen (als Mitglieder der *Festversammlung*).[43]

In jeder dieser drei zitierten Rollen fungieren die Zuhörer zwar als *Urteilende*,[44] doch nur in einer Funktionsbeschreibung ist ihre allgemeine Urteils(krisis)-Rolle auch terminologisch konventionalisiert: Vom „krites" (Richter) wird die allgemeine „krisis"-Kompetenz des Hörers als Adressat überzeugungsinteressierter Rede exemplarisch beansprucht. Eben diese Exemplarität (und nicht bloß die Historizität der forensischen Rede)[45] meint Aristoteles, wenn er in seiner ›Rhetorik‹ sagt, daß man eigentlich jeden, der durch Rede zu überzeugen versucht wird, einen „Richter" (krites) nennen könnte, selbst wenn dieser Titel allgemein nur für eine bestimmte Rolle im Rechtsstreit reserviert sei.[46] Diese Bemerkung enthält einen interessanten Hinweis auf die zentrale Rolle, die das *forensische Modell* (bzw. Paradigma) für die Rhetorik im Interesse der theoretischen Klärung der von ihr spezifisch reflektierten Überzeugungskraft von Rede hat.[47]

---

[43] Ebd., 1358b; Hellwig: Untersuchungen zur Theorie, S. 120 ff.

[44] Aristoteles: Rhetorik 1377b, 1391b. Weniger prägnant die Unterscheidung 1358b in „Urteilende" und „Genießende".

[45] Über den Ursprung der antiken Rhetorik aus der Forensik vgl. u. a. Fries: Ursprung; Wülfing von Martitz: Grundlagen; Kopperschmidt: Rhetorik, S. 50 ff.

[46] Aristoteles: Rhetorik 1391 b.

[47] Zum forensischen Paradigma vgl. Kopperschmidt: Argumentation, S. 83 f. u. ö.; Spinner: Begründung, S. 54 ff., bes. S. 94 f., ders.: Pluralismus, S. 24 ff. zum „Rechtsmodell der Erkenntnis".

Argumentationstheoretische Anfragen an die Rhetorik 371

Gemäß diesem forensischen Modell ließe sich die Überzeugungskraft von Rede allgemein als gelingende Abstützung bzw. Rechtfertigung *rechtsanaloger Geltungsansprüche* explizieren, wobei mit „gelingender Abstützung" die erfolgreiche Bestätigung eines solchen Rechtsanspruchs aufgrund seiner erfolgreich nachgewiesenen Rechtfertigung gemeint ist. In eben diesem Sinne haben u. a. besonders Perelman, Habermas und Toulmin das forensische Modell bzw. die „juristische Analogie", die in der argumentationstheoretischen Terminologie noch präsent ist (Beweis, rechtfertigen, überzeugen usw.),[48] bewußt für die Konzeptualisierung einer Argumentationstheorie (ähnlich wie Breuer für die Konzeptualisierung einer pragmatischen Texttheorie) zu aktualisieren versucht, die im forensischen Modell das „Konkurrenzmodell" zu einer mathematisch orientierten Erkenntnistheorie besitzt, insofern nach diesem Modell sich die Berechtigung von Geltungsansprüchen nicht mehr auf *monologische Evidenzen* und *Deduktionen* stützt, sondern auf die *Überzeugungskraft dialogisch ausgetauschter konsensstiftender Argumente*[49] bzw. – so Toulmins kantianische Lieblingsmetapher[50] – auf das Urteil des „Gerichtshofs der Vernunft". Argumentationstheorie wird so verstanden zum Titel, mit dem der Bereich der Praxis, der mathematischen Erkenntnisansprüchen prinzipiell nicht entsprechen kann, als gleichwohl wahrheits- bzw. vernunftfähig revindiziert wird. Das Interesse an Rhetorik in der Gegenwart verdankt sich u. a. auch diesem dezidiert philosophisch orientierten Interesse, das in der Rhetorik das historische Reflexionssubjekt von rechtsanalogen Geltungsansprüchen wiedererkennt, die *„weder theoretisch zwingend, noch bloß arbiträr, sondern durch überzeugende Rede motiviert sind"*[51].

In diesem Habermasschen Definitionsversuch der Rhetorik als „Kunst, einen Konsens in Fragen herbeizuführen, die nicht mit strenger Beweisführung entschieden werden können", sind die Schlüsselbegriffe einer philosophisch interessierten Rekonstruktion der antiken Rhetorik in klassischer Prägnanz benannt und zugleich deren Interesse an einem (gegenüber dem theoretischen Wissen nicht geringeren, sondern qualitativ anderen) „Wahrheitsanspruch" bzw. „Vernunftanspruch"[52] verständigungsinteressierter

---

[48] Vgl. Lorenz: Beweis, S. 22; Kopperschmidt: Argumentation, S. 115.

[49] Vgl. bes. Habermas' – von McCarthy angeregte (vgl. ›Erkenntnis und Interesse‹, S. 388) – Funktionalisierung des Rechtsmodells u. a. in: Wahrheitstheorien, S. 212 f.

[50] Toulmin: Der Gebrauch, S. 15 u. ö.

[51] Habermas: Der Universalitätsanspruch, S. 75 f.; Perelman: Reich, S. 314; ders.: Logik, S. 84.

[52] Gadamer: Rhetorik, S. 117; ders.: Replik, S. 314. Aristoteles und die

Rede auf den Begriff gebracht. In ihr wird ein Geltungsprinzip expliziert, das als konsensuell spezifiziert werden kann, insofern es in der gelingenden Übereinstimmung zwischen den Redenden die Ratifikation der Gültigkeit von Rede erkennt: „Wovon alle Menschen überzeugt sind, davon behaupten wir, daß es wahr sei."[53]

2. Es ist problem- wie ideengeschichtlich nur plausibel, wenn die Argumentationstheorie auf eben dieses historische Reflexionssubjekt Rhetorik stößt bei ihrem Versuch, das *Vernunftprinzip* nachkantianisch als *Argumentations-* und schließlich als *Konsensprinzip* zu rekonstruieren, und dabei zugleich in den Bedingungen möglicher verständigungsinteressierter Rede die letzte nicht *deduktive*, doch *reflexiv* aufklärbare Begründung ethischer Grundnormen entdeckt.[54] Ob dieser historische Problembezug bereits ausreicht, um eine Argumentationstheorie unter dem Titel einer – wenn auch „Neuen" – „Rhetorik" zu explizieren, ist freilich eine andere Frage, deren Beantwortung von der Klärung der Vorfrage abhängt, ob eine solchermaßen argumentationstheoretisch rekonstruierte Rhetorik denn das Interesse der antiken Rhetorik angemessen zu bestimmen in der Lage ist, oder ob sie das Frageinteresse der antiken Rhetorik nicht restriktiv verfälscht. Ich jedenfalls meine, daß die antike Rhetorik nicht in toto als Argumentationstheorie rekonstruierbar ist, wenn man von den sich heute als argumentationstheoretisch herauskristallisierenden Fragen ausgeht.[55] Freilich – die antike Rhetorik enthält eine als Argumentationstheorie qualifizierbare *Teiltheorie*, die meines Erachtens allein auch einen Anspruch hat, in die problemgeschichtliche Reflexion und Rekonstruktion heutiger Argumentationstheorie einbezogen zu werden.

Als eine so verstandene Teiltheorie der Rhetorik, die sich auf die

Rhetorik sprechen in diesem Zusammenhang vom „Wahrscheinlichen" (eikos).

[53] Aristoteles: Nikomachische Ethik 1173a, Rhetorik 1363a.

[54] Zu diesem bes. von Apel getragenen Versuch vgl. Anacker: Vernunft, S. 160f u. Kuhlmann: Ethik, S. 292.

[55] Vgl. meine Auseinandersetzung mit Dycks Thesen (›Argumentation in der Schule‹) unter dem Titel: ›Zum gegenwärtigen theoretischen und praktischen Interesse an Argumentation‹.

Überzeugungskraft von Rede bezieht, insofern als diese Überzeugungskraft in der Schlüssigkeit einer methodisch überprüfbaren und mittelbar Gewißheit stiftenden Beziehung zwischen Aussagen begründet ist, dürfte die Argumentationstheorie sowohl aus Quintilians ebenso informativer wie prägnanter Abhandlung ›De argumentis‹ innerhalb seiner umfassenden ›Institutio oratoria‹ rekonstruierbar sein wie aus der Aristotelischen ›Rhetorik‹. Der in ihr unternommene Versuch, erstmals *Sprache* in ihrer kommunikativen Beanspruchung als *Rede* systematisch zu reflektieren, hat nicht nur zur Rekonstruktion der konstitutiven Faktoren jeder Kommunikation geführt (wer sagt was zu wem wie?),[56] sondern auch zur systematischen (bis in die moderne Persuasionsforschung[57] hinein immer wieder variierten) Katalogisierung der elementaren Bedingungsfaktoren, denen sich die Wirksamkeit bzw. Überzeugungskraft von Rede verdankt (Sprecher, Hörer, Aussage, Stil). In dieser systematischen Differenzierung der Bedingungsfaktoren von Rede unter dem spezifischen Aspekt ihrer überzeugungskräftigen Wirkung ist das argumentationstheoretische Interesse an der spezifisch *argumentativen* Überzeugungskraft von Rede in dem eben erläuterten Sinn schlüssiger Aussagebeziehungen enthalten, und zwar als Frage nach der *Überzeugungskraft von Rede*, sofern diese nicht in der Person des *Redners* (ethos), noch in der Gestimmtheit des *Hörers* (pathos), oder dem *Stil* der Rede (lexis), sondern in der Schlüssigkeit paradeigmatisch (rhetorische Induktion) oder enthymematisch (rhetorische Deduktion) vermittelten Beweiskraft (apodeixis) der *Aussage selbst* (logos) begründet ist.[58] Mit anderen Worten: Aus der Sicht der Rhetorik gesehen reflektiert die Argumentationstheorie bloß eine *Teilklasse* kommunikationsrelevanter Wirkungsfaktoren bzw. nur einen Teilbereich der komplexen Bedingungsfaktoren überzeugungskräf-

---

[56] Aristoteles: Rhetorik 1356a, 1358b u. ö.
[57] Zur pragmatischen Kommunikationsforschung bzw. Wirkungs- oder Persuasionsforschung vgl. zusammenfassend Schenk: Zur Publikums- und Wirkungsanalyse; Braehmer: Leitsätze, S. 24 ff.; Richter: Rhetorische Wirkungsforschung; ders.: Soziologische Aspekte.
[58] Aristoteles: Rhetorik 1356a/b. Vgl. Habermas: Wahrheitstheorien, S. 213.

tiger Rede. Entsprechend ließe sich – ohne daß man solcher problemgeschichtlichen Einordnung zu viel Gewicht beimessen sollte – Argumentationstheorie historisch als Teiltheorie der Rhetorik rekonstruieren, solange man Rhetorik im umfassenden antiken Sinne versteht als eine konzeptionell allgemeine Theorie kommunikativer Sprachverwendung in Rede. Die Aristotelische ›Rhetorik‹ spiegelt dieses Verständnis von Argumentationstheorie in der quantitativen Gewichtung der argumentationstheoretisch interessanten Teilklasse überzeugungsrelevanter Faktoren.

3. Doch selbst wenn Aristoteles nicht an vielen Stellen seiner ›Rhetorik‹ betont hätte, daß die spezifisch argumentativ bedingte Überzeugungskraft von Rede sein eigentliches theoretisches Interesse besäße,[59] ja daß eigentlich jede Form überzeugungskräftiger Rede eine „Art von Beweis" sei,[60] wäre – ungeachtet der äußeren Systematik der ›Rhetorik‹ – aus der Interpretation der Hörerrolle als „krites"-Rolle konsequent das *Argumentationsprinzip* als methodische Einlösung des (durch das *Handlungsprinzip* pragmatisch notwendig gewordenen) *Beratungsprinzips* ableitbar. Über diese theorieimmanente Gewichtung des Argumentationsprinzips gewinnt Aristoteles zugleich eine theoretische Position, von der aus die Praxis überzeugungsinteressierter Rede wie die Pragmatik entsprechend orientierter Lehrbücher *kritisierbar* wird.[61] Aus der Sicht einer Rhetorik, die Rede primär aus ihrer Appellfunktion an das Urteil der Hörer interpretiert und entsprechend den Hörer primär als *Richter über die Gültigkeit* erhobener Geltungsansprüche begreift, muß die Praxis überzeugungsinteressierter Rede, wie sie Aristoteles aus der athenischen Gerichtspraxis kannte, geradezu als eine systematische Einschränkung bzw. „Verdunkelung"[62] der Urteilskompetenz des Hörers erscheinen, vergleichbar – so seine selbstredende Metaphorik[63] – einer „Meßlatte", die man

---

[59] Aristoteles: Rhetorik 1354a, 1555a; vgl. Sprute: Topos und Enthymem, S. 71.
[60] Aristoteles: Rhetorik 1355a
[61] Ebd., 1354a u. ö.
[62] Ebd., 1354b.
[63] Ebd., 1354a.

„zuvor verbiegt", um dann an ihr Maß zu nehmen. Und explizit auf die Gerichtsrede bezogen: „Bei der gerichtlichen Beredsamkeit [...] ist es förderlich den Hörer einzunehmen; denn seine Entscheidung trifft er über fremde Angelegenheiten, so daß die Zuhörer, indem sie auf ihren eigenen Vorteil sehen und auf Gunstbezeugungen hören, den Streitenden willfahren, *aber nicht wirklich urteilen.*"[64]

In solcher Bestreitung der Urteilsqualität des richterlichen Urteilsspruchs desavouiert sich die gerade in dieser Form öffentliche Rede explizit beanspruchte Hörerrolle als „krites"-Rolle. Und zugleich ist in dieser Bestreitung implizit die funktionale Relevanz des forensischen Modells überhaupt zur angemessenen Explikation des geltungslogischen Sinns von Geltungsansprüchen bestritten, solange dieses Modell wenigstens nicht von den konkreten Rahmenbedingungen institutioneller Prozeßpraxis innerhalb einer historischen Gesellschaftsformation abstrahiert.

Die Notwendigkeit einer solchen Abstraktion *von* Praxis ist offensichtlich die Bedingung möglicher Kritik *an* Praxis. Damit soll zwar nicht Rhetorik – traditionell als Provokation der Philosophie bekannt – als kritische Theorie der Verständigungsverhältnisse rekonstruiert, doch der theorieimmanente Punkt der Aristotelischen ›Rhetorik‹ benannt werden, an dem Rhetorik als *allgemeine Theorie überzeugungsinteressierter Rede* in ihrer *Teiltheorie überzeugungskräftiger Argumentation* die konzeptionellen Rahmenbedingungen einer *kritischen Theorie der Verständigung* besitzt, insofern als solche Theorie das Gelingen von Rede nicht mehr an der *Faktizität* ihrer tatsächlichen Wirkung abliest, sondern an der *Gültigkeit* solcher wie auch immer zustande gekommenen Wirkung. Diese Frage nach der *Gültigkeit wirksamer Rede* freilich kann eine Theorie nur um den Preis systematischer Ausblendung des spezifischen und genuinen Selbstanspruchs jeder überzeugungsinteressierten Rede ausblenden. Denn diesem, wie auch immer bloß strategisch prätendierten, Anspruch auf Gültigkeit verdankt jede Rede in dem Maß ihre potentielle Wirkung bzw. Überzeugungskraft, als „überzeugen" seiner Sinnlogik nach notwendig die Gültigkeit bzw. Rich-

[64] Ebd., 1354 b.

tigkeit dessen unterstellt, wovon jeweils überzeugt werden soll.⁶⁵ Die Sophistik annulliert nicht diese Bedingungen möglicher Überzeugungskraft von Rede, sondern sie perfektioniert bloß die strategische Prätention ihrer Einlösung, oder – wie Aristoteles in seiner ›Rhetorik‹ sagt –: Sophistik ist keine Sache theoretischen Wissens, sondern moralischer Absicht.⁶⁶ In der Verkennung dieses Zusammenhangs zwischen Wirksamkeit und Gültigkeit liegt das fundamentale theorieimmanente Defizit jeder pragmatischen Argumentations- bzw. Persuasionsforschung,⁶⁷ die sich aufgrund ihrer empirischen Blindheit dezidiert unfähig zeigt, die umgangssprachlich bereits vorgegebene normative Unterscheidung zwischen „überreden" und „überzeugen" theoretisch zu rekonstruieren. Doch ebenso wie die Lüge nur in Kenntnis des Regelsystems gelingender Behauptung, so ist auch die Überredung nur in Kenntnis der Bedingungen gelingender Überzeugung angemessen zu rekonstruieren.⁶⁸

Die für die Aristotelische ›Rhetorik‹ bloß theorieimmanent aufgezeigte Möglichkeit der Rekonstruktion von Argumentation als Prinzip und kritischem Maß des Verständigungsanspruchs von Rede überhaupt ist in Habermas' Diskurstheorie systematisch aktualisiert, insofern sie Argumentation als postkonventionelles Prinzip der Sicherung der kommunikativen Existenzbedingungen vergesellschafteter Subjekte begreift. Entsprechend wird die bei Aristoteles angedeutete Auseinandersetzung mit dem forensischen Modell systematisch in der Weise fortgeführt, daß die in diesem Modell bereits ratifizierten institutionellen Asymmetrien seine Eignung zur Explikation des geltungslogischen Sinns von Geltungsansprüchen und ihrer diskursiv-argumentativen Einlösung stark einschränken: „Welche Sachverhalte die Parteien mitteilen, welche sie verbergen, welche Interpretationen und welche Erklärungen sie für die Daten finden: das hängt von ihrer sozialen Rolle in einem Interaktionszusammenhang und von ihren Interessen ab. Die Parteien wollen wie in einem strategischen Spiel Gewinne erzielen und Verluste vermeiden. Ihr Ziel ist nicht Wahrheitsfindung, sondern eine jeweils für sie günstige Entscheidung eines Streitfalls. Sogar der Richter ist institutionell

---

[65] Vgl. Kopperschmidt: Überzeugen, S. 224 ff.; ders.: Von der Kritik der Rhetorik zur kritischen Rhetorik, S. 219 ff.
[66] Aristoteles: Rhetorik 1355 b.
[67] Vgl. Anm. 56.
[68] Kopperschmidt: Argumentation, S. 34 f. und S. 115 ff.

gebunden, das Ziel der Wahrheitsfindung der Notwendigkeit, zu terminierten Entscheidungen zu gelangen, d. h. in angemessener Frist ein Urteil zu sprechen, unterzuordnen. Der Disput als Mittel der strategischen Verwirklichung dieser durch Rollenverteilung definierten Ziele ist kein Diskurs."[69]

Wenn die institutionellen Asymmetrien zwischen Richter und Prozeßparteien aufgrund ihrer unterschiedlichen Rollen im gerichtlichen Prozeß einerseits und die Interessenasymmetrie zwischen den jeweiligen Prozeßbeteiligten andererseits wie schließlich die zeitliche Limitierung des Prozesses und die institutionelle Entscheidungsnötigung die Einlösung der konstitutiven Diskursbedingungen qua Bedingungen herrschaftsfreier, uneingeschränkter und handlungsentlasteter Verständigungsanstrengung vereiteln, dann wird zwar die Habermassche Substitution des forensischen Modells durch das Konzept der vielgeschmähten „idealen Sprechsituation" theoretisch wenigstens plausibel, doch es wird auch die Lübbesche Frage virulent, ob ein Geltungsprinzip, das ersichtlich weder in forensischer noch in politischer Praxis (sondern allenfalls in wissenschaftlicher Kommunikation) abbildbar ist, nicht zur riskanten Delegitimation von Entscheidungen führen muß, die ja nicht nur die ihnen vorausgehende Beratung und Argumentation bloß konsensuell *ratifizieren*, sondern diese Beratung und Argumentation auch *abbrechen* bzw. deren zeitlich nicht limitierte Fortführung *substituieren* im Interesse des Handelnkönnens wie unter dem praktisch nicht tilgbaren Zwang des Handelnmüssens. Die damit angeschnittenen Fragen einer notwendigen Pragmatisierung der praktischen Philosophie allgemein bzw. einer notwendigen Unterscheidung zwischen – so Lübbes etwas unglückliche terminologische Zuspitzung – „sozialer" Geltung und „kognitiver" (im Sinne von argumentativ gestützter und konsensuell ratifizierter) Geltung[70] können hier freilich ebensowenig weiterverfolgt werden wie die institutionstheoretischen (Gehlen, Schelsky) oder systemtheoretischen (Luhmann) Zweifel an der Fähigkeit von Subjekten, den funktionalen Imperativen von sozialen Systemen noch mit ihren reflexiven Handlungsan-

---

[69] Habermas: Theorie der Gesellschaft, S. 200 f.
[70] Vgl. Kopperschmidt: Argumentation, S. 126 ff.

sprüchen gerecht werden zu können.[71] Der Problemhorizont der Aristotelischen ›Rhetorik‹ und erst recht der nacharistotelischen Rhetorik wird durch solche Fragen freilich längst gesprengt, so daß durch deren Reflexionsergebnisse die Beantwortung solcher Problemfragen auch kaum entscheidend weitergebracht werden kann.

4. Prinzip und Methode der Argumentation

1. Überzeugungskraft als die genuine Qualität rhetorisch reflektierter Rede bedeutet, soweit sich solche Überzeugungskraft auf die *Aussage selbst* bezieht, nach Aristoteles entweder die *unmittelbare Zustimmungsnötigung* einer Aussage aufgrund der Evidenz ihrer Selbstbestätigung oder die rational motivierte, mithin: *mittelbare Zustimmungsnötigung* einer Aussage aufgrund der Schlüssigkeit ihrer methodischen Rückführung auf andere Aussagen, deren Zustimmungsfähigkeit unbestritten ist.[72] Aristoteles und die antike Rhetorik nennen das methodische Verfahren solcher mittelbaren Zustimmungsnötigung – sowohl in Anlehnung an das entsprechende logische Verfahren wie in spezifizierender Abgrenzung zu ihm – „*rhetorischen Syllogismus*" bzw. „Enthymem". (Die ergänzend genannte „rhetorische Induktion" bzw. das „Paradeigma" [Beispiel], das zusammen mit dem „Enthymem" nach Aristoteles die beiden möglichen rhetorischen Formen mittelbarer Zustimmungsnötigung abbildet, lasse ich hier unberücksichtigt.)

Ungeachtet der bei Aristoteles nicht thematisierten Frage, ob die unmittelbare Selbstbestätigung einer Aussage nicht nur ihre (wie auch immer bedingte) fehlende Problematisierungsnötigung bzw. das Fehlen ihrer expliziten, nämlich argumentativen Rechtfertigungsnötigung bedeutet, unterschlägt die Unterscheidung zwischen den genannten zwei Arten möglicher Zustimmungsnötigung, daß auch die argumentative Aussagenvermittlung zum Zwecke der Geltungssicherung einer problematisierten Aussage immer schon die

---

[71] Ebd., S. 125 f.
[72] Aristoteles: Rhetorik 1356 b.

Voraussetzbarkeit einer Aussage zur notwendigen Bedingung ihrer Möglichkeit hat, deren unterstellte Gültigkeit überhaupt erst den problematisierten Geltungsanspruch einer anderen Aussage stützen und gegebenenfalls konsensuell bestätigen kann. Aussagenlogisch reformuliert: q gilt, weil p gilt.[73] Doch worin besteht nun die Gültigkeit von p?

Um die mit dieser Frage thematisierte Problematik etwas genauer zu fassen, zitiere ich aus dem einschlägigen Kapitel ›De argumentis‹ der Quintilianschen ›Institutio Oratoria‹ die definitorische Bestimmung von Argumentation, deren Prägnanz und terminologische Schärfe die ausgereifte Reflexionsanstrengung der antiken Rhetorik beispielhaft bezeugt: Argumentation ist ein „rationales Verfahren, mit dessen Hilfe Aussagen, die unsicher sind, durch andere Aussagen, die sicher sind, Glaubwürdigkeit verschafft wird; denn dies ist ja das Prinzip jeder Argumentation" (ratio per ea, quae certa sunt, fidem dubiis adferens; quae natura est omnium argumentorum).[74]

Wichtiger als die methodische Einlösung dieses Verfahrens, dessen Explikation bei Quintilian zwar interessante Parallelen zu Toulmins funktionaler Argumentationsanalyse enthält, aber über deren Differenzierungsleistung kaum hinausgeht, ist das diesem Verfahren zugrundeliegende „Prinzip" (natura) der Argumentation. Es ist aus einer anderen Textstelle des gleichen Quintilian-Kapitels noch genauer hinsichtlich der Implikate seiner Möglichkeitsbedingungen bestimmbar: „Da nun die Argumentation ein rationales Verfahren der Zustimmungsnötigung ist, wodurch etwas durch etwas anderes erschlossen und etwas Zweifelhaftes durch etwas Unzweifelhaftes zustimmungsfähig gemacht wird, *muß es notwendig* in einem Fall etwas geben, das nicht erst zustimmungsfähig gemacht zu werden braucht. Andernfalls wird es ja nichts geben, womit wir etwas zustimmungsfähig machen können" (ergo, cum sit argumentum ratio probationem praestans, colligitur aliquid per aliud, et quae quod est dubium per id, quod dubium non est confirmat, necesse est esse aliquid in causa, quod probatione non egeat. alioqui nihil erit quo probemus, nisi fuerit quod aut sit verum aut videatur, ex quo dubiis fides fiat).[75]

---

[73] Zur Argumentationspartikel „weil" vgl. Kopperschmidt: Quintilian: De argumentis, Kap. 2.2.

[74] Quintilian: Institutio oratoria V 18.8. Vgl. Habermas: Wahrheitstheorien, S. 241; Wunderlich: Grundlagen, S. 60.

[75] Quintilian: Institutio oratoria V 10.11 f.

Die in diesem Text versuchte Explikation der in jeder Argumentation implizit immer schon ratifizierten Unterstellung von Gewißheiten, die nicht problematisierungsbedürftig sind (non egeat), verweist auf eine vom Prinzip der Argumentation her ebenso zwingende (necesse est) wie aporetische Konsequenz des Verfahrens argumentativer Geltungsstützung, das – statt selbst Gewißheiten zu erzeugen – Gewißheiten nur aus bereits vorausgesetzten Gewißheiten entleihen bzw. – so H. Albert – „transferieren" kann.[76] Diese Aporie bedeutet: Wenn dem Argumentationsprinzip zufolge die Geltung einer Aussage von der Geltung einer anderen Aussage abhängt, dann ist – durchaus in der Logik dieses Prinzips – jeder Geltungsanspruch diesem argumentativen Geltungsprinzip unterwerfbar. Dadurch wird aber das Argumentationsprinzip selbst methodisch nicht mehr anwendbar, weil es den Geltungsanspruch einer Aussage – statt ihn selbst einlösen zu können – nur jeweils weiter verschieben würde: q, weil p, weil r, weil s ... Diese, unter dem Namen „infiniter Regreß" bekannte, immanente aporetische Konsequenz des Argumentationsprinzips, das „kein theoretisch bestimmbares Ende für die Iteration der Rechtfertigungsschritte"[77] zuläßt, stellt einen selbstredenden Einwand des Prinzips gegen sich selbst dar, insofern als die Pragmatik seiner methodischen Anwendung seine eigene Selbstaufhebung impliziert. Auch die beiden geläufigsten Formen, solche prinzipimmanente infinite Regreßlogik zu unterlaufen, nämlich der logische Zirkel und der dogmatische Abbruch des Argumentationsprozesses (durch apodiktische Setzung vermeintlicher Evidenzen), bestätigen nur die aporetische Konsequenz des Argumentationsprinzips, statt sie zu entschärfen.

H. Albert hat unter dem griffigen Titel ›Münchhausen-Trilemma‹"[78] diese drei in gleicher Weise theoretisch nicht akzeptablen Implikate des Argumentationsprinzips rekonstruiert und – die nach ihm – einzig mögliche Konsequenz aus dieser prinzipimmanenten Aporie gezogen, nämlich: Preisgabe des aus der Logikgeschichte be-

---

[76] Albert: Traktat, S. 82, allgemein S. 8 ff.
[77] Lorenz: Beweis, S. 226.
[78] Albert: Traktat, S. 8 ff.; ders.: Traktat über rationale Praxis, S. 7 ff.; ders.: Kritizismus und Naturalismus, S. 34 ff.

kannten, aber nicht logischen, sondern allenfalls pragmatischen „Prinzips des zureichenden Grundes"[79] und damit: Preisgabe der für den *klassischen Rationalismus* typischen Idee *positiver Begründung* zugunsten der *kritizistischen Idee kritischer Prüfung*, wonach sich die Berechtigung eines Geltungsanspruchs – statt auf positiver Begründung – nur auf seine Falsifikationsresistenz stützen kann.

2. Ich kann und will hier nicht die Problematik eines konsequenten Fallibilismus – besonders hinsichtlich seiner geltungslogischen Applikation auf praktisch-normative Aussagen – aufzeigen. Statt dessen möchte ich vor dem Hintergrund der versuchten Problemskizze noch einmal an die Quintiliansche Reformulierung dieser prinzipimmanenten Aporie erinnern: Die Notwendigkeit (necesse est) der Unterstellung unproblematisierter Gewißheiten (quod dubium non est) war im ausgeschriebenen Zitat aus der Methodologie des argumentativen Verfahrens mittelbarer Geltungssicherung abgeleitet. Ohne solche Unterstellungsmöglichkeit gibt es nach Quintilian keine argumentativen Rechtfertigungschancen (alioqui nihil erit quo probemus).

Man könnte diesen Text zunächst als Beispiel für den bereits zitierten dogmatistischen Ausweg beanspruchen, insofern er, um das Argumentationsprinzip methodologisch zu retten, seine prinzipielle Geltung willkürlich innerhalb des Begründungsregresses zu suspendieren bereit ist. Doch dann würde man meines Erachtens die Pointe des Hinweises im Zitat verkennen, daß die Möglichkeit der argumentativen Rechtfertigung von der Möglichkeit der Unterstellung nicht problematisierter Gewißheiten abhängt. Die Pointe dieses Satzes liegt offensichtlich in der implizit unterstellten pragmatischen Bestätigung solcher *Möglichkeit* argumentativer Rechtfertigung durch das erfahrungsgesättigte Wissen ihrer *tatsächlichen Beanspruchung* in überzeugungsinteressierter Rede. Weil – so ließe sich solche Stützung der Möglichkeit von Argumentation rekonstruieren – Argumentation *immer schon* redend beansprucht wird, *muß* sie möglich sein, und weil Argumentation methodologisch *immer* schon die Unterstellung unproblematisierter Gewißheiten voraussetzt, *muß* auch solche Unterstellung möglich sein. Das Endglied solcher Rekonstruktion der impliziten Rechtfertigungsstruktur

---

[79] Vgl. Kopperschmidt: Quintilian: De argumentis, Kap. 2.3; Schopenhauer: Über die vierfache Wurzel; Röd: Grund, S. 642 ff.

des Argumentationsprinzips steht explizit im Quintilianschen Text im Anschluß an das oben ausgeschriebene Zitat: „pro certis autem habemus primum [...] deinde [...] praeterea [...]," was heißt: Gewißheiten bzw. argumentativ unterstellbare und nicht erst argumentativ stützbare Geltungsansprüche sind erstens [...], zweitens [...], außerdem [...]."[80]
Die an dieser Stelle beispielhaft von Quintilian zitierten Gewißheiten bilden nicht die architektonische Dogmatik eines gegenüber jeder Problematisierung immunisierten Denk- und Wertsystems ab, sondern verweisen mit der Signifikanz des „wir" (habemus) auf den eigentlichen Geltungsgrund solcher methodologisch notwendig zu unterstellenden und tatsächlich immer schon unterstellten Gewißheiten, nämlich auf die innerhalb eines mehr oder weniger geschlossenen, sozial vermittelten *Überzeugungssystems* handelnden Subjekte. Dieses Überzeugungssystem „ist nicht so sehr der Ausgangspunkt, als das Lebenselement der Argumente",[81] was heißt: Die mittelbare Gültigkeit von Aussagen bedeutet nicht eine prinzipiell infinite Gültigkeitsabhängigkeit zwischen einzelnen Aussagen, sondern die Gültigkeitsabhängigkeit einer Aussage von ihrer gelingenden, d.h. konsistenten Rekonstruktion innerhalb eines Systems kompatibler Aussagen. Die Aussage „q gilt, weil p" bedeutet dann, daß sich die Gültigkeit von q mit Hilfe von p *innerhalb eines akzeptierten Überzeugungssystems S erfolgreich rekonstruieren läßt*, was heißt: Von „Gültigkeit" einer Aussage, sei sie unmittelbar einsichtig oder mittelbar über erfolgreiche, nämlich überzeugungskräftige Argumentation rekonstruiert, läßt sich nur *in Relation* zu einem (z.B. ethischen) System reden, in dem die Gültigkeit von Aussagen nicht durch *infiniten Regreß verschoben*, sondern durch *kritérielle Bedingungen* ihre mögliche Gültigkeitschance *vordefiniert ist*: „Die Argumentation dient der Entfaltung von Implikationen, die in der Beschreibung des Phänomens dank des zugehörigen Sprach- und Begriffsystems enthalten sind."[82] Solche Überzeugungs- bzw. Orientierungs- oder Rechtfertigungssysteme samt ihren zugehörigen Sprach- bzw. Begriffssystemen sind zugleich als Argumentationssysteme zu be-

---

[80] Quintilian: Institutio oratoria V 10.12.
[81] Wittgenstein: Über Gewißheit, § 105.
[82] Habermas: Wahrheitstheorien, S. 245.

schreiben, insofern ihre Wahl – über die implizit geleistete kategoriale Problemdefinition – jeweils auch bestimmte Möglichkeiten argumentativer Problemlösung erschließt bzw. ausschließt. Eben dies nennt Toulmin die Bereichsabhängigkeit der *materialen Geltungskriterien* von Argumenten,[83] die – anders als die in seiner mikrostrukturellen Argumentationsanalyse rekonstruierten *funktionalen Rollen* argumentativ verwendeter Aussagen – mit dem Wechsel des jeweiligen materialen Problembereichs selbst wechseln. Eben dies meint auch Aristoteles, wenn er in seiner ›Rhetorik‹ sagt, daß man aus physikalischen Aussagen keine Aussagen für ethische Argumente gewinnen könne und umgekehrt: „Ähnlich verhält es sich auf allen Gebieten."[84] In der Unterstellbarkeit solcher bereichsabhangiger bzw. bereichsspezifischer Überzeugungssysteme gründet die Möglichkeit einer bereichsspezifischen (neben einer bereichsübergreifenden) *Topik* bzw. – wie ich lieber interpretierend sagen möchte – *Argumentationsheuristik*, deren Leistung für die situative Rekonstruktion problemrelevanter Gewißheiten zum Zwecke aktueller Problemlösung hier nicht weiter erläutert werden kann.[85]

3. Die Plausibilität solcher materialen Rückbindung argumentativ funktionalisierter Aussagen an entsprechende kategorial abbildbare Überzeugungssysteme, die Aristoteles etwa für die drei bereits oben genannten Gattungen öffentlicher Rede in seiner ›Rhetorik‹ zu entwerfen versucht hat, wirft freilich auch die – bei Aristoteles nicht thematisierte – Frage auf, wie denn neben der *systemimmanenten* Gültigkeit von Aussagen aufgrund ihrer konsistent gelingenden Rekonstruktion in einem entsprechenden Überzeugungssystem (Gültigkeit *in* S)[86] die *Gültigkeit dieses Systems selbst* wieder bzw. – bei dem konfliktösen Zusammenstoß inkompatibler Systeme – wie deren problemspezifische Angemessenheit gerechtfertigt werden

---

[83] Toulmin: Der Gebrauch von Argumenten, S. 17 ff., bes. S. 37 ff.
[84] Aristoteles: Rhetorik 1358 a.
[85] Kopperschmidt: Topik und Kritik; Bornscheuer: Topik; Sprute: Topos und Enthymem, S. 78 f.
[86] Habermas: Wahrheitstheorien, S. 244 ff.; ders.: Zur Rekonstruktion, S. 298 f.

kann (Gültigkeit *von* S). Mit dieser Frage wird freilich das Problem des infiniten Regresses, dessen Limitierung durch Systembildung bewältigt zu sein schien,[87] nicht erneut virulent, sondern die in der infiniten Regreßkonsequenz sich aporetisch verlierende Geltungsreflexion wird über die Differenzierung zwischen verschiedenen *Ebenen* bzw. *Stufen solcher Geltungsreflexion* reformuliert. Diese verschiedenen Ebenen bzw. Stufen, die Habermas „Diskursebenen" nennt,[88] beschreiben eine schrittweise *Radikalisierung der Geltungsreflexion* von der Geltungsrechtfertigung einer Aussage durch ihre methodische Rückführung auf eine andere Aussage innerhalb eines gewählten und akzeptierten Systems möglicher Rechtfertigungen (ethischer Diskurs) bis zur Rechtfertigung des jeweils gewählten Systems möglicher Rechtfertigungen selbst (meta-ethischer Diskurs) im Kontext ihrer jeweiligen evolutionären Entwicklungslogik.

In der Logik solcher hierarchischen Stufung möglicher argumentativer Rechtfertigungsprozesse ist sowohl die Gewähr dafür gegeben, daß prinzipiell keine – in die Bedingungen möglicher Argumentation eingegangenen – Annahmen sich dogmatisch verfestigen können, wie die Möglichkeit eines argumentativen Verfahrens methodologisch garantiert ist, das den geltungslogischen Sinn von Geltungsansprüchen, nämlich positiv rechtfertigungsfähig zu sein, einzulösen vermag.

Es gibt in der Tat – wie K. Lorenz sagte – kein „*theoretisch* bestimmbares Ende für die Iteration der Rechtfertigungsschritte". Doch es gibt ein *pragmatisch* bestimmbares Ende solcher Iteration, das sich nicht als dezisionistisch denunzieren lassen muß, sondern das auch *transzendentalpragmatisch* zu reformulieren ist: Das Argumentationsprinzip ist so gesehen der selbstredende Widerspruch gegen einen *von den konkreten Subjekten abstrahierten Rechtfertigungsanspruch*, dessen Abstraktheit die Abstraktheit einer Rechtfertigungsnötigung spiegelt, der er sich doch motivational verdankt. Die prinzipimmanente Aporie der Argumentation ist in Wahrheit die *Aporie ihres abstraktiven Mißverständnisses*, vergleichbar der Aporie eines abstrakten Zweifels Cartesianischer Provenienz.

---

[87] Luhmann: Funktion und Kausalität, S. 9ff.
[88] Habermas: Wahrheitstheorien, S. 254, bes. S. 252ff. und S. 244; Göttert: Argumentation, S. 49ff.

Dieses Mißverständnis ist die Folge einer – die infinite Regreßproblematik überhaupt erst erzeugenden – *deduktionslogisch* versuchten Rekonstruktion von Gültigkeit im Sinne einer schrittweisen, monologischen Rückführung auf bzw. Ableitung aus einem „Archimedischen Punkt" *letzter Gewißheit.* Wenn dagegen Gewißheit – statt in solcher unangemessener Deduktionslogik rekonstruiert zu werden – *transzendentalpragmatisch* als die immer schon vorauszusetzende Bedingung möglicher reflexiver Vergewisserung begriffen wird, dann verschiebt sich die Frage nach der – dem „Münchhausen-Trilemma" immer wieder erliegenden – *deduktiven* Letztbegründungschance zur Frage nach der *reflexiven* Einsichtsmöglichkeit in die Bedingungen und Voraussetzungen, die wir, statt *durch Argumentation* erst zu sichern, *in Argumentation* bzw. als Argumentierende immer schon beanspruchen *müssen,* wenn wir argumentieren *wollen* (Ethik *der,* nicht *für* Kommunikation).[89]

Wer auch solche Voraussetzungen noch bestreitet, kann dies nur bei Strafe der „petitio principii" tun, oder er muß den kommunikativ-pragmatischen Sinn von „bestreiten" zerstören, was heißt: sich aus der Gemeinschaft redender und handelnder Subjekte exkommunizieren; und diese Exkommunikation wäre dann auch das letzte, was solche Bestreitung sinnwidrig noch zu leisten vermöchte.

5. Abschluß

Mit diesen drei exemplarischen argumentationstheoretischen Anfragen an die antike Rhetorik breche ich meine Überlegungen ab. Sie beanspruchen weder, die Aristotelische oder Quintilianische Rhetorik oder gar die antike Rhetorik schlechthin argumentationstheoretisch zu rekonstruieren. Vielmehr sollten sie eine historische Problemreflexion für die gegenwärtige Argumentationstheorie erschließen, um so deren systematischen Ertrag für aktuelle Problemlösungsstrategien überhaupt einschätzbar zu machen. Viele Fragen der Argumentationstheorie sind ebensowenig gestellt worden, wie

---

[89] Kuhlmann: Ethik, S. 292 ff., bes. S. 302 f.; Baumgartner: Wissenschaft, S. 1758 ff.

andererseits viele mögliche Antworten der antiken Rhetorik aus Platzgründen übergangen werden mußten, für die es zum Teil aber auch – wie für die nur kurz zitierte Topik bzw. Argumentationsheuristik – eigentlich noch keine argumentationstheoretischen Fragestellungen gibt. Gleichwohl meine ich: Die antike Rhetorik eignet sich zwar kaum, was Dyck sich von ihrer Aktualisierung erwartet, für die vermeintlich fällige Korrektur der paradigmatischen Orientierung gegenwärtiger Argumentationstheorie; wohl aber – und das sollte der vorliegende Versuch belegen – dürfte die argumentationstheoretisch interessierte Rekonstruktion der antiken Rhetorik über die problemgeschichtliche Bestätigung einer Reflexionskontinuität hinaus auch systematisch für eine Reflexionsanstrengung fruchtbar zu machen sein, deren Thema Verständigung in der Gesellschaft sowie die Bedingungen ihrer methodischen Sicherung ist.

Literatur

Albert, Hans: Traktat über kritische Vernunft, Tübingen 1969.
–: Traktat über rationale Praxis, Tübingen 1978.
–: Kritizismus und Naturalismus, in: Kritische Vernunft und menschliche Praxis, Stuttgart 1977.
Alexy, Robert: Theorie der juristischen Argumentation, Frankfurt a. M. 1978.
Anacker, Ulrich: Vernunft, in: Handbuch der philosophischen Grundbegriffe, Bd. 6, München 1974, S. 1597 ff.
Aristoteles: Rhetorik, deutsche Übers. von F. G. Sieveke, München 1980.
–: Nikomachische Ethik, deutsche Übers. von F. Dirlmeier, Darmstadt 1960.
–: Metaphysik, deutsche Übers. von F. F. Schwarz, Stuttgart 1970.
Baumgartner, Hans Michael: Wissenschaft, in: Handbuch der philosophischen Grundbegriffe, Bd. 6, München 1974, S. 1758 ff.
Berk, Ulrich: Konstruktive Argumentationstheorie, Stuttgart-Bad Cannstatt 1979.
Bloch, Ernst: Das Prinzip Hoffnung, 2 Bde., Frankfurt a. M. 1959.
–: Avicenna und die Aristotelische Linke, Frankfurt a. M. 1963.
Bornscheuer, Lothar: Topik. Zur Struktur der gesellschaftlichen Einbildungskraft, Frankfurt a. M. 1976.

Braehmer, Uwe: Leitsätze für die Kommunikationspraxis, in: Publizistik 25 (1980/81), S. 24 ff.

Breuer, Dieter: Einführung in die pragmatische Texttheorie, München 1974.

Düring, Ingemar: Aristoteles, Heidelberg 1966.

Dyck, Joachim: Argumentation in der Schule: Ein Streifzug, in: Rhetorik 1 (1980), S. 135 ff.

Fries, Carl: Der Ursprung der antiken Rhetorik, in: Classica et Mediaevalia 2 (1939), S. 168 ff.

Gadamer, Hans-Georg: Rhetorik, Hermeneutik und Ideologiekritik, in: Ders.: Kleine Schriften, Tübingen 1967, S. 113 ff.

–: Replik, in: Hermeneutik und Ideologiekritik, Frankfurt a. M. 1973, S. 283 ff.

Gethmann, C. Friedrich: Protologik, Frankfurt a. M. 1979.

Göttert, Karl-Heinz: Argumentation, Tübingen 1978.

Habermas, Jürgen: Erkenntnis und Interesse, Frankfurt a. M. 1973.

–: Wahrheitstheorien, in: Wirklichkeit und Reflexion, FS für W. Schulz, Pfullingen 1973, S. 211 ff.

–: Theorie der Gesellschaft oder Sozialtechnologie?, in: J. Habermas/ N. Luhmann: Theorie der Gesellschaft oder Sozialtechnologie, Frankfurt a. M. 1971, S. 142 ff.

–: Der Universalitätsanspruch der Hermeneutik, in: Hermeneutik und Ideologiekritik, Frankfurt a. M. 1973, S. 120 ff.

–: Wozu noch Philosophie?, in: Philosophisch-politische Profile, Frankfurt a. M. 1971, S. 11 ff.

–: Zur Rekonstruktion des Historischen Materialismus, Frankfurt a. M. 1976.

Heidegger, Martin: Sein und Zeit, Tübingen 1957.

Hellwig, Antje: Untersuchungen zur Theorie der Rhetorik bei Platon und Aristoteles, Göttingen 1973.

Henrich, Dieter: Kritik der Verständigungsverhältnisse, in: J. Habermas/ D. Henrich: Zwei Reden, Frankfurt a. M. 1974, S. 9 ff.

Höffe, Otfried: Einführung zu Aristoteles: Lehre vom Beweis oder Zweite Analytik, Hamburg 1975, S. 1 ff.

Kambartel, Friedrich: Ethik und Mathematik, in: M. Riedel (Hrsg.): Rehabilitierung der praktischen Philosophie, Bd. 1, Freiburg 1972, S. 489 ff.

Kopperschmidt, Josef: Allgemeine Rhetorik, Stuttgart 1976.

–: Kritische Rhetorik statt Neuer Wissenschaftlicher Rhetorik, in: Sprache im techn. Zeitalter 45 (1973), S. 18 ff.

–: Von der Kritik der Rhetorik zur kritischen Rhetorik, in: H. Plett (Hrsg.): Rhetorik, München 1977, S. 213 ff.

Kopperschmidt, Josef: Überzeugen, in: M. Schecker (Hrsg.): Theorie der Argumentation, Tübingen 1977, S. 203 ff.

–: Das Prinzip vernünftiger Rede, Stuttgart 1978.

–: Argumentation, Stuttgart 1980.

–: Topik und Kritik, in: B. Breuer/H. Schanze (Hrsg.): Topik, München 1981.

–: Quintilian: De argumentis, in: Rhetorik 2 (1981), S. 59 ff.

–: Zum gegenwärtigen theoretischen und praktischen Interesse an Argumentation, in: Rhetorik 2 (1981), S. 153 ff.

Kuhlmann, Wolfgang: Ethik der Kommunikation, in: Apel, K. O., u. a.: Praktische Philosophie/Ethik, Bd. 1, Frankfurt a. M. 1980, S. 292 ff.

Lorenz, Kuno: Beweis, in: Handbuch der philosophischen Grundbegriffe, Bd. 1, München 1973, S. 220 ff.

Luhmann, Niklas: Funktion und Kausalität, in: Ders.: Soziologische Aufklärung, Opladen 1970, S. 9 ff.

McCarthy, Thomas: Kritik der Verständigungsverhältnisse, Frankfurt a. M. 1980.

Öhlschläger, Günther: Linguistische Überlegungen zu einer Theorie der Argumentation, Tübingen 1979.

Perelman, Chaïm: Das Reich der Rhetorik, München 1980.

–: Logik und Argumentation, Königstein 1979.

Perelman, Chaïm/L. Olbrechts-Tyteca: Traité de l'argumentation. La nouvelle rhétorique, Brüssel 1970.

Quintilian: Institutio oratoria, deutsche Übers. von H. Rahn, Darmstadt 1972.

Richter, Günther: Rhetorische Wirkungsforschung, Leipzig 1978.

–: Soziologische Aspekte der rhetorischen Kommunikation, Diss. Halle 1973.

Riedel, Manfred: Über einige Aporien der praktischen Philosophie des Aristoteles, in: Ders. (Hrsg.): Rehabilitierung der praktischen Philosophie, Bd. 1, Freiburg 1972, S. 79 ff.

Röd, Wolfgang: Grund, in: Handbuch der philosophischen Grundbegriffe, Bd. 3, München 1973, S. 642 ff.

Schecker, Michael (Hrsg.): Theorie der Argumentation, Tübingen 1977.

Schenk, Michael: Zur Publikums- und Wirkungsanalyse in der empirischen Massenkommunikationsforschung, Diss. Augsburg 1977.

Schopenhauer, Arthur: Über die vierfache Wurzel des Satzes vom zureichenden Grund, in: Zürcher Ausgabe, Bd. 5, Zürich 1977, S. 9 ff.

Schreiber, Eberhard: Münchener Scholastik, in: Publizistik 2/3 (1980), S. 207 ff.

Schwemmer, Oswald: Philosophie der Praxis, Frankfurt a. M. 1971.

Seel, Otto: Quintilian, Stuttgart 1977.
Spinner, Helmut: Begründung, Kritik und Rationalität, Braunschweig 1977.
–: Pluralismus als Erkenntnismodell, Frankfurt a. M. 1974.
Sprute, Jürgen: Topos und Enthymem, in: Hermes 103 (1975), S. 68 ff.
Toulmin, Stephen: Der Gebrauch von Argumenten, Kronberg i. Ts. 1975.
van Dijk, Teun A.: Textwissenschaft, München 1980.
Vollrath, Ernst: Das Problem der Substanz, in: Joseph Speck (Hrsg.): Grundprobleme der großen Philosophen. Philosophie des Altertums und des Mittelalters, Göttingen 1972, S. 84 ff.
Watzlawick, Paul: Die Möglichkeit des Andersseins, Berlin/Stuttgart/Wien 1978.
Wieland, Wolfgang: Praktische Philosophie und Wissenschaftstheorie, in: M. Riedel (Hrsg.): Rehabilitierung der praktischen Philosophie, Bd. 1, Freiburg 1972, S. 505 ff.
Wittgenstein, Ludwig: Über Gewißheit, Frankfurt a. M. 1971.
Wolff, Stephan: Der rhetorische Charakter sozialer Ordnung, Berlin 1976.
Wülfing von Martitz, Peter: Grundlagen und Anfänge der Rhetorik in der Antike, in: Euphorion 63 (1969), S. 207 ff.
Wunderlich, Dieter: Grundlagen der Linguistik, Reinbek 1974.

RHETORIK UND RES HUMANAE

Von Ottmar Ballweg

> Ich bin für gar nichts. Nur dafür bin ich,
> daß man keinen Unsinn redet.
>
> Abbé Galiani

I. Vorbemerkung

Ob die Menschen je in einem Sein wohnten und seiner innewurden, ob sie in einem Gefüge der Instinkte schon Menschen waren oder erst nach dessen Verlassen geworden sind, wo sie zwischenzeitlich, ob als Mängelwesen oder nicht vielmehr als Überschußwesen gehaust haben mögen, durch welche Haine, Tempel und Kirchen, Festungen, Lager und Institutionen ihre Wanderschaft sie auch geführt hat, jedenfalls scheinen sie seither nach vielen Umzügen und etlichen Auszügen bis heute in der Sprache zu wohnen, was auch für die happy few gilt, die nach Hölderlin dichterisch wohnen.

Zwar bietet die Gegenwart den Menschen die Aufnahme in die großen Systeme an, doch mit der Einschränkung, daß sie in diese nur über ihre Rollen und nicht als Menschen eingehen dürfen,[1] so daß sie die alte Wohnung so schnell nicht verlassen werden, und wenn, dann doch immer dorthin zurückkehren – müssen, um in ihr die menschlichen Dinge abzuhandeln. Die Sprache konstituiert die conditio humana.

Dieser Zusammenhang ist von vielen Denkweisen gesehen worden, von den magischen, mythischen, religiösen und philosophischen, ohne daß er nun seinerseits diese Denkweisen bestimmt hätte. Eine Ausnahme machte von jeher die Rhetorik.

---

[1] Niklas Luhmann: Funktionen und Folgen formaler Organisation, Berlin 1964, ²1972, S. 39 ff.

Da sich menschliche Praxis nicht im Sprachhandeln erschöpft, ist von Interesse, welche Denkweisen das nichtsprachliche Handeln der Menschen berücksichtigen und was diese auf Grund dieser gemeinsamen Handlungsorientierung mit der Rhetorik verbindet. Dabei soll nur eine Denkweise akzeptiert werden, für die der Handlungsaspekt konstitutiv und nicht peripher ist.

In diesem Beitrag wird also die Frage gestellt, welche Denkweisen die Praxisorientierung mit der Rhetorik gemeinsam haben und was das ihnen Spezifische sein könnte.

Aus dem Kontext dieses Aufsatzes soll einsichtig werden, wann jeweils Rhetorik primär als analytische Disziplin und wann sekundär als praktische Wirkungstechnik oder als Rede, die sich ihrer immer schon rhetorischen Funktion nicht bewußt ist, verstanden wird. Obwohl diese zwei Ebenen des Rhetorischen leicht auseinanderzuhalten sind, geschieht es trotzdem selten; so ist zum Beispiel die rhetorische Rechtstheorie eine rein analytische Theorie.[2]

II. Einleitung

> Die Hoffnung ist eine große Verfälscherin der Wahrheit.
>
> Baltasar Gracián

Der antirhetorische Affekt vereint so unterschiedliche Gegner wie die Philosophie, die Religion und die Politik. Ihre gemeinsame Furcht, die Rhetorik könnte das Gerede, das sich als Rede im Dienste der Wahrheit, des Heils oder der Menschen ausgibt, entlarven und dessen bloße Meinungsmäßigkeit decouvrieren, reizt geradezu, sich mit Rhetorik zu beschäftigen.

---

[2] Ottmar Ballweg: Phronetik, Semiotik und Rhetorik, in: O. Ballweg/ Th. Seibert (Hrsg.): Rhetorische Rechtstheorie. Festschrift für Theodor Viehweg, Freiburg i. Br. 1982, S. 27–71, S. 46 f., 69; ders.: Entwurf einer analytischen Rhetorik, in: H. Schanze, J. Kopperschmidt (Hrsg.), Rhetorik und Philosophie, München 1989, S 229–247; ders.: Rhetorik und Vertrauen, in: E. Denninger u. a. (Hrsg.), Festschrift für P. Schneider, Frankfurt a M. 1990, S. 34–44 [Nachtrag des Autors].

Rührt diese Furcht vielleicht daher, daß die Rhetorik nach Aristoteles die einzige Disziplin ist, die nicht nur den Gegenstand betrachtet, sondern „darin immer den Partner berücksichtigt"?[3] Rückt sie den Menschen dadurch zu nahe? Wenn dem so wäre, dann stünde die Rhetorik ja in besonderer Weise den res humanae am nächsten, dann wäre sie es, die nicht nur das Menschliche, sondern das Allzumenschliche, weil sie es erfolgreich benutzen will, am besten kennen müßte. In der Redepraxis sind nicht nur die ausgetauschten Argumente wirkungsvoll, sondern auch ihre Anwender. Die Plausibilität der Argumente verweist auf die Glaubwürdigkeit ihrer Benutzer. Argumentation kann von den Argumentierenden und deren situativer Verhaftung nicht getrennt werden.

Da die Rhetorik nur diese Wirkung will, entblättert sie das scheinbar absichtslose Absichtsvolle der Argumentationen, die von den Menschen wegführen. Die Rhetorik verlangt von dem, der bewegen will, den ganzen Menschen, und erfaßt, weil sie ihn bewegen will, den ganzen Menschen. Sie weiß um die Krypto- und Pseudoargumente, um die zutreffenden und die Fehlargumente, um die rationalen und die irrationalen, die sachlichen und die persönlichen, um die des Herzens und um die des Geistes.[4]

Aber: So wenig wie die Philosophie oder gar die Wissenschaft ist die Rhetorik der Ursprung der menschlichen Dinge, diese entstehen im vordisziplinären Bereich zwischen den Menschen, es sind diese menschlichen Beziehungen selbst, so vermittelt diese durch die kulturell vorgegebenen und ethnostrukturell geprägten sozialen Steuerungssprachen sein mögen. Allerdings erfahren diese „Dinge" durch die Rhetorik die ihnen gemäße Fassung: „explicanda est oratione communis condicio lexque vitae."[5]

---

[3] Aristoteles: Topik, hrsg. von P. Gohlke, Paderborn 1952, 155 b 4, 10.

[4] Chaïm Perelman: L'Empire Rhétorique, Paris 1977, dt.: Das Reich der Rhetorik, München 1980.

[5] Marcus Tullius Cicero: Tusculanae disputationes, 4, 62; Harold Garfinkel: Studies in Ethnomethodology, Englewood Cliffs 1967; ders.: Das Alltagswissen über soziale und innerhalb sozialer Strukturen, in: Arbeitsgruppe Bielefelder Soziologen (Hrsg.): Alltagswissen, Interaktion und gesellschaftliche Wirklichkeit, 2 Bde., Reinbek 1973, Bd. 1, S. 189–262.

III. Das Philosophieren

> Se moquer de la philosophie,
> c'est vraiment philosopher.
>
> Blaise Pascal

Nach all den philosophischen Versuchen, das Recht in Beziehung zur Erkenntnis, zur Vernunft, zur Wahrheit, zur Logik, zum Wesen, zur Natur, zum Sein, zur Geschichte, zur Wissenschaft, zu ewigen Ideen oder zu absoluten Prinzipien zu bringen, es immer und in jedem Fall zu metaphysieren, bietet sich an, es in aller Bescheidenheit wieder in einen vordisziplinären, allgemein menschlichen Rahmen zu stellen: „Es sind nämlich theoretische Aussagen über Dinge des menschlichen Empfindens und Handelns weniger zuverlässig als die Tatsachen: wenn sie daher der Erfahrung widersprechen, so ist ihre Geltung dahin, und sie zerstören noch dazu, was objektiv richtig ist."[6] Das Recht selbst – sein rein meinungsmäßiges Reden und Denken, sein Entscheidungscharakter, sein Handlungsbezug – scheint dazu aufzufordern, es wieder als eine prudentia iuris zu verstehen.[7]

Ausgangspunkt eines solchen Rechtsdenkens muß daher immer die conditio humana sein, mit der strengen Auflage, diese nicht einer Philosophie im Sinne einer Abstraktion, eines Systems, der Generalisierung oder Teleologie zuliebe aus dem Blick zu verlieren. Es soll damit aber keinem naiven, verblasenen Humanitarismus das Wort geredet werden, vielmehr soll, wenn auch lediglich tentativ und deshalb in der Form essayistisch, skizziert werden, welche Disziplinen dieser conditio humana näher standen und stehen als die eingangs verworfenen Versuche der einzelnen Philosophien. Dabei wird hier streng zwischen den Philosophien und dem Philosophieren unterschieden, ganz im Sinne der pyrrhonischen Unterscheidung zwischen dogmatischer Philosophie und zetetischem Philosophieren,[8]

---

[6] Aristoteles: Nikomachische Ethik, Stuttgart 1983, 1172 b 1.

[7] Ottmar Ballweg: Rechtswissenschaft und Jurisprudenz, Basel 1970; Wilhelm Henke, Alte Jurisprudenz und neue Wissenschaft, in: Juristenzeitung, 42. Jg., 1987, S. 685–691 [Nachtrag des Autors].

[8] Sextus Empiricus: Grundriß der pyrrhonischen Skepsis, übers. u. eingel. v. M. Hossenfelder, Frankfurt a. M. 1968, S. 94.

wobei die Dogmatik Indiz ihrer bloßen Meinungsmäßigkeit ist, die als unphilosophisch abgelehnt wird, während das Philosophieren als Zetetik das suchende Forschen und Analysieren intendiert. Es ist jedoch nicht nur die zetetische Haltung, die die dogmatische ausschließt. Wenn das zetetische Philosophieren nicht der Dogmatisierung anheimfallen soll, muß es auf bestimmte Gegenstände, über die man nur meinungsmäßig (doxisch) sprechen kann, als Themen seines Analysierens verzichten. Infolge dieser Themenbeschränkung können die menschlichen Dinge nicht mehr Gegenstand des Philosophierens sein, wodurch diese keineswegs unbedacht sich selber überlassen bleiben, wie noch zu zeigen sein wird. Der einzige dem Philosophieren noch verbleibende Gegenstand ist nach der hier vertretenen Konzeption das Denken.

Philosophieren ist Denken über Denken. Alles Denken über andere Gegenstände, und sei es „der" Mensch, das Leben, das Sein, das Gerechte, die Gesellschaft, das Ganze und so weiter, ist meinungsmäßiger Art: „Die Meinung richtet sich ja auf das, was auch anders sein kann, genau wie die Besinnung."[9] Die Vielzahl der „Philosophien" auf diesen Gebieten spricht für sich.

Auch macht der Anspruch auf Erkenntnis, Wahrheit, Universalität und Objektivität das Philosophieren für das unmittelbare Nachdenken über andere Gegenstände als das Denken ungeeignet, weil es von eben diesen Ansprüchen her diese erwähnten Gegenstände nicht erreicht, was hingegen dem Meinen mühelos gelingt, indem es gerade auf diese Ansprüche verzichtet und dafür eben Wahrheitsunbestimmbarkeit, Situationsabhängigkeit, Relativismus und Perspektivismus akzeptiert.

Genau dies ist das Dilemma jeder sogenannten „praktischen" Philosophie, die entweder in der Entscheidung für die Aufrechterhaltung der Ansprüche des Philosophierens den Praxisbezug verliert oder in der Wahrung dieses Bezugs jene philosophischen Ansprüche aufgeben muß, und welches hier dadurch gelöst wird, daß zum einen der Gegenstand des Philosophierens auf das Denken zurückge-

---

[9] Aristoteles: Nikomachische Ethik, VI, 5, 1140 b 20; und: „weil der Gegenstand des Handelns auch anders muß sein können" (Gohlke), „weil das Gebiet des Handelns veränderlich ist" (Dirlmeier), 1140 a 30 b 15.

nommen wird und zum anderen das praxisbezogene Denken als meinungsmäßiges der Disziplin der phronesis,[10] hier Prudentia genannt, zugeordnet wird.[11] Die Legitimität dieses Denkens liegt in seiner bewußt akzeptierten Subjektivität, was nichts anderes bedeutet, als daß die an der Praxis beteiligten Subjekte bei jeder prudentiellen Überlegung berücksichtigt werden.[12] Es wechseln sowohl die daran beteiligten Subjekte als auch ihre Meinungen sowie die Situationen, in denen sie sich jeweils befinden. Die dadurch immer vorhandene Fluktuation der Standpunkte kann nur in einem meinungsmäßigen Denken aufgefangen werden, darin liegt eben gerade dessen Humanität, daß es eine diesen Wechseln entsprechende Flexibilität besitzt.

Im Ergebnis bedeutet dies: Nicht Praxis, sondern nur das die Praxis regelnde Denken (phronesis, prudentia) kann selbst wieder zum Gegenstand des Philosophierens gemacht werden; so ist demzufolge juristisches Denken Gegenstand der Rechtsphilosophie, dessen tatsächliche Bedingungen, inhaltliche Voraussetzungen, seine verwendeten (sprachlichen) Mittel, seine Regeln, Formen und praktischen Ziele, kurz: Gegenstand der Rechtsphilosophie ist die Jurisprudenz.[13]

Philosophieren als analytische Haltung ist also immer auf schon Gedachtes angewiesen. In der Beschränkung auf die Analyse der je-

---

[10] Wir folgen dabei der von Aristoteles vorgenommenen Unterscheidung der Denkweisen in poiesis, phronesis, epistéme und sophia; dazu Ottmar Ballweg: Ein wissenschaftstheoretisches Lehrschema für den juristischen Unterricht, in: Rechtsfragen im Spektrum des Öffentlichen. Mainzer Festschrift für Hubert Armbruster, Berlin 1976, S. 253–258.

[11] Hans Peter Balmer: Philosophie der menschlichen Dinge. Die Europäische Moralistik, Bern 1981, S. 15: „Das Dilemma lautet: Entweder eine Philosophie, die sich bemüht, dem Menschen umfänglich gerecht zu werden und seinem wirklichen Leben treu zu bleiben, oder aber der unversöhnliche Bruch zwischen einem Denken, das abstrakt in idealen Höhen schwebt einerseits, und der menschlichen Realität andererseits, die denkerisch nicht zu erreichen, sich selbst überlassen bleibt!"

[12] Ottmar Ballweg (Fn. 2), a. a. O., S. 62 ff.

[13] Ottmar Ballweg: Rechtswissenschaft und Jurisprudenz, Basel 1970, passim.

weiligen Denkweisen sind philosophisch haltbare Ergebnisse zu erwarten. Die rhetorische Betrachtungsweise, soweit sie sich auf die Analyse des Gesprochenen und somit Gedachten beschränkt, kann insofern dem Philosophieren an die Seite gestellt werden. Eine rhetorische Rechtstheorie wird daher auch nicht der Gefahr erliegen, daß sie in einer materialen, dogmatischen Philosophie endet.

Als für dieses Thema, ›Rhetorik und Res humanae‹, relevantes Ergebnis ist festzuhalten: Die menschlichen Angelegenheiten gehören als Gegenstand der Erörterung nicht in die Philosophie, sondern in die Prudentien. Die Prudentien (des Rechts, der Politik, der Moral, der Ökonomie) können unter rhetorischen Aspekten analysiert werden, weil jene auf Grund ihrer Meinungsmäßigkeit (Doxität) immer argumentativ verfahren[14]; die rhetorische Argumentationsanalyse legt die in diesen Prudentien eingesetzten Mittel offen, nunmehr im Sinne ihrer praktischen Wirkungstechnik.[15]

Exkurs: In der angegebenen Weise, Philosophieren sei ein Denken über Denken, kann über jede ausformulierte Philosophie philosophiert werden, das heißt, es kann gegen jede dieser Philosophien der Verdacht ihrer schieren Meinungsmäßigkeit erhoben werden. Wie berechtigt dieser soupçon ist, läßt sich beispielsweise an einer unausgesprochenen Voraussetzung der europäischen Philosophie nach pyrrhonischer Methode vorführen,[16] indem dieser Voraussetzung eine gleichwertige entgegengesetzt, damit jene bewußtgemacht und gleichzeitig deren Meinungsmäßigkeit und Beliebigkeit vorgeführt, also ihre philosophische Unhaltbarkeit gezeigt wird.

In der abendländischen Philosophie findet sich überwiegend eine selbstverständlich gewordene Tendenz, linear zu denken, ein Schema, das wesentlich durch den Mosaïsmus über das Christentum eingedrungen ist, aber auch in der antiken griechischen Philosophie in Platons Ideenlehre und in der Entelechie des Aristoteles angelegt war und seither in jeder Teleologie, sei sie nun religiös oder philoso-

---

[14] Aristoteles: Rhetorik, München 1980, passim.
[15] Siehe zur Unterscheidung von Metarhetorik und (praktischer) Rhetorik S. 391 dieses Aufsatzes.
[16] Sextus Empiricus, a.a.O., S. 94ff.

phisch, historisierend oder politisch, nachweisbar ist, bis hin zu Rousseau, Kant, Hegel, Marx und Bloch. Diesem linearen Schema kann gleichrangig das zyklische entgegengesetzt werden, das die bei aller Varietät sich doch gleichbleibende menschliche Natur ins Zentrum ihrer Betrachtung setzt, allerdings nicht als definierte Größe einer verkürzten Anthropologie oder einer sonstigen Dogmatisierung, jedenfalls nicht teleologisch, sondern im Bewußtsein des antinomischen, oft paradoxen, manchmal absurden, ebenso vernünftigen wie egoistischen und selbstlosen Wesens der Menschen. Diese zirkuläre, anthropozentrische Betrachtungsweise (der Menschen, wie sie sind und nicht, wie sie sein sollen) findet sich beispielsweise im Koheleth, bei Herodot, Empedokles, Thukydides, Polybios, Horaz, Mark Aurel, Machiavelli, Vico, Gracián, Chamfort, Nietzsche.

In dieser Gegenüberstellung des zyklischen zu dem linearen Denken ging es nur darum zu zeigen, wie tief die meinungsmäßigen Voraussetzungen reichen, ohne sich für das eine oder andere zu entscheiden, zumal wegen des doxischen Charakters der Frage philosophische Unentscheidbarkeit besteht. Das heißt nicht, daß zwischen den beiden Denkstilen nicht meinungsmäßig, zum Beispiel ästhetisch, politisch oder moralisch entschieden werden könnte; so spräche etwa der geringere Deutungsaufwand mehr für das zyklische Denken, zumal es eher zu den Menschen hin, das lineare hingegen von den Menschen weg zu führen scheint.

IV. Die Prudentia

> Der Zwang zu entscheiden ist stärker
> als die Fähigkeit zu erkennen.
> Immanuel Kant

Im Gegensatz zum Philosophieren akzeptiert die Prudentia die Doxität ihrer Aussagen.[17] Die Lebenspraxis selbst legitimiert ihren dogmatischen Charakter. Eine für diesen vitalen Bedarf bereitge-

---

[17] Aristoteles: Nikomachische Ethik, VI, 8, 1141 b 3–22: „Die Besinnung (phronesis) richtet sich auf das Menschliche und das, worüber man beraten

stellte Dogmatik bildet den instrumentellen Kern jeder Prudentia. Unter einer Dogmatik verstehen wir ein außer Frage gestelltes Meinungsgefüge zur Herbeiführung von Entscheidbarkeit und Begründbarkeit im jeweiligen Wertbereich.[18] Eine sich ihres dogmatischen Charakters bewußte Prudentia weiß auch um ihren Perspektivismus, um ihre Relativität, ihre situative Bedingtheit, in der sie über die menschlichen Belange handelt, um die innere Unendlichkeit der Kasuistik, die im Rahmen des sich Wiederholenden und des Gewohnten variiert.[19] Sie weiß um die schwankende und widerspruchsvolle Natur der Menschen,[20] um die Antinomien im Begründen und die Aporien im Entscheiden, die auszuhaltenden Paradoxien und die weiterführenden Inkonsequenzen; sie hat im Vorläufigen abschließend zu entscheiden und im Ungewissen Gewißheit darzustellen.[21] Sie trifft Vorurteile, um Urteile möglich zu machen, stellt vor Eintreten einer Situation Entscheidungshilfen mit dem

kann. Denn das halten wir für den Hauptvorzug des Besonnenen, daß er Rat weiß; keiner aber sucht Rat für das, was sich unmöglich anders verhalten kann …"

[18] Zu Rechtsdogmatik und Rechtszetetik öfters Theodor Viehweg: Zur Geisteswissenschaftlichkeit der Rechtsdisziplin, in: Studium Generale 11 (1958), S. 334 ff.; ders.: Systemprobleme in Rechtsdogmatik und Rechtsforschung, in: Recht und Geschichte, hrsg. v. J. Bärmann, Bd. IV, Wiesbaden 1969, S. 327 ff.; ders.: Rechtsdogmatik und Rechtszetetik bei Jhering, in: Jherings Erbe, hrsg. v. F. Wieacker u. Ch. Wollschläger, Abh. d. Akad. d. Wiss., Göttingen 1970, S. 211 ff.

[19] Aristoteles: Nikomachische Ethik, II, 2, 1103 b 39 – 1104 a 10: „Im Bereiche des Handelns aber und der Nützlichkeit gibt es keine eigentliche Stabilität … Wenn dies aber schon bei übergreifenden Aussagen zutrifft, so kann Exaktheit noch viel weniger bei der Darstellung von Einzelfällen des Handelns vorhanden sein …"

[20] Michel de Montaigne: Essais, übers., ausgew. u. eingel. v. H. Lüthy, Zürich 1953, S. 119, 280, 320, 324, 419, 432, 550 et passim; S. 58: „Wahrlich, ein wundersam eitles, wandelbares und schillerndes Ding ist der Mensch. Es ist schwer, ein festes und eindeutiges Urteil auf ihn zu gründen."

[21] Wolfgang Gast: Zur Einübung der Ungewißheit, in: Argumentation und Recht, Beiheft N. F. 14 z. ARSP 1980, S. 147–169; zur Beziehung zwischen Herstellung und Darstellung von „Gewißheit" Rolf Eickelpasch: Das ethnomethodologische Programm einer 'radikalen' Soziologie, in: Rolf

ganzen Risiko der Situationsverfehlung durch vorsituatives Normieren bereit, denn erst die Situation entscheidet über die Gemäßheit, die Eignung der Norm. Und wo die Prudentia, wie im Recht, unter Entscheidungszwang steht, ist sie bereit, ihre Meinungen außer Frage zu stellen und eben diese Dogmatisierung zu institutionalisieren, um auch dem Begründungszwang zu genügen. Indem sie sich des weiteren dem Deutungszwang unterwirft, überbrückt sie die Spannung zwischen der endlichen Zahl normativer Sätze und der unendlichen Menge kasuistischer Möglichkeiten (leges certae, facta infinita),[22] indem sie das Unvorhersehbare als vorhergesehen interpretiert. Im Normsetzungszwang kulminiert die vitale Funktion jeder Prudentia, im Vorläufigen Halt zu bieten, Orientierung zu liefern und statt ewiger Fragen gegenwärtige Antworten zu geben.

In der Endgultigkeit der Endlichkeit der conditio humana sind die politischen, wirtschaftlichen, moralischen und juristischen Prudentien außer Frage gestellte Meinungsgefüge,[23] um die Entscheidbarkeit und Begründbarkeit notfalls unter Zuhilfenahme der Deutbarkeit ihrer Aussagen unter wechselnden Bedingungen zu garantieren, wobei ihre Änderbarkeit trotz deren volitiven und dezisionistischen Charakter denselben institutionellen Bedingungen zu genügen hat.

Man könnte sich denken, daß diese Prudentien sich aus den menschlichen Belangen, den daraus resultierenden Problemen und Lösungen unter Verweis auf ihre Ergebnisse selber begründen und deshalb normativ sich selbst genügen könnten. Prudentien sozu-

---

Eickelpasch/Burkhard Lehmann: Soziologie ohne Gesellschaft?, München 1983, S. 63 ff.

[22] Gian Battista Vico: De nostri temporis studiorum ratione, Lat.-dtsch., Darmstadt 1963, S. 110.

[23] Helmuth Plessner: Conditio humana, Pfullingen 1964, S. 48: „Die künstliche Horizontverengung ist vielmehr die Art und Weise vermittelnder Unmittelbarkeit, welche das ganze menschliche Verhalten charakterisiert, vorgebildet in dem Zusammenspiel von Auge und Hand, verdichtet in dem meinend-artikulierenden Wesen der Sprache und fortgeführt durch alle schöpferischen Gestaltungen auf immer anderen Ebenen, in denen es sich abspielt."

sagen als selbstreferentielle Systeme einer verinnerlichten, normativen, gelebten Wirklichkeit der in der Selbstverständlichkeit einer res publica agierenden Menschen, wie etwa im römischen Recht. Zeitgemäß scheint die Vorstellung einer solchen Möglichkeit aber nicht mehr zu sein. Vielmehr enthalten unter neuzeitlichen gesellschaftlichen Bedingungen (seit 1776) diese Prudentien so gut wie immer ein von den Meinungsdenkern unter den Philosophen bereitwillig geliefertes Menschen-, Gesellschafts-, Welt- und Wirklichkeitsbild mit Erkenntnisanspruch („Wir halten diese Wahrheiten einer Begründung nicht für bedürftig"!), deren Anspruch von den menschlichen Belangen und ihrer adäquaten Erfüllung wegführt (in eine ferne, dafür aber paradiesische diesseitige oder jenseitige Zukunft), eben weil sie scheinbar philosophisch-erkenntnismäßigen und nicht nur bekenntnishaft-prudentiellen Ansprüchen genügen wollen. In einer wissenschaftlichen Zivilisation gewinnt diese Verführung eine zusätzliche Variante, indem Rechtswissenschaft die Jurisprudenz verleugnet, Politikwissenschaft sich für Politik hält und Metaethik für Moral.

Da diese Entwürfe von Menschen gemacht sind, haben sie auch ihre menschlichen Gefahren, daß nämlich ihren Lieferanten und oft genug ihren Anwendern über dem Menschenbild die Menschen aus dem Blick geraten. Auch Galianis Kampf gegen den Abstraktionismus des Menschenbildes der Enzyklopädisten blieb vergeblich. Der Markt für abstrakte Menschenbilder hat immer noch Konjunktur. Und obwohl diese Entwürfe vorzugsweise entarten, gehört es zu dieser Art déformation philosophique, diese wahrscheinlichste unter den Möglichkeiten der Verwirklichung auszublenden. François de la Rochefoucauld hat sie dafür um so greller ausgeleuchtet: „Die Wahrheit stiftet nicht soviel Nutzen in der Welt wie ihr Schein Schaden."[24]

---

[24] La Rochefoucauld, in: Die französischen Moralisten, übers. u. hrsg. v. F. Schalk, 2 Bde., Bd. 1, Bremen 1962, S. 10.

V. Die Rhetorik

> ... die Sprache ist Rhetorik, denn sie will
> nur eine dóxa, keine epistéme übertragen.
>
> Friedrich Nietzsche

Dieses als Motto zu diesem Kapitel gewählte tiefste Wort zur Rhetorik erhellt den Zusammenhang zwischen Rhetorik und Prudentia sowie mit den in der letzteren geregelten menschlichen Dingen. In seiner Vorlesung über Rhetorik, die er in Basel gehalten hat, dringt Nietzsche zu der Einsicht durch, daß die Rhetorik eine meta- und eine objektsprachliche Ebene besitzt. In der metasprachlichen Dimension macht er analytisch-rhetorische Aussagen über die objektsprachlich-praktische Dimension der Wirkungsorientiertheit sowohl des rhetorisch geschulten wie auch des unbewußt rhetorischen „natürlichen" Redens: „Es gibt gar keine unrhetorische ‚Natürlichkeit' der Sprache, an die man appellieren könnte: die Sprache selbst ist das Resultat von lauter rhetorischen Künsten."[25] Er hebt besonders hervor, daß die „*Rhetorik eine Fortbildung der in der Sprache gelegenen Kunstmittel* ist, am hellen Lichte des Verstandes".[26] Wie wichtig ihm diese objektsprachliche Einheit von Technik und Sprache ist, zeigt sich auch in folgender Stelle: „Die Kraft, welche Aristoteles Rhetorik nennt, an jedem Dinge heraus zu finden und geltend zu machen, was wirkt und Eindruck macht, ist zugleich das Wesen der Sprache: diese bezieht sich ebensowenig wie die Rhetorik auf das Wahre, auf das Wesen der Dinge, sie will nicht belehren, sondern eine subjektive Erregung und Annahme auf Andere übertragen."[27]

Diese objektsprachliche Rhetorik im Sinne von Sprache *und* Redetechnik macht Nietzsche zum Gegenstand der (Meta-)Rhetorik, das heißt der metasprachlichen Analyse,[28] indem er sich scharf

---

[25] Friedrich Nietzsche: Gesammelte Werke (Musarion-Ausgabe), Bd. 5, Vorlesungen 1872–1876, München 1922, Rhetorik, S. 298.
[26] Friedrich Nietzsche, a. a. O., S. 298.
[27] Friedrich Nietzsche, a. a. O., S. 298.
[28] Zur Unterscheidung von Objektsprache und Metasprache Charles

gegen den essentialistischen Ontologismus wendet[29]: „Der sprachbildende Mensch faßt nicht Dinge oder Vorgänge auf, sondern *Reize:* er gibt nicht Empfindungen wieder, sondern nur Abbildungen von Empfindungen ... Nicht die Dinge treten ins Bewußtsein, sondern die Art, wie wir zu ihnen stehen, das pithanon. Das volle Wesen der Dinge wird nie erfaßt."[30]

Da die menschlichen Belange in (Umgangs-)Sprache ausgedrückt werden,[31] diese aber nur doxa überträgt und keine epistéme, wir aber die Meinungsmäßigkeit für das Philosophieren ausdrücklich abgelehnt und für die Prudentia festgestellt haben,[32] ist die Rhetorik als Wirkungstechnik die der Prudentia adäquate, eigentlich immer schon inhärente Darstellungsweise, eben Figuration und Argumentation[33].

William Morris: Foundations of the Theory of Signs, in: International Encyclopedia of Unified Science, Chicago 1938, vol. I, no. 2, S. 1–59; dt.: Grundlagen der Zeichentheorie. Ästhetik und Zeichentheorie, München 1972, S. 25 f.

[29] Ulfrid Neumann: Rechtsontologie und juristische Argumentation. Zu den ontologischen Implikationen juristischen Argumentierens, Heidelberg 1979.

[30] Friedrich Nietzsche, a. a. O., S. 298; Hans Blumenberg: Anthropologische Annäherung an die Aktualität der Rhetorik, in: Wirklichkeiten, in denen wir leben, Stuttgart 1981, S. 104–135, 108: „Unter diesem Aspekt ist Sprache nicht ein Instrumentarium zur Mitteilung von Kenntnissen oder Wahrheiten, sondern primär der Herstellung der Verständigung, Zustimmung oder Duldung, auf die der Handelnde angewiesen ist."

[31] Hans Blumenberg, a. a. O., S. 113: „Sich unter dem Aspekt der Rhetorik zu verstehen heißt, sich des Handlungszwanges ebenso wie der Normenentbehrung in einer endlichen Situation bewußt zu sein."

[32] Hans Blumenberg, a. a. O., S. 125: „Im Begründungsbereich der Lebenspraxis kann das Unzureichende rationaler sein als das Insistieren auf einer ‚wissenschaftsförmigen' Prozedur, und es *ist* rationaler als die Kaschierung von schon gefallenen Entscheidungen durch wissenschaftstypisierende Begründungen."

[33] Hans Blumenberg, a. a. O., S. 110: „Rhetorik als eine Technik, sich im Provisorium vor allen definitiven Wahrheiten und Moralen zu arrangieren. Rhetorik schafft Institutionen, wo Evidenzen fehlen"; zur Figurenlehre: Heinrich F. Plett: Einführung in die rhetorische Textanalyse, Hamburg 1971,

Für diesen Zusammenhang zwischen Rhetorik und Prudentia hatte Gian Battista Vico bereits eine prägnante Formel gefunden: „Praeterea sensus communis, ut omnis prudentia, ita eloquentiae regula est",[34] so daß sein Rat nur konsequent war: „Wer daher nicht zum Physiker oder Mechaniker ausgebildet, sondern zum Dienst an der Allgemeinheit ausgebildet wird, sei es für das Gericht oder den Senat oder die Kirche, ... [der] soll die Topik ... pflegen, und über die Natur, den Menschen, den Staat in freier und gewählter Redeweise nach beiden Seiten hin disputieren, so daß er jeweils das Ansprechendere und Wahrscheinlichere trifft ..."[35]

Die Analyse besagter Argumentation und der in ihr verwendeten Argumente ist Gegenstand der metasprachlichen Rhetorik.[36] Dabei zeigt sich, daß für ein hermeneutisches Verstehen kein Raum ist und die Sprachpraxis nicht in der Bedeutungsdimension endet, sondern auf die pragmatische Dimension und über diese hinaus auf die Beteiligten verweist[37]: „Von einer ‚eigentlichen Bedeutung', die nur in speziellen Fällen übertragen würde, kann gar nicht die Rede sein."[38] Während die Ergebnisse des Philosophierens, wie auch der Wissenschaft, von den daran Beteiligten unbeeinflußt sein müssen,[39] sind

---

5. Aufl. 1983; zur Argumentationstheorie: Chaïm Perelman, Lucie Olbrechts-Tyteca: Traité de l'Argumentation, 2 Bde., Paris 1958.

[34] Gian Battista Vico, a.a.O., S. 26.

[35] Gian Battista Vico, a.a.O., S. 75.

[36] Hans Blumenberg, a.a.O., S. 126: „Rhetorik lehrt, Rhetorik zu erkennen, aber sie lehrt nicht, Rhetorik zu legitimieren." Waldemar Schreckenberger: Rhetorische Semiotik. Analyse von Texten des Grundgesetzes und von rhetorischen Grundstrukturen der Argumentation des Bundesverfassungsgerichts, Freiburg i. Br. 1978; Thomas Seibert: Aktenanalysen, Tübingen 1981; Gerhard Struck: Topische Jurisprudenz, Frankfurt a. M. 1971; ders.: Zur Theorie juristischer Argumentation, Berlin 1977.

[37] Ottmar Ballweg (Fn. 2), a.a.O., S. 62 ff.: zur Agontik: Stephan Wolff: Der rhetorische Charakter sozialer Ordnung. Selbstverständlichkeit als soziales Problem, Berlin 1976, zur Beziehung zwischen Rhetorik und Ethnomethodologie bes. S. 76 ff., S. 129 ff.

[38] Friedrich Nietzsche, a.a.O., S. 300.

[39] Dies ist auch der Grund, weshalb die Affektenlehre in der Rhetorik,

diese in der Rhetorik maßgebend: „Dreierlei braucht man nämlich für eine Rede, einen Redner, einen Gegenstand und eine Zuhörerschaft und dieser letzte, der Zuhörer, ist richtunggebend."[40] Was Inhalt der Prudentia ist, ist zugleich Gegenstand der Rhetorik, gleichgültig, ob wir dafür die menschlichen Dinge oder die Meinungen einsetzen; beides trifft zu[41]; in der Aufgabe, die menschlichen Belange entscheidbar zu machen, sind Prudentia und Rhetorik untrennbar verbunden.

VI. Die Moralistik

> Von dem, was der Mensch sein sollte, wissen
> auch die Besten nicht viel Zuverlässiges, von dem,
> was er ist, kann man aus jedem etwas lernen.
>
> Georg Christoph Lichtenberg

Man mag es unbefriedigend finden, daß sich aus dem Bisherigen zwischen dem Philosophieren und den menschlichen Dingen keine unmittelbare Beziehung ergibt, solange man die angegebenen philosophischen Ansprüche aufrechterhält. Da diese an das Philosophieren zu stellenden Anforderungen nicht beliebig aufgegeben werden können, ohne das Philosophieren selbst aufzugeben, ist an diesem Ergebnis unbedingt festzuhalten.

Es ist aber keineswegs so, daß es überhaupt keine reflektierte Geistigkeit gäbe, die, ohne selbst Philosophie sein zu wollen, über die

nicht aber in einer philosophischen Dialektik oder Hermeneutik ihren Ort hat.

[40] Aristoteles: Rhetorik, I, 3 b.
[41] Hans Blumenberg, a.a.O., S. 113f.: „Dabei kann der Handlungszwang, der die rhetorische Situation bestimmt und der primar eine physische Reaktion verlangt, rhetorisch so transformiert werden, daß die erzwungene Handlung durch consensus wiederum ‚nur' eine rhetorische wird. Physische durch verbale Leistungen zu ersetzen, ist ein anthropologisches Radikal; Rhetorik systematisiert es." Ders., a.a.O., S. 115: „Der menschliche Wirklichkeitsbezug ist indirekt, umständlich, verzögert, selektiv und vor allem ‚metaphorisch'."

menschlichen Dinge handelte, ohne diese wie die Prudentia dogmatisch zu verfestigen: die Moralistik.[42] Sie verfügt zwar wie die Prudentia über dieselbe Nähe zu den menschlichen Dingen, unterscheidet sich aber von dem prudentiellen Denken durch ihren zetetischen Charakter: Die Moralistik ist eine meinungsmäßige Zetetik. Ansonsten besitzt sie die bereits für die Prudentia genannten Charakteristika der Meinungsmäßigkeit, der Wahrheitsunbestimmtheit, der Situationsabhängigkeit, der Subjektivität, des Relativismus und Perspektivismus ihrer Aussagen. Wie die Prudentia gipfelt auch sie in der euboulia (Wohlberatenheit, Urteilsfähigkeit), wohlwissend, daß erst die Situation über die Geeignetheit des Rates entscheidet. Die Spannweite des moralistischen (beileibe nicht des moralischen) Denkens versucht sich nicht im Definitorischen, sondern in der tentativen, oft nur essayistischen, meist aphoristischen Annäherung, in zahllosen Momentaufnahmen des Menschlichen, die zusammen jenes umfassende Bild der menschlichen Natur ergeben, das sich der teleologischen Deutung verweigert, die topoi nie abschließend sammelt, das Einzelne berücksichtigt, und es in die große Summe der Erörterung der conditio humana einbringt und deren endliche Offenheit bejaht. Sie kennt keine Themenbeschränkung, wo doch die menschlichen Belange aus der widersprüchlichen Vielfalt der menschlichen Natur hervorgehen, was sich in den oft paradox formulierten Maximen der Moralisten spiegelt.

Desgleichen sieht sie das bei aller Verschiedenheit im einzelnen sich Wiederholende und Gleichbleibende der menschlichen Situationen und der Meinungen zu diesen, wie sie durch Geburt, Reife, Geschlecht, Alter und Tod der Menschen vorgegeben sind und steht insofern dem Zyklischen näher als dem Linearen.[43] Auch ist der Mo-

---

[42] Hans Peter Balmer, a.a.O., S. 15: „Die Moralistik orientiert über Motive, Bestrebungen und Verhaltensweisen von Menschen, über Realitäten und Möglichkeiten des Lebens, ohne daß der Mensch an sich bestimmt, über das Leben im ganzen spekuliert oder über das Grundverhältnis von Mensch und Welt entschieden würde. Sie ist daher nicht Philosophie im metaphysisch-ontologischen Sinn …"

[43] Vergleiche den Exkurs auf Seite 396 f. dieser Arbeit. Es gehört zu den Paradoxien unserer Zeit, daß gerade geschichtsphilosophische Linearität über Geschichtsverachtung in die Geschichtslosigkeit führt.

ralistik jede voreilige Verabsolutierung, Generalisierung und Systematisierung fremd. Es würde sich nun darum handeln, die Denker der Moralistik einzeln vorzustellen, was aber in einem Aufsatz nicht zu leisten ist, es kann nur auf die großen Moralisten der Neuzeit verwiesen werden, auf Montaigne, Gracián, de la Rochefoucauld, Montesquieu, Vauvenargues, Rivarol, Galiani, Chamfort und andere,[44] wobei Deutschland eigentlich nur Lichtenberg und Nietzsche vorzuweisen hat. Daß die Moralistik und die Prudentia als eigenständige Denkweise das adäquate Verständnis eher im mediterranen als im deutschsprachigen Raum gefunden haben, dieses Schicksal teilen sie mit der Rhetorik.[45] Da hierzulande die Unbedingten den „Abschied vom Prinzipiellen"[46] trotz der unmenschlichen Folgen ihrer Versuche, die Menschen auf ihre absoluten Maßstäbe zu verkürzen, so schnell nicht nehmen werden, ist selbst von einer allfälligen Befassung mit der Moralistik wenig Änderung zu erwarten: „Die Philosophen haben zu allen Zeiten die Sätze der Menschenprüfer (Moralisten, F. N.) sich angeeignet und verdorben, dadurch, daß sie dieselben unbedingt nahmen."[47] Gerade das Aushaltenlernen der vielfältigen Bedingtheit der conditio humana, der mangelhaften Einsichts- und Erkenntnisfähigkeit, der Unbeantwortbarkeit der großen Fragen sowie die Gelassenheit, selbst die Naturkonstante der menschlichen Dummheit und die Sozialkonstante der menschlichen Gemeinheit in die Betrachtung mit einbeziehen zu können, ohne darüber die Heiterkeit zu verlernen, ohne Sinnvorgaben Sinnstifter in eigener

---

[44] Es sei hier ausdrücklich auf das schon mehrfach zitierte Buch von Hans Peter Balmer zur europäischen Moralistik hingewiesen, das in einer beeindruckenden Übersicht von der griechischen über die römische Antike die Linien der moralistischen Geistigkeit bis zur Gegenwart nachzieht und diese im abendländischen Denken verortet.

[45] Vasile Florescu: La rhétorique et la néorhétorique. Genèse, évolution, perspectives, 1. rumänische Auflage, Bukarest 1973, ins Frz. übers. v. Melania Munteanu, 2. Aufl., Paris 1982, S. 54 ff.

[46] Udo Marquard, Stuttgart 1981.

[47] Friedrich Nietzsche: Werke. Kritische Gesamtausgabe, hrsg. v. G. Colli u. M. Montinari, Bd. IV, 3, Berlin 1967, Menschliches, Allzumenschliches II, 5, S. 18.

Sache zu sein,[48] all dies scheinen uns die Lehren der Moralistik zu sein.

Es handelt sich hier weniger darum, die Moralistik auch nur ansatzweise darzustellen, als vielmehr auf den Zusammenhang mit der Rhetorik und der Prudentia hinzuweisen, der für die jeweilige Disziplin erhellend sein könnte. Es wird damit ja nichts unbekannt Neues behauptet, vielmehr wird auf sehr alte Bestände des abendländischen Denkens verwiesen.

Wem dies alles aber noch zu ungewiß und schwankend ist, dem kann geholfen werden, indem er auf einen noch schwankenderen Boden geführt wird, als ihn die Moralistik darstellt, wo allerdings nach unserem Geschmack die menschlichen Dinge noch umfassender und weit sicherer aufgehoben sind, nämlich in der Literatur, deren Themenreichtum der Problemfülle der menschlichen Belange am nächsten kommt. Deshalb müssen sich alle Disziplinen, die das Bedenken und Darstellen der menschlichen Dinge für sich beanspruchen, in bezug auf ihre Fülle und Nähe zu den menschlichen Belangen an der Literatur messen lassen: „Quam multi poetae dicunt quae philosophis aut dicta sunt aut dicenda" (Seneca). Nicht nur in dieser Einschätzung der Literatur, sondern auch in der meines Faches wußte ich mich mit Peter Noll einig: „Die Juristen, die über das richtige Recht philosophieren, kommen mir vor wie Anatomen am toten Objekt. Das lebendige Objekt wäre die Macht, doch dieser sind sie selbst unterworfen."[49]

Die letzte Nähe zu den Menschen und ihren Belangen wird aber erst aus einem Verzicht auf das Wunschdenken in den menschlichen Dingen gewonnen werden: „Mein Schlußsatz ist: daß der *wirkliche* Mensch einen viel höheren Wert darstellt als der ‚wünschbare' Mensch irgend eines bisherigen Ideals; ..."[50]

---

[48] Odo Marquard: Wider die allzu laute Klage vom Sinnverlust. Philosophische Bemerkungen und eine Fürsprache fürs Unsensationelle, Vortrag v. 4.7.83 in Mainz, abgedr. in FAZ v. 31.10.83, Nr. 253, S. 9.

[49] Peter Noll: Diktate über Sterben und Tod, posthum, Zürich 1984, S. 73.

[50] Friedrich Nietzsche: Werke. Kritische Gesamtausgabe, hrsg. v. G. Colli u. M. Montinari, Berlin 1970, 8. Abt., 2. Bd., Nachgelassene Fragmente Herbst 1887 bis März 1888, S. 298.

… Ethos des Alltags, Festgabe für Stephan H. Pfürtner, hrsg. von Alberto Bondolfi, Werner Heierle, Dietmar Mieth, Benziger Verlag, Zürich/Einsiedeln/Köln 1984, S. 303–329.

RHETORIK UND WILDES DENKEN

Ein Zugang zum Mythus über Aristoteles

Von Gonsalv K. Mainberger

> Ce Génie sublime n'avoit point dédaigné les Arts agréables; la Poésie et la Musique charmèrent ses loisirs. S'il n'a pas toujours résisté aux attraits de la Beauté, cette foiblesse ne prenoit point sa source dans une dépravation de mœurs, mais dans l'excessive sensibilité de son Ame. Toujours attaché à la Religion de ses Pères, il sût respecter les loix des pays où il vécut. Plus doux et plus modéré que les Philosophes de son Siécle, il gouta les délices de l'Amitié, et emporta les regrets de ceux qui l'avaient véritablement connu.
>
> Legende auf einem Portrait von René Descartes, gestochen von N. Ponce, à Paris chez l'auteur de l'Académie des Sciences, Belles-Lettres et Arts de Rouen, Rue St-Hyacinthe No 19. (o. J.).

Rhetorik im Mythus

Wie der Phoenix aus der Asche steigt, so steht die Rhetorik aus den Trümmern ihrer eigenen Geschichte wieder auf. Im folgenden wird ein eher unerwarteter und auf den ersten Blick abwegig anmutender Aspekt dieser Wiederkunft vorgezeigt. Durch den Vergleich zwischen der poietisch-rhetorischen Vernunft und dem mythologisch-wilden Denken soll Einsicht in ein Stück Rhetorikgeschichte zustande kommen. Die Annahme lautet: Rhetorik und wildes Denken sind vergleichbar. Der Vergleich der Theorie der poietischen Vernunft mit der Theorie des wilden Denkens bringt ein verschollenes Kapitel der Denkgeschichte an den Tag. Es ist nur dann wirklich verstehbar, wenn es als Kapitel der bislang verborgen und vergessen gebliebenen Geschichte der Rhetorik entziffert wird.

Am Anfang stehe eine wissenshistorische Erinnerung daran, wo Aristoteles seine ›Rhetorik‹ im damaligen Universum des Wissens angesiedelt hat. Zusammen mit der ›Ethik‹ und der ›Politik‹ ist sie der Ort, wo sich die Vernunft von ihrer erfinderischen, konjekturalen, unexakten aber gleichwohl treffsicheren Seite zeigt. Noch schwebt Aristoteles die „reine Theorie", *epistēmē*, als Ideal sowohl der objektiven Würde des unveränderlichen Seienden als auch des glücksbringenden Lebensstils vor. Obgleich die Rhetorik weder „exakt" noch „wissenschaftlich" noch von prinzipieller, unumstößlicher Gewißheit ist, zeichnet sie Aristoteles dennoch mit den Merkmalen einer eigenständigen, vernünftigen Instanz aus. Rhetorik ist *theōria* und nicht etwa bloße Geschicklichkeit wie z. B. Kochen oder Schustern.

Platon hatte die Rhetorik in der Auseinandersetzung mit den Sophisten als bloße Fertigkeit, *empeiria*, gewertet und ihre Erzeugnisse als „Wohlbefinden und Lust" apostrophiert (Gorgias, 462 d 12 – 462 e 1). Wie das Kochen, sei das Reden eine Frage der Geschicklichkeit und der Langzeiterfahrung. Ein Redner sei immer nur ein gewiegter Praktiker. Reden sei keine Kunst, beruhe aber auf seelischer Präsenz, nämlich Treffsicherheit und couragiertem Verhalten ebenso wie auf natürlicher Gewiegtheit im Umgang mit den Menschen (Gorgias, 463 a 6 – b 1). Die Rhetorik ist bei Platon auch ohne jegliche ethische Qualität, weil durch Reden noch nie jemand besser geworden ist. Auch epistemologisch ist die Rhetorik weit abgeschlagen, weil sie sich mit dem Schein begnügt und die Leute mit Scheinbegründungen zu ihren Entscheidungen bringt. Die Frucht dieser Saat rhetorischen Verhaltens ist denn auch geradezu „unanständig". Zu diesem Geständnis treibt Sokrates seinen Gesprächspartner Phaidros, der mit einer engagierten Verteidigung des Redners Lysias das Gespräch mit Sokrates aufzunehmen gewagt hatte (Phaidros, 259 e 4 – 260 a 4). Nicht die Wahrheit, *alētheia*, die auf dem Sein beruht, wird vom Redner verlangt, sondern die Glaublichkeit, *to pithanon*, und das Überreden, *peithein*, die vom Schein getragen sind (ib., 260 a 4).

Aristoteles verhalf der Rhetorik zu ihrem Ansehen als Theorie, indem er sie zur *technē* erhob, der handwerklichen Fertigkeit entzog und als Gegenstück (Antistrophe) der Dialektik in den Zuständigkeitsbereich der poietischen Vernunft verwies. Er setzt sich in seiner ›Rhetorik‹ nicht direkt mit der Auffassung der Platonischen Akademie auseinander. Seine Vorlesung ist aber eine ausgeklügelte Widerlegung der Platonischen Einschätzung des Rhetorischen. Die ›Rhetorik‹ wird Zug um Zug am Gegenstück des dialektischen Verfahrens konstruiert (Rhetorica, I. 1. 1354a 1 ff) und nicht am Beispiel des Kochens oder der Überredungskünste abgehandelt – damit rückt die Rhetorik klar in den Bereich der nachweislich logischen Vernunfttätigkeit. Rhetorik wird als Theorie (ib., 1354a 10), nicht als Empirie vorgestellt – damit kann sie Anspruch auf ihre eigene Begründbarkeit stellen und einlösen. Rhetorik wird definiert als Kompetenz, das an einer jeden Sache Glaubliche herauszuarbeiten (ib., 1355 b 10–11) – damit entzieht Aristoteles die Rhetorik dem Vorwurf, sie sei eine von nacktem Interesse gesteuerte Überredungsstrategie.

Aristoteles hat in seiner ›Ethik‹ an die rhetorische Tradition angeknüpft, um das Ideal des handelnden Menschen, den Besonnenen, *phronimos*, gebührend vorstellen und vorzeichnen zu können. Er hat denjenigen Typus von Intelligenz wieder rehabilitiert, den zu verurteilen und herunterzumachen Platon alles unternommen hatte. Nach einer äußerst sorgfältigen Studie, die die fast verschollene Tradition der poietischen Vernunft zu neuem Leben erweckt, kommen die beiden Historiographen der griechischen Mythologie, Marcel Détienne und Jean-Pierre Vernant, zum überzeugenden Schluß: „Für das Aristotelische Denken kann es eine Erkenntnis geben, die aufs Unexakte geht, auch wenn diese selbst, da sie sich ja mit dem Gegenstand in Übereinkunft befindet, ihrerseits nur wieder unexakt sein kann ... Auf eine gewisse Art und unter den bereits erwähnten nötigen Vorbehalten rehabilitiert die Aristotelische Philosophie das konjekturale Denken und jene Erkenntisweise, die auf Umwegen an ihr Ziel kommt."[1]

Das Theoriemodell der Aristotelischen ›Rhetorik‹ hatte im damaligen Schulbetrieb und innerhalb der philosophisch-akademischen

---

[1] M. Détienne/J.-P. Vernant: Les Ruses de l'intelligence. La Mètis des Grecs, Paris 1974, 306.

Auseinandersetzungen eine Funktion inne, die derjenigen vergleichbar ist, die die ›Pensée sauvage‹ im Streit zwischen der existentialistischen Geschichtsphilosophie und dem Strukturalismus ausübte.

Die Vergleichbarkeit der Aristotelischen ›Rhetorik‹ mit der ›Pensée sauvage‹ (1962) von Claude Lévi-Strauss beruht auf folgenden Gemeinsamkeiten. Aristoteles „rettete" die Rhetorik vor dem Mißverständnis, sie diene überhaupt nicht der Wahrheit, sondern lediglich den Interessen der Mächtigen und sei im Hauptstück Anleitung dafür, wie man sich als Günstling, immer auf den eigenen Vorteil bedacht, möglichst ins vorteilhafte Lichte setze. Lévi-Strauss konnte nachweisen, daß am Ursprung des wilden Denkens durchaus theoretische Interessen stehen und der mythische Diskurs in sich selbst nachweislich kohärent und logisch ist.

Eine weitere Arbeitshypothese ergänzt diesen Vergleichsansatz. Sie stellt sich folgendermaßen dar. Das was sich im griechischen Alltag der Politik, der Gerichtsbarkeit und der Häuslichkeit sprachlich abspielte, was in der römischen Städtekultur, in der höfischen Gesellschaft und noch im Humanismus der Renaissance sowie in den vorrevolutionären Parlamenten des Absolutismus die Vernunfttätigkeit in ihrer *rhetorischen Version* gewesen ist, das ist die *Mythologie* in den außereuropäischen Kulturen. Mit andern Worten: die Vernunftmerkmale, die Lévi-Strauss dem wilden Denken zugesprochen hat, sind zwar nicht die der Episteme, der strengen Wissenschaft, wohl aber sind sie wiedererkennbar im Profil dessen, was seit alters her die poietische Vernunft genannt wird. Lévi-Strauss hat die ›Pensée sauvage‹ begreiflicherweise an einem Vernunftbegriff orientiert, der im Positivismus seine extreme und einseitige Ausfaltung erfahren hatte. Das Werk ist auch eine Streitschrift gegen die Alleinansprüche der Episteme. Die szientistische Mentalität nimmt an, die Vernunft könne sich gar nicht anders als in der Episteme entfaltet haben und tut so, als ob es auch historisch gar keine andere Verkörperungen des Logos als in der reinen Theorie gegeben habe. Genau besehen gibt es nun aber eine Parallele zum wilden Denken, und sie ist bereits im griechischen Denken grundgelegt. Aristoteles hat den Instanzenbereich der praktischen Vernunft in drei unterschiedliche, aber zusammenhängende Regionen verlagert: in die ›Ethik‹, die

›Politik‹ und die ›Rhetorik.‹ Auf eine Kurzformel gebracht lautet der wissenschaftshistorische Befund so: die wesentlichen Merkmale, die Lévi-Strauss dem wilden Denken als dessen pertinent-unterscheidende Züge zuschreibt, sind auch die spezifischen Eigenschaften, die die *technē rhētorikē*, die *ars oratoria*, die *Kunst der Rede*, auszeichnen.

Tropen

Der theoretisch versierte Redner weiß, wie mit Tropen umzugehen ist. *Tropē* heißt Wende. Redend wendet und windet sich ein Angeklagter (oder dessen Anwalt), um seine Sache, *causa*, überzeugend vorzubringen und sich (oder der Anwalt den Klienten) so aus der Schlinge zu ziehen. Der Lobredner wiederum muß seinen Freund, Gönner oder Weggefährten so schildern, daß dessen Leben von den Taten her rekonstruierbar wird. Der Belobigte muß das Lob auch tatsächlich annehmen können. Vor allem darf es ihm nicht, wegen einer falschen „Wendung", zur beschämenden Schmeichelei geraten. So wendet der Preisredner die Sache so lange hin und her, bis sie sitzt. Der Panegyrikus vergegenwärtigt das tätige Leben des Belobigten als jene Vorstellung, die man sich machen muß, damit das „Portrait" des Betreffenden auch wirklich das ist, was er selber war. Dem Panegyrikus entspricht, im reinen Kontrast, die Grabrede, die oraison funèbre: Schon droht dem Toten das Vergessen bei den Hinterbliebenen; durch die ziemende Rede wendet es sich in den Zuhörern in imaginäre Vergegenwärtigung. Die sprachlich gelungene „Wende" einer Trauerrede wendet die Gegenwart von den Trauernden ab und ruft die Vergangenheit im möglicherweise rein halluzinatorischen Modus als nachvollziehbar herbei.[2]

Die mentale Leistung, eine Sache sprachlich „hinzubringen", hängt wesentlich von der betreffenden Steuerung ab. Der sprachproduktiven Vernunft steht ein lexikalisches Repertoire zur Verfügung, eine grammatikalische Paradigmenfülle liegt bereit. Die Vernunft

---

[2] Vgl. N. Loraux: L'Invention d'Athènes, histoire de l'oraison funèbre dans la ‹cité classique›, Paris/New York 1981 (mit Bibliographie); L. Marin: Le portrait du roi, Paris 1981, 111–115.

selektioniert, probiert und wählt erfinderisch-wendig genau das, womit sie sich selber durchsetzt. So verhilft sie der Sache zur Darstellung und kommt, den Adressaten mitberücksichtigend, endlich zu ihrem Ziele: einen vermutbaren Sachverhalt im richtigen Moment, auf den Zuhörer zugeschnitten, dem diskussionswilligen Partner angemessen, so vorzubringen, daß sogar die eigene Position, aus der heraus einer spricht, mit ausgesagt bleibt. Der Zusammenhang zwischen Reden und Steuern war den Griechen nicht unbekannt. Platon macht sich konsequenterweise über die Steuerungsfunktion der Künste lustig und wirft Reden, Schwimmen, Pilotengeschick und Kriegsindustrie in einen Topf. Genauer: er braucht die Metapher unter ihrem ethischen Aspekt. Er höhnt, bloß weil die Redner jemanden vor Gericht „retten" würden, sei dies noch lange kein Verdienst, vielmehr triftiger Grund zur Bescheidenheit. Denn ebensowenig wie der Kapitän wisse, ob er einen guten oder einen schlechten Menschen aus dem Schiffbruch gerettet habe, genausowenig habe der Redner eine Ahnung von der Güte oder Perversität seines Klienten. „Deshalb ist es nicht Brauch, daß der Steuermann sich viel darauf einbildet, wenn er uns schon rettet" (Gorgias, 512 b 3f.). Die Tätigkeit des Steuerns hat aber einen präzisen semantischen Aspekt, der weder den ethischen Gehalt noch die Nähe zum Naturvorgang des Gebärens und Generierens anvisiert, sondern die Zugehörigkeit zur berechnenden, vorausschauenden und mutmaßenden Intelligenz hervorhebt. *Kubernai* und *mētiomai* gehören zusammen: Mētis „generiert", *mētisato*, Eros, den ersten aller Götter (Parmenides, 28 B 13.16). Als Daimon „gebiert" Mētis so, wie der Daimon die Welt regiert, nämlich im Akt der Intelligenz und nicht im Naturvorgang des Gebärens. Die geistig-produktive Tätigkeit des konjekturalen Wissens zeigt sich in der Metapher des Steuerns als ein Akt der Intelligenz, in welchem Vorausschau, Zeichenlesen, rasche Auffassungskraft, Treffsicherheit und Geistesgegenwart den Ausschlag geben. Die mündliche Verlautbarung beruht auf der von der poietisch-konjekturalen Vernunft gesteuerten Verarbeitung der Wegmarken, der Hinweise, der Indizien – lauter Orientierungspunkte, *tekmar*, die pragmatisch und semantisch parallel zu dem zu findenden Weg, *poros*, funktionieren. Das Lexikon bestätigt diese Parallele: *stochazesthai*, etwas als Zielscheibe anvisieren, und *tek-*

mairesthai, mutmaßen, sind Synonyme (Souda, s. v.). In jedem Akt der Steuerung ist konjekturales Wissen investiert, „ganz im Sinn und in der Art der Navigatoren, die sich ebenso auf die Zeichen der Wahrsager verlassen wie sie auf die Lichtzeichen des Himmels setzen; sie bahnen sich ihren Weg, indem sie Fixpunkte annehmen und die Augen alsdann auf das Ziel der Reise richten."[3]

Der erinnernde Hinweis auf die Kunst der Navigatoren ist hier durchaus am Platz, weil der Gebrauch der Alltagskünste als Vergleichsbasis zu geistigen Tätigkeiten der Aristotelischen Mentalität überhaupt nicht fremd ist. Die Seeleute übergaben sich bekanntlich nicht einfach der See, sondern verließen sich auf ihre Fähigkeit, Zeichenkomplexe lesen zu können. Genau darin sind sie eine brauchbare Metapher für die besondere Art von Vernünftigkeit, um die es auch beim Reden und beim rhetorischen Argumentieren geht. Die im Akt der Steuerung eines Schiffes, einer zielstrebigen Reise durch eine Wüste oder beim Jagen enthaltenen Momente lassen sich zwanglos auf die mündliche Verständigung übertragen. *Eustochia*, treffsicheres Einschätzungsvermögen – avoir le coup d'œil –, fördert verborgene Zusammengehörigkeit von Dingen zutage und ist die Fähigkeit, „in weit auseinanderliegenden Dingen das Ähnliche zu erblicken", *theōrein eustochou* (Rhetorica, III. 11. 1412 a 11–13). *Anchinoia*, scharfsinnige und geistesgegenwärtige Aufmerksamkeit, ist ebenfalls ein Merkmal einer Intelligenz, die den Widerwärtigkeiten der Ereignisse zu begegnen versteht (ib., III. 10. 1410 b 6 ff. *ta asteia*; vgl. Hist. anim. VII.9. 987 a 22–23). Zudem gelingt es dem Scharfsinn und der Geistesgegenwart sogar das zu beobachten, was eigentlich zu „kurz", *askepos*, ist, um überhaupt beobachtet werden zu können (Anal. post. 34. 89 b 10–15). Bei den Römern hat sich diese Intelligenzart vor allem im Orator verkörpert. Cicero postuliert Geistesgegenwart, List, Wendigkeit, Flair, Improvisation, Promptheit und Sinn für das, was jetzt gerade passend und schicklich ist. *„Nam et animi atque ingeni celeres quidem motus esse debent, qui et ad excogitandum acuti et ad explicandum ornandumque sint uberes et ad memoriam firmi atque diuturni."* (Denn es muß eine ganz geschwinde Beweglichkeit des Geistes gegeben sein, um im Ersinnen

---

[3] Détienne/Vernant, a. a. O., 298, 147 f.

Scharfsinn, in der Erklärung und Ausschmückung reiche Fülle und im Gedächtnis Festigkeit und Dauer zu beweisen) (De oratore, I. 113; übers. H. Merklin). Aristoteles hatte den extrem differenzierten und komplexen Sachverhalt in der nicht gerade sehr subtilen Formel zusammengefaßt, für nicht exakt determinierte Gegenstände sei, um derentwillen, ein entsprechend nichtexaktes Denken erforderlich und entspreche dann als solches den Anforderungen der Wahrheit (Ethica Nicom., I.3. 1094b 23–25). Zusammen mit *prāxis* ist *technē* der Ort, wo diese Vernunfttätigkeit realisiert wird. Es sind die nichtgeordneten, veränderlichen, kontingenten Zonen der sozialen und persönlichen Lebensvollzüge, die in dieses Verfahren einbezogen werden müssen, um ihnen den angemessenen Anteil an Vernünftigkeit zukommen zu lassen. Die rhetorische Produktion ist als konjekturales Wissen definiert, und die Rhetorik ist die Theorie dieses Wissens. Rhetorisch argumentieren heißt, treffsicher aber nicht stur, kritisch musternd aber nicht nach dem stets gleichen Muster verfahren, also wendig und nicht nach der immer gleichen Masche sich sprachlich zurechtfinden. So verläuft das von der Vernunft selber ausgewiesene Verfahren, das aufgrund der gemusterten Hinweise und der genau eingeschätzten Chancen den Weg findet. Von der vielschichtigen Bedeutungsfülle, die sich sachlich in kosmische, theogone und räumlich-navigatorische Regionen zerteilt und so auch überliefert ist, bleibt bei Aristoteles nur gerade noch ein äußerst knapper Hinweis übrig: „denn in der alten Sprache hat *tekmar*[4] die gleiche Bedeutung wie *peras*" (Rhetorica, I.2. 1357b 9–10).

Will der Redner langsam aber sicher in Form kommen, dann sam-

---

[4] *Tekmar* ist zu übersetzen mit Wegmarke (point de repère), nicht mit Ziel, Ende, Grenze, wie F. G. Sieveke in der deutschen Übersetzung der ›Rhetorik‹ (München 1980, 18) schreibt; worauf es ankommt, ist doch gerade die Äquivalenz von Marke, Indiz mit Grenze, Umriß bzw. mit dem durch Indizienbeweis erreichten Abschluß eines gerichtlichen Verfahrens. Der Seefahrer kommt auch dank Hinweisen ans Ziel. Für die ethische Argumentation vgl. Ethica Nicom. VI. Kp. 1. – H. Blumenberg hat den epistemologischen Aspekt der Schiffahrt ganz ausgeblendet und um so klarer die rhetorisch-metaphorologische Seite der Seefahrt – den Schiffbruch – herausgearbeitet (Schiffbruch mit Zuschauer. Paradigma einer Daseinsmetapher, Frankfurt a. M. 1979).

melt er die vielfältigen, sich oft widersprechenden und nie auf einen einzigen Nenner zu bringenden Eindrücke der *copia rerum*. Die rednerisch-theoretische Kompetenz ist die Fähigkeit, Erfahrungen im „Reiche der Rede" zu ordnen und zu verallgemeinern. Nach wiederholten Probierhandlungen, die zudem noch vom registrierenden Gedächtnis begleitet werden, entsteht die notwendige Treffsicherheit auch bei unvorhergesehenen und unvorhersehbaren Redesituationen. Der formtüchtige Redner schwätzt nicht einfach daher – er hält aber auch nicht unabänderlich an den einmal festgesetzten Schemata für kunstreiches Reden und an bewährten Paradigmen fest. Beredsamkeit setzt voraus, daß der Redner seine eigenen wie die fremden Reden auf ihre wissentheoretischen Bedingungen hin untersuchen kann. Rhetorische Könner mutmaßen, indem sie im Bereich des Wandelbaren, das aber vermutlich eintreffen wird, *eikota*, treffsicher argumentieren, und überzeugen zugleich den Hörer von der ihm zugemuteten Zustimmungsleistung. Die Rhetorik macht das Menschenmögliche zugänglich und wahr; es ist, als ob es durchs Reden einen Wertzuwachs erführe. Aus der Vorsokratik stammt die Auffassung, das konjekturale Wissen allein sei menschenwürdig, die *epistēmē* hingegen eine Angelegenheit der Götter. Aristoteles ortet die gesamte menschliche Wissenskompetenz nach „wirklich" und „möglich" bzw. „unmöglich". Das wirklich Seiende ist und bleibt Gegenstand der Episteme; die Rhetorik befaßt sich mit dem Möglichen, sofern das Mögliche ein allen Redegattungen gemeinsamer Topos ist (Rhetorica, II, 18. 1391 b 27–29; ib., II.19. 1392 a 8 – 1392 b 14). Das Unmögliche freilich sei den Göttern zu überlassen. Der theoretisch versierte Redner beherrscht die Diätetik des Wortes, genauso wie der Besonnene ein Diätetiker des Geistes ist. Beide „denken menschlich", *anthrōpina phronein* (Ethica Nicom. X.7. 1177 b 26–31): sie packen das Mögliche, das Göttliche wie auch das Sterbliche, auf menschliche, begrenzte Art und Weise an. Dazu gehört der rechte Umgang mit den Tropen. Entsprechend dieser Vorlage, aber immer unter Berücksichtigung der zeitlichen Umstände, der Hörerkapazität und der Verfassung des „Senders", spricht der Redner an Volksversammlungen, klagt und verteidigt er vor Gericht, lobt er den Freund oder schilt den Gegner.

Süße Bitternis

Die Sprache realisiert sich als Rede. Die Lateiner hatten für „Sprache" den Term *oratio*; *lingua* meint nur das Substrat des Idioms: *lingua latina, graeca* etc. Den gleichen Sachverhalt hat Nietzsche in seiner Basler Vorlesung über Rhetorik (Sommersemester 1874) festgehalten: „Es giebt gar keine unrhetorische ‚Natürlichkeit' der Sprache, an die man appelliren könnte: die Sprache selbst ist das Resultat von lauter rhetorischen Künsten."[5]

Im Nachwort zu dem Standardwerk ›Traité des Tropes‹ von César du Marsais (1730) geht Jean Paulhan[6] auf die Beziehung zwischen Sprache und Sprechen ein. Sprache ohne rhetorisches Dazutun ist identisch mit der Illusion, es gäbe so etwas wie eine spontane, unvermittelte und heitere Symbiose mit „der Sache" oder „der Wirklichkeit". Die erträumte Natürlichkeit wäre aber zugleich vom unausweichlichen Zwang begleitet. Erst die rhetorische Vermittlung macht den Raum frei für Wahrheit, ebenso wie für Fehler und Irrtum. Jean Paulhan blieb denn auch die Kehrseite der rhetorischen Bedingtheit unserer Beziehungen zur Wirklichkeit nicht verborgen. In der Rhetorik halte sich der Mensch an der Sprache immer nur wie an „deren Sprung (fissure) und an deren Verstümmelung (défaut)".[7] Der Rohzustand der Sprache ist ein rein imaginäres Gebilde, genau wie der *homo rudis*, der „gute Wilde" der Aufklärer. Der sprachliche Naturzustand ist ebenso eingebildet wie der *status naturae purae* der Theologie.

Die Rhetorik befreit vom Schein der Natürlichkeit, stellt diese aber auf der Ebene der Vorstellung wieder her. Es war schon immer ein Hauptpostulat der rhetorischen Theorie, die tropisch-figürliche Künstlichkeit müsse sich so natürlich als möglich geben. Hinter dieser Forderung steht ein ganz bestimmtes Verständnis des Verhält-

---

[5] F. Nietzsche: Rhetorik. Darstellung der antiken Rhetorik. GW Bd. V, München 1922, 287–319, zit. 298.

[6] J. Paulhan: Traité des Figures ou La Rhétorique décryptée, in: Du Marsais: Traité des Tropes ou des différents sens dans lesquels on peut prendre un même mot dans une même langue, Paris 1977, 271–322.

[7] Paulhan, a.a.O., 321.

nisses von Natur und Kultur bzw. Kunst, *ars, industria*. Die sprachlich-rhetorische Leistung ist ein Akt der Kompensation für die Fehler, die die Natur macht, und für die Lücken oder monströsen Produkte, die sie hinterläßt. Die Verläßlichkeit der Sprache beruht nicht auf dem Naturzwang, sondern auf Regeln, die in den Kompetenzbereich des Rhetorischen fallen. Kraft der gekonnten Eingriffe in ein natürliches Kontinuum – etwa die unmittelbare sinnliche Empfindung sensibler Qualitäten, die nie fehlgehen kann; der Tastsinn täuscht sich im Tastbaren als solchen nie – geht die Sprache ihres Anscheins, selber auch ein Naturprodukt zu sein, verloren. Im Gegenzug dazu verliert sie aber den Schreck des Notwendigen. Die Violenz, unausweichlich zu funktionieren, weicht der risikoreichen Konjektur, dem fundierten aber beweglichen Mutmaßen. Die rhetorische Argumentation ist ein integrales Moment sprachlicher Produktion; Wendigkeit und tropische Verfeinerung bekommen System, ohne freilich dem Anspruch zu verfallen, lückenlos kompakt, starr und exakt sein zu müssen, um wahr zu sein. Ciceros Formel dafür ist unübertrefflich: *negligentia diligens*. Tropen sind süß, *suavitas et iucunditas*, und machen die Welt genießbar, *delectatio*. Das hindert nicht, daß ein Großteil dieser Vorgänge sich unbewußt abspielt. Erst im nachhinein wird freilich der Gesamtkomplex rednerischer Produktionen nach Absichtlichkeit einschätzbar, nach Teilen zerlegbar, auf Regeln zurückführbar und auf Akzeptanz bei Hörern überprüfbar. Die Rhetorik treibt ihr Spiel mit diesen Instanzen. Je versteckter es zu- und hergeht, um so höher die sprachlich-rhetorische Qualität.

Was eine Sprache ist, merkt am eindrücklichsten und nachhaltigsten, wer sie nicht versteht. Er erfährt die „fremde" Sprache wie eine Mauer. Paulhan bemerkt, die Rhetorik verstünde es, „eine Bresche in die Mauer zu schlagen".[8] Mit dieser Metapher transportiert er den richtigen Gedanken, die mündliche Rede selber sei rissig und brüchig. Das liegt aber an der rhetorischen Grundverfassung der Sprache. Gerade über die grammatikalische Korrektheit hinweg gelingt es, *rhetorisch*, sich zu verständigen. Verstummelungen werden in Kauf genommen, sogar ungehörige Kontraktionen zugemutet. Das rhetorische Bemühen, die *negligentia diligens*, ist aufmerksame

---

[8] Ders., a.a.O., 322.

Lässigkeit und sie allein hilft über die von der grammatikalischen Norm her geforderte Unabänderlichkeit hinweg.

Diese Art von Verlautbarung kommt durch konjekturales Ausprobieren zustande. Paulhan greift in diesem Zusammenhang auf die Schiffs- und Navigationsmetapher zurück, der wir bereits begegnet sind. Anschließend an die Mauermetapher heißt es: „Besser noch: im Sturm unterscheiden – wie es der Mann in der Barke macht, der laviert und Breitseite gibt – zwischen zwei Windrichtungen, zwischen denen der Geist spielt und unbekümmert (um die Folgen) weiterspielt (entre lesquels l'esprit joue et se joue)."[9]

Die Rhetorik bekräftigt die Einsicht, daß der Geist zwar auf den Laut völlig angewiesen bleibt, daß aber keiner von beiden unter dem Gesetz des unausweichlichen Zwanges steht. Die *Theorie der Mündlichkeit* thematisiert diesen Freiheitsaspekt der Wahrheit. Die Rhetorik ist jene Reflexionsstufe des Geistes, auf welcher dieser sich seiner Abhängigkeit von den Lauten versichert; zugleich entpuppt sich aber die natürliche Wirklichkeit der Worte als Schein. In der Mündlichkeit, die von tropischer Struktur ist, geht der Geist eine unauflösliche Verbindung mit seiner eigenen Form des Erscheinens ein. Die Rhetorik verwaltet den Wortschatz, steuert und lenkt die brüchigen Wörter auf Sätze hin, die *Unverbrüchlichkeit* erzeugen. In diesem Prozeß wird der Geist inne, daß es ihn ohne Wörter „nicht gibt". Es sind vorab die Wendungen, die künstlichsten unter den sprachlichen Gebilden, die Geist bekunden. Eine Trope ist unnatürlich-natürlich, und dank dieser ungelösten inneren Spannung zwischen Natürlichkeit und symbolisch-künstlicher Vergegenwärtigung ist sie als Geistprodukt erkennbar. „Natürlich" am Reden ist das, was *genuin*, wie von selbst und ohne äußeres Dazutun entstanden ist (*natura* und *gignere* gehören semantisch zusammen). Die unablässigen rhetorischen Transformationen der Welt machen freilich offenkundig, daß ihr etwas fehlt: die mündliche Version, die wörtliche Fassung. Diese macht uns die Welt überhaupt erst zugänglich. Zugleich entdeckt die Rhetorik an den Wortgebilden das, was an ihnen unverkennbar künstlich, aufgesetzt, berechnet, konjektural-trefflich und kompensatorisch ist. Rhetorik ist eine *traurige*

---

[9] Ders., a.a.O.

Angelegenheit, in dem Sinne, als mit jeder als solchen entdeckten Redewendung die besprochene Welt ihres natürlichen Charmes verlustig gehen muß. Eine traurige Kunst, denn obschon durch sie zwar eine Lichtregion freigesetzt wird und der Geist fast grenzenlos sich selber sein kann, fällt jäh der Schatten der Entzauberung auf jede noch so beredte Szene. «Tout est dit, et l'on vient trop tard.»[10]

Wendekreis

Beim Nachdenken über das Reisen fällt auf, daß Reisen und Reden einander ähnlich sind. Reden und Reisen sind vergleichbare Tätigkeiten. Der Ethnologe ist unter den Reisenden, was der Rhetor unter den Redenden. Beide kennen sich in ihrem Bereich theoretisch aus. Der Ethnologe hat die Reiseliteratur studiert, die frühesten Entdeckerberichte gelesen. Er ist Pilger zu heiligen Stätten, Abenteurer und Feldforscher bei wilden Stämmen in einer Person. Vor ein scheinbares Chaos gestellt, in Wäldern und Wüsten ausgesetzt (*silva sententiarum* ...), bietet sich ihm ein befremdliches Schauspiel dar. Er macht sich daran, die chaotische Vielfalt zu ordnen und auf einen ihm bekannten Nenner zu bringen. Mit diesem Entschluß setzt er den Anfang seiner Ethnologenlaufbahn. Mit dem Entscheid, die mündliche Vielfalt auf Regeln zu bringen, fängt der Redende an, sich als Orator zu betätigen.

Der Redende als Orator und der Reisende als Ethnologe verkörpern je ein Ideal. Es ist, als wären sie von einem Über-Ich gelenkt und müßten dessen Forderungen erfüllen. Der eine muß „ein guter Mensch sein, der sich aufs Reden versteht", *vir bonus dicendi disertus*, und einen wirklich eloquenten Menschen hat man ohnehin noch nirgends gefunden (Cicero). Der andere ist ein „Symbol der Sühne", gehalten und ständig aufgefordert, zugefügtes Leid wiedergutzumachen und für getanes Unrecht Abbitte zu leisten.[11] Beide,

---

[10] J. de la Bruyère: Les Caractères, Amsterdam/Paris 1731/1776, Tome I, 105.

[11] C. Lévi-Strauss: Tristes tropiques, Paris 1955, 450; Traurige Tropen, Frankfurt a. M. 1981, 384.

der des Redens Kundige und der Kundige unter Wilden, leisten Trauerarbeit.

An den Reisen in die Tropen lassen sich ähnliche Elemente ablesen wie am Umgang mit den Tropen. Die Tropen sind für den Weltreisenden unvermeidbar. Reisen sind von sich her tropisch, fahre man nun in die Südsee oder von Zürich nach Zug. Jede Reise führt eine Wende herbei und macht den Reisenden zu einem Heimkehrer, zu einem aus dem Totenreich zurückgekommenen Lazarus.[12] Kraft der Wende wird der Ausgangspunkt zum Schlußpunkt. Der Startort ist bei der Rückkehr derselbe und doch nicht gleich wie vorher – genau wie die sprachliche Produktion vor und nach der rhetorischen Bearbeitung. Die Reise führt im Kreis herum; noch in der Wende selbst, gleich nach der Euphorie des Aufbruches, taucht die Frage auf nach dem Worumwillen des Versuches, ein anderer zu werden. Jeder noch so abenteuerliche Versuch des dépaysement beruht auf einer rissigen, brüchigen Motivation. Statt daß sich Erwartungen erfüllen und im Unternehmen selbst stärken, leeren sie sich zusehends, schwächen ab und kehren sich in Überdruß. „Ich hasse Reisen" – so lautet der Eingangssatz der ›Traurigen Tropen‹. Der Ethnologe fährt im Kreis herum, er ist der Gefangene der Zirkularität aller Reisen, Geprellter an jedem Wendekreis. Die Reisen tragen nichts dazu bei, die fundamentalen Kommunikationsstörungen unter Völkern zu beheben. „Je weniger die menschlichen Kulturen imstande waren, miteinander zu kommunizieren, desto unfähiger waren auch ihre jeweiligen Sendboten, den Reichtum und die Bedeutung dieser Vielfalt zu erkennen."[13]

Je belesener ein Reisender ist, je genauer er den frühen Zustand eines wilden Stammes oder einer alten Stadt kennt, um so interessierter zeigt er sich für den gegenwärtigen Zustand seines „Objektes". Vor allem die Tropen haben es ihm angetan. Aber er muß schmerzlich erfahren, daß gerade sie ihren Sinn nicht mehr hergeben. Er kann es drehen und wenden wie er will – die tropische Welt bleibt ihm für immer verschlossen. Wie der Rhetor die Sprache, hat der Ethnologe die Tropen nur mehr zersprungen, ihrer wahren Be-

---

[12] Ders.: Diogène couché, in: Les Temps Modernes 255 (1955), 30.
[13] Ders.: Tristes tropiques, 44 (1981, 37).

deutung entblößt und ihres Sinnes beraubt vor sich. Denn entweder wäre er, der Reisende, als Angehöriger der allerersten Entdeckerexpedition aufgebrochen, dabeigewesen und als erster drüben angekommen: dann hätte er nichts als Spott und Hohn übrig gehabt für das Schauspiel, das die Neue Welt damals mit Sicherheit geboten haben muß; nun ist er aber „moderner Entdecker", und so bleibt ihm, dem Helfer und Entwicklungsbeamten, nichts anderes übrig, als einer für immer und für jedermann endgültig verlorengegangenen Welt nachzutrauern. Die Wilden haben ihre „Natürlichkeit" eingebüßt. Der Ethnologe weiß inzwischen, daß die Nackten nie nackt waren und daß die Nacktheit weder ein Zeichen von Wildheit noch bare Lüsternheit war, sondern eine Projektion der Zivilisierten ist. Die „Tropen" sind traurig. Jede Trope ist das Dokument der fast verzweifelten Anstrengung des Geistes, der Welt ihr Geheimnis zu entreißen, indem er den Menschen nach dem Sinn seiner Worte fragen läßt.

La Pensée sauvage

Die ›Traurigen Tropen‹ sind der Schlüssel zum Gesamtwerk von Lévi-Strauss. ›La Pensée sauvage‹ (1962) stellt ein theoretisches Zwischenspiel dar, das die ›Structures élémentaires de la parenté‹ (1947) mit ›Le Cru et le cuit‹ (1964) verbindet. Das ›Wilde Denken‹ spiegelt in wissenschaftlicher Klarheit wider, was in narrativem Bekenntnisstil beinahe eruptiv zum Ausdruck gekommen war. Mit den ›Traurigen Tropen‹ hat Lévi-Strauss im Medium der literarischen Produktion seine Schuld gegenüber Jean-Jacques, «notre frère et notre maître», abgetragen und zugleich die Einsicht in das Wesen der ethnologischen Praxis eingebracht. Jeder humanwissenschaftlich-ethnographische Bericht ist immer auch ein Geständnis. Lévi-Strauss praktizierte selber das wilde Denken und liefert uns zugleich die Theorie und Aufschluß über ein Stück Wissensgeschichte dieser Form von Intelligenz.

Die Humanwissenschaften objektivieren die menschlichen Tätigkeiten, indem sie sie auf die ihnen zugrundeliegenden Regeln zurückführen und ihr materiales Substrat mit den pertinenten Merkmalen symbolischer Komplexe spezifizieren. Materialobjekt der

Humanwissenschaften sind alle zum Menschen gehörigen Gegenstandsbereiche. Formalobjekt ist der Mensch selber, insofern bei jeder ethnographischen Erfahrung „der Beobachter sich als sein eigenes Beobachtungsinstrument begreift".[14] Giambattista Vico hat im ›Liber metaphysicus‹ den Grund zu dieser Einsicht gelegt.[15] Innerlichkeit und Äußerlichkeit, das Ich und der Andere (das fremde Ich) lassen sich dann vereinbaren und versöhnen, wenn der Mensch sich dem zuwendet, was er selber gemacht hat, dessen Autor er ist. Im selbstgemachten Gegenstand – bei Vico der *mondo civile* in seinem ganzen historisch-menschengeschlechtlichen Ausmaß[16] – er-

---

[14] Ders.: Jean-Jacques Rousseau, fondateur des sciences de l'homme, in: Anthropologie structurale II, Paris 1973, 48.

[15] „Enimvero cogitare non est caussa quod sim mens, sed signum; atqui techmerium caussa non est; techmeriorum enim certitudinem conatus scepticus non negaverit, caussarum vero negaverit. Nec ulla sane alia patet via, qua scepsis re ipsa convelli possit, nisi ut veri criterium sit id ipsum fecisse ... nempe ea vera esse humana, quorum nosmet nobis elementa fingamus, intra nos contineamus, in infinitum per postulata producamus."
„Es ist ja das Denken nicht die Ursache dafür, daß ich Geist bin, sondern das Zeichen; aber ein Anzeichen ist keine Ursache. Die Gewißheit von Anzeichen wird aber ein besonnener Skeptiker nicht leugnen, während er die Gewißheit von Ursachen jedoch bestreiten muß. Offensichtlich eröffnet sich kein anderer Weg, die Skepsis sachlich zurückzuweisen, als der, daß man feststellt: Das Kriterium der Wahrheit ist das Gemachthaben selber ... Das menschliche Wahre ist jenes, dessen konstitutive Elemente wir uns selbst erdenken, Elemente nämlich, die wir als erdachte in unserem Geist haben und die wir auf dem Weg der Postulatensetzung in unbegrenzter Weise zur Anwendung bringen." Giambattista Vico: Liber metaphysicus. De antiquissima Italorum sapientia liber primus (1710), ed. S. Otto/H. Viechtbauer, München 1979, 52–55.

[16] „Wenn wir die Dinge miteinander vergleichen, erkennen wir die Ordnung, in der sie zu ihren Zeiten und an den ihnen gemäßen Orten entstehen, an denen sie entstehen müssen, und wir erkennen, wie die andern Dinge wiederum die Zeiten und die Orte ihres Entstehens abwarten ... So wird der eigentliche Beweis, der hier fortlaufend zu führen ist, im Vergleichen und Nachdenken darüber bestehen, ob unser menschlicher Geist aus der Reihe der Möglichkeiten, die zu verstehen uns erlaubt ist und soweit es uns erlaubt ist, mehr oder weniger oder andere Ursachen als die genannten sich denken

kennt sich der Mensch selber wieder und weiß mit gewissester Gewißheit über sein eigenes Wissen Bescheid.

Dieser Auffassung und Zielsetzung des humanwissenschaftlichen Diskurses kommt das wilde Denken entgegen. Das auffallende Merkmal ist der „verzehrende Eifer nach Symbolisierung".[17] Symbolisierung meint Objektivierung. Äußerst gespannte Aufmerksamkeit für das konkrete Detail und die sinnfällige Gestalt geht Hand in Hand mit dem abstrakten Vermögen, Beziehungen unter den verschiedensten Regionen des Seins, des Lebendigen und der konkreten Gestaltungen herzustellen und so Bedeutungen zu „machen". Beide Kompetenzen sind im wilden Denken wie in einem einheitlichen Bewußtsein vereinigt beisammen.

Die Genealogie des wilden Denkens bringt dessen Wesenszüge an den Tag. Lévi-Strauss kann sich mit der These, wildes Denken sei das Produkt der dumpfen Schreckenserfahrungen des Wilden und ihre Erzeugnisse seien allesamt ein Werk des Zufalls, nicht befreunden. Die zivilisatorischen Errungenschaften des Neolithikums etwa können unmöglich das Resultat von wiederholten und gehäuften, aber unbeabsichtigten Einzelerfindungen gewesen sein. Genausowenig kann man den heutigen Wilden das Interesse am Erkennen, Neugierde oder Staunen absprechen. Denn „sobald der Mensch beobachtet, experimentiert, klassifiziert und spekuliert, wird er von willkürlichem Aberglauben nicht stärker getrieben als von den Launen des Zufalls".[18] Weder Begriffsschwäche noch emotionale Überreiztheit, weder Zufall noch eine niedere Entwicklungsstufe des Geistes geben den zureichenden Grund für die Leistungen der

kann, aus denen die Wirkungen unserer gesellschaftlichen Welt hervorgehen ... Und es wird sich herausstellen, daß er in der Tat sowohl die Epikureer überzeugt hat, daß ihr Zufall nicht verrückt hin- und herschweifen und überall einen Ausweg finden kann, als auch die Stoiker, daß ihre ewige Kette von Ursachen, mit der sie die Welt gefesselt halten wollen, von dem allmächtigen weisen und gütigen Willen des besten und höchsten Gottes abhängt. Ders.: Die Neue Wissenschaft von der gemeinschaftlichen Natur der Nationen (1744), ed. F. Fellmann, Frankfurt a. M. 1981, [344] und [345], 39 f.

[17] Lévi-Strauss: La Pensée sauvage, Paris 1962, 291; Das wilde Denken, Frankfurt a. M. 1973, 254.

[18] Ders., a. a. O.

Primitiven ab. Bereits die frühen Aufklärer gaben sich mit Zufallserklärungen des *Mythus* – den sie als primitive Denkform einschätzten – nicht zufrieden. Aber sie gingen unentwegt davon aus, der Mythus sei ein Übergangsprodukt, eine Passage von der gesteigerten Sinnenhaftigkeit und Empfindsamkeit hin zur sprachlichen Konfiguration, diese letztere freilich trage alle Spuren der begrifflichen und rationalen Defizienz. Die tragende Vorstellung bildete der Term *homo rudis*, der als Mittelbegriff dieser Argumentationen diente. Die aufgeklärte Humanwissenschaft brauchte zur Konstruktion ihres eigenen pathetischen Menschenbildes den *homo rudis* und dessen sprachliche Leistungen, die Mythen, als rohe, ungeschlachte, altweiberische Formen des Geistes, *forma ieiuna, frivolis, anilis*.[19] Der Mythograph Heyne suchte die „physischen Ursachen" des Mythus und fand, daß das primitive Denken sich nach genauen Regeln und Normen abspiele. Der mythische Diskurs sei rein symbolisch; ihn interpretierend läßt er sich auf Gründe und Muster reduzieren, die wie physische Mechanismen funktionieren.[20]

Lévi-Strauss liegt genau auf dieser Linie der interpretationsorientierten Rationalisten. Der entscheidende Unterschied ist der, daß der *homo rudis* nicht mehr als *fundus* der theoretischen Analyse des wilden Denkens herhalten kann. Diese Auffassung haben freilich die Positivisten übernommen. Lévi-Strauss setzt sich konsequenterweise und ausdrücklich von Auguste Comte ab. Es kann dem Ethnographen nicht mehr darum gehen, zu erklären, wie es denn so unterentwickelten, im kindlichen Stadium dahindämmernden Menschen möglich gewesen sein sollte, mythisch produktiv zu sein. Erklärungsbedürftig ist vielmehr die Tatsache, daß es in diesem Stadium zur gegenseitigen Ergänzung von Natur und Kultur, von *ratio* und

---

[19] Ch. G. Heyne: De opinionibus per mythos traditis tanquam altero secundum historicorum mythorum genere, in: Comm. Soc. Reg. Scient. Gotting, Vol. XIV, 1798, 143. Vgl. G. Mainberger: Mythus als Sprachform. Von der historischen Kritik zur strukturalen Analyse, in: Weltgespräch 7 (2. Folge), hrsg. von W. Strolz, Freiburg 1969, 46–62.
[20] Ders.: De causis fabularum seu mythorum veterum physicis. Opuscula academica collecta et animadversionibus locupleta, Vol. I.8, Göttingen 1785, 184–206.

emotio gekommen ist. Lévi-Strauss' Argumentation beruht auf der Annahme, die wilden Stämme hätten, seit dem Neolithikum, einen die Natur und die zivilisatorische Tätigkeit versöhnenden Lebensstil entwickelt. In der von der Episteme geprägten Zivilisation träten die konstitutiven Momente *ratio* und *emotio*, *natura* und *industria* auseinander, wogegen sie in der vom wilden Denken, also vom Mythus, vom symbolisierenden, klassifizierenden und konjektural-probabilistischen Diskurs geprägten Zivilisation harmonisch beisammen seien.

Wissenshistorisch betrachtet stoßen wir gerade in der Rhetorik auf jene drei konstitutiven Momente, die auch dem humanwissenschaftlichen Rekonstruktionsversuch des wilden Denkens als die unentbehrlichen Kategorien zu Gebote gestanden haben, nämlich der Zufall, *tyche*, die Natur, *physis*, und das Herstellen, *techne (casus, natura, ars)* (De oratore III. 179–181). Die klassische Rhetorik wie die moderne Mythologik betrachten es als ihre epistemologische Aufgabe, das Verhältnis der drei Momente untereinander zu klären. Die beiden gemeinsame Annahme ist, *rhētoreiea, oratio*, das Reden, wie das wilde Denken seien ausgezeichnete Probierhandlungen der praktisch-poietischen Vernunft. Sie ist es, welche die erhoffte Versöhnung der die Trias konstituierenden Momente untereinander ermöglicht: der Zufall wird nicht gänzlich ausgemerzt und gleichwohl bleibt die Marge für das „Andersseinkönnen", wie Aristoteles immer wiederholte, offen; Natur und Kunst wiederum treten in ein wechselseitig sich ergänzendes und verstärkendes Verhältnis zueinander.

Homo rudis – homo loquens

Die Art und Weise, wie Lévi-Strauss das wilde Denken und dessen Mechanismen beschreibt und analysiert, bringt seine Theorie ganz in die Nähe der mit Techne verbundenen Vernunfttheorie. Wildes Denken und Mündlichkeit sind, auf dem Hintergrund der Techne gedacht, vergleichbare Größen. Aristoteles knüpfte an *technē rhētorikē* die Bedingungen, 1. daß sie einen theoretischen Aspekt aufweisen müsse: der Hersteller von Mündlichkeit muß wissen, daß und warum die Rede gelingt und daß Reden nicht mal zufällig reüssiert, mal mißrät (Rhetorica, I.1. 1354 a 6–11); reden ist *technologein*;

und 2. muß Techne lehr- und lernbar sein. Die Didaskalie ist Gewähr dafür, daß, obschon erst im nachhinein, die einzelnen Schritte der Herstellung einer Rede wiederholbar sind und somit die Lehr- und Lernbarkeit des Gesamtprozesses des Redens als kontrollierbar sichergestellt ist.[21]

›Das wilde Denken‹ hatte gleich nach seinem Erscheinen eine ungeheure katalysatorische Wirkung gezeitigt. Das Buch hat in der Wissensgeschichte der Gegenwart eine ähnliche Stellung inne wie die Techne zur Zeit der Platonischen Akademie. Vor allem stand damals die *technē rhētorikē* unter Legitimationsdruck, ähnlich wie seit der Aufklärung der Mythus und das sog. prälogische Denken. Erstmals seit dem Historismus hat Lévi-Strauss die Gleichzeitigkeit der primitiven und der zivilisierten Denkarten zum Ausgangspunkt einer Theorie der poietischen Intelligenz gemacht. Die These lautet, das wilde Denken löse spekulative Fragen und sei von authentischen theoretischen Interessen geleitet und umgetrieben, was sich nicht „mit dem Knurren des Magens"[22] erklären lasse. Die Welt der Eingeborenen sei gleichermaßen Gegenstand und Produkt des Denkens wie auch dafür eingerichtet, daß der Primitive innerhalb einer von ihm gemachten Lebenswelt seine Wünsche befriedigen könne. Im wilden Denken vollzieht sich, nach Lévi-Strauss, ein exemplarisches Gelingen: es versöhnt zwei an sich unverträgliche Ordnungen miteinander; es transzendiert das Sinnliche und das Intelligible gleichermaßen im einen, nicht domestizierbaren Akt der sich treffsicher windenden und wendenden Intelligenz. Wildes Denken ist wie das Lachen, das jene symbolischen Gesten und Vorräte mobilisiert, die zwei an sich unvereinbare Wirklichkeiten miteinander in einen unerwarteten, aber insgeheim erwünschten logischen Zusammenhang bringt.[23] Das Lachen ist die Evidenz der Verkehrtheit, sagt Cioran.

---

[21] „Im Nachweis der Technizität irgendeiner Tätigkeit ist zugleich der ihrer Lehrbarkeit eingeschlossen." F. Heinimann: Vorplatonische Theorie der τέχνη, in: Mus. Helv. Basel 18 (1961) 105–130, ND in: Sophistik, hrsg. von C.J. Classen, Wege der Forschung, Bd. CLXXXVII, Darmstadt 1970, 161.

[22] Lévi-Strauss: La Pensée sauvage, 6 (1973; 13).

[23] Ders.: L'Homme nu. Mythologiques IV, Paris 1971, 587 f.; Der nackte Mensch. Mythologica IV.2, Frankfurt a. M. 1975, 771 f.

Der Primitive ist *homo loquens*. Renaissance und Humanismus sind zivilisatorische Entwürfe, die auf den *homo loquens* setzten. Im Redenden sind der Weise und der Wissende, der Kenner und der Könner vereinigt. Die Renaissance wußte, daß das Wissen allein noch nicht Kompetenz bedeutet und legte deshalb allen Wert auf die *artes*, vorab aufs Reden. Im Bestreben nach Einheit und Vervollkommnung des Menschen nach Maßgabe des rednerisch-technologischen Lebensstils treffen sich das 16. und 17. Jahrhundert mit dem Ciceronianischen Zeitalter. Die Kultur der *aetas ciceroniana* stürzte freilich in sich zusammen, während die große rednerische Epoche „nach und nach, im Schmerz und in der Zerrissenheit, Konsequenzen zieht, die weder das heidnische noch das christliche Rom wahrzunehmen weder die Zeit noch die Mittel gehabt hatte".[24] Die Qualität des rhetorisch fundierten Lebensstils ist zu allen Epochen an dessen zivilisatorisch-ethischen Leistungen gemessen worden. Auch das wilde Denken kann erst richtig gewürdigt werden, wenn dessen Leistungen mit jenem sozialen Prestige und mit jenem ethischen Rang versehen werden, in welchem sie innerhalb der sie tragenden Gesellschaft tatsächlich stehen. Es gehört seit je zum rhetorischen Selbstverständnis, daß die gelungene Verwirklichung des Menschen im Reden an *utilitas*, *iucunditas* und *praestantia* gemessen wird. Nützlich heißt, im Reden sei philosophische und ethisch-moralische Bildung einbeschlossen. Jukundität im Leben ist dessen ästhetische Dimension. Vortrefflichkeit schließlich ergibt sich aus dem gesellschaftlichen „Erfolg".

Die Maßstäbe zur Selbsteinschätzung des Primitiven sind der rednerisch orientierten Wertschätzung ähnlich. Beide sind „konservativ". Die im Schoße der Primitivgesellschaft ausgetragenen Aktivitäten werden daraufhin konzipiert, daß sie die Gesellschaft als das erhalten und bewahren, was sie schon immer war. Das wilde Denken schirmt gegen äußere Einflüsse ab. Das Fremde gilt als barbarisch, nicht-menschlich. Weder ist es integrationsfähig noch -würdig. Diese „Abwehr" nach außen aktiviert und intensiviert die Tätig-

---

[24] M. Fumaroli: L'Age de l'éloquence. Rhétorique et «res literaria» de la Renaissance au seuil de l'époque classique, Genève 1980, 46.

keiten nach innen; die soziale Praxis, die aus dem wilden Denken hervorgeht und mit der sprachlichen Produktion, dem Mythus, sowie mit den entsprechenden moralischen Wertschätzungen verknüpft ist, ist differenzierter, das soziale Netz ist enger, die im regen Austausch erzeugten Bedeutungen sind reichlicher vorhanden als in einer Gesellschaft, die sich nach außen und nach vorne entwirft. Die Bedeutungsmuster hingegen bleiben eher begrenzt, und die Margen der Auswechselbarkeit der Codes sind nicht sehr breit. Jedes Ding hat seinen Platz, und es ist nicht alles mit allem vertauschbar. Es gibt deshalb in der primitiven Gesellschaft mehr geschützte, zensurfreie und zugleich kontrollierte, also „heilige" Räume als etwa in der einseitig arbeitsteiligen Industriegesellschaft. Die Ketten der Bedeutungen und der mit ihnen verbundenen Vorstellungen, Wünsche und Affekte sind intakt, sicher kontinuierlicher als dort, wo die Warenhausketten den Ton angeben und die Wertvorstellungen prägen. Die Erfahrungen eines erfüllten Lebens – ganz im Sinne der Lebensgemeinschaft unter wenigen Freunden, Höchstform der Empfindung des eigenen Daseins im Modus der Autarkie (Ethica Nicom. IX.9.1169b 2–22; 12.1171b 29–1172a 15), ein Leben, das in Betracht zieht, *theōrein*, was absolut gut ist, um nicht nur dies oder jenes machen, sondern um gut leben zu können, *pros to eu zēn holōs*, (ib., VI.5.1140a 26–28) – sie vermitteln Gewißheiten, die an letzte Sinnfragen rühren. Lévi-Strauss behauptet wenigstens, daß das vom wilden Denken inaugurierte und vollzogene Leben sich als ein Leben anbiete, „das zu leben tatsächlich sich lohnt".[25] Es gibt in unserer heutigen Gesellschaft durchaus noch „Orte wilden Denkens", Schutzzonen, die noch nicht von der Episteme eingeholt sind, und Bereiche, in denen das Mutmaßen und der vergleichende Umgang mit dem Konkreten noch Resultate zeitigt, wie dies in der Kunst und in der Alternativszene der Fall ist. Es sind auch die Wilden in unserer Gesellschaft, die nach Orten der unkontrollierten Transgression, nach Möglichkeiten der probabilistischen Lebenschancen rufen, um dem Zwang und der Einförmigkeit zu entgehen. Allerdings präsentieren sich diese Außenseiter oft dermaßen verwildert, daß sie nicht

---

[25] Lévi-Strauss: Les discontinuités culturelles et le développement économique et social, in: Anthropologie structurale II, 376.

einmal mehr die Grundregel des wilden Denkens einzuhalten in der Lage sind: „alles Geheiligte hat seinen Ort."²⁶

Denksitten

Das wilde Denken ist weder ein sachlicher noch zeitlicher Vorläufer des „eigentlichen" Denkens, also der Episteme. Nicht nur ist das wilde Denken keine primitive Vorstufe von Episteme; es tritt vielmehr gleichzeitig in verschiedenen Subjekten und Gesellschaften zusammen mit dem wissenschaftlichen Denken auf und es ist gleich viel wert wie dieses, obschon gänzlich anders geartet. In entscheidenden Punkten stimmt das wilde Denken mit dem überein, was unter dem Namen *technē* und *ars* überliefert ist. Aristoteles hat für seine Zeit, wie Lévi-Strauss für die Zeit nach dem Positivismus, die Synchronie von *technē* und *epistēmē*, von wildem Denken und domestiziertem Denken zum wissenstheoretischen Grundsatz erhoben. Dieser erlaubt es, den Vergleich zwischen *technē rhētorikē* und wildem Denken so weit als überhaupt möglich voranzutreiben.

Es gilt zu beachten, daß der Vergleich nicht hindert, die technischwissenschaftliche Zivilisation Europas als einmalig, unverzichtbar und unerreichbar höher einzuschätzen als die techno-ökonomisch tatsächlich archaischen Leistungen der Primitiven. Aus ethnologischer Sicht freilich ist jeder derartige Vergleich mißlich, ja unmöglich. Das „griechische Wunder" sei, meint Lévi-Strauss, ein einmaliges Faktum, als solches mit keiner einzigen andern möglichen oder tatsächlichen Leistung vergleichbar, weil es ein zweites griechisches Wunder gar nicht gebe. Somit bleibt für ihn auch das erste unerklärlich. „Es ist nur möglich, es zu konstatieren, zur Kenntnis zu nehmen, nicht aber zu erklären."²⁷ Lévi-Strauss hat selber ein rationalistisch-epistemisches Schema übernommen, um das griechische

---

²⁶ A. C. Fletcher, The Hako: A Pawnee Ceremony, Washington 1904, 34, zit. von Lévi-Strauss: La Pensée sauvage, 17 (1973, 21).

²⁷ Lévi-Strauss, in einer Fernsehsendung der Serie Un certain regard (1968), in: C. Backès-Clément, Lévi-Strauss. Philosophes de tous les temps 66, Paris 1970, 182.

Denken zu kennzeichnen und dabei nicht bemerkt, daß die griechische Zivilisation zum Irrationalen ein äußerst differenziertes, sowohl im noetischen wie im moralischen und religiösen Bereich gültiges Modell entwickelt hatte.[28] ›La Pensée sauvage‹ war ein Manifest. Es gipfelte in der Feststellung, daß sich Intelligenz und Gefühl, Präzision und probabilistische List nicht widersprechen und gegenseitig auflösen, sondern, im wilden Denken freilich, versöhnen, ergänzen und verstärken. Das konkrete Denken findet sich heute noch bei Wissenschaftlern, die von Berufs wegen in intensivem Kontakt und in familiär-affektiver Intimität mit Tieren leben, wie der ehemalige Zoodirektor Heini Hediger in Zürich.[29] Inzwischen hat Paul Feyerabend den probabilistisch-bastelnden Charakter der Wissenschaften selbst zum Prinzip erhoben: „Genauer gesagt mache ich zwei Behauptungen, nämlich a) Regeln und Maßstäbe werden oft de facto verletzt, und b) man muß sie verletzen, um in den Wissenschaften vorankommen zu können."[30] Für die griechische Denktradition weisen Détienne/Vernant nach, daß Aristoteles sogar die Grenzverwischung zwischen Tier und Mensch nicht scheute und sich bei seinem Rückgriff auf die Intelligenz der Tiere auf eine Tradition stützen konnte, die von den beiden Forschern aufs genaueste eruiert worden ist.[31]

Lévi-Strauss hat aus dieser Verschränkung des wilden Denkens mit dem intelligenten Verhalten der Tiere die „moralischen Konsequenzen" gezogen. „Man hat damit begonnen, den Menschen von

---

[28] Vgl. E.R. Dodds: Die Griechen und das Irrationale, Darmstadt 1970; F.M. Cornford: Principium sapientiae. The Origins of Greek Philosophical Thought, London 1952, 159–224; G. Thomson: Studies in Ancient Greek Society, Vol. II, London 1955, 140–177; J.-P. Vernant: La formation de la pensée positive, in: Mythe et pensée chez les Grecs. Etudes de psychologie historique, Paris 1966, 285–314.

[29] Lévi-Strauss: La Pensée sauvage, 52 f. (1973, 52 f.).

[30] P. Feyerabend: Erkenntnis für freie Menschen, Frankfurt a. M. 1980, 28.

[31] Détienne/Vernant, a.a.O. Fuchs: 41–46, 51 f., 54; Seehund: 246–255, 259 f.; Tintenfisch (*sepia*): 46, 49, 161–166; Taucher (*aithuia*: «corneille de mer»): 203–210; Krabbe: 255 260, 291; Bläßhuhn (*oroidios*): 208 f.; Pulpe: 35 f., 39 f., 45–49, 162.

der Natur zu trennen, ihn als souveränen Herrscher zu etablieren; man hat geglaubt, ihm so seinen unleugbarsten Charakter, nämlich zu allererst Lebewesen zu sein, tilgen zu können ... Nie eindrücklicher als jetzt, am Schlußpunkt einer vierhundert Jahre alten Entwicklung, hat der Abendländer begreifen können, daß er durch die Anmaßung, rechtens die Humanität von der Animalität trennen zu dürfen und alles für die eine zu beanspruchen, was er der andern entriß, daß er dadurch einen fluchbeladenen Kreislauf eröffnete."[32] Der von Rousseau formulierte Zweifel, ob die innere Wahrnehmung der eigenen Existenz eine wirkliche Wahrnehmung des Ich sei oder ob diese ihrerseits wiederum nur auf Empfindung beruhe, gründet auf der anthropologischen Option von Rousseau. Sie besteht im wesentlichen darin, daß das Ich zur Selbstkonstituierung erst den Andern akzeptieren muß und die Menschheit erst dann zu sich selber kommt, wenn das *Leben* den Vorrang vor dem Menschen hat; m. a. W. wenn das Ich seine Ansprüche vor denjenigen des Andern hintansetzen kann und er sich mit allem Lebendigen identisch fühlt. Die innere Widersprüchlichkeit der dreifachen Passage – von der Natur zur Kultur, von der Empfindung zum Verstand, von der Animalität zur Humanität – findet nur im Akt des identifikatorischen Mitleids, pitié, ihre Auflösung.

Anaklastik

Ein flüchtig hingeworfener Vergleich zwischen der Wissenschaft der Mythen und einem veralteten Zweig der Dioptrik, der Anaklastik, ist uns Indiz für die rhetorisch orientierte Denkweise von Lévi-Strauss. Die Anaklastik läßt wissenshistorisch wie etymologisch das

---

[32] Lévi-Strauss: Anthropologie structurale II, 53; ders.: L'Origine des manières de table. Mythologiques III, Paris 1968, 422; Der Ursprung der Tischsitten. Mythologica III, Frankfurt a. M. 1973, 546. Die Ethik des wilden Denkens macht die Einsicht möglich, wie dringend und notwendig es ist, zu sagen, daß „eine wohlgeordnete Humanität nicht mit sich selbst beginnt, sondern die Welt vor das Leben setzt, das Leben vor die Menschen und die Achtung der andern Wesen vor die Eigenliebe" (amour-propre ist nicht Selbstliebe [amour de soi], wie die deutsche Übersetzung schreibt), a. a. O.

Studium sowohl der reflektierten wie der gebrochenen Strahlen zu.[33] Die Wissenschaft der Mythen bzw. die Hypothese des ›Wilden Denkens‹ bedient sich eines epistemologischen Modells, das erlaubt, der zerstreuenden und zerbrechenden Tätigkeit des Mythus Rechnung zu tragen und gleichzeitig zu einer Synthese zu gelangen. Sonst würde sich der Mythus schließlich gänzlich in seine gegensätzlichen Elemente aufgelöst haben.

Sowohl die Semiotik wie die Semantik gehen davon aus, daß zwischen dem Signifikanten und dem Signifikat grundsätzlich Übereinstimmung herrscht. Idealtypisch korrespondiert dem Bedeutenden das jeweils mit ihm Gemeinte. Beide Größen fügen sich für die verstehende, lesende Vernunft zum Zeichen. Gleichwohl klafft zwischen beiden Zeichenkonstituenten oft eine Lücke. Es kommt oft vor, daß zwischen dem, was einer sagt und dem, was er tatsächlich sagen will, sich ein nicht einholbarer Gegensatz auftut. Diese von der Sprache eingeleitete Erfahrung des Ungenügens kann nur durch sprachimmanente Leistungen wettgemacht werden. Sobald die Erkenntnis mit einem Ereignis konfrontiert ist, tut sich die Kluft als unüberschreitbar auf. Es scheint nun, als ob die von der Sprache getätigten Versuche rein arbiträr wären. Das würde bedeuten, daß die von ihr vermittelten Versionen der gegenständlichen Erfahrungswelt mit dieser selbst nichts mehr zu tun hätten. Es gäbe überhaupt keine Übereinstimmung, keine Reflexion, keine Spiegelung und nicht einmal wahrnehmbare Brechungen dessen, was sich als Kontinuum in der Erfahrung darbietet. Die Rekonstruktion der Wirklichkeit wäre somit von Anfang an ein aussichtsloses Unterfangen. Von den Alltagsbeobachtungen läge die eine unvermittelt neben der anderen, die diskreten Erfahrungen würden ein ungeordnetes Nebeneinander bilden und die kompakten Widerfahrnisse ihrerseits unauslegbar und somit unverstehbar bleiben.

---

[33] „Man könnte also sagen, daß die Wissenschaft der Mythen eine *Anaklastik* ist, wenn wir diesen alten Terminus im weiten, von der Etymologie gerechtfertigten Sinn gebrauchen, dessen Definition sowohl die Untersuchung der reflektierten wie der gebrochenen Strahlen zuläßt." Lévi-Strauss: Das Rohe und das Gekochte. Mythologica I, Frankfurt a.M. 1971, 17; Le Cru et le cuit. Mythologiques I, Paris 1964, 13.

Lévi-Strauss qualifiziert nun aber die Leistungen aller Wahrnehmungen, Beobachtungen, Benennungen und begrifflichen Abgrenzungen als differentielle Explorationen, also als wissenschaftliche Leistungen im weitesten Sinne. Aber die Bedingungen, unter denen diese Leistungen möglich werden, lauten auf eine allen Differenzierungen zugrunde liegende *Äquivokation*. Am Anfang aller Wahrnehmung von Wirklichkeit ist der Calembour, die *Anaklase*, das Spiel mit Worten und Lauten. Eben dieser rein sprachliche Vorgang, meint Lévi-Strauss, sei stärker als jede in Wirklichkeit gemachte Erfahrung selbst. Denn Brasilien, *Le Brésil*, entsteht in seiner Vorstellung als ein Ganzes und ein Kontinuum, das in den Duft von Verbranntem getaucht ist. Ein olfaktisches Detail, das dem Ganzen das pertinente Unterscheidungsmerkmal verleiht, wird unter der Hand eingeführt und erweist sich als tragender Grund sowohl der Erinnerung wie auch der Vorstellung eines Gegenstandes. Diese Leistung ist Resultat einer rhetorischen Figur: sie zerbricht Gegebenes und fügt die benachbarten Terme *brésil* und *grésiller* (bruzzeln) zusammen. Die Anaklase setzt „Brasilien" nachhaltiger gegenwärtig, als jede andere auch in Brasilien selbst gemachte Erfahrung dies zu leisten fähig wäre.[34]

Die Anaklase ist Trägerin einer Symbollektion. Es geht nämlich nicht darum, einen geraden Weg zu beschreiben und von irgendwo wegzukommen, um an irgendeinem Punkt schließlich anzukommen. Die Erkenntnis ist auf Zeichen, Indizien und Verlautbarungen angewiesen. Eine flüchtige Erinnerung, ein Stück Landschaft, eine wie im Fluge ergriffene Bemerkung: das ist der Stoff, aus dem sich die Rekonstruktion des Ganzen machen läßt und machen lassen muß.

naklasis gehört zur Diktion, *lexis*, und war bei den Alten hoch im Schwange, „weil sie soviel Wert auf Zahl und Harmonie legten".[35] Die Anaklase gehört, zusammen mit der *Paronomasie*, nicht zu den Tropen im strengen Sinn, sondern zu den Redewendungen (figures d'élocution). Die Figürlichkeit betrifft den Zusammenhang, bzw. die Brechung und den Widerhall der Laute: Anaklasis, bzw. Antana-

---

[34] Ders.: Tristes tropiques, 50 (1981, 39).
[35] P. Fontanier: Les Figures du discours, Paris 1827/1968, 344.

klasis; letztere wird definiert als *ex adverso refractio* (J. F. Calepinus: Septem linguarum lexicon latinum [1778] s. v.). Anaklasis liegt vor, „wenn das, was von einem gesagt wird, vom andern nicht im gleichen Sinne, in dem es gemeint war, verstanden wird, sondern im gegenteiligen oder andern Sinn genommen wird" (ib.). Quintilian, formal wie immer: „*eiusdem verbi contraria significatio.*"[36]

Die Anaklase macht offenkundig, wie unlösbar die Aussagen mit den Verlautbarungen verbunden sind. Darüber hinaus aber bleibt es nicht bei dieser bloßen Lautbeziehung, sondern auch die „Ideen" werden untereinander verkettet. «C'est que la consonnance physique s'y trouve jointe à la consonnance métaphysique.»[37] Montaigne fand für diese Konstellation die Formel, die als Figur zugleich auch seinen Ichzustand – der selber wiederum Brechung und Selbstzerwürfnis ist – wiedergibt: «je m'instruis mieux par fuite que par suite.»[38] Du Marsais zählte die Anaklase zu den Tropen, von denen er sagt, sie seien „nützlich, um Ordnung in die Gedanken zu bringen, um über den Diskurs Rechenschaft zu geben und um die andern gut anhören zu können".[39] Die Anaklase gehört ins Wortspiel, also zu jenen Wortverdrehungen und Wendungen, deren Sinn, unbeschadet der Vorgänge im Wortlaut, bestehen bleibt.

Lévi-Strauss spricht dem rhetorischen Verfahren der Anaklase mehr Wahrheit zu als den Erfahrungen selbst. Denn nicht diese, aber auch nicht die begriffliche Exaktheit, sondern die Vereinigung von Sinnlichem und Intelligiblem erfüllte allein die Forderungen nach Wahrheit. Das macht die Modelle nicht überflüssig und erniedrigt

---

[36] M. F. Quintilian: Institutio oratoria. IX.3.68. Quintilian kommentiert und bewertet die verschiedenen Anwendungen der Anaklase: „Von gewählterem Geschmack aber zeugt die Figur, die darauf beruht, die Eigentümlichkeit eines Dinges zu unterscheiden" (ib., 71) und: „Selten kommt es dazu, doch gewaltig ist die Wirkung, wenn es gelungen ist, daß ein schwungvoller und energischer Gedanke einen Reiz gewinnt, den er nur von einem gleichen Wort mit einer lautlichen Abweichung erhalten kann" (ib., 72) – genau das von Lévi-Strauss für *Brésil* verwendete Figurenschema.

[37] Fontanier, a. a. O. 345.

[38] Zitiert von Fontanier, a. a. O. 347.

[39] Du Marsais: Traité des Tropes, 199.

nicht die Erfahrungen; wohl aber ist eine Bewahrheitung beider möglich, wenn sich die vom Modell geprägten Erfahrungen mit dem Zeugnis des Forschers zu einem Text, zu einer Botschaft verbunden haben. Die Sache und die Eigentümlichkeit der sie artikulierenden Lexis, also ihr Ethos, sind unzertrennlich. Das ist schon die der Aristotelischen ›Rhetorik‹ zugrunde liegende Evidenz gewesen.

Die Rhetorik kam an ihr epochenspezifisches Ende, als die Rhetoren so viele schulische Subtilitäten produzierten, daß sie sie nicht mehr integrieren konnten und die von Hause aus wohlgeordnete Theorie einem Chaos glich, das nicht mehr abzubauen war. Jede intellektuelle, kulturelle und kommunikative Tätigkeit führt zu diesem en-tropischen Punkt. Es fragt sich alsdann, wie der Ausweg aus dem unausweichlich produzierten Unsinn zu bewerkstelligen sei. Auch das wilde Denken gehorcht dem Gesetz der Zerstückelung. Jede rhetorische Leistung wiederum vermindert, durch Diskretion, den Abstand zwischen denen, um deretwillen jedwelche rhetorische Sprechhandlung überhaupt produziert wird, nämlich die untereinander abständigen Teilhaber am Kommunikationsprozeß. Die Inertie ist das Endprodukt der rasenden „Reportertätigkeit". Es bleibt somit nur die Wahl zwischen dem Schein und dem Nichts. Die Rhetorik aber ist die zuverlässigste Technologie des Scheins. Sie nicht auszuüben, dazu hat noch keine Kultur sich je entschieden.

Sentenzen

Lévi-Strauss orientiert sich am Theoriemodell von Marx und Freud sowie am Erkenntnismodell der Geologie. Während der schweißigen Schwerarbeit am Gestein ergibt es sich, daß sich eine rissige Spur im Fels gleich neben grünenden Pflanzen auftut, daß sich aber dort zugleich auch eine Versteinerung mit den kompliziertesten Einschlüssen findet. „Dann, plötzlich, verschmelzen Raum und Zeit." Alles fällt in einem einzigen Augenblick zusammen und die äußerste Vielfalt wird zur Einheit. Auch Sinnlichkeit und Geistigkeit bekommen eine neue Dimension. Sogar der schwitzende Körper reproduziert den Gang einer Welt und gibt Bedeutungen frei, die sinnlos nebeneinander herliefen und nun auf den erstaunten Suchenden zustürzen."[40]

Für Lévi-Strauss hat dieses geologische Verfahren kanonischen Stellenwert. Auf Anhieb ist das zu verstehende Material undurchdringlich und liegt scheinbar unzugänglich da. Der ordnende Eingriff geschieht als Inventarisierung, *inventio*, und Komposition, *dispositio*. Erforderlich für diese Leistung sind Fingerspitzengefühl, Spürsinn und Geschmack, «sensibilité, flair et goût».[41] Der Text argumentiert dann mit einer Reminiszenz aus der Rhetorik. Das Modellangebot, das Lévi-Strauss macht, läßt sich tatsächlich nur im Rückgriff auf das rhetorische Repertoire erklären. „Anders als die Geschichte der Historiker versucht die Geschichte des Geologen wie des Psychoanalytikers, einige Grundmerkmale des physischen oder psychischen Universums, ähnlich wie ein lebendes Bild, in die Zeit zu projizieren. Ich erwähnte soeben das lebende Bild: tatsächlich ist das Spiel der ‚Sprichwörter in Aktion', ‹proverbes en action›, die naive Form eines Unternehmens, das darin besteht, jede Geste als zeitlichen Ablauf einiger zeitloser Wahrheiten zu deuten, deren konkreten Aspekt die Sprichwörter auf moralischer Ebene nachzuvollziehen suchen, die jedoch auf anderen Gebieten (etwa Geologie, d. V.) Gesetze heißen."[42] Der Geologe entwirft etliche Grundmerkmale des physischen Universums, das in winzigen Ausschnitten vor ihm liegt, in die Zeit, entweder nach rückwärts oder nach vorwärts. In dem dabei entstehenden „Bild" verschmelzen dann die eigenen „projektiv-konjekturalen" Handlungen mit den Gesetzen der Gesteinsbildung. Ähnlich ist es beim Gebrauch von Sprichwörtern, *gnōmai, sententiae*: eine typische Einzelgeste wird universalisiert, und das jeweilige Sprichwort vollzieht auf moralischer Ebene das, was für den Geologen eine naturbedingte Gesetzmäßigkeit ist.

Aristoteles definiert: „Die Sentenz ist eine Erhellung, jedoch nicht dessen, was den einzelnen betrifft ..., sondern eines Sachverhaltes, der das Allgemeine angeht", und zwar nicht auf dem Gebiet der theoretischen, sondern der praktischen Wahrheit (Rhetorica,

---

[40] Lévi-Strauss: Tristes tropiques, 61 (1981, 49).
[41] Ders., a. a. O. (1981, 50).
[42] Ders., a. a. O., 61 f. (1981, 50).

II.21.1394a 19–1395b 20; zit. Stelle: 1394a 21–23). An der Wirkung der Sentenz kommt deren Wesen zum Vorschein: die Zuhörer freuen sich, meint Aristoteles, wenn das als allgemein gültig ausgesprochen wird, was für einen Spezialfall zufällig bereits mit ihrer eigenen Meinung hierüber zusammenfällt (ib., 1395b 1–11). Wer mißratene Kinder hat, dem wird es in der Seele wohltun zu hören, nichts sei törichter als Kinder zu zeugen ... Darüber hinaus wird durch Sentenzen das Ethos, der rhetorische Charakter des Redners offenkundig. Die auf diese Weise des „lebendigen Bildes" zustandegekommene Erkenntnis vereinigt Notwendigkeit und Zufall, Sinnliches und Vernünftiges, den theoretischen Diskurs und das persönliche Geständnis. Gnomische Einsicht in die Sache entspricht in etwa dem, was Lévi-Strauss der Sinnfrage abzugewinnen vermag: alles zusammen genommen hat keinen Sinn, aber wenn sich Sinnvolles einstellt, mag der Mensch daran Gefallen finden.

Matrimoniale Rhetorik

Aristoteles hat die „bloßen Worte" zum formalen Gegenstand der Rhetorik deklariert. Obschon dieser Hinweis pejorativ gemeint war, ist vieles von dem, was wir heute der Wissenschaft vom Menschen zuschreiben, in die ›Rhetorik‹ eingegangen, wie die ausführlichen Darlegungen über die menschlichen Affekte (II. Kp. 2–11) zur Genüge dartun. Das Verschwinden der Rhetorik hat dann eine Lücke hinterlassen, in welche die Humanwissenschaften gesprungen sind. In ihnen hat sich auch das Verhältnis zwischen Sprache und Subjekt verwandelt. Denn der Gegenstand der Humanwissenschaften sind nicht etwa die „bloßen Worte", sondern es ist ein sinnproduzierendes Subjekt, das sich die Wortbedeutungen sowie „schließlich die Repräsentation der Sprache selbst gibt".[43] Dementsprechend machen die von der Linguistik gesteuerten Humanwissenschaften das, was der Rhetorik als nicht-epistemische Techne rechtens zugestanden hatte: sie schlüpfen in alle Fächer, sie untersuchen die Soli

---

[43] M. Foucault: Les Mots et les choses, Paris 1966, 364; Die Ordnung der Dinge, Frankfurt a. M. 1971, 423.

daritätsbeziehungen zwischen getrennten Bereichen, sie vermitteln Denken und Fühlen, Form und Materie, konkret und abstrakt. Die Humanwissenschaften sind ein Dispositiv, das Oppositionen sichtbar macht, das assoziative Erweiterungen zuläßt, das auf analoge Verhältnisse zu achten lehrt. Dank dieser Anordnung kommen Vermittlungen zwischen den Sprachbeteiligten zustande, Verwandtschaftsverhältnisse werden dekodiert, die Zusammenhänge zwischen scheinbar Unvereinbarem werden einsichtig gemacht. Topik (in verräumlichender Funktion) und Periodizität (als synchron-diachrones Modell, das die „Chronik" endgültig überholt und gleichwohl keins der Archive ersetzt) sind die hervorragenden Instrumentarien, um einen Code mit einem andern verbinden zu können: den astronomischen mit dem kriegstechnischen, den magischen (Skalpieren der Feinde) mit dem kulinarischen, so daß – zur Verwunderung des Ethnologen selbst – „die Theorie der Numerierung, die Theorie der Kopfjagd und die Kochkunst sich vereinen, um zusammen eine Moral zu begründen".[44]

Durch die topischen und analysierenden Eingriffe kommen dann aber Mechanismen zum Vorschein, die dem „produktiven Subjekt" keinen Platz mehr lassen. Es ist, als ob sich das Subjekt nicht einmal mehr wenigstens den Illusionen hingeben könnte, am Lauf der Welt beteiligt zu sein. Um so mehr wird es einer sich zusehends verhärtenden Gesellschaft preisgegeben sein. Der „Strukturalismus" stößt hier an seine Grenzen. Auch wenn er nicht als Ideologie betrieben wird, treibt die strukturale Praxis dennoch der Reduktion entgegen. Plötzlich erscheint die Welt als monolithisches Gebilde, in welchem zwar alles an seinem Platz ist, aber wo es genau besehen keinen Ort mehr gibt, weil die Unterschiede scheinbar aufgehoben sind.

Lévi-Strauss machte es dem von der „Geschichte" geprägten Jahrhundert möglich, das Denken in geschichtlichen Kategorien in einer Art wilder Negation außer Kraft zu setzen. Er entmachtete die Dialektik, um das Denken jenseits aller ihm möglichen Versöhnungen beginnen zu lassen. Jegliche Prophetie wird aus den Angeboten des Weltlaufes ausgeschlossen. Um so kräftiger und differenzierter setzt Lévi-Strauss auf das *konjekturale Denken*. Die List, die behende

---

[44] Lévi-Strauss: L'Origine des manières de table, 13 (1973, 14f.).

Wendigkeit, die emotionale Stoßkraft der praktisch-poietischen Vernunft in moralischer und rhetorischer Version wird in der Rekonstruktion der Mythen voll rehabilitiert.

Denken heißt nicht, das innere Wesen dessen ergründen, was sich in der Geschichte oder im Kopf der Leute abspielt, sondern in Korrespondenzen denken lernen; denken heißt, die Konvertibilitätsregeln der Codes, deren sich der Geist bedient, anwenden können. An die Stelle des Geistes werden dessen Regeln gesetzt. Damit werden auch die Subjekte, vornehmlich der Wilde und der Zivilisierte, vertauschbar. Die Agonie des Geistes ist damit besiegelt. Denn je unumstrittener die Übereinstimmungen, je logischer die Ergänzungen, je mathematischer die Inversionen und Kommutationen vor sich gehen, um so unnachsichtiger wird das, was wir als „Sinn" zu bezeichnen pflegen und auch ab und zu genießen, zerstört.

Der epistemologische Stand dieses Denkens ist durch die Entmachtung des Subjektes gekennzeichnet. Sobald der unleugbare Anteil an Unbewußtem bei jeder möglichen Aktivität und produktiven Selbstdarstellung des Subjektes entdeckt und nachweisbar wird, verliert der Leitbegriff „Subjekt" seine Funktion als sinnspendender Referent. Im gleichen Zuge gilt es, das Objektverhalten zu korrigieren. Objekte sind nicht gegeben, sondern Produkte des Subjektes, das seinerseits wieder als Objekt des Wissens konstituiert wird. Wenn Subjekt und Objekt dergestalt in den exemplarisch-konstitutiven Prozeß der Sprache einbezogen werden, verschieben sich Subjekt und Objekt als Instanzen symmetrisch im Verhältnis von Inhalt und Form, von Thema und Darstellung, von *pragma* und *lexis*. Lévi-Strauss glaubt, sich diesseits dieser Dichotomie ansiedeln zu können. Gerade die Rhetorik hat einerseits diese Zweiteilung von Form und Inhalt gefördert und radikalisiert. Anderseits galt es immer als rhetorisches Ideal, so „natürlich" als überhaupt möglich zu reden, alle Künstlichkeiten wie Natur erscheinen zu lassen und dennoch einer jeden zu besprechenden Sache die bestmögliche Sorgfalt angedeihen zu lassen. Lévi-Strauss wäre gerne ein Repräsentant der rhetorischen Reinform, sofern darunter jene Wissensgestalt gemeint ist, die Inhalt und Form vereinigt, die Weisheit und Wissen versöhnt, kurz – die selber ein schöner Gegenstand ist. Der Ethnologe ist auf der Suche nach dem verlorenen Paradies, wo es die zerstörenden und zugleich faszinierenden Unterschiede der menschlichen Grammatik nicht gab: keine Trennung von Mann und Frau, also keine Scheidung in männlich und weiblich; keine Spaltung von Natur und Kultur, also kein Verlust an Identität durch Entfremdung; keine Verarmung der konkreten Erfahrung durch die Episteme, also kein Risiko der Wahrheit.

Die Antinomie Inhalt–Form, Natur–Kultur, Emotion–Ratio bleibt nicht einfach im Raume stehen, sondern wird in einem Modell der verdoppelten Unterschiede, nämlich im Modell der Heirat und der Verwandtschaftsbeziehungen aufgehoben. Die Natur erzeugt Artunterschiede, die Kultur Funktionsunterschiede. Die Frauen halten die Mitte zwischen diesen beiden Extremen inne. Sie gehören teils zur Natur (wegen ihrer zyklischen Teilnahme an ihr), teils sind sie Angehörige der jeweiligen sozialen Gruppe (die sie am Leben erhalten). Das einzige denkbare Subjekt für Lévi-Strauss ist die Frau. In ihr sind die Unterschiede aufgehoben. Nicht die Sprache, also nicht der noch so raffinierte Austausch der Wörter garantiert den friedlichen Aufenthalt des Menschen in der Welt, seinen affektiven Haushalt und die ihm zugewiesene Portion Glück, sondern der geregelte Austausch von Werten, das heißt der Frauen. Das Wort ist in allen Teilen Zeichen geworden, „im Gegensatz zum Wort ist die Frau zugleich Zeichen und Wert geblieben".[45] Der vom Affekt besetzte Diskurs allein hat rhetorische Struktur: er meint nie rein nur das, wovon er spricht. Wortfigur und Redewendung sind deshalb wertvoll, weil sie in gebrochener, zersprungener Form das sagen, was als Ganzes ohnehin nicht mehr einzuholen, geschweige denn zu genießen wäre.

---

[45] «A l'inverse du mot, devenu intégralement signe, la femme est donc restée, en même temps que signe, valeur.» Lévi-Strauss: Les Structures élémentaires de la parenté, Paris 1947/²1967, 569; Die elementaren Strukturen der Verwandtschaft, Frankfurt a. M. 1981, 663.

BIBLIOGRAPHIE*

Adam, K.: Docere–delectare–movere. Zur poetischen und rhetorischen Theorie über Aufgaben und Wirkung der Literatur, Diss. Kiel 1971.
Allhoff, D. W.: Rhetorik und Kommunikation, Bamberg 1985.
Apel, K.-O.: Transformation der Philosophie, 2 Bde., Frankfurt a. M. 1973.
–: Die Idee der Sprache in der Tradition des Humanismus von Dante bis Vico, Bonn 1975.
Arbusow, L.: Colores rhetorici, Göttingen 1963.
Arnim, A. von: Sophistik, Rhetorik und Philosophie im Kampf um die Jugendbildung. Einleitung zu ders.: Leben und Werk des Dio von Prusa, Berlin 1898, S. 4ff.
Arnold, C. C./J. W. Bowers (Hrsg.): Handbook of rhetorical and communication theory, Boston 1984.
Asmuth, B.: Die Entwicklung des deutschen Schulaufsatzes aus der Rhetorik, in: Plett (Hrsg.) 1977, S. 276 ff.
Bachem, R.: Einführung in die Analyse politischer Texte, München 1979.
Baeumer, M. L. (Hrsg.): Toposforschung, Darmstadt 1973.
Baldwin, C. S.: Medieval rhetoric and poetic (to 1400), New York 1928.
–: Ancient rhetoric and poetic, New York 1924.
–: Renaissance literary theory and practice, New York 1939.
Ballmer, H.-P.: Philosophie der menschlichen Dinge, Bern 1981.
Ballweg, O.: Phronetik, Semiotik und Rhetorik, in: Ballweg/Seibert (Hrsg.) 1982, S. 27 ff.
Ballweg, O./T.-M. Seibert (Hrsg.): Rhetorische Rechtstheorie, Freiburg/München 1982.
Barilli, R.: La retorica, Mailand 1983.
Barner, W.: Barockrhetorik, Tübingen 1970.
Barrett, H.: The sophists: rhetoric, democracy and Plato's idea of sophistry, Novato 1989.
Barthes, R.: L'ancienne rhétorique. Aide-mémoire, in: Communications 16 (1970), S. 173 ff. (dt. Übers. in: Ders. 1988, S. 15 ff.).

* Vgl. die Bibliographie in T. I dieser Dokumentation in: Kopperschmidt (Hrsg.) 1990, S. 491 ff. und die ›Bibliographie deutschsprachiger Rhetorikforschung‹ (in: Rhetorik [ab 1983/3]).

Barthes, R.: Das semiologische Abenteuer, Frankfurt a. M. 1988.
Barwick, K.: Das rednerische Bildungsideal Ciceros, Berlin 1963.
Bauer, B.: Jesuitische „ars rhetorica" im Zeitalter der Glaubenskämpfe, Frankfurt a. M./Bern/New York 1986.
Baumhauer, O.-A.: Die sophistische Rhetorik, Stuttgart 1986.
Bausch, K.-H./S. Grosse (Hrsg.): Praktische Rhetorik. Auswahlbibliographie, Mannheim 1985.
Baxandall, M.: Giotto and the orators, Oxford 1971.
Beetz, M.: Rhetorische Logik. Prämissen der deutschen Lyrik im Übergang vom 17. zum 18. Jahrhundert, Tübingen 1980.
–: Frühmoderne Höflichkeit, Habil.-Schr., Saarbrücken 1986.
Behrens, R.: Problematische Rhetorik. Studien zur französischen Theoriebildung der Affektrhetorik zwischen Cartesianismus und Frühaufklärung, München 1982.
Beringer, A.: Die aristotelische Dialektik, Heidelberg 1989.
Bettinghaus, E. P.: Persuasive communication, New York 1967.
Betz, H. D.: Galatians: A commentary on Paul's letter to churches in Galatia, Philadelphia 1979.
Binder, A.: Einführung in Metrik und Rhetorik, Kronberg 1974.
Blair, H.: Lectures on rhetoric and belles lettres, 2 Bde., Carbondale 1965 (1783).
Blass, F.: Die attische Beredsamkeit, 3 Bde., Hildesheim 1962 (1887).
Blumenberg, H.: Paradigmen zu einer Metaphorologie, Bonn 1960.
–: Schiffbruch mit Zuschauern, Frankfurt a. M. 1979.
–: Anthropologische Annäherung an die Rhetorik, in: Ders.: Wirklichkeiten, in denen wir leben, Stuttgart 1981, S. 104 ff. (Abdruck).
Bokeloh, A.: Der Beitrag der Topik zur Rechtsgewinnung, Diss. Göttingen 1973.
Borchmeyer, D.: Tragödie und Öffentlichkeit. Schillers Dramaturgie im Zusammenhang seiner ästhetisch-politischen Theorie und die rhetorische Tradition, München 1973.
Borinski, K.: Die Antike in Poetik und Kunsttheorie vom Ausgang des klassischen Altertums bis auf Goethe und W. v. Humboldt, 2 Bde., Darmstadt 1965 (1914/1924).
Bornscheuer, L.: Topik. Zur Struktur der gesellschaftlichen Einbildungskraft, Frankfurt a. M. 1976.
–: Artikel 'Topik', in: Reallexikon der deutschen Literaturgeschichte 4 (1981), S. 454 ff.
–: Rhetorische Paradoxien im anthropologiegeschichtlichen Paradigmenwechsel, in: Rhetorik 8 (1989), S. 13 ff.
Bosse, H.: Dichter kann man nicht bilden. Zur Veränderung der Schul-

rhetorik nach 1770, in: Jahrbuch f. Intern. Germanistik 10 (1978), S. 80 ff.
Brandt, R.: Kleine Einführung in die mittelalterliche Poetik und Rhetorik, Göppingen 1986.
Braungart, G.: Hofberedsamkeit, Tübingen 1988.
Breideler, V.: Florenz oder „Die Rede, die zum Auge spricht". Kunst, Fest und Macht im Ambiente der Stadt, München 1990.
Bremerich-Vos, A.: Populäre rhetorische Ratgeber. Historisch-systematische Untersuchungen, Tübingen 1981.
Bretzigheimer, G.: J. E. Schlegels poetische Theorie im Rahmen der Tradition, München 1986.
Breuer, D.: Schulrhetorik im 19. Jahrhundert, in: Schanze (Hrsg.) 1974, S. 145 ff.
Breuer, D./H. Schanze (Hrsg.): Topik, München 1981.
Breymayer, R.: Untersuchungen zur Rhetorik pietistischer Texte, Magisterarbeit, Bonn 1970.
–: Rhetorik und empirische Kulturwissenschaft, in: Plett (Hrsg.) 1977, S. 187 ff.
Brooks, C./R. P. Warren: Modern rhetoric, New York 1970.
Bubner, R.: Dialektik als Topik, Frankfurt a. M. 1990.
Bubner, R./K. Cramer/R. Wiehl (Hrsg.): Hermeneutik und Dialektik. H.-G. Gadamer zum 70. Geburtstag, 2 Bde., Tübingen 1970.
Buchheim, T.: Die Sophistik als Avantgarde normalen Lebens, Hamburg 1986.
Bühler, W.: Beiträge zur Erklärung der Schrift vom Erhabenen, Göttingen 1964.
Bukowski, H.: Der Schulaufsatz und die rhetorische Sprachschulung, Diss. Kiel 1956.
Burke, K.: A rhetoric of motives, New York 1950.
–: Die Rhetorik in Hitlers ›Mein Kampf‹ und andere Essays zur Strategie der Überredung, Frankfurt a. M. 1967.
Burke, P.: Vico. Philosoph, Historiker, Denker einer neuen Wissenschaft, Berlin 1987.
Burks, D. M. (Hrsg.): Rhetoric, philosophy and literature, West Lafayette 1978.
Cahn, M.: Kunst der Überlistung. Studien zur Wissenschaftsgeschichte der Rhetorik, München 1986.
Campbell, G.: The philosophy of rhetoric, Carbondale 1963 (1776).
Campbell, K. R.: Critiques of contemporary rhetoric, Belmont 1972.
Caplan, H.: Mediaeval artes praedicandi, 2 Bde., New York 1934 f.
Clark, D. L.: Rhetoric in greco-roman education, New York 1957.

Clark, D. L.: Rhetoric and poetry in the Renaissance, New York 1963 (1922).

Clarke, M. L.: Rhetorik bei den Römern, Göttingen 1968.

Classen, C. J.: Rhetorik – die unbekannte Größe, in: Universitas 43 (1988), 1202 ff.

–: Ars rhetorica: l'essence, possibilities, Gefahren, in: Rhetorica 6 (1988), S. 7 ff.

Classen, C. J. (Hrsg.): Sophistik, Darmstadt 1976.

Coenen, H. G.: Literarische Rhetorik, in: Rhetorik 8 (1989), S. 46 ff.

Cope, E. M.: An introduction to Aristotle's Rhetoric, Hildesheim 1970 (1867).

Cope, E. M./J. E. Sandys: The Rhetoric of Aristotle, 3 Bde., Hildesheim 1970 (1877).

Corbett, E. P. J.: Classical rhetoric for the modern student, New York 1965.

Corcoran, P.: Political language and rhetoric, Amsterdam 1979.

Curtius, E. R.: Europäische Literatur und lateinisches Mittelalter, Bern/ München 1961 (1947).

Damaschke, A.: Geschichte der Redekunst, Jena 1921.

Damblemont, G.: Rhetorik und Textanalyse im französischen Sprachraum, in: Rhetorik 7 (1988), S. 109 ff.

Dessoir, M.: Die Rede als Kunst, München 1910.

Dieckmann, W.: Information oder Überredung, Marburg 1964.

–: Sprache in der Politik, Heidelberg 1969.

–: Bedarf an Rhetorik?, in: Das Argument 95 (1976), S. 24 ff.

–: Politische Kommunikation, Heidelberg 1981.

Dockhorn, K.: Rezension H.-G. Gadamer, Wahrheit und Methode, in: Göttingische Gelehrte Anzeigen 218 (1966), S. 169 ff.

–: Macht und Wirkung der Rhetorik. Vier Aufsätze zur Ideengeschichte der Vormoderne, Bad Homburg/Berlin/Zürich 1968.

–: Die Rhetorik als Quelle des vorromantischen Irrationalismus in der Literatur- und Geistesgeschichte, in: Ders. 1968, S. 46 ff. (= 1968 a) (Teilabdruck).

–: Luthers Glaubensbegriff und die Rhetorik, in: Linguistica Biblica 21/22 (1973), S. 19 ff.

–: Rhetorica movet, in: Schanze (Hrsg.) 1974, S. 17 ff.

Dolch, J.: Lehrplan des Abendlandes, Ratingen 1971

Douglas, D. G. (Hrsg.): Philosophers on rhetoric, Skokie 1973.

Dubois, J., u. a.: Allgemeine Rhetorik, München 1974.

Dyck, J.: Ticht-Kunst. Deutsche Barockpoetik und rhetorische Tradition, Bad Homburg 1965.

–: Zur Kritik des herrschenden Rhetorikverständnisses, in: Ders. (Hrsg.) 1974, S. 7 ff. (= 1974 a).

–: Bedarf an Rhetorikforschung?, in: Jahrb. f. Intern. Germanistik 6 (1976), S. 9 ff.

–: Athen und Jerusalem. Die Tradition der argumentativen Verknüpfung von Rhetorik und Poesie im 17. und 18. Jahrhundert, München 1977.

–: Argumentation in der Schule, in: Rhetorik 1 (1980), S. 135 ff.

Dyck, J. (Hrsg.): Rhetorik in der Schule, Kronberg 1974.

Eco, U.: Einführung in die Semiotik, München 1972.

–: Semiotik. Entwurf einer Theorie der Zeichen, München 1987.

Edelman, M.: Politik als Ritual, Frankfurt a. M. 1976.

Eggs, E.: Die Rhetorik des Aristoteles, Frankfurt a. M./Bern/New York 1984.

Eisenhut, W.: Einführung in die antike Rhetorik und ihre Geschichte, Darmstadt 1990.

Emsbach, M.: Sophistik als Aufklärung, Würzburg 1980.

Engström, T. M.: Philosophy's anxiety of rhetoric, in: Rhetorica 7 (1989), S. 209 ff.

Epping, H.: Die NS-Rhetorik als politisches Kampf- und Führungsmittel, Diss. Münster 1954.

–: Das Erhabene – nach dem Faschismus, in: Merkur 43 (1989).

Erickson, K. V. (Hrsg.): Aristotle: The classical heritage of rhetoric, Metuchen 1974.

–: Plato: True and sophistic rhetoric, Amsterdam 1979.

Eucken, C.: Isokrates. Seine Position in der Auseinandersetzung mit den zeitgenössischen Philosophen, Berlin/New York 1983.

Faral, E.: Les arts poétiques du XIIe et du XIIIe siècle, Paris 1982 (1924).

Fauser, M.: „Rede, daß ich dich sehe". C. G. Jochmann und die Rhetorik im Vormärz, Hildesheim 1986.

Fey, G.: Das Antike an der modernen Rhetorik, Stuttgart 1979.

–: Das ethische Dilemma der Rhetorik in der Antike und der Neuzeit, Stuttgart 1990.

Fischer, L.: Gebundene Rede. Dichtung und Rhetorik in der literarischen Theorie des Barock in Deutschland, Tübingen 1968.

–: Artikel ›Rhetorik‹, in: H. L. Arnold/V. Sinemus (Hrsg.): Grundzüge der Literatur- und Sprachwissenschaft, Bd. 1, München 1973, S. 134 ff.

–: Artikel ›Topik‹, ebd. S. 157 ff.

Florescu, V.: Rhetoric and its rehabilitation in contemporary philosophy, in: Philosophy and Rhetoric 3 (1970), S. 193 ff.

: La retorica nel suo sviluppo storico, Bologna 1971.

–: La rhétorique et la neorhétorique, Bukarest 1982.

Folena, G. (Hrsg.): Attualità della retorica, Padua 1975.

Forchert, A.: Musik und Rhetorik im Barock, in: Schütz-Jahrbuch 86 (1985), S. 5 ff.

–: Bach und die Tradition der Rhetorik, in: Kongreßbericht Stuttgart 1985, Kassel 1987, S. 169 ff.

Foss, S. K./K. A. Foss/R. Trupp: Contemporary perspectives on rhetoric, Prospect Heights 1985.

Frank-Böhringer, R.: Rhetorische Kommunikation, Quickborn 1963.

Fritz, H.: Die Erzählweise in den Romanen Ch. S. Fields u. J. Gotthelfs. Zur Rhetoriktradition im Biedermeier, Bern/Frankfurt a. M./München 1976.

Fuhrmann, M.: Das systematische Lehrbuch, Göttingen 1960.

–: Einführung in die antike Dichtungstheorie, Darmstadt 1973.

–: Rhetorik und öffentliche Rede, Konstanz 1983.

–: Die antike Rhetorik. Eine Einführung, München/Zürich 1984.

Fumaroli, M.: L'âge de l'éloquence, Genf 1980.

Gabler, H.-J.: Geschmack und Gesellschaft. Rhetorische und sozialgeschichtliche Aspekte der frühaufklärerischen Geschmackstheorie, Frankfurt a. M./Bern 1982.

Gadamer, H.-G.: Wahrheit und Methode. Grundzüge einer philosophischen Hermeneutik, Tübingen 1960.

–: Die Universalität des hermeneutischen Problems (1966), in: Ders. 1986, S. 219 ff.

–: Rhetorik, Hermeneutik und Ideologiekritik (1967), in: Ders. 1986, S. 232 ff.

–: Replik zu ›Hermeneutik und Ideologiekritik‹ (1971), in: Ders. 1986, S. 251 ff.

–: Artikel ›Hermeneutik‹, in: Historisches Wörterbuch der Philosophie, Bd. 3, Basel/Stuttgart 1974, S. 1061 ff.

–: Logik oder Rhetorik? (1976), in: Ders. 1986, S. 292 ff.

–: Rhetorik und Hermeneutik (1976), in: Ders. 1986, S. 276 ff. (Teilabdruck).

–: Hermeneutik als theoretische und praktische Aufgabe (1978), in: Ders. 1986, S. 301 ff.

–: Probleme der praktischen Vernunft (1980), in: Ders. 1986, S. 319 ff.

–: Hermeneutik II. Wahrheit und Methode. Ergänzungen. Ges. Werke, Bd. 2, Tübingen 1986.

Gadamer, H.-G./G. Boehm (Hrsg.): Seminar Philosophische Hermeneutik, Frankfurt a. M. 1976.

–: Seminar ›Die Hermeneutik und die Wissenschaften‹, Frankfurt a. M. 1978.

Gast, W.: Juristische Rhetorik, Heidelberg 1988.

Gauger, H.: Die Kunst der politischen Rede in England, Tübingen 1952.

Gauger, H.-M.: Über das Rhetorische, in: Jahrbuch d. Deutschen Akad. f. Sprache und Dichtung, Heidelberg 1986, S. 85 ff.

Geißler, E.: Rhetorik, 2 Bde., Leipzig/Berlin 1914.

Geißner, H.: Rede in der Öffentlichkeit, Stuttgart 1969.

–: Rhetorik und politische Bildung, Kronberg 1975.

–: Anpassung oder Aufklärung?, in: Ders. 1975, S. 187 ff. (1975 a) (Teilabdruck).

–: Sprechwissenschaft. Theorie der mündlichen Kommunikation. Königstein 1981.

–: Sprecherziehung. Didaktik und Methodik der mündlichen Kommunikation, Königstein 1982.

–: On rhetoricity and literarity, in: Communication education 32 (1983), S. 275 ff.

–: Artikel ›Rhetorik‹, in: K. Ammon/N. Dittmar/K. J. Mattheier (Hrsg.): Sociolinguistics/Soziolinguistik, 2 Bde., Berlin/New York ²1988, S. 1768 ff.

Geißner, H. (Hrsg.): Ermunterung zur Freiheit. Rhetorik und Erwachsenenbildung (Sprache und Sprechen Bd. 23/24), Königstein 1990.

Genette, G.: La rhétorique restreinte, in: Communications 16 (1970), S. 158 ff. (dt. Übers. in: Haverkamp 1983, S. 229 ff.).

Gerl, B.: Rhetorik als Philosophie. L. Valla, München 1974.

–: Zum mittelalterlichen Spannungsfeld von Logik, Dialektik und Rhetorik, in: Tijdschrift voor Filosofie 43 (1981), S. 306 ff.

Göttert, K.-H.: Rhetorik und Kommunikation, in: Rhetorik 7 (1988), S. 79 ff.

–: Kommunikationsideale. Untersuchungen zur europäischen Konversationstheorie, München 1988.

Goldon, J./J. Pilotta: Practical Reasoning in human affairs. Studies in honor of Ch. Perelman, Dordrecht 1986.

Gomperz, H.: Sophistik und Rhetorik, Darmstadt 1965 (1912).

Goth, J.: Nietzsche und die Rhetorik, Tübingen 1970.

Gouthier, H.: La résistance au vrai et le problème d'une philosophie sans rhétorique, in: E. Castelli (Hrsg.): Retorica e barocco, Roma 1955, S. 85 ff.

Grasnick, W.: Über Rechtsrhetorik heute, in: Rhetorik 7 (1988), S. 25 ff.

Grassi, E.: Die Theorie des Schönen in der Antike, Köln 1962.

–: Macht des Bildes; Ohnmacht der rationalen Sprache, Köln 1970.

–: Rhetoric as philosophy: The humanist tradition. The Pennsylvania State University 1980.

–: Einführung in die philosophischen Probleme des Humanismus, Darmstadt 1986.

–: Vico and Humanism, Essays on Vico, Heidegger and Rhetoric, New York/Bern/Frankfurt a. M./Paris 1990.

Green-Pedersen, N. J.: The tradition of the Topics in the middle ages, München 1985.
Grieswelle, D.: Propaganda der Friedlosigkeit, Stuttgart 1972.
–: Rhetorik und Politik, München 1978.
Grimal, P.: Cicero: Philosoph, Politiker, Rhetor, München 1988.
Grimaldi, W.: Studies in the philosophy of Aristotle's Rhetoric, Wiesbaden 1972.
–: Aristotle, Rhetoric I. A commentary, New York 1980.
Grootes, E. K./A. Breat: Rhetorikforschung in den Niederlanden (1962–1982), in: Rhetorik 4 (1985), S. 181 ff.
Gutenberg, N.: Formen des Sprechens, Göppingen 1981.
–: Pragmatik, Rhetorik und die Sprachtheorie des Aristoteles, in: Deutsche Sprache 10 (1982), S. 139 ff.
–: Über das Rhetorische und das Ästhetische, in: Rhetorik 4 (1985), S. 117 ff.
Haas, E.: Rhetorik und Hochsprache, Frankfurt a. M./Bern 1980.
Habermas, J.: Der Universalitätsanspruch der Hermeneutik, in: Hermeneutik und Dialektik, Frankfurt a. M. 1970, S. 73 ff.
–: Theorie des kommunikativen Handelns, 2 Bde., Frankfurt a. M. 1981.
–: Der philosophische Diskurs der Moderne, Frankfurt a. M. 1985.
Härtling, P. (Hrsg.): Textspuren. Konkretes und Kritisches zur Kanzelrede, 8 Bde. geplant, Stuttgart 1990.
Haft, F.: Juristische Rhetorik, Freiburg/München 1978.
Hamilton, W. G.: Logik der Debatte, Heidelberg 1978 (1808).
Haubrichs, W. (Hrsg.): Perspektiven der Rhetorik, in: Ztschr. f. Literaturwissensch. u. Linguistik 11 (1981).
Haug, W./B. Wachinger (Hrsg.): Exempel und Exempelsammlungen, Tübingen 1989.
Haverkamp, A. (Hrsg.): Theorie der Metapher, Darmstadt 1983.
Heiber, H.: Die Rhetorik der Paulskirche, Diss. Berlin 1953.
Heldmann, K.: Antike Theorien über Entwicklung und Verfall der Redekunst, München 1982.
Hellwig, A.: Untersuchungen zur Theorie der Rhetorik bei Platon und Aristoteles, Göttingen 1973.
Hennis, W.: Politik und praktische Philosophie. Schriften zur politischen Theorie, Stuttgart 1977.
Hermeneutik und Ideologiekritik, Frankfurt a. M. 1971.
Herrlitz, H.-G.: Vom politischen Sinn einer modernen Aufsatzrhetorik, in: Gesellschaft, Staat, Erziehung 11 (1966), S. 310 ff.
Hethey, R.: Von der Mündlichkeit zur Unmündigkeit? Einige notwendige kritische Blicke auf die Geschichte der Rhetorik im 20. Jahrhundert, in: Rhetorik 7 (1988), S. 133 ff.

Hildebrandt-Günther, R.: Antike Rhetorik und deutsche literarische Theorie im 17. Jahrhundert, Marburg 1966.

Hinderer, W. (Hrsg.): Deutsche Reden, 2 Bde., Stuttgart 1980.

Hölzl, B.: Die rhetorische Methode, Würzburg 1987.

Holly, W./P. Kühn/U. Pechel (Hrsg.): Redeshows. Fernsehdiskussionen in der Diskussion, Tübingen 1989.

Holocher, H. R.: Diskussion in den USA "Rhetoric is epistemic", in: Rhetorik 8 (1989), S. 65 ff.

Hommel, H.: Artikel ›Rhetorik‹, in: Lexikon der alten Welt, Zürich 1965, S. 2611 ff.

–: Quintilian und J. S. Bach, in: Antike und Abendland 34 (1988), S. 89 ff.

Horner, W. B.: The present state of scholarship in historical and contemporary rhetoric, Columbia/London 1983.

Hovland, C. J., u. a.: Communication and persuasion, New Haven/London 1966.

Howell, W. S.: Logik and rhetoric in England 1500–1700, Princeton 1956.

–: Poetics, rhetoric and logic, Ithaca/London 1975.

Howes, R. F. (Hrsg.): Historical studies of rhetoric and rhetoricians, Ithaca 1961.

Hunger, H.: Aspekte der griechischen Rhetorik von Gorgias bis zum Untergang von Byzanz, Wien 1972.

Hyde, M. J./C. R. Smith: Hermeneutics and rhetoric, in: Quarterly Journal of Speech 65 (1979), S. 347 ff.

Ijsseling, S.: Philosophie und Textualität. Die rhetorische Lektüre philosophischer Texte, in: W. Orth (Hrsg.): Zur Phänomenologie des philosophischen Textes, Freiburg 1982, S. 57 ff.

–: Rhetorik und Philosophie. Eine historisch-systematische Einführung, Stuttgart-Bad Cannstatt 1988 (1976).

Jäger, G.: Sozialgeschichte des deutschen Unterrichts an höheren Schulen von der Spätaufklärung bis zum Vormärz, Stuttgart 1981.

Jäger, H.-W.: Politische Kategorien in Poetik und Rhetorik der zweiten Hälfte des 18. Jahrhunderts, Stuttgart 1970.

Jäger, W.: Paideia, 3 Bde., Berlin 1959 ff. (1936).

Jamison, R./J. Dyck: Rhetorik, Topik, Argumentation. Bibliographie zur Redelehre und Rhetorikforschung im deutschsprachigen Raum 1945–1979/80, Stuttgart-Bad Cannstatt 1983.

Jehn, P. (Hrsg.): Toposforschung. Eine Dokumentation, Frankfurt a. M. 1972.

Jens, W.: Von deutscher Rede, München 1969.

–: Ars rhetorica, in: Ders. 1969, S. 9 ff. (Teilabdruck).

Jens, W.: Artikel ›Rhetorik‹, in: Reallexikon der deutschen Literaturgeschichte 3 (1971), S. 432 ff.

–: Republikanische Reden, Frankfurt a. M. 1979.

–: Feldzüge eines Republikaners, hrsg. von G. Ueding/P. Weit, München 1988.

Johannesen, R. L. (Hrsg.): Contemporary theories of rhetoric, New York/London 1971.

Jungmann, J.: Theorie der geistlichen Beredsamkeit, 2 Bde., Freiburg 1895.

Kager, G.: De doctrina christiana von A. Augustinus, Diss. Wien 1970.

Kalivoda, G.: Parlamentarische Rhetorik und Argumentation, Frankfurt a. M. 1986.

Kapp, V.: Rhetorik in Frankreich, in: Rhetorik 7 (1988), S. 93 ff.

Kazmaier, M.: Die deutsche Grabrede im 19. Jahrhundert, Diss. Tübingen 1977.

Kennedy, G. A.: The art of persuasion in Greece, Princeton 1963.

–: The art of rhetoric in the roman world, Princeton 1972.

–: Classical rhetoric and its christian and secular tradition from ancient to modern times, University of North Carolina Press 1980.

–: New Testament interpretation through rhetorical criticism, Chapel Hill 1984.

Kessler, E.: Das rhetorische Modell der Historiographie, in: R. Koselleck/H. Lutz/J. Rüsen (Hrsg.): Formen der Geschichtsschreibung, München 1982, S. 37 ff.

Kinneavy, J. L.: Greek rhetorical origins of christian faith, New York/Oxford 1987.

Klassen, R.: Logik und Rhetorik der frühen deutschen Aufklärung, Diss. München 1973.

Klaus, G.: Die Macht des Wortes, Berlin 1969.

Kopperschmidt, J.: Allgemeine Rhetorik. Einführung in die Theorie der persuasiven Kommunikation, Stuttgart 1973.

–: Das Prinzip vernünftiger Rede. Sprache und Vernunft, T. I, Stuttgart 1978.

–: Argumentation. Sprache und Vernunft, T. II, Stuttgart 1980.

–: Rhetorica. Aufsätze zu Theorie, Geschichte und Praxis der Rhetorik, Hildesheim 1985.

–: Müssen wir uns verständigen wollen?, in: Kopperschmidt/Schanze (Hrsg.) 1985, S. 96 ff. (= 1985 a).

–: Politische Rede unter Bedingungen erschöpfter Konsensressourcen, in: Politische Vierteljahrsschr. 29 (1988), S. 252 ff.

–: Methodik der Argumentationsanalyse, Stuttgart-Bad Cannstatt 1989.

–: Philosophie und Rhetorik – das Ende einer Konfliktbeziehung?, in: Schanze/Kopperschmidt (Hrsg.) 1989, S. 341 ff. (= 1989a).

–: Öffentliche Rede in Deutschland, in: Muttersprache 99 (1989), S. 213 ff. (= 1989b).

–: Rhetorik nach dem Ende der Rhetorik, in: Ders. (Hrsg.) 1990, S. 1 ff. (= 1990a).

–: Gibt es Kriterien politischer Rhetorik?, in: Praxis Deutsch 115 (1990), S. 479 ff. (= 1990b).

–: Rhetorik – damals und heute, in: G. Stickel (Hrsg.): Deutsche Gegenwartssprache. Jahrb. d. Inst. f. Deutsche Sprache 1989, Berlin/New York 1990, S. 252 ff. (= 1990c).

Kopperschmidt, J. (Hrsg.): Rhetorik, T. I: Rhetorik als Texttheorie, Darmstadt 1990.

Kopperschmidt, J./H. Schanze (Hrsg.): Argumente–Argumentation. Interdisziplinäre Problemzugänge, München 1985.

Kristeller, P. O.: Philosophy and rhetoric from Antiquity to the Renaissance, in: Mooncy (Hrsg.) 1979, S. 213 ff.

–: Studien zur Geschichte der Rhetorik und zum Begriff des Menschen in der Renaissance, Göttingen 1981.

Kuentz, P.: Rhétorique générale ou rhétorique théorique?, in: Littérature 4 (1981), S. 108 ff.

Kühn, R.: Rhetorik als Sozialtechnologie (Forum Theologiae Linguisticae 13), Bonn 1977.

Lachmann, R.: Rhetorik und kultureller Kontext, in: Plett (Hrsg.) 1977, S. 167.

–: Rhetorik – alte und neue Disziplin, in: Berichte zur Wissenschaftsgeschichte 4 (1981), S. 21 ff.

Lachmann, R. (Hrsg.): Rhetorica Slavica (Slavistische Studien), Köln/Wien 1980 ff.

Lange, H.-J.: Aemulatio veterum sive de optimo genere dicendi, Bern/Frankfurt a. M. 1974.

Lanham, R. A.: A handlist of rhetorical terms, Berkeley 1968.

Lausberg, H.: Handbuch der literarischen Rhetorik, 2 Bde., München 1960.

–: Elemente der literarischen Rhetorik, München 1967 (1949).

–: Artikel ›Rhetorik‹, in: W. H. Friedrich/W. Killy (Hrsg.): Literatur (Fischer-Lexikon) II,2, Frankfurt a. M. 1965, S. 474 ff.

Leeman, A. D.: Orationis ratio. The stylistic theories and practice of the roman orators, historians and philosophers, 2 Bde., Amsterdam 1963.

Lempereur, A. (Hrsg.): L'homme et la rhétorique. L'école de Bruxelles, Paris 1970.

Lerchner, G.: Germanistik und Renaissance der Rhetorik, in: Ztschr. f. Germanistik (Lpz) 5 (1984), S. 324 ff.

–: Die Welt ist unglaublich voll von alter Rhetorik, in: Ztschr. f. Germanistik (Lpz) 9 (1988), S. 216 ff.

Lindhardt, J.: Rhetor, Poeta, Historicus. Studien über rhetorische Erkenntnis und Lebensanschauung im italienischen Renaissancehumanismus, Leiden 1979.

Lindner, H.: Der problematische mittlere Stil, Tübingen 1988.

Linn, M.-L.: Studien zur deutschen Rhetorik und Stilistik im 19. Jahrhundert, Marburg 1964.

–: A. G. Baumgartens ›Aesthetica‹ und die antike Rhetorik, in: Dtsche. Vierteljahrsschr. f. Literaturwissensch. u. Geistesgesch. 41 (1967), S. 424 ff. (Abdruck).

Lossau, M.: Pros krisin tina politikon. Untersuchungen zur Aristotelischen Rhetorik, Wiesbaden 1981.

Ludwig, O.: Der Schulaufsatz. Seine Geschichte in Deutschland, Berlin/New York 1988.

Luhmann, N./P. Fuchs: Reden und Schweigen, Frankfurt a. M. 1989.

Lutz, E. C.: Rhetorica divina. Mittelhochdeutsche Prologgebete und die rhetorische Kultur des Mittelalters, Berlin/New York 1984.

Magass, W.: Das öffentliche Schweigen, Heidelberg 1967 (Teilabdruck).

–: Hermeneutik, Rhetorik, Semiotik, Diss. Konstanz 1985.

Maier-Eichhorn, U.: Die Gestikulation in Quintilians Rhetorik, Frankfurt a. M./New York/Paris 1989.

Maier-Leibnitz, H.: Erste Versuche zur Anwendung der „Neuen Rhetorik" auf die Bewertung von Diskussionen über Naturwissenschaft und Technik, in: Bayerische Akad. d. Wissensch., Mathemat.-Naturwiss. Kl., Heft 163, München 1984.

Mainberger, G. K.: Rhetorica I: Reden mit Vernunft, Stuttgart-Bad Cannstatt 1987.

–: Rhetorica II: Spiegelungen des Geistes, Stuttgart-Bad Cannstatt 1988.

Man, P. de: Blindness and insight: Essays in the rhetoric of contemporary criticism, New York 1971.

–: Nietzsche's theory of rhetoric, in: Symposium 28 (1974), S. 33 ff.

–: Allegorien des Lesens, Frankfurt a. M. 1988 (1979).

–: Semiologie und Rhetorik, in: Ders. 1988, S. 312 ff.

–: Rhetorik der Tropen, in: Ders. 1988, S. 116 ff. (Abdruck).

–: Rhetorik der Persuasion, in: Ders. 1988, S. 164 ff.

Martin, J.: Antike Rhetorik, München 1975.

Marrou, H.-I.: Geschichte der klassischen Erziehung im Altertum, Freiburg/München 1957.

–: Augustinus und das Ende der antiken Bildung, Paderborn/München/ Wien/Zürich 1982 (1938).
Mason, J.: Philosophical Rhetoric, London 1989.
McClelland, J.: Music with words: semiotic/rhetoric, in: Rhetorica 8 (1990), S. 187 ff.
McCroskey, J. C.: An introduction to rhetorical communication, Englewood Cliffs 1968.
McKeon, R.: Rhetoric. Essays in invention and discovery, Woodbridge 1987.
Meyer, H.: Schillers philosophische Rhetorik, in: Euphorion 53 (1959), S. 91 ff.
Meyer, M.: From logic to rhetoric, Amsterdam 1986.
–: Problematology and rhetoric, in: Golden/Pilotta (Hrsg.) 1986, S. 119 ff. (= 1986 a).
–: De la problématologie. Philosophie, science et langage, Brüssel 1986.
Meyer, M. (Hrsg.): De la métaphysique à la rhétorique. Essais en hommage à Ch. Perelman, Brüssel 1986.
Michel, A.: Rhétorique et philosophie chez Cicéron, Paris 1960.
Michels, N.: Bewegung zwischen Ethos und Pathos. Zur Wirkungsästhetik italienischer Kunsttheorie des 15. und 16. Jahrhunderts, Münster 1988.
Miller, J. M./J. H. Prosser/M. W. Benson (Hrsg.): Readings in medieval rhetoric, Bloomington/London 1973.
Möller, U.: Rhetorische Überlieferung und Dichtungstheorie im frühen 18. Jahrhundert, München 1983.
Mooney, M.: Vico and the tradition of rhetoric, Princeton 1985.
Mooney, M. (Hrsg.): Renaissance thought and its sources, New York 1979.
Moos, P. von: Geschichte als Topik. Das rhetorische exemplum von der Antike bis zur Neuzeit und die historiae im ›Polycraticus‹ J. v. Salisbury, Hildesheim 1988.
Morier, H.: Dictionnaire de poétique et de rhétorique, Paris 1961.
Moss, J. D. (Hrsg.): Rhetoric and praxis, Washington 1986.
Most, G.: Rhetorik und Hermeneutik. Zur Konstitution der Neuzeitlichkeit, in: Antike und Abendland 30 (1984), S. 62 ff.
Mühlmann, H.: Ästhetische Theorie der Renaissance. L. B. Alberti, Bonn 1981.
Müller, C. W.: Topik des Stilbegriffs, Darmstadt 1981.
Munteano, B.: L'Abbé Du Bos esthéticien de la persuasion passionelle, in: Revue de littérature comparée 10 (1956), S. 318 ff.
–: Constantes dialectiques en littérature et en histoire, Paris 1967 (dt. 1974).
Murphy, J. J.: Rhetoric in the middle ages, Berkeley/Los Angeles 1974.
Murphy, J. J. (Hrsg.): A synoptic history of classical rhetoric, New York 1972.

Murphy, J.J.: Medieval eloquence, Berkeley/Los Angeles 1978.
–: The rhetorical tradition and modern writing, New York 1982.
–: Renaissance eloquence, Berkeley/Los Angeles 1983.
Nadeau, R.E.: A basic rhetoric of speech communication, Reading 1969.
Nass, O.: Staatsberedsamkeit, Köln/Berlin/Bonn 1980 (1972).
Nassen, K. (Hrsg.): Klassiker der Hermeneutik, Paderborn 1982.
Natanson, M./H.W. Johnstone: Philosophy, rhetoric and argumentation, The Pennsylvania State University Press 1965.
Nembach, U.: Predigt des Evangeliums. Luther als Prediger, Pädagoge und Rhetor, Neukirchen-Vluyn 1972.
Neumann, U.: Juristische Argumentationslehre, Darmstadt 1986.
Neumeister, Ch.: Grundsätze der forensischen Rhetorik, gezeigt an den Gerichtsreden Ciceros, München 1964.
Newman, Kardinal J.H.: Entwurf einer Zustimmungslehre, Mainz 1961 (1870).
Nguemming, A.: Untersuchungen zur ›Topik‹ des Aristoteles mit besonderer Berücksichtigung der Regeln, Verfahren und Ratschläge zur Bildung von Definitionen, Frankfurt a. M./Bern/New York/Paris 1990.
Niehues-Pröbsting, H.: Rhetorische und idealistische Kategorien der Ästhetik, in: W. Oelmüller (Hrsg.): Kolloquium Kunst und Philosophie I: Ästhetische Erfahrung, Paderborn 1981, S. 94 ff.
–: Überredung zur Einsicht. Der Zusammenhang zwischen Philosophie und Rhetorik bei Platon und in der Phänomenologie, Frankfurt a. M. 1987.
–: Worte als Leichen der Leidenschaft. Rhetorische Implikationen der Ästhetik Burkes, in: H. Partzold (Hrsg.): Modell für eine semiologische Rekonstruktion der Geschichte der Ästhetik, Aachen 1987, S. 21 ff. (= 1987 a).
–: „Kunst der Überredung" oder „Reden mit Vernunft"? Zu philosophischen Aspekten der Rhetorik, in: Philosophische Rundschau 27 (1990), S. 123 ff.
Ockel, E.: Rhetorik im Deutschunterricht, Göppingen 1974.
–: Luther und die rhetorische Tradition, in: Muttersprache 94 (1983/4), S. 114 ff.
Oesterreich, P.L.: Neue Literatur zum Verhältnis von Philosophie und Rhetorik, in: Allgemeine Ztschr. f. Philosophie 14 (1989), S. 51 ff.
–: Die Idee der existentialontologischen Wendung der Rhetorik in M. Heideggers ›Sein und Zeit‹, in: Ztschr. f. Philosoph. Forschung 43 (1989), S. 656 ff. (= 1989 a).
–: Fundamentalrhetorik. Untersuchungen zu Person und Rede in der Öffentlichkeit, Hamburg 1990.
Olbrechts-Tyteca, L.: Rencontre avec la rhétorique, in: Logique et Analysis 6 (1963), S. 3 ff.

Ong, W.J.: Ramus. Method and the decay of dialogue, Cambridge 1958.
–: Fundamentalrhetorik. Untersuchungen zu Person und Rede in der Öffentlichkeit, Hamburg 1990.
Otto, G.: Predigt als rhetorische Aufgabe, Neukirchen-Vluyn 1987.
Papadimitriu, E.: Ethische und psyochologische Grundlagen der Aristotelischen Rhetorik, Frankfurt a. M. 1972.
Pelster, Th.: Rede und Rhetorik, Düsseldorf 1978.
Perelman, Ch.: Über die Gerechtigkeit, München 1967.
–: Philosophie, Rhetorik, Gemeinplätze, in: Gadamer/Boehm (Hrsg.) 1978, S. 381 ff.
–: The new rhetoric and the humanities. Essays on rhetoric and its applications, Dordrecht/Boston/London 1979 (Teilabdruck).
–: Juristische Logik als Argumentationslehre, Freiburg/München 1979 (= 1979a).
–: Logik und Argumentation, Frankfurt a. M. 1979 (= 1979b).
–: Das Reich der Rhetorik, München 1980.
–: Rhétoriques, Brüssel 1989.
Perelman, Ch./L. Olbrechts-Tyteca: Rhétorique et philosophie, Paris 1952.
–: Traité de l'argumentation. La nouvelle rhétorique, Brüssel 1970 (1958).
Peter, K.-H. (Hrsg.): Reden, die die Welt bewegten, Stuttgart 1959.
Pingborg, J.: Logik und Semantik im Mittelalter, Stuttgart-Bad Cannstatt 1972.
Plett, H. F.: Textwissenschaft und Textanalyse, Heidelberg 1975.
–: Rhetorik der Affekte. Englische Wirkungsästhetik im Zeitalter der Renaissance, Tübingen 1975 (= 1975a).
–: Perspektiven der gegenwärtigen Rhetorikforschung, in: Ders. (Hrsg.) 1977, S. 9 ff. (= 1977a).
–: Englische Rhetorik und Poetik 1479–1660. Eine systematische Bibliographie, Opladen 1985.
Plett, H. F. (Hrsg.): Rhetorik. Kritische Positionen zum Stand der Forschung, München 1977.
Podlewski, R.: Rhetorik als pragmatisches System, Hildesheim/New York 1982.
Poétique: Rhétorique et philosophie 5 (1971).
Poser, M. von: Der abschweifende Erzähler. Rhetorische Tradition und deutscher Roman im 18. Jahrhundert, Bad Homburg 1969.
Prakke, H.: Die Lasswell-Formel und ihre rhetorischen Ahnen, in: Publizistik 10 (1965), S. 285 ff.
Quadlbauer, F.: Die antike Theorie der genera dicendi im lateinischen Mittelalter, Wien/London/Köln 1962.

Rehbock, H.: Artikel ›Rhetorik‹, in: Lexikon der Germanistischen Linguistik, Bd. 2, Tübingen 1980, S. 293 ff.
Rehbock, K.: Topik und Recht. Eine Standortanalyse unter besonderer Berücksichtigung der Aristotelischen Topik, München 1988.
Rhetorik, Ästhetik, Ideologie. Aspekte einer kritischen Kulturwissenschaft, Stuttgart 1973.
Richards, J. A.: The philosophy of rhetoric, New York 1965 (1936).
Richter, G.: Rhetorische Wirkungsforschung, Leipzig 1978.
Richter-Reichheim, J.: Compendium scholare troporum et figurarum. Systematik und Funktionen der wichtigsten Tropen und Figuren, Frankfurt a. M. 1988.
Ricœur, P.: Die lebendige Metapher, München 1986 (1975).
Riedel, M. (Hrsg.): Die Rehabilitation der praktischen Philosophie, 2 Bde., Freiburg 1972.
Romilly, J. de: Magic and rhetoric in ancient Greece, Cambridge/London 1975.
Rotermund, E.: Affekt und Artistik. Studien zur Leidenschaftsdarstellung und zum Argumentationsverfahren bei Hofmann von Hofmannswaldau, München 1972.
Rothermundt, J.: Der Heilige Geist und die Rhetorik, Gütersloh 1984.
Rupp, G.: Rhetorische Strukturen und kommunikative Determinanz. Studien zur Textkonstitution des philosophischen Diskurses im Werk F. Nietzsches, Frankfurt a. M./Bern 1976.
–: Der ungeheure Consensus der Menschen über die Dinge oder: Das gesellschaftlich wirksame Rhetorische, in: Literaturmagazin 12 (1980), S. 179 ff.
Schanze, H.: Romantik und Rhetorik, in: Schanze (Hrsg.) 1974, S. 126 ff.
–: Probleme einer „Geschichte der Rhetorik", in: Haubrichs (Hrsg.) 1981, S. 13 ff.
–: Goethes Dramatik. Theater der Erinnerung, Tübingen 1989.
Schanze, H. (Hrsg.): Rhetorik. Beiträge zu ihrer Geschichte in Deutschland vom 16.–20. Jahrhundert, Frankfurt a. M. 1974.
Schanze, H./J. Kopperschmidt (Hrsg.): Rhetorik und Philosophie, München 1989.
Schaub, G.: Georg Büchner und die Schulrhetorik, Bern/Frankfurt a. M. 1975.
–: Georg Büchner: Poeta rhetor, in: G. Büchner-Jahrbuch 2 (1982), S. 170 ff.
Schild, H.-J.: Sprache und Herrschaft. Studien zur politischen Rhetorik und ihrer zeitgenössischen Praxis in den USA, Diss. Frankfurt a. M. 1973.
Schmidt-Biggemann, W.: Topica universalis. Eine Modellgeschichte humanistischer und barocker Wissenschaft, Hamburg 1983.
Schmitter, P.: Sprachtheorien der abendländischen Antike, Tübingen 1990.

Schmölder, C.: Die Kunst des Gesprächs, München 1979.

Schnell, W.: Die homiletische Theorie Ph. Melanchthons, Berlin/Hamburg 1968.

Schönberger, O.: Römische Redekunst, Bamberg 1988.

Schöpsdau, K.: Antike Vorstellungen von der Geschichte der griechischen Rhetorik, Diss. Saarbrücken 1969.

Schottlaender, R.: Synopsis. Zu den Grundbegriffen aus Philosophie, Politik und Literatur von der Antike bis zur Gegenwart, Würzburg 1988.

Schrag, C.O.: Rhetoric resituated at the end of philosophy, in: Quarterly Journal of Speech 71 (1985), S. 159 ff.

Schramm, W. (Hrsg.): Grundfragen der Kommunikationswissenschaft, München 1971.

Schreckenberger, W.: Rhetorische Semiotik, Freiburg/München 1978.

Schulte, K.H.: Orator. Untersuchungen über das Ciceronianische Bildungsideal, Frankfurt a.M. 1935.

Schumann, H.-G.: Ideologiekritische Rhetorikforschung als interdisziplinäre Aufgabe, in: Schanze (Hrsg.) 1974, S. 199 ff.

Schwartz, J./I.A. Rycenga (Hrsg.): The province of rhetoric, New York 1965.

Schweinfurth-Walla, S.: Studien zu den rhetorischen Überzeugungsmitteln bei Cicero und Aristoteles, Tübingen 1986.

Seel, O.: Quintilian oder: Die Kunst des Redens und Schweigens, Stuttgart 1977.

Seibert, T.-M.: Rhetorische Rechtstheorie – im Zusammenhang gesehen, in: Ballweg/Seibert (Hrsg.) 1982, S. 15 ff.

Seigel, J.: Rhetoric and philosophy in Renaissance Humanism, Princeton 1968.

Shuger, D.K.: Sacred rhetoric: The christian grand style in the English Renaissance, Princeton 1988.

Sinemus, V.: Poetik und Rhetorik im frühmodernen Staat, Göttingen 1977.

Smith, M.J.: Persuasion and human action, Belmont 1982.

Solmsen, F.: Die Entwicklung der Aristotelischen Logik und Rhetorik, Zürich 1975 (1929).

Sprute, J.: Die Enthymemtheorie der Aristotelischen Rhetorik, Göttingen 1982.

Stark, R. (Hrsg.): Rhetorica. Schriften zur Aristotelischen und hellenistischen Rhetorik, Hildesheim 1968.

Steffen, Chr.: Augustins Schrift ›De doctrina christiana‹, Diss. Kiel 1964.

Sternberger, D.: „Ich wünschte, ein Bürger zu sein". Neun Versuche über den Staat, Frankfurt a.M. 1967.

Stirner, H.: Die Agitation und Rhetorik F. Lassalles, Marburg 1979.

Stötzer, U.: Die deutsche Redekunst im 17. und 18. Jahrhundert, Halle 1962.
Stolt, B.: Wortkampf. Frühneuhochdeutsche Beispiele zur rhetorischen Praxis, Frankfurt a. M. 1974.
Strobl, J.: Rhetorik im Dritten Reich, Diss. Wien 1978.
Strosetzki, Chr.: Konversation und Literatur. Zu Regeln der Rhetorik und Rezeption in Spanien und Frankreich, Frankfurt a. M./Bern/New York/Paris 1988.
Struck, G.: Topische Jurisprudenz, Frankfurt a. M. 1971.
Süss, W.: Ethos. Studien zur älteren griechischen Rhetorik, Leipzig 1910.
Sutton, J.: The death of rhetoric and its rebirth in philosophy, in: Rhetorica 4 (1986), S. 203 ff.
Tessmer, R.: Untersuchungen zur Aristotelischen Rhetorik, Diss. Berlin/Ost 1957.
Toulmin, St.: Der Gebrauch von Argumenten, Kronberg 1975 (1958).
–: Die Verleumdung der Rhetorik, in: Neue Hefte für Philosophie 26 (1986), S. 55 ff.
Ueding, G.: Schillers Rhetorik, Tübingen 1971.
–: Einführung in die Rhetorik, Stuttgart 1976.
–: Rhetorik und Popularphilosophie, in: Rhetorik 1 (1980), S. 122 ff.
–: Rhetorik des Schreibens, Königstein 1985.
Ueding, G. (Hrsg.): Rhetorik zwischen den Wissenschaften, Tübingen 1991.
Ueding, G./G. Steinbrink: Grundriß der Rhetorik, Stuttgart 1986.
Ueding, G./W. Jens (Hrsg.): Historisches Wörterbuch der Rhetorik, 5 Bde., Tübingen ab 1991.
Untersteiner, M.: I sofisti, 2 Bde., Mailand 1967.
Valesio, P.: Novantiqua. Rhetorics as a contemporary theory, Bloomington 1980.
Varwig, V. R.: Der rhetorische Naturbegriff bei Quintilian, Heidelberg 1976.
Vattimo, G.: Wahrheit und Rhetorik in der hermeneutischen Ontologie, in: Ders.: Das Ende der Moderne, Stuttgart 1990, S. 140 ff.
Veit, W.: Toposforschung, in: Dtsche. Vierteljahrsschr. f. Literaturwiss. u. Geistesgesch. 37 (1963), S. 120 ff.
Venske, R.: Thesen zu einer feministischen Rhetorik, in: Rhetorik 4 (1985), S. 149 ff.
Il Verri: Istituzioni e la retorica 35/36 (1971).
Vickers, B.: Classical rhetoric in english poetry, London 1970.
–: In defence of rhetoric, Oxford 1988.
Vickers, B. (Hrsg.): Rhetoric revalued, Binghamton/New York 1982.
Viehweg, Th.: Topik und Jurisprudenz, München 1954.
Volkmann, R.: Die Rhetorik der Griechen und Römer, Hildesheim 1963 (1885).

Volmert, J.: Politische Rhetorik im Nationalsozialismus, in: K. Ehlich (Hrsg.): Sprache im Faschismus, Frankfurt a. M. 1989, S. 137 ff.
Wackernagel, W.: Poetik, Rhetorik und Stilistik, Halle 1873.
Wallace, K. R.: Francis Bacon on communication and rhetoric, Chapel Hill 1943.
Walzer, M.: Kritik und Gemeinsinn, Berlin 1990.
Weithase, I.: Zur Geschichte der gesprochenen deutschen Sprache, 2 Bde., Tübingen 1961.
Wende, P. (Hrsg.): Politische Reden, 2 Bde., Frankfurt a. M. 1990.
Wesseler, M.: Die Einheit von Wort und Sache. Der Entwurf einer rhetorischen Philosophie bei M. Nizolius, München 1974.
Wetter, A.: Publikumsbezug und Wahrheitsanspruch. Der Widerspruch zwischen rhetorischem Ansatz und philosophischem Anspruch bei Gottsched und den Schweizern, Tübingen 1981.
Wieacker, F.: Zur Topikdiskussion in der zeitgenössischen deutschen Rechtswissenschaft, in: Xenion. FS f. P. J. Zepos, Bd. 1, Athen/Freiburg/Köln 1973, S. 391 ff.
Wiegmann, H. (Hrsg.): Die ästhetische Leidenschaft. Texte zur Affektenlehre im 17. und 18. Jahrhundert, Hildesheim 1987.
–: Von Platons Dichterkritik zur Postmoderne. Studien zu Rhetorik und Ästhetik, Bielefeld 1989.
–: Rhetorik und ästhetische Vernunft, Bielefeld 1990.
Wikramayanka, H. G.: Das Verhältnis von Philosophie und Rhetorik bei Platon und Aristoteles, Diss. Göttingen 1985.
Winckler, L.: Studie zur gesellschaftlichen Funktion faschistischer Sprache, Frankfurt a. M. 1970.
Winkler, Chr.: Elemente der Rede. Die Geschichte ihrer Theorie von 1750 bis 1850, Tübingen 1974 (1931).
Wolff, St.: Der rhetorische Charakter sozialer Ordnung, Berlin 1976.
Wörner, M.: Das Ethische in der Rhetorik des Aristoteles, Freiburg/München 1990.
Wöhrle, G.: Actio. Das fünfte officium des antiken Redners, in: Gymnasium 97 (1990), S. 31 ff.
Wuellner, W.: Hermeneutics and rhetorics, in: Scriptura S3 (1989), S. 1 ff.
Wychgram, M.: Quintilian in der deutschen und französischen Literatur des Barock und der Aufklärung, Langensalza 1921.
Zielinski, Th.: Cicero im Wandel der Jahrhunderte, Leipzig 1912.
Zimmermann, H. D.: Die politische Rede, Stuttgart 1969.
Zwaal, P. van der: A rhetorical approach to psychoanalysis, in: Rhetorik 6 (1987), S. 129 ff.

Periodika/Reihen

Argumentation. An International Journal on Reason 1 (1987ff.).
Philosophy and Rhetoric 1 (1968ff.).
Pragmatische Texttheorie (hrsg. von D. Breuer), München 1974ff.
Pre/Text. An Inter-Disciplinary Journal of Rhetoric 1 (1980ff.).
Publizistik. Ztschr. f. Wissenschaft von Presse, Rundfunk, Film, Rhetorik, Öffentlichkeitsarbeit, Werbung, Meinungsbildung 1 (1966ff.).
Quaderni de Retorica e Poetica 1 (1986ff.).
Quarterly Journal of Speech 1 (1968ff.).
Reihe Rhetorik. Editionen und Untersuchungen (hrsg. von D. Breuer, H. F. Plett, E. Ruhe), München 1979ff.
Reprint-Programme Rhetorik, Hildesheim (Olms), München (Fink) 1960ff.
Rhetoric Newsletter 1 (1978ff.).
Rhetoric Review 1 (1982ff.).
Rhetoric Society Quarterly 1 (1968ff.).
Rhetorica. A Journal of the History of Rhetoric 1 (1983ff.).
Rhetorica Slavica (hrsg. von R. Lachmann), Köln/Wien (1980ff.).
Rhetorik. Ein Internationales Jahrbuch 1 (1980ff.).
Speech Monographs 1 (1934ff.).
Sprache und Sprechen 1 (1968ff.).

In Planung bzw. in Vorbereitung

Library of Rhetorics (hrsg. von M. Meyer), Dordrecht.
Rhetorik-Forschungen (hrsg. von J. Dyck, W. Jens, G. Ueding).
Historisches Wörterbuch der Rhetorik (hrsg. von G. Ueding, W. Jens).

SCHLAGWORTREGISTER

Ästhetik 46 ff. 58. 81 ff. 154 ff. 242 ff.
Affektrhetorik 130. 144
Anmut/Würde 46. 53. 56 f. 247 ff.
Argumentation
– Methode der A. 378 ff.
– Prinzip der A. 378 ff.
– Struktur der A. 339 ff.
Argumentationstheorie 11. 359 ff.
– rhetorische A. 313 ff. 325 ff.
Argumente
– Interaktion von A. 378 ff.
– Typen von A. 340 ff.
ars rhetorica 197 ff.

Begründen 317 ff.
Beraten 367 ff.
Bildungsideal
– ästhetisches B. 253. 258
– rhetorisches B. 23. 261 ff.

Christentum/Antike 62 ff.
consensus 292 ff. 303 f. 306

doxa 7. 15. 16

episteme 7. 12. 364. 368. 409
Erhabene, das 53. 55 f. 161 ff.
ethos 38 ff. 107 ff. 164 ff.

Figurenlehre 103 ff. 173 ff.
forensisches Paradigma 363. 369 ff.

Genieästhetik 162 ff.

Handlungskoordination 15

Irrationalismus 37 ff.

Kommunikation, rhetorische 202 ff. 210 ff.

Metaphorik 295. 308 f. 312
Möglichkeit des Anders-Seins 13 ff. 365 f.
Moralistik 404 ff.
Mündigkeit 214 ff.

pathos 38 ff. 107 ff. 164 ff.
Persuasionswissenschaft 27
Philosophie
– humanistische Ph. 123 ff.
– ingeniöse Ph. 117 ff.
– kritische Ph. 107 ff. 120 ff.
– rhetorische Ph. 22
– topische Ph. 107 ff. 117 ff.
pistis 15 f.
– Arten der p. 37 ff.
pragma 38 ff.
Predigttheorie 74 ff.
prudentia 397 ff.

Rede
– begründete R. 314 f.
– erfolgsorientierte R. 24 f.
– öffentliche R. 192 f. 210 ff. 221 ff.
– rationale R. 108 f.
– überzeugungskräftige R. s. u. Überzeugen

Rede (Forts.)
- verständigungsorientierte R. 24 f.

Rednerideal 23

res/verba 26. 310 f.

rhetorica nova 200

Rhetorik
- Rh. und Anthropologie 285 ff.
- biblische Rh. 150 ff.
- christliche Rh. 60 ff. 78 ff.
- Rh. und Deutschunterricht 221 ff.
- Frageinteresse der Rh. 3
- Handlungsbezug der Rh. 205 ff.
- Rh. und Hermeneutik 138 ff. 202 ff.
- Interesse an Rh. 3. 4
- neue Rh. 9 f. 325 ff.
- Rh. und Philosophie 19. 107 ff. 291 ff.
- pietistische Rh. 127 ff.
- politische Rh. 206
- Rh. und Schule 221 ff.
- Rh. und Sprache 401 f.
- Ubiquität der Rh. 5. 20
- unendliche Rh. 154 ff.
- Verleumdung der Rh. 1 ff.
- Rh. und Vernunft 350 ff.
- Rh. und Wahrheit 285 f. 331
- Wiederentdeckung der Rh. 2

Rhetorizität 20

Schein
- ästhetischer Sch. 182 f. 242 ff.
- Kunst des Sch. 286
- rhetorischer Sch. 242 f
- schöner Sch. 246

Sophistik 17 ff.

theatrum mundi 246. 251

Topik 10. 101 f. 107 ff. 32 383 ff.

Tropen 170 ff. 412 ff.

Überzeugen 10 f.
- überzeugungskräftig 1 369. 373. 375
- Überzeugungssystem

Überzeugen/Überreden

Verlegenheitsrhetorik 22

Vernunft
- doxastische V. 16

Verständigung 13 f. 24 f. 3 202 ff. 368. 375

Wahrheit 7. 26
- W. und Schein 179 ff.
- W. und Wahrscheinlich 111 ff. 124 ff.
- W. und Wirkung 26 f. 178 ff. 291 f.

Wirkungsgeschichte der I 2 ff.

Zuhörerschaft
- ideale Z. 332

Zustimmung 329 ff.